westermann

FLOREN · FRINTROP

Wirtschaft Politik

3

Für Gymnasien in Nordrhein-Westfalen

Doris Frintrop-Bechthold (Hg.)

Erarbeitet von
Doris Frintrop-Bechthold
Lukas Diekhans
Christopher Hermes
Rebecca Kinzl
Dr. Michael Markussen
Reinhold von Rüden

Unter Mitarbeit von
Werner Heimeroth
Julia Löbke

Das Werk wurde begründet von Franz Josef Floren, der über Jahrzehnte alleiniger Herausgeber war. Fortgeführt und weiterentwickelt wird die Reihe nun von Doris Frintrop-Bechthold.

Druck A[3] / Jahr 2023
Alle Drucke der Serie A sind im Unterricht parallel verwendbar.

Umschlaggestaltung: Alexandra Brand, Paderborn
Umschlagfotos: iStockphoto.com/SDI Productions (vorn), iStockphoto.com/JIRAROJ PRADITCHAROENKUL (hinten)
Druck und Bindung: Westermann Druck GmbH, Georg-Westermann-Allee 66, 38104 Braunschweig

ISBN 978-3-14-**116592**-0

Inhaltsverzeichnis

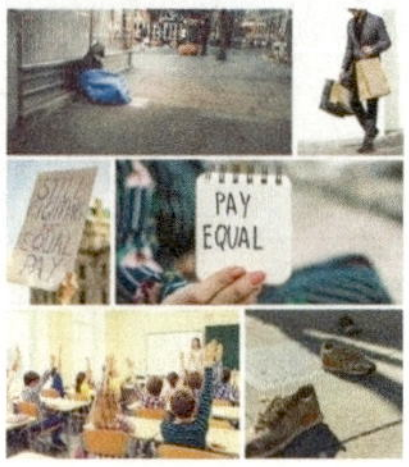
PAY
EQUAL

Jobcenter

Demokratie
Wahlen
Politik
FILTER BUBBLES

Nein Danke!
Rassismus

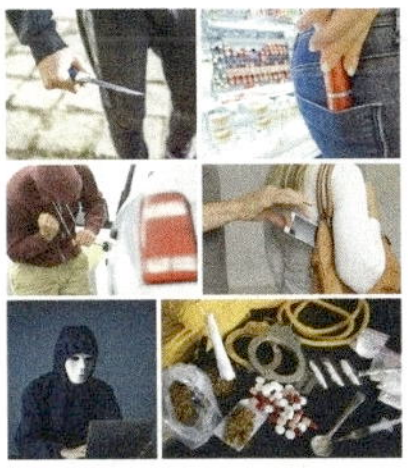

STUDY

COVID-19

Hinweise zur Arbeit mit diesem Buch

Liebe Schülerinnen und Schüler,

vor euch liegt euer neues Buch für „Wirtschaft-Politik". Ihr erfahrt darin viel über das Verhalten eurer Mitmenschen und könnt sie so besser verstehen und besser mit ihnen umgehen. Ihr erhaltet viele Informationen über die Gesellschaft, in der ihr lebt, und könnt euch somit leichter in ihr zurechtfinden und sie dann auch besser mitgestalten. Und wer kennt sich schon in der Wirtschaft aus? Ihr werdet wirtschaftliche Zusammenhänge so durchschauen lernen, dass dann die Wirtschaft für euch „kein Buch mit sieben Siegeln" mehr ist.
Dabei hilft euch die Arbeit an den einzelnen Kapiteln dieses Buches, die wir für euch – so meinen wir – interessant und nach bestimmten Prinzipien gestaltet haben.

Doppelseite zum Einstieg
Jedes Kapitel beginnt mit einer Doppelseite. Auf der linken Seite haben wir zur „Einstimmung" Bilder ausgesucht, die mit den Inhalten dieses Kapitels zu tun haben und euch schon erste Hinweise geben. Es lohnt sich also, sich mit ihnen zu beschäftigen. Außerdem wird ausgewiesen, welcher Teilbereich (Politik, Soziologie, Wirtschaft) bei der Bearbeitung des Themas im Vordergrund steht. Auf der rechten Seite („Darum wird es gehen") verraten wir euch dann, was euch erwartet.

Fallbeispiel/Spiel oder Ähnliches zum Einstieg
Mit Beispielen, Spielen oder Ähnlichem kann man sehr gut verdeutlichen, worum es geht. Deshalb steigen wir in jedes Kapitel mit einem solchen Material ein, das euch etwas „Lust" machen soll auf das, was noch kommt.

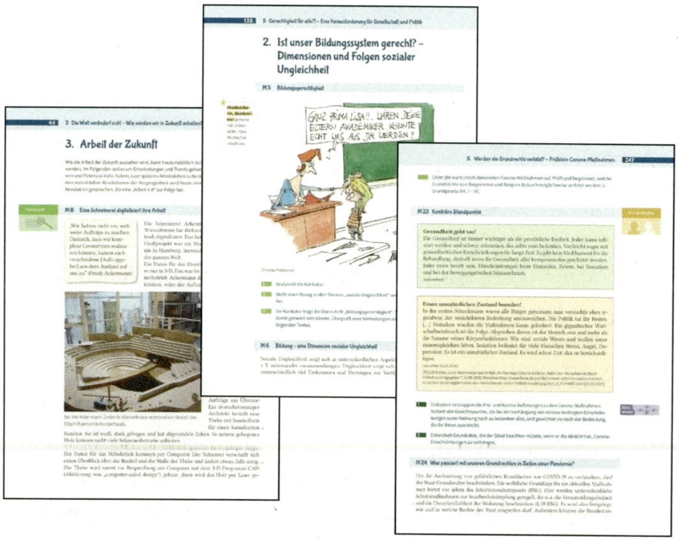

Materialien
Die einzelnen Kapitel bieten dann Materialien ganz unterschiedlicher Art an: Texte, die euch Informationen liefern, Karikaturen, die zum Nachdenken anregen, Schaubilder, die etwa Befragungsergebnisse zusammenfassen, oder Texte, in denen unterschiedliche Positionen deutlich werden. Einige dieser Materialien haben wir mit kleinen Bildern (Piktogrammen) gekennzeichnet, sodass ihr sofort erkennen könnt, um welche Art es sich handelt (Zum Einstieg, Fallbeispiel, Pro-und-Kontra-Positionen, ein Thema aus „unterschiedlichen Blickwinkeln" betrachtet, Praxisbezug).

haben wir die Chance und damit die Verantwortung, eine Klimakatastrophe abzuwenden. [...]
Fridyas For Future fordert die Einhaltung der Ziele des Pariser Abkommens und des 1,5 °C-Ziels. Explizit fordern wir für Deutschland:

- Nettonull 2035 erreichen
- Kohleausstieg bis 2030
- 100% erneuerbare Energieversorgung bis 2035

(Fridays For Future Deutschland: Unsere Forderungen für den Klimaschutz, Kiel 2019, S. 3; https://fridaysforfuture.de/wp-content/uploads/2019/04/Forderungen-min.pdf [23.02.2021])

Pariser Abkommen: die verbindliche Vereinbarung von 196 Staaten mit dem Ziel, die Erderwärmung bei möglichst 1,5 Grad gegenüber dem Niveau von vor der Industrialisierung zu stoppen
Nettonull: meint, dass nur die Menge Treibhausgase ausgestoßen wird, die durch natürliche Prozesse (z. B. Wachstum von Pflanzen) wieder aufgenommen werden kann

1 Erläutert die Eigenschaften und Merkmale von Fake News und warum sie sich so stark verbreiten (M 19, M 20).

2 Erschließt, welche politischen Wirkungen sie haben können.

5.2, 5.3 3 Diskutiert verschiedene Möglichkeiten, wie man etwas gegen Fake News unternehmen könnte (z. B. Warnhinweise bei Tweets, s. Kasten in M 20). Notiert die Vorschläge und nennt dazu jeweils Pro- und Kontra-Argumente.

Worterklärungen

Manchmal kommen in den Materialien schwer verständliche Wörter oder Fremdwörter vor. Diese haben wir gelb gekennzeichnet und in einem kleinen Kästchen erklärt.

Medienkompetenzen

An den entsprechenden Stellen wird darauf hingewiesen, welche Medienkompetenzen ihr mit einem bestimmten Material oder Abschnitt erwerben könnt.

Unterschiedliche Aufgabentypen

Bei den Aufgaben, die wir euch zur Bearbeitung vorschlagen, haben wir ganz unterschiedliche Typen ausgesucht und diese auch jeweils farbig gekennzeichnet:

- *Orange:* Das sind in der Regel Aufgaben, die sich sehr eng auf das Material beziehen: Ihr sollt dann z. B. bestimmte Aspekte auflisten, das angesprochene Problem benennen oder einfach etwas herausschreiben.
- *Hellgrün:* Bei „hellgrünen" Aufgaben sollt ihr z. B. das im Text genannte Problem mit eigenen Worten erläutern. Dabei könnt ihr dann auch eigene Erfahrungen mit einbringen oder eigene Beispiele anführen.
- ***Dunkelgrüne*** Aufgaben gehen häufig über das Material hinaus. Wir bitten euch beispielsweise um eigene Beurteilungen, um die Vorbereitung von Diskussionen, um die Zusammenstellung von Pro- und Kontra-Argumenten, um die Vorbereitung und Durchführung von Präsentationen oder Internetrecherchen oder wir schicken euch auf „Erkundungsreise" außerhalb der Schule.
- ***Vertiefungsaufgaben*** V sind Aufgaben, mit denen ihr ein bestimmtes Thema vertiefend erarbeiten könnt.

Besondere Seiten

- **Methodenseiten:** Auf diesen Seiten stellen wir euch eine Methode vor, mit der ihr ein Thema erarbeiten bzw. mit der ihr eine Aufgabe leichter lösen könnt oder mit der ihr eure Ergebnisse präsentieren könnt.
- Zum Schluss eines jeden Kapitels findet ihr weitere besondere Seiten: Mit **„Was ihr wisst – was ihr könnt – wie ihr es seht"** könnt ihr eure Lernergebnisse überprüfen. Auf den Seiten **„Wenn ihr noch mehr lernen wollt"** wird zusätzliches Material angeboten, mit dem sich besonders Interessierte beschäftigen können.

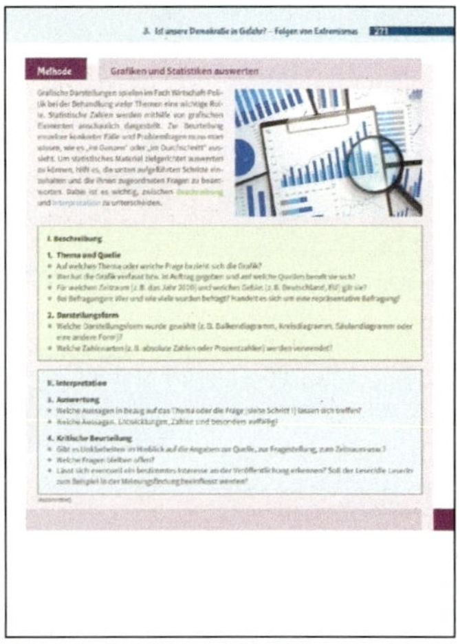

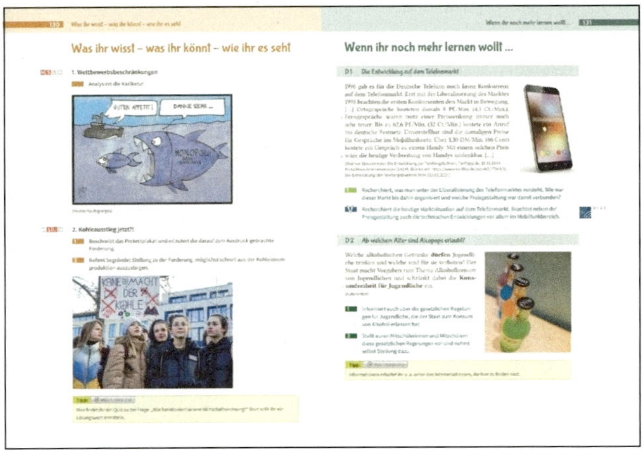

Erklärfilme

F

Zu einigen Materialien und Aufgaben stehen euch **Erklärfilme** zur Verfügung. Gebt dazu auf **www.westermann.de/wirtschaft-politik-116592** den Online-Schlüssel ein, den ihr auf der hinteren Umschlaginnenseite eures Buchs findet.

Webcodes @ WES-116592-008

Über Webcodes gelangt ihr zu Zusatzinformationen und Zusatzmaterialien im Internet. Dazu müsst ihr auf der Seite www.westermann.de/webcode den jeweiligen Code eingeben.

SCHOOL'S OUT
JETZT BEWERBEN
RAFFINIERT KOMBINIERT
Die Abiturienten-ausbildung
DUALES STUDIUM
Das Beste aus zwei Welten
LEHRSTELLEN-SUCHE:
Konzern, Mittelstand oder Start-Up?
MINT JOBS
MÄDELS ERWÜNSCHT
AUSBILDUNGSBERUFE IM ÜBERBLICK
Informationen zu Ausbildungsberufen aus 10 Berufsfeldern
HANNOVER 2018
Kostenlos

PRAKTIKUM
PLANEN
STUDIUM
ZIELE DEFINIEREN
ENTSCHEIDEN
BERUFSWAHL
AUSBILDUNG
ARBEITSPLATZ
ZUKUNFT
BEWERBEN

BiZ

1

„Kann ich meinen Traumberuf finden?"

Darum wird es gehen

Beim Kapitel „Was kann ich? – Interessen – Stärken – Berufsfelder" in Band 2 für die Jahrgangsstufen 7/8 habt ihr euch zunächst nur ansatzweise damit beschäftigt, welche Interessen ihr habt und welche Stärken euch auszeichnen.

Im ***ersten Abschnitt*** *dieses Kapitels soll das nun noch intensiver geschehen. Anknüpfungspunkt sind eure persönlichen Interessen, die oft am Ausgangspunkt einer Berufswahl stehen. Ihr werdet sehen, dass daneben aber auch noch weitere Gesichtspunkte zu bedenken sind, um eine gute Berufswahl zu treffen. Vor allem muss man wissen, welche Anforderungen ein Beruf stellt. Deshalb sollt ihr euch eingehender mit einzelnen Berufen beschäftigen. Dabei werdet ihr feststellen, dass es viele Aspekte bei einem Beruf gibt, an die man zunächst gar nicht denkt, die aber für Berufstätige sehr wichtig sind. Ihr könnt die unterschiedlichen Seiten von Berufen erkunden, die für euch interessant sind und über deren Berufsalltag ihr schon mehr wissen möchtet. Es wird nicht erwartet, dass ihr euch schon auf einen bestimmten Beruf festlegt; ihr sollt aber erkennen, welche verschiedenen Bezüge ein Beruf zum Leben hat, zukünftig auch zu eurem eigenen.*

Bei der Berufswahl spielen unterschiedliche Motive, Gründe und Einflüsse eine Rolle. Es ist wichtig, dass ihr euch dieser bewusst werdet, um euch später gut überlegt für einen Beruf entscheiden zu können. Darum geht es im ***zweiten Abschnitt****.*

Im ***dritten Abschnitt*** *erhaltet ihr einen Überblick und grundlegende Informationen zu den Ausbildungs- und Bildungswegen, die ihr einschlagen könnt bzw. müsst, um bestimmte Berufe ausüben zu können.*

1. Interessen, Stärken und Anforderungen im Beruf

Zum Einstieg:

M1 Eine Frage, die sich wohl jedem einmal stellt ... – und eine Gegenfrage

„Was ist dein Traumberuf?"

–

„Aber wie sollen denn 16-Jährige eine Frage beantworten können, die schon vielen Erwachsenen Schwierigkeiten bereitet?"

1 Gebt in Form eines Brainstormings eure Gedanken zu den zwei Fragen wieder.

2 Ordnet die von euch geäußerten Gedanken nach verschiedenen Gesichtspunkten.

3 Nennt die Traumberufe, die ihr vielleicht schon einmal hattet. Gebt auch an, warum sich das ggf. geändert hat und von welchem Beruf ihr jetzt möglicherweise träumt.

M2

(Datenquelle: OECD-Studie, 2018)

1 Gebt mögliche Erklärungen für das Umfrageergebnis aus dem Jahr 2018 zu den Traumberufen von Mädchen und Jungen in Deutschland.

2 Erklärt, ob ihr die Nennung der Traumberufe so erwartet hättet.

3 Vergleicht sie mit euren eigenen Vorstellungen von einem zukünftigen Beruf.

4 Beschreibt, was eurer Meinung nach allgemein einen Traumberuf ausmacht.

M3 Warum der Traumberuf häufig der falsche ist

Entscheiden sich Jugendliche für eine Ausbildung, dann spielen meist zwei Dinge eine große Rolle: Zufallsinformationen und irrationale Gründe. „Das können Fernsehserien sein, die Erzählungen vom Onkel oder Berufe, die gerade bei den Freunden als hip gelten", sagt Heinrich Wottawa, Psychologie-Professor an der Universität Bochum. Die meisten Jugendlichen wüssten nur wenig über die Berufswelt und die konkreten Anforderungen einzelner Berufe, kritisiert er.

Kein Wunder, schließlich ist das Angebot enorm. Derzeit gibt es mehr als 450 Ausbildungsberufe in Deutschland. Das macht es sowohl für Jugendliche als auch für Lehrer und Berufsberater schwer, alle Optionen und ihre Anforderungen zu überblicken. Auf Berufsmessen und in Beratungsgesprächen setzt man daher gern auf Interessen – ganz nach dem Motto: „Du hast gerne mit Computern zu tun? Dann wäre doch ein IT-Beruf etwas für dich!"

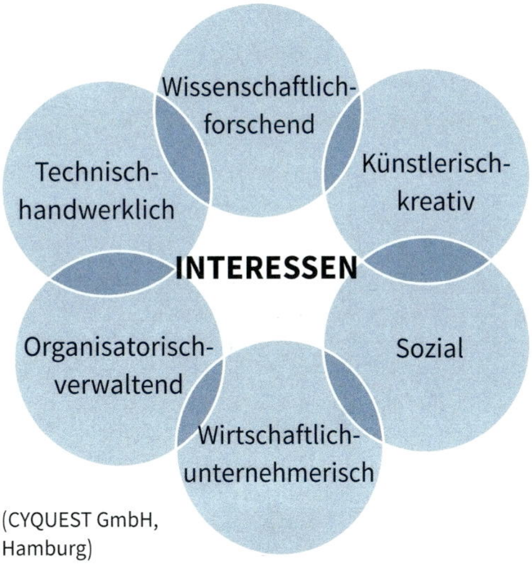

(CYQUEST GmbH, Hamburg)

Oftmals werden auch sogenannte Interessenstests eingesetzt, um Jugendlichen bei der Entscheidungsfindung zu helfen. „Die sind schnell durchzuführen, man braucht bei der Auswertung keine psychologischen Kenntnisse, und sie haben eine hohe Akzeptanz bei den Jugendlichen", sagt Wottawa. Schließlich ist es sehr plausibel, eine Ausbildung zu machen, die einen interessiert.

Doch einen vermeintlichen Traumberuf für sich entdeckt zu haben, reicht allein nicht aus. Genauso wichtig ist es für Jugendliche, herauszufinden, was sie auch tatsächlich können. Wer etwa erfolgreich in einem Dienstleistungsberuf sein will, muss in der Lage sein, präzise zu analysieren und effektiv mit Schwierigkeiten umzugehen – andernfalls ist die Gefahr des Scheiterns groß.

Doch auch das Gegenteil führt oft zu Frustrationen. Wer in seinem Job deutlich unterfordert ist, bricht nicht selten seine Ausbildung ab. [...] „Die Orientierung an den Interessen ist nur dann gerechtfertigt, wenn diese auch mit den Lernpotenzialen übereinstimmen", sagt Barbora Zimmer, Beraterin bei Eligo in Bochum, einem Spezialisten für Personaldiagnostik. Doch wie stark beide voneinander abweichen können, zeigt eine Studie der Universität Bochum, die im Rahmen einer Masterarbeit und in Zusammenarbeit mit Eligo entstand.

Dazu wurden die Daten von knapp 7000 Schülern ausgewertet, die unabhängig von einer konkreten Bewerbung verschiedene Testverfahren für Schulabgänger bearbeitet haben. Die Interessen der Jugendlichen wurden dabei zu den fünf Berufsgruppen „Büro", „Dienstleistung", „Handwerk", „Technik" und „Umwelt und Natur" zusammengefasst. Dann wurden ihnen – basierend auf den Analysen der Bundesagentur für Arbeit – die dafür erforderlichen Arbeitshaltungen zugeordnet.

Mehrheit der Schüler schätzt sich falsch ein

Der Abgleich von Interessen und Fähigkeiten führte zu einem überraschenden Ergebnis: So haben sich gerade einmal etwas mehr als ein Drittel (35 Prozent) der Schüler selbst richtig eingeschätzt. In allen fünf nach Interessen gebildeten Berufsgruppen würde deutlich mehr als die Hälfte besser zu einer anderen Berufsgruppe passen, ginge es nach ihren tatsächlichen Potenzialen. So sind zum Beispiel 18 Prozent der Schüler, die sich laut Interesse der Berufsgruppe „Büro“ zuordnen, besser für die Berufsgruppe „Technik“ geeignet. „Es ist also offenbar ein Kunstfehler, wenn man nur von den Interessen ausgeht“, sagt Eligo-Beraterin Zimmer. […]

(Bärbel Schwertfeger: Warum der Traumberuf häufig der falsche ist, 10.05.2014, welt.de, Axel Springer SE, Berlin; https://www.welt.de/wirtschaft/karriere/bildung/article127845972/Warum-der-Traumberuf-haeufig-der-falsche-ist.html [15.02.2021])

M 4 Aus der Traum?

[…] Dann wird […] deutlich, dass Piloten und Stewardessen einen extrem stressigen Job haben, der wenig Zeit für Privatleben lässt. Dass Mediengestalter nicht nonstop kreativ sein dürfen, sondern oft Routineaufgaben und Kundenwünsche erfüllen müssen, die man selbst gar nicht „hip“ findet. Oder dass Reporter oft viel Leistung und Flexibilität für wenig Geld bringen müssen. Dabei bieten gerade Berufe, die nicht in Mode sind, Aufstiegschancen, Abwechslung und Freiräume, von denen im Traumberuf keine Rede sein kann. […]

(Traumberuf mit Tücken, swag-online.de, Herausgeber: SWG Schraubenwerk Gaisbach GmbH, ohne Datum, Waldenburg; https://swag-online.de/2018/06/08/traumberuf-mit-tuecken/ [15.02.2021])

1 Nennt die Gründe, die bei Jugendlichen zu einer unpassenden Berufswahl führen können (M 3).

2 Erklärt, warum es problematisch ist, sich bei seiner Berufswahl ausschließlich von seinen Interessen leiten zu lassen (M 3, M 4).

3 Erläutert die folgende Grafik. Übertragt sie in eure Hefte und ergänzt die Felder „Ich“ und „Beruf“ durch die Faktoren und Gesichtspunkte, derer man sich bei der Wahl eines (passenden) Berufes bewusst sein sollte.

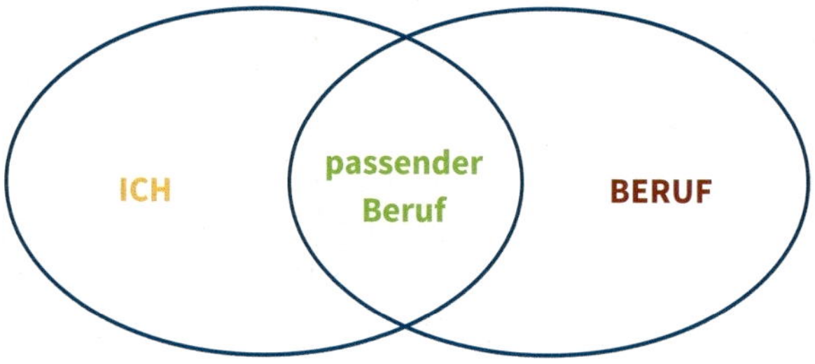

4 Stellt dar, was Jugendliche tun könnten, um sich für einen Beruf zu entscheiden, bei dem sowohl ihre Interessen und Potenziale als auch die Anforderungen des Berufes einander weitgehend entsprechen.

„Aller Anfang ist schwer. Am besten startest du in deine Berufswahl, indem du deine Interessen und Stärken herausfindest!“

(planet-beruf.de: Wie fang ich an?, Bundesagentur für Arbeit, 19.05.2020, Nürnberg; https://planet-beruf.de/schuelerinnen/mein-fahrplan/infoboard/themenseite-basics-mein-fahrplan/ [15.02.2021])

M5 Wo liegen deine Interessen?

Folgende Fragen können dir helfen, deinen Interessen auf die Spur zu kommen:

1. Welchen Interessen und Beschäftigungen gehst du am liebsten nach?	7. Wessen berufliche Tätigkeit findest du gut und warum?
2. Wann bzw. wobei hast du die Erfahrung gemacht, dass du etwas (besonders) gut kannst? Wobei hattest du also Erfolgserlebnisse?	8. Was würdest du gern gestalten oder ändern, wenn du die Möglichkeit dazu hättest?
3. Welche Schulfächer liegen dir am meisten?	9. Möchtest du später bevorzugt an bestimmten Orten arbeiten?
4. Was würdest du gern lernen?	10. Gibt es Arbeitsmittel oder Gegenstände, mit denen du gern arbeiten möchtest?
5. Was schätzen andere Menschen an dir?	11. Worüber sprichst oder diskutierst du gern mit anderen?
6. Was ist dir wichtig?	12. Was magst du gar nicht?

(Autorentext)

1 Beantworte die Fragen, die dich der Erkenntnis deiner Interessen näherbringen können.

2 Schreibe Berufe auf, die vermutlich deinen Interessen entsprechen könnten.

M6 Persönliche Interessen – dazugehörige Berufsfelder

Die persönlichen Interessen lassen sich im nächsten Schritt verschiedenen Berufsfeldern zuordnen. Darin sind jeweils alle Berufe zusammengefasst, in denen es ähnliche Aufgaben und Tätigkeiten gibt. Folgende Berufsfelder werden unterschieden:

Bau, Architektur, Vermessung

Dienstleistung

Elektro

Gesundheit

IT, Computer

Kunst, Kultur, Gestaltung

Landwirtschaft, Natur, Umwelt

Medien

Metall, Maschinenbau

Naturwissenschaften

Produktion, Fertigung

Soziales, Pädagogik

Technik, Technologiefelder

Verkehr, Logistik

Wirtschaft, Verwaltung

(planet-beruf.de: Berufsfelder, Bundesagentur für Arbeit, ohne Datum, Nürnberg; https://www.planet-beruf.de/schuelerinnen/mein-beruf/berufsfelder/ [15.02.2021])

2.1

1 a @ WES-116592-001 Hier findet ihr über einen internen Link zu jedem Berufsfeld viele dazugehörige Berufe. Notiert diejenigen Berufe, die für euch möglicherweise von Interesse sind und infrage kommen könnten.

1 b Nennt die Berufe, die für euch neu und unbekannt sind.

2 Bildet Gruppen und stellt einander die Berufe vor, die für euch interessant sind. Besprecht, was ihr über diese schon wisst oder zusätzlich noch erfahren möchtet.

Nach der Klärung der persönlichen Interessen und einem ersten Blick auf dazu möglicherweise passende Berufsfelder sollt ihr euch im nächsten Schritt über eure Talente, Fähigkeiten und Eigenschaften klar werden.

M 7 Welche sind deine Stärken?

Persönliche Stärken sind Fähigkeiten und Eigenschaften, die z. B. bestimmen, wie wir mit Menschen umgehen. Oder wie wir eine Aufgabe anpacken. Sie sind genau wie berufliches Fachwissen notwendig, um in der Arbeit gut und erfolgreich zu sein. [...] Hier erhältst du einen ersten Einblick, was sie bedeuten:

- **Belastbarkeit:** Du behältst auch in schlimmen Situationen die Nerven und handelst überlegt.
- **Einfühlungsvermögen:** Es fällt dir leicht, dich in die Situation und in die Gefühle von anderen Menschen hineinzuversetzen.
- **Handwerkliches Geschick:** Du bist geschickt beim Basteln und kannst gut mit Werkzeugen umgehen.
- **Kommunikationsfähigkeit:** Du kannst dich gut ausdrücken und gut zuhören.
- **Konfliktfähigkeit:** Du gehst ruhig und sachlich mit Meinungsverschiedenheiten um und versuchst, eine gemeinsame Lösung zu finden.
- **Mathematisches Verständnis:** Matheaufgaben wie Dreisatz oder Prozentrechnungen kannst du leicht lösen.
- **Organisationsfähigkeit:** Du hast Talent zum Planen und überlegst dir vorher genau, was alles zu tun ist, damit du eine Aufgabe gut schaffst.
- **Räumliches Denken:** Du kannst dir Gegenstände auf einem Bild aus verschiedenen Blickwinkeln genau vorstellen und weißt, wie die Gegenstände in Wirklichkeit zueinander angeordnet sind.
- **Selbstständigkeit:** Du siehst selbst, was zu tun ist, und versuchst, die Aufgaben ohne fremde Hilfe zu lösen.
- **Sorgfalt:** Du versuchst, Aufgaben ordentlich, gewissenhaft und möglichst ohne Fehler zu erledigen.
- **Teamfähigkeit:** Du arbeitest gerne mit anderen in der Gruppe zusammen. Das gemeinsame Ziel ist dir wichtiger als deine eigenen Interessen.
- **Technisches Verständnis:** Du erkennst, wie Maschinen oder mechanische Apparate aufgebaut sind und wie ihre Einzelteile zusammenarbeiten.
- **Textverständnis:** Du verstehst Texte gut und kannst das Wichtigste daraus richtig wiedergeben.
- **Verantwortungsbewusstsein:** Du überlegst dir vorher, welche Folgen dein Verhalten haben kann.
- **Zusammenhänge erkennen:** Du erkennst z. B. bei verschiedenen Formen, Mustern oder Symbolen schnell die Gemeinsamkeiten und Unterschiede.

(planet-beruf.de: Was heißt denn hier „persönliche Stärken"?, Bundesagentur für Arbeit, 2010, Nürnberg; Verfasser: Udo Freialdenhofen; https://planet-beruf.de/fileadmin/assets/PDF/Einzelartikel/Schuelerarbeitsheft_09_10/SH_0910_Was_heisst_persoenliche_Staerken.pdf [15.02.2021])

Tipp: @ WES-116592-002

Hier findet ihr ein hilfreiches Angebot, um eure Stärken und Schwächen besser zu erkennen.

Ein Beispiel für eine Stärke:

Stärke: Belastbarkeit

ALLTAGSCHECK: Schule, Freundeskreis

1. Ich verliere auch in schwierigen Situationen nicht die Nerven.
2. Blut zu sehen, macht mir nichts aus.
3. Auch wenn in meinem Umfeld etwas Trauriges passiert, kann ich das eigentlich gut verkraften.

Wie schätzt du deine Belastbarkeit ein? hoch – eher hoch – mittel – eher niedrig – niedrig

(planet-beruf.de: Schritt für Schritt zur Berufswahl, Ausgabe 2009/2010, Bundesagentur für Arbeit, Nürnberg 2010, S. 9; https://planet-beruf.de/fileadmin/assets/PDF/Einzelartikel/Schuelerarbeitsheft_09_10/SH_0910_Uebung_Staerken_einschaetzen.pdf [15.02.2021])

Es ist euch überlassen, ob ihr wie in dem Beispiel ein persönliches Profil für alle Stärken erstellen wollt. Ihr könnt dies auch zu Hause erledigen. Seid ehrlich bei eurer **Selbsteinschätzung**, denn dieses Profil ist wichtig, um den passenden Beruf zu finden. Vielleicht können euch auch eure Eltern oder Freundinnen und Freunde dabei helfen, d.h. eine **Fremdeinschätzung** vornehmen. Wenn die Fremdeinschätzung stark mit eurer Selbsteinschätzung übereinstimmt, ist das natürlich ein Vorteil. Wenn es aber zwischen eurer Selbst- und der Fremdeinschätzung größere Differenzen gibt, solltet ihr diese in einem gemeinsamen Gespräch klären.

Tipp: @ WES-116592-003

Hier findet ihr eine Webseite mit einer Kopiervorlage zur Selbst- und Fremdeinschätzung bei 12 für die Berufsausübung wichtigen Stärken.

M8 Welche Stärken werden verlangt? – Berufliche Anforderungsprofile für Ausbildungsbewerber

a) Gesundheits- und Krankenpflegerin/-pfleger

Am Morgen triffst du dich mit deinem Stationsteam, um die Aufgaben des Tages zu besprechen. Einer deiner Patienten kommt von einer Operation aus dem Krankenhaus zurück, du musst die Wiederaufnahme in die Akten eintragen und in den nächsten Tagen seinen gesundheitlichen Zustand genau überwachen und dokumentieren. Nach der Teambesprechung geht es an die tägliche Arbeit: Du unterstützt die älteren Damen und Herren beim Waschen, Haare kämmen und hilfst ihnen beim Ankleiden. [...] Als Gesundheits- und Krankenpfleger/-in trägst du die Verantwortung für deine Patienten. Du solltest nicht nur ein Auge auf den körperlichen Zustand und die fortschreitende Genesung werfen, sondern auch ein Herz für die seelischen Befindlichkeiten des Patienten haben. [...]

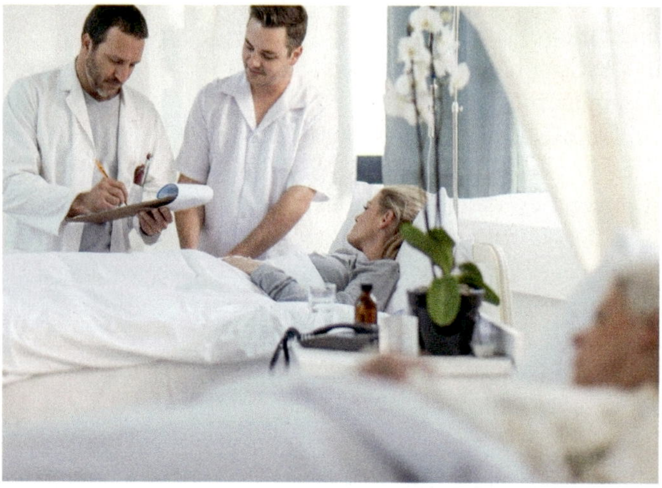

b) Mediengestalterin/-gestalter

Als Mediengestalterin/-gestalter für digitale und Print-Produkte arbeitet man an Projekten, die das Erstellen von Druckprodukten wie Zeitschriften, Broschüren, Webmaterialien und Online-Produkten wie Applikationen und Webseiten im Corporate Design als Ziel haben. Die Ausbildung findet in einem der drei Schwerpunkte Beratung und Planung, Gestaltung und Technik oder Konzeption und Visualisierung statt. In allen drei Fachrichtungen erlernst du, wie man Druckprodukte und digitale Medien am Bildschirm entstehen lässt. [...]

c) Elektronikerin/Elektroniker

Du tüftelst gern und interessierst dich für Physik und Mathematik? Dann wähle eine der vielen Ausbildungsmöglichkeiten, die dir als angehender/e Elektroniker/-in offenstehen. Als Elektroniker/-in sorgst du dafür, dass die Spannung stimmt – sei es in einer Tätigkeit im Industriebereich oder im Außendienst eines Gebäudemanagements. In großen Unternehmen wartest und reparierst du Anlagen und Maschinen, im traditionellen Handwerk richtest du die Stromversorgung in Gebäuden ein. [...] Den Spannungsdreher und den Schraubendreher hast du immer im Gepäck. Wo immer es ein Problem mit der Elektronik gibt, bist du vor Ort: Als Elektroniker/-in für Betriebstechnik bist du der Allrounder in deinem Unternehmen. [...] Du musst die Funktionszusammenhänge verstehen, Prozessabläufe analysieren und selbstverständlich auch ausreichend Wissen darüber haben, welche Bedingungen es für die Verarbeitung von Materialien gibt, die für die Produktion verarbeitet werden. [...]

d) Kauffrau/Kaufmann für Büromanagement

In diesem Beruf organisiert und strukturiert man die bürowirtschaftlichen und kaufmännischen Tätigkeiten in einem Unternehmen. [...] Im Fokus dieses Berufes liegt das Bearbeiten von eingehenden und ausgehenden Poststücken, das Erstellen und Aufbereiten von Unterlagen und das Koordinieren von Terminen des vorstehenden Leiters einer Abteilung. Kaufleute für Büromanagement haben bestenfalls immer die gewünschte Akte für den Kollegen parat, empfangen Gäste mit netten Worten und haben einen Überblick über anstehende Projekte, Prozesse und Termine. [...]

(school's out ..., Ausgabe: Ostwestfalen, Magazin Nr. 11, huhle media Verlag und Kommunikation, Berlin/Bielefeld 2016, S. 18, 37, 25, 9)

1 In M 8 werden die Anforderungsprofile von vier verschiedenen Berufen in gekürzter Fassung wiedergegeben. Prüft und tragt in eine Übersicht (s. Muster) ein, ob und wie stark (auf einer Skala von 0 bis 4) eurer Einschätzung nach die in M 7 genannten Stärken in diesen Berufen verlangt werden.

Stärken	Krankenpflegerin/ -pfleger	Mediengestalterin/ -gestalter	Elektronikerin/ Elektroniker	Kauffrau/Kaufmann für Büromanagement
Belastbarkeit	???	???	???	???
Einfühlungsvermögen	???	???	???	???
...	???	???	???	???

2 Möglicherweise interessiert ihr euch auch für einen anderen Beruf. Ermittelt für diesen nach dem obigen Muster die erforderlichen Eigenschaften und Fähigkeiten. 2.1

Mögliche Informationsquellen findet ihr hier: @ WES-116592-004

Wenn die persönlichen Interessen und Stärken einerseits und das Tätigkeits- und Anforderungsprofil eines Berufes andererseits zusammenpassen, kann die Berufswahl zu großer persönlicher Zufriedenheit führen. Die Beispiele in M 8 vermitteln einen Eindruck davon, was in den Berufen verlangt wird und worüber man Bescheid wissen muss, wenn man sich dafür entscheidet.
Die Beschreibungen der Tätigkeiten sind allerdings nur Kurzfassungen, wie sie oft in einem Berufslexikon zu finden sind, zumeist aus einer persönlichen Distanz zum Beruf formuliert. Erst wenn Menschen von eigenen beruflichen Erfahrungen aus der Ich-Perspektive erzählen, kann man noch mehr Details über einen Beruf erfahren: Arbeitsbedingungen, die Sicherheit des Arbeitsplatzes, unterschiedliche Belastungen oder erfreuliche Erfahrungen. Deshalb sollt ihr im Folgenden Aspekte von Berufen erarbeiten, die über die reine Tätigkeit hinausgehen, und deren Bedeutung für euch erkennen.

Lest zunächst die Erfahrungsberichte der Reiseverkehrskauffrau, des Polizisten und der Fitnesstrainerin (M 9). Stellt anschließend fest, welche der in der Mindmap (M 10) angeführten Aspekte eines Berufes in den Berichten vorkommen und was hierzu gesagt wird. Ihr könnt die Aufgabe in Dreier-Gruppen erledigen und euch gegenseitig die Ergebnisse vorstellen.

M 9 Berufseinblicke

a) Die Reiseverkehrskauffrau

Mich reizt die Vorstellung des Reisens und durch meinen Beruf bin ich stets informiert über die aktuellen Entwicklungen in der Branche, was mir sehr gut gefällt. Darüber hinaus war es mir bei meiner Berufswahl wichtig, dass ich viel mit Menschen zusammenarbeiten kann, und auch dies kann mir die Tourismusbranche bieten. Es gehört zu meiner Aufgabe, den Menschen bestimmte Ziele zu empfehlen. Auf diese Weise kann ich mich stets mit vielen Menschen austauschen. [...] Manchmal müssen die Kunden eben auch warten, bis eine Beratung beendet ist. Es ist aber problematisch, eine persönliche Beratung im Geschäft ständig durch hereinkommende Telefongespräche unterbrechen zu müssen. Ich kann aber einen Kunden, der mich aus Hamburg anruft und unbedingt einen speziellen Flug buchen möchte, nicht ignorieren. In den meisten Fällen kommen wir damit aber klar und oft haben die Kunden Verständnis, weil sie von uns auch mit viel Geduld beraten werden, um sich in Ruhe ihren Urlaub auszusuchen. [...] Außerdem ist der Konkurrenzdruck für uns, gerade auch durch das Internet, wesentlich größer geworden, weshalb wir beständig unseren Kunden zeigen müssen, dass wir genauso günstig oder sogar noch günstiger als die Angebote aus dem Internet sind, damit wir überhaupt etwas verkaufen können.

(Nick Melekian: Berufsgeschichten – Menschen erzählen aus ihrer Arbeitswelt und wie sie diese erleben, Shaker Media, Aachen 2010, S. 366 ff.)

b) Der Polizist

Ein Polizist muss es schaffen, eine gewisse Akzeptanz seines Berufes in seiner Umwelt aufzubauen, sodass er auch in seiner Freizeit nicht angreifbar wird. Ich kenne viele Menschen aus meinem Einsatzbereich privat und versuche stets, einen glaubwürdigen und fairen Eindruck zu vermitteln, dienstlich wie auch privat. Glaubwürdigkeit und Fairness zählen meiner Ansicht nach zu den Grundvoraussetzungen eines guten Polizisten. [...] Ich musste realisieren, dass ich durch die Uniform stellvertretend für die Institution, die ich vertrete, stehe. Wenn mich beispielsweise Menschen beleidigen, beleidigen sie nicht mich persönlich, sondern wollen ihren Unmut der Institution, die ich verkörpere, zeigen. Wenngleich ich es nicht gutheiße, so ist für viele Menschen die Beleidigung eines Polizisten nur ein Ausdruck von Hilflosigkeit, weil sie so irgendjemanden der Institution, auf die sie mitunter eine Wut haben, treffen und damit die Chance haben, einmal in irgendeiner Weise ihren Gefühlen freien Lauf lassen zu können.

Es gibt besonders angespannte Situationen, zum Beispiel, wenn ein Polizist zum ersten Mal mit dem Tod eines Menschen konfrontiert wird. Dies wird aber selbst in späteren Dienstjahren noch immer problematisch, wenn man die betroffene Person direkt kannte. Solche Situationen und jene, in denen beispielsweise Kinder unter den Toten sind, belasten mich auch heute noch. Jedoch gehören sie zum Alltag des Berufes.

Ich muss mich körperlich so fit halten, dass ich meinen Beruf weiter ausüben kann. Gerade im Auslandsdienst werden wir Polizisten zusätzlich auf Herz und Nieren geprüft und nur die Gesunden unter ihnen können sich überhaupt für diesen Dienst bewerben. [...] Die Arbeit bei der Polizei ist ein sehr krisensicherer Job. Sie kann nicht, wie viele Firmen in der freien Wirtschaft, eines Tages einfach pleitegehen.

(Nick Melekian: Berufsgeschichten – Menschen erzählen aus ihrer Arbeitswelt und wie sie diese erleben, Shaker Media, Aachen 2010, S. 409 ff.)

c) Selbstständige Fitnesstrainerin

[...] Ich arbeite freiberuflich als Gesundheitsmanagerin und Fitnesstrainerin für verschiedene Einrichtungen in Dresden. Hierzu zählen neben der Kooperation mit Fitnessstudios auch Unternehmen, die ich im Bereich des betrieblichen Gesundheitsmanagements berate.

[...] Ich schätze an dieser Arbeit vor allem die Abwechslung. Über unterschiedliche Aufträge für unterschiedliche Kunden arbeite ich immer wieder mit verschiedenen Personen unterschiedlicher Disziplinen zusammen, kann mich immer wieder in neue Themen einarbeiten und mich in den verschiedensten Bereichen ausprobieren. Und das Beste: es geht immer um Gesundheit, um ihren Erhalt und ihre Verbesserung [...].

Von nichts kommt nichts – die Sicherheit eines Angestelltenverhältnisses mit entsprechender Arbeitszeit und einem festen Gehalt entfällt bei einer selbstständigen Tätigkeit.

Zwar ist der Stundenlohn, den ich für einzelne Leistungen ansetzen kann, ggf. höher als der einer vergleichbaren Leistung im Rahmen einer Festanstellung, doch dafür entfallen auch jegliche Sozialleistungen bzw. müssen selbst finanziert werden. Eine selbstständige Tätigkeit beinhaltet ein hohes Maß an Kunden- und Auftragsakquise [Anwerbung], um sich ein mehr oder weniger regelmäßiges Einkommen zu sichern. Dies ist natürlich sehr zeitaufwendig. [...] Die Flexibilität bezüglich der Arbeitszeit ist sicherlich sehr familienfreundlich. Als Freiberuflerin muss ich mich zwar selbst um meine Aufträge bemühen, kann dies jedoch in einem gewissen Rahmen (zeitlich) frei entscheiden, doch: Wenn ich nicht arbeite, bekomme ich kein Geld. Wenn ich krank bin [...] und nicht arbeiten kann, d. h. geschäftliche Termine nicht wahrnehmen kann, keine Kurse leiten kann, bekomme ich kein Geld – sofern ich alleine tätig bin und nicht auf freie Mitarbeiter zurückgreifen kann. [...]

(Anna Rotter: Mein Job, © 2010 Universität Flensburg; https://www.uni-flensburg.de/fileadmin/content/abteilungen/gesundheit/dokumente/pdf-downloads/alumni/anna-rotter.pdf [15.02.2021])

M10 Ein Beruf – viele Aspekte

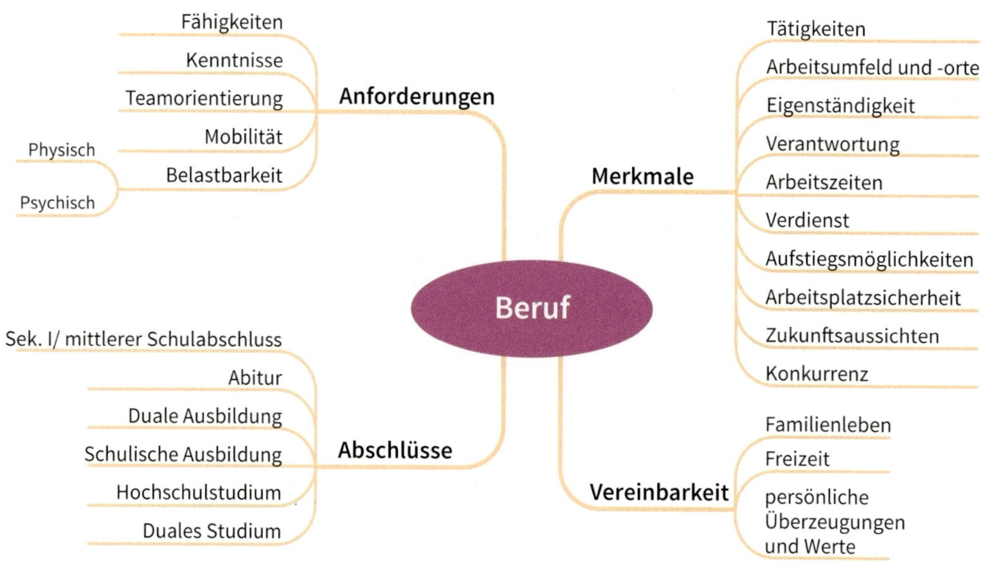

2.1, 2.2, 4.1, 4.2

In den Berichten (M 9) werden nicht alle in der Mindmap enthaltenen Aspekte angesprochen. Ihr könnt nun zu einem der drei Berufe so weit wie möglich ergänzend recherchieren. Wenn euch aber ein anderer als einer der drei dargestellten Berufe mehr interessieren sollte, könnt ihr auch dazu ein Berufsporträt erstellen. Quellen für die Recherche findet ihr hier: @ WES-116592-005. Präsentiert die Berufsporträts und teilt sie auf digitalem Weg miteinander.

Weitere Anregungen:

- Einladung einer Berufsberaterin oder eines Berufsberaters in den Unterricht
- Besuch des Berufsinformationszentrums (BIZ) bei der Agentur für Arbeit (auch online möglich)
- Besuch von Berufsmessen und Ausbildungsbörsen
- Ableistung eines Praktikums

Klärt mit eurer Lehrerin bzw. eurem Lehrer, ob bzw. wie ihr die angeführten Möglichkeiten wahrnehmen wollt.

Methode

Berufserkundung/Berufsfelderkundung

Wenn ihr euch für einen Beruf interessiert, den ihr näher kennenlernen wollt, müsst ihr zunächst einmal einen Betrieb finden, in dem dieser Beruf praktiziert wird. Vielleicht werden auch von eurer Schule Berufsfelderkundungstage organisiert.
Damit ihr den Beruf gezielt erkunden und eure Erfahrungen bewusst reflektieren könnt, könnt ihr das folgende Erkundungsraster verwenden. Das ausgefüllte Raster (eine Kopiervorlage wird im Lehrerband angeboten) könnt ihr in eurem Berufswahlpass abheften. Möglicherweise habt ihr auch schon ein Berufsfeld erkundet – dann könnt ihr den Reflexionsbogen noch nachträglich ausfüllen.

Berufserkundung/Berufsfelderkundung

Reflexion von _____ ??? _____
(Name, Klasse)

1. Ich habe am _____ ??? _____ in der Firma/dem Betrieb/der Behörde
   Name: _____ ??? _____
   Anschrift: _____ ??? _____
   eine **Berufsfelderkundung** durchgeführt. Mich betreute _____ ??? _____

2. Ich erhielt Einblicke in den folgenden **Beruf**: _____ ??? _____
   Er gehört zum **Berufsfeld** _____ ??? _____

3. Zu diesem Berufsfeld gehören u. a. noch folgende Berufe:
   _____ ??? _____ _____ ??? _____
   _____ ??? _____ _____ ??? _____
   _____ ??? _____ _____ ??? _____

4. Folgende **Tätigkeiten** gehören zu dem erkundeten Beruf (eigene Erfahrungen, ggf. ergänzt durch Informationen aus verschiedenen Quellen):
   _____ ??? _____
   _____ ??? _____

5. Diesen Tätigkeiten kann man folgende **Anforderungen** zuordnen:
   a. **geistige**:
   _____ ??? _____
   b. **körperliche**:
   _____ ??? _____
   c. **sozial-charakterliche**:
   _____ ??? _____

6. Meine Stärken/Fähigkeiten/Eigenschaften entsprechen den Anforderungen:
   ☐ stark ☐ eher stark ☐ mittel ☐ eher wenig ☐ wenig.

7. Aus meinen Erfahrungen ziehe ich folgende Schlussfolgerung:
   _____ ??? _____

Datum, Unterschrift: _____ ??? _____

(Autorentext)

2. Motive für und Einflüsse auf die Berufswahl

M 11 Innere und äußere Kriterien der Berufswahl

Selbstverwirklichung oder Gehalt, Wohnortnähe oder Wunschbetrieb, Familienfreundlichkeit oder Karrierechancen: Bei der Berufswahl spielen innere und äußere Kriterien eine Rolle.
Zu den **inneren (persönlichen) Kriterien** gehören zum Beispiel eigene Interessen, individuelle Eigenschaften und Fähigkeiten, geschlechtsspezifische Vorlieben und die persönliche Eignung für einen bestimmten Beruf. Wer sich nach seinen Interessen richtet und zum Beispiel ein begeisterter Sportler ist, wird vielleicht eine Ausbildung in der Gesundheits- und Fitnessbranche suchen. Gute Noten in Fremdsprachen könnten den Ausschlag für einen Beruf mit internationaler Ausrichtung geben. Wer aufgeschlossen und kontaktfreudig ist, erkundigt sich vielleicht nach sozialen Berufen wie Krankenpfleger.
Neben diesen inneren Faktoren spielen bei der Berufswahl auch **äußere (soziale) Kriterien** eine Rolle: Berufe, die in der eigenen Familie ausgeübt werden, der soziale Hintergrund oder Bildungsstatus der Eltern, das Image eines Berufes im Freundeskreis oder in den Medien. Bisweilen dominieren praktische Überlegungen, wie der Wunsch, weiter im Haus der Eltern zu wohnen, um die Kosten für einen eigenen Haushalt zu sparen. Vernunftbetonte Jugendliche orientieren sich eventuell stärker an der Arbeitsmarktlage, späteren Karrierechancen oder dem zu erwartenden Gehalt.
Es gibt keine allgemeingültige Regel, ob innere oder äußere Kriterien bei der Berufswahl stärker wiegen sollten. Doch es ist sinnvoll, die eigenen Motive und Wünsche kritisch zu hinterfragen. Wer sich bewusst mit den Auswahlkriterien auseinandersetzt und sich über mögliche Alternativen informiert, erhöht die eigenen Chancen, eine Lehrstelle im angestrebten Berufsfeld zu finden.

(Sozialpolitik, Ausgabe 2015/2016, hg. von der Stiftung Jugend und Bildung und dem Bundesministerium für Arbeit und Soziales, Eduversum GmbH, Wiesbaden, Arbeitsblatt: Berufswelt)

M 12 Motive – Ratschläge – Hindernisse

Ich bin sozial eingestellt und helfe gern anderen Leuten. Die Altenpflege ist da genau das richtige Arbeitsfeld für mich.

Bei *den* Noten *musst* du doch Medizin studieren!

In meiner Freizeit bin ich immer gern bei der Jugendfeuerwehr aktiv gewesen. Ich will deshalb Rettungsassistentin werden.

Mit *dem* Beruf kannst du dich ja gleich arbeitslos melden!

Ingenieure werden immer gebraucht.

Der Beruf hat bei uns Familientradition!

Ich will mit meinem Beruf ein gutes Image haben.

Tierärztin? Das wollte ich auch immer werden. Aber wie willst du davon leben?

Im Berufsinformationszentrum der Agentur für Arbeit habe ich einen Berufseignungstest gemacht. Seitdem bin ich mir sicher, dass ich Architekt werden sollte.

Ich würde gern einen Ermittler spielen, wie man das immer in Krimis sieht. Deshalb will ich Kriminalpolizist werden.

Mein bester Freund hat Bürokaufmann gelernt und ist mit seinem Beruf sehr zufrieden. Wir haben uns immer gut verstanden. Jetzt will ich das auch werden.

Meine Eltern haben mir geraten, einen sicheren Beruf zu wählen. Mein Vater war schon zweimal arbeitslos.

Lena möchte, seitdem sie als ein kleines Mädchen einen Chemiebaukasten geschenkt bekommen hat, den Beruf der Chemielaborantin erlernen. Sie hat auch gute Noten in Chemie und Biologie. In den letzten Jahren hat sie aber verschiedene Allergien beim Hantieren mit Chemikalien entwickelt.

(Autorentext)

1 Erläutert, was mit den „inneren“ und den „äußeren“ Kriterien einer Berufswahl gemeint ist (M 11). Tragt die dafür jeweils genannten Beispiele in eine Übersicht ein.

2 Ergänzt die Liste durch weitere Beweggründe und Einflüsse, die in den Beispielen von M 12 zur Sprache kommen.

3 Erörtert in Gruppenarbeit, wie stark die einzelnen von euch zusammengestellten Motive und Gründe die Wahl eines Berufes beeinflussen sollten. Einigt euch auf eine Rangliste von sieben Faktoren. Vergleicht anschließend die Ergebnisse der verschiedenen Gruppen miteinander.

4 Diskutiert, ob bzw. in welchen Situationen einige der „äußeren“ Kriterien bei einer Berufswahl wichtiger sein können als die persönlichen Interessen für einen Beruf. Erläutert das Problem anhand einiger Beispiele. Vielleicht kennt ihr solche auch aus eurem Bekanntenkreis.

M13 Handwerk für die Jungen – Sozialarbeit für die Frauen?

[...] Besonders überrascht war die Psychologin [Barbora Zimmer] von den Unterschieden zwischen den Geschlechtern. So haben 34 Prozent der rund 3500 Schülerinnen im Interessentest „Büro" angegeben, aber nur 14 Prozent „Handwerk" und sogar nur sechs Prozent „Technik". Geht man jedoch von den Potenzialen aus, würden wesentlich mehr Frauen (22 Prozent) zu „Handwerk" passen. Noch viel größer ist der Unterschied im Bereich „Technik". Nach ihren Potenzialen würden 20 Prozent zu dieser Berufsgruppe passen – und damit mehr als dreimal so viele wie nach dem Interessentest. [...]

(Bärbel Schwertfeger: Warum der Traumberuf häufig der falsche ist, 10.05.2014, welt.de, Axel Springer SE, Berlin; https://www.welt.de/wirtschaft/karriere/bildung/article127845972/Warum-der-Traumberuf-haeufig-der-falsche-ist.html [15.02.2021])

1 Erklärt, welche Gründe es dafür geben könnte, dass es zwischen den beruflichen Interessen von Schülerinnen einerseits und ihrem beruflichen Potenzial andererseits eine Diskrepanz gibt.

2 Vielleicht habt ihr schon einmal am Girls' Day bzw. Boys' Day teilgenommen. Stellt die Erfahrungen dar, die ihr dabei gemacht habt. Erklärt, ob sich dadurch eure Einstellung zu „typisch weiblichen" bzw. „typisch männlichen" Berufen geändert hat, und begründet euren Standpunkt.

M14 Technikberufe auch für Schülerinnen – ein Interview mit einer Expertin

sueddeutsche.de: Bei den beliebtesten Ausbildungsberufen von Schülerinnen ist kein einziger Technikberuf dabei, stattdessen haben seit Jahren Arzthelferin und Bürokauffrau einen festen Platz in den Top Ten. Warum bewegt sich da nichts?

Ursula Nissen: Es gibt mittlerweile schon mehr Frauen in Technikberufen. Aber die Veränderungen sind minimal.

sueddeutsche.de: Was versteht man eigentlich unter einem „Frauenberuf"?

Nissen: Als typische Frauenberufe gelten zum Beispiel Krankenschwester oder Erzieherin. [...] Viele junge Mädchen ergreifen diese Berufe mit der Begründung, sie könnten dann Arbeit und Familie besser vereinbaren. Dabei ist das in diesen Berufen gerade nicht der Fall. Die Technikberufe sind zum Beispiel sehr viel familien- und arbeitszeitfreundlicher als die Berufe in der Krankenpflege oder im Handel. Und Frauenberufe sind sehr häufig Sackgassenberufe: Es ist kein Aufstieg möglich. [...]

sueddeutsche.de: Warum wählen Frauen bei all diesen Nachteilen diese Berufe dann überhaupt?

Nissen: Junge Frauen haben wenig Wissen über die tatsächliche Berufsrealität und ihre Aufstiegschancen. Außerdem ist bei uns in der Bundesrepublik der gesellschaftliche Druck sehr hoch, dass die Frau einen Beruf haben sollte, der dem Geschlechtsrollenbild entspricht. [...]

sueddeutsche.de: Wie könnte man die Mädchen wieder für technische Berufe interessieren?

Nissen: [...] Einer Berufswahl geht die Berufsfindung voraus und die fängt schon im Kindergarten an. In diesem Prozess spielen die Eltern eine ganz große Rolle. [...] Für die Berufsberatung heißt das, dass sie unbedingt den familiären Hintergrund miteinbeziehen und schauen müsste, welchen Einfluss hatten denn die Eltern auf das, was die Mädchen dort als Berufswunsch vortragen.

[...]

sueddeutsche.de: Was ist mit der Schule?

Nissen: Mädchen unterschätzen ihre Fähigkeiten in den mathematisch-naturwissenschaftlichen Fächern immer noch. [...] In diesen Fächern und immer da, wo es um Computer und Internet geht, bräuchten die Mädchen einen monoedukativen Unterricht. Und zwar so lange, bis sie selbstbewusst genug sind, dass sie diese Geschlechterdifferenz überhaupt nicht mehr wahrnehmen. [...]

(„Mädchen sollten dahin kommen, sich jeden Beruf zuzutrauen" – Interview von Nicola Holzapfel mit Ursula Nissen [Deutsches Jugendinstitut München], Süddeutsche Zeitung Online, 11.05.2010, München; http://www.sueddeutsche.de/karriere/berufswahl-maedchen-sollten-dahin-kommen-sich-jeden-beruf-zuzutrauen-1.551698 [15.02.2021])

monoedukativer Unterricht: getrennter Unterricht von Jungen und Mädchen. Der gemeinsame Unterricht wird als koedukativ bezeichnet.

1 Nennt und erläutert die Gründe, die aus Sicht von Ursula Nissen für das geschlechtstypische Berufswahlverhalten von weiblichen Jugendlichen verantwortlich sind.

2 Erläutert die von Frau Nissen geäußerten Ideen, wie dem entgegengewirkt werden könnte.

3 a Im letzten Textabschnitt wird angeregt, für Mädchen in mathematisch-naturwissenschaftlichen Fächern einen monoedukativen Unterricht einzuführen.
- Was haltet ihr davon? Fällt zunächst ein spontanes Urteil.
- Wägt nun im Einzelnen Vor- und Nachteile gegeneinander ab und berücksichtigt dabei euch wichtig erscheinende Gesichtspunkte.
- Bildet euch unter Abwägung der angeführten Argumente ein abschließendes Gesamturteil. (Orientiert euch an der Methode „Politische Urteilsbildung", S. 145.)

3 b Befragt Schülerinnen an eurer Schule, die Kurse in mathematisch-naturwissenschaftlichen Fächern belegen, nach ihren Erfahrungen im koedukativen Unterricht (mit den Jungen) und wie sie demgegenüber einen monoedukativen Unterricht beurteilen würden.

3 c Diskutiert ggf. im Schülerrat, mit der Schulleitung oder auf Schulkonferenzen den Vorschlag, in mathematisch-naturwissenschaftlichen Fächern einen monoedukativen Unterricht einzuführen.

Den künftigen Veränderungen in der Arbeitswelt, den damit einhergehenden Anforderungen an Berufsqualifikationen und damit der Zukunft von Berufen haben wir ein eigenes Kapitel gewidmet (Kapitel 2, S. 32 ff.). Wenn ihr euch aber schon an dieser Stelle über dieses Thema informieren wollt, findet ihr hier hilfreiche Links: @ WES-116592-006

3. Mögliche Wege nach der Schule

M15 Berufliche Ausbildungswege

a) Duale Berufsausbildung

Die betriebliche – oder auch duale – Ausbildung ist die bekannteste Ausbildungsform und findet an zwei Lernorten statt: im Betrieb und an einer Berufsschule. Für eine duale Ausbildung können sich sowohl Haupt- und Realschüler [Abschluss Sek. I] als auch Abiturienten und Studienabbrecher bewerben. Vor Beginn der dualen Ausbildung schließt der Auszubildende mit dem zukünftigen Ausbildungsbetrieb einen Ausbildungsvertrag ab, der zum Beispiel Inhalte über die Ausbildungsvergütung und die Dauer der Ausbildung schriftlich festhält.

Der Berufsschulunterricht kann entweder regelmäßig ein- bis zweimal in der Woche oder als Blockunterricht stattfinden. Bei Letzterem besucht der Auszubildende die Berufsschule mehrere Wochen und legt in dieser Zeit auch Prüfungen ab. In dieser Theoriephase werden sowohl fachliche als auch allgemeinbildende Kompetenzen auf der Grundlage eines Rahmenlehrplans vermittelt. Die Praxisphase findet wiederum in einem Ausbildungsbetrieb statt. [...]

Ziel der Ausbildung ist, dass der Ausbildungsbetrieb die beruflichen Kenntnisse und Fähigkeiten vermittelt. Durch den Rahmenlehrplan ist die zeitliche und sachliche Gliederung der Ausbildung geregelt. Im Gegenzug muss sich der Auszubildende aktiv in das Unternehmen integrieren, um sich so die erforderlichen Kenntnisse und Fähigkeiten anzueignen.

(Tom Bodett: Duale Ausbildung, aubi-plus.de, ohne Datum, Hüllhorst; leicht verändert; https://www.aubi-plus.de/wegweiser/duale-ausbildung/ [15.02.2021])

b) Schulische Ausbildung

Neben der dualen Ausbildung gibt es die Möglichkeit einer vollschulischen beruflichen Ausbildung. Sie findet ausschließlich an schulischen Einrichtungen wie Berufsfachschulen statt und kann ein bis drei Jahre dauern. Praktika sind in der Regel ein Bestandteil der Ausbildung und stellen eine Verbindung zur echten Berufswelt her. Im Gesundheits- und Sozialwesen sind schulische Ausbildungen üblich. Es gibt sie aber auch in den Bereichen Gestaltung (z.B. Medien-, Textildesigner/-in) und Technik (z.B. Informatikassistent/-in, Medizinisch-technische/r Assistent/-in).

Neben den staatlichen Schulen bieten auch private Schulen eine Ausbildung an. Diese ist allerdings anders als die staatliche nicht kostenlos (außer bei Gesundheitsberufen). Berufsfachschüler bekommen in der Regel kein Ausbildungsgehalt. Sie können aber einen Antrag auf BAföG-Förderung stellen. Eine mögliche Förderung hängt vor allem vom Einkommen der Eltern ab.

(Autorentext)

	Duale Berufsausbildung	Schulische Berufsausbildung
Ausbildungsbereiche	• Industrie und Handel • Handwerk • Landwirtschaft • öffentlicher Dienst • freie Berufe (Arztpraxen und Apotheken, Rechtsanwalts- oder Steuerberaterkanzleien)	• Fremdsprachen • Gestaltung • Musik • Pflege- und Sozialbereich • Technik • Wirtschaft
Ausbildungsform	• Die Ausbildung erfolgt in Betrieb und Berufsschule. • Die Auszubildenden lernen im Betrieb vor allem praktische Fertigkeiten, in der Berufsschule theoretisches sowie allgemeinbildendes Wissen.	• Die Ausbildung erfolgt an Berufsfachschulen und Berufskollegs. • Die Schüler/innen haben Vollzeitunterricht, machen aber oft mehrwöchige Praktika.
Schulische Voraussetzungen	• Über die Voraussetzungen entscheiden die Ausbildungsbetriebe. • Welche Abschlüsse bei der jeweiligen Ausbildung vorausgesetzt werden, erfahrt ihr auf www.planet-beruf.de → Schüler/innen → Mein Beruf → Berufe von A – Z in den BERUFENET-Steckbriefen unter „Welcher Schulabschluss wird erwartet?“	• Die Voraussetzungen sind abhängig von der Berufsfachschule bzw. dem Berufskolleg sowie der Wahl der Ausbildung. • Meist wird mindestens ein mittlerer Bildungsabschluss vorausgesetzt.
Dauer der Ausbildung	• 2 bis 3,5 Jahre	• 2 bis 3,5 Jahre
Bewerbung	• Meist mindestens ein Jahr vor Ausbildungsbeginn • Bewerbung bei den Betrieben	• Meist ein Jahr vor Ausbildungsbeginn • Bewerbung direkt bei der Berufsfachschule bzw. beim Berufskolleg

[…]

(Auszug aus: planet-beruf.de: Duale und schulische Berufsausbildung im Vergleich, Bundesagentur für Arbeit, 27.07.2016, Nürnberg; https://www.planet-beruf.de/fr/eltern/ausbildung-beruf/arbeitsmarkt-berufe/weitere-beitraege-arbeitsmarkt-berufe/berufe-und-branchen/duale-und-schulische-berufsausbildung-im-vergleich/ [04.04.2018])

1 Erklärt die Besonderheiten und Unterschiede zwischen dualer und schulischer Ausbildung.

2 Stellt fest, welche Informationen die obige Tabelle über die zwei Textabschnitte hinausgehend enthält.

3 Erläutert, für welche Schülerinnen und Schüler wohl eher eine praxisorientierte Ausbildung infrage kommt, für welche nicht.

M16 Studium: Universität oder Fachhochschule?

Schulabgänger, die sich mit ihrem Abschluss nicht schon auf einen bestimmten Beruf und einen entsprechenden Ausbildungsgang festlegen wollen, können ein Studium beginnen. Ein Studienabschluss wird auch für höherqualifizierte berufliche Tätigkeiten vorausgesetzt. Ein Studium dauert bis zum Bachelorabschluss sechs Semester und bis zum Masterabschluss mindestens acht Semester. Studieren kann man an **Universitäten** und **Fachhochschulen.**

(Autorentext)

Universitäten [...] sind die beliebtesten Hochschulen in Deutschland: Mehr als 1,7 Millionen Studenten sitzen in den Hörsälen der 106 Unis zwischen Flensburg und Konstanz. Wählen können sie zwischen zahlreichen Fachrichtungen: Im Gegensatz zu anderen Hochschulen bieten Unis das gesamte Spektrum von Sprachen, Geistes- und Sozialwissenschaften über Medizin, Jura, Sport und Wirtschaft bis zu Natur- und Ingenieurwissenschaften an. [...]
Im Vergleich zur Fachhochschule sind viele Uni-Studiengänge nach wie vor eher wissenschaftlich ausgerichtet und bereiten nicht unbedingt auf ein spezifisches Berufsbild vor, sondern führen die Studenten lediglich grob in eine bestimmte berufliche Richtung. An der Uni bist du also richtig, wenn dein wichtigstes Ziel nicht das Turbo-Studium ist, das dich möglichst schnell zum ersten Job führt. Insbesondere dann, wenn du gerne wissenschaftlich arbeiten, nach dem Bachelor noch einen Master machen und vielleicht sogar promovieren möchtest, sollte die Uni deine erste Wahl sein. [...]
Fachhochschulen [...] sind die praxisorientierte Alternative zu Universitäten. Die Studieninhalte sind so angelegt, dass die Studierenden gezielt auf ihren späteren Beruf vorbereitet werden – häufig hört man in diesem Zusammenhang den Begriff „anwendungsorientiert". Dazu passt, dass viele der Dozenten und Professoren aus der Praxis kommen und den Studierenden daher aus erster Hand Einblicke in Arbeitsabläufe von Unternehmen vermitteln können. [...]

(einstieg.com: Uni oder Fachhochschule?, Einstieg GmbH, ohne Datum, Köln; https://www.einstieg.com/studium/uni-oder-fachhochschule.html [15.02.2021])

M17 Eine weitere Möglichkeit: ein duales Studium

Ein duales Studium kombiniert theoretische Studieninhalte mit praktischen Erfahrungen in einem Unternehmen. Für die Firma, in der du arbeitest, ist das ein echter Vorteil: Du lernst im dualen Studium so viel über den Beruf und die internen Abläufe, dass du in der Regel direkt nach Abschluss übernommen wirst.
Ein duales Studium ist nicht für jedermann geeignet. Du lernst jede Menge Stoff in recht kurzer Zeit: Büffeln andere in sechs oder sieben Semestern Bachelorstudium fast ausschließlich Theorie, musst du doppelt ran: Dual studieren bedeutet, neben der Theorie an der Hochschule auch die Arbeit in den Praxisphasen zu meistern. Voraussetzung für ein duales Studium sind also vor allem Durchhaltevermögen, Fleiß und Belastbarkeit. Dafür hast du im Idealfall aber am Ende deines dualen Studiums auch einen festen Job in der Tasche. Wenn du wirklich von den Vorteilen überzeugt bist und Lust auf die fachlichen Inhalte hast, wirst du die oft recht anstrengenden Studienphasen und das hohe Lernpensum problemlos meistern.
Duale Studiengänge können sich inhaltlich, aber auch in Sachen Ablauf und Aufbau stark unterscheiden. Wenn du also wissen willst, was in deinem Wunschstudium auf dich zukommt, solltest du dich vorab genau informieren. Entweder wechseln sich Lern- und Praxisphasen nach mehreren Wochen ab oder du hast feste Tage in der Woche, an denen du im Unternehmen bist oder an der Hochschule lernst. Außerdem gibt es weitere

Unterschiede: Das ausbildungsintegrierende duale Studium ermöglicht es dir, parallel zum Studium eine Berufsausbildung zu absolvieren. Dual studieren bedeutet hier also, dass du wechselweise im Betrieb, in der Berufsschule und an der Hochschule aktiv bist. Zudem stehen zwischendurch Prüfungen an, damit du am Ende des dualen Studiums einen Gesellenbrief der zuständigen Kammer in der Hand halten kannst. Das praxisintegrierende duale Studium sieht lediglich Arbeitsphasen vor, in denen du den Betrieb und die internen Arbeitsabläufe kennenlernst.

(einstieg.com: Duales Studium – Voraussetzungen, Ablauf, Bewerbung, Einstieg GmbH, ohne Datum, Köln; https://www.einstieg.com/studium/duales-studium.html [15.02.2021])

1 Ein Studium ist an einer Universität wie auch an einer Fachhochschule möglich. Erarbeitet die Unterschiede zwischen den beiden Hochschultypen bzw. dem Studium dort.

2 Recherchiert, welche Universitäten und Fachhochschulen es in eurer Region gibt.

3 Ermittelt die grundsätzlichen Unterschiede zwischen einer dualen Ausbildung und einem dualen Studium.

4 Arbeitet die Unterschiede zwischen einem Studium und einem dualen Studium heraus.

Was ihr jetzt wissen und können solltet:

- ✓ M S **U** H bewusst eine Entscheidung über die Schullaufbahn nach der Sekundarstufe I treffen;
- ✓ M S **U** H euch eurer persönlichen Interessen für ein Berufsfeld bzw. einen Beruf bewusst werden;
- ✓ M **S** U H zwischen dem Interesse für einen Beruf und dem Potenzial für die Ausübung eines Berufes unterscheiden und die Bedeutung dieser Unterscheidung erklären;
- ✓ **M** S **U** **H** ein Selbsteinschätzungsprofil anhand beruflich relevanter Stärken und Eigenschaften erstellen;
- ✓ **M** S **U** **H** eine Fremdeinschätzung der persönlichen Fähigkeiten vornehmen lassen, diese mit der Selbsteinschätzung vergleichen und kritisch reflektieren;
- ✓ **M** **S** U H Anforderungsprofile von Berufen mithilfe vorgegebener Kriterien recherchieren und ein Berufsporträt präsentieren;
- ✓ **M** **S** U **H** Methoden und Quellen für die Gewinnung von Berufsinformationen kennen und nutzen;
- ✓ M S **U** H Informationen über Berufsfelder und Berufe im Hinblick auf die spätere eigene Berufswahl reflektieren und bewerten;
- ✓ M **S** U H innere und äußere Kriterien der Berufswahl unterscheiden;
- ✓ M **S** **U** H verschiedene Motive und Gründe für eine Berufswahl kennen und bewerten;
- ✓ M S **U** H sich einer möglichen geschlechtsspezifischen Bedingtheit der Berufswahl bewusst werden;
- ✓ M **S** U H die Berufsausbildung in Form einer dualen und einer schulischen Ausbildung kennen;
- ✓ M **S** U H Unterschiede zwischen Universitäten und Fachhochschulen nennen;
- ✓ M **S** U H die spezifische Ausrichtung eines dualen Studiums im Vergleich zu einem nicht dualen Studium erklären

Was ihr wisst – was ihr könnt – wie ihr es seht

1. Ergänzt (im Heft) folgenden Satz:

Interessen sind wichtig, aber sie sind nicht alles bei der Berufswahl, weil …

2. Welche Stärken zeigt ihr in eurem Alltagsleben?

Ordnet die folgenden Beispiele A, B und C einer der Stärken bzw. Eigenschaften, die in M 8 genannt werden, richtig zu.

A. Der Umgang mit deinen Sachen:
1. Jeans & Co. muss ich beim Anziehen nicht lange suchen. Mein Kleiderschrank ist gut aufgeräumt.
2. Eselsohren gibt es bei mir nicht. Hefte sehen bei mir aus wie neu.
3. Mir ist es wichtig, dass meine Kleidung immer gepflegt aussieht.

Zutreffende Stärke/Eigenschaft: ???

B. Verein, Nebenjob, Ehrenamt:
1. Ich versäume keinen wichtigen Termin, auch wenn ich viel anderes erledigen muss.
2. Bei schwierigen Aufgaben überlege ich mir vorher genau, wie ich vorgehen will.
3. Ich werde oft gefragt, wenn etwas organisiert werden muss.

Zutreffende Stärke/Eigenschaft: ???

C. Hausaufgaben:
1. Ich versuche, Aufgaben erst einmal ohne fremde Hilfe zu lösen.
2. Ich arbeite auch dann gut, wenn mich keiner kontrolliert.
3. Wenn ich etwas wissen will, finde ich es allein heraus.

Zutreffende Stärke/Eigenschaft: ???

(planet-beruf.de: Übung: Wie schätzt du deine Stärken ein?, Bundesagentur für Arbeit, ohne Datum, Nürnberg; https://planet-beruf.de/fileadmin/assets/PDF/Einzelartikel/Schuelerarbeitsheft_09_10/SH_0910_Uebung_Staerken_einschaetzen.pdf, S. 10 [16.02.2021])

3. Eigener Berufswunsch gegen Elternwille

Die 19-jährige Leonie möchte gerne Mechatronikerin in einem KFZ-Betrieb werden. Ihre Eltern besitzen aber eine Bäckerei, die schon seit mehreren Generationen der Familie gehört. Sie möchten, dass auch Leonie das Backhandwerk lernt und später einmal den Betrieb übernimmt.

Stellt in einem Rollenspiel dar, wie der Konflikt zwischen Leonie und ihren Eltern ablaufen könnte. Zu welchem Ergebnis kommt ihr? Welche Argumente sind ausschlaggebend?

4. Kreativität gefragt

Entwerft Plakate, mit denen Werbung für Berufe gemacht werden soll, die normalerweise stark geschlechtsspezifisch gewählt werden. Die Jungen eurer Klasse gestalten ein Plakat, mit dem Jungen davon überzeugt werden sollen, einen „typischen Frauenberuf“ zu wählen. Umgekehrt gestalten die Mädchen ein Plakat, das junge Frauen dazu bringen soll, sich für einen „typischen Männerberuf“ zu entscheiden.

Wenn ihr noch mehr lernen wollt …

D1 Stärken in der Schule erfahren

Jeder Mensch hat Stärken. Wer seine noch nicht kennt, hat sie nur noch nicht entdeckt. Doch das lässt sich ändern. Die Schule bietet dir zahlreiche Gelegenheiten, deinen Stärken auf die Spur zu kommen. Vier Tipps, was du tun kannst:

1. Übernimm Aufgaben.
Stärken entdeckst und trainierst du, wenn du besondere Aufgaben übernimmst, z.B. als Klassensprecher/-in oder in der Schülervertretung. Hier lernst du, Verantwortung zu tragen, und trainierst Kommunikations- und Organisationsfähigkeit. Auch als Streitschlichter/-in kannst du eine Menge mitnehmen. Dort übst du besonders deine Konfliktfähigkeit und dein Einfühlungsvermögen.

2. Belege Wahlfächer.
Wahlunterricht ist eine gute Möglichkeit, deine Stärken kennenzulernen. Entdecke – je nach dem Angebot an deiner Schule – z.B. im Instrumentalunterricht, ob du musikalisches Talent hast. Prüfe im Wahlfach „Fremdsprache“, ob du sprachlich begabt bist. Oder komm im EDV-Unterricht deinem technischen Geschick auf die Spur.

3. Nutze freie Angebote.
An vielen Schulen gibt es „Arbeitsgemeinschaften“ – kurz AGs. Dort lernst du nicht nur deine Stärken kennen, sondern trainierst auch solche, an die du beim Thema der AG gar nicht gleich denkst. In der Theatergruppe verbesserst du z.B. nicht nur deine Schauspielleistung, sondern auch dein Textverständnis. In der AG Schülerzeitung wirst du nicht nur stark im Schreiben, sondern auch im Umgang mit Computern und Software-Programmen.

4. Nimm teil an berufsorientierenden Angeboten.
Stärken erkunden, die im Beruf wichtig sind – das kannst du, wenn du z.B. in der Schülerfirma deiner Schule mitarbeitest. Hier erhältst du gleichzeitig Einblick, worauf es im Berufsleben ankommt. Ähnliche Beobachtungen kannst du machen, wenn du an Schnuppertagen, Betriebserkundungen und Praktika teilnimmst, die deine Schule bei Firmen organisiert. Oder mach selbst ein freiwilliges Praktikum. So kannst du dir den Betrieb und den Beruf, den du erproben willst, frei aussuchen.

(planet-beruf.de: Hier zeigst du, was du kannst!, Bundesagentur für Arbeit, 01.10.2013, Nürnberg;http://www.planet-beruf.de/schuelerinnen/meine-talente/interessen-staerken/themenseite-basics-meine-talente/staerken-in-der-schule-zeigen/ [16.02.2021])

1 Informiert euch, inwieweit es die genannten (und ggf. weitere) Möglichkeiten an eurer Schule gibt, um persönliche Stärken zu erfahren. Listet diese auf.

2 Schreibt neben die Möglichkeiten die dabei jeweils zu entdeckenden Stärken.

3 Befragt Mitschülerinnen und Mitschüler, die an den Angeboten teilnehmen, nach den Stärken, die sie dabei für sich entdeckt haben. Ergänzt evtl. die angelegte Liste.

WORK
FROM
HOME

Arbeit 4.0

Work
Life
Balance

2

Die Welt verändert sich! – Wie werden wir in Zukunft arbeiten?

Darum wird es gehen

Unsere Arbeitswelt ist seit Jahren in einem fortschreitenden Wandel begriffen, der die Art der Arbeit, ihre beruflichen Formen und die Anforderungen an die Arbeitenden spürbar verändert hat und weiterhin verändert. Auch wenn der Beginn der Berufsausbildung für die meisten von euch noch nicht unmittelbar bevorsteht, kann es für euch lohnend sein, euch über den genaueren Charakter und die Hintergründe dieser Entwicklung zu informieren und euch darüber klar zu werden, was in naher Zukunft „auf euch zukommt", auf welche Möglichkeiten, Bedingungen und Erwartungen ihr euch also wahrscheinlich einstellen müsst.

Was ist überhaupt Arbeit? Warum wollen alle Menschen arbeiten? Wie beurteilen sie ihre Berufstätigkeit? Welche Bedeutung wird Arbeit für euer eigenes Leben haben? Um diese Fragen wird es im ***ersten Abschnitt*** *gehen.*

Im ***zweiten Abschnitt*** *könnt ihr untersuchen, inwieweit die gegenwärtige Arbeitswelt zu einem bedeutenden Teil Ausdruck eines durchgreifenden Strukturwandels im Verhältnis der drei großen Wirtschaftsbereiche zueinander ist. Eines Wandels, der ganz weitreichende Auswirkungen auf das Arbeiten in der Gegenwart hat.*

Im ***dritten Abschnitt*** *wird es um die Arbeit in der Zukunft gehen. Hier werden einige Trends aufgenommen und aktuelle Entwicklungen in ausgewählten Berufsfeldern vorgestellt, die auf eure eigene Berufswahl Auswirkungen haben könnten.*

Im ***vierten Abschnitt*** *geht es um die Auswirkungen der Digitalisierung auf die Arbeitsbedingungen. Zwei Beispiele sollen das verdeutlichen: die Forderung nach einer Anpassung der Arbeitszeiten in der digitalisierten Arbeitswelt und díe Diskussion um mögliche Vor- und Nachteile der Arbeit im Homeoffice.*

1. Ein Kickertisch am Arbeitsplatz? – Unterschiedliche Vorstellungen von Arbeit

Zum Einstieg:
Fallbeispiel

M1 Ein Arbeitsplatz im Silicon Valley

Nach Arbeit sieht es hier nicht aus. Schachfiguren thronen auf dem Tisch in der Küche. Hinter der nächsten Glaswand laden Kickertisch und Spielekonsole zum Daddeln ein. Im Vorraum liegen übergroße Spielwürfel als originelle Sitzgelegenheit auf dem Boden. Die Wand schmückt auf diesem Stockwerk ein überdimensionales Backgammon-Spiel. […]

(Jan Hauser: Büros im Silicon Valley – Bei der Arbeit zu Hause, 16.11.2016; © Alle Rechte vorbehalten. Frankfurter Allgemeine Zeitung, Frankfurt am Main; http://www.faz.net/aktuell/stil/drinnen-draussen/arbeiten-im-silicon-valley-ist-schoener-als-wohnen-14510829.html?printPagedArticle =true#pageIndex_0 [12.04.2018])

1 Wäre das der Arbeitsplatz, den ihr euch für später wünschen würdet? Schreibt auf, was euch wichtig wäre.

2 „Nach Arbeit sieht es hier nicht aus." Versucht möglichst genau zu beschreiben, woran man eurer Meinung nach Arbeit erkennt.

M2 Was ist Arbeit?

a) Arbeit ist jede zielgerichtete, planmäßige Tätigkeit zur Befriedigung eines Bedürfnisses, bei der geistige und/oder körperliche Kräfte eingesetzt werden. Tätigkeiten, die nicht in erster Linie wirtschaftlichen Zwecken dienen, z. B. Erziehungsarbeit und häusliche Pflege in der Familie oder ehrenamtliche Tätigkeit, gewinnen in der gesellschaftspolitischen Diskussion über Arbeit an Bedeutung.

(Schülerduden Wirtschaft, Dudenverlag, Mannheim, 3. Aufl. 2002, S. 26)

b) In der Arbeit betätigt der Mensch seine Fähigkeiten; sie ist Teil seiner Selbstverwirklichung. Die alte Wortbedeutung von „Mühe und Plage" macht sich heute noch in einigen ungeliebten Arbeiten wie Hausarbeit oder Klassenarbeiten bemerkbar. Arbeit ist von Erwerbsarbeit zu unterscheiden: Z. B. leisten Mutter und Vater (unbezahlte) Erziehungs- und Hausarbeit, Erwerbstätige leisten dagegen Erwerbsarbeit, mit der sie Einkommen erzielen.

(pocket Wirtschaft in Deutschland, Bundeszentrale für politische Bildung, Bonn 2006, S. 6)

c) Arbeit ist jede planmäßige menschliche Tätigkeit, die auf Erzielung von Einkommen zur Bedarfsdeckung gerichtet ist.

(Das Lexikon der Wirtschaft, Bundeszentrale für politische Bildung, Bonn 2004, S. 11)

d) Arbeit ist zweckorientierte, also bewusste und planmäßige Tätigkeit des Menschen unter Verausgabung körperlicher und geistiger Kräfte; zu unterscheiden von Spiel und Sport. Arbeit gehört ihrem Wesen nach zur Selbstverwirklichung des Menschen.

(Hanno Drechsler/Wolfgang Hilligen/Franz Neumann: Gesellschaft und Staat – Lexikon der Politik, Vahlen, München 2003, S. 31)

1 Untersucht vergleichend die vier Begriffsbestimmungen (Definitionen) von „Arbeit" und erläutert, was sie gemeinsam haben bzw. worin Unterschiede liegen.

2 Den Unterschied zwischen „Erwerbsarbeit" und „Nicht-Erwerbsarbeit" habt ihr erläutert, aber wodurch unterscheidet sich dann „Nicht-Erwerbsarbeit" von „Spiel" oder „Sport"?

3 In den Definitionen (M 2) werden auch noch andere Unterscheidungsmerkmale angesprochen. Erarbeitet ein Schema, in dem ihr den folgenden Unterscheidungsmerkmalen jeweils konkrete Beispiele zuordnet: Handarbeit – Kopfarbeit, freiwillige Arbeit – Pflichtarbeit, selbstständige – unselbstständige/abhängige Arbeit.

4 Erläutert, in welchem Sinn eure Schularbeit „Arbeit" ist.

Blickwinkel

„Arbeit – lästig oder Lebensinhalt?" Zu diesem Thema lässt sich wunderbar diskutieren. Bereitet eine Talkshow vor, in der die in M 3 vorgestellten vier Personen ihre Einstellungen zum Thema Arbeit verdeutlichen. Am besten bereiten zwei Schülerinnen/Schüler die Moderation vor und eine/einer davon übernimmt die Gesprächsleitung. Methodische Hinweise, die ihr vorab lesen solltet, findet ihr auf S. 38 f.

M 3 Wie unterschiedlich Arbeitende ihre Arbeit beurteilen

a) Mathias Buchholz, Sterne-Koch in Berlin

[Nach mittlerer Reife und der Ausbildung zum Koch arbeitete Mathias Buchholz in Spitzenrestaurants in ganz Deutschland.] „Hier arbeiten wir in der Regel von morgens elf bis abends elf – für die Gastronomie sind das sehr humane Zeiten. [...] Ich mache jede Arbeit, auch wenn ich hier der Chef bin. Und wenn zu wenige Leute da sind, fege ich auch mal die Küche oder schrubbe den Hackklotz. Ich denke, ich habe eine Vorbildfunktion, denn mein Team ist sehr jung. Ich habe 13 Köche, die entweder gerade ihre Lehre oder ihre

erste Stelle hinter sich haben, und vier Auszubildende. [...] Um 19 Uhr startet in der Küche jeden Abend so etwas wie ein Formel-Eins-Rennen. Man muss zwei Stunden lang Hochleistung bringen. Und zwar 100 Prozent, nicht bloß 95. Zehn zufriedene Gäste wiegen nicht einen unzufriedenen auf. Das ist kein Job, das ist harte Arbeit.
[...] Aber Kochen hat auch etwas mit Leidenschaft zu tun, mit Liebe und mit Engagement. Man muss Freude am Detail haben und Spaß daran, etwas Neues auszuprobieren. Dann kann man Menschen für zwei, drei Stunden glücklich machen. [...]
Heute wird es wohl bis um halb elf gehen. Beim Aufräumen werden wir noch den nächsten Tag besprechen. Und wenn ich dann zu Hause bin, korrigiere ich vielleicht noch die Rezepte für einen Kochkurs. Vermutlich wird es dann wieder halb zwei sein – nach der Arbeit kann man sowieso nicht sofort ins Bett gehen. Natürlich ist das, was ich mache, am Ende doch nur Kochen und nichts weiter als Kochen. Doch von den 20 Jahren, die ich das jetzt bald so mache, gibt es vielleicht 20 Tage, an denen ich es verflucht habe. Kann es trotz 70-Stunden-Woche eine größere Zufriedenheit geben?“

(Gunthild Kupitz: „Dirigent am Herd“, Süddeutsche Zeitung Online, 17.05.2010, München; https://www.sueddeutsche.de/karriere/mein-arbeitstag-dirigent-am-herd-1.563016 [14.04.2021])

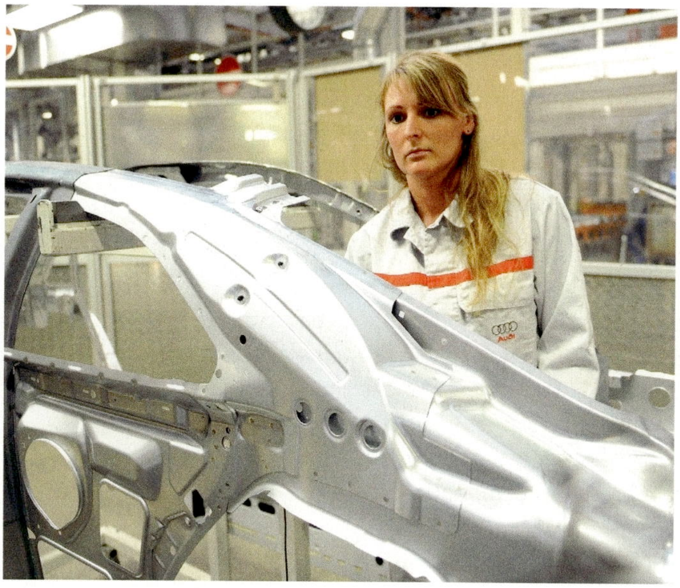

b) Arbeiterin in der Produktion (anonymer Weblog-Eintrag)

„Hallo,
ich bin w, 32 und arbeite seit nunmehr 2 Jahren in der Produktion. Eigentlich komme ich vom Büro, jedoch scheint es da so überlaufen zu sein, was freie Stellen betrifft, dass ich notgedrungen die Produktionsstelle angenommen habe und nun will mich im Büro offensichtlich erst recht kein Arbeitgeber mehr, da ich ja schon zu lang branchenfremd arbeite.
Das Problem ist, dass mich mein Job zu Tode langweilt. Mir graut es vor jedem neuen Arbeitstag. Ich stehe 8 Stunden täglich am Fließband und muss Teile abnehmen, während ich auf eine graue Betonwand starre. Musik hören ist verboten, es ist heiß, stickig, die Arbeit ist körperlich sehr anstrengend, da es sich um schwere Teile handelt.
Ich habe jeden Tag das Gefühl, einfach nur schreiend wegrennen zu wollen und es einfach nicht mehr zu packen. Zudem kann ich mit kaum wem darüber sprechen, da ich immer nur höre „Sei doch froh, dass du überhaupt einen Job hast!“ oder „Ist doch egal, woher dein Geld kommt!“. Der Lohn ist gelinde gesagt auch unter aller Kanone, ich bekomme grade mal 1200 brutto. Wie viel mir davon bleibt, muss ich ja sicherlich nicht erst erzählen.
Ich bin mit meinem Latein sowas von am Ende, habe schon an Umschulung gedacht, weiß aber nicht, als was und ob das überhaupt etwas nützen könnte. Ich hasse meinen Job so sehr und noch mehr hasse ich die Tatsache, dass ich da offensichtlich nicht mehr rauskomme, weil ich nirgendwo anders genommen werde. Habt ihr einen Rat für mich?“

(anonymer Eintrag vom 31.5.201, hilferuf.de, Bremen; https://www.hilferuf.de/forum/beruf/224203-mein-job-langweilt-mich-zu-tode-ich-halt-es-nicht-mehr-aus.html; Grammatik und Rechtschreibung korrigiert [12.04.2018])

c) Michael Ungermann, Systemingenieur

„Ich bin Systemingenieur und arbeite in der Plattformentwicklung von elektrischen Antrieben für Hybrid- und Elektrofahrzeuge. Ich koordiniere das Zusammenspiel von Leistungselektronik, Software und elektrischer Maschine. Die Plattform ist eine Lösung für Automobilhersteller, die mit geringem Aufwand an Spezialwünsche angepasst werden kann. [...]

Für diese Aufgabe finde ich zunächst heraus, welche Anforderungen die Kunden haben und welche zum Beispiel durch Emissionsgesetze oder Sicherheitsanforderungen vorgegeben sind. Die Wünsche sind meist relativ abstrakt und es muss dann „übersetzt werden", was das für die Komponenten bedeutet. Anschließend setze ich mich mit den Kollegen zusammen, die zuständig sind für Softwareentwicklung und die Entwicklung von Sensoren und Maschinen, um ein Konzept zu erarbeiten, mit dem die Wünsche der Kunden erfüllt werden können. Meist startet die Idee für eine Umsetzung mit Bleistift und Papier oder am Whiteboard. Zur Umsetzung sind manchmal auch Simulationen nötig – die machen wir dann selbst.

Ich bin nicht direkt an der Herstellung beteiligt, sondern am Schritt davor. Aber trotzdem identifiziere ich mich sehr mit dem Produkt, dem fertigen Antrieb – ohne den gibt es schließlich keine Elektrofahrzeuge. Insofern ist das fertige Fahrzeug dann schon auch mein „Baby".

Mir ist einerseits wichtig, dass meine Arbeit eine Relevanz hat und dass ich nicht für die Schublade produziere. Ich kann [...] Veränderungen erzielen, und zwar gleich zweifach: Als Systemingenieur kann ich die Entwicklung stark beeinflussen, denn ich bin für die Konzepte verantwortlich. Und darüber hinaus hat die Entwicklung von umweltfreundlichen Fahrzeugen eine große gesellschaftliche Relevanz. Ich habe damit direkten Einfluss auf gesamtgesellschaftliche Fragen – deshalb bin ich sehr zufrieden mit dem Produkt, an dessen Herstellung ich beteiligt bin.

Außerdem finde ich es toll, dass ich einen so großen Gestaltungsspielraum habe: Ich kann selbst entscheiden, wie eine bestimmte technische Lösung aussehen wird. [...]"

(Spaß an der Arbeit – „Das fertige Produkt ist mein Baby", Interview: Carolin Metz, 22.08.2012, e-fellows.net, München; http://www.e-fellows.net/Karriere/Unsere-Partnerunternehmen/Robert-Bosch/Ingenieure-von-Bosch-im-Interview-Spass-an-der-Arbeit, Zwischenüberschriften und Firmennamen entfernt [12.04.2018])

d) Anna Thomas*, Altenpflegerin

Im Gespräch mit Autorin Anna-Louisa Hortien erzählt Anna Thomas (Name geändert), was ihren Beruf so hart macht – und so schön.

Frau Thomas, Sie sind jetzt seit fünf Jahren in der Pflege tätig. Was lieben Sie an Ihrem Job?

Thomas: Die Arbeit mit Menschen. Die Gewohnheit, morgens die Bewohner wiederzusehen, die sich auf mich freuen. Tiefgründige Gespräche, die gemeinsamen Essenszeiten. Vieles in meinem Beruf passiert auf der Gefühlsebene, da sind viele Momente der Freude dabei. Auch die Dankbarkeit der Angehörigen tut gut. Die bringen auch mal Blumen oder Schokolade vorbei. Wir machen viel Blödsinn unter den Kollegen. Der Job ist hart und oft traurig, aber deshalb darf man den Spaß nicht verlieren.

Was sind denn negative Aspekte?

Thomas: Zum einen ist da die Schichtarbeit. [...] Familie und Beruf zu vereinen, ist nicht leicht. Außerdem arbeitet man oft zwischen zehn und vierzehn Tagen am Stück.

Doch schon ab dem achten oder neunten Tag funktioniert man nur noch. Das ist schade. Gerade in einem Beruf, in dem man jeden Tag hundert Prozent geben sollte. Ich arbeite jetzt gerade mal fünf Jahre in der Pflege und habe meine Stelle schon von 100 auf 85 Prozent reduziert, weil ich auch mal Zeit für mich brauche. Und natürlich hakt es auch bei der Bezahlung. Ich weiß, dass viele meiner Kollegen denken: „Ich muss so viel arbeiten, und am Ende des Monats ist nur so wenig Geld übrig. Da kann ich mir auch einen anderen Job suchen und spare mir den emotionalen, psychischen und körperlichen Stress."
[...]

Wünschen Sie sich manchmal auch mehr Zeit für die Bewohner?

Thomas: Zu meiner Ausbildungszeit habe ich mir das oft gewünscht. Damals haben wir häufig in Unterbesetzung gearbeitet. Ich kam nach Hause und habe geweint. Ich habe mich schlecht gefühlt. Wie ich die Leute teilweise behandeln musste – es war nicht so, dass ich gewalttätig war, aber es musste alles sehr schnell gehen. Man verliert dabei das Herzliche. [...]

In der Einrichtung, in der ich jetzt bin, ist alles entspannter. [...] Natürlich wollen die Bewohner immer noch mehr Aufmerksamkeit. Viele haben keine Angehörigen mehr. Das heißt, wir kümmern uns auch um Sachen, die wir gar nicht machen müssten. Zum Beispiel mal Schokolade mitbringen, wenn sie uns darum bitten.
[...]

Was könnte man tun, damit der Job attraktiver wird?

Thomas: Man müsste in der Öffentlichkeit besser darstellen, was die Altenpfleger machen. Damit nicht mehr das Bild vorherrscht, wir seien nur mit der Körperpflege, dem Bettenmachen und Pillenverteilen beschäftigt. Die wenigsten wissen, dass viel mehr Medizinisches dahintersteckt. Wir machen im Prinzip das Gleiche wie eine Krankenschwester. Trotzdem sind die Altenpfleger nicht so hoch angesehen. Natürlich müssten sich auch die Dienstzeiten und das Gehalt verändern. Man braucht mehr freie Tage, um sich zu entspannen. Es ist nun mal ein anderer Job, als den ganzen Tag am Schreibtisch zu sitzen und Finanzen zu prüfen.

(„Pflegerin gibt Einblicke: So ist der Alltag von Pflegekräften" von Anna Thomas*; Anna-Louisa Hortien, Frankfurter Neue Presse online, 01.12.2018, Frankfurt/Main; https://www.fnp.de/lokales/wetteraukreis/man-verliert-herzliche-10786404.html [11.06.2021])

* Der Name der Altenpflegerin wurde geändert, da sie anonym bleiben möchte. Aus Angst um ihren Job. Sie ist schon einmal mit ihrer Meinung an die Öffentlichkeit getreten und hat dabei negative Erfahrungen gemacht.

Methode – Eine Talkshow vorbereiten und durchführen

Vielleicht kennt ihr Talkshows bereits aus dem Fernsehen: Ein Moderator oder eine Moderatorin lädt Gäste ein, mit denen er/sie über ein bestimmtes Thema spricht. So werden in der Talkshow idealerweise möglichst unterschiedliche Sichtweisen auf ein Thema deutlich. Diese Methode sollt ihr nun auf die Frage „Arbeit – lästig oder Lebensinhalt?" anwenden. Folgt bei der Vorbereitung, Durchführung und Auswertung den folgenden Schritten.

Vorbereitung

1. Teilt die Texte M 3 a bis M 3 d auf, lest den Bericht eurer jeweiligen Person durch und untersucht, welches Verhältnis sie oder er zu seiner Arbeit hat. Hilfsfragen: Was schätzt er/sie an seiner Arbeitstätigkeit, was macht ihm/ihr Probleme, was bedeutet ihm/ihr seine/ihre Arbeit?
2. Entwerft daraufhin für diese Person eine „Rollenkarte" für die Teilnahme an der Talkshow.
3. Für die Moderatoren:
   a) Zwei Mitglieder aus der Klasse sollten sich auf die Moderatorenrolle vorbereiten. Sie sollten die Texte in M 3 ebenfalls gründlich durchlesen und Fragen formulieren, die die Talk-Gäste – ihrem Profil entsprechend – möglichst unterschiedlich beantworten sollen.
   b) Überlegt, wie er/sie zu dieser Einstellung gekommen sein könnte und wie er/sie sie gegen Andersdenkende verteidigen würde.

c) Bereitet ein Eingangsstatement von 2 Minuten in schriftlicher Form vor, mit dem ihr auf die Frage, die Gegenstand der Talkshow ist, antwortet.

Durchführung

1. Führt nun die Talkshow durch und versucht anschließend zusammenzufassen, worin die wichtigsten Unterschiede zwischen den vier Berufstätigkeiten, ihren Anforderungen und Belastungen liegen.
2. Die Zuschauer sollten beobachten und notieren, ob sich die Talkshowgäste an ihre Rollenbeschreibungen gehalten haben.

Auswertung

1. Gebt den Talkshowgästen und Moderatoren eine kurze Rückmeldung über ihr Auftreten. War ihr Verhalten authentisch und passte es zur vorgegebenen Rolle? Wurden die unterschiedlichen Vorstellungen von Arbeit deutlich genug?
2. Die Übersicht M4 verdeutlicht, welche Funktionen Arbeit für den Menschen haben kann. Versucht die Vorstellungen der Talkshowgäste in dieses Schaubild einzuordnen.
3. Für den Fall, dass ihr einmal eure Position deutlich machen und vertreten sollt: Verfasst ein persönliches Fazit: „Für mich soll Arbeit später vor allem ..."

(Autorentext)

M4 Wozu arbeiten? Ein Schaubild

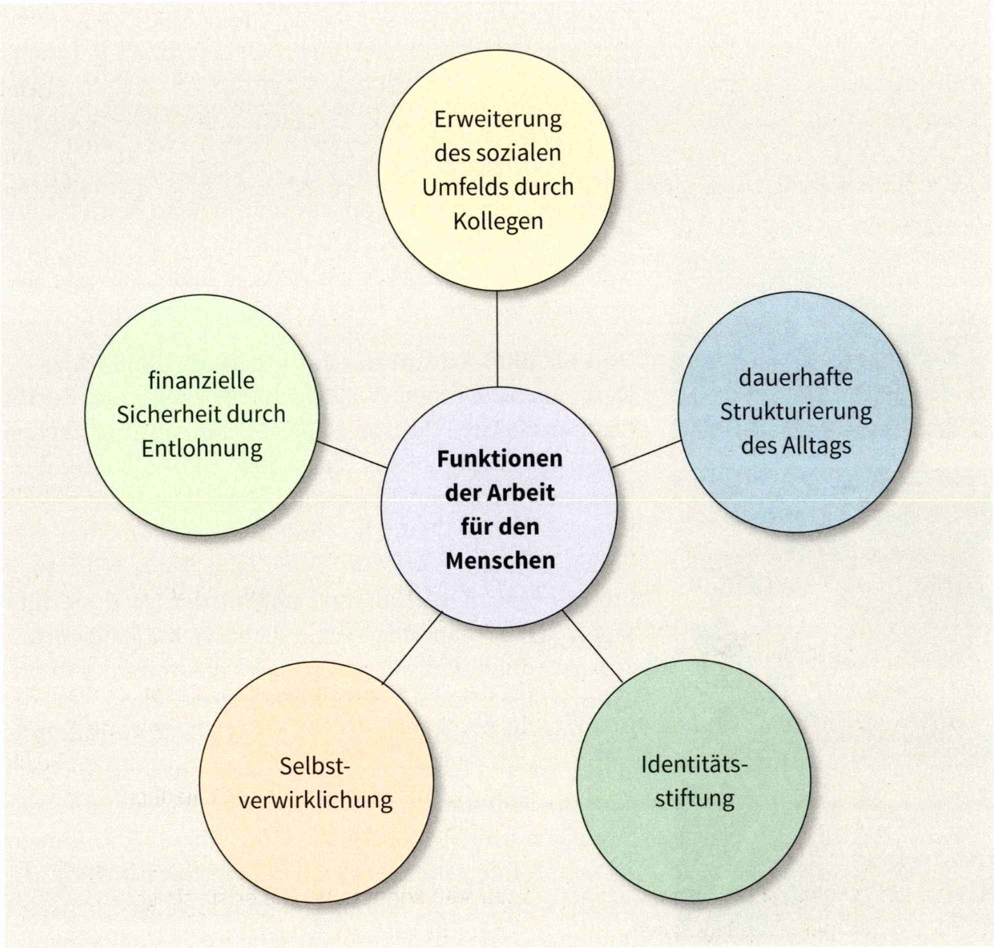

(Schaubild: R. Kinzl)

2. Wirtschaftsstrukturen verändern sich

Die Wirtschaft eines Landes und damit auch die Arbeitswelt ändern sich im Laufe der Zeit. Welche Möglichkeiten ihr dann nach eurer Schulzeit habt und wie die Arbeitswelt aussieht, hängt ganz maßgeblich davon ab, ob und welche strukturellen Veränderungen es gegeben hat. Innerhalb der letzten Jahrzehnte hat sich Arbeit im Allgemeinen, aber auch das, was sich Menschen durch sie erhoffen, deutlich verändert. Über diese Veränderungen informiert dieser Abschnitt.

Fallbeispiel

M5 Das Ruhrgebiet

Ausstieg aus dem Bergbau – Deutschlands letzte Kumpel

Tausendzweihundert Meter unter Bottrop-Kirchhellen hat alles seinen Platz. Jede Maschine. Jedes Werkzeug. Jeder Kumpel. Und Frank Jablonek, 44 Jahre alt, Markennummer 7312, Schalke-Fan, hat seinen ganz vorne. An der Front. Vier Kilometer entfernt vom Aufzugsschacht. Vor Kohle. Wo es laut ist und dreckig. Wo er mit vier anderen Kumpeln den Walzenschrämlader bedient, ein archaisches [grobes] Ding, 20 Tonnen schwer, das mit riesigen Meißeln die Kohle mechanisch aus dem Flöz [der Erd- oder Gesteinsschicht] kratzt.

Jablonek ist ein Kerl mit breitem Kreuz und Händen, mit denen er zur Not die Kohle auch selbst rausholen könnte. Einer Stimme, deren Dröhnen Druckwellen auslöst, und einer Lunge, die „ziemlich am Arsch“ ist. Nicht wegen zwanzig Jahren unter Tage – „Staublungen gibt es schon lange keine mehr“ –, sondern wegen zwei Schachteln Zigaretten jeden Tag über Tage. Sodass es die letzten beiden Male schon knapp war für ihn beim Betriebsarzt. Nur wer dort den jährlichen Belastungstest besteht, darf weiter einfahren. „Aber ich muss ja leider sowieso nur noch ein Mal durchkommen.“ Dann ist es vorbei.

Walzenschrämlader, Abbaugerät im Steinkohlebergbau

Von 600.000 Kumpeln sind nur noch 3900 übrig

Denn am 31. Dezember 2018 schließt auch diese Zeche, Prosper-Haniel, Bottrop. Gelegen am nordwestlichen Rand des Ruhrgebietes. Das letzte aktive Steinkohlebergwerk zwischen Rhein und Ruhr. Die letzten 3900 Kumpel. Voraussichtliche Förderleistung 2016: drei Millionen Tonnen. Noch ein gutes Jahr. Dann wird auch Prosper-Haniel verfüllt und abgeworfen, wie sie hier sagen, wenn man eine Zeche dichtmacht. Danach findet der Kohlenpott nur noch im Bergbaumuseum in Bochum statt.

Das Ruhrgebiet, das waren einst fast 150 Zechen. Bochum, Herne, Essen, Dortmund, Gelsenkirchen, Oberhausen, Hamm, Kamp-Lintfort. Das waren Ende der Fünfziger an die 600.000 Kumpel, die 150 Millionen Tonnen Kohle zutage förderten. Treibstoff für das Wirtschaftswunder. Das waren mal unzählige Bergbausiedlungen. Baugleiche Häuschen, eins neben dem anderen, geschwärzte Fassaden schon nach kurzer Zeit, vor dem

Haus eine Bank, dahinter ein Gärtchen. Das waren Hunderte Bergmannsvereine. Das war mal: schmutzig, aber echt.

Tief im Westen, wo die Sonne verstaubte. Wo es viel besser war, als man im Rest der Republik glaubte. Das waren Trinkhallen an jeder Ecke. Das war ab Mitte der Sechziger der beginnende Niedergang der deutschen Kohle. Weil sie zu teuer zu fördern war. Zu viele Subventionen [staatliche Unterstützungen] verschlang. Das waren immer wütendere Proteste ab den Siebzigern. Das waren 1985 noch 138.000 Kumpel, 1995 73.000 und 2011 weniger als 20.000. [...]

Der Landstrich, er hat sich verändert. Keine Bergmannsvereine mehr. Nur noch Ehemaligentreffen. Ein paar Kumpel noch. Kaum noch Trinkhallen. Unzählige Zechenstraßen und Glückaufstraßen. Noch nicht umbenannt. Viel Erinnerung. Stillstehende Fördertürme als Denkmäler. Auf ehemaligen Zechengeländen Loftsiedlungen und Kreativbüros. Struktur gewandelt. Dienstleistung statt Schwerindustrie. Saubere Luft. Saubere Arbeitsplätze. Ob besser oder nicht. Ein anderes Ruhrgebiet. Weil nichts für immer bleibt, wie es war. [...]

(Marco Lauer: Ausstieg aus dem Bergbau – Deutschlands letzte Kumpel, 02.11.2016, Tagesspiegel Online, Berlin; https://www.tagesspiegel.de/themen/reportage/ausstieg-aus-dem-bergbau-deutschlands-letzte-kumpel/14763068.html [14.04.2021])

1 Erklärt in eigenen Worten, was die Überschrift „Deutschlands letzte Kumpel“ bedeutet.

2 Stellt die im zweiten Abschnitt genannten Zahlen in einem Balkendiagramm dar. Welche Informationen lassen sich entnehmen? Notiert sie zum Balkendiagramm.

3 Untersucht, welche weiteren Folgen des Strukturwandels im Ruhrgebiet im Text genannt werden, und notiert sie.

V Recherchiert, welche politischen Maßnahmen im Ruhrgebiet getroffen worden sind, um die negativen Auswirkungen des Strukturwandels abzumildern. Stellt eure Ergebnisse in der Klasse vor. 2.1, 2.2

Am Beispiel der Bergarbeit im Ruhrgebiet zeigen sich allgemeine Entwicklungen, die sich fast im gesamten Bereich der Wirtschaft schrittweise vollzogen haben. Die folgenden Materialien geben euch einen Überblick über die Geschichte der Arbeit und den Strukturwandel. Vielleicht kennt ihr die Begriffe 1.0 oder 2.0 aus der Softwareentwicklung. Damit werden unterschiedliche Versionen eines Programms bezeichnet. Diese Begrifflichkeiten wurden von Wissenschaftlern auch auf die Entwicklungen der Industrie übertragen. Während sich das folgende Material mit der Arbeit 1.0 bis 3.0 beschäftigt, wird auf den Begriff „Industrie 4.0“ im Anschluss näher eingegangen.

M6 Geschichte der Arbeit – von der Industrie 1.0 zur Industrie 3.0

Industrie 1.0

Mit der Dampfmaschine startet Ende des 18. Jahrhunderts die erste industrielle Revolution. Sie geht von Großbritannien aus und erfasst später ganz Europa. Maschinen ersetzen zunehmend die menschliche Arbeit; die durch Kolben erzeugte mechanische Energie wird zum Antrieb für Lokomotiven und die beginnende Textilindustrie. Da für die Verbrennung viel Kohle benötigt wird, wird auch der Bergbau immer wichtiger.

Die Dampfmaschine ermöglichte die erste industrielle Revolution.

Zu Beginn der Massenproduktion wird noch von Hand montiert.

Roboter übernehmen die Arbeit von Menschen.

Industrie 2.0

Anfang des 20. Jahrhunderts beginnt mithilfe elektrischer Energie die arbeitsteilige Massenproduktion. 1913 startet Henry Ford mit der Fließbandfertigung von Automobilen und der Unterteilung der Produktion in einzelne, spezialisierte Arbeitsschritte. Zu Beginn wird noch von Hand montiert, später werden aus Kostengründen immer mehr Prozesse automatisiert.

Industrie 3.0

Ende der 1970er-Jahre revolutioniert der Computer die Arbeitswelt. Erfunden hatte ihn Konrad Zuse schon 1938, doch zunächst war er als teures Spielzeug verlacht worden. Jetzt beginnt der Siegeszug der Elektronischen Datenverarbeitung, kurz EDV.

Banken und Versicherungen setzen Textverarbeitungssysteme ein und nutzen Computer für Berechnungen, in die Werkshallen ziehen computergestützte Roboter ein. Schwierige und gefährliche Arbeiten wie Stanzen oder Schweißen werden seitdem von Automaten erledigt, mit einer für Menschen unmöglichen Präzision.

(Kerstin Deppe: Geschichte der Arbeit – Arbeit 4.0, 26.10.2017, planet-wissen.de, Köln; http://www.planet-wissen.de/gesellschaft/arbeit/die_geschichte_der_arbeit_und_was_sie_heute_bedeutet/arbeit-vier-punkt-null-100.html [12.04.2018])

1 Erstellt in Partnerarbeit eine Übersicht über die drei Revolutionen im Bereich der Wirtschaft und notiert wesentliche Inhalte.

2 Stellt für das Beispiel „Automobilindustrie“ die jeweiligen Veränderungen in den drei Phasen heraus. Fügt dafür eine eigene Spalte ein.

3 Welche Chancen und Risiken ergeben sich eurer Meinung nach durch den zunehmenden Einsatz von Robotern? Sammelt Argumente in einer Tabelle nach dem folgenden Muster und nehmt begründet Stellung.

Chancen des zunehmenden Einsatzes von Robotern	Risiken des zunehmenden Einsatzes von Robotern
???	???

M 7 a Wirtschaftsstruktur im Wandel

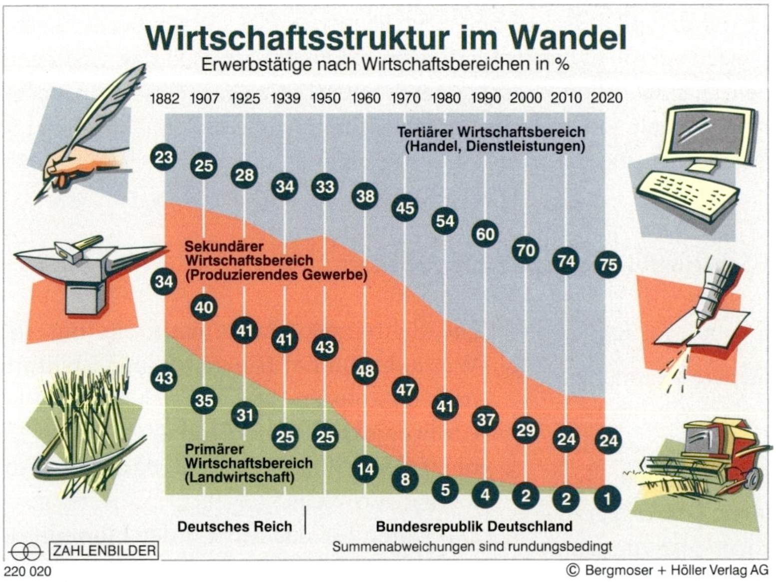

M 7 b Bereiche der Wirtschaft – Wirtschaftssektoren

Wirtschaftssektoren		
Primärer [erster] Sektor	**Sekundärer [zweiter] Sektor**	**Tertiärer [dritter] Sektor**
umfasst die ursprüngliche Produktion, auch **Urproduktion** genannt. Das bedeutet, dass in diesem Bereich die Rohstoffe für die weitere Verarbeitung abgebaut und geliefert werden. Hier geht es also um die Beschaffung der noch unverarbeiteten Güter direkt aus der Natur. Zum ersten Sektor gehören Landwirtschaft, Fischerei, Forstwirtschaft, Jagd und Gewinnung von Bodenschätzen, wie zum Beispiel Kohle. […]	auch **industrieller Sektor** genannt. Wie der Name schon verrät, steht die Industrie im Mittelpunkt. Hier werden die Rohstoffe des ersten Sektors weiterverarbeitet. Neben der Industrie zählen auch das Handwerk, die Energie- und Wasserversorgung und das Baugewerbe zu diesem Bereich. Der Sekundärsektor benötigt also viele Maschinen und die Rohstoffe zur Weiterverwendung. […]	auch **Dienstleistungssektor** genannt. In diesem dritten Bereich werden die Güter verteilt und verbraucht. Alle Berufe, die nicht den ersten beiden Sektoren zugeteilt werden können, fallen unter diesen Bereich. Banken, Handel, Verwaltungen, Ärzte, Journalisten, Anwälte, Gastgewerbe, Versicherungen, Kulturschaffende und viele weitere bilden den Dienstleistungssektor. […]

(Schaubild: R. Kinzl; Text: Lexikon: Wirtschaftssektoren, 20.07.2014, helles-koepfchen.de, Mainz; https://www.helles-koepfchen.de/artikel/3562.html [14.04.2021])

1 Beschreibt die Grafik M 7 a und erklärt zunächst mithilfe der Erklärungen aus M 7 b, was die Prozentzahlen und Flächenanteile angeben.

2 Analysiert anschließend die dargestellte Entwicklung. Verwendet dabei die Begriffe „Agrargesellschaft", „Industriegesellschaft" und „Dienstleistungsgesellschaft".

3 Stellt Vermutungen an: Wie wird die Wirtschaftsstruktur in 10, 50 oder 100 Jahren aussehen?

6.1, 6.2

3. Arbeit der Zukunft

Wie die Arbeit der Zukunft aussehen wird, kann heute natürlich nicht mit voller Sicherheit gesagt werden. Im Folgenden soll es um Entwicklungen und Trends gehen, die sich momentan abzeichnen und Potenzial dafür haben, euer späteres Arbeitsleben zu beeinflussen. In Anlehnung an die drei industriellen Revolutionen der Vergangenheit wird heute immer häufiger von einer vierten Revolution gesprochen, die eine „Arbeit 4.0“ zur Folge hat.

Fallbeispiel

M8 Eine Schreinerei digitalisiert ihre Arbeit

„Wir hatten nicht vor, weltweite Aufträge zu machen. Dadurch, dass wir komplexe Geometrien realisieren können, kamen auch verschiedene [Auftraggeber] aus dem Ausland auf uns zu.“ (Frank Ackermann)

Die Schreinerei Ackermann im unterfränkischen Wiesenbronn hat frühzeitig umgestellt und den Betrieb digitalisiert. Das hat sich ausgezahlt: Das erste Großprojekt war ein Modell für die Elbphilharmonie in Hamburg. Inzwischen kommen Aufträge aus der ganzen Welt.
Die Daten für das Modell der Elbphilharmonie gab es nur in 3-D. Das war im Jahr 2007. Hätte der Schreinerbetrieb Ackermann die Daten nicht verarbeiten können, wäre der Auftrag nicht machbar gewesen. Der Besitzer [...] Frank Ackermann sagt: „Wir waren gut vorbereitet. Es war aber der erste Auftrag, bei dem das durchgängig geklappt hat.“ Ackermann betont: Digitalisieren geht nicht von heute auf morgen.

Bei der Ackermann GmbH in Wiesenbronn entstand ein Modell des Elbphilharmonie-Konzertsaals.

Schreinern mit Skype und Computer
Inzwischen bekommt die Schreinerei aus Wiesenbronn auch Aufträge aus Übersee: Ein deutschstämmiger Architekt bestellt eine Theke mit Sonderform für einen kanadischen Kunden. Sie ist weiß, stark gebogen und hat abgerundete Ecken. So extrem gebogenes Holz können nicht viele Schreinerbetriebe anbieten.
Ackermann, einer seiner Schreiner und der Architekt besprechen das Projekt per Skype. Die Daten für das Möbelstück kommen per Computer. Der Schreiner verschafft sich einen Überblick über das Bauteil und die Maße der Theke und ändert etwas, falls nötig. Die Theke wird zuerst zur Besprechung am Computer mit dem 3-D-Programm CAD (Abkürzung von „computer-aided design“) gebaut, dann wird das Holz per Laser ge-

schnitten. Die Mitarbeiter der Firma haben sich fortgebildet, um den Laser bedienen und digital arbeiten zu können. Für den Bau der Theke brauchen die Schreiner aber auch handwerkliches Fachwissen und praktische Erfahrung im Möbelbau. Das kann kein Computer ersetzen. [...]

(Tanja Fieber/Christian Friedl: Industrie 4.0 – Eine Schreinerei digitalisiert, 26.10.2017, planet-wissen.de, Köln; https://www.planet-wissen.de/gesellschaft/arbeit/die_geschichte_der_arbeit_und_was_sie_heute_bedeutet/industrie-vier-null-digitalisierung-schreinerei-100.html [13.04.2018])

1 Notiert wesentliche Veränderungen in der Schreinerei, die im Zusammenhang mit der Digitalisierung des Betriebes erfolgt sind, und zeigt auf, welche Möglichkeiten sich für den Betrieb daraus ergeben.

V Nicht nur die Arbeit in der Schreinerei hat sich verändert. Recherchiert in Gruppen, wie sich die Arbeit in unterschiedlichen Berufsfeldern (z. B. Bäckereihandwerk, Holzbearbeitung, Telekommunikation, Bibliotheken, Druckereiwesen, Landwirtschaft, Friseurhandwerk) entwickelt hat. Stellt eure Ergebnisse mediengestützt im Plenum vor. 2.1, 2.2, 4.1

M9 Arbeit 4.0

Intelligente Roboter in der Fabrik, smarte Technik im Büro: Die Digitalisierung verändert die Arbeitswelt in einem nie gekannten Tempo. Vieles, was heute noch von Menschen erledigt wird, übernehmen morgen Maschinen. Feste Arbeitsplätze und -zeiten verlieren an Bedeutung. Diese Entwicklung bietet neue Chancen, birgt aber auch Risiken. Und stellt Beschäftigte und Unternehmen vor ganz neue Herausforderungen: Wer mit dem rasanten Wandel Schritt halten will, muss sich ständig weiterentwickeln und auf geänderte Anforderungen reagieren.

Strukturwandel durch Digitalisierung

Grundlage und Antreiber dieser Entwicklung ist der technologische Fortschritt. Rechner sind in den letzten Jahren immer schneller und leistungsfähiger geworden, immer mehr Daten können gespeichert und für neue Geschäftsmodelle genutzt werden.
Die Bandbreite der Datenübertragung hat sich vervielfacht. Mobile Geräte wie Tablets oder Smartphones machen es möglich, von überall auf Informationen zuzugreifen.
Durch die immer stärkere Vernetzung können künftig alle Akteure einer Wertschöpfungskette – vom Rohstofflieferanten über Zulieferer, Fabrik und Handel bis zum Endkunden – direkt miteinander verbunden sein. Gleichzeitig machen moderne Verfahren wie der 3D-Druck herkömmliche Fertigungsmethoden überflüssig. [...]

Industrie 4.0

Kernelement der vierten, zurzeit laufenden industriellen Revolution ist eine Verknüpfung von Produkten und Prozessen über das Internet. Anders als früher werden jetzt nicht mehr nur Systeme innerhalb einer Produktionsstätte miteinander vernetzt, sondern entlang der gesamten Wertschöpfungskette.
Vergleichbar mit sozialen Netzwerken tauschen intelligente Maschinen und Fertigungsteile untereinander und mit Menschen Informationen aus, um sich selbstständig zu organisieren und Abläufe und Termine zu koordinieren.

Kollege Roboter

Roboter gehören in vielen Branchen längst zum Alltag. In der Automobilindustrie beispielsweise lag der Automatisierungsgrad im Karosseriebau schon 2013 bei 98 Prozent.

Doch mit der Arbeit 4.0 ändert sich das Verhältnis von Mensch und Maschine: Die moderne Generation von Robotern ist klein und wendig, sie reagiert auf ihre Umgebung und ist sogar lernfähig. Anders als früher müssen diese stählernen Kollegen nicht mehr hinter Gitter, sie arbeiten mit dem Menschen Hand in Hand.

Das eröffnet ihnen neue Einsatzfelder und macht den Menschen an vielen Stellen überflüssig, etwa da, wo er ihm körperlich anstrengende oder monotone Arbeiten abnimmt. Der Mensch wird vom Arbeiter immer mehr zum Erfahrungsträger und Entscheider, der die Produktionsabläufe steuert und überwacht.

Flexibilisierung der Arbeitsabläufe

Nicht nur in der Fabrik ändert sich die Arbeit. Die Digitalisierung hat längst alle Branchen erreicht. Beispiel Büro: Durch die digitalen Kommunikations- und Informationstechnologien können Beschäftigte zu unterschiedlichen Zeiten und an unterschiedlichen Orten arbeiten, auch zusammen in einem Team oder an einem Projekt.

Arbeitszeiten und Arbeitsorte werden flexibler. Das kann es zum Beispiel für Eltern einfacher machen, Beruf und Familie miteinander zu vereinbaren. Es besteht aber auch die Gefahr, dass die Grenzen zwischen Beruf und Freizeit immer weiter verschwimmen und es aufgrund der ständigen Erreichbarkeit kaum noch Erholungs- und Ruhephasen gibt.

(Kerstin Deppe: Geschichte der Arbeit – Arbeit 4.0, 26.10.2017, planet-wissen.de, Köln; http://www.planet-wissen.de/gesellschaft/arbeit/die_geschichte_der_arbeit_und_was_sie_heute_bedeutet/arbeit-vier-punkt-null-100.html [12.04.2018])

1 Erläutert, was mit Arbeit 4.0 gemeint ist.

2 Handelt es sich bei der Schreinerei um Arbeit 4.0? Analysiert daraufhin das Fallbeispiel und begründet euer Ergebnis.

3 Untersucht in Partnerarbeit eure eigenen Wünsche für euren Traumarbeitsplatz. Welche Elemente der Arbeit 4.0 lassen sich dort finden? Ergänzt ggf. eure Vorstellungen.

Blickwinkel

4 Verbessert sich die Arbeit durch die neuen Entwicklungen? Wägt Chancen und Risiken ab und bezieht in der Gruppe begründet Stellung.

In aktuellen Arbeitsmarktstudien werden mögliche Auswirkungen der zunehmenden Digitalisierung auf die Arbeitswelt prognostiziert und nicht selten werden Listen mit „Jobs der Zukunft" aufgestellt. Selbst wenn es sich nur um Prognosen handelt, ist es sicherlich sinnvoll, sich mit ihnen zu beschäftigen, um bei der Wahl eines Berufs mögliche Entwicklungen mitzubedenken.

M10 Jobs der Zukunft – Die Arbeitswelt wird sich komplett auf links drehen!

Die Digitalisierung wird bis zum Jahr 2035 zwar nur geringe Auswirkungen auf die Zahl der Arbeitsplätze nehmen, aber die Arbeitenden müssen sich auf sehr große Umbrüche einstellen. Das ist das Ergebnis einer aktuellen Studie des Instituts für Arbeitsmarkt- und Berufsforschung (IAB) und des Bundesinstituts für Berufsbildung (BIBB). „Eine zunehmende Digitalisierung wird mit einer deutlichen Umgestaltung der Arbeitswelt einhergehen, und in diesem Prozess werden Bildung und Weiterbildung der Beschäftigten eine zentrale Rolle übernehmen", betonen die Forscher.

Digitalexperte ***Karl-Heinz Land*** *ist noch rigoroser in seiner Zukunftsvision: In 20 Jahren ist die Arbeit, so wie wir sie kennen, weg, sagt er. Im Interview mit der WirtschaftsWoche erklärt er, welche Berufe in seinen Augen eine Zukunft haben – und welche nicht.*

Karl-Heinz Land ist Digitalexperte und Gründer der Strategie- und Transformationsberatung neuland. 2006 erhielt er den „Technology Pioneer Award" auf dem World Economic Forum (WEF) in Davos. Er ist Co-Autor des Buchs „Digitaler Darwinismus – Der stille Angriff auf Ihr Geschäftsmodell und Ihre Marke".

Herr Land, in zwei Sätzen: Wie arbeiten wir in Zukunft?
In 15 bis 20 Jahren wird die Hälfte der Arbeit, so wie wir sie kennen, verschwunden sein. Und in drei bis vier Dekaden wird niemand mehr arbeiten – zumindest nicht für Geld.
[...]
Ist der Sprung nicht zu groß für so kurze Zeit?
Experten sagen, dass es die letzten dreihundert Jahre wahrscheinlich weniger Veränderungen gegeben hat, als die nächsten dreißig Jahre mit sich bringen werden. Das wird unser gesamtes Leben umkrempeln. Die Arbeitswelt wird sich komplett von rechts auf links drehen.
In welchen Berufen bekommen wir diese Veränderungen schon bald zu spüren?
Zunächst werden wir das Ende der Assistenten sehen. In wenigen Jahren werden sich Manager Gedanken machen, ob sie wirklich noch notwendig sind. Chefs könnten sich schon bald auf Alexa, Siri oder Cortana verlassen.
Steuerberatern und Buchhaltern gebe ich nur noch fünf bis zehn Jahre. Dann wird es auch diese Berufsgruppen nicht mehr geben, weil sich solche Jobs bestens digitalisieren, vernetzen und automatisieren lassen.
Gleiches gilt für alles rund um das Thema automatisiertes Fahren. Taxi- und Busfahrer ebenso wie Lkw-Fahrer werden ihren Job aufgeben müssen, sobald Maschinen das Steuer übernehmen können. Daran schließt sich dann die Revolution in der Logistikbranche an. Automatisierte Lkw können sich selber steuern und mithilfe einer Künstlichen Intelligenz die schnellste, kürzeste, praktischste Route ausarbeiten – wozu braucht man da noch Logistiker? Sie sehen, das zieht einen Rattenschwanz hinter sich her.

Dass es in wenigen Jahren gar keine Assistenten oder Steuerberater in Deutschland mehr geben wird, ist schwer vorstellbar.
Diese Entwicklung läuft doch bereits! Ein Zeichen dafür ist etwa das Börsenparkett: Vor einigen Jahren gab es einmal hunderte, tausende Aktienhändler – das waren diejenigen, die mit Papier fuchtelten. Die gibt es nicht mehr. Wa-

rum? Sie wurden wegautomatisiert. Eine Aktie wird heute tausend Mal in der Sekunde gehandelt. Da kann kein Mensch mithalten.

Es gibt aber durchaus Berufe, die sich nicht mal so eben digitalisieren lassen ...

Natürlich. Ich glaube, dass Jobs, die mit extremer Kreativität zu tun haben, in zehn oder zwanzig Jahren auch noch da sein werden. Eine Zeit lang werden diese Berufe noch eine große Rolle spielen.

Handwerker werden überall dort länger bleiben, wo alte Systeme auf neue treffen. In nicht-genormten Situationen ist der Mensch einfach noch immer unschlagbar. Er ist beweglich, flexibel, kreativ und unabhängig. So weit kommt der Roboter noch nicht. Aber die Handwerker werden langfristig mehr und mehr durch Systeme ersetzt werden. In hochintelligenten, vernetzten Städten mit smarten Häusern, Wohnungen und Straßen werden Systeme häufig in der Lage sein, sich selbst zu reparieren.

Also sterben Berufe unterschiedlich schnell?

Es ist eine Frage der Entwicklungsgeschwindigkeit. Es gibt Berufe, da werden zu Beginn nur 40 Prozent des Jobs automatisiert werden können, aber 20 Jahre weiter werden es wahrscheinlich 60 bis 80 Prozent sein. Berufe lassen sich in Aufgaben aufteilen. Nach und nach wird entschieden, mehr und mehr Aufgaben in die Hand der Künstlichen Intelligenz zu geben.

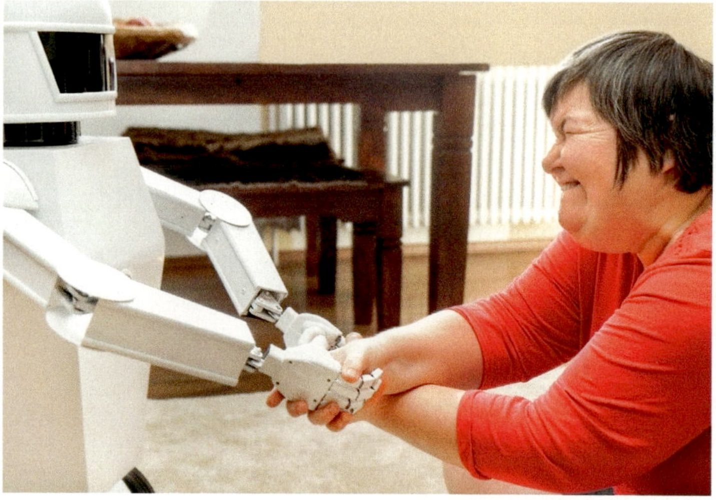

Aktuell wird viel über den Wandel der Pflegeberufe gesprochen. Pflegeroboter sind mancherorts schon im Einsatz. Sehen Sie dort ebenfalls eine schnelle Ablöse bevorstehen?

Pfleger im Krankenhaus und der Altenpflege, Berufe in der Kindererziehung – sogenannte menschelnde Berufe werden vorerst weiterhin existieren. Das sind Jobs, in denen der Kontakt zu Menschen unabdingbar ist.

In der Kranken- oder Altenpflege wird mit Sicherheit der Roboter viele Aufgaben leisten können – pflegen und waschen etwa –, währenddessen werden die Pfleger mehr Zeit für das persönliche Gespräch haben. Bestimmte Dinge wollen wir nämlich auch gar nicht automatisieren.

Ähnlich steht es um die Lehrer. Einen großen Teil der Wissensvermittlung können Roboter übernehmen. Geht es aber um Soziales, lernen wir zwischen Menschen und nicht von Robotern.

Heißt, Lehrer verschwinden zwar nicht, müssen aber einen Wandel vollziehen, weil auch einen Teil ihres Jobs zukünftig Künstliche Intelligenzen übernehmen?

Definitiv. Das Bildungssystem wird sich grundsätzlich verändern. Bildung 4.0 wird eine gute Mischung sein zwischen online und offline – Lernen von Robotern und Menschen. So gibt es häufig jemanden, der Algebra besser beibringen kann als der Lehrer, der gerade vor einem steht. Warum sollten nicht alle bei dem lernen, der es am besten beibringen kann? Online ist das möglich – oder künftig eben auch durch Robotik.

Bildung 4.0 muss heißen: Weg von Wissensanreicherung hin zu Methoden- und Sozialkompetenz. Denn Antworten findet der Computer. Wir müssen in der Lage sein, die richtigen Fragen zu stellen. So ähnlich wird es auch Ärzten und Forschern gehen.

Inwiefern?

Watson, die Künstliche Intelligenz von IBM, kann schon heute bessere Vorhersagen über Energieverbräuche, klimatische Auswirkungen und Verläufe von Epidemien und Seuchen machen, als Wissenschaftler es können.

Wo mancher Doktor drei Jahrzehnte und viel Erfahrung braucht, um ein Ergebnis zu berechnen, benötigt Watson nur ein paar Sekunden. Die Diagnose und Vorschläge für die bestmögliche Behandlung wird in Zukunft die Künstliche Intelligenz machen. Der Mensch muss die richtigen Fragen stellen. Die Rolle zwischen Doktor und Patient wird sich damit dramatisch verändern.

Letztendlich bleibt aber trotz allem der Mensch am Steuer. Er hat die Kontrolle über die Arbeit der Roboter und trifft Entscheidungen, oder?

Künstliche Intelligenzen werden überall vorhanden sein – und natürlich werden sie auch im Management Einzug halten. Das klingt weiter weg von unserer heutigen Realität, als es tatsächlich ist. In China wurde eine Millionenstadt für ein Jahr in die Hand einer Künstlichen Intelligenz gegeben – ohne dass es aufgefallen wäre. Statt von einem Bürgermeister verwaltete quasi ein Stück Software die Stadt.

Eine Künstliche Intelligenz kann alleine Optionen ausloten und Entscheidungen vorbereiten oder sogar treffen. [...] Die Künstliche Intelligenz braucht (aber) weiterhin den selbstverantwortlichen, eigenständigen, mitdenkenden Menschen, der eigenmächtig Entscheidungen trifft.

Wie stellen sich Berufstätige auf diesen harschen Wandel ein?

Um nicht von der Digitalisierung überrollt zu werden, wird das Wichtigste für Berufstätige sein, sich aktiv mit neuen Technologien auseinanderzusetzen und offen zu sein für Weiterbildung.

Es geht hier nicht darum, jede Neuerung in ihrer ganzen Bandbreite zu verstehen, aber darum, ein konstantes Interesse daran zu haben, wie bestimmte digitale Technologien die eigene Branche beeinflussen und welchen spezifischen Nutzen sie für den eigenen Job haben können.

(Katja Joho: „Die Arbeitswelt wird sich komplett auf links drehen", WirtschaftsWoche Online v. 30.01.2018, aktualisiert am 11.04.2018, Handelsblatt GmbH, Düsseldorf; https://www.wiwo.de/unternehmen/mittelstand/hannovermesse/jobs-der-zukunft-die-arbeitswelt-wird-sich-komplett-auf-links-drehen/20828426-all.html [16.02.2021])

1 Gebt die wesentlichen Aussagen des Digitalexperten Karl-Heinz Land kurz wieder.

2 Erstellt in eurem Heft eine Tabelle nach dem folgenden Muster und sortiert die genannten Berufe oder Berufsgruppen passend ein.

Berufe oder Berufsgruppen, die zukünftig aussterben werden	Berufe oder Berufsgruppen, die sich stark wandeln werden	Berufe oder Berufsgruppen, die sich nur wenig verändern werden
• Assistenten im Management • ???	???	???

3 Arbeitet heraus, welche Rolle Herr Land den Menschen in der von ihm prognostizierten digitalisierten Arbeitswelt zuschreibt.

4 „Die Künstliche Intelligenz braucht [...] weiterhin den selbstverantwortlichen, eigenständigen, mitdenkenden Menschen, der eigenmächtig Entscheidungen trifft" (Z. 114 ff.). Diskutiert diese Aussage und bezieht selbst begründet Stellung.

4. Ein Acht-Stunden-Tag im Homeoffice? – Flexibilität am Arbeitsplatz

Der Fortschritt der Digitalisierung in der Arbeitswelt hat viele Auswirkungen in den unterschiedlichsten Bereichen. An zwei Beispielen soll im Folgenden deutlich werden, wie die Digitalisierung Arbeitsbedingungen beeinflusst. Es geht zum einen um die neu diskutierten **Arbeitszeiten** und zum anderen um das **Homeoffice**, eine seit der Corona-Pandemie immer bedeutsamere Form der Arbeitsplatzwahl. Beide Themenbereiche haben auch Verknüpfungspunkte.

Arbeitsvorschlag:

Bearbeitet die Materialien M 11 (a, b) und M 12 arbeitsteilig. Findet euch zu viert zusammen. Jeweils zwei Partnerinnen bzw. Partner entscheiden sich für das Thema „Arbeitszeiten“ bzw. das Thema „Homeoffice“.

a) Die Aufgabenstellungen im Anschluss an die Materialien helfen euch bei der Erarbeitung. Haltet eure Ergebnisse schriftlich fest und stellt sie euch dann in der Gruppe gegenseitig vor.

Blickwinkel

b) Diskutiert in der Gruppe Vor- und Nachteile flexibler Arbeitszeiten und des Arbeitens im Homeoffice. Bezieht dabei auch eure eigenen Erfahrungen mit dem Homeschooling und eventuell im Homeoffice arbeitender Eltern ein.

c) Fällt abschließend ein individuelles Urteil zu der Frage: „Wie wollen wir in Zukunft arbeiten? Im Homeoffice mit flexiblen Arbeitszeiten?“ und geht dabei nach den Schritten einer politischen Urteilsbildung vor (vgl. Methode S. 145).

M 11 Der Acht-Stunden-Tag in der Diskussion

M 11 a „Das Arbeitsrecht hinkt der Digitalisierung hinterher“

[...] „Flexiblere Arbeitszeiten sind wichtig für die Wettbewerbsfähigkeit deutscher Unternehmen“, sagte der Vorsitzende des Beratergremiums „Die Wirtschaftsweisen“ der Bundesregierung, Christoph Schmidt, der „Welt am Sonntag“. Unternehmen, die in der neuen digitalisierten Welt bestehen wollten, müssten agil sein und schnell ihre Teams zusammenrufen können: „Die Vorstellung, dass man morgens im Büro den Arbeitstag beginnt und mit dem Verlassen des Arbeitsplatzes beendet, ist veraltet.“ Statt eines Acht-Stunden-Tages sollte es eine maximale Wochenarbeitszeit von 48 Stunden geben, so die Empfehlung.
Der Arbeitnehmerschutz in Deutschland habe sich zwar bewährt, er sei aber in Teilen nicht mehr für die digitalisierte Welt geeignet, so Schmidt. „So brauchen Unternehmen beispielsweise Sicherheit, dass sie nicht gesetzwidrig handeln, wenn ein Angestellter abends noch an einer Telefonkonferenz teilnimmt und dann morgens beim Frühstück seine Mails liest.“ Dies würde nicht nur den Unternehmen helfen, sondern auch den Mitarbeitern, die mit der digitalen Technik flexibler arbeiten könnten. [...]

Arbeitgeber wünschen sich größere Flexibilität

Die Wirtschaftsweisen sprechen damit ein großes Thema an – sowohl bei den Arbeitgeber- als auch den Arbeitnehmerverbänden. [...] Die Arbeitgeber wollen [...] unbedingt mehr Flexibilität. [...]

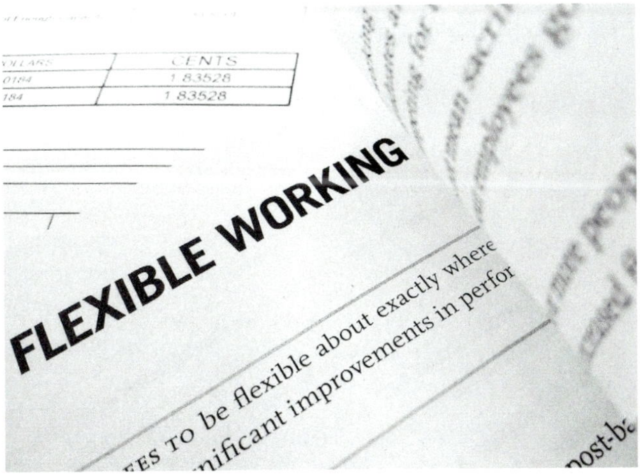

Auch Arbeitgeberpräsident Ingo Kramer [bis Nov. 2020; Nachfolger: Rainer Dulger] setzt sich bereits seit Jahren für mehr Flexibilität bei der Arbeitszeit ein. „Wir brauchen bessere Möglichkeiten, die Arbeitszeit über die Woche hinweg flexibel zu verteilen. Es geht nicht um eine Ausdehnung der Wochenarbeitszeit. Aber der starre Acht-Stunden-Tag für alle im Gleichschritt ist passé", argumentiert Kramer. „Die Politik hält fest an einem Arbeitszeitgesetz aus der Stechuhrzeit des letzten Jahrhunderts. Das behindert Wachstum und Beschäftigung. Gute, sichere Jobs müssen flexibel sein."

Viele Arbeitgeber fordern außerdem, dass die starren Ruhezeitregelungen von elf Stunden zwischen zwei Arbeitszeiten reduziert werden sollten. Statt der bisher elf Stunden Ruhezeit sollte es eine verkürzte Ruhezeit von nur neun Stunden geben, so der Vorschlag. „Ruhezeiten werden dadurch nicht infrage gestellt. Die Tarifvertragsparteien sollten aber Gestaltungsmöglichkeiten erhalten", betonte ein Sprecher der Bundesvereinigung der Deutschen Arbeitgeberverbände (BDA) gegenüber der WirtschaftsWoche.

Flexibilisierung bereits in vollem Gange

Dass eine Flexibilisierung der Arbeitszeit sinnvoll und praktikabel zu sein scheint, zeigen immer beliebtere flexible Arbeitszeitmodelle, wie etwa Arbeitszeitkonten. In vielen Branchen gäbe es bereits tarifvertragliche Regelungen zu Arbeitszeitkonten mit Ausgleichszeiträumen – und die Zahl solcher Modelle steige, heißt es beim Arbeitgeberverband.

Solche Arbeitszeitkonten ermöglichen Mitarbeitern auch jetzt schon, an gewissen Tagen länger zu arbeiten als die üblichen acht Stunden – um diese dann flexibel an anderen Tagen abzubummeln. Alles innerhalb der gesetzlichen Grenzen. Höhere Tagesarbeitszeiten können über die Arbeitszeitkonten so in Zeiträumen von bis zu einem Jahr ausgeglichen werden. [...]

Laut des Arbeitgeberverbands würden Tarifverträge etwa im privaten Bankgewerbe, der Stahlindustrie und in Teilen auch in der Metall- und Elektroindustrie immer häufiger sogar die Möglichkeit von Langzeit- und Lebensarbeitszeitkonten enthalten. [...]

(Katja Joho: Abschied vom Acht-Stunden-Tag? „Das Arbeitsrecht hinkt der Digitalisierung hinterher", 13.11.2017, WirtschaftsWoche Online, Düsseldorf; https://www.wiwo.de/erfolg/beruf/abschied-vom-acht-stunden-tag-das-arbeitsrecht-hinkt-der-digitalisierung-hinterher/20575360-all.html; [20.04.2021])

M11b „Acht Stunden sind genug"

Arbeiten bis zum Umfallen? Über 40 Prozent der Beschäftigten sind bereits jetzt nach der Arbeit zu erschöpft, um sich um Familie und Privates zu kümmern. Es ist daher mehr als zynisch, dass die Arbeitgeber jetzt das Arbeitszeitgesetz aufweichen wollen und eine Abkehr vom Acht-Stunden-Tag verlangen.

Beschäftigte: Keine Energie und keine Zeit

Vielen Beschäftigten fehlen nach Feierabend die Energie und die Zeit, um Arbeit und Privatleben miteinander gut in Einklang zu bringen. Das zeigen die Ergebnisse des DGB-Index Gute Arbeit, die Mitte November in Berlin vorgestellt wurden. Bei der repräsentativen Umfrage gaben 41 Prozent an, dass sie nach der Arbeit keine Kraft mehr für Privates oder Familiäres haben. 27 Prozent finden nur schwerlich Zeit für Freizeitaktivitäten.

„Die Arbeitsbedingungen sorgen vielerorts dafür, dass für außerbetriebliches Engagement die Kräfte nicht mehr reichen", sagte der DGB-Vorsitzende Reiner Hoffmann bei der Vorstellung der Ergebnisse in Berlin. Der Erste Vorsitzende der IG Metall, Jörg Hofmann, ergänzte: „Die Arbeitszeitmodelle passen nicht zu den Lebenslagen derer, die täglich ihre Leistung in den Betrieben bringen."

Der **Deutsche Gewerkschaftsbund (DGB)** ist die größte Dachorganisation von unterschiedlichen Einzelgewerkschaften in Deutschland (acht Mitgliedsgewerkschaften mit über sechs Millionen Gewerkschafterinnen und Gewerkschaftern). Diese decken alle Branchen und Wirtschaftsbereiche ab.

Flexibilität: nur sinnvoll, wenn selbstbestimmt

Die Antworten der Beschäftigten zeigen, dass eine gute Balance von Arbeit und Privatem eng mit guten Arbeitsbedingungen und verlässlichen Arbeitszeiten verknüpft ist. Modelle, die Arbeitsorte und Arbeitszeiten flexibler machen – etwa im Home Office – führen hingegen nicht automatisch zu mehr Vereinbarkeit. Entscheidend ist, ob Beschäftigte über diese Alternativen mitbestimmen können: 46 Prozent der Befragten gaben an, ihre Arbeitszeiten gern stärker selbst zu bestimmen. 55 Prozent wünschen sich, dass der Arbeitstag im Regelfall nach maximal acht Stunden endet, um Privates und Arbeit besser miteinander zu vereinbaren. [...]

Finger weg vom Arbeitszeitgesetz!

Im Hinblick auf die Forderung von Arbeitgebern, die Arbeitszeit weiter zu entgrenzen, sagte Reiner Hoffmann: „Wir erleben derzeit eine skurrile Diskussion über Arbeitszeiten." Die Arbeitgeber forderten mehr Flexibilität, dabei bestünden bereits ausreichende Möglichkeiten für flexible Lösungen. Zudem leisteten die Beschäftigten 2016 bereits insgesamt 1,8 Milliarden Überstunden – eine Milliarde davon unbezahlt. „Da kann man durchaus von Lohndiebstahl sprechen", so Hoffmann. Die künftige Bundesregierung sollte „die Finger vom Arbeitszeitgesetz lassen".

(Deutscher Gewerkschaftsbund: Acht Stunden sind genug, „Einblick" vom 29.11.2017, Berlin; https://www.dgb.de/themen/++co++ e02b7aec-c91b-11e7-a3a5-52540088cada [14.04.2021])

1 Arbeitet jeweils die Argumente für oder gegen die Abschaffung des Acht-Stunden-Tages aus den Texten heraus und haltet sie in einer Gegenüberstellung schriftlich fest.

2 Nutzt euer Wissen aus den vorangegangenen Abschnitten, um weitere Argumente zu ergänzen.

3 Recherchiert den aktuellen Stand der Diskussion. Hier findet ihr einen Link zu entsprechenden Materialien: @ WES-116592-007

2.1, 2.2

6.1, 6.4

M12 Arbeiten allein zu Haus – Was bringt das Homeoffice?

März 2020. Die Coronakrise, der Testfall für das Homeoffice: Arbeitskonzentration, Kommunikation, Vereinbarkeit von Privatleben und Arbeit. Was hat gut geklappt, wo lagen die Probleme, was kann man für die Zukunft lernen?

Präsenzkultur 2016: Nur rund 12 Prozent der Beschäftigten im Homeoffice

Susanne Steffes ist Juniorprofessorin am ZEW, dem Mannheimer Leibniz-Zentrum für Europäische Wirtschaftsforschung. Sie hat schon vor Corona begonnen, die Arbeit im Homeoffice zu erforschen. Mit Wissenschaftlern des ZEW und des Nürnberger Instituts für Arbeitsmarkt- und Berufsforschung befragt sie seit 2012 alle zwei Jahre Betriebe und Beschäftigte über ihre Homeoffice-Erfahrungen. Die Ergebnisse sind repräsentativ für Unternehmen in der Privatwirtschaft ab fünfzig sozialversicherungspflichtigen Beschäftigten.

Arbeitgeber fürchten Ineffektivität, Arbeitnehmer schätzen Konzentration

Die Befunde vor Corona waren ziemlich ernüchternd. Bis zum Jahr 2016 arbeiteten nur ca. 12 Prozent der deutschen Beschäftigten regelmäßig im Homeoffice. Das ist eine für Deutschland typische Präsenzkultur. Unternehmerinnen und Führungskräfte lehnten Homeoffice vor Corona ab, weil sie fürchteten, zu Hause werde nicht effektiv genug gearbeitet. Doch siebzig Prozent der Befragten sagten in einer Studie der AOK zum Arbeitsleben im Jahr 2019, dass sie im Homeoffice prinzipiell konzentrierter arbeiten können.

Steigerung des Homeoffice-Anteils seit Corona

Seit der Coronakrise arbeiten mindestens fünfunddreißig Prozent der Beschäftigten im Homeoffice. Und zwar fünf Tage in der Woche. Und das klappt eigentlich relativ gut. Das ist die Quintessenz der Studien, die bisher während der Coronakrise zur Homeoffice-Arbeit durchgeführt wurden.

Ganz aktuelle Zahlen lieferte im September 2020 die „HDI Berufe-Studie 2020". Danach sind 28 Prozent der berufstätigen Baden-Württemberger ins Homeoffice gewechselt, was dem Bundesdurchschnitt entspricht; in Rheinland-Pfalz waren es mehr, nämlich 33 Prozent.

Zwischenergebnis fällt bei Beschäftigten eher positiv aus

Florian Kunze von der Universität Konstanz, dessen Team Beschäftigte neunmal im Homeoffice befragt hat, verweist auf seine Zahlen. Zum Beispiel bei der Frage, wie gut gearbeitet wird: Fast 80 Prozent sagen darin, dass sie eigentlich sehr produktiv sind, wenn sie zu Hause arbeiten, und auch mit sehr hohem Engagement dabei sind. „Engagement" bezieht sich darauf, wie motiviert jemand ist, arbeiten zu wollen. Diese hohen Zahlen kamen für die Forschung überraschend.

Und wie gut waren Privatleben und Arbeit unter einen Hut zu bringen? Die Mehrheit der Befragten sagt ähnlich wie vor Corona, dass sich beides stark miteinander vermischt hat. Aber im Durchschnitt bewerten sie das nicht negativ, denn im Großen und Ganzen war es für sie miteinander vereinbar.

Laut „HDI Berufe-Studie 2020" fordern 41 Prozent der in Baden-Württemberg Beschäftigten nach der Corona-Krise mehr Heimarbeitsplätze. Damit ist dieser Wunsch hier stärker als in jedem anderen Bundesland, denn der Bundesdurchschnitt liegt bei 35 Prozent.

Homeoffice: problematisch für Alleinerziehende und Eltern ohne Kinderbetreuung

Alles bestens also? Nicht ganz, denn nicht alle haben so viel Glück und verfügen über ein eigenes Arbeitszimmer und über Kinderbetreuung. Für Alleinerziehende sieht das ganz anders aus. Außerdem müsse man bei den Studienergebnissen nicht nur zwischen Männern und Frauen unterscheiden, meint Susanne Steffes vom Mannheimer Leibniz Zentrum für Europäische Wirtschaftsforschung. Sondern auch zwischen Eltern mit und ohne Kinderbetreuung.

In puncto Arbeitskonzentration macht Kinderbetreuung bei Frauen fast keinen Unterschied aus: Mit oder ohne Kind sind die Werte ungefähr gleich hoch. Männer dagegen, die Kinder betreuen, gaben um zehn Prozent häufiger an, dass sie sich nicht so gut konzentrieren konnten. Anders sieht es wieder aus, wenn es um die Effizienz der Arbeit geht, wie viel man also pro Zeiteinheit schafft. Vierundvierzig Prozent der Frauen, die Kinder betreuten, sagten, dass sie weniger effektiv arbeiteten, aber nur sechsundzwanzig Prozent der kinderlosen Frauen. Bei Männern sind die Unterschiede nicht so groß.

Erstaunliche Ergebnisse, die Susanne Steffes so deutet: Frauen, die in Homeoffice gingen, wurden stärker belastet und abgelenkt, auch wenn sie sich intensiv auf ihre Arbeit konzentrierten.

Fazit: pro Woche zwei bis drei Tage im Homeoffice erwünscht

Homeoffice ist dann gut, wenn man sich selbst frei dafür entscheiden kann und wenn es die Büroarbeit nicht völlig ersetzt. Das kommt bei allen Studien zum Homeoffice heraus. In der Konstanzer Studie von Florian Kunze sieht der Zukunftstrend daher so aus: Die Wunschvorstellung liegt in der Tendenz zwischen zwei und drei Tagen Homeoffice pro Woche.

In Zukunft, so Kunze, wird es die Attraktivität eines Unternehmens erhöhen, wenn es seinen Beschäftigten ermöglicht, flexibel sowohl im Büro als auch im Homeoffice zu arbeiten. Die alte Furcht mancher Unternehmerinnen und Unternehmer, dass zu Hause weniger gut gearbeitet werde, hat mit Corona jedenfalls stark abgenommen. Einige Unternehmen senden bereits entsprechende Signale.

Unternehmen schwenken um: Rund 50 Prozent bauen Homeoffice aus

Nicht nur Siemens möchte in Zukunft Homeoffice ermöglichen. Nach Studien der Fraunhofer Gesellschaft und des Münchner Instituts für Wirtschaftsforschung sind inzwischen knapp mehr als die Hälfte der deutschen Unternehmen bereit, Homeoffice künftig anzubieten oder auszubauen. Das Bundesarbeitsministerium will diesen Trend absichern und arbeitet daran, ein „Recht auf Homeoffice" einzuführen.

„Recht auf Homeoffice": 60 Prozent der Tätigkeiten gar nicht Homeoffice-fähig

Das Hauptargument gegen ein generelles Recht auf Arbeit lautet: Es sind eher qualifizierte Büro- und Dienstleistungstätigkeiten, die überhaupt in Homeoffice durchgeführt werden können. Dagegen sind circa 60 Prozent aller anderen Tätigkeiten nicht Homeoffice-fähig, vor allem in der Produktion. Die Mannheimer Forscherin Susanne Steffes sieht daher ein Gerechtigkeitsproblem, wenn künftig diejenigen, die sowieso schon besser bezahlt werden, ihr Recht auf Homeoffice einfordern könnten, andere aber nicht. Und das zum Teil sogar innerhalb ein und desselben Unternehmens. Inzwischen fragen sie bereits Managerinnen und Manager, wie sie mit dieser Situation umgehen können.

(Schwarwel)

Gewerkschaften fordern Recht auf selbstbestimmtes Arbeiten

„Ein Recht auf selbstbestimmtes mobiles Arbeiten muss her!" – fordert dagegen für die Gewerkschaften ganz entschieden Bertold Brücher. Er ist Referatsleiter für Sozialrecht im DGB-Bundesvorstand. Wenn sich Homeoffice in Zukunft ausweiten wird, so sein Argument, wäre es fahrlässig, seine Gestaltung allein dem freien Spiel der Kräfte zu überlassen. Ein Gesetz zum Recht auf Homeoffice müsse daher absichern, dass Arbeitszeiten nicht uferlos ausgedehnt werden können und der Arbeits- und Gesundheitsschutz auch zu Hause eingehalten wird: vom ergonomisch gestalteten Arbeitsstuhl bis hin zum richtigen Abstand zum Monitor. Und ein digitales Zugangsrecht für die Gewerkschaft braucht es auch.

Die Diskussion um das Homeoffice der Zukunft hat also erst begonnen. Solche Forderungen machen aber jetzt schon klar: Es geht dabei nicht nur um die Frage, wer wie und wo überhaupt zu Hause arbeiten wird. Die Debatte wird auch eine enorme politische Sprengkraft besitzen.

(Martin Hubert: Arbeiten allein zu Haus – Was bringt das Homeoffice?, SWR, Manuskript zur Sendung am 03.09.2020, 8:30 Uhr, Stuttgart; https://www.swr.de/swr2/wissen/arbeiten-allein-zu-haus-was-bringt-das-homeoffice-swr2-wissen-2020-09-03-100.html [17.02.2021])

Blickwinkel

1 Arbeitet mithilfe der folgenden Tabelle in eurem Heft Vor- und Nachteile des Homeoffice heraus, die in unterschiedlichen Untersuchungen und Studien ermittelt worden sind. Berücksichtigt dabei die jeweiligen Perspektiven (M 12).

Perspektive …	Vorteile des Homeoffice	Nachteile des Homeoffice
der Arbeitnehmerinnen/ Arbeitnehmer	???	???
der Arbeitgeberinnen/Arbeitgeber	???	???
der Gewerkschaften	???	???

2 Stellt euch folgende Situation in der Schreinerei Ackermann (M 8) vor: Mehrere Angestellte des Unternehmens möchten eine Ausweitung des Homeoffice erreichen. Was hält wohl die Unternehmensführung davon? Simuliert dieses Gespräch.

3 Wertet die Simulation aus. Inwiefern wäre die Diskussion (Aufgabe 3) anders verlaufen, wenn es sich um ein größeres oder kleineres Unternehmen oder ein Unternehmen einer anderen Branche gehandelt hätte?

4 „Die Debatte wird auch eine enorme politische Sprengkraft besitzen" (Z. 113 f.). Erläutert diese Aussage und nehmt selbst begründet Stellung dazu.

5 Möchtet ihr einen Großteil eurer Arbeitszeit im Homeoffice arbeiten? Bezieht begründet Stellung.

Was ihr jetzt wissen und können solltet:

- ✓ M S U H unterschiedliche Definitionen des Begriffs Arbeit kennen, erläutern und miteinander vergleichen;
- ✓ M S U H verschiedene Vorstellungen von Erwerbsarbeit im Rahmen einer simulierten Talkshow diskutieren und begründet Stellung nehmen;
- ✓ M S U H den Strukturwandel in Deutschland am Beispiel des Ruhrgebiets beschreiben und problematisieren;
- ✓ M S U H die zunehmende Digitalisierung der Arbeitswelt anhand von Beispielen erläutern;
- ✓ M S U H die zunehmende Digitalisierung und Flexibilisierung der Arbeitswelt beurteilen;
- ✓ M S U H exemplarisch politische Entscheidungen vor dem Hintergrund der sich verändernden Arbeitswelt diskutieren und beurteilen,
- ✓ M S U H zukünftige Entwicklungen der Arbeitswelt bei der eigenen Berufswahl berücksichtigen;
- ✓ M S U H eigene Vorstellungen von einem wünschenswerten Arbeitsleben entwickeln;
- ✓ M S U H Informationsrecherchen zielgerichtet durchführen und dabei Suchstrategien anwenden,
- ✓ M S U H themenrelevante Informationen und Daten aus Medienangeboten filtern, strukturieren, umwandeln und aufbereiten

Was ihr wisst – was ihr könnt – wie ihr es seht

M S U H
6.1, 6.2, 6.4

1. Ein Fallbeispiel: Digitalisierung in der Buchhaltung

Buchhaltung früher und heute: Was hat sich durch die Digitalisierung verändert?
Wo früher Massen an Papier bewegt wurden, finden heute **elektronische Workflows** statt. Das hat die Arbeitsprozesse komplett verändert. Um Ihnen ein Beispiel aus der Praxis zu geben: Vor der Digitalisierung der Buchhaltung musste jeder Rechnungseingang manuell aufgeschrieben, in einer Tabelle erfasst und abgearbeitet werden. Heute läuft dieser Prozess **automatisch** ab. Die Mitarbeiter werden von repetitiven [sich wiederholenden] und oftmals monotonen Aufgaben weggeholt – darin sehe ich einen der **größten Pluspunkte der digitalen Transformation (digitaler Wandel).** Buchhalter übernehmen heute mehr denn je eine Kontrollfunktion.
So lassen sich dank der Digitalisierung Prozesse viel schneller und besser nachvollziehen, auch über Abteilungsgrenzen hinweg. Zudem **sinkt die Fehlerquote,** wenn von Anfang an sorgfältig gearbeitet wird. Das macht Buchhaltung transparenter. Es ist die Chance, das altbackene Image abzulegen – hin zu mehr Offenheit.

Wie hat sich die digitale Transformation (digitaler Wandel) auf Ihren Beruf ausgewirkt?
Als freiberufliche Finanzexpertin werde ich von Unternehmen bei Projekten für einen gewissen Zeitraum an Bord geholt. Dabei eröffnet mir die Digitalisierung der Buchhaltung viele neue Möglichkeiten. Weil die Daten digital vorliegen, bin ich **nicht mehr an einen Standort gebunden** und muss nicht zwingend präsent im Unternehmen sein. Dadurch bleibe ich **flexibel,** was meine Arbeitszeiten und den Ort angeht. Ich halte das für einen sehr wichtigen Punkt – gerade vor dem Hintergrund, dass mittlerweile auch mittelständische Unternehmen immer internationaler werden und Buchhaltung über Landesgrenzen hinweg brauchen.
Gleichzeitig hat sich durch die digitale Transformation die **Qualität der Anforderungen und Aufgaben** geändert: Automatische Prozesse sorgen dafür, dass sich die Bearbeitungslast verringert. Deshalb müssen sich Buchhalter mehr denn je darauf konzentrieren, **intelligente Kontrollen und Prozesse zu etablieren** und auch **beratend zu wirken.**
Es geht darum, Wissen mit anderen zu teilen, sich zu vernetzen – und das unabhängig vom eigenen Standort. Umso wichtiger ist es, dass Mitarbeiter bereit sind, neue Technologien und Tools (Werkzeuge) kennenzulernen und am Ball zu bleiben. Das ist das A und O, denn durch die Digitalisierung der Buchhaltung ist unser Job einfach **schnelllebiger** geworden. [...]

(Alenka Mladina: Schneller, besser, Digitalisierung? Was sich für Buchhalter verändert. Interview mit Hannelore Steeg, Central Transition Managerin, 23.12.2016, roberthalf.de, Frankfurt am Main; https://www.roberthalf.de/blog/schneller-besser-digitalisierung-was-sich-fuer-buchhalter-veraendert [14.04.2021])

1 Handelt es sich bei den beschriebenen Veränderungen um eine Entwicklung hin zur Arbeit 4.0? Analysiert das Fallbeispiel und begründet.

2 Verbessert sich die Arbeit als Buchhalterin/Buchhalter durch die neuen Entwicklungen?
a) Führt zunächst die im Fallbeispiel angeführten Veränderungen durch die Digitalisierung für den Beruf einer Buchhalterin/eines Buchhalters auf.
b) Bewertet sie dann im Einzelnen z. B. mithilfe der Kriterien „Effizienz“ und „persönliche Belastung“ und formuliert abschließend ein Urteil zu der eingangs gestellten Frage (vgl. auch die Methode „Politische Urteilsbildung“, S. 145).

Wenn ihr noch mehr lernen wollt …

D1 Veränderte Arbeitsbedingungen und Familienleben

Fallbeispiel

Claudia Nordweis und Carsten Pollak [Nachnamen verändert] sind moderne Eltern. Beide sind berufstätig, beide kümmern sich um die zweijährige Tochter. Das macht aus ihnen zwei wandelnde Terminkalender. Ständig stimmen sie miteinander ab, wer wann wo ist und welche Aufgabe übernimmt. […] Ihr Leben sei „extrem durchgetaktet“, sagen die jungen Eltern.

Wie Nordweis und Pollak geht es mehr als sechs Millionen Paaren in Deutschland: Sie sind Eltern mit zwei Jobs. Das bedeutet eine tägliche Zerreißprobe zwischen Beruf und Familie. Viele bestehen sie nur deshalb, weil sie ihrerseits Hilfen beschäftigen: Putzkräfte, Lieferdienste, Babysitter und natürlich die Erzieherinnen in der Kita sind die unverzichtbaren Vereinbarkeitshelfer der modernen Familie. Um all diese Helfer bezahlen zu können, müssen die Eltern wiederum mehr im Job arbeiten – und haben dadurch noch vollere Terminplaner. Zwei Jobs bedeuten eben auch: ein Leben wie in einer Logistikzentrale. Wenn dann das Kind krank wird, droht der Systemkollaps. […]

Claudia Nordweis und Carsten Pollak teilen sich nicht nur die Familienarbeit zu Hause, sondern auch die Arbeitszeit im Job. Beide […] arbeiten jeweils 32 Stunden. Sie verdienen sogar genau gleich viel. Das Modell, dass sie beide in Teilzeit arbeiten, haben sie bewusst gewählt. Nordweis, 38 Jahre, sagt: „Wir leben den Traum einer gleichberechtigten Partnerschaft.“ Doch der hat seinen Preis: „Gefühlt müsste jeder Tag zehn Stunden mehr haben, um alles zu schaffen.“ Der Acht-Stunden-Kitaplatz für ihre Tochter entlastet Nordweis und ihren Partner zwar, während sie im Büro sind, zu Hause aber bleibt alles an ihnen hängen. […]

Nicht viele Paare teilen sich die Arbeit so paritätisch [gleichberechtigt] wie Nordweis und ihr Partner. Doch dass beide Eltern arbeiten, ist heute ein weitverbreitetes Modell. Es unterscheidet sich von jenem, das lange gängig war: Früher ernährte der Mann als Alleinverdiener die Familie, während die Frau Haushalt und Kinder managte. […] Bei 55 Prozent sind inzwischen beide Eltern erwerbstätig, wie eine Auswertung des Statistischen Bundesamtes zeigt. Der Grund für diesen enormen Wandel innerhalb von nur 20 Jahren: Frauen wollen heute unabhängig sein und ihr eigenes Geld verdienen – auch für den Fall einer Trennung. Sie haben oft sogar bessere Ausbildungen als die Männer und möchten sich genauso im Berufsleben entfalten. Die wenigsten wünschen sich die starren Rollen der Vergangenheit zurück.

(Kolja Rudzio, Till Schwarze, Frida Thurm und Sascha Venohr: Familie: Wozu der ganze Stress?, in: DIE ZEIT Nr. 4/2017, 19.01.2017, Hamburg; https://www.zeit.de/2017/04/familie-vereinbarkeit-beruf-gehalt-dienstleister/ [11.03.2021])

1 Erläutert, was die Eltern mit der Aussage meinen, dass ihr Leben „extrem durchgetaktet“ sei, und erschließt Ursachen dafür.

2 Inwiefern zeigen sich in diesem Beispiel Auswirkungen einer veränderten Arbeitswelt? Notiert in Stichpunkten und diskutiert, wie euer zukünftiges Arbeits- und Familienleben aussehen soll.

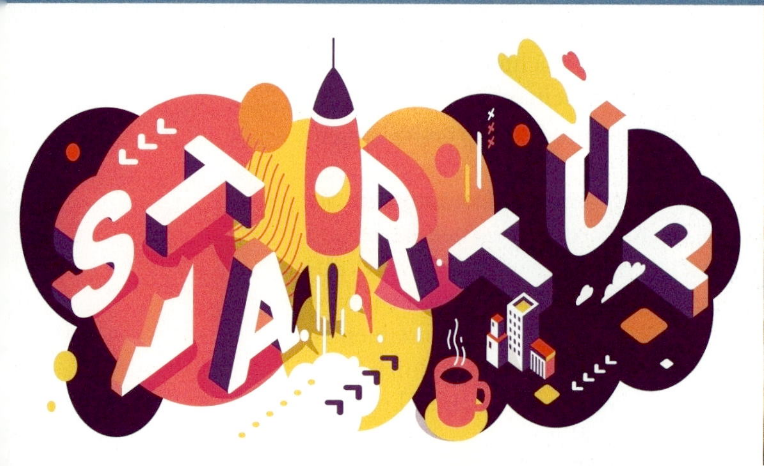
START-UP

BETRIEBSRAT-
WAHL

3

Warum Unternehmen für Wirtschaft und Gesellschaft wichtig sind

Darum wird es gehen

Unternehmen sind für Wirtschaft und Gesellschaft von großer Bedeutung. Warum das so ist, dazu sollen in diesem Kapitel unterschiedliche Aspekte beleuchtet werden.

*Im **ersten Abschnitt** werden Beispiele von Unternehmen vorgestellt, die zeigen, dass es unterschiedliche Möglichkeiten gibt, unternehmerisch tätig zu sein.*

*Der **zweite Abschnitt** beschäftigt sich mit den Fragen, wie viele Unternehmen es in Deutschland gibt, wie vielen Menschen sie eine Beschäftigungsmöglichkeit bieten und wie viel Umsatz sie machen. Auf diese Fragen geben Statistiken eine Antwort, die unterstreichen, wie wichtig der Mittelstand für die Wirtschaft ist.*

*Der **dritte Abschnitt** soll euren Gründergeist wecken. Ihr sollt darüber nachdenken, ob ihr später vielleicht selbst einmal unternehmerisch tätig werden wollt. In welchen Schritten der Gang in die Unternehmertätigkeit erfolgen kann und welche Entscheidungen z. B. über Unternehmensform und Rechtsformen getroffen werden müssen, auch darüber erfahrt ihr einiges.*

*Es gibt so viele unterschiedliche Unternehmensformen – dennoch haben alle Unternehmen etwas gemeinsam: ihre formalen Aufgabenbereiche. Was dort im Einzelnen geschieht, darum geht es im **vierten Abschnitt**.*

*Schon 1920 wurde das Betriebsrätegesetz verabschiedet, das auch die Grundlage für die heutige Mitbestimmung in Betrieben bildet. Heute werden Forderungen nach einer Erweiterung laut, die die fortschreitende Digitalisierung in der Arbeitswelt berücksichtigen soll. Worin die einzelnen Mitwirkungs- und Mitbestimmungsmöglichkeiten bestehen, das erfahrt ihr im **fünften Abschnitt**.*

*Das Schwerpunktthema im **sechsten Abschnitt** bilden die Tarifverhandlungen zwischen den Gewerkschaften und den Arbeitgeberverbänden. Wie laufen Tarifverhandlungen ab und was kann im Tarifvertrag geregelt werden, wer muss sich daran halten und wer profitiert von Tarifverträgen? In einer eigenen Recherche sollt ihr euch mit der Organisation von Gewerkschaften und Arbeitgeberverbänden vertraut machen. Und weil man sich am besten vor Ort ein genaues Bild vom Geschehen machen kann, wird euch vorgeschlagen, eine **Betriebserkundung** durchzuführen.*

1. Unternehmerin/Unternehmer sein – vielfältige Möglichkeiten

Die Materialien M1–M3 sollen beispielhaft unterschiedliche Unternehmensgeschichten zeigen, und zwar von einem in den 1990er-Jahren von einer Person gegründeten Unternehmen über ein traditionsreiches Familienunternehmen bis hin zu einem großen Konzern. Ihr könnt euch vertiefend in einer Recherche z. B. mit ihrem Werdegang beschäftigen und sollt sie in die in M4 dargestellte „Leistungsübersicht" einordnen.

Zum Einstieg:
Fallbeispiel

M1a „Mein eigenes Ding machen!"

„Mit welchen Vorstellungen sind Sie Unternehmer geworden, Herr Kesselmeier?"
„Ein ganz zentrales Motiv stellte – und das ist bis heute so geblieben – der Wunsch dar, mein eigenes Ding machen zu können und selbst die Schwerpunkte definieren zu können. Die Aussage ‚Das haben wir immer schon so gemacht' konnte und kann ich als Argument nicht gelten lassen. Deshalb faszinierte mich auch die IT-Branche mit ihrem hohen Tempo und ihren unkonventionellen Protagonisten wie Steve Jobs."

(Aus einem Autoreninterview mit Jörg Kesselmeier im Februar 2018)

M1b Connext Vivendi: „Eine kleine Erfolgsgeschichte aus dem Silicon Valley des südlichen Ostwestfalens"

Wie wir wurden, was wir sind
Connext wurde im April 1986 als „Kesselmeier Mikrocomputer" in Paderborn gegründet und befasste sich zunächst [...] mit der Entwicklung und Implementierung von Individualsoftware [Entwicklung und Umsetzung von Software, die auf spezielle Kundenwünsche ausgerichtet ist].

> **Allgemeine Informationen**
> **Branche:** IT-Lösungen für das Sozial- und Gesundheitswesen
> **Produkte:** Unsere Software-Familie Vivendi® hilft mit ihren verschiedenen Modulen den im Sozial- und Gesundheitswesen Beschäftigten, ihre Arbeit zu planen und zu dokumentieren. Die Komplexität der Prozesse, die dabei abgebildet werden müssen, ist die große Herausforderung, der wir uns jeden Tag aufs Neue stellen!
> **Standorte:** Hauptsitz in Paderborn, mit 5 weiteren Standorten bundesweit, Vertriebspartner in Österreich
> (Aus einer Infobroschüre von Connext Communication GmbH; Verf.: Christina Zweigle)

Im Jahr 1991 erfolgte die Umfirmierung [Umbenennung] zur Connext Communication GmbH und wenig später die Konzentration auf das Sozial- und Gesundheitswesen. Mit der Einführung der ersten Vivendi-Module Anfang 1996 und der raschen Verbreitung im Markt gelang der erfolgreiche Wandel zum Standardsoftware-Hersteller.
In den folgenden Jahren entstanden Geschäftsstellen in

Berlin, München, Hamburg sowie in Bad Vilbel und Bietigheim-Bissingen. Der österreichische Markt wird seit 2004 durch den Vertriebspartner x-tention bedient.
2010 erfolgte in Paderborn der Umzug der Unternehmenszentrale auf den neuen Connext Campus, der u. a. auch ein Schulungs- und Trainingszentrum umfasst.
Stolz sind wir darauf, dass es in der – für ein IT-Unternehmen – recht langen Firmengeschichte stets gelungen ist, auf Basis sehr solider Strukturen laufend für echte Produktinnovationen zu sorgen. Herausragenden Anteil hieran haben unsere großartigen Anwender, mit denen uns vielfach eine 20 Jahre und länger dauernde Zusammenarbeit verbindet.

(Historie – Wie wir wurden, was wir sind, Connext Communication GmbH, ohne Datum, Paderborn; https://www.connext.de/connext/unternehmensprofil/historie.aspx [17.02.2021])

M2 Braukunst mit Familientradition

Fallbeispiel

Renate Strate (Strategisches Management) und ihre Töchter Friederike (r., Braumeisterin/Verkauf und Marketing) und Simone Strate (l., Kaufmännische Leitung) führen seit 1995, nach dem Tod von Friedrich Strate, die Brauerei in 5. Generation fort.

„In einer der schönsten Brauereien Deutschlands ist Bierbrauen Frauensache."

„Mache alles immer so gut, wie du kannst. Nie weniger. Mehr geht nicht."
(Friedrich Strate)

Die Privat-Brauerei Strate in Detmold wurde im Jahr 1863 von Adolf Hüppe gegründet [...]. Bis zu diesem Zeitpunkt existierte in Detmold nur das Reihe-Brauen in einer städtischen Brauerei. Dies besagte, dass jeder, der sich in eine Liste eintrug, irgendwann einmal an der Reihe war zu brauen. Da dies durchaus nur einmal im Jahr sein konnte, waren die Bierqualitäten sehr wechselhaft. Adolf Hüppe war für sein gutes und süffiges Bier bekannt, sodass er beschloss, sich damals außerhalb von Detmolds Stadtmauer selbstständig zu machen.
So entstand auf den Grundstücken seiner Frau Sofie Schöning, deren Eltern eine Getreidehandlung hatten, eine wunderschöne Brauerei im neugotischen Baustil. Frei nach dem lippischen Motto „Wer nichts erheiratet und nichts ererbt, bleibt ein armer Teufel, bis dass er sterbt" waren hiermit die zwei wichtigsten Grundlagen für den Betrieb einer Brauerei geschaffen. Nämlich die Grundstücke und der Hauptrohstoff für das Bierbrauen. Friedrich und Renate Strate schlugen 1979 einen neuen Kurs für das Unternehmen ein. Die nostalgische

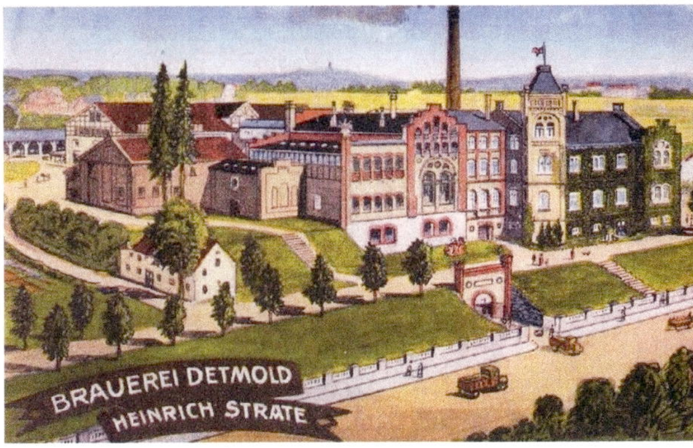

> „Wir fühlen uns unserer Heimat sehr verbunden."
> (Simone Strate)

Bügelverschlussflasche wurde wieder eingeführt und ein mildes süffiges Bier kreiert, welches mit einem Jahrhundertsud auf den Markt kam. Renate Strate übernahm den Verkauf und das Marketing, Tochter Friederike wurde zeitgleich „Jüngste Braumeisterin Deutschlands". Eine bis heute ungebrochene Erfolgsstory begann. Der Jahresausstoß hat sich seitdem verfünfzehnfacht und liegt heute bei 158.000 Hektolitern pro Jahr. Gemäß dem letzten Welt Bier Report gehört die Privat-Brauerei Strate zu den 32 größten unabhängigen Brauereien Deutschlands in Familienbesitz.

(Historie, Privat-Brauerei Strate Detmold GmbH & Co. KG, Detmold; https://brauerei-strate.de/historie-und-architektur/ [17.02.2021])

Fallbeispiel

M3 Ein deutscher Industriekonzern

Das Unternehmen thyssenkrupp

Internationale Gruppe von Unternehmen

thyssenkrupp ist eine international aufgestellte Unternehmensgruppe aus weitgehend selbstständigen Industrie-und Technologiegeschäften. In 60 Ländern erwirtschaftete die Gruppe im Geschäftsjahr 2019/2020 einen Umsatz von 29 Mrd €. Unter einer starken Dachmarke leisten wir mit unseren Produkten und Services einen wichtigen Beitrag für eine bessere und nachhaltige Zukunft. Die Qualifikation und das Engagement unserer 104.000 Mitarbeitenden sind die Basis für unseren Erfolg. Mit unseren Technologien und Innovationen entwickeln wir gemeinsam mit unseren Kunden wirtschaftliche und ressourcenschonende Lösungen für Herausforderungen der Zukunft. Wir verbinden Leistungsorientierung mit unternehmerischer und sozialer Verantwortung.

Unsere Unternehmensstrategie

(https://www.thyssenkrupp.com/de/unternehmen)

thyssenkrupp hat ca. 104.000 Mitarbeiterinnen und Mitarbeiter in 60 Ländern und bietet Produkte in folgenden Bereichen an: Automobil; Bau, Gebäude und Infrastruktur; Bergbau und Metall; Chemie; Energieerzeugung und -verteilung; Haushaltsgeräte; Lebensmittel und Getränke; Luftfahrt; Maschinen- und Anlagenbau; Öl und Gas; Sonderfahrzeuge.

(Autorentext)

Martina Merz, Vorsitzende des Vorstands seit 01.10.2019

M 4 Betriebe nach Art der Leistung

Betriebe

Sachleistungsbetriebe

produzieren Sachgüter

Industrie

- mittelgroß bis groß
- kapitalintensiv
- überw. maschinelle und automatische Fertigung
- viele angelernte Arbeiter, wenige Facharbeiter und Spezialisten
- Produktion für den anonymen Markt
- Industrie- und Handelskammer

Beispiele:
- **Gewinnungsbetriebe** Gewinnung von Bodenschätzen, z. B. Bergbau
- **Veredelungsbetriebe** Qualitätsverbesserung, nicht Stoffumwandlung, z. B. Sägewerk, Hüttenwerk
- **Verarbeitungsbetriebe** Stoffumwandlung, z. B. Möbelfabrik

Handwerk

- klein
- personalintensiv
- überwiegend manuelle Fertigung
- vorwiegend Facharbeiter
- Absatz auf Bestellung
- Handwerkskammer

Beispiele:
- Bäckerei
- Fleischerei
- Tischlerei
- Schneiderei
- …

Dienstleistungsbetriebe

stellen Dienste zur Verfügung

Beispiele:
- Banken
- Handelsbetriebe
  - Einzelhandel (EH)
  - Großhandel (GH)
  - Außenhandel (AH)
- Transportbetriebe
- Versicherungen
- Sonstige: Anwalt, Arzt …

(Unterrichtsdatenbank.de: Einteilung der Betriebe nach der Leistungsart, © Norbert Böing 2000 – 2021, Ahaus; http://www.zum.de/Faecher/kurse/boeing/udb/ [17.02.2021])

1 Findet euch zu Gruppen mit jeweils drei Personen zusammen. Je eine Schülerin/ein Schüler übernimmt die Bearbeitung eines Materials (M 1, M 2, M 3). Stellt euch dann in der Gruppe die einzelnen Unternehmen vor.

2 Zeigt vergleichend die feststellbaren Unterschiede auf.

3 Versucht dann, die jeweiligen Unternehmen in das Schaubild M 4 einzuordnen.

V Recherchiert weitere Informationen zu den Unternehmen und aktualisiert und ergänzt eure Arbeitsergebnisse.

2.1, 2.2

2. Der Mittelstand – ein Erfolgsmodell

M5 Unternehmen in Deutschland 2018

Unternehmen sind wirtschaftlich orientierte Organisationseinheiten mit dem Ziel, Gewinn zu erwirtschaften. Sie lassen sich beispielsweise hinsichtlich ihres Wirtschaftszweiges, der Anzahl der Mitarbeiterinnen/Mitarbeiter oder des Umsatzes kategorisieren.
Sozialversicherungspflichtig Beschäftigte sind alle Arbeitnehmerinnen und Arbeitnehmer, die kranken-, renten-, pflegeversicherungspflichtig und/oder beitragspflichtig nach dem Recht der Arbeitsförderung sind oder für die die Arbeitgeber Beitragsanteile nach dem Recht der Arbeitsförderung (SGB III) zu entrichten haben.
Unter **Umsatz** versteht man die Erlöse, die ein Unternehmen beim Verkauf seiner hergestellten Produkte oder angebotenen Dienstleistungen erzielt.

M5a Unternehmen nach Anzahl der sozialversicherungspflichtig Beschäftigten 2018

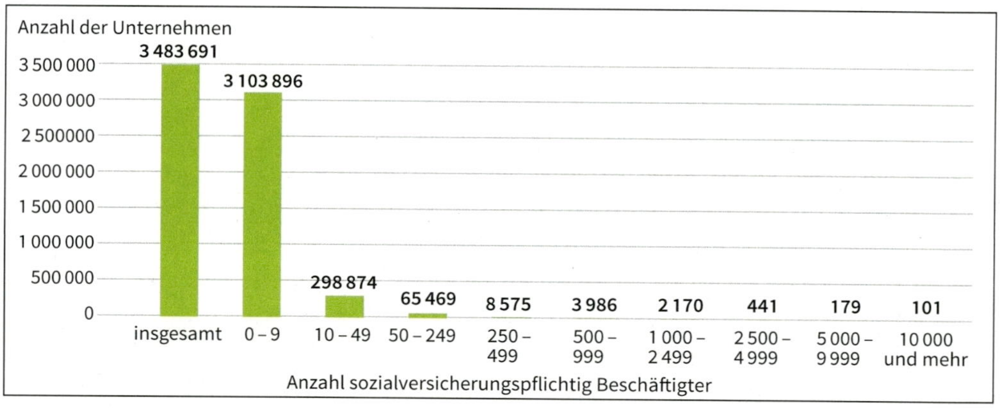

M5b Unternehmen nach Höhe des Umsatzes 2018

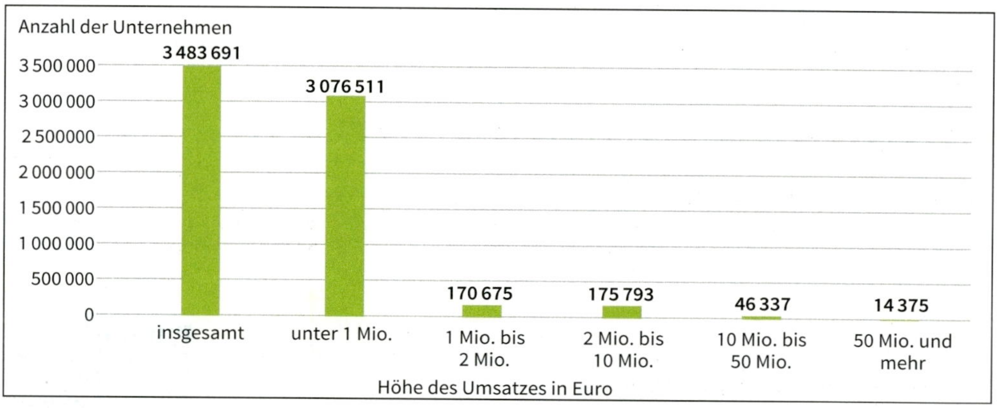

Wertet die beiden Schaubilder M 5 a und M 5 b aus und haltet eure Ergebnisse in einer Übersicht fest. Stellt Auffälligkeiten heraus, indem ihr z. B. die prozentualen Anteile der jeweiligen Unternehmen (nach Beschäftigten bzw. Umsatz) an der Gesamtzahl der Unternehmen ausrechnet.

M6 Der Deutsche Mittelstand: ein wirtschaftliches Erfolgsmodell

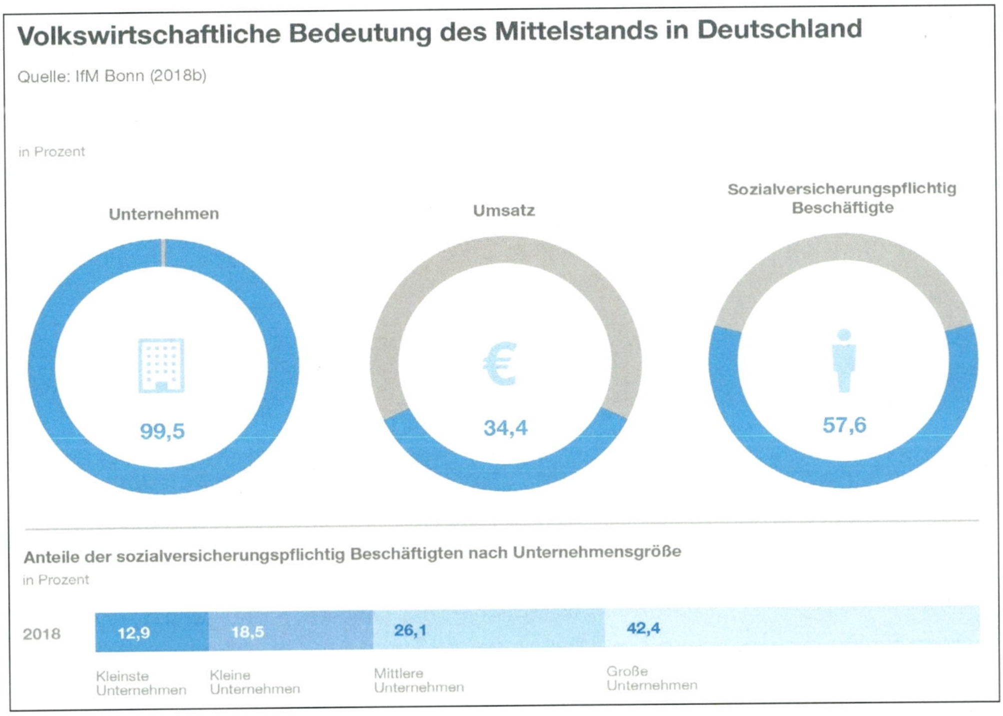

Mittelstand und Familienunternehmen – das sind über 99 Prozent der Unternehmen in Deutschland. Ein BDI-Faktencheck bietet Daten, Zahlen und Fakten dazu, was Mittelstand und Familienunternehmen bewegt und was sie für die Gesellschaft und den Standort Deutschland bedeuten.
Die Kennzahlen zeigen: Mittelständische Unternehmen mit bis zu 500 Mitarbeitern erwirtschaften mehr als ein Drittel des gesamten Umsatzes deutscher Unternehmen und stehen für knapp 60 Prozent aller sozialversicherungspflichtig Beschäftigten. [...]

Vom Hinterland auf den Weltmarkt
Viele Mittelständler sind im Handel und mit Investitionen auf dem Weltmarkt erfolgreich und zugleich regional fest verwurzelt – egal ob im Eichsfeld, Schwarzwald oder Sauerland. In ländlichen Regionen bieten Mittelständler wichtige Arbeits- und Ausbildungsplätze. Sie schaffen Steueraufkommen, das öffentliche Daseinsvorsorge ermöglicht. Als Förderer von Bildung, Kultur und Sport übernehmen sie soziale und gesellschaftliche Verantwortung am Standort. [...]

(BDI: Der Deutsche Mittelstand: ein wirtschaftliches Erfolgsmodell, Bundesverband der Deutschen Industrie e. V. [BDI], 18.03.2021, Berlin; https://bdi.eu/artikel/news/der-deutsche-mittelstand-ein-wirtschaftliches-erfolgsmodell1/ [18.05.2021])

Tipp:

Unter diesem Link ist ein Themenpapier vom März 2021 mit Daten, Zahlen und Fakten zum Deutschen Mittelstand zu finden:
https://bdi.eu/publikation/news/der-deutsche-mittelstand/

M 7 Wer zählt zum „Mittelstand"?

Das IfM [Institut für Mittelstandsforschung] Bonn grenzt in seiner aktualisierten KMU-Definition [seit 01.01.2016] nach wie vor alle kleinen und mittleren Unternehmen (KMU) von den Großunternehmen mithilfe von quantitativen Kriterien wie **Jahresumsatz** (≤ 50 Millionen €) und **Beschäftigtenzahl** (< 500 Mitarbeiter) ab. Um eine Harmonisierung mit der KMU-Definition der EU-Kommission im Kleinst- und Kleinunternehmenssegment herbeizuführen, werden jetzt analog zur EU-Definition Kleinst- und Kleinunternehmen definiert. Für mittlere Unternehmen liegt der Schwellenwert beim IfM Bonn jedoch weiterhin bei 499 Beschäftigten, um die deutsche Besonderheit herauszustellen.

Unternehmensgröße	Zahl der Beschäftigten	Umsatz €/Jahr
kleinst	bis 9	bis 2 Millionen
klein	bis 49	bis 10 Millionen
mittel	bis 499	bis 50 Millionen
(KMU) zusammen	unter 500	bis 50 Millionen

(KMU-Definition des IfM Bonn, Institut für Mittelstandsforschung Bonn, Stiftung des privaten Rechts, Bonn; https://www.ifm-bonn.org/definitionen-/kmu-definition-des-ifm-bonn [17.02.2021])

Prof. Dr. Andreas Pinkwart ist seit dem 30. Juni 2017 Minister für Wirtschaft, Innovation, Digitalisierung und Energie des Landes Nordrhein-Westfalen.

Nordrhein-Westfalen ist das Land des Mittelstands: Rund 708.000 kleine und mittlere Unternehmen (KMU) bilden das wirtschaftliche Rückgrat. Das sind 99,5 Prozent aller Unternehmen im Land. Etwa 55 Prozent der sozialversicherungspflichtig Beschäftigten sind in kleinen und mittleren Unternehmen und rund 82 Prozent der Auszubildenden in Betrieben mit weniger als 500 sozialversicherungspflichtigen Beschäftigten tätig. Der Mittelstand in Nordrhein-Westfalen erwirtschaftet circa 34 Prozent des Jahresumsatzes aller Unternehmen im Land – das entspricht etwa 471 Milliarden Euro. Das Handwerk ist mit gut 188.000 mittelständischen Betrieben in Nordrhein-Westfalen vertreten und mit rund 1,1 Million sozialversicherungspflichtigen Beschäftigten der größte Arbeitgeber im Land.

(Daten und Fakten zum Mittelstand in NRW, Ministerium für Wirtschaft, Innovation, Digitalisierung und Energie des Landes Nordrhein-Westfalen, ohne Datum, Düsseldorf; https://www.wirtschaft.nrw/daten-und-fakten-zum-mittelstand-nrw [17.02.2021])

Tipp: @ WES-116592-009

Hier ist ein Ranking zu den Top-Unternehmen des deutschen und des nordrhein-westfälischen Mittelstands zu finden, das von DDW (Die Deutsche Wirtschaft – Stimme des Mittelstands) regelmäßig aufgestellt wird. So viel vorweg: NRW lag 2020 im Ländervergleich auf Platz 1.

1 Stellt anhand der Materialien M 6 und M 7 den deutschen Mittelstand vor: Geht dabei auf die zwei Definitionen ein (M 7) und stellt die Erfolge heraus, die ihm sowohl vom BDI (Bundesverband der Deutschen Industrie e. V., M 6) als auch dem Wirtschaftsministerium NRW (M 7) bescheinigt werden.

2 Beurteilt die Bedeutung des Mittelstands für die deutsche Wirtschaft und berücksichtigt dabei auch die Analyseergebnisse der Schaubilder M 5 a und M 5 b.

M 8 Unternehmen und ihre gesellschaftliche Verantwortung

Unternehmen sind nicht allein unter ökonomischen Gesichtspunkten zu betrachten. Sie haben für Wirtschaft und Gesellschaft eine sehr vielfältige Bedeutung.
Aus den folgenden Materialien M 8 a–M 8 d sollt ihr die Vorstellungen von verantwortungsbewussten Unternehmerinnen/Unternehmern und Unternehmen herausarbeiten. In diesem Zusammenhang wird häufig auf das Konzept der Corporate Social Responsibility (M 8 b) verwiesen.
Bei den Materialien handelt es sich um

- die persönliche Meinung eines Unternehmers (M 8 a),
- das Angebot einer Industrie- und Handelskammer für eine Veranstaltungsreihe zum Thema Corporate Social Responsibility (M 8 b), in dem ein ganz bestimmtes Bild von einem verantwortungsvollen Unternehmen deutlich wird,
- das Beispiel eines Unternehmens, das für sein soziales Engagement einen Preis bekommen hat (M 8 c).

Erarbeitungsvorschlag: Bildet eine Gruppe aus drei bis vier Personen.

- Jede/jeder liest zunächst die Materialien M 8 a und M 8 b und bearbeitet die Aufgabenstellungen dazu.
- Anschließend tauscht ihr euch über folgende Fragen aus:
  - Worin wird die Verantwortung eines Unternehmers gesehen (M 8 a und M 8 b)?
  - Inwieweit sollen „der Einzelne, das Unternehmen und die Gesellschaft“ (M 8 b, Z. 39 f.) vom CSR-Konzept profitieren? Diskutiert die im Text angeführten Argumente und haltet fest, welche eurer Meinung nach die wichtigsten sind.
- Dann beschäftigt ihr euch mit dem Beispiel des Malereibetriebes Ahle (M 8 c) und stellt heraus,
  - mit welchen Maßnahmen dieses Unternehmen soziale Verantwortung übernimmt und
  - inwieweit dieses Engagement den Vorstellungen in M 8 b entspricht.
- @ WES-116592-010 Hier findet ihr einen Link, unter dem Unternehmen unterschiedlicher Größe von ihren Erfahrungen berichten, die sie bei der Umsetzung von CSR-Maßnahmen gemacht haben. Die ausgewählten Unternehmen geben einen Einblick in ihren Umgang mit Nachhaltigkeit und berichten von ihren Erfahrungen, Entwicklungen und Erfolgen bei der Implementierung von CSR. Sie bieten so anderen Unternehmen wertvolle Impulse. (2.1, 2.2, 4.1)
  Sucht euch ein Beispiel aus und stellt es in einer digital unterstützten Präsentation vor. Sprecht euch darüber mit anderen Gruppen ab.
- Bewertet nach den unterschiedlichen Präsentationen die Möglichkeiten eines verantwortungsbewussten unternehmerischen Handelns in der sozialen Marktwirtschaft.

Praxis

Recherchiert in eurer Region nach Betrieben und ihren möglichen CSR-Konzepten. Ihr könnt eine Betriebserkundung vorbereiten (s. Methode S. 97 f.) oder ggf. Verantwortliche in eure Schule einladen und dazu befragen.

M8a Unternehmer sein bedeutet ...

Unternehmer sein bedeutet mehr als Geld zu verdienen und wieder zu investieren. Unternehmer sein bedeutet in erster Linie Verantwortung zu übernehmen – für sich selbst und seine eigene Geschäftsidee, für den eigenen gewünschten Erfolg, für die Mitarbeiter und Partner, die das Unternehmen stützen und tragen, für solide Finanzen, damit alles, was aufgebaut wird, auch erhalten bleiben kann, und für die Gesellschaft im Allgemeinen. Aber auch für die Region, die natürlichen und menschlichen Ressourcen, das Zusammenleben und Zusammenarbeiten sowie für politische und gesellschaftliche Entwicklungen. Diese Ansicht vertritt der Schorndorfer Unternehmer, Vortragsredner und Buchautor Jürgen Linsenmaier. [...]

(Jürgen Linsenmaier: Ethisches Handeln ist ein Privileg verantwortungsbewusster Unternehmer, Spreeforum International GmbH, 27.07.2016, Siegen; http://www.presse-service.de/meldung.aspx?Meldung_ID=940191 [17.02.2021])

M8b „Verantwortung. Unternehmen!" – Eine Initiative der Industrie- und Handelskammer Ruhr

Globalisierung, Digitalisierung, Ressourcenknappheit und demografischer Wandel – diese Megatrends prägen unsere Zeit und stellen Herausforderungen für Unternehmen jeder Größe und Branche dar. [...]

Als Teil der Gesellschaft tragen auch Unternehmen Verantwortung. Unternehmerische Verantwortung spielt bei kleinen und mittleren Unternehmen (KMU) schon immer eine wichtige Rolle. Mit regionaler Anbindung leben sie ihr gesellschaftliches Engagement meist intuitiv – und das oft sehr erfolgreich: Sie respektieren die Interessen ihrer Mitarbeiter, investieren zum Beispiel in Weiterbildungsangebote, in eine ausgeglichene Work-Life-Balance oder soziale und kulturelle Projekte. Es entsteht eine Win-Win-Situation für Unternehmer und ihre Mitarbeiter. [...]

Work-Life-Balance: ausgewogenes Verhältnis zwischen dem Berufsleben und dem Privatleben

Meist hängt in diesen Zusammenhängen der Begriff CSR im Raum. Aber was bedeutet CSR eigentlich? Als **Corporate Social Responsibility (CSR)** wird die Verantwortung von Unternehmen für die Auswirkungen ihres Handelns auf die Gesellschaft bezeichnet. Dabei ist nicht nur die soziale Verantwortung von Unternehmen gemeint, sondern ihre gesamtgesellschaftliche, also auch ihre ökologische und ökonomische Verantwortung. Bei CSR geht es nicht darum, was mit Gewinnen aus unternehmerischer Tätigkeit geschieht, sondern wie Gewinne erwirtschaftet werden, nämlich nicht auf Kosten Dritter. Es geht nicht um Gutmenschentum, sondern um gutes Management. Dabei ist CSR kein zusätzliches einzelnes Projekt, sondern ein Prozess, der Verantwortung entlang der vier Handlungsfelder Ökonomie, Arbeitsplatz, Gemeinwesen und Ökologie in das Kerngeschäft eines Unternehmens integriert und unternehmensspezifisch mit Leben füllt. [...]

Warum lohnt sich CSR? […] Bei der Entwicklung neuer oder der Weiterentwicklung bestehender Produkte können Unternehmen durch die Ausrichtung an Nachhaltigkeitsaspekten Wettbewerbsvorteile erzielen und Innovationen treiben. Denn in einer Zeit, die von Digitalisierung und Ressourcenknappheit geprägt ist, verkaufen Unternehmen nicht mehr nur Produkte – auch die Haltung spielt eine immer wichtigere Rolle. Und darauf achten Kunden.

[…]

Die Chancen sind vielfältig. Wer Verantwortung übernimmt, profitiert von einer höheren Produktivität. Denn: Motivierte Mitarbeiter leisten mehr. Auch können Kosten gesenkt werden, beispielsweise, weil werteorientierte Arbeitgeber eine niedrigere Fluktuationsrate [Zahl von Abgängen von Personal] haben und so die Rekrutierungskosten [Kosten zur Beschaffung neuer Arbeitskräfte] senken können. Zudem lässt sich der Absatz steigern: Denn unter welchen Bedingungen produziert wird, interessiert verstärkt auch Investoren, Partner und Verbraucher. […] Nutzen sie [die KMU] dieses Potenzial, können sie die Unternehmensleistung steigern und Mitbewerber überholen. Es kommt auf eine geschickte Kombination des Managementsystems CSR und der Intuition des Unternehmers an: Dann wird aus einem Bauchgefühl eine Strategie. Und davon profitieren letztlich alle – der Einzelne, das Unternehmen und die Gesellschaft.

(IHK-Initiative „Verantwortung. Unternehmen!“, Industrie- und Handelskammer für Essen, Mülheim an der Ruhr, Oberhausen zu Essen, ohne Datum, Essen; https://www.essen.ihk24.de/produktmarken/Branchen/Handel/Einzelhandel/Allgemeine-Informationen/verantwortung-unternehmen/3974584 [17.02.2021])

1 Stellt dar, worin nach Jürgen Linsenmaier die Verantwortung eines Unternehmers liegt (M 8 a).

2 Erläutert das in M 8 b dargestellte CSR-Konzept. Klärt dabei auch die Unterscheidung zwischen „Gutmenschentum“ und „gute[m] Management“ (Z. 18).

3 „Warum lohnt sich CSR?“ (Z. 22 – 40) Listet die angeführten Argumente im Einzelnen auf.

M 8 c Engagiert – aus Überzeugung

Fallbeispiel

„Dietmar Ahle investiert als ‚Corporate Citizen‘ in sein gesellschaftliches Umfeld. Er schafft Vertrauen, motiviert dadurch seine Mitarbeiter und erhöht deren soziale Kompetenz. Er verbessert das Firmen-Image und gewinnt als Arbeitgeber und Anbieter an Attraktivität“, so die Worte von Ludwig Georg Braun, Präsident des Deutschen Industrie- und Handelskammertages in seiner Laudatio bei der Preisverleihung „Initiative Freiheit und Verantwortung“ in 2004.

Die Spitzenverbände der Wirtschaft und die Wirtschaftswoche zeichnen Unternehmen jährlich für vorbildliches unternehmerisches gesellschaftliches Engagement aus. Dieses Zitat über mich bzw. die Malermeister Ahle GmbH zeigt deutlich, welchen Nutzen Unternehmen aus dem gesellschaftlichen Engagement ihres Betriebes ziehen können. Meines Erachtens setzen diese Effekte jedoch nur dann ein, wenn diese Verantwortung auch authentisch ist und die Gewinnmaximierung hier nicht die oberste Zielsetzung ist.

Uns ist es eine Herzensangelegenheit, uns für gesellschaftliche Belange zu engagieren. Dass wir damit für das Unternehmen auch positive Resonanzen erzielen, ist ein schöner Nebeneffekt. Wir wurden in diesem Fall für ein Projekt ausgezeichnet, mit dem wir uns im ersten Schritt sogar unser Geschäft „verdorben" haben. Als Spezialist für die Entfernung von Graffiti-Schmierereien waren wir die erste Adresse in Paderborn.

Im Rahmen dieser Arbeiten hat mich immer die Frage beschäftigt: „Wer sind die Menschen hinter den Spraydosen und welche Motivation haben sie, in aller Heimlichkeit Wände zu besprühen?" Bei meinen Recherchen lernte ich den damals 18-jährigen Berliner Graffiti-Sprayer Oliver Kray kennen und erfuhr, dass es bei diesen Aktionen darum geht, sich Akzeptanz zu verschaffen, sich künstlerisch auszudrücken, aber sich auch mit den anderen Sprayern zu messen: höher sprühen, schneller sein und noch coolere Bilder zu produzieren.

Das hat mich wirklich beeindruckt. Der Elan, mit dem die Jugendlichen ihrer Leidenschaft nachgingen, brachte mich auf eine Idee: Ich holte die Jugendlichen von der Straße und begann damit, den Graffiti-Sprayern für ihre Kunst Flächen zur Verfügung zu stellen. Unser eigenes Firmengebäude, Wände von Schulen, eine lange Klostermauer und städtische Flächen konnten nun legal besprüht werden.

Und: die Auftragsarbeiten wurden selbstverständlich bezahlt. Diese Kooperation wirkte sich für uns in Bezug auf die Auftragslage „Graffiti-Entfernung" negativ aus. Denn durch die legalen Betätigungsfelder der Graffiti-Sprayer gingen unsere Umsätze bei der Entfernung der wilden Schmierereien zurück. Aus heutiger Sicht betrachtet ist dieses Projekt – mit Blick auf das Gemeinwohl – jedoch doppelt als Gewinn zu werten: Ungewollte Wandmalereien verschwanden und dunkle, unattraktive Ecken im Stadtbild wurden verschönert.

In 2007 erhielten wir für dieses Projekt auch den Preis „Brücken bauen" des Wettbewerbs Enterprise, verliehen vom Ministerium für Generationen, Familie, Frauen und Integration des Landes Nordrhein-Westfalen. Dieses Engagement zeigt sehr deutlich, dass auch kleine und mittelständische Unternehmen mit kreativen Ideen, Mut und Durchsetzungskraft einen sinnvollen Beitrag für die Gesellschaft und gleichzeitig für das Unternehmen leisten können. Es bedarf aber nicht immer solcher aufmerksamkeitsstarker Themen. Auch im Kleinen übernehmen wir als Unternehmen Verantwortung. Als Ausbildungsbetrieb haben wir seit der Gründung 1922 mehr als 100 Jugendliche ausgebildet. Obwohl wir wissen, dass es nicht leicht ist, junge Menschen ins Berufsleben zu integrieren, die vielleicht nicht so gute Zeugnisse haben, die aus familiär schwierigen Verhältnissen kommen oder durch ihren Migrationshintergrund benachteiligt werden, achten wir auch immer darauf, Auszubildenden mit diesen Vorzeichen eine Chance zu geben. Wir besuchen Schulen und erzählen aus unserem Berufsalltag, um den Schülern ein praxisnahes Bild unseres Berufs zu vermitteln. Alle Mitarbeiter haben die Möglichkeit, sich an dem Projekt „Fit im Handwerk" zu beteiligen, um ihre Gesundheit zu erhalten und zu verbessern. Das motiviert, macht Spaß und trägt zu einem guten Betriebsklima bei.

Auf der Kundenseite und zum Verbraucherschutz qualifizieren wir uns ständig weiter. Wir unterziehen uns Prüfungen, um Gütesiegel zu erhalten, wie zum Beispiel das Zertifikat „Qualität im Handwerk". Auf der Basis von gesundem Wohnen setzen wir besonders nachhaltige Materialien ein, verfügen über Kenntnisse im Bereich Elektrosmog und darüber, wie man ihm begegnen kann. Zusätzlich gehört für uns die ehrenamtliche Arbeit in vielen Gremien zur täglichen Aufgabe: Wir wollen, dass in unserem Berufszweig Menschen eine fundierte Ausbildung erhalten und dass energiesparende Konzepte umgesetzt werden, die zum Umweltschutz beitragen. Unsere Idee, einen Fassadenwettbewerb in der Stadt Paderborn auszurufen, trägt dazu bei, dass das Stadtbild bunter und vielfältiger geworden ist. Einen Beitrag für die Gesellschaft zu leisten und unternehmerischen Nutzen daraus zu ziehen geht meines Erachtens nur mit einem Rezept: Leidenschaft, Lust und Liebe zum Handeln.

(Dietmar Ahle: Soziales Engagement aus Überzeugung, Malermeister Ahle GmbH, ohne Datum, Paderborn; https://www.malermeister-ahle.de/Ahle-Info-Box/Sozial-engagiert/ [17.02.2021])

M9 Das Zielsystem von Unternehmen

Als oberstes Ziel von privaten Unternehmen in marktwirtschaftlichen Systemen kann sicherlich der Gewinn angesehen werden. Aber Unternehmen sind eingebunden in ein komplexes Zielsystem, wie das Schaubild verdeutlichen soll.
Manchmal können zwischen den Zielen auch Konflikte bestehen, wenn z.B. das Ziel der Kostensenkung dem Ziel der Verbesserung der Arbeitsbedingungen (beispielsweise durch die Einrichtung eines Ruheraums) entgegensteht. Ziele können sich aber auch gegenseitig unterstützen, wenn z.B. der Ruheraum dazu führt, dass dadurch die erzielten Arbeitsergebnisse qualitativ besser werden.

(Autorentext)

Einflüsse auf das Zielsystem von Unternehmen

Verdeutlicht zum Abschluss dieses Abschnitts das Zielsystem von Unternehmen und erläutert auch, wann es zu Zielkonflikten kommen kann.

3. „Ich wollte schon immer mein eigenes Ding machen!" – Ein Unternehmen gründen

In M 10 findet ihr Beispiele von Startup-Unternehmern, die von Menschen mit ihren eigenen Ideen und Vorstellungen gegründet wurden. Unterstützt worden sind sie dabei vom Startercenter NRW (M 11), das ihnen Hilfestellungen auf dem Weg zur Unternehmensgründung geleistet hat. Welche Erfahrungen sie dabei gemacht haben und welche Ratschläge sie weitergeben wollen, das könnt ihr an diesen Beispielen erarbeiten.

Arbeitsvorschlag:

2.1, 2.2, 4.1

- Schaut euch die Beispiele für Startups (M 10) an oder wählt auf der Webseite https://www.startercenter.nrw/de/erfolgsgeschichten eines aus und beschäftigt euch näher damit.
  Klärt in diesem Zusammenhang folgende Fragen
  - Was bietet dieses Unternehmen an?
  - Aus welcher Motivation heraus entstand das Unternehmen?
  - Welche Chancen und Risiken wurden gesehen?
  - Wer hat wie geholfen?
  - In welchen Schritten sind die Gründer vorgegangen?
  - Welche Ratschläge wollen die Unternehmensgründer weitergeben?
  - Gibt es weitere Pläne?
- Stellt dabei auch die Dienstleistungen des Startercenters NRW (M 11) vor.
- Bereitet eine Präsentation mit euren Informationen vor und stellt das Unternehmen eurer Wahl in eurer Klasse vor.
- Diskutiert anschließend die unterschiedlichen Strategien der Existenzgründungen.

@ WES-116592-011

Hier findet ihr eine weitere Auswahl an erfolgreichen Startups der letzten Jahre.

Fallbeispiel

M 10 Erfolgreiche Startups – Beispiele

AuthenticHairdesignBielefeld
Mit veganen und nachhaltigen Produkten stellt Friseurmeisterin und Barberella Ronja Neugebauer die natürliche Schönheit ihrer Kunden in den Fokus. [...]

Anthony's Kitchen
Der gelernte Koch Anthony Sarpong eröffnete im April 2015 sein erstes eigenes Restaurant mit integrierter Kochschule in Meerbusch. Für seine Kochkünste erhielt er 2017 sogar einen Michelin-Stern. [...]

Magnic Innovations
Aus ihrem Hobby Radsport heraus entwickelten die Brüder Dirk und Jörn Strothmann das Magnic Light System. Es erzeugt per Wirbelstrominduktion Strom und beleuchtet die Straße so, dass Radfahrer keinen merklichen Tretwiderstand spüren. [...]

Schreinerei Ullrich GmbH
Laura und Matthias Biere betreiben die Traditions-Schreinerei Ullrich in Herne. Unter dem Motto „Alte Werte, in neuem Kleid" machen sie Möbelwünsche wahr. Die Besonderheit an ihrem Geschäftsmodell ist der Circular-Economy-Ansatz: Alte oder kaputte Möbel werden aufgearbeitet und auf Kundenwunsch auch mit Hightech-Materialien kombiniert. Hier trifft alte Handwerkskunst auf nachhaltiges Handeln.

(Startercenter NRW: Erfolgsgeschichten, Land Nordrhein-Westfalen, Ministerium für Wirtschaft, Innovation, Digitalisierung und Energie des Landes Nordrhein-Westfalen, ohne Datum, Düsseldorf; https://www.startercenter.nrw/de/erfolgs geschichten [17.02.2021])

M11 Startercenter NRW

Unsere Dienstleistungen
Der Weg in die Selbstständigkeit sollte gut vorbereitet werden. Die STARTERCENTER NRW helfen mit ihrer Existenzgründungsberatung, die Gründung Schritt für Schritt umzusetzen und alle Gründungsformalitäten zu erledigen. [...]

Erstinformation
- Fahrplan für die nächsten Schritte in die Selbstständigkeit – je nachdem, wo du mit deinem Vorhaben der Unternehmensgründung stehst
- STARTER-Paket mit Materialien zur Existenzgründung
- Auskunft über Veranstaltungen und Seminare für Gründerinnen und Gründer

Erstberatung
- Prüfung der Geschäftsidee
- Tipps zur Erstellung eines Businessplans
- Beratung zur Gründungsart, z. B. Franchising, Unternehmensnachfolge und Teamgründungen
- Informationen über Unternehmensfinanzierung und Förderprogramme
- Beantragung von Zuschüssen aus dem Beratungsprogramm Wirtschaft

Intensivberatung
- Prüfung des Businessplans auf Umsetzbarkeit und Tragfähigkeit
- Besprechung des Finanzierungskonzeptes
- Vorbereitung auf das Bankgespräch
- auf Wunsch Vermittlung z. B. von weiterführender Beratung

Unterstützung bei Gründungsformalitäten
- Tipps zum Umgang mit Behörden
- Informationen über notwendige Gründungsformalitäten

(Startercenter NRW: Unsere Dienstleistungen, Land Nordrhein-Westfalen, Ministerium für Wirtschaft, Innovation, Digitalisierung und Energie des Landes Nordrhein-Westfalen, ohne Datum, Düsseldorf https://www.startercenter.nrw/de/startercenter/unsere-dienstleistungen [17.02.2021])

M12 Warum Unternehmensgründungen wichtig sind!

Existenzgründungen sind die Grundlage für wirtschaftliches Wachstum. Neue Ideen, Produkte, Dienstleistungen und Geschäftsmodelle modernisieren nicht nur die Wirtschaftsstruktur, sondern schaffen auch neue Arbeitsplätze.

In Deutschland sind 2019 605.000 Gründerinnen und Gründer in die unternehmerische Selbstständigkeit gestartet. Start-ups und Unternehmensgründungen in der gewerblichen Wirtschaft, im Handel, im Handwerk bis hin zu Existenzgründungen in den Freien Berufen haben für die Volkswirtschaft eine große Bedeutung: Sie schaffen nicht nur neue Arbeitsplätze, sondern fördern auch die Wettbewerbs- und Innovationsfähigkeit und halten die soziale Marktwirtschaft fit. [...]
Gründerinnen und Gründer verwirklichen innovative Ideen und fördern damit Fortschritt, Wachstum und Wettbewerbsfähigkeit. Rund 15 Prozent der Existenzgründer gingen 2019 mit einer Neuheit auf den regionalen, deutschen oder weltweiten Markt. Mehr als jede vierte Gründung ist „digital“, das heißt, die Digitalisierung oder der Einsatz von digitalen Technologien ist entscheidend für die Realisierung des Geschäftskonzepts. [...]
Im Jahr 2019 entstanden durch Neugründungen 454.000 neue Vollzeitbeschäftigungsverhältnisse. [...]
Durch neue Unternehmensgründungen wächst die Zahl der Akteure im Wettbewerbsgeschehen. Junge Unternehmen fordern nicht nur bestehende Unternehmen mit neuen Produkten, Dienstleistungen, Prozessen und Geschäftsmodellen heraus, sondern treiben auch den Wettbewerb an. In der digitalen Welt werden zunehmend die innovativen Start-ups Motor des Wandels. [...]
Selbstständige Unternehmen tragen zur Stabilität unserer demokratischen Gesellschaftsordnung bei. Wirtschaftliche Verantwortung wird auf viele Schultern verteilt, „Machtkonzentration“ verhindert und unternehmerische Freiheit gefördert. Die Gründerszene ist heterogen und vielfältig.
Nur etwa jede dritte Existenzgründung erfolgt durch eine Frau; dagegen liegt der Anteil der Frauen an allen Erwerbstätigen zwischen 15 und 64 Jahren laut Mikrozensus bei 46,9 Prozent. Positive Entwicklungen sind bei den Nebenerwerbsgründungen zu beobachten: 2019 lag der Frauenanteil bei 41 Prozent. [...]

(Existenzgründung – Motor für Wachstum und Wettbewerb, Bundesministerium für Wirtschaft und Energie, Referat Soziale Medien, Öffentlichkeitsarbeit, ohne Datum, Berlin; https://www.bmwi.de/Redaktion/DE/Dossier/existenzgruendung.html [17.02.2021])

1 Arbeitet die angeführten Gründe für die Wichtigkeit von Unternehmensgründungen heraus, ordnet sie nach ökonomischen und politischen Aspekten und erläutert sie.

2 Ergänzt eure Liste gegebenenfalls um weitere Gesichtspunkte.

3 Welche Gründe sind eurer Meinung nach die wichtigsten? Diskutiert in eurer Klasse darüber und bezieht selbst begründet Stellung.

4 Beurteilt ansatzweise Chancen und Risiken unternehmerischer Selbstständigkeit.

Wenn man ein Unternehmen gründen will, stellt sich die Frage, welche Form das Unternehmen haben soll. Soll es vielleicht ein Franchising-Unternehmen sein, soll es die Rechtsform einer GmbH oder eine Einzelunternehmung sein? Diese Entscheidung ist von weitreichender Bedeutung für Verantwortlichkeiten und für das Risiko, das zu tragen ist. Je nach finanziellen Möglichkeiten, nach Geschäftsidee, nach Umfang des eigenen Einsatzes usw. sind bestimmte Unternehmensformen mehr oder weniger geeignet. Im Folgenden werden einige Möglichkeiten dargestellt.

M13 Spin-off oder E-Business – mögliche Unternehmensformen

Kleingründung

Sie wollen erst einmal bescheiden anfangen und sich die Möglichkeit offenhalten, in bescheidenem Umfang zu wachsen? Als Kleingründung bezeichnet man Existenzgründungen, deren Startkapital bei unter 25.000 Euro liegt. Sie bieten in der Regel nur der Gründerin oder dem Gründer selbst einen Arbeitsplatz. Überlegen Sie genau, ob Sie als Einzelkämpfer glücklich werden. Wie gehen Sie mit unvorhergesehenen Notfällen oder Krankheiten um? Als Kleingründer gilt auch, wer neben seiner Festanstellung ein Geschäft aufbaut, dessen Erträge nicht ausreichen, um den Lebensunterhalt zu decken. In diesem Fall handelt es sich um eine Nebenerwerbsgründung. Der große Vorteil von Kleingründungen ist das vergleichsweise geringe Risiko. Die Startkosten sind niedrig, Sie tragen keine Verantwortung für Personal, und gerade in der Startphase können Sie erst einmal testen, ob Ihre Geschäftsidee tatsächlich funktioniert. Zum Problem kann werden, wenn sich Kleingründer nicht als „echte" Unternehmer fühlen, entsprechend unprofessionell auftreten und beispielsweise Fehler in der Buchführung machen. Planen Sie Ihr Vorhaben daher genauso gründlich, wie Sie die Gründung einer großen Firma vorbereiten würden – inklusive Homepage, Visitenkarte, Preisfindung, Marketingstrategie und Kundenakquise.

Franchising

McDonald's, das wohl bekannteste Franchiseunternehmen der Welt

Franchising erspart viele Probleme und Risiken, die unabhängige Gründer haben, denn Franchisenehmer mieten ein fertiges, bewährtes Geschäftskonzept von einem Unternehmen, dem Franchisegeber. In der Regel können Gründungswillige auf diesem Weg direkt starten: Sie verkaufen die etablierten Produkte oder Dienstleistungen des Franchisegebers. Weitverbreitet ist Franchising in den Branchen Dienstleistung, Handel, Gastgewerbe und Handwerk. Wenn Sie sich für eines der Geschäftskonzepte entscheiden, werden Sie meist durch Trainings beim Aufbau Ihres Geschäfts unterstützt. Ein weiterer Vorteil sind das Know-how und die Marketingmaßnahmen, die das Franchiseunternehmen Ihnen bietet. Damit können Sie sich ganz auf Ihre Kunden konzentrieren und erhalten in vielen Fällen zudem einen Gebietsschutz: Das bedeutet, dass kein anderer Franchisenehmer des gleichen Systems Ihr Produkt am selben Standort anbieten darf. Andererseits bindet Sie das Franchising eng an den Franchisegeber. Sie können zum Beispiel kaum eigene strategische Entscheidungen treffen. Außerdem sind oft finanzielle Abgaben wie eine Lizenzgebühr an den Franchisegeber zu entrichten. Vor Abschluss des Vertrags sollten Sie daher genau prüfen, ob Produkt, Partner und Franchise-Paket zu Ihnen passen: Gibt es ausreichende Schulungen zur Vorbereitung? Existieren Handbücher, die Fragen zum täglichen Geschäftsablauf klären? Werden Beratung und Hilfe bei Schwierigkeiten angeboten? Tipp: Befragen Sie andere Franchisenehmer nach deren Erfahrungen. Hüten Sie sich auf jeden Fall vor Unternehmen, die weder ein ausgereiftes Konzept noch betriebswirtschaftliche Kennzahlen vorlegen.

Spin-offs

Wird ein Teil eines Unternehmens aus einer bestehenden Firma ausgegliedert, handelt es sich um ein Spin-off. Das kann zum Beispiel eine Forschungsabteilung eines Instituts oder eines Großunternehmens im technischen oder naturwissenschaftlichen Bereich sein. Oder Angestellte einer Marketingabteilung gründen eine Werbeagentur – so wie Mitarbeiter einer Personalabteilung bisweilen eine Personalberatung gründen. Auch Bereiche wie Lager, Versand oder Montage werden oft ausgelagert. Der ausgegliederte Teil wird damit zu einer autonomen Firma. Mit einem Spin-off lassen sich eigenständig Gewinne erzielen. Allerdings erfordert die Produktentwicklung bis zur Marktreife meist eine Finanzierung durch externe Kapitalgeber. Und oft besteht weiterhin eine enge Verbindung zur Mutterfirma: Büros können günstig gemietet werden, man profitiert von einem festen Kundenstamm oder nutzt bestehende Lizenzen im neuen Unternehmen. Ein Spin-off sollten Sie gut vorbereiten. [...]

E-Business

Wenn Sie Ihre Produkte oder Dienstleistungen ausschließlich über das Internet vertreiben, tätigen Sie elektronischen Geschäftsverkehr und sind somit im E-Business. Auf den ersten Blick scheint es in manchen Fällen vorteilhaft, wenn Start-ups keine teuren Geschäftsräume anmieten müssen. Trotzdem entstehen nicht zu unterschätzende Kosten: Wer eine gut funktionierende E-Business-Firma gründen will, muss zunächst in die technische Infrastruktur investieren. Denn nur wenn E-Mail, Internet und Onlineshop einwandfrei funktionieren, arbeiten Kunden gerne mit Ihnen zusammen. Um im Netz gefunden zu werden, ist gezieltes E-Marketing beispielsweise in sozialen Netzwerken – in Kombination mit traditionellen Marketinginstrumenten – unentbehrlich. Außerdem müssen Sie und Ihre Angestellten die benötigten Internettechnologien perfekt beherrschen, es sei denn, Sie wollen für die Pflege Ihres Onlineangebots externe Auftragnehmer einsetzen – ein kostspieliger Weg. Besonders anspruchsvoll wird E-Business, wenn man Geschäfte mit anderen Unternehmen betreibt, sogenanntes Business-to-Business (B2B). Nicht zu vergessen: Vor allem in der elektronischen Welt haben es international ausgerichtete Unternehmen und Teams leichter, ins Ausland zu expandieren und dort Geschäftspartner zu finden.

(Bundesagentur für Arbeit [Hg.]: Durchstarten – Themenheft Existenzgründung, Ausgabe 2015/2016, Meramo Verlag, Nürnberg 2015, S. 35 ff.; Reihenfolge geändert)

2.1, 2.2

1 Findet euch zu viert zusammen und erarbeitet jeweils eine dieser Unternehmensformen. Recherchiert nach konkreten Unternehmensbeispielen in eurer Region.

2 Stellt euch die Ergebnisse gegenseitig vor und erklärt ggf. am konkreten Beispiel dieses Unternehmensprinzip.

Blickwinkel

3 Stellt gemeinsam Chancen und Risiken der jeweiligen Unternehmensform gegenüber und diskutiert, welcher Möglichkeit ihr den Vorzug geben würdet. Begründet eure Entscheidung.

M14 GmbH oder OHG – welche Rechtsform soll es sein?

Die Entscheidung, in welcher Rechtsform ein Unternehmen geführt werden soll, hat persönliche, finanzielle, steuerliche und rechtliche Folgen. Jede Rechtsform hat Vor- und Nachteile.
Entsprechend der Rechtsform gruppiert man Unternehmen in Einzelunternehmen, Personengesellschaften, Kapitalgesellschaften und ganz besondere Arten, z.B. Genossenschaften, ein (vgl. Schema). Bei der Entscheidung für eine Rechtsform geht es hauptsächlich darum, wer die Gründungskosten übernimmt, wer für das Unternehmen haftet, wie Gewinne und Verluste verteilt werden, wie das Unternehmen finanziert wird und welche steuerlichen Aspekte damit verbunden sind.

(Autorentext)

1 Recherchiert (ggf. auch arbeitsteilig/zu sechst) die verschiedenen Unternehmensformen im Internet und erstellt dazu eine tabellarische Übersicht, aus der vergleichend zu erkennen ist, woher das Kapital kommt, wer haftet, wer die Leitung hat und wohin die Gewinne fließen bzw. wer die Verluste trägt. Nutzt dafür folgendes Muster:

2.1, 2.2

F

Merkmale/ Rechtsform	Gründung/ Startkapital	Haftung	Geschäfts-führung	Gewinn/ Verlust
Einzelunternehmen	???	???	???	???
Genossenschaft	???	???	???	???
OHG	???	???	???	???
KG	???	???	???	???
AG	???	???	???	???
GmbH	???	???	???	???

2 Klärt dabei auch folgende Begriffe: Komplementäre, Kommanditisten, Gesellschafter, Aktien, Aufsichtsrat.

Fallbeispiel

M15 Fallbeispiele – Welche Rechtsform schlagt ihr vor?

1. Der Informatik-Student Willi Gaits jobbt in den Semesterferien im elterlichen Elektronikfachgeschäft. Nach dem erfolgreichen Abschluss an der Uni will er sich selbstständig machen, und zwar mit einem PC/Netzwerk-Shop. Ein wesentlicher Grund dafür ist, dass er „sein eigener Herr“ sein will. Er hat vor, zunächst einen Gesellen in seinem Betrieb zu beschäftigen. Er stellt sich vor, dass er es vor allem mit Privatkunden und kleinen Betrieben zu tun haben wird. Diese Arbeiten sollen von ihm selbst und seinem Gesellen ausgeführt werden. Der Kapitalbedarf zur Gründung dieses Betriebes ist nicht sehr hoch. Eine ganze Reihe von Geräten, Maschinen und Werkzeugen sowie ein gebrauchter Transporter sind vorhanden.

2. Die Geschwister Horst und Melanie R. haben eine Kunstsammlung im Wert von 500.000 € geerbt. Sie glauben, dass man mit dieser Sammlung einen blühenden Kunsthandel aufbauen und so das Vermögen noch vermehren könne. Allerdings wollen sie das wirtschaftliche Risiko begrenzen und die Führung eines solchen Geschäfts dem Kunstsachverständigen K. überlassen, ohne jedoch jeglichen Einfluss auf das Geschäft zu verlieren.

(Aus: Institut für Ökonomische Bildung an der Universität Oldenburg: Unterrichtseinheit „Wirtschaft und Recht“ – Handelsblatt macht Schule, Verlagsgruppe Handelsblatt, Düsseldorf 2013, S. 100)

1 Erarbeitet in Partnerarbeit zunächst je einen Vorschlag für die wohl günstigste Rechtsform für die beiden Fallbeispiele und formuliert eine Begründung.

2 Stellt sie anschließend euren Mitschülerinnen und Mitschülern zur Diskussion.

2.1, 2.2 **3** Recherchiert, welche Rechtsformen in Deutschland am häufigsten vorkommen.

4. Wer kümmert sich um was? – Arbeitsbereiche im Unternehmen

M16 Unternehmen, Betrieb, Firma – welche Unterschiede gibt es?

Betrieb

Unter einem Betrieb versteht man eine selbstständige organisatorische Einheit, die vor Ort Güter produziert oder Dienstleistungen anbietet.

Unternehmen

Ein Unternehmen dagegen ist der Eigentümer des Betriebs. Es ist das Unternehmen, das die Verträge mit den Arbeitnehmerinnen und Arbeitnehmern schließt oder wieder auflöst und Ansprechpartner für die Kundinnen und Kunden ist. Und es ist das Unternehmen, das an das Finanzamt die Steuern zahlt. Während normalerweise ein Betrieb zu nur einem Unternehmen gehört, kann ein Unternehmen aus mehreren Betrieben bestehen. Mehrere Unternehmen können sich zu einem **Konzern** zusammenschließen. Das können Unternehmen derselben Branche sein, sie können aber auch aus unterschiedlichen Branchen kommen, z. B. ein Automobilhersteller, eine Versicherung und/oder eine Bank.

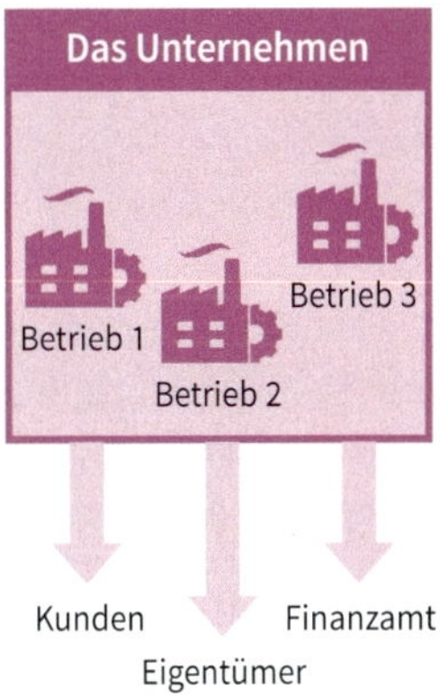

Das Unternehmen
ist der rechtliche Rahmen. Es tritt nach außen hin als Rechtsperson auf. Es schließt Verträge mit Dritten ab und ist u. a. auch dazu verpflichtet, Steuern zu zahlen.

Der Betrieb
Ort, an dem die verschiedenen Produktionsgüter des Unternehmens zur Leistungserstellung kombiniert werden → die produktionstechnische Seite

Die Firma
ist der Name, unter dem die Kauffrau/der Kaufmann die Geschäfte betreibt und die Unterschrift abgibt.

Firma

Unter einer Firma versteht man den handelsrechtlichen Namen, unter dem die Kauffrau oder der Kaufmann ihr/sein Unternehmen führt und ihre/seine Unterschrift abgibt.

(Autorentext)

Erläutert die Unterschiede zwischen Unternehmen, Betrieb und Firma und recherchiert dazu konkrete Beispiele. 2.1, 2.2

M17 Wie ein Unternehmen neue Werte schafft – die betriebliche Wertschöpfungskette

F

Der Begriff der Wertschöpfung beschreibt die Transformation von vorhandenen Gütern in Güter mit höherem monetärem Wert. Wertschöpfung ist also das Ziel jeder produktiven Tätigkeit. In einem Unternehmen oder einer Volkswirtschaft bemisst sie den Unterschied zwischen der Gesamtleistung und den verbrauchten Vorleistungen während der Leistungserstellung – vereinfacht gesagt also die Differenz aus Output und Input. Unter Vorleistungen werden dabei die beim Produktionsprozess verbrauchten Güter und Dienstleistungen verstanden. Die Wertschöpfung gibt einen Hinweis auf die **wirtschaftliche Leistungsfähigkeit** und die **Produktivität** einzelner Leistungsprozesse eines Unternehmens oder von gesamten Volkswirtschaften. Da es das Ziel jeder wirtschaftlich produktiven Tätigkeit ist, vorhandene Güter in Güter mit höherem Geldwert umzuwandeln, strebt ökonomisches Handeln danach, die Wertschöpfung möglichst zu maximieren. […]

Wertschöpfung = Gesamtleistung – Vorleistung

Beispiel

Der vereinfachte Wertschöpfungsprozess einer Brauerei sieht folgendermaßen aus. Es werden Rohstoffe wie Hopfen, Weizen, Malz und Hefe zugekauft. Aus diesen wird unter Einsatz von Produktionsanlagen Bier gebraut. [...].

Wertschöpfung = xxxxxxxxxxxxxxx – xxxxxxxxxxxxxxxxxx
Vorleistungen = xxxxxxxxxxxxxxx + xxxxxxxxxxx + xxxxxxxxxx

Sehen wir uns die Wertschöpfung am Beispiel der Bierbrauerei einmal genauer an. Es geht also darum, die vom Hersteller geschaffene zusätzliche Leistung zu berechnen. Bleiben wir bei dem Fass Bier. Ein Fass wird zu einem Preis von 45 € an Getränkemärkte verkauft. Zur Herstellung der Fässer werden folgende Rohstoffe, Betriebsmittel und Halbzeuge benötigt:

- Hopfen, Malz, Hefe: 12 €
- Energie: 7,50 €
- leeres Fass: 5,50 €

Die Brauerei erzielt also eine Wertsteigerung von 20 € je Fass Bier. Dieser Betrag enthält u.a. die Steuern und Sozialleistungen der Mitarbeiter und den Gewinn des Unternehmens. [...]

(Studyflix.de: Wertschöpfung, Studyflix GmbH, ohne Datum, Augsburg; https://studyflix.de/wirtschaft/wertschopfung-1766 [17.02.2021])

1 Erläutert, was man in der Betriebswirtschaft allgemein als Wertschöpfung bezeichnet, und verwendet dabei die Begriffe Input, Output, Transformation, Leistungserstellung, Gesamtleistung, Vorleistung.

2 Erläutert die stark vereinfachte Wertschöpfungskette einer Brauerei und fertigt zur Unterstützung ein Schaubild dazu an. Folgende Begriffe sollen darin auftauchen: Wertschöpfung, Produktionswert, Vorleistungen, Rohstoffe, Betriebsmittel und Halbzeuge (Vormaterial). Verwendet die im Text genannten Zahlen. Das kleine Schema im Text kann euch als Hilfe dienen.

Im vorherigen Beispiel (M 17) ist das betriebliche Geschehen sehr vereinfacht – modellhaft – dargestellt. Wie komplex aber in den unterschiedlichsten Bereichen an der Wertschöpfung gearbeitet wird, wird in dem folgenden Material deutlich.

▶II F M 18 Unterschiedliche Aufgaben – verschiedene Abteilungen

Die Abteilungen eines Unternehmens

Um erfolgreich tätig zu sein, müssen alle Unternehmen ihre Arbeit organisieren. Ohne festzulegen, wer welche Aufgaben zu welchem Zeitpunkt erledigen muss, ist es schwierig, einen angemessenen Gewinn zu erzielen.
An der Spitze der Hierarchie steht die Unternehmensführung, das **Management.** Sie ist für die Organisation des Unternehmens, die strategische Planung und die Bestimmung der Ziele zuständig. Hierzu kann z.B. die Eröffnung einer weiteren Produktionsstätte, aber auch die Einführung eines neu-

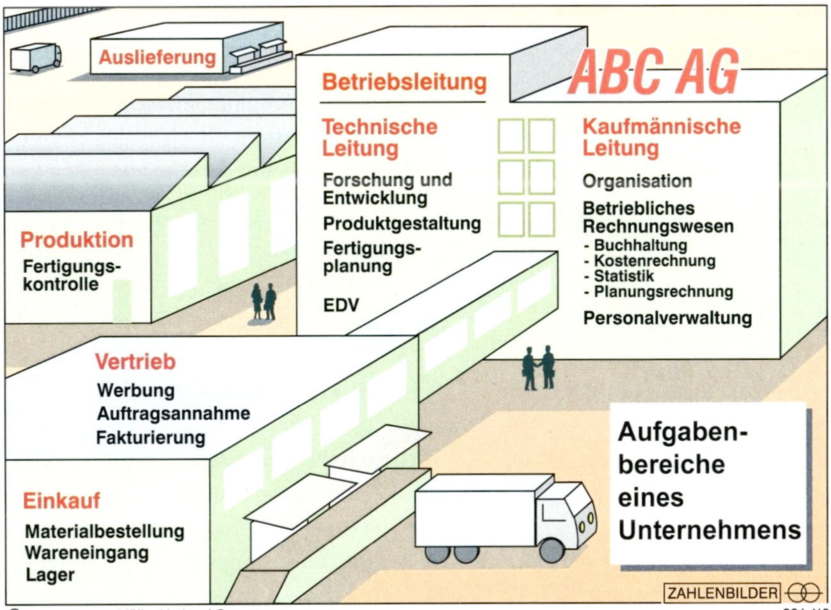

© Bergmoser + Höller Verlag AG 201 110

en Produkts oder einer Werbestrategie gehören. In größeren Unternehmen unterstehen den Mitgliedern der Geschäftsführung wiederum einzelne Bereiche, für die sie verantwortlich sind.

Während der Herstellung eines Produkts sind Zusammenarbeit und Absprachen der einzelnen Unternehmensbereiche wichtig. So ist die Abteilung **Beschaffung und Lagerhaltung** auf Informationen aus den Abteilungen **Produktion und Absatz** angewiesen, damit sie z.B. weiß, welche Rohstoffe in welcher Menge eingekauft werden müssen. Gleichzeitig verwaltet sie das Lager und sorgt so dafür, dass das in der Fertigung benötigte Material vorrätig ist. Allerdings sind für die eigentliche Fertigung weitere Produktionsfaktoren wie Arbeitskräfte und Maschinen notwendig, die ebenfalls bereitgestellt werden müssen. Es macht keinen Sinn, wenn ein Produktionsfaktor im Überfluss und andere notwendige Produktionsfaktoren gar nicht vorhanden sind, denn nur im Zusammenspiel kann das angestrebte Produkt hergestellt werden. Somit ist es wichtig zu wissen, welche Einsatzmengen von den jeweiligen Produktionsfaktoren benötigt werden. Die „Gewinnschwelle" beschreibt die Absatzmenge, bei der die Gesamtkosten für die Herstellung durch die erzielten Erlöse gedeckt werden.

Der **Vertrieb** übernimmt den Verkauf der fertigen Waren. Er ist dafür zuständig, dass die Waren die Kunden erreichen. Hierzu arbeitet er eng mit der **Marketingabteilung** zusammen, die mithilfe ihrer Instrumente versucht, das Produkt am Markt zu platzieren. Darüber hinaus müssen Fragen nach der Verwendung finanzieller Mittel oder nach deren Beschaffung beantwortet werden. Investieren bedeutet, Maschinen, Fahrzeuge oder Grundstücke zu erwerben, die z.B. für eine Betriebserweiterung benötigt werden. Investitionen sind aber auch Lizenzen oder Patente sowie Beteiligungen an anderen Unternehmen. Bei der **Finanzierung** unterscheidet man *Eigenkapital* und *Fremdkapital*. Eigenkapital ist das Kapital, das von den Eigentümern in das Unternehmen eingebracht wird. Es ist am Gewinn, aber auch am Verlust beteiligt. Im Gegensatz dazu steht das Fremdkapital, also die Schulden eines Unternehmens durch Kredite, die das Unternehmen zurückzahlen muss.

(Bundesverband deutscher Banken [Hrsg.]: Schul/Bank, „Wie? – Wirtschaft erleben" Band 2, Berlin 2006, S. 50 ff.)

Das **Rechnungswesen** erfasst alle wirtschaftlichen Angelegenheiten rund um Geld und Güter, wertet die Daten aus, kontrolliert sie und hilft z.B. bei Entscheidungen darüber, ob bestimmte Anschaffungen oder Umsetzungen wirtschaftlich rentabel sind. Nach außen hin liefert das Rechnungswesen Daten des Unternehmens für z.B. Finanzbehörden und Banken.

(Autorentext)

1 Erläutert, auch mithilfe der Grafik, wie die Arbeit in einem Unternehmen organisiert ist, damit alles reibungslos funktioniert.

2 Stellt Überlegungen darüber an, inwieweit die Arbeit in den einzelnen Bereichen und auch deren Zusammenarbeit die eigentliche Wertschöpfung mitbestimmt und ab wann ein Unternehmen von einem Gewinn ausgehen kann.

3 Erläutert, inwieweit die in M 18 dargestellte Organisation von Arbeitsbereichen auch auf Dienstleistungsunternehmen (z. B. Friseursalon, Versicherungsagentur, Werbeagentur) übertragbar ist. Wählt dazu ein konkretes Beispiel aus.

6.1, 6.2, 6.4

M19 Digitale Vernetzung im Unternehmen

Es gibt in einem Unternehmen viele Möglichkeiten, Daten zu nutzen. Ziel ist die Vernetzung und der automatische Datenaustausch entlang der gesamten Wertschöpfungskette. Die digitale Vernetzung kann einerseits innerhalb des Unternehmens stattfinden (horizontale Vernetzung) oder aber beim Austausch von Daten mit vor- und nachgelagerten Stufen der Wertschöpfungskette (vertikale Vernetzung zwischen Unternehmen und Lieferanten bzw. Unternehmen und Kunden).

Vertikale Vernetzung (innerhalb des Unternehmens)
Innerhalb des Unternehmens gibt es eine Vielzahl an Vernetzungsmöglichkeiten. Das Ziel ist, alle Systeme miteinander zu verbinden und zu automatisieren.
Wichtige Systeme in Unternehmen sind:

- Produktionsanlagen und Produktionsprozesse
- Warenwirtschaftssysteme [Warenströme im Geschäftsprozess]
- Bestellsysteme
- Betriebliches Rechnungswesen

Bei der Vernetzung der Systeme ist es wichtig, die Besonderheiten des Unternehmens und der Branche zu berücksichtigen. Dabei ist das Wissen der Mitarbeiterinnen und Mitarbeiter zentral, um die neuen Systeme mit den bestehenden erfolgreich zu verbinden. Das Ziel ist eine optimal abgestimmte Ausstattung der Anlagen mit Software und die Installation flexibler Produktionsanlagen. Zudem sollen die Systeme Daten sammeln, die dann gezielt ausgewertet und genutzt werden können.

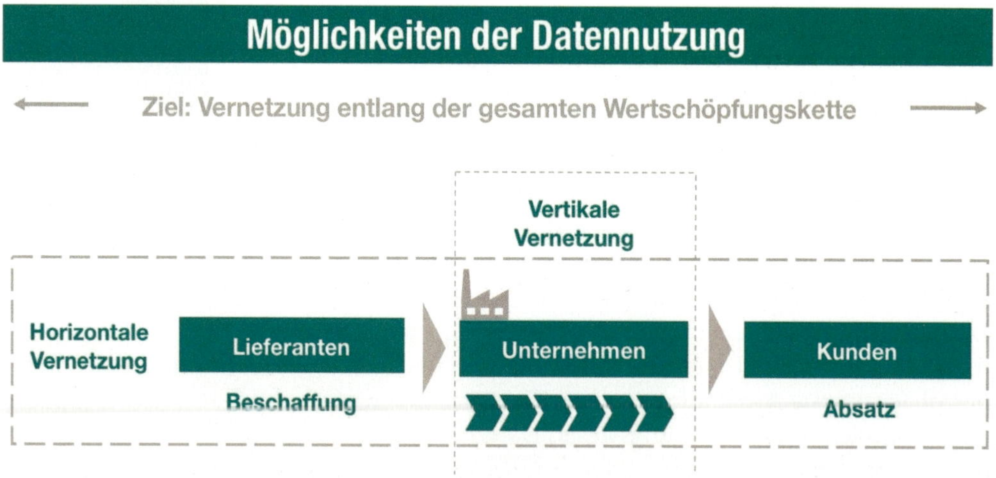

(Entnommen aus dem Unterrichtsmaterial Digitalisierung der SCHOOLGAMES / Autorin Rosanna Steiniger)

Horizontale Vernetzung (entlang der Wertschöpfungskette)

Digitale Vernetzung mit Lieferanten

Herstellungsbetriebe beziehen von Lieferanten Materialien und Rohstoffe für die Produktion. Durch den automatisierten Datenaustausch mit den Lieferanten können Materialien, die knapp werden, automatisch nachbestellt werden. Die Informationen liefert das Warenwirtschaftssystem. Dieses zeigt z. B. an, wie viele Materialien bei der Produktion verbraucht wurden und wie viele noch auf Lager sind. In vernetzten Unternehmen kann diese Information über ein gemeinsames Warenwirtschaftssystem direkt an den Lieferanten weitergeleitet werden. So weiß der Lieferant sehr früh, wie viel er selbst produzieren muss und wann er wieder liefern muss, wodurch seine eigene Produktion ebenfalls besser planbar wird. Die Vernetzung des Warenwirtschaftssystems hat also sowohl für das Unternehmen als auch für den Lieferanten große Vorteile.

Digitale Vernetzung mit dem Kunden

In Zeiten der Digitalisierung sind Unternehmen und Kunden vernetzt. Durch die Vernetzung mit dem Kunden sind Lieferausfälle und Fehlplanungen weniger wahrscheinlich, weil die Liefermengen frühzeitig bekannt sind und beide Seiten besser planen können. Von besonders großer Bedeutung ist die Vernetzung mit den Endkonsumenten. Informationen, wie viele Produkte an welche Art von Person verkauft werden, sind nicht nur für den Handel, sondern auch für den Hersteller der Produkte sehr bedeutsam. Die Kundendaten geben darüber Auskunft, welche Produkte Kunden mit ähnlichem Kaufverhalten noch interessieren könnten und wie hoch die tatsächliche Nachfrage ist. Beschwerden geben wiederum wichtige Hinweise darauf, wie die Produkte verbessert werden können. Produktionsunternehmen haben daher in der Regel großes Interesse an den Verkaufsdaten ihrer Produkte. In vielen modernen Austauschbeziehungen zwischen dem Produktionsunternehmen und dem Handel geben die Handelsunternehmen diese Daten freiwillig und vollautomatisiert an den Hersteller weiter.

(freyspiel GmbH: Informationsblatt 10: Digitale Vernetzung in Unternehmen, in: SCHOOLGAMES. Die Digitalisierung verändert die Welt – Daten ändern alles …, freyspiel GmbH, Graz 2018, S. 26 f.; http://www.schoolgames.eu/components/com_jobprofiles/files/media/43.pdf [18.02.2021])

1 Stellt im Einzelnen dar, wie horizontale und vertikale digitale Vernetzungen genutzt werden können, um den Leistungsprozess eines Unternehmens zu optimieren. Beachtet dabei die drei aufgeführten Möglichkeiten
- vertikale Vernetzung im Unternehmen
- horizontale Vernetzung mit Lieferanten
- horizontale Vernetzung mit Kunden

und verdeutlicht, wenn möglich, an konkreten Beispielen.

2 Wie bewertet ihr diese Möglichkeiten der digitalen Vernetzung? Legt dabei unterschiedliche Kriterien zugrunde (z. B. Effizienz, Legitimität) und entscheidet nach individueller Schwerpunktsetzung. Orientiert euch dabei an der Methode „Politische Urteilsbildung" (s. S. 145).

Blickwinkel

6.4

5. „Ohne uns geht es nicht!" – Mitbestimmung im Betrieb

M19 Betriebliche Mitbestimmung – vor 100 Jahren hart erkämpft!

Weimarer Republik: erste parlamentarische Demokratie in Deutschland (1918 – 1933). Nach dem verlorenen Ersten Weltkrieg (1914 – 1918) wurde die konstitutionelle Monarchie der Kaiserzeit abgelöst. Sie begann mit der Ausrufung der Republik am 9. November 1918 und endete mit der Machtübernahme der NSDAP und der Ernennung Adolf Hitlers zum Reichskanzler am 30. Januar 1933.

Im Frühjahr 1919 streikten Arbeitnehmer im Ruhrgebiet und in Mitteldeutschland [für höhere Löhne und mehr Mitspracherechte]. Daraufhin legte die Regierung der Weimarer Republik einen Entwurf für ein Betriebsrätegesetz vor. Interessenvertretungen und die freie Angestelltengewerkschaft verweigerten aber ihre Unterstützung, da der Entwurf keine **Mitbestimmungsrechte** für Beschäftigte vorsah. Ein überarbeiteter Entwurf sah vor, dass zwei Vertreter der Arbeiterschaft in den Aufsichtsorganen großer Kapitalgesellschaften vertreten seien sollten. Vonseiten der Arbeitgeber kam dieser Kompromiss einer Einsicht in Betriebsgeheimnisse gleich und führte zu großen Widerständen. Als Kompromiss für beide Seiten wurde entschieden, dass zwar zwei Arbeitnehmervertreter zu entsenden waren, sich aber ihre **Mitwirkung** auf **soziale Angelegenheiten** beschränkte.

Dieser Kompromiss führte am 13. Januar 1920 zum Blutbad vor dem Reichstag. Der linke Flügel der USPD [Unabhängige Sozialdemokratische Partei Deutschlands], die KPD [Kommunistische Partei Deutschlands], der Berliner Dachverband der Freien Gewerkschaften und die Betriebsrätezentrale forderten mehr als lediglich eine bloße Mit-

Berlin 1920: Demonstration vor dem Reichstag anlässlich der Beratung über das Betriebsverfassungsgesetz wirkung der Beschäftigten, sondern „volle[s] Kontrollrecht über die Betriebsführung" in allen Privat- und Staatsbetrieben. Eine Versammlung vor dem Reichstagsgebäude sollte öffentlich Druck auf die Regierung ausüben. Es gab keine Anmeldepflicht für Versammlungen – was dazu führte, dass die Situation vor dem Reichstag eskalierte. Sowohl die Veranstalter als auch die Sicherheitspolizei waren mit dem massiven Andrang von 100.000 Demonstranten überfordert. Schließlich eröffnete die Sicherheitspolizei das Feuer. Die Zahlen der Opfer schwanken [41 oder 42]. [...]

Das **Betriebsrätegesetz trat am 4. Februar 1920** in Kraft, ohne auf die Forderungen der Demonstranten eingegangen zu sein. 1934 wurde es durch das Gesetz zur Ordnung der Nationalen Arbeit aufgehoben. Nach dem Ende des Zweiten Weltkriegs drängten die wieder zugelassenen Gewerkschaften auf eine Neuregelung des Betriebsverfassungsrechts, und das Gesetz zur Ordnung der nationalen Arbeit wurde im Juni 1947 aufgehoben.

1952 wurden Betriebsräte in Deutschland gesetzlich im **Betriebsverfassungsgesetz** verankert und bis heute kann in Firmen mit mindestens fünf Arbeitnehmern ein Betriebsrat gewählt werden.

(Politik MV: 100 Jahre Betriebsräte, Landeszentrale für politische Bildung Mecklenburg-Vorpommern, 04.02.2020, Schwerin; https://politik-mv.de/2020/02/04/100-jahre-betriebsraete/ [18.02.2021])

Stellt dar, warum das Betriebsrätegesetz von 1920 als Grundlage für die heutige betriebliche Mitbestimmung angesehen wird.

Die folgenden Materialien beschäftigen sich mit der Interessenvertretung von Arbeitnehmerinnen und Arbeitnehmern in einem Unternehmen: dem Betriebsrat. Seine Stellung ist im heutigen Betriebsverfassungsgesetz geregelt. In den Materialien geht es im Einzelnen um

- seine allgemeinen Rechte (M 20),
- eine Forderung nach einer Reformierung des Betriebsverfassungsgesetzes (M 21),
- Zahlenmaterial zur Frage, in wie vielen und in welchen Betrieben es einen Betriebsrat gibt (M 22) und
- unterschiedliche Bewertungen der betrieblichen Mitbestimmung (M 23).

M 20 Der Betriebsrat als Interessenvertretung

F

Bei der Durchsetzung ihrer Interessen werden Arbeitnehmerinnen und Arbeitnehmer vom Betriebsrat unterstützt, dessen Stellung durch das Betriebsverfassungsgesetz geregelt wird. Ein Betriebsrat darf gewählt werden, sobald im Unternehmen mindestens fünf ständig wahlberechtigte Arbeitnehmer tätig sind. Drei davon müssen wählbar sein. Der Betriebsrat ist gesetzlich dazu verpflichtet, mit der Arbeitgeberin bzw. dem Arbeitgeber zu kooperieren („vertrauensvolle Zusammenarbeit"). Der Betriebsrat wird nach den Wahlvorschlägen der Arbeitnehmerinnen und Arbeitnehmer oder der im Betrieb vertretenen Gewerkschaft auf vier Jahre gewählt. Die Zahl der Betriebsratsmitglieder richtet sich nach der Größe des Betriebes. Betriebsräte arbeiten ehrenamtlich und üben ihre Tätigkeit während der Arbeitszeit aus. Ab 200 Arbeitnehmerinnen/Arbeitnehmern sind einzelne Betriebsratsmitglieder von ihrer sonstigen Arbeit freizustellen. Die Zahl der Freistellungen nimmt mit steigender Betriebsgröße zu. Die Betriebsratsmitglieder genießen einen besonderen Kündigungsschutz.

Der Betriebsrat hat **unterschiedlich abgestufte Mitwirkungsrechte**, angefangen bei den Informationsrechten über Anhörungs-, Beratungs- und Initiativrechte sowie Zustimmungs- und Vetorechte bis zu Mitbestimmungsrechten.

„Echte“ Mitbestimmung bedeutet, dass die Arbeitgeberin bzw. der Arbeitgeber in bestimmten Angelegenheiten ohne die Zustimmung des Betriebsrats keine Entscheidungen treffen kann. **Ein Mitbestimmungsrecht** hat der Betriebsrat bei wesentlichen sozialen Angelegenheiten im Betrieb, z. B. bei der Verteilung der Arbeitszeit, des Urlaubs, in Fragen des Arbeitsschutzes, bei betrieblichen Sozialleistungen oder bei der Erstellung von Personalfragebogen oder Beurteilungsgrundsätzen. Hat der Betriebsrat ein Mitbestimmungsrecht, steht ihm auch ein **Initiativrecht** zu [ein Recht, bestimmte Maßnahmen anzuregen oder vorzuschlagen], z. B. bei der Personalplanung und Beschäftigungssicherung. Bei Betriebsänderungen muss die Arbeitgeberin bzw. der Arbeitgeber in Beratungen mit dem Betriebsrat eintreten. Ein **Anhörungsrecht bzw. Widerspruchsrecht** hat der Betriebsrat bei Kündigungen: „Eine ohne Anhörung des Betriebsrats ausgesprochene Kündigung ist unwirksam“ (§ 102 des Betriebsverfassungsgesetzes). Widerspricht der Betriebsrat einer Kündigung, setzt er diese zwar nicht außer Kraft, verbessert aber die Rechtsposition der oder des Gekündigten im Falle einer Klage vor Gericht. Auch bleibt die/der Gekündigte dann bis zur endgültigen Gerichtsentscheidung i. d. R. weiter im Unternehmen.

In Betrieben mit einem Betriebsrat gibt es auch eine **JAV**. Das ist die Jugend- und Auszubildendenvertretung für Jugendliche unter 18 Jahren.
Mehr dazu findet ihr hier:
@ WES-116592-012

Allgemeine Rechte des Betriebsrats		
Information und Beratung	**Mitwirkung**	**Mitbestimmung**
	Eingeschränkte Mitbestimmung	Uneingeschränkte Mitbestimmung; Zustimmung des Betriebsrats notwendig
	Betriebsrat kann unter bestimmten Voraussetzungen die Zustimmung verweigern, z. B. Widerspruch einlegen. Bei Nichteinigung entscheidet auf Antrag das Arbeitsgericht.	Fehlende Einigkeit Einigungsstelle entscheidet
Beispiele: • wirtschaftliche Lage • Planung von Bauten, Personal • Arbeitsverfahren • Arbeitsplätze • geplante Betriebsänderungen • Betriebsstilllegung • Betriebsverlegung • Zusammenschlüsse • Rationalisierungen	**Beispiele:** • personelle Einzelmaßnahmen • Einstellung • Eingruppierung • Versetzung • Kündigung	**Beispiele:** • Betriebsordnung • Arbeitszeiten • Lohngestaltung • Urlaubsplan • Unfallverhütungsmaßnahmen • Sozialeinrichtungen • Sozialplan • Beurteilungsgrundsätze • Bildungsmaßnahmen
wirtschaftliche Angelegenheiten	**personelle Angelegenheiten**	**soziale Angelegenheiten**

(Autorentext)

M 21 DGB-Gewerkschaften wollen ein Update der Mitbestimmung

[...] Die IG Metall und die anderen DGB-Gewerkschaften wollen das Betriebsverfassungsgesetz weiterentwickeln. Die Transformation [hier: fundamentaler Wandel der Wirtschaft] durch Globalisierung, Digitalisierung und Energiewende erfordert eine Modernisierung der Mitbestimmung.

„Die Betriebsverfassung ist heute notwendiger denn je. Nur durch betriebliche Mitbestimmung können wir den digitalen und strukturellen Wandel erfolgreich und sozial gestalten", erklärt Christiane Benner, Zweite Vorsitzende der IG Metall.

Die DGB-Gewerkschaften machen konkrete Vorschläge zur Weiterentwicklung des Betriebsverfassungsgesetzes: Die Mitbestimmung des Betriebsrats soll erweitert werden, insbesondere bei der Personalplanung und bei der Weiterbildung. Eine Beschäftigtenbefragung der IG Metall hat ergeben, dass es in jedem zweiten Betrieb keine systematische vorausschauende Personalplanung gibt.

„Hier droht in der Transformation ein immenses Beschäftigungsrisiko, da sich viele Tätigkeiten und Anforderungen durch Digitalisierung und neue Antriebstechnik grundlegend verändern werden", warnt Benner. „Es ist notwendig, Beschäftigte vorausschauend für neue Tätigkeiten weiterzubilden. Wir wollen faire Chancen durch Weiterbildung für alle."

Zudem machen Trends wie Künstliche Intelligenz (KI) und Big Data ein Update der Mitbestimmung erforderlich. Betriebsräte brauchen aus Sicht der Gewerkschaften stärkere Rechte bei der Einführung von KI und beim Datenschutz. Zusätzlich soll der Arbeitnehmer- und Betriebsbegriff erweitert werden auf neue Formen der globalen, digitalen Arbeit wie „Clickwork".

(IG Metall Pforzheim: 100 Jahre Betriebsräte, 04.02.2020; https://www.pforzheim.igm.de/news/meldung.html?id=94264 [18.02.2021])

Findet euch zu zweit zusammen und bearbeitet M 20 und M 21 folgendermaßen:

1 Erarbeitet die Informationen zur Wahl und zur besonderen Stellung des Betriebsrats (M 20, Z. 1 – Z. 13).

2 Erläutert die jeweiligen Abstufungen der Mitwirkungsrechte (M 20, Z. 14 – 39) und verdeutlicht die Mitwirkungsrechte anhand ausgewählter Beispiele aus der Übersicht.

3 Recherchiert Informationen zur Jugend- und Auszubildendenvertretung und haltet eure Ergebnisse kurz schriftlich fest. 2.1, 2.2

4 Recherchiert Beispiele, die die Zusammenarbeit mit Betrieben und Betriebsräten in besonderen Problemfällen verdeutlichen, und stellt die besondere Problemlage vor.

5 Stellt dar, warum die DGB-Gewerkschaften ein „Update" der Mitbestimmung fordern (M 21), und recherchiert den aktuellen Stand der Diskussion.

4.1, 4.2

6 Stellt eure Ergebnisse in einer computergestützten Präsentation vor.

M22 Nur wenige Betriebe haben einen Betriebsrat

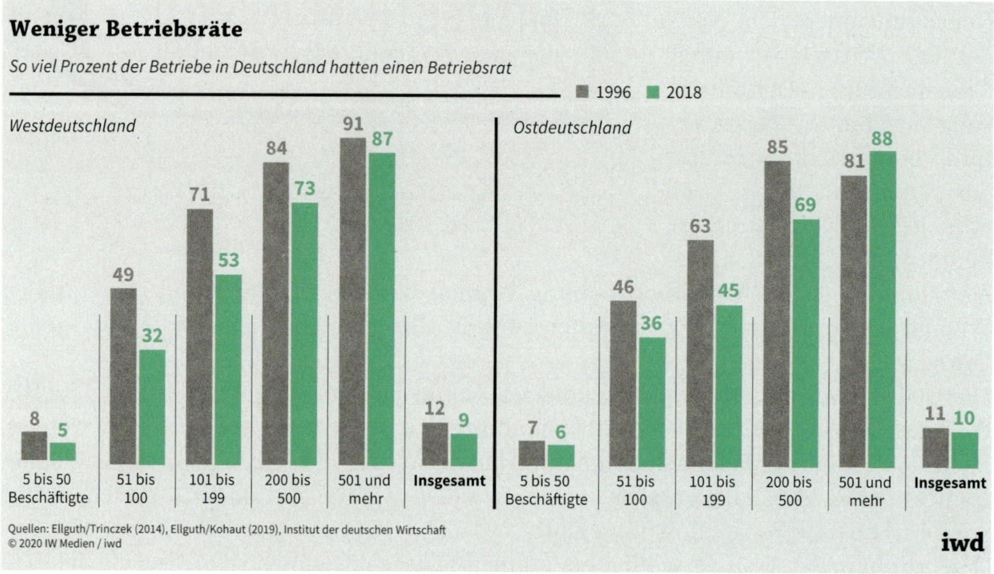

[...] Das BetrVG [Betriebsverfassungsgesetz] gilt heute als tragende Säule der deutschen Arbeitsmarktordnung. Das liegt nicht zuletzt daran, dass Management und Betriebsrat trotz aller Interessenunterschiede in den meisten Fällen zu einer Lösung kommen: In 95 Prozent aller betrieblichen Entscheidungen schaffen es Management und Betriebsrat, einen Konsens herzustellen. Trotz dieser guten Zusammenarbeit ist die Reichweite der betrieblichen Mitbestimmung in Deutschland beschränkt. Wie im Betriebsrätegesetz von 1920 gilt auch heute: Die Arbeitnehmer haben das Recht, einen Betriebsrat zu wählen, verpflichtet sind sie nicht. Und tatsächlich verzichten viele darauf (vgl. Grafik): In Westdeutschland hatten 2018 nur 9 Prozent aller Betriebe einen Betriebsrat, in Ostdeutschland waren es 10 Prozent.

Diese niedrigen Quoten gelten allerdings nicht generell. Denn es sind vor allem die kleinen und mittleren Betriebe, in denen nur selten ein Betriebsrat gewählt wird: Von den Firmen mit 5 bis 50 Beschäftigten haben in Westdeutschland nur 5 Prozent einen Betriebsrat – in großen Unternehmen ist er mit fast 90 Prozent dagegen Standard. Wenn man die Reichweite nicht auf die Betriebe bezieht, sondern auf die Beschäftigten, ergibt sich ein etwas besseres Bild: Demnach arbeiten im Westen 42 und im Osten 35 Prozent der Beschäftigten in Betrieben mit einem Betriebsrat. [...]

(Hagen Lesch: Ein Jahrhundert Betriebsrat, Institut der deutschen Wirtschaft Köln e. V., 05.02.2020; https://www.iwd.de/artikel/ein-jahrhundert-betriebsrat-459356/ [18.02.2021])

1 Wertet zunächst die Grafik zur Anzahl von Betriebsräten und deren Entwicklung aus (siehe Methode S. 271) und haltet die Ergebnisse stichwortartig fest.

2 Erläutert die Ergebnisse und nehmt dazu auch den Text zu Hilfe.

3 Nehmt zu dieser Entwicklung begründet Stellung.

M23 Mitbestimmung – perspektivisch gesehen!

Blick-winkel

Arbeitsvorschlag: Findet euch in einer Vierergruppe zusammen und sammelt zum Thema „Bedeutung der betrieblichen Mitbestimmung" Argumente für Befürworter und Kritiker. Haltet sie schriftlich fest und versucht anschließend eine gemeinsame Position zum vorgegebenen Thema zu formulieren. Bedient euch dabei der Methode „Politische Urteilsbildung" (S. 145).

Folgende Statements können einen Einstieg in die Bearbeitung erleichtern.

A) In einer Demokratie darf Mitbestimmung nicht vor Betrieben und Unternehmen Halt machen.

B) Arbeitnehmern fehlen oft die notwendigen Sachkenntnisse, um angemessen mitzubestimmen.

C) Mitarbeiter müssen heute mehr Entscheidungen treffen und brauchen dazu ein Mitspracherecht.

D) Betriebliche Mitbestimmung führt zu gerechterem Verdienst und besseren freiwilligen Leistungen.

E) Mitbestimmung erhöht die Identifikation der Beschäftigten mit dem Betrieb und fördert so ihre Motivation.

F) Mitbestimmung führt zu längeren Entscheidungswegen und ist hinderlich für die Unternehmensentwicklung.

G) Die Arbeit des Betriebsrats verursacht nur zusätzliche Kosten, die der Arbeitgeber tragen muss.

H) Mitbestimmung verbessert das Betriebsklima und trägt zum Betriebsfrieden bei.

I) Für die Entwicklung des Unternehmens ist es positiv, wenn sich Beschäftigte kritisch einmischen.

J) Mitbestimmung führt zu mehr Bürokratie und behindert unternehmerisches Handeln.

K) Der Arbeitgeber trägt das Risiko, deshalb sollte er auch allein bestimmen dürfen.

L) Betriebliche Mitbestimmung schreckt ausländische Investoren ab und ist ein Standortnachteil.

(Aus: RAAbits Realschule, Sozialkunde/Politik, Raabe Verlag, Stuttgart, März 2014, S. 46)

Anmerkung: Die im Betriebsverfassungsgesetz geregelte Mitwirkung und Mitbestimmung durch den Betriebsrat bezieht sich auf die Ebene der **Betriebe**. Wir sind hier noch nicht eingegangen auf die Mitbestimmung, die auf der Ebene der **Unternehmen** erfolgt und durch andere Gesetze geregelt ist und im Wesentlichen für Kapitalgesellschaften gilt. Diese Form der Mitbestimmung wird ausführlicher im sozialwissenschaftlichen Unterricht der Oberstufe behandelt.

6. (Fast) Alle Jahre wieder – Arbeitnehmer und Arbeitgeber handeln Tarifverträge aus

Während der Betriebsrat die Interessen der Mitarbeiterinnen und Mitarbeiter innerhalb eines Betriebes vertritt und seine Mitwirkungsrechte wahrnimmt, sind es die **Gewerkschaften**, die die Interessen der Arbeitnehmerinnen und Arbeitnehmer einer Branche gegenüber den Arbeitgeberinnen/Arbeitgebern durchsetzen wollen. Sie sind im DGB (Deutscher Gewerkschaftsbund), dem größten Dachverband von acht Einzelgewerkschaften, zusammengeschlossen. Die Arbeitgeberinnen/Arbeitgeber können ihre Interessen durch **Arbeitgeberverbände** vertreten lassen. Das geschieht in den Tarifverhandlungen, deren Ergebnisse in Tarifverträgen festgehalten werden.

Schaut euch die Bilder oben an und haltet fest, worauf sich die Forderungen der Demonstrantinnen und Demonstranten beziehen.

M24 Tarifverhandlungen – ein Kompromiss muss gefunden werden!

Das **Grundgesetz** garantiert Arbeitnehmern und Arbeitgebern in Artikel 9 Abs. 3 das Grundrecht, sich unter Berufung auf die **Koalitionsfreiheit** zu Interessenverbänden zusammenzuschließen. Sie sollen die Bedingungen, unter denen sie arbeiten und wirtschaften wollen, im Rahmen der **Tarifautonomie** unabhängig und selbstständig miteinander aushandeln. Dieses für alle Berufe, Betriebe und Branchen geltende Koalitionsrecht ermöglicht den Zusammenschluss von Arbeitnehmern in **Gewerkschaften** und von Arbeitgebern in **Arbeitgeber- oder Branchenverbänden**. Die beiden **Tarifparteien** können miteinander **Tarifverträge** abschließen. In diesen legen sie für ihre Mitglieder geltende verbindliche Regelungen zur Höhe der Löhne und Gehälter, zu Lohnzuschlägen, Wochenarbeits- und Ruhezeiten, Kündigungsfristen oder zur Anzahl der Urlaubstage fest. Tarifverträge werden immer für eine bestimmte Dauer abgeschlossen.

244 108 © Bergmoser + Höller Verlag AG

Laufen Tarifverträge aus, treffen sich die Vertreter der Tarifparteien zu **Tarifverhandlungen.** Bei Veränderungen der wirtschaftlichen Lage kommt es in der Regel zu Forderungen einer Tarifpartei nach Änderungen. Arbeitnehmer fordern zum Beispiel mehr Lohn, um inflationsbedingte Preissteigerungen ausgleichen zu können oder am wirtschaftlichen Erfolg der Unternehmen teilzuhaben. Forderungen der Arbeitgeber können Kürzungen von Entgelten und Zuschlägen oder Veränderungen der Arbeitszeit sein, um in Phasen der Rezession Arbeitsplätze oder Standorte zu erhalten.

Vor den Tarifverhandlungen erarbeiten die Tarifparteien Vorschläge, in denen sie ihre Vorstellungen von einem geänderten Tarifvertrag darlegen. Häufig sind mehrere **Tarifrunden** notwendig, bis sich die Tarifpartner einig sind.

Bereits während der Tarifverhandlungen sind **Warnstreiks** erlaubt. Diese befristeten Arbeitsniederlegungen sind ein Mittel der Gewerkschaften, mit dem sie ihren Forderungen mehr Nachdruck verleihen können. Liegen die Forderungen der Tarifpartner zu weit auseinander und ist keine Einigung in den Verhandlungen absehbar, werden die Verhandlungen für gescheitert erklärt

Es beginnt ein **Arbeitskampf**, der nach festgelegten Regeln abläuft.

Zunächst wird ein **Schlichtungsverfahren** eingeleitet, bei dem ein unabhängiger Schlichter zwischen den Tarifparteien zu vermitteln versucht. Während des Schlichtungsprozesses gilt die sogenannte **Friedenspflicht**: Es darf nicht gestreikt werden. Häufig gelangt man so zu einer Einigung und zu einem neuen Tarifvertrag. Scheitert jedoch das Schlichtungsverfahren, endet die Friedenspflicht und alle Gewerkschafts-

mitglieder stimmen in einer **Urabstimmung** über den weiteren Arbeitskampf ab. Entscheiden sie sich für einen **Streik**, wird dieser durchgeführt.
Mitglieder der Gewerkschaft erhalten während des Streiks sogenanntes **Streikgeld**. Dieses wird aus den Mitgliedsbeiträgen der Gewerkschaft finanziert. Die Lohn- und Gehaltszahlungen werden während eines Streiks vom Arbeitgeber ausgesetzt. Den Arbeitgebern bleibt als Gegenmaßnahme die sogenannte **Aussperrung:** Sie können auch Arbeitnehmern, die sich nicht am Streik beteiligen möchten, den Zugang zu ihrem Arbeitsplatz und somit die Lohnzahlung für nicht geleistete Arbeitszeit verweigern. So wird indirekt Druck auf die Gewerkschaften ausgeübt. In der Regel kommen sich die Tarifpartner mit ihren Forderungen im Verlauf der Tarifauseinandersetzung entgegen. Nach weiteren Tarifrunden stimmen die Gewerkschaftsmitglieder über die Annahme des neuen Tarifvertrags ab. Bei Zustimmung wird der Vertrag unterzeichnet, bei Ablehnung wird der Arbeitskampf so lange fortgesetzt, bis eine Einigung erzielt wird.

(Teach Economy: Tarifverhandlungen – zwischen Arbeitgeber- und Arbeitnehmerinteressen, Joachim Herz Stiftung, ohne Datum, Hamburg; https://www.teacheconomy.de/media/unterrichtsmaterial/tarifkonflikt/Tarifverhandlungen_Material.pdf [18.02.2021])

M 25 Was ist ein Tarifvertrag?

[…] Ein Tarifvertrag regelt die Rechte und Pflichten von Arbeitnehmerinnen/Arbeitnehmern und Arbeitgeberinnen/Arbeitgebern und damit viele Fragen der Arbeitsbedingungen wie zum Beispiel:

- Lohn und Gehalt
- die Dauer der Wochenarbeitszeit
- die Höchstdauer der täglichen Arbeitszeit
- die Eingruppierung
- die Entgelthöhe bei entsprechender Eingruppierung
- die Zahlung von Zulagen und Zuschlägen, zum Beispiel bei Überstunden
- die Modalitäten bei der Einführung von Kurzarbeit
- die Urlaubsdauer
- den Entgeltfortzahlungsanspruch bei Krankheit

(dgb.de: Was ist ein Tarifvertrag?, Deutscher Gewerkschaftsbund, 16.06.2020, Berlin; https://www.dgb.de/themen/++co++8441ae46-fef1-11df-463e-00188b4dc422 [18.02.2021])

1 Klärt zunächst für euch mithilfe von M 24 die in dem Wortspeicher enthaltenen Begriffe.

Arbeitgeber- oder Branchenverbände – Arbeitskampf – Aussperrung – Friedenspflicht – Gewerkschaften – Grundgesetz – Koalitionsfreiheit – Schlichtungsverfahren – Streik – Streikgeld – Tarifautonomie – Tarifparteien – Tarifrunden – Tarifverhandlungen – Tarifverträge – Warnstreiks

2 Nutzt diese Begriffsaufstellung, das Schaubild in M 24 und M 25 für einen mündlichen Vortrag über Formen, Ablauf und mögliche Ergebnisse von Tarifverhandlungen. (Tipp: Sortiert die Begriffe vorher in der Reihenfolge, in der ihr sie verwenden wollt.)

M26 Schlichtung mit Ufo vereinbart – Lufthansa wendet weitere Streiks ab

Fallbeispiel

Nach monatelangen Verhandlungen, drei Streikwellen und rund 2000 Flugausfällen einigen sich Lufthansa und Ufo [Unabhängige Flugbegleiter Organisation] auf ein Schlichtungsabkommen. Es gilt eine sofortige Friedenspflicht bis zum Abschluss des Verfahrens. Doch damit sind noch längst nicht alle Streitigkeiten beigelegt.

Passagiere der Lufthansa können aufatmen: Bei der Fluggesellschaft sind weitere Streiks des Kabinenpersonals vorerst nicht mehr möglich. Das Unternehmen hat mit der Kabinengewerkschaft Ufo ein umfassendes Schlichtungsabkommen vereinbart samt einer Friedenspflicht bis zum Ende des Verfahrens, wie beide Seiten gemeinsam mitteilten. Sie soll von einer Mediation und einem außergerichtlichen Güteverfahren begleitet werden, um auch außertarifliche Streitigkeiten beilegen zu können.
Der Vereinbarung waren drei Streikwellen mit zusammen rund 2000 Flugausfällen und monatelange Verhandlungen zwischen den tief zerstrittenen Tarifparteien vorausgegangen. Eine Wende war erst mit dem Einstieg des neuen Lufthansa-Personalvorstands Michael Niggemann gelungen.
Die Schlichtung soll nach dpa-Informationen von den bislang designierten Schlichtern Matthias Platzeck und Frank-Jürgen Weise geführt werden, die bereits an der langwierigen Anbahnung beteiligt waren. Für die beiden begleitenden Verfahren wurden weitere Experten berufen.
Mit dem Einstieg in die Schlichtung sind für die rund 22.000 Lufthansa-Flugbegleiter sofortige Verbesserungen verbunden. So werden die Stop-Over-Aufenthalte in Japan und Südkorea wieder verlängert und die Beschäftigten erhalten eine Sonderzahlung von je 1500 Euro. Neben Tarifthemen zu Arbeitsbedingungen, Renten und Entgelten haben die langen Auseinandersetzungen zwischen den streitenden Parteien einige Konflikte hinterlassen. Es geht unter anderem um persönliche Klagen der Lufthansa und damit verbundene Haftungsfragen gegen frühere und aktuelle Vorstände der Gewerkschaft. Auch war der frühere Ufo-Chef Baublies aus Lufthansa-Diensten entlassen worden.

Die Ufo schließt seit 2002 Tarifverträge mit der Lufthansa ab. In einer schweren Führungskrise der Gewerkschaft hatte das Unternehmen im vergangenen Jahr aber deren Tariffähigkeit bezweifelt und Beschlüsse des Ufo-Vorstands etwa zur Kündigung von Tarifverträgen nicht anerkannt. Eine entsprechende Klage zur Aberkennung des Gewerkschaftsstatus wurde in der Zwischenzeit aber zurückgenommen.

(ntv.de, hny/dpa: Schlichtung mit Ufo vereinbart – Lifthansa wendet weitere Streiks ab, n-tv Nachrichtenfernsehen GmbH, 31.01.2020, Köln; https://www.n-tv.de/wirtschaft/Lufthansa-wendet-weitere-Streiks-ab-article21547112.html [18.02.2021])

1 Verortet diesen Stand der Verhandlungen in dem Ablaufschema von Tarifverhandlungen.

2 Erläutert die Themen und Auswirkungen dieses Tarifkonflikts.

3 Recherchiert weitere Hintergründe und den Ausgang dieses Tarifkonflikts und stellt das Ergebnis vor.

2.1, 2.2

4 Bewertet die Formen und möglichen Auswirkungen von Tarifkonflikten allgemein und orientiert euch dabei an der Methode „Politische Urteilsbildung“ (S. 145).

Blickwinkel

F M 27 a Der DGB – Anzahl der Mitglieder 2019 nach Gewerkschaften

Der Deutsche Gewerkschaftsbund (DGB) ist die größte Dachorganisation von Einzelgewerkschaften in Deutschland. Ihm gehören acht Mitgliedsgewerkschaften mit insgesamt über sechs Millionen Gewerkschafterinnen und Gewerkschaftern an, die alle Branchen und Wirtschaftsbereiche in Deutschland abdecken.
Die Tabelle stellt die jeweilige Anzahl der Mitglieder in 2019 dar.

Mitgliedergewerkschaft	Anzahl der Mitglieder (Arbeiterinnen/Arbeiter, Angestellte)
IG Metall	2.262.571
ver.di	1.955.080
IG Bergbau, Chemie, Energie	618.321
Gewerkschaft Erziehung und Wissenschaft	280.343
IG Bauen-Agrar-Umwelt	240.146
Gewerkschaft Nahrung-Genuss-Gaststätten	197.791
Gewerkschaft der Polizei	194.926
EVG (Eisenbahn- und Verkehrsgewerkschaft)	185.793

(Autorentext)

F M 27 b Die BDA – Bundesvereinigung der Deutschen Arbeitgeberverbände

Die **Bundesvereinigung der Deutschen Arbeitgeberverbände e. V. (BDA)** ist der arbeits- und sozialpolitische Spitzenverband der gesamten deutschen Wirtschaft und hat ihren Sitz in Berlin. Die BDA vertritt als Interessenverband aller Branchen der privaten gewerblichen Wirtschaft in Deutschland die Arbeitgeberseite von ca. 70 % der Beschäftigten. Ihre Mitglieder sind 48 Bundesfachverbände sowie 14 Landesvereinigungen aus den Bereichen Industrie, Handel, Finanzwirtschaft, Verkehr, Handwerk, Dienstleistungen, Landwirtschaft, Transport und Logistik.
(Autorentext)

Arbeitsvorschlag:
Ihr könnt in einer zweiteiligen Gruppenarbeit die Informationen zu
- den Gewerkschaften (M 27 a) und
- den Arbeitgeberverbänden (M 27 b)

2.1, 2.2., 4.1, 4.2 erarbeiten und unter Berücksichtigung weiterer Rechercheergebnisse für einen mediengestützten Vortrag aufbereiten.

Rechercheaufträge zu M 27 a: @ WES-116592-013
Recherchiert
- die Entwicklung der Mitgliederzahlen im DGB,
- Kurzinformationen zu den acht Gewerkschaften, die zum DGB gehören,
- Informationen zur Organisation des DGB und
- die Landesvertretung des DGB für NRW und die Vertretung des DGB in eurer Region.

Rechercheaufträge zu M 27 b: @ WES-116592-014
Recherchiert
- Informationen zur Organisation der BDA und ihren Mitgliedern,

- Informationen zur Landesvereinigung der Unternehmerverbände NRW und
- Informationen zum Arbeitgeberverband in eurer Region.

Außerdem könnt ihr entweder vor Ort die regionale Niederlassung des DGB und/oder des/eines Arbeitgeberverbandes erkunden oder jeweilige Vertreter in den Unterricht einladen. Zur Vorbereitung auf diesen Praxiskontakt findet ihr Hinweise in der nachfolgenden Methode.

Praxis

Methode: Eine Betriebserkundung vorbereiten, durchführen und auswerten

Vieles kann man über einzelne Unternehmen bereits mithilfe von Internetrecherchen erfahren, doch einen Betrieb vor Ort besuchen und erkunden zu können ist eine viel unmittelbarere Gelegenheit, sich zu informieren und einen Eindruck zu gewinnen. Eine Erkundung muss allerdings gut vorbereitet werden, damit man alle gewünschten Informationen erhält. Auch die Nachbereitung ist sehr wichtig, um die gewonnenen Informationen angemessen auszuwerten – ihr könnt dazu zum Beispiel eine Präsentation erstellen.

Man unterscheidet bei der Anwendung der Methode mindestens **drei Phasen**:

1. Planungsphase
- Welcher Betrieb soll erkundet werden (Handwerksbetrieb, Dienstleistungsbetrieb, eine Bank, eine Versicherung, die Stadtverwaltung, die lokalen Verkehrsbetriebe, die Müllabfuhr, Kaufhaus, Krankenhaus, ein global tätiges Unternehmen …)?
- Was wissen wir schon über den ausgewählten Betrieb, welche Informationen können wir noch vorab beschaffen?
- Was wollen wir noch wissen? Was genau wollen wir uns vor Ort ansehen und erfragen? Ist eine Aufteilung in mehrere Teams nötig? Könnte ein Fragebogen nützlich sein?
- Verhaltensregeln absprechen: Wie sollten wir uns verhalten?
- Wer nimmt wann und wie Kontakt zum gewählten Betrieb auf? Termin und Ansprechpartner nennen lassen! Zielsetzung mit den Ansprechpartnern im Betrieb absprechen.

2. Durchführungsphase
- Begrüßung und Vorstellung
- Möglichkeiten: Rundgang durch den Betrieb, Vortrag anhören, Interviews mit Betriebsangehörigen durchführen
- Datenmaterial sammeln: Notizen machen, Gespräche aufzeichnen, fotografieren (Persönlichkeitsrechte beachten!), Infomaterial des Betriebs mitnehmen
- persönliche Eindrücke festhalten, auf Informationen „zwischen den Zeilen" achten

3. Nachbereitungsphase
- Ergebnisse zusammentragen, nach festgelegten Schwerpunkten filtern und aufbereiten
- Sind alle Fragen beantwortet? Gibt es unerwartete Ergebnisse?
- Ergebnisse dokumentieren und präsentieren (Wandzeitung, Präsentation, Collage, Fotostory, Bericht auf der Schulhomepage)
- Nachbetrachtung: Was war gut? Was müsste man beim nächsten Mal besser machen, worauf müsste man stärker achten?

Eine einzelne Betriebserkundung kann meist keinen Einblick in die Ganzheit eines Unternehmens ermöglichen. Erkundungen sollten deshalb immer unter bestimmten Aspekten durchgeführt werden, zum Beispiel unter diesen:
- Erkundung unter funktionalem Aspekt,
- Erkundung unter sozialem Aspekt,
- Erkundung unter berufskundlichem Aspekt.

Für diese drei Aspekte findet ihr im Folgenden einige mögliche Themen, die für eine Erkundung interessant sein könnten und zu denen ihr mögliche Untersuchungsfragen entwickeln könnt.

Funktionaler Aspekt (hier konzentrieren wir uns auf den wirtschaftlichen Blickwinkel)
Mögliche Themen:
- Unternehmerin/Unternehmer sein, sich selbstständig machen
- dem Geld im Unternehmen nachgehen (Geldfluss)
- Arbeitszeitverkürzung und damit verbundene betriebliche Probleme

- Bedeutung des Unternehmens für die Region, die Gemeinde, innerhalb der Branche
- Rechtsform des Unternehmens
- Leitung und Verwaltung des Unternehmens, Einzelheiten der Organisation, Beschaffung, Vertrieb, Absatzmöglichkeiten, Marktorientierung, Wettbewerbssituation, Exportsituation, Importsituation
- Marketing, Produktgestaltung, Werbung, Preisgestaltung, Preispolitik
- Kapital, Investitionen, Finanzierung, Zinsen (Eigenkapital, Fremdkapital)
- Berufsverbände
- technische, betriebswirtschaftliche Bedingungen, Standortbedingungen des Unternehmens, internationale Arbeitsteilung

Sozialer Aspekt
Mögliche Themen:

- rechtliche Regelungen und Auswirkungen im Unternehmen (z. B. Sicherheitsvorschriften, Sinn, Handhabung)
- verschiedene Formen der psychischen und physischen Belastung durch Arbeitsplätze
- Hierarchie im Unternehmen und äußere Formen
- Arbeitszufriedenheit/Arbeitsgestaltung
- Personalwesen, Personalpolitik, Zusammensetzung der Belegschaft nach Geschlecht, Alter, Hierarchiestruktur
- Sozialstruktur, Sozialeinrichtungen, Lohnstruktur (Lohnkosten, Lohnnebenkosten)
- arbeitsrechtliche Belange, Vorschriften, Arbeitsbedingungen
- Nachtarbeit, Schichtarbeit
- Ergonomie
- Betriebsrat, Auszubildendenvertretung
- Corporate Social Responsibility (CSR)

Berufskundlicher Aspekt
Mögliche Themen:

- eine fiktive Karriere verfolgen
- Verwaltungskarriere, Fachkarriere
- Qualifikation für eine Anzahl von Berufen erkunden
- Ausbildungsmöglichkeiten im Unternehmen
- Weiterbildungsmöglichkeiten im Unternehmen
- Berufe und Tätigkeiten im Unternehmen
- Aufstiegsmöglichkeiten
- Arbeitszeitmodelle
- Qualifikationsniveau
- Unternehmenskultur, soziale Leistungen

(Autorentext)

F M28 Tarifpartnerschaft – ein altes, aber gefährdetes Bündnis?

Abb. 1: Flächentarifbindung der Beschäftigten 1996 – 2017, Anteile in Prozent

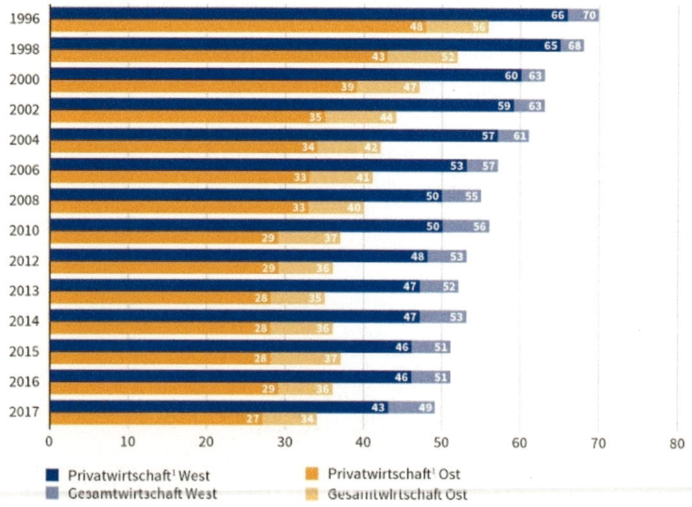

[1] Ohne Landwirtschaft und Organisationen, ohne Erwerbszweck.

Anmerkung: Seit 2010 verändertes Datenprüfverfahren, siehe Ellguth/Kohaut (2011, S. 243).
Quelle: IAB-Betriebspanel. © IAB

Arbeitnehmer und Arbeitgeber verhandeln über Löhne und Arbeitsbedingungen. Dafür bieten Tarifverträge beiden Seiten ein institutionelles Gefüge. Doch seit Jahren gehen die **Tarifbindung** der Betriebe und damit auch ihre Bedeutung für die Beschäftigten zurück. Gerade in Ostdeutschland ziehen es Betriebe vor, außerhalb von Tarifverträgen zu agieren.

Das deutsche System der Arbeitsbeziehungen wird durch die gesetzlichen Bestimmungen zur Tarifautonomie und zur betrieblichen Interessenvertretung durch Betriebsräte getragen [...]. Überbetriebliche Branchen- oder Flächentarifverträge spielen eine wesentliche Rolle bei der Regelung von Arbeitsbedingungen und bei der Lohnfindung. Sie werden meist für Regionen und Branchen ausgehandelt und sorgen dort für einheitliche Wettbewerbsbedingungen bei den Arbeitskosten. Für den einzelnen Betrieb ergibt sich daraus eine gesicherte Planungsgrundlage. Zudem herrscht Betriebsfrieden während der Laufzeit der Verträge. Zugleich entfällt damit die komplexe Aufgabe, Löhne und Arbeitsbedingungen für jeden Einzelfall aushandeln zu müssen, was die Betriebe entlastet.

Tarifverträge legen Mindeststandards fest

Löhne und Arbeitsbedingungen können jedoch nicht nur auf Branchenebene über **(Flächen-)Tarifverträge** geregelt werden, sondern auch auf Betriebs- oder Unternehmensebene **(Firmentarifverträge)** oder in **individuellen Arbeitsverträgen.** Letztere werden vor allem in kleineren Betrieben geschlossen. Für größere Firmen sind Firmentarifverträge eine interessante Alternative, denn der Verwaltungsaufwand wird schnell zu groß, wenn mit jedem Beschäftigten einzeln ein Arbeitsvertrag verhandelt werden muss.

Im Arbeitsrecht haben Tarifverträge Vorrang gegenüber Betriebsvereinbarungen und Einzelarbeitsverträgen. Tarifverträge legen Mindeststandards fest, die von den tarifgebundenen Betrieben über-, aber nicht unterschritten werden dürfen. Ausnahmen bestehen nur im Fall tariflicher Öffnungsklauseln.

[...] Seit 1996 werden [...] sowohl für West- als auch für Ostdeutschland jährlich Informationen zur Tarifbindung (und zur betrieblichen Interessenvertretung) über alle Wirtschaftszweige und Größenklassen hinweg erhoben. Die aktuellen Ergebnisse beruhen auf Angaben von rund 15.500 Betrieben in beiden Landesteilen. Aufgrund des Aufbaus der Zufallsstichprobe sind die Ergebnisse repräsentativ für die rund 2,1 Millionen Betriebe mit mindestens einem sozialversicherungspflichtig Beschäftigten.

Die Tarifbindung in der Privatwirtschaft ist rückläufig

[...]

In der Gesamtwirtschaft ging der Anteil der Beschäftigten in branchentarifgebundenen Betrieben von 1996 bis 2017 in Westdeutschland um 21, in Ostdeutschland um 22 Prozentpunkte zurück (siehe Abbildung 1). [...]

Für knapp die Hälfte der westdeutschen Beschäftigten gelten Branchentarife

Im Jahr 2017 arbeiteten hochgerechnet rund 49 Prozent der westdeutschen und 34 Prozent der ostdeutschen Beschäftigten in branchentarifgebundenen Betrieben. Firmen- oder Haustarifverträge galten für 8 Prozent der westdeutschen und 10 Prozent der ostdeutschen Beschäftigten.

Tab. 1: Tarifbindung 2017

	Beschäftigte in %			Betriebe in %		
	West	Ost	Gesamt	West	Ost	Gesamt
Branchentarif	49	34	47	27	16	25
Firmen-/Haustarif	8	10	8	2	2	2
Kein Tarifvertrag	43	56	46	71	81	73
– davon Orientierung am Branchentarif	*50*	*45*	*49*	*40*	*35*	*39*

(Quelle: IAB-Betriebspanel 2017, © IAB)

Für rund 43 Prozent der westdeutschen und 56 Prozent der ostdeutschen Arbeitnehmer gab es keinen Tarifvertrag. Allerdings wurde knapp die Hälfte dieser Beschäftigten (West: 50%, Ost: 45%) indirekt von Tarifverträgen erfasst, da sich die Betriebe, in denen diese Beschäftigten arbeiten, nach eigenen Angaben an den jeweiligen Branchentarifverträgen orientierten (siehe Tabelle 1).

Über 70 Prozent der Betriebe sind nicht tarifgebunden

Von den Betrieben selbst sind derzeit hochgerechnet noch rund 27 Prozent im Westen und 16 Prozent im Osten durch Branchentarifverträge gebunden. Haus- oder Firmenta-

rifverträge gelten für jeweils 2 Prozent der Betriebe in den alten und neuen Bundesländern. Alle anderen, also etwa 71 Prozent der westdeutschen und 81 Prozent der ostdeutschen Betriebe, sind nicht tarifgebunden.
Rund 40 Prozent der nicht tarifgebundenen Betriebe in Westdeutschland und 35 Prozent in Ostdeutschland gaben jedoch an, sich in ihren Einzelarbeitsverträgen an bestehenden Branchentarifen zu orientieren. Allerdings lehnt sich nur wiederum ein Teil dieser Betriebe auch in allen relevanten Punkten – etwa bei den finanziellen Zusatzleistungen wie Weihnachts- oder Urlaubsgeld, den Arbeitszeiten oder der Dauer des Jahresurlaubs – am jeweiligen Branchentarif an. […]

Tab. 2: Tarifgebundene Betriebe nach Größe 2017 (in %)

	Branchentarifvertrag (BTV)		Haus-/Firmentarifvertrag		Kein Tarifvertrag			
Betriebsgröße (Zahl der Beschäftigten)	West	Ost	West	Ost	West	davon Orientierung im BTV	Ost	davon Orientierung im BTV
1 bis 9	21	12	1	1	78	36	87	33
10 bis 49	38	24	3	5	59	50	71	41
50 bis 199	48	41	7	9	46	57	50	46
200 bis 499	59	49	13	15	29	44	36	67
500 und mehr	73	52	12	29	16	59	19	66
Gesamt	**27**	**16**	**2**	**2**	**71**	**40**	**81**	**35**

(Quelle: IAB-Betriebspanel 2017, © IAB)

Der tarifliche Deckungsgrad variiert stark mit Branche und Betriebsgröße
Das Ausmaß der Tarifbindung variiert seit jeher stark von Branche zu Branche. So liegt die Tarifbindung bei den Finanz- und Versicherungsdienstleistungen und im Baugewerbe in beiden Landesteilen seit Jahren weit über dem Durchschnitt, während vor allem im Bereich der Information und Kommunikation Branchentarifverträge kaum eine Rolle spielen […].
Zudem steigt der tarifliche Deckungsgrad mit der Betriebsgröße (siehe Tabelle 2). Das gilt sowohl für die alten als auch für die neuen Bundesländer, wenn auch auf unterschiedlichem Niveau. […]

(Susanne Kohaut: Tarifbindung – Der Abwärtstrend hält an, IAB-Forum, 24.05.2018, Institut für Arbeitsmarkt- und Berufsforschung der Bundesagentur für Arbeit, Nürnberg; https://www.iab-forum.de/tarifbindung-der-abwaertstrend-haelt-an/ [18.02.2021])

1 Stellt dar, welchem Problem sich M 28 widmet, und erläutert dazu die Überschrift.

2 Klärt die unterschiedlichen Möglichkeiten von Tarifverträgen (Z. 25 – 36).

3 Stellt mithilfe der Ausführungen im Text, der Abbildung und der Tabellen die zur Argumentation angeführten Zahlen zusammen.

Blickwinkel

4 Beurteilt abschließend die Entwicklung der Mitgliederzahlen in den Gewerkschaften und die der Tarifbindung für die Stärke des Bündnisses der Tarifpartnerschaft und beantwortet die in der Überschrift von M 28 formulierte Frage. Orientiert euch an der Methode „Politische Urteilsbildung“ (S. 145).

Was ihr jetzt wissen und können solltet:

- ✓ MSUH die Vielfalt selbstständiger Berufe beispielhaft beschreiben und Betriebe nach Art der Leistung differenzieren;
- ✓ MSUH anhand der Auswertung statistischen Materials die Bedeutung des Mittelstands für die Wirtschaft erkennen und beurteilen;
- ✓ MSUH wissen, was Corporate Social Responsibility bedeutet;
- ✓ MSUH Möglichkeiten eines verantwortungsbewussten unternehmerischen Handelns in der sozialen Marktwirtschaft kennen und bewerten;
- ✓ MSUH erläutern und begründen, warum ein Unternehmen sowohl ein ökonomisches als auch ein soziales System ist, und entsprechende Unternehmensziele darstellen und erläutern;
- ✓ MSUH Schritte in die unternehmerische Selbstständigkeit beschreiben und Strategien der Existenzgründung diskutieren;
- ✓ MSUH in Grundzügen Chancen und Risiken unternehmerischer Selbstständigkeit beurteilen;
- ✓ MSUH Unternehmens- und Rechtsformen und die damit verbundenen Konsequenzen kennen und anhand von Fallbeispielen entsprechende Entscheidungen treffen;
- ✓ MSUH die Wertschöpfungskette sowie die Funktionen von Beschaffung, Produktion und Absatz im betrieblichen Handeln erläutern;
- ✓ MSUH die unterstützenden Möglichkeiten der Digitalisierung beschreiben und aus unterschiedlichen Perspektiven bewerten (politische Urteilsbildung);
- ✓ MSUH den Betriebsrat als Interessenvertretung der Arbeitnehmerinnen/Arbeitnehmer kennen und sich daraus möglicherweise ergebende Konflikte erörtern und bewerten (politische Urteilsbildung);
- ✓ MSUH zur Bedeutung von Mitwirkung und Mitbestimmung für Arbeitnehmerinnen/Arbeitnehmer eine begründete Stellungnahme formulieren (politische Urteilsbildung);
- ✓ MSUH den Aufbau und die Funktionen von Gewerkschaften und Arbeitgeberverbänden beschreiben;
- ✓ MSUH Formen und Auswirkungen von Tarifkonflikten und Tarifverträgen erläutern und beurteilen;
- ✓ MSUH eine Betriebserkundung vorbereiten, durchführen und auswerten und als Methode reflektieren;
- ✓ MSUH eine Präsentation zu erarbeiteten Ergebnissen erstellen und halten;
- ✓ MSUH Informationsrecherchen zielgerichtet durchführen und dabei Suchstrategien anwenden;
- ✓ MSUH themenrelevante Informationen und Daten aus Medienangeboten filtern, strukturieren, umwandeln und aufbereiten;
- ✓ MSUH Medienprodukte adressatengerecht planen, gestalten und präsentieren

Was ihr wisst – was ihr könnt – wie ihr es seht

MSUH

1. Ein Lückentext zu Unternehmen

Bernd Schmidt hat 2000 eine kleine Elektrofirma gegründet, die ihm allein gehörte. Diese Firma hatte daher die Rechtsform einer ???. Als Bernd Schmidt 2001/02 erhebliche ??? machte, musste er ein privates Grundstück verkaufen, um nicht in Konkurs zu gehen. Die örtliche Bank hatte ihm einen ??? verweigert, da er nicht finanzkräftig genug erschien. Bernd Schmidt wandelte deshalb seine Einzelunternehmung in eine ??? um und nahm dazu zwei gleichberechtigte Gesellschafter in die Firma auf. Diese brachten zusätzliches ??? ein und erklärten sich bereit, unbeschränkt – also mit ihrem ??? – zu haften, sofern weitere ??? anfallen sollten. Dieser Fall trat jedoch nicht ein. Statt roter Zahlen gab es in den folgenden Jahren kräftige ???, die gleichmäßig unter den drei ??? aufgeteilt wurden. Die Firma wuchs und wuchs, der Kapitalbedarf ebenso. Um das Eigenkapital zu erhöhen, wurde die bestehende offene Handelsgesellschaft in eine ??? umgewandelt. Bernd Schmidt und die beiden Hauptgesellschafter blieben Vollhafter (???), die neuen Gesellschafter waren ???, d. h., ihre ??? war auf die eingebrachten Geldeinlagen begrenzt. Diese Rechtsform wurde bis zum Jahr 2010 beibehalten. Da die Elektro-KG inzwischen jedoch mehr als 5.000 Beschäftigte hatte und die drei ??? aus Altersgründen die ??? niederlegen wollten, wurde nach einer neuen ??? Ausschau gehalten. Der hohe Finanzbedarf einerseits und der glänzende Ruf des Unternehmens andererseits legten es nahe, die Elektro-KG in eine ??? umzuwandeln, deren ??? an der Börse gehandelt werden. Dieser Schritt wurde vor Kurzem vollzogen. Für die Geschäftsführung ist nunmehr ein ??? zuständig; kontrolliert wird dieser von einem ???.

OHG – Aktien – Aufsichtsrat – Komplementäre – Einzelunternehmung – Privatvermögen – Haftung – Rechtsform – Verluste – KG – Gewinne – Kapital – Kredit – Geschäftsführung – Verluste – AG – Vorstand – Kommanditisten – Gesellschaftern – Komplementäre

(Institut der deutschen Wirtschaft Köln Medien GmbH [Hg.]: pdf „Arbeitsblaetter_Rechtsformen_von_Unternehmen.pdf", S. 4, 28.08.2018; http://www.wirtschaftundschule.de/unterrichtsmaterialien/unternehmen-markt/arbeitsblaetter/rechtsformen-von-unternehmen/ [22.02.2021])

Zeigt, was ihr wisst: Welche der Begriffe aus dem Wortspeicher gehören jeweils in die Lücken?

MSUH

2. Eine Karikatur analysieren

Analysiert die Karikatur.

(Harm Bengen)

Wenn ihr noch mehr lernen wollt ...

D1 Öffentliche Unternehmen – warum es ohne sie nicht geht

Nicht alle Güter und Dienstleistungen, die von Menschen nachgefragt werden, werden auch von Unternehmen angeboten. Häufig geht es um Güter und Dienstleistungen, mit denen kein oder nicht viel Gewinn zu erzielen ist oder deren Bereitstellung eine Kommune den privaten Unternehmen nicht überlassen will oder kann und deshalb selbst als Anbieter auftreten muss. Weil hier der Markt „versagt“, bietet der Staat öffentliche Güter an.

Als **öffentliche Unternehmen** werden im heutigen Sprachgebrauch diejenigen Wirtschaftsunternehmen verstanden, die von der öffentlichen Hand (also den Gemeinden, den Ländern oder dem Bund) betrieben werden. Häufig nehmen sie Aufgaben der **Daseinsvorsorge** wahr und arbeiten hauptsächlich nach dem **Bedarfsdeckungsprinzip** (bestmögliche Deckung des Bedarfs der Bevölkerung). Damit wird die staatliche Aufgabe zur Bereitstellung der für ein sinnvolles menschliches Dasein notwendigen Güter und Leistungen beschrieben. Dazu zählt z. B. die Bereitstellung von öffentlichen Einrichtungen für die Allgemeinheit, also Verkehrs- und Beförderungswesen, Gas-, Wasser- und Elektrizitätsversorgung, Müllabfuhr, Abwasserbeseitigung, Bildungs- und Kultureinrichtungen, Krankenhäuser, Friedhöfe usw. Dabei handelt es sich größtenteils um Betätigungen, die heute von **kommunalwirtschaftlichen Betrieben** wahrgenommen werden.

Ein **kommunales Unternehmen** ist ein wirtschaftlicher Betrieb, der von einer Gemeinde betrieben wird. Abzugrenzen sind kommunale Unternehmen von den öffentlichen Einrichtungen wie z. B. Schulen, Sportplätzen, Kindergärten.

Hinsichtlich der wirtschaftlichen Betätigung der kommunalen Unternehmen ist eine große Aufgabenvielfalt erkennbar.

Oft nehmen sie Ver- und Entsorgungsaufgaben (Stadtwerke, Entsorgungsbetriebe) wahr, aber auch infrastrukturelle (Nahverkehr), strukturpolitische (Wirtschaftsförderungsgesellschaften), soziale (Behindertenarbeitsbetriebe, Krankenhäuser, Pflegeheime, Wohnraumvermittlungsgesellschaften), wirtschaftspolitische (Beteiligung an Sparkassen), technische (Datenverarbeitungszentren) und ökologische Aufgaben (Gartenbaubetriebe).

(Autorentext)

1 Erklärt den Unterschied zwischen privaten und öffentlichen Unternehmen und deren unterschiedliche Zielsetzungen.

2 Recherchiert, welche kommunalen Unternehmen es in eurer Stadt/Region gibt und welche Aufgaben sie übernommen haben. Vielleicht könnt ihr klären, ob sie der Kommune Einnahmen verschaffen oder ob sie bezuschusst werden müssen.

2.1, 2.2

3 Führt ggf. in einem der kommunalen Unternehmen eine Erkundung durch und stellt anschließend eure Ergebnisse vor. Legt vorher Erkundungsschwerpunkte fest.
Zur Planung, Durchführung und Auswertung findet ihr methodische Hinweise auf S. 97 f.

Praxis

MAKE
LOVE
NOT CO_2

DDR

Bundeskartellam

4

Was bedeutet „soziale Marktwirtschaft"? – Die Grundzüge unserer Wirtschaftsordnung

Darum wird es gehen

Wir alle leben in einer „sozialen Marktwirtschaft". Doch was heißt das eigentlich? In diesem Kapitel geht es darum, die Wirtschaftsordnung unseres Landes, die soziale Marktwirtschaft, in ihren Grundzügen genauer vorzustellen.

Im ***ersten Abschnitt*** *dieses Kapitels werden die beiden Modelle „Planwirtschaft" und „Marktwirtschaft" gegenübergestellt, um die Verschiedenheit dieser beiden Ordnungssysteme in ihren Grundstrukturen ganz deutlich werden zu lassen. Dazu werdet ihr auch einen Blick in die Praxis werfen und schauen, welche Auswirkungen die konkrete Umsetzung der beiden Modelle jeweils für die Menschen hatte.*

Der ***zweite Abschnitt*** *thematisiert dann die soziale Marktwirtschaft, die auch als „dritter" Weg zwischen den beiden Modellen, die ihr im ersten Abschnitt erarbeitet habt, bezeichnet wird. Dabei geht es darum, diese Wirtschaftsordnung in ihren Grundzügen zu verstehen und von den euch bereits bekannten Modellen abzugrenzen.*

Im ***dritten Abschnitt*** *geht es um die Erkenntnis, dass der Markt in manchen Fällen als Steuerungselement der wirtschaftlichen Prozesse auch versagen kann und dass dann der Staat eingreifen und eine aktive Rolle übernehmen muss. Verdeutlicht wird das am Beispiel der Sicherung des Wettbewerbs.*

Im ***vierten Abschnitt*** *rückt die Diskussion um den Kohleausstieg in Deutschland in den Mittelpunkt. Anhand dieser spannenden und aktuellen Debatte sollt ihr erschließen, was man unter quantitativem und qualitativem Wachstum versteht und welche Bedeutung Wirtschaftswachstum in einer Marktwirtschaft hat.*

1. Markt oder Plan? – Zwei Ordnungssysteme für die Wirtschaft

Zum Einstieg:

M1 Was lief hier schief?

Fallbeispiel

M1a 14 bis 16 Stunden Arbeit am Tag sind keine Seltenheit

1870, Essen: Hallo, mein Name ist Hannes. Ich bin vor Kurzem auf der Suche nach Arbeit nach Essen gezogen. Es war nicht leicht für mich, eine Anstellung zu finden.

Zwar sind in den letzten Jahren immer mehr Fabriken entstanden, gleichzeitig hat es aber auch sehr viele Arbeiter wie mich in die Städte gezogen. Für meinen Arbeitgeber, einen reichen Fabrikbesitzer, ist das eine bequeme Situation. Wenn man nicht tut, was er verlangt, oder wenn man sich über die Arbeitsbedingungen beschwert, wird man rausgeschmissen und direkt durch den nächsten Arbeitssuchenden ersetzt. Dabei gibt es genug, worüber ich mich beschweren könnte. Es ist keine Seltenheit, dass ich 14 bis 16 Stunden am Tag arbeite. Das Geld, welches ich dabei verdiene, reicht mehr schlecht als recht zum Leben. Es kommt häufig zu schweren Unfällen in der Fabrik, weil es kaum Sicherheitsvorschriften gibt. Wird man krank oder kann man nach einem Unfall nicht mehr arbeiten, hat man Pech gehabt und sitzt auf der Straße.

(Autorentext)

M1b 60 Quadratmeter für eine vierköpfige Familie

1954, Ost-Berlin (DDR): Ich bin Anni und lebe mit meiner Familie, das sind Papa, Mama und mein Bruder Peter, in einer 60 Quadratmeter großen Wohnung. Die Wohnung ist eigentlich zu klein für uns, aber wir konnten sie uns nicht selbst aussuchen; sie wurde uns vom Staat zugeteilt. Andererseits bin ich froh, dass wir endlich eine Wohnung haben. Darauf haben wir viele Jahre gewartet. Eigentlich müssten die Wohnung und vor allem das Badezimmer dringend renoviert werden; doch dies kann sich unser Vermieter nicht leisten. Ihm ist es verboten, sich durch die Mieteinnahmen zu bereichern. Die Höhe der Miete wird vom Staat festgelegt und reicht nicht, so sagt er, um eine Renovierung zu bezahlen. Übrigens werden auch die Preise in den Geschäften vom Staat festgelegt. Mich stört, dass ich häufig Schlange stehen muss, wenn wir einkaufen, und dass viele Produkte dann ausverkauft sind, wenn wir an der Reihe sind.

(Autorentext)

1 Beschreibt, unter welchen Bedingungen Hannes und Anni jeweils leben.

2 Erklärt, welche Ursachen für die besonderen Lebensbedingungen der beiden deutlich werden.

Anni und Hannes leben zu unterschiedlichen Zeiten in Deutschland. Sie sind aber auch in unterschiedlichen Wirtschaftsordnungen aufgewachsen. Welche dies sind und was man überhaupt unter einer Wirtschaftsordnung versteht, sollt ihr im Folgenden erarbeiten.

M2 Ordnungsformen einer Wirtschaftsordnung

Wirtschaftsordnungen können ganz unterschiedlich ausgeformt sein. Man unterscheidet z. B. **marktwirtschaftliche** von **planwirtschaftlichen** Ordnungen. Während in einer marktwirtschaftlichen Ordnung, wie derjenigen der Bundesrepublik Deutschland, das Wirtschaftsgeschehen grundsätzlich mithilfe von und auf Märkten organisiert werden soll, wird die Aufgabe der wirtschaftlichen Planung und Lenkung in planwirtschaftlichen Ordnungen in die Hände des Staates gelegt. Deshalb nennt man eine solche Ordnung auch Zentralverwaltungswirtschaft, weil ein Akteur (der Staat) zentral die Entscheidungen trifft, wo, wie, von wem, für wen oder wann Güter produziert werden.

Allen Wirtschaftsordnungen ist allerdings gleich, dass sie dieselben Fragen hinsichtlich der Gestaltung der Ordnung zu beantworten haben:

- Welche Formen von Eigentum gibt es bzw. wem gehört was?
- Wer regelt und lenkt mit welchen Mitteln das Wirtschaftsgeschehen?
- Wie werden Preise gebildet? [...]
- Nach welchen Prinzipien und im Rahmen welcher Regeln treffen Unternehmen ihre Entscheidungen?

Die Beantwortung dieser Fragen [...] bestimmt, wie sich die gesamte Wirtschaftsordnung am Ende darstellt und wie sie die Handlungen von privaten Haushalten und Unternehmen beeinflusst. Man spricht in diesem Zusammenhang auch von den Ordnungsformen einer Wirtschaftsordnung, die unterschiedlich ausgestaltet werden können. [...]

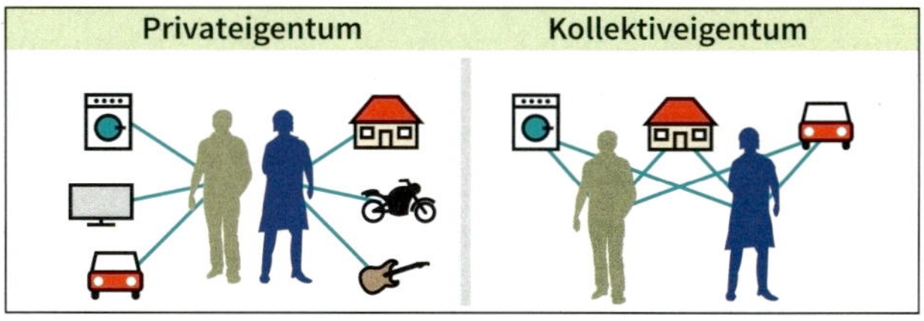

Ordnungsform „Eigentumsverfassung“
Hier ist zu entscheiden, ob grundsätzlich Güter u. Ä. einzelnen Menschen „gehören“ (Privateigentum) oder ob alles dem Staat/der Gemeinschaft gehört und diese(r) entscheidet, was hiermit geschieht.

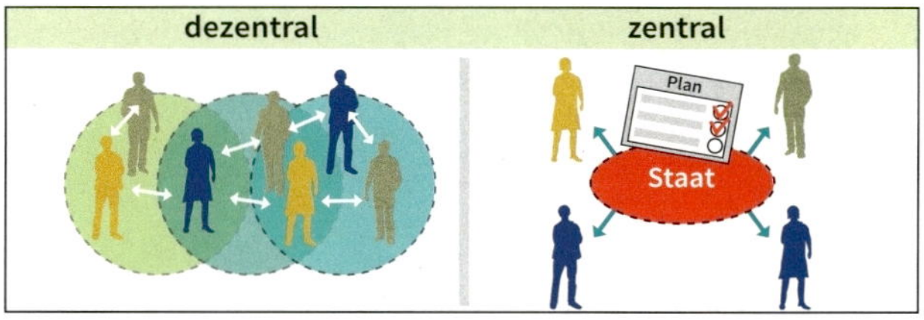

Ordnungsform „Planung und Lenkung“
Hier gilt es zu klären, wie die wirtschaftlichen Prozesse innerhalb einer Gesellschaft geplant und gelenkt werden sollen: auf Märkten, also dezentral (weil viele Akteure beteiligt sind), oder durch den Staat (zentral, weil nur ein Akteur entscheidet).

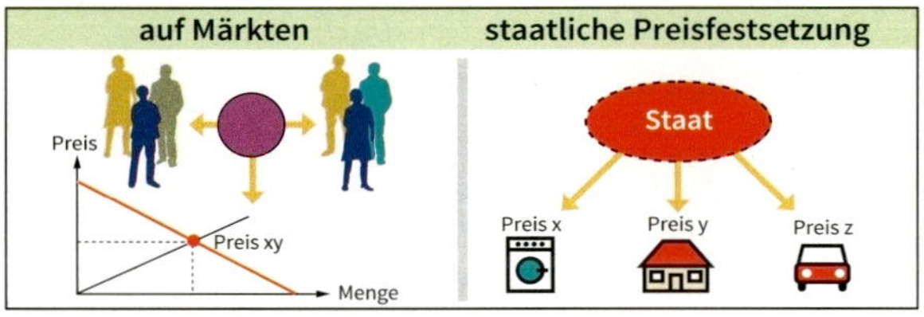

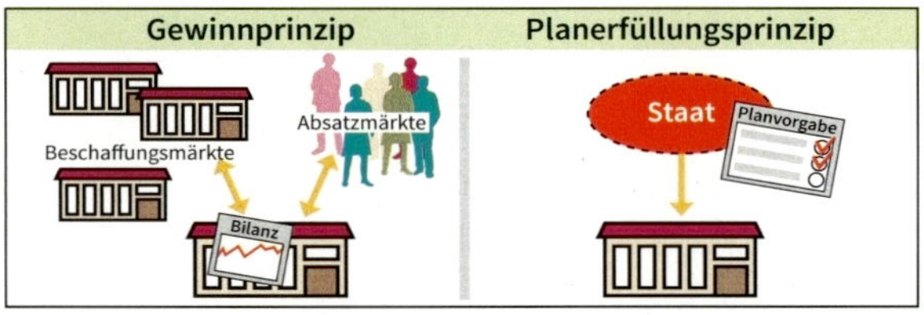

Ordnungsform „Preisbildung"
Sollen sich Preise auf Märkten aus dem Zusammenspiel von Angebot und Nachfrage ergeben oder sollen sie staatlich für einzelne Güter und Dienstleistungen festgelegt werden? Dies gilt es festzulegen.

Ordnungsform „Betriebliche Ergebnisrechnung"
Wie agieren Unternehmen? Entscheiden sie selbst darüber, was angeschafft und produziert werden soll und streben sie die Erzielung von Gewinnen an? Oder handeln sie im Auftrag des Staates und erfüllen mit ihrer Arbeit festgelegte Planvorgaben?

(Michael Koch, Hans Kaminski, Katrin Eggert [Institut für Ökonomische Bildung, Carl von Ossietzky Universität Oldenburg]: Handelsblatt macht Schule – Unsere Wirtschaftsordnung, hrsg. von der Verlagsgruppe Handelsblatt GmbH, Düsseldorf 2016, S. 44 f.)

1 Erläutert, was man unter einer Wirtschaftsordnung versteht.

2 Tut euch zu zweit zusammen. Erklärt euch gegenseitig die Abbildungen und ordnet sie jeweils begründet der marktwirtschaftlichen bzw. planwirtschaftlichen Wirtschaftsordnung zu.

Im Folgenden soll es etwas genauer um die beiden Wirtschaftsordnungen „freie Marktwirtschaft" und „Zentralverwaltungswirtschaft (Planwirtschaft)" gehen.

Ihr solltet die folgenden Materialien zu zweit arbeitsteilig erschließen (freie Marktwirtschaft: M 3 und M 4; Planwirtschaft: M 5 und M 6). Die Arbeitsaufträge helfen euch dabei. Stellt euch anschließend eure Arbeitsaufträge und Ergebnisse gegenseitig vor und füllt dann gemeinsam die Tabelle (M 7) aus. Vergleicht die Ergebnisse abschließend in der Klasse.

M 3 Grundrechte und Merkmale der freien Marktwirtschaft

Die Ideen für eine „freie" Marktwirtschaft entstanden im 18./19. Jahrhundert. Sie hatten sich entwickelt aus der Ablehnung der bis dahin geltenden gesellschaftlichen und politischen Zustände und basierten im Wesentlichen auf der Theorie des klassischen Wirtschaftsliberalismus nach Adam Smith (s. Abb.).
Grundsätzlich gibt es in einer freien Marktwirtschaft **Privateigentum**, das geschützt werden muss. Weiterhin ist ein ganz wesentliches Prinzip der freien Marktwirtschaft die **Entscheidungsfreiheit des Einzelnen**, sowohl der Unternehmerin/des Unternehmers als auch der Verbraucherin/des Verbrauchers.
Für die einzelnen **Unternehmerinnen/Unternehmer** bedeutet das, dass sie frei darüber entscheiden, welche Güter sie wo und in welchen Mengen herstellen und zu welchem Preis sie sie verkaufen wollen. Sie entscheiden, welche und wie viele Arbeitskräfte sie einstellen und mit welchen Mitteln (z. B. Maschinen) sie die Güter produzieren bzw. die Dienstleistungen bereitstellen (**Gewerbe- und Produktionsfreiheit**).

Die Unternehmerinnen/Unternehmer sind Eigentümer der Produktionsmittel und können darüber frei verfügen. Der Leistungsanreiz für sie besteht in der Aussicht auf einen möglichst hohen Gewinn.
Die einzelne **Verbraucherin** bzw. der einzelne **Verbraucher** entscheidet, welche und wie viele Güter und Dienstleistungen sie/er in Anspruch nehmen will und wofür sie/er das Einkommen verwenden will **(Konsumfreiheit)**, das sie/er durch die Arbeitskraft, die sie/er den Unternehmen zur Verfügung stellt, verdient hat. Für sie/ihn besteht **Berufsfreiheit**, d.h., sie/er kann ihren/seinen Beruf frei auswählen und ausüben. Antriebskraft für die Entscheidungen der einzelnen Verbraucherin bzw. des einzelnen Verbrauchers ist es, ihren/seinen eigenen Nutzen möglichst zu maximieren.
Wie finden diese vielen unterschiedlichen Entscheidungsmöglichkeiten nun zusammen? Diese Aufgabe – so sagen die Vertreter dieser Wirtschaftsordnung – übernimmt der Markt. Der Markt sorgt mit seinem **Preisbildungsmechanismus** für einen Ausgleich der unterschiedlichen Interessen (vgl. Band 2, Kapitel 3, Abschnitt 2).
Weiterhin muss es **Vertragsfreiheit** geben. Die Wirtschaftssubjekte haben das Recht, Verträge beliebiger Art und beliebigen Inhalts abzuschließen, so z.B. Kauf-, Miet-, Pacht-, Arbeits-, Versicherungsverträge, sofern sie nicht gegen bestehende Gesetze verstoßen.
Eine wichtige Aufgabe hat der **Wettbewerb** zu erfüllen. Wettbewerb bedeutet ganz allgemein, dass Personen um etwas konkurrieren. In der Wirtschaft ist in erster Linie der Wettbewerb unter den Unternehmen um die Gunst der Verbraucherinnen und Verbraucher gemeint. Dabei spielen u.a. der Preis und die Qualität eines Produktes eine wichtige Rolle. Wenn Unternehmen in einem Wettbewerb stehen, kann ein einzelnes Unternehmen nicht unbegrenzt Macht entwickeln, um z.B. die Höhe der Preise zu bestimmen.
Da diese Wirtschaftsordnung unter den genannten Voraussetzungen zum Wohle aller funktioniert, hat sich der Staat aus den wirtschaftlichen Prozessen herauszuhalten. Eingriffe des Staates würden nur stören. Die **Aufgabe des Staates** besteht aber darin, eine Politik zu gestalten, die die Funktionsfähigkeit der Wirtschaftsordnung sichert bzw. sie auch weiterentwickelt, z.B. durch eine anerkannte Rechtsordnung, durch Institutionen, die auf die Einhaltung der vereinbarten Regeln achten, und selbstverständlich auch durch die Garantie der inneren und äußeren Sicherheit.

(Autorentext: Werner Heimeroth)

M4 Die freie Marktwirtschaft in der Praxis

In vielen Ländern in Europa – so auch in Deutschland – erfolgte die Umsetzung der Vorstellungen der freien Marktwirtschaft im 19. Jahrhundert und führte zu großen Umwälzungen: Mit dem Einsatz neuer Erkenntnisse, technischer Erfindungen und Verfahren ging ein enormer Anstieg der Produktion einher. Deutlich wird das Ergebnis z.B. in der Landwirtschaft. Kam es bis in die frühen Jahre des 19. Jh. noch zu schweren Hungersnöten, so konnten diese z.B. durch den Einsatz von Dünger und Eisenpflügen in der Landwirtschaft trotz eines rasanten Bevölkerungswachstums ab ca. 1850 weitgehend verhindert werden. Fortschritte in der Medizin und Hygiene verlängerten die Le-

benserwartung der Menschen. Der Ausbau des Straßen- und Schienennetzes verbesserte vor allem die Transportmöglichkeiten der produzierten Güter und sorgte für eine größere Mobilität.
Allerdings kam es auch zu Entwicklungen, die man in der geschichtlichen Betrachtung als „soziale Frage des 19. Jahrhunderts“ bezeichnet: Die Arbeiterinnen und Arbeiter waren in einem hohen Maße abhängig von den Maßnahmen der Unternehmen. Dies hatte u. a. damit zu tun, dass viele Menschen in die Städte strömten, weil sie auf dem Land keine Arbeit mehr fanden. Das Angebot an Arbeitskräften war in den Städten entsprechend hoch. Die Löhne waren so gering, dass die Arbeiter und ihre Familien oft nicht genug zu essen hatten. Die Arbeitszeiten waren unzumutbar: bis zu 16 Stunden täglich. Schwere Kinderarbeit war weit verbreitet (vgl. Foto auf S. 109) und angemessenen Wohnraum gab es für die häufig großen Familien nicht. Auch Unfall- und Gesundheitsschutz kannte man nicht. Die Arbeiterinnen und Arbeiter hatten auch keine Möglichkeit, ihre Rechte einzufordern oder z. B. durch Streiks durchzusetzen, da die Bildung von Gewerkschaften verboten war. Unternehmen sprachen zur Steigerung der Gewinne untereinander die Preise ab und schlossen sich zu großen und mächtigen Unternehmen zusammen, die den Markt beherrschten.

(Autorentext)

1 Erläutert die Grundrechte und Merkmale der freien Marktwirtschaft und orientiert euch dabei an den fett gedruckten Begriffen im Text (M 3).

2 Beschreibt die im Text genannten Folgen, die die Umsetzung der freien Marktwirtschaft in Deutschland im 19. Jahrhundert für die Bevölkerung mit sich brachte (M 4).

2.1, 2.2 **V** Recherchiert, was genau unter der „sozialen Frage des 19. Jahrhunderts“ verstanden wird. Nutzt dazu die unter dem Webcode hinterlegten Links (@ WES-116592-015).

M 5 Das Modell der Zentralverwaltungswirtschaft (Planwirtschaft)

Bestimmend für die Entwicklung einer Zentralverwaltungswirtschaft – umgangssprachlich auch Planwirtschaft genannt – waren die **Ideen des Sozialismus**. Sozialismus ist ein Sammelbegriff für Ideen und politische Strömungen, die vor allem seit Beginn des 19. Jahrhunderts soziale Gleichheit und Gerechtigkeit mit dem Ziel verfolgten, die Ausbeutung des Menschen durch andere Menschen zu beenden. Dazu wurde gefordert, das Privateigentum an den Produktionsmitteln in Gemeinschafts- oder Volkseigentum zu überführen. Aus den von Karl Marx (1818 – 1883, siehe Foto) und Friedrich Engels (1820 – 1895) geprägten Vorstellungen entwickelte sich das Konzept einer vom Staat gelenkten Zentralverwaltungswirtschaft (Planwirtschaft).
In dieser Wirtschaftsordnung plant, lenkt und kontrolliert eine zentrale staatliche Planungsbehörde den gesamten Wirtschaftsprozess. Es herrscht die Überzeugung, dass allein der **Staat** die wirtschaftlichen Aktivitäten so organisieren und steuern kann, dass es allen Beteiligten gleich gut geht und somit ein nahezu gerechter Zustand in einer Gesellschaft erreicht werden kann. Nicht die oder der Einzelne soll im Vordergrund der Betrachtung stehen, sondern das Wohl der **Gemeinschaft** – des Kollektivs.

Der Staat legt fest, welche Produkte die Betriebe in welcher Menge produzieren und zu welchem Preis sie diese verkaufen dürfen. An diese Vorgaben müssen sich alle Betriebe halten. Sie bekommen die entsprechenden Produktionsmittel – wie z. B. Maschinen und Rohstoffe – und die Arbeitnehmerinnen und Arbeitnehmer zugewiesen. Deren Löhne sind staatlich festgelegt.
In einer Zentralverwaltungswirtschaft sind die Betriebe (in der ehemaligen DDR hießen sie „VEB = Volkseigener Betrieb“) Eigentum des Staates, da die Planungsbehörde auch auf die Produktionsmittel zugreifen können muss, um deren Einsatz zu planen (**Staatseigentum/Volkseigentum/Kollektiveigentum**).
Die von der zentralen Planungsbehörde vorgegebenen **Wirtschaftspläne** sind je nach Planungszeitraum langfristig, mittelfristig (z. B. Fünfjahresplan) oder kurzfristig (Jahresplan). Sie legen beispielsweise fest, bestimmte Lebensmittel in einem Jahr in einer bestimmten Menge zu produzieren oder die Produktion in den kommenden fünf Jahren um einen bestimmten Prozentsatz zu erhöhen. Konkret angewendet wurde das Modell der Zentralverwaltungswirtschaft z. B. in der Deutschen Demokratischen Republik (DDR).

(Autorentext: Werner Heimeroth)

M 6 Die Zentralverwaltungswirtschaft (Planwirtschaft) in der Praxis

Die Preise für Grundnahrungsmittel, Wohnraum (Mieten und Energie) und andere Güter und Dienstleistungen wurden in der DDR von der Planungsbehörde festgelegt. Der Wohnungsbau wurde mit staatlichen Mitteln gefördert, auch das Gesundheitswesen wurde weitgehend vom Staat finanziert. Andere soziale Leistungen des Staates waren beispielsweise eine umfassende Kinderbetreuung und Schulbildung.
Die Unternehmen in der DDR mussten sich streng an die staatlich aufgestellten Wirtschaftspläne halten und konnten so gut wie keine eigenständigen Entscheidungen treffen. Wenn sich das Konsumverhalten der Bevölkerung nicht „nach Plan“ entwickelte, konnten die Unternehmen daher nur sehr langsam darauf reagieren.

(Autorentext: Werner Heimeroth)

Versorgungsschwierigkeiten begleiteten die DDR ein Leben lang. Das prägte. Mit „Haben Sie ...?“ begannen die meisten Verkaufsgespräche. Und sie endeten meist mit der wenig überraschenden Antwort der Verkäuferinnen: „Ham‘ wa nich!“
„Es gibt alles, nur nicht immer, nicht überall und schon gar nicht, wenn es gerade gebraucht wird“, spottete der Volksmund. Auf Warteschlangen vor Geschäften sprang der DDR-Bürger sofort an: Hier musste es einfach was Besonderes geben! Also galt die Lebensregel: Erst anstellen, dann fragen, was es gibt!

(MDR.de: Lexikon: Produkte, Mitteldeutscher Rundfunk, 16.02.2010, Leipzig; http://www.mdr.de/damals/archiv/artikel75412.html [22.02.2021])

Die hohen finanziellen Aufwendungen des Staates führten zum einen zu Einschränkungen in anderen Bereichen. Fehlende staatliche Mittel wurden z. B. deutlich am schlechten Zustand der Infrastruktur (Straßen, Gebäude, Wohnungen, öffentliche Verkehrsmittel) und der fehlenden Ausstattung der Unternehmen mit moderner Technik.

Zudem standen nur wenige Mittel zu Verfügung, um die Belastungen der Umwelt zu bekämpfen. Andere Güter – sog. „Luxusartikel“ – wie Autos oder technische Geräte, die von den Bürgern nachgefragt wurden, waren stark überteuert und häufig mit langen Lieferzeiten verbunden. Auf ein Auto etwa musste man bis zu zwölf Jahre warten. Die hohen Ausgaben des Staates führten weiterhin dazu, dass die Regierung der DDR in zunehmendem Maße Kredite aufnehmen und sich verschulden musste. Langfristig war somit eine Zahlungsunfähigkeit absehbar.

(Autorentext: Werner Heimeroth)

1 Beschreibt die Zielsetzungen und Funktionsweisen der Zentralverwaltungswirtschaft (Planwirtschaft) (M 5).

2 Erklärt, warum die Zentralverwaltungswirtschaft (Planwirtschaft) nur funktionieren kann, wenn sich die Produktionsmittel in Staatseigentum befinden.

3 Beschreibt die im Text genannten Folgen, die die Umsetzung der Zentralverwaltungswirtschaft (Planwirtschaft) in der DDR für die Bevölkerung mit sich brachte (M 6).

2.1, 2.2 V Recherchiert weitere Informationen zum Alltag in der DDR. Informationen bekommt ihr z. B. auf der hier hinterlegten Website: @ WES-116592-016

M 7 Die Modelle der Wirtschaftsordnungen im Vergleich

Merkmale	freie Marktwirtschaft	Zentralverwaltungswirtschaft
Wie wird wirtschaftliches Handeln aufeinander abgestimmt?	???	???
Wie erfolgt die Preisbildung für Güter und Dienstleistungen?	???	???
Welche Rolle spielt der Staat?	???	???
Welche Funktionen übernimmt der Wettbewerb?	???	???
Wer ist Eigentümer an den Produktionsmitteln und entscheidet über ihren Einsatz?	???	???
Welchen Stellenwert hat die Freiheit der/des Einzelnen?	???	???
Welche Probleme ergaben sich bei der praktischen Umsetzung der Modelle?	???	???

(Autorentext)

1 Füllt, nachdem ihr euch die Ergebnisse gegenseitig vorgestellt habt, nun gemeinsam die Tabelle (M 7) aus. Übertragt sie dazu in euer Heft.

2 In M 1 habt ihr zwei Personen kennengelernt, die unter den Bedingungen der freien Marktwirtschaft einerseits und der Zentralverwaltungswirtschaft (Planwirtschaft) andererseits leben. Ordnet die Personen begründet einer der beiden Wirtschaftsordnungen zu und erläutert auf der Grundlage eurer Arbeitsergebnisse, wie sich die schwierigen Lebensbedingungen der beiden erklären lassen.

2. Der dritte Weg? – Die soziale Marktwirtschaft zwischen Planwirtschaft und freier Marktwirtschaft

In Deutschland leben wir in einer sozialen Marktwirtschaft, die auf wichtigen Grundrechten und Merkmalen der freien Marktwirtschaft beruht, aber vor dem Hintergrund der negativen Erfahrungen (Stichworte: „soziale Frage") in einigen, vor allem sozialen Aspekten entscheidend weiterentwickelt wurde. Was genau sich hinter der Idee der sozialen Marktwirtschaft verbirgt, erarbeitet ihr mithilfe der folgenden Materialien.

M8 Grundprinzipien der sozialen Marktwirtschaft – ein Schaubild

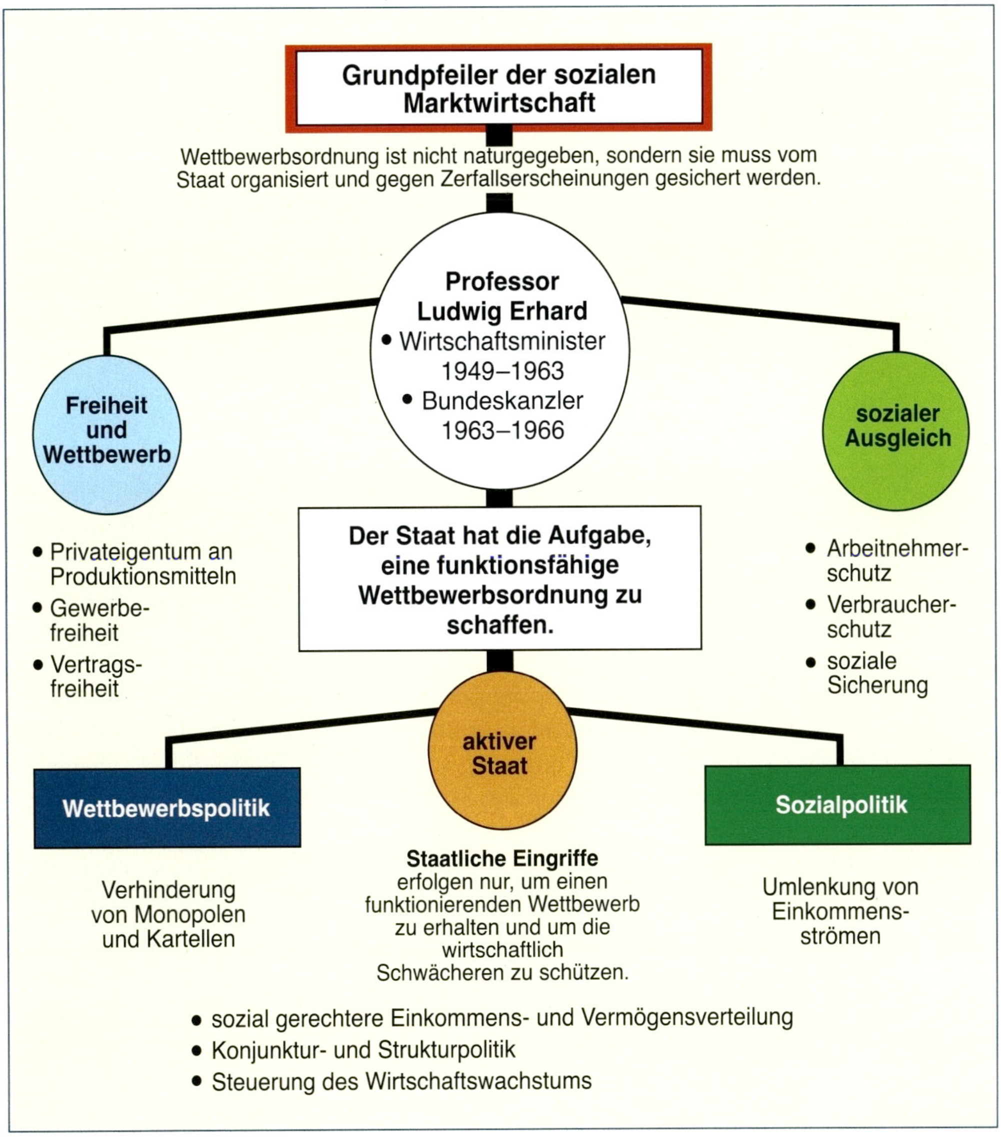

Versucht zusammen mit eurer Sitznachbarin oder eurem Sitznachbarn das Schaubild M 8 anhand der folgenden Fragen zu erschließen:

- Welche Elemente aus den euch bekannten Wirtschaftsordnungen findet ihr hier wieder?
- Was könnte mit „Freiheit und Wettbewerb" einerseits sowie „sozialem Ausgleich" andererseits gemeint sein?
- Welche Aufgabe könnte der Staat als „aktiver Staat" haben?

M 9 Die „soziale Marktwirtschaft" – eine neue Wirtschaftsordnung für die Bundesrepublik Deutschland

„Die Marktwirtschaft erscheint notwendig als tragendes Gerüst der Wirtschaftsordnung. Nur soll dies eben keine sich selbst überlassene, liberale Marktwirtschaft, sondern eine bewusst gesteuerte, und zwar sozial gesteuerte Marktwirtschaft sein." (Alfred Müller-Armack, 1947)

(Alfred Müller-Armack: Wirtschaftslenkung und Marktwirtschaft, Kastell, München 1990, S. 96)

Die Grundlagen der „neuen" Wirtschaftsordnung in der Bundesrepublik Deutschland wurden u. a. entwickelt von Prof. Alfred Müller-Armack. Er war Professor an der Universität Köln und ab 1952 Staatssekretär im Bundeswirtschaftsministerium. Auf die Wirtschaftspolitik wurden seine Ideen nach 1948 von Ludwig Erhard (s. Foto), dem ersten Wirtschaftsminister der Bundesrepublik, übertragen.

In der demokratisch regierten Bundesrepublik sollte nach dem Zweiten Weltkrieg eine Wirtschaftsordnung installiert werden, deren Ziel es war, die Vorteile einer Marktwirtschaft (technischer Fortschritt, freie Entfaltungsmöglichkeiten der Individuen, hohe Güterproduktion) zu nutzen und zugleich die in M 1 beschriebenen Nachteile zu vermeiden.

Es war zum einen das dem marktwirtschaftlichen System zugrunde liegende Menschenbild, das überzeugte: Jeder Mensch ist zunächst in seinen Entscheidungen und Handlungen frei und für sich selbst verantwortlich. Er kann mit seiner Eigeninitiative und seinen Leistungen die vorhandenen Freiheiten nutzen, mit dem Ziel, in Wohlstand leben zu können. Und **die Steigerung des allgemeinen Wohlstands ergibt sich aus der Vorstellung, dass die Verfolgung der eigenen Interessen auch zu einer Steigerung des Wohlstandes in der gesamten Gesellschaft führt** (siehe dazu auch die Fallbeispiele 1 und 2 in M 10).

Zum anderen sollte der wirtschaftliche Wohlstand mit größtmöglicher sozialer Absicherung durch staatliche Maßnahmen verbunden werden. In welchen Fällen das nötig sein kann, sollen ebenfalls Fallbeispiele (3 – 5) verdeutlichen. Welche Maßnahmen der Staat konkret ergreift, um für eine größtmögliche Absicherung seiner Bürgerinnen und Bürger zu sorgen (**Sozialpolitik**), erfahrt ihr im Kapitel 6, das sich mit dem Themenbereich „Sozialstaat" sehr ausführlich beschäftigt.

(Autorentext: Werner Heimeroth)

Die **Wettbewerbspolitik** wird im Abschnitt 3. näher beleuchtet.

M10 Die soziale Marktwirtschaft in der Praxis – Fallbeispiele

Fallbeispiel

1. Familie Kleine fasst den Entschluss, ein Haus zu bauen. Diesen Wunsch hatte das Ehepaar Kleine schon lange. Da die heranwachsenden Kinder ein eigenes Zimmer haben sollen und die bisherige Mietwohnung dafür zu klein ist, hat dies den Entschluss noch bestärkt. Außerdem verdient Frau Kleine sehr gut, sie arbeitet erfolgreich als Softwareentwicklerin in der IT-Branche und benötigt zur Finanzierung des Bauvorhabens daher nur einen Kredit in Höhe von 180.000 Euro, den sie bei der Bank beantragt. Sie beauftragt einen Architekten, einen Vorschlag zu erarbeiten, wie das neue Haus aussehen könnte. Da das Architekturbüro wegen des anhaltenden Baubooms eigentlich voll ausgelastet ist, entscheidet der Chef, eine weitere Mitarbeiterin einzustellen.

2. Das Paketzustellunternehmen „Pack und weg" reagiert auf Kritik an seinem Zustelldienst und möchte durch die Anschaffung von weiteren Lieferwagen den Kunden ein schnelleres und zuverlässigeres Angebot bereitstellen. Die Inhaberin des Unternehmens verspricht sich davon über die Zeit eine Steigerung von Umsatz und Gewinn. Sie schließt mit dem ansässigen Autohändler einen Vertrag über zehn neue Lieferwagen ab.

3. Ellas Vater kommt völlig zerknirscht von der Arbeit. Seit etwa 15 Jahren arbeitet er in einem Unternehmen, das Solarzellen zur Gewinnung von Wärme in Häusern herstellt. Nach Auskunft der Unternehmensleitung laufen die Geschäfte gut. Jetzt hat er in einem Gespräch mit seinem Vorgesetzten erfahren, dass er mit einer fristlosen Kündigung rechnen muss. Er hat keine Erklärung, warum das Unternehmen ihn entlassen will. Er geht zur Beratung zu einem Gewerkschaftsvertreter in seinem Unternehmen. Der bestätigt ihm, dass die Kündigung unzulässig sei.

4. Die Gemeinde Ronschede kämpft seit Jahren für den Bau einer Umgehungsstraße. Der Verkehr in der Gemeinde ist durch die Ansiedlung eines neuen Gewerbegebietes stark gestiegen. Die Grundschule ist für die Schülerinnen und Schüler nur in Begleitung der Eltern zu erreichen, der Lärm stört vor allem die Anwohner des nahegelegenen Seniorenheims. Zum Bau der Umgehungsstraße wird ein Grundstück benötigt, dass der Eigentümer allerdings nicht verkaufen will. Ein Gericht hat jedoch nun entschieden, dass der Eigentümer das Grundstück für den Bau der Straße zur Verfügung stellen muss. Er erhält dafür eine Entschädigung.

5. Die Firma „Metallveredelung“ behandelt für eine bessere Haltbarkeit die Oberflächen von Metallteilen mit dafür geeigneten Flüssigkeiten. Diese Flüssigkeiten riechen sehr stark; der Geruch wird über ein Gebläse nach außen geleitet. Die Firma hat ihren Sitz in einem gemischten Wohn- und Gewerbegebiet. Das Gewerbeaufsichtsamt hat aufgrund von Beschwerden von Anwohnern verfügt, dass die Firma Geruchsfilter einbauen muss, um die Geruchsbelästigung deutlich zu verringern. Kommt die Firma dieser Auflage nicht nach, droht das Gewerbeaufsichtsamt mit einem Produktionsstopp.

(Autorentext: Werner Heimeroth, leicht verändert)

1 Erläutert Gemeinsamkeiten und Unterschiede der beiden Modelle „freie Marktwirtschaft“ und „soziale Marktwirtschaft“. Beachtet dazu auch das Zitat von Müller-Armack im Kasten in M 9.

2 Entwickelt die Fallbeispiele 1 und 2 weiter und macht daran die Aussage deutlich, „dass die Verfolgung der eigenen Interessen auch zu einer Steigerung des Wohlstandes in der gesamten Gesellschaft führt“. (M 9, Z. 21 ff.)

3 Erläutert die Bedeutung des Staates in der sozialen Marktwirtschaft und stellt in den Fallbeispielen 3 – 5 fest, welche Interessen durch Eingriffe des Staates geschützt werden (M 10).

4 Erläutert abschließend auf der Grundlage eurer Arbeitsergebnisse die Grafik (M 8).

M 11 Die soziale Marktwirtschaft als „dritter Weg"

Die soziale Marktwirtschaft wird auch als dritter Weg bezeichnet, da sie eine Alternative zu den beiden Extrembeispielen der absoluten Freiheit der freien Marktwirtschaft und der absoluten Kontrolle der Zentralverwaltungswirtschaft darstellt. Sie lässt sich also im Spannungsfeld dieser beiden Extrembeispiele einordnen:

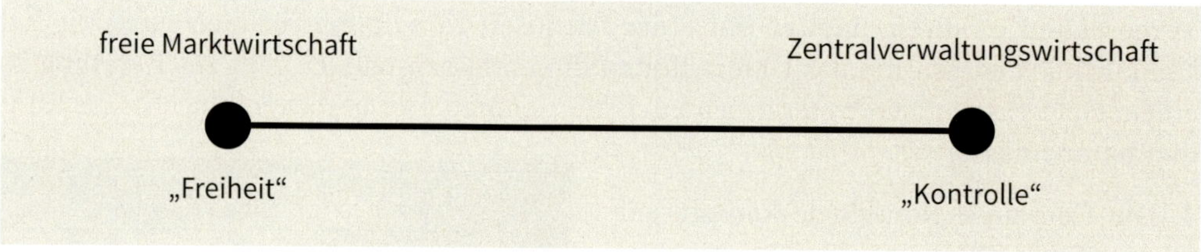

(Autorentext)

Ordnet die soziale Marktwirtschaft begründet zwischen den beiden Modellen ein. Ihr könnt eure Ergebnisse auch in Form einer Positionslinie in der Klasse präsentieren. Methodische Hinweise dazu findet ihr im Anschluss.

Methode Positionslinie

Die deutsche Sprache ist voller Bilder. Einen Standpunkt einnehmen, Stellung beziehen, zu seinem Wort stehen: All dies sind bildlich zum Ausdruck gebrachte Bezeichnungen für etwas, das im sozialen und politischen Handeln von großer Bedeutung ist. Warum nicht wirklich einmal – auch durch körperliche Ausdrucksweise – eine Position (Standpunkt) einnehmen, sodass sie für andere sichtbar wird? Als Unterrichtsmethode eignet sich dafür die Positionslinie.

Eine Streitfrage steht „im Raum“. Beispiele:

- Sollen Schüler und Schülerinnen aufstehen, wenn die Lehrerin bzw. der Lehrer zu Unterrichtsbeginn den Klassenraum betritt?
- Sollen Jugendliche ab 16 Jahre wählen dürfen?
- Sollen Atomkraftwerke abgeschaltet werden? […]

So geht's: Denkt euch eine Linie quer durch den Klassenraum […] oder in der Pausenhalle. Ihr könnt auch einen Klebestreifen von ca. 10 – 12 Metern auf den Boden kleben. Die Mitte der Linie wird markiert. Sie stellt die Position „Unentschieden“ dar. Das eine Ende der Linie ist die „Ja-Position“ („Pro“), das andere Ende die „Nein-Position“ („Kontra“).

Die Streitfrage wird gestellt. Nun könnt ihr euch auf dieser Linie positionieren. Stellt euch an der Stelle auf die Linie, die eurer Position in der Streitfrage entspricht: Beantwortet ihr für euch die gestellte Frage mit „Ja“, so stellt ihr euch auf der „Ja-Position“ auf, seid ihr dagegen, so platziert ihr euch auf der „Nein-Position“. Wenn ihr nicht eindeutig für die eine oder andere Position seid, so stellt euch in entsprechendem Abstand zu den Polen auf. […]

Begründet nun eure Position. Weshalb seid ihr dafür, weshalb dagegen, weshalb könnt ihr keine eindeutige Haltung einnehmen?

JA! Unentschieden NEIN!

(Lothar Scholz: Methoden-Kiste, Bundeszentrale für politische Bildung, Bonn 2015, S. 34)

3. Wettbewerbspolitik – Warum ist der Wettbewerb so wichtig?

Die „Wettbewerbspolitik" ist ein zentraler Pfeiler der sozialen Marktwirtschaft (s. Grafik M8, S. 113). Im Folgenden werdet ihr an einem konkreten Fall untersuchen, warum der Wettbewerb in einer Marktwirtschaft so wichtig ist und wie der Staat ihn konkret schützen kann. Dabei werdet ihr merken, dass es sich hierbei um ein Thema handelt, dass hitzig diskutiert werden kann.

M12 Der Fall: Wirtschaftsminister genehmigt den Zusammenschluss von Edeka und Kaiser's Tengelmann

Im Oktober 2014 beschloss das Unternehmen Kaiser's Tengelmann, seine Supermärkte an den Konkurrenten Edeka zu verkaufen. Das Bundeskartellamt verbot diesen Zusammenschluss jedoch, da es die Gefahr sah, dass Edeka zu viel Marktmacht erhalten könnte. Im März 2016 genehmigte der damalige Wirtschaftsminister Sigmar Gabriel (SPD) den Zusammenschluss jedoch unter der Auflage, dass die Arbeitsplätze erhalten bleiben. Als Wirtschaftsminister ist ihm dies per Ministererlaubnis möglich. Weitere Konkurrenten der Supermarktkette klagten gegen diesen Beschluss, zogen ihre Klagen später aber zurück. Im Dezember 2016 erfolgte schließlich der Verkauf.

(Autorentext)

M13 Warum Wettbewerb wichtig ist

„‚Wohlstand für alle' und ‚Wohlstand durch Wettbewerb' gehören untrennbar zusammen; das erste Postulat (Forderung, Gebot) kennzeichnet das Ziel, das zweite den Weg, der zu diesem Ziel führt." Dieses Zitat zeigt die Bedeutung, die Ludwig Erhard, einer der „Väter der sozialen Marktwirtschaft", dem Wettbewerb zumisst.

Wettbewerb besteht dann, wenn verschiedene Unternehmen um die Gunst der Kunden und Verbraucher wetteifern. Sie entwickeln ihre Produkte ständig weiter, verbessern die Qualität und senken auch die Preise, damit die Kunden ihr Produkt und nicht das vom Konkurrenten kaufen. Der Wettbewerb nutzt somit vor allem den Verbrauchern.

Wenn ein Unternehmen ein neues Produkt auf den Markt bringt, ist es – zumindest kurzfristig – der alleinige Anbieter. Man sagt auch, das Unternehmen hat ein Monopol. Das Unternehmen kann dann zunächst mit dem neuen Produkt (Pionier-)Gewinne erzielen.

Wenig später werden die Mitbewerber jedoch auch an den Gewinnen mit diesem Produkt teilhaben wollen und werden selbst daran arbeiten, den Konsumentinnen und Konsumenten dieses Produkt anzubieten, im Idealfall sogar zu günstigeren Konditionen. Die Konsumentinnen und Konsumenten haben dann die Wahl zwischen verschiedenen Anbietern und günstigeren Preisen. Dadurch wird verhindert, dass die Verbraucherinnen und Verbraucher von einem Unternehmen abhängig werden. Der Wettbewerb dient damit auch dazu, die Monopolstellung (Machtstellung) von Unternehmen zu verhindern.

Er hat auch eine Steuerungsfunktion, denn Wettbewerb sorgt dafür, dass die Unternehmen ein Angebot bereitstellen, das den Wünschen der Verbraucherinnen und Verbraucher entspricht. Und weil sie unter Wettbewerbsbedingungen attraktive Preise anbieten wollen, sind sie dazu gezwungen, Produktionsverfahren anzuwenden, mit denen die Produktionsfaktoren bestmöglich ausgenutzt werden. Sie sind daran interessiert, technische Fortschritte auszunutzen. Deshalb schreibt man dem Wettbewerb auch die Funktion der Innovation (Neuerung) zu.

(Autorentext: Werner Heimeroth)

M14 Polypol, Oligopol, Monopol – Marktformen

F

Damit der Wettbewerb so wirken kann, wie es in M 13 beschrieben wird, und Preise sich im freien Spiel von Angebot und Nachfrage bilden können, muss eine Voraussetzung erfüllt sein: Es muss viele voneinander unabhängige Anbieter geben, die sich an die notwendigen Spielregeln halten. Gäbe es z. B. nur einen Anbieter auf dem Markt, hätten die Nachfrager keine Auswahl unter verschiedenen Verkaufsangeboten und damit auch keinen oder nur einen sehr begrenzten Einfluss auf den Preis. In der Realität gibt es tatsächlich aber ganz unterschiedliche Formen von Märkten. Grundsätzlich lassen sich **drei Marktformen** unterscheiden:

- Gibt es sehr viele Anbieter und Nachfrager auf einem Markt, spricht man von einem **Polypol**.
- Gibt es im Vergleich zu vielen Nachfragern nur wenige Anbieter, spricht man von einem **Oligopol**.
- Und wenn es gar nur einen Anbieter, aber viele Nachfrager gibt, herrscht ein **Monopol**. Es gibt keine Konkurrenz und der Anbieter kann den Preis quasi selbst festlegen, ohne befürchten zu müssen, dass die Käuferinnen und Käufer auf andere Anbieter ausweichen. Der Wettbewerb ist dann ausgeschaltet.

(Autorentext)

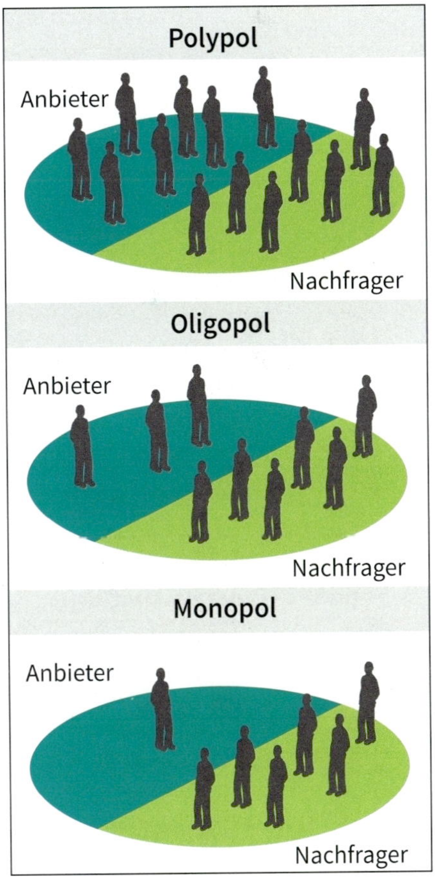

1 Beschreibt die unterschiedlichen Funktionen des Wettbewerbs und erläutert die Notwendigkeit von Wettbewerb in einer Marktwirtschaft als Voraussetzung für Wohlstand und Fortschritt (M 13).

2 Verdeutlicht anhand von Beispielen aus eurem Erfahrungsbereich, wie sich verschiedene Hersteller durch technische Neuerungen ihrer Produkte um eure Nachfrage bemühen.

3 Erläutert die unterschiedlichen Marktformen und versucht, Beispiele für jede Marktform zu finden (M 14).

4 Erklärt mit Bezug zu M 13 und M 14, weshalb der Zusammenschluss der beiden Supermarkt-Unternehmen Kaiser's Tengelmann und Edeka problematisch sein könnte (M 12).

F

M15 Instrumente und Ziele der Wettbewerbspolitik

Wettbewerb ist das Grundelement jeder Marktwirtschaft. [...] Die geschichtlichen Erfahrungen zeigen aber, dass in einer Marktwirtschaft Tendenzen zur Einschränkung des Wettbewerbs und damit zur Selbstauflösung dieser Wirtschaftsordnung bestehen, wenn der Wettbewerb nicht durch staatliche Maßnahmen gesichert wird. Unternehmen haben nämlich das Bestreben, sich den Zwängen und Kontrollen des Wettbewerbs zu entziehen und sich vor Konkurrenz zu schützen, indem sie z.B.

- untereinander wettbewerbsbeschränkende Vereinbarungen treffen (**Kartelle**),
- ihre Marktmacht durch Unternehmenszusammenschlüsse erhöhen (**Fusionen**),
- ihre Marktmacht dazu benutzen, andere Wettbewerber vom Markt auszuschließen (**Missbrauch marktbeherrschender Stellung**).

(Viktor Lüpertz: Problemorientierte Einführung in die Volkswirtschaftslehre, Winklers Verlag, 4. Aufl., Darmstadt 2005, S. 185 f.)

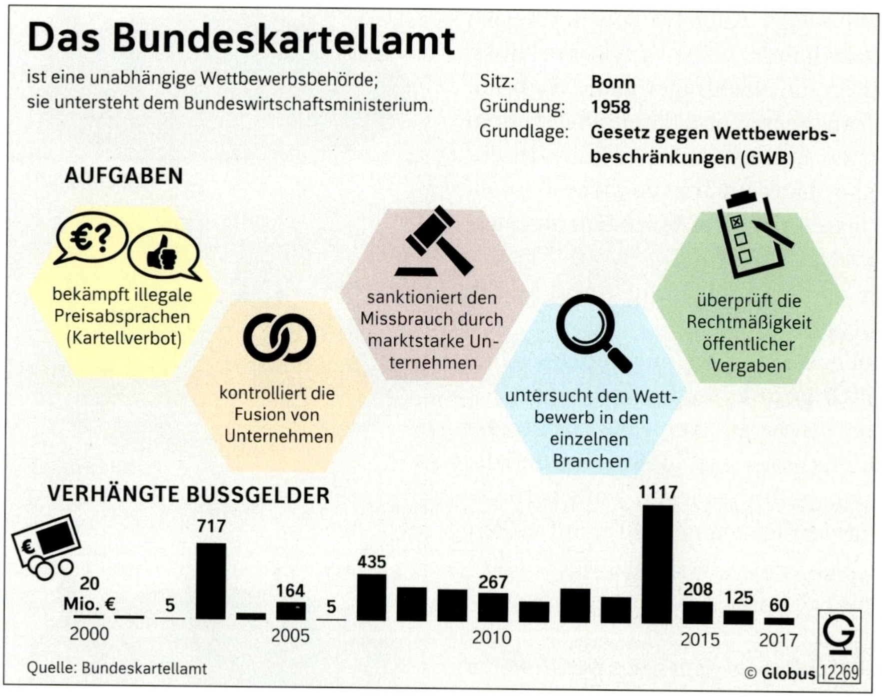

Zur Sicherung des Wettbewerbs gibt es seit 1957 das **„Gesetz gegen Wettbewerbsbeschränkungen" (GWB)**. Dieses Gesetz ist die Grundlage der Tätigkeit des **Bundeskartellamtes**.

Eine Hauptaufgabe des Bundeskartellamtes besteht in der Durchsetzung des Kartellverbots. Im Vordergrund stehen dabei gewöhnlich Preisabsprachen. Verbotene **Kartelle** sind nicht immer eindeutig als solche zu erkennen. Die beteiligten Unternehmen sind in einem solchen Fall natürlich daran interessiert, Nachweismöglichkeiten solcher Absprachen zu verhindern. Die Behörde verfügt allerdings über weitgehende Befugnisse, um verbotene Kartelle zu ermitteln. Werden solche Kartelle entdeckt und den beteiligten Unternehmen nachgewiesen, werden diese in der Regel mit hohen Geldstrafen belegt.

Eine weitere wichtige Aufgabe des Bundeskartellamtes ist die **Kontrolle von Unternehmenszusammenschlüssen (Fusionen).** Ist die Behörde der Meinung, dass ein geplanter Zusammenschluss von Unternehmen zu einer Einschränkung des Wettbewerbs und damit zum Nachteil der Verbraucher führt, kann das Kartellamt diese Fusion verbieten. Dies nennt man **vorbeugende Fusionskontrolle.** Jedoch kann der Bundeswirtschaftsminister den Zusammenschluss trotzdem genehmigen und sich so über das Verbot hinwegsetzen („**Ministererlaubnis“**), wenn er davon ausgeht, dass andere wirtschaftliche Vorteile (z.B. der Erhalt von Arbeitsplätzen) größer zu gewichten sind. Genau dies ist im Fall der Fusion von Kaiser's Tengelmann und Edeka geschehen (s. M12). Auch wenn Marktmacht nicht durch eine Fusion von Unternehmen entsteht, sondern man bei der bereits bestehenden Größe eines Unternehmens davon ausgeht, dass dieses große Unternehmen beispielsweise seine Preise zum Nachteil der Konsumenten durchsetzen kann oder der Wettbewerb anderweitig eingeschränkt wird, kann das Bundeskartellamt im Rahmen seiner Befugnisse (**Missbrauchsaufsicht einer marktbeherrschenden Stellung)** Geldstrafen verhängen.

(Autorentext)

Tipp: @ WES-116592-017

Hier findet ihr ausführliche Informationen über die Aufgaben und Maßnahmen des Bundeskartellamtes.

1 Erläutert, weshalb Unternehmen manchmal versuchen, den Wettbewerb zu umgehen, obwohl er in einer Marktwirtschaft eigentlich zum Vorteil aller sein soll.

2 Erklärt die drei im Text genannten Möglichkeiten von Unternehmen, den Wettbewerb zu umgehen.

3 Erläutert die im Text und in der Grafik genannten Möglichkeiten, die das Gesetz gegen Wettbewerbsbeschränkungen (GWB) dem Bundeskartellamt zur Sicherung des Wettbewerbs zur Verfügung stellt.

M16 Der Fall Kaiser's Tengelmann in der Diskussion

M16 a Die Situation auf dem Lebensmittelmarkt 2015

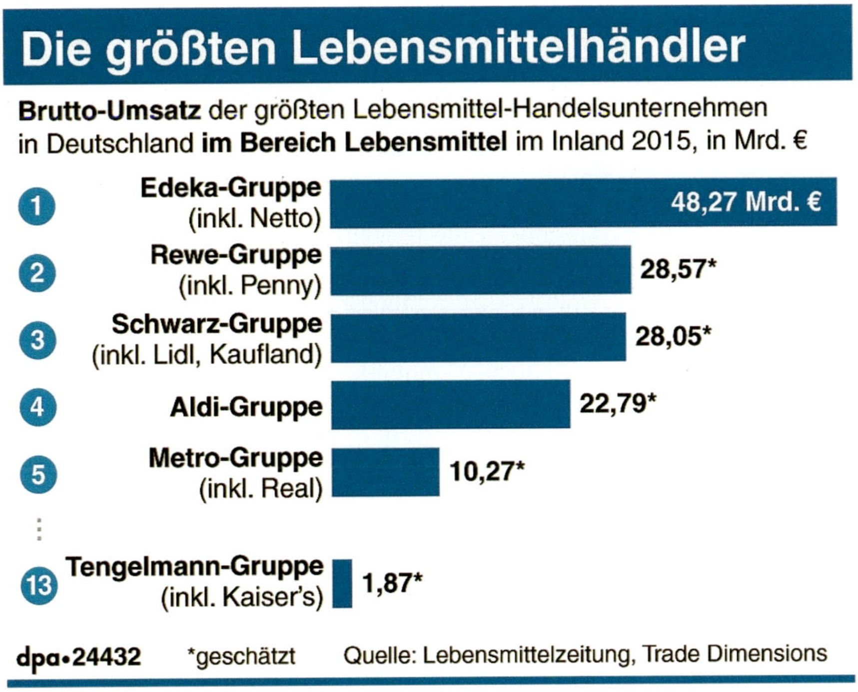

M16 b Die Entscheidung des Bundeskartellamtes

Das Bundeskartellamt hat den Erwerb von rund 450 Kaiser's Tengelmann-Filialen durch Edeka untersagt. Das Vorhaben hätte nach Auffassung des Amtes zu einer erheblichen Verschlechterung der Wettbewerbsbedingungen auf zahlreichen ohnehin stark konzentrierten regionalen Märkten und Stadtbezirken geführt […]. Mit der Übernahme von Kaiser's Tengelmann wären die Auswahl- und Ausweichmöglichkeiten der Verbraucher vor Ort stark eingeschränkt und aufgrund der Beseitigung einer bedeutenden Wettbewerbskraft für die verbliebenen Wettbewerber zukünftig entsprechende Preiserhöhungsspielräume eröffnet worden. […]

(Bundeskartellamt: Bundeskartellamt untersagt Übernahme von Kaiser's Tengelmann durch EDEKA, 01.04.2015, Bonn; https://www.bundeskartellamt.de/SharedDocs/Meldung/DE/Pressemitteilungen/2015/01_04_2015_Edeka_Tengelmann_Untersagung.html [23.02.2021])

M16 c Presseerklärung von Sigmar Gabriel zur Ministererlaubnis

„Der Erhalt der Arbeitsplätze und Arbeitnehmerrechte der Beschäftigten von Kaiser's Tengelmann lässt sich aus meiner Sicht nur durch eine Gesamtübernahme durch EDEKA wirkungsvoll realisieren. […] Bei der Abwägung der Gemeinwohlgründe ‚Arbeitsplatzerhalt' und ‚Erhalt der Arbeitnehmerrechte' mit der vom Bundeskartellamt festgestellten Wettbewerbsbeschränkung durch die Fusion war für mich klar: Die Gemeinwohlgründe überwiegen die Wettbewerbsbeschränkung. Ich habe dabei einen Ansatz gewählt, der Arbeitnehmervertretern und Gewerkschaften eine starke Position einräumt."

(Bundesministerium für Wirtschaft und Energie, Pressemitteilung v. 17.03.2016: Gabriel erteilt Ministererlaubnis im Verfahren EDEKA/Kaiser's Tengelmann; https://www.bmwi.de/Redaktion/DE/Pressemitteilungen/2016/20160317-gabriel-erteilt-ministererlaubnis-im-verfahren-edeka.html [23.02.2021])

M16 d Kommentar zur Ministererlaubnis

Sigmar Gabriel möchte weiterhin, dass Edeka alle Tengelmann-Filialen übernimmt. Andernfalls seien 8.000 Arbeitsplätze bedroht, betonte der Wirtschaftsminister […]. Gabriel ignoriert dabei jedoch, warum die Arbeitsplätze gefährdet sind: Viele Tengelmann-Filialen fahren seit Jahren Verluste ein. Da hilft auch keine Ministererlaubnis. Und der Preis für das „Retten" der Arbeitsplätze wäre hoch. Monopolkommission und Bundeskartellamt befürchten Preissteigerungen für den Verbraucher durch die Fusion und lehnen sie ab. Doch Gabriel wischte die Bedenken vom Tisch – der Erhalt der Arbeitsplätze müsse Vorrang haben, weil er dem Allgemeinwohl diene. Die Bedingungen der Ministererlaubnis sollen den Erhalt der Jobs garantieren. Die Arbeitsplätze bei Tengelmann dürfen demnach nicht abgebaut werden – zumindest fünf Jahre lang. Nach Einschätzung der Monopolkommission wird Edeka aber zahlreiche Mitarbeiterinnen und Mitarbeiter entlassen müssen, um das Filialnetz profitabel zu machen. Am Ende könnten dann Edeka-Mitarbeiter, die das Pech haben, dass in ihrer Nähe eine Tengelmann-Filiale mit geschützten Mitarbeitern liegt, stattdessen eine Kündigung bekommen. Der ehemalige

Die **Monopolkommission** ist ein ständiges, unabhängiges Beratungsgremium, das z. B. die deutsche Bundesregierung in Fragen der Wettbewerbspolitik berät.

Chef der Monopolkommission, Daniel Zimmer, der aus Protest gegen Gabriels Ministererlaubnis zurückgetreten ist, betonte jetzt erneut, dass eine Fusion mit Edeka nicht mehr Arbeitsplätze erhalten könnte als eine Zerschlagung. Kommt es zur Fusion, wird sich Sigmar Gabriel trotzdem als Retter aller 16.000 Arbeitsplätze feiern. Positive Schlagzeilen kann der [damalige] SPD-Vorsitzende dringend gebrauchen. Ein Verlustgeschäft wird auf Dauer jedoch kein Unternehmen halten. Ob die Arbeitsplätze jetzt oder in fünf Jahren verloren gehen, mag für die Betroffenen einen schönen Aufschub bedeuten. Für das gesellschaftliche und volkswirtschaftliche Allgemeinwohl aber, mit dem Gabriel argumentiert, macht es keinen Unterschied.

(Tobias Pastoors: Gabriels Kurzschluss, taz.de, 22.9.2016, Berlin; https://taz.de/Kommentar-Fusion-Edeka-Tengelmann/!5338820/ [23.02.2021])

1 Beschreibt den deutschen Lebensmittelmarkt. Erklärt sodann die Entscheidung des Bundeskartellamts, eine Übernahme von Kaiser's Tengelmann durch Edeka zu verbieten (M 16 a und M 16 b).

V Recherchiert die aktuelle Situation auf dem deutschen Lebensmittelmarkt. Wie hat er sich seit der Ministerialerlaubnis entwickelt? 2.1, 2.2

2 Überprüft, um welche Art von Wettbewerbsbeschränkung es sich durch die Übernahme durch Edeka auf dem Lebensmittelmarkt handeln könnte (siehe dazu auch M 14).

3 Nennt die Gründe des Bundeskartellamts, eine Übernahme durch Edeka zu verbieten. Stellt ihnen sodann die Gründe gegenüber, die der Wirtschaftsminister für seine Entscheidung, die Übernahme dennoch zu genehmigen, anführt (M 16 b und M 16 c).

4 Sammelt abschließend – auch unter Berücksichtigung von M 16 d – alle Argumente, die für und gegen Gabriels Entscheidung sprechen, in einer Tabelle.

5 Bereitet ein Streitgespräch zwischen einem Befürworter und einem Gegner der Ministerialerlaubnis vor. Teilt die Positionen in der Klasse auf und tretet gegeneinander an. Pro und Kontra

6 Formuliert für einen Leserbrief eine eigene Stellungnahme zu Gabriels Entscheidung. Orientiert euch dabei an der Methode „Politische Urteilsbildung" (S. 145).

4. Wachstum ohne Grenzen? – Marktwirtschaft und nachhaltige Entwicklung

Der Erfolg einer Wirtschaftsordnung misst sich vor allem daran, wie viel produziert wird, wie hoch die Gewinne der Unternehmen sind, ob die Menschen genügend Einkommen haben oder ob ihre Konsumwünsche erfüllt werden können. Nicht zuletzt durch die Diskussion um den Klimawandel, mit der ihr euch im Band 2 (Jgst. 7/8) beschäftigt habt, wird zunehmend auch der Aspekt des Umweltschutzes und der Nachhaltigkeit berücksichtigt, wenn man über den Erfolg einer Wirtschaftsordnung spricht. Schließlich haben auch Umwelt und Klima Auswirkungen auf das Leben der Menschen heute und in der Zukunft. Die Ausrichtung alleine auf Produktionserfolge und (kurzfristige) Gewinne wird daher zunehmend kritisch gesehen. Besondere Aufmerksamkeit hat in diesem Zusammenhang die Bewegung „Fridays For Future" erregt, mit deren Forderungen ihr euch im Folgenden auseinandersetzen könnt.

M 17 FFF: Forderungen für den Klimaschutz

Fridays For Future Deutschland fordert die Regierungen auf Kommunal-, Landes- und Bundesebene auf, die Klimakrise als solche zu benennen und sofortige Handlungsalternativen auf allen Ebenen zu ergreifen. Noch haben wir die Chance und damit die Verantwortung, eine Klimakatastrophe abzuwenden. [...]
Fridyas For Future fordert die Einhaltung der Ziele des Pariser Abkommens und des 1,5 °C-Ziels. Explizit fordern wir für Deutschland:

- Nettonull 2035 erreichen
- Kohleausstieg bis 2030
- 100 % erneuerbare Energieversorgung bis 2035

(Fridays For Future Deutschland: Unsere Forderungen für den Klimaschutz, Kiel 2019, S. 3; https://fridaysforfuture.de/wp-content/uploads/2019/04/Forderungen-min.pdf [23.02.2021])

Pariser Abkommen: die verbindliche Vereinbarung von 196 Staaten mit dem Ziel, die Erderwärmung bei möglichst 1,5 Grad gegenüber dem Niveau von vor der Industrialisierung zu stoppen
Nettonull: meint, dass nur die Menge Treibhausgase ausgestoßen wird, die durch natürliche Prozesse (z. B. Wachstum von Pflanzen) wieder aufgenommen werden kann

1 Was wisst ihr über die Bewegung Fridays For Future (FFF)? Tauscht euch in der Klasse über euer Vorwissen aus.

2 Erklärt die Forderungen von FFF Deutschland in eigenen Worten (M 17).

3 Nehmt spontan Stellung zu den Vorschlägen. Haltet ihr sie für realistisch?

M18 Wie misst man wirtschaftlichen Erfolg? – Quantitatives und qualitatives Wachstum

Der Erfolg eines wirtschaftlichen Systems oder einer Wirtschaftsordnung misst sich häufig am Wirtschaftswachstum. Vereinfacht gesagt handelt es sich dabei um die Zunahme einer wirtschaftlichen Größe (z. B. Produktion) in einem bestimmten Zeitraum. In Deutschland wird das Wirtschaftswachstum mithilfe des Bruttoinlandsprodukts (BIP) gemessen. Ist dieses höher als im Vorjahr, ist die Wirtschaft „gewachsen". Dies war in Deutschland in den Jahren 2010 bis 2019 stets der Fall. Bei der Berechnung des BIP wird allerdings nicht gemessen, welche Waren produziert werden, wer von den Einnahmen und Gewinnen profitiert (einige wenige oder möglichst viele Menschen?) und unter welchen Bedingungen diese hergestellt wurden. So wirkt sich z. B. die Produktion von Handgranaten, die im Krieg eingesetzt werden, positiv auf das Wirtschaftswachstum aus. Gleiches gilt für die Herstellung von Kohlestrom, obwohl für diesen ganze Landstriche zerstört werden und die Verbrennung der Kohle Treibhausgase ausstößt, welche sich wiederum negativ auf die Gesundheit der Menschen und das Klima auswirken. Es wird nur auf die mengenmäßige Zunahme der gesamtwirtschaftlichen Produktion geschaut (**quantitatives Wachstum**). Diese eher kurzfristige und einseitige Betrachtung wird zunehmend infrage gestellt, weshalb dem rein quantitativen Wachstum die Idee eines **qualitativen** Wachstums entgegengestellt wird. Dieses neue Konzept versucht die Bedingungen, unter denen produziert wird, und die Folgen der Produktion für die Menschen mit zu berücksichtigen. Neben der Produktionssteigerung geht es dann auch um die Verbesserung der Lebensqualität der Menschen, die Schonung der Umwelt oder eine gerechtere Einkommensverteilung. Es ist im Gegensatz zum quantitativen Wachstum allerdings deutlich schwerer messbar, da z. B. die Zufriedenheit oder Gesundheit der Menschen schwer in Zahlen auszudrücken ist.

(Autorentext)

Bruttoinlandsprodukt (BIP): der Wert aller Waren und Dienstleistungen, die in einem Jahr innerhalb eines Landes hergestellt bzw. angeboten werden

M19 Bis 2038! – Der Fahrplan des Kohleausstiegs in Deutschland

Damit Deutschland seine Treibhausgase deutlich reduzieren und die Vereinbarungen des Pariser Klimaabkommens einhalten kann, hat die Bundesregierung entschieden, dass Deutschland bis zum Jahr 2038 nach und nach aus der Kohlestromproduktion aussteigt. Im Jahr 2019 wurden knapp 30 Prozent des Stroms in Deutschland durch das Verbrennen von Kohle erzeugt. Die Energiekonzerne, die nun ihre Kohlekraftwerke nicht so lange benutzen dürfen wie geplant und deshalb auf Einnahmen verzichten müssen, werden dafür mit insgesamt 4,35 Milliarden Euro entschädigt. Zusammen mit den Bundesländern und den Betreibern der Kraftwerke hat sich die Bundesregierung auf einen Fahrplan geeinigt, wie der Ausstieg genau ablaufen soll. Demnach werden die acht ältesten Kraftwerke sofort abgeschaltet, die anderen folgen dann ab 2021 nach und nach (s. Tabelle S. 126).

(Autorentext)

Kraftwerksblock	Revier	Stilllegung	Kraftwerksblock	Revier	Stilllegung
Nord-Süd-Bahn (NSB)	Rheinland	31.12.2020	Boxberg	Lausitz	31.12.2029
NSB	Rheinland	31.12.2021	Boxberg	Lausitz	31.12.2029
NSB	Rheinland	31.12.2021	Niederaußem	Rheinland	31.12.2029
NSB oder Weisweiler	Rheinland	31.12.2021	Niederaußem	Rheinland	31.12.2029
NSB oder Weisweiler	Rheinland	01.04.2022	Schkopau	Mitteldeutschland	31.12.2034
Brikettierung	Rheinland	31.12.2022	Schkopau	Mitteldeutschland	31.12.2034
NSB	Rheinland	31.12.2022	Lippendorf	Mitteldeutschland	31.12.2035
NSB	Rheinland	31.12.2022	Lippendorf	Mitteldeutschland	31.12.2035
Weisweiler F	Rheinland	01.01.2025	Niederaußem	Rheinland	31.12.2038
Jänschwalde	Lausitz	31.12.2025	Neurath	Rheinland	31.12.2038
Jänschwalde	Lausitz	31.12.2027	Neurath	Rheinland	31.12.2038
Weisweiler	Rheinland	01.04.2028	Schwarze Pumpe	Lausitz	31.12.2038
Jänschwalde	Lausitz	31.12.2028	Schwarze Pumpe	Lausitz	31.12.2038
Jänschwalde	Lausitz	31.12.2028	Boxberg	Lausitz	31.12.2038
Weisweiler	Rheinland	01.04.2029	Boxberg	Lausitz	31.12.2038

(Hinweis: Die Doppel- bzw. Mehrfachnennungen ergeben sich dadurch, dass Kraftwerke z. T. mehrere Kraftwerksblöcke haben.)

1 Erklärt den Unterschied zwischen einem quantitativen und einem qualitativen Wirtschaftswachstum (M 18).

2 Stellt die Mängel bei der Messung des quantitativen und des qualitativen Wirtschaftswachstums dar (M 19).

2.1, 2.2 **V** Beschreibt die Etappen des Kohleausstiegs und überprüft mithilfe einer Internetrecherche den aktuellen Stand (M 19).

3 Erläutert, inwiefern der Ausstieg aus der Kohlestromenergie Auswirkungen auf das quantitative und das qualitative Wirtschaftswachstum in Deutschland haben kann.

M20 Stromerzeugung in Deutschland (2019)

* **Braunkohle** wird in Deutschland in Form des Tagebaus (d. h. an der Oberfläche) auf Kosten einiger Landstriche in Deutschland noch abgebaut. **Steinkohle** ist eine höherwertige Kohle, die sich über längere Zeit gebildet hat und meist in größeren Tiefen gefunden wird, also in Kohlebergwerken gefördert werden muss. Sie wird in Deutschland nicht mehr abgebaut.

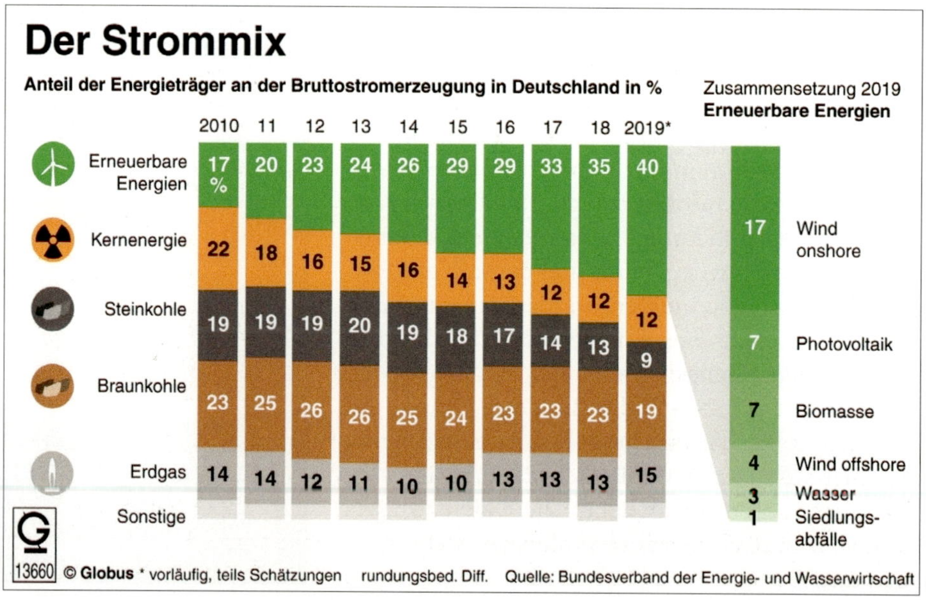

M 21 Die „Blackout-Gefahr" beim Kohleausstieg

Als Deutschland nach der Fukushima-Katastrophe den Atomausstieg bis 2022 beschloss, warnten Netzbetreiber vor der Gefahr eines großflächigen Stromausfalls. Der drohende Blackout schwebt nun auch wieder über der Debatte um den Ausstieg aus der Kohle [...]. Neben dem Klimaschutz und dem Preis des Stroms ist die Versorgungssicherheit der dritte Aspekt, den alle Bundesregierungen in den vergangenen Jahren in den Mittelpunkt gestellt haben. Für ein Industrieland seien dabei selbst kurzfristige Stromausfälle nicht hinzunehmen. Und Kritiker der Erneuerbaren Energien verweisen immer wieder darauf, dass bei Dunkelheit und Windstille („Dunkelflaute") auf die insgesamt wachsende Produktion aus Solar- oder Windkraftwerken kein Verlass sei. Dazu kommt, dass der Leitungsbau von Nord nach Süd für den Windstrom nur langsam vorankommt. Kohlekraftwerke erzeugen immer noch gut ein Drittel des Stroms in Deutschland. Der Stromnetzbetreiber Amprion, an dem auch der Kohlekonzern RWE beteiligt ist, warnt in seinem Papier für die Kommission vor einem vorschnellen Abschalten ohne ausreichende Reserven. Extremwetter etwa im Winter, wenn besonders viel Strom gebraucht wird, träten häufig über Deutschland hinaus auf. „Sichere Hilfe von den Nachbarländern ist daher ebenfalls nicht realistisch."

* Am 11.3.2011 traf ein Tsunami auf die Ostküste Japans und löste eine Reihe von schweren Zwischenfällen bis hin zu einer Explosion in einem Atomkraftwerk nahe der Stadt **Fukushima** aus. Als Reaktion auf die Katastrophe und den wachsenden Druck aus der Bevölkerung beschloss die Bundesregierung daraufhin, bis zum Jahr 2022 alle Atomkraftwerke in Deutschland abzuschalten.

(Markus Wacket: Die Blackout-Gefahr beim Kohleausstieg, Reuters, 30.8.2018, Berlin; https://de.reuters.com/article/deutschland-kohle-idDEKCN1LF 0H9 [23.02.2021])

M 22 Kohleausstieg so früh wie möglich – Position des BUND (Bund für Umwelt und Naturschutz Deutschland)

Es gibt viele gute Gründe, aus der Kohle auszusteigen: von der Vertreibung von Menschen durch den Bergbau und der immensen Zerstörung der Landschaft bis hin zu den giftigen Emissionen aus den Kraftwerksschloten, die unser aller Gesundheit belasten. Der dringlichste Grund aber ist die Zerstörung des Klimas durch die enorm hohen CO_2-Emissionen dieses Brennstoffs. Das gilt global und es gilt für Deutschland. Die Klimaziele hierzulande werden vor allem gerissen, weil die alte Bundesregierung im Stromsektor keine geeigneten Maßnahmen ergriffen hat, um die größte Ursache für unsere Emissionen anzugehen: die anhaltend hohe Verstromung von Braun- und Steinkohle.
Dabei geht von diesem dreckigen Strom immer mehr in den Export, weil er hierzulande gar nicht gebraucht wird. So ist der Kohlestrom der Hauptgrund, weshalb die Treibhausgase in Deutschland seit bald einem Jahrzehnt nicht mehr gesunken sind und das Klimaziel 2020 drastisch verfehlt wird: Statt der beschlossenen Minderung der Emissionen um 40 Prozent bis 2020 werden schlimmstenfalls lediglich 30 Prozent erreicht. Ein

„Weiter so“ darf es nicht geben! Um die riesige Klimaschutzlücke noch zu schließen, müssen Kohlekraftwerke in großem Umfang stillgelegt werden. Keine andere Maßnahme bringt in der Kürze der Zeit die notwendigen großen CO2-Minderungen. [...] Denn das ist nötig – und eine der wesentlichen Aufgaben, die das Pariser Klimaabkommen der Bundesregierung stellt.
Es gibt übrigens noch einen weiteren Grund für die Bundesregierung, schnell aus der Kohle auszusteigen: Die Bevölkerung ist mit großer Mehrheit dafür! Nach einer repräsentativen Emnid-Umfrage im Auftrag des BUND vom August 2017 stehen fast zwei Drittel hinter der Forderung eines baldigen Kohleausstiegs. [...] Der Kohleausstieg ist eine populäre Maßnahme. Die Regierung sollte nun liefern.

(BUND: BUND-Abschaltplan: Der Kohleausstieg vor 2030 ist möglich!, Bund für Umwelt und Naturschutz Deutschland e. V. (BUND), ohne Datum, Berlin; https://www.bund.net/themen/kohle/kohle-ausstieg/ [23.02.2021])

Emnid: ein bekanntes deutsches Meinungsforschungsinstitut

M23 Kohleausstieg: Wo Klimaschutz viele Arbeitsplätze gefährdet

Schüler und Studenten verlangen den Kohleausstieg. Die betroffenen Beschäftigten fürchten um ihre Arbeitsplätze und halten dagegen. [...]
Während tausende Schüler und Studenten sowie Umweltaktivisten von „Greenpeace“ und anderen Organisationen lautstark für mehr Klimaschutz trommelten und Beschäftigte aus den vier Braunkohlerevieren in Nordrhein-Westfalen, Sachsen-Anhalt, Sachsen und Brandenburg ebenso lautstark für den Erhalt ihrer Arbeitsplätze kämpften, rangen die Mitglieder der Kohlekommission in einem wahren Verhandlungsmarathon darum, die bis zuletzt offenen Fragen beim Kohleausstieg zu klären. Und das war schwer genug. Weit lagen die Positionen auseinander. „Wir wollen ein gutes Ergebnis, aber wir wollen kein Ergebnis um jeden Preis“, machte der Vorsitzende der IG Bergbau, Chemie, Energie, Michael Vassiliadis, selbst Mitglied der Kommission, vor den Kumpels deutlich. Ein rascher Kohleausstieg alleine bringe nichts, so lange es keine Verzahnung mit dem Ausbau der erneuerbaren Energien und der Netze gebe. „Wir brauchen Ausbau, Leitungen, Speicher. Erst dann können wir den Auslauf bei der Kohle vorziehen.“ [...]
Bundeswirtschaftsminister Peter Altmaier (CDU) machte deutlich, vor welch schweren Entscheidungen die Kohlekommission stehe. Es gehe darum, den Klimaschutz, die Schaffung neuer Arbeitsplätze in den Kohleregionen sowie die Versorgungssicherheit und die Bezahlbarkeit der Stromversorgung unter einen Hut zu bringen. [...] Die Ministerpräsidenten der vier Braunkohleländer, Armin Laschet, Reiner Haseloff, Michael Kretschmer (alle CDU) und Dietmar Woidke (SPD), wollen sich am Dienstag noch einmal mit Kanzlerin Angela Merkel treffen, um die Folgen des Ausstiegs für ihre Länder zu besprechen. In einem Brief forderten sie die Bundesregierung zu „belastbaren Zusagen“ für den Strukturwandel in den betroffenen Regionen auf.

(Martin Ferber: Kohleausstieg: Wo Klimaschutz viele Arbeitsplätze gefährdet, Augsburger Allgemeine Online, 25.1.2019; https://www.augsburger-allgemeine.de/politik/Kohleausstieg-Wo-Klimaschutz-viele-Arbeitsplaetze-gefaehrdet-id53290706.html [23.02.2021])

1 Wertet die Grafik M 20 aus und erklärt – auch unter Berücksichtigung von M 21 –, zu welchen Problemen der Kohleausstieg in Bezug auf die Energieversorgung führen kann.

2 Arbeitet aus M 22 und M 23 Argumente heraus, die für bzw. gegen einen möglichst frühen Kohleausstieg, so wie er z. B. von FFF gefordert wird, sprechen, und sammelt diese in einer Tabelle.

3 Diskutiert in der Klasse die Chancen und Risiken des Kohleausstiegs.

4 Verfasst einen Leserbrief, in welchem ihr Stellung zur Forderung von FFF „Kohleausstieg bis 2030“ nehmt. Berücksichtigt dabei unterschiedliche Perspektiven und orientiert euch an der Methode „Politische Urteilsbildung“ (S. 145).

Blickwinkel

Was ihr jetzt wissen und können solltet:

- ✓ M **S** U H geschichtliche Bedingungen für die Entwicklungen unterschiedlicher Wirtschaftsordnungen kennen;
- ✓ **M** **S** U H wesentliche Merkmale der beiden Modelle „Zentralverwaltungswirtschaft“ und „freie Marktwirtschaft“ kriterienorientiert gegenüberstellen;
- ✓ M **S** U H Merkmale und Funktionsweise der Wirtschaftsordnung in der früheren DDR beschreiben;
- ✓ M **S** U H die soziale Marktwirtschaft mit ihren Merkmalen als Wirtschaftsordnung der Bundesrepublik darstellen;
- ✓ M **S** U H die soziale Marktwirtschaft als „dritten Weg“ zwischen Zentralverwaltungswirtschaft und freier Marktwirtschaft einordnen;
- ✓ M **S** U H erläutern, wodurch sich die soziale von der freien Marktwirtschaft unterscheidet;
- ✓ M **S** **U** H Maßnahmen des Staates zur Sicherung sozialer Zielsetzungen erkennen;
- ✓ M **S** **U** H Funktionen des Wettbewerbs sowie Formen der Wettbewerbsbeschränkung in der sozialen Marktwirtschaft kennen und erläutern;
- ✓ M **S** U H die Sicherung des Wettbewerbs als staatliche Aufgabe in der sozialen Marktwirtschaft charakterisieren;
- ✓ **M** **S** **U** H Formen und Maßnahmen der Wettbewerbspolitik – auch an konkreten Beispielen – beschreiben und aus unterschiedlichen Blickwinkeln beurteilen;
- ✓ M **S** U H die Konzepte des qualitativen und des quantitativen Wachstums erklären und voneinander abgrenzen;
- ✓ M S **U** H Grenzen und Möglichkeiten quantitativen und qualitativen Wachstums erläutern und beurteilen;
- ✓ **M** **S** **U** H Karikaturen zu ausgewählten Themenbereichen analysieren;
- ✓ **M** S U H grafisches Material zielgerichtet auswerten;
- ✓ **M** **S** **U** H mithilfe der Methode zur politischen Urteilsbildung begründet Urteile fällen

Was ihr wisst – was ihr könnt – wie ihr es seht

1. Wettbewerbsbeschränkungen

Analysiert die Karikatur.

(Kostas Koufogiorgos)

2. Kohleausstieg jetzt?!

1. Beschreibt das Protestplakat und erläutert die darauf zum Ausdruck gebrachte Forderung.
2. Nehmt begründet Stellung zu der Forderung, möglichst schnell aus der Kohlestromproduktion auszusteigen.

Tipp: @ WES-116592-018

Hier findet ihr ein Quiz zu der Frage: „Wie funktioniert unsere Wirtschaftsordnung?“ Dort sollt ihr ein Lösungswort ermitteln.

Wenn ihr noch mehr lernen wollt ...

D1 Die Entwicklung auf dem Telefonmarkt

1996 gab es für die Deutsche Telekom noch keine Konkurrenz auf dem Telefonmarkt. Erst mit der Liberalisierung des Marktes 1998 brachten die ersten Konkurrenten den Markt in Bewegung. [...] Ortsgespräche kosteten damals 8 Pf./Min. (4,1 Ct./Min.). Ferngespräche waren trotz einer Preissenkung immer noch sehr teuer: Bis zu 62,6 Pf./Min. (32 Ct./Min.) kostete ein Anruf ins deutsche Festnetz. Unvorstellbar sind die damaligen Preise für Gespräche ins Mobilfunknetz. Über 1,30 DM/Min. (66 Cent) kostete ein Gespräch zu einem Handy. Mit einem solchen Preis wäre die heutige Verbreitung von Handys undenkbar. [...]

(Dietmar Struckmeyer: Die Entwicklung der Telefongebühren, Tariftipp.de, 29.12.2004, PortalHaus Internetservices GmbH, Glückstadt; https://www.tariftip.de/rubrik2/17045/3/Die-Entwicklung-der-Telefongebuehren.html [23.02.2021])

1 Recherchiert, was man unter der Liberalisierung des Telefonmarktes versteht. Wie war dieser Markt bis dahin organisiert und welche Preisgestaltung war damit verbunden?

V Recherchiert die heutige Marktsituation auf dem Telefonmarkt. Beachtet neben der Preisgestaltung auch die technischen Entwicklungen vor allem im Mobilfunkbereich.

2.1, 2.2

D2 Ab welchem Alter sind Alcopops erlaubt?

Welche alkoholischen Getränke **dürfen** Jugendliche trinken und welche sind für sie verboten? Der Staat macht Vorgaben zum Thema Alkoholkonsum von Jugendlichen und schränkt dabei die **Konsumfreiheit für Jugendliche** ein.

(Autorentext)

1 Informiert euch über die gesetzlichen Regelungen für Jugendliche, die der Staat zum Konsum von Alkohol erlassen hat.

2 Stellt euren Mitschülerinnen und Mitschülern diese gesetzlichen Regelungen vor und nehmt selbst Stellung dazu.

Tipp: @ WES-116592-019

Informationen erhaltet ihr u. a. unter den Internetadressen, die hier zu finden sind.

STILL
FIGHTING
for
EQUAL
PAY

PAY
EQUAL

5

Gerechtigkeit für alle?! – Eine Herausforderung für Gesellschaft und Politik

Darum wird es gehen

Dass Menschen unterschiedlich viel Geld haben oder manche ein Studium absolvieren und andere nicht, ist euch bekannt. Vor allem die Verteilung finanzieller Mittel wird häufig kritisiert bzw. von vielen als ungerecht empfunden. Dieser Umstand kann von der Politik natürlich nicht einfach ignoriert werden, gerade weil der soziale Ausgleich – das habt ihr im letzten Kapitel erarbeitet – ein wichtiger Grundpfeiler unserer Wirtschaftsordnung, der sozialen Marktwirtschaft, ist.

Wissenschaftler, die sich mit solchen ungleichen Verteilungen befassen und sie dokumentieren, sprechen auch von „sozialer Ungleichheit". Was damit gemeint ist und worin die Unterschiede zwischen (Un-)Gerechtigkeit und (Un-)Gleichheit bestehen, erfahrt ihr im **ersten Abschnitt** *dieses Kapitels.*

Im **zweiten Abschnitt** *geht es um die Frage, in welchen Bereichen unserer Gesellschaft sich Ungleichheiten zwischen den Menschen in besonderer Weise zeigen. Dabei liegt der Schwerpunkt auf einem Thema, das euch natürlich ganz besonders angeht: Wie gerecht ist unser Bildungssystem? Es wird danach gefragt, welche Ungleichheiten es hinsichtlich der Bildungschancen von Kindern und Jugendlichen in Deutschland gibt. Hier lernt ihr außerdem, wie man ein „politisches Urteil" fällt und wie sich dieses von einem Spontanurteil unterscheidet.*

Der **dritte Abschnitt** *widmet sich einem aktuell viel diskutierten Thema, nämlich der Ungleichbezahlung von Männern und Frauen. Woher kommt sie und was lässt sich dagegen unternehmen? Diese und ähnliche Fragen stehen hier im Mittelpunkt.*

1. Ist „gleich" auch „gerecht"? – Gerechtigkeitsprinzipien als Grundlage der Sozialpolitik

Die Sozialpolitik gehört zu den Grundpfeilern der sozialen Marktwirtschaft (s. auch Kapitel 4, M 8, S. 113), da neben dem Wettbewerb der soziale Ausgleich und die soziale Absicherung aller Bürgerinnen und Bürger zentrale Wesensmerkmale unserer Wirtschaftsordnung sind und sie sich dadurch von der freien Marktwirtschaft unterscheidet. Der Aspekt der Sozialpolitik wird in Kapitel 6 weiter vertieft.
Einig ist man sich darüber, dass die Sozialpolitik möglichst gerecht sein soll. Nur, was bedeutet das eigentlich? Die Frage, was gerecht ist, ist nämlich gar nicht so einfach zu beantworten, da jeder Mensch unter Gerechtigkeit etwas anderes verstehen kann. Welche Prinzipien, man sagt auch Gerechtigkeitsverständnisse, es grundsätzlich gibt, werdet ihr im Folgenden erarbeiten.

Zum Einstieg:

M1 Ist das gerecht?

„Es ist völlig in Ordnung, dass es arme und reiche Menschen gibt, da diese Unterschiede im Einkommen im Wesentlichen ausdrücken, was man aus den Chancen, die man hatte, gemacht hat."

Diskutiert diese Aussage in der Klasse. Ihr könnt euch dazu auf einer Positionslinie (zwischen „Ich stimme der Aussage absolut zu!" und „Ich lehne die Aussage komplett ab!") aufstellen. Methodische Hinweise dazu findet ihr auf der Seite 117.

M2a Auf die Plätze, fertig, los! – Ein Experiment

Wir brauchen fünf Freiwillige, die an einem Experiment teilnehmen. Jede/jeder schlüpft in eine der fünf Rollen. Ihr könnt Rollen auch doppelt besetzen. Wer nicht aktiv teilnimmt, wird zum Beobachter. Stellt euch nun – wie bei einem Wettrennen – auf einer Linie auf. Ihr bekommt von eurer Lehrkraft (oder einer Mitschülerin) gleich mehrere Fragen gestellt. Immer, wenn ihr meint, diese (in eurer Rolle) mit „Ja!" beantworten zu können, dürft ihr einen Schritt nach vorne gehen. Beantwortet ihr sie mit „Nein!", bleibt ihr stehen. Mal schauen, wer das Wettrennen gewinnt.

Rolle 1	Rolle 2	Rolle 3	Rolle 4	Rolle 5
Du bist das Kind einer alleinerziehenden Mutter, die als Krankenschwester arbeitet, häufig auch in Nachtschichten. Dein Vater zahlt keinen Unterhalt.	Deine Eltern sind gutverdienende Ärzte mit einer eigenen Praxis. Das hilft dir zwar im Alltag; trotzdem musst du wegen einer Blutkrebs-Erkrankung immer wieder viele Wochen im Krankenhaus verbringen.	Du lebst mit deinen Eltern und deinen beiden Brüdern im Kindergartenalter in einer Dreizimmer-Wohnung. Zu Hause wird eigentlich nur Arabisch gesprochen; deine Eltern sprechen nur gebrochen Deutsch.	Deine Mutter ist Inhaberin eines sehr erfolgreichen IT-Unternehmens. Dein Vater kümmert sich um den Haushalt. Du hast keine Geschwister.	Deine Eltern sind seit vielen Jahren arbeitslos und auf Unterstützung vom Staat angewiesen. Du bist das vierte von fünf Kindern und teilst dir, weil die Wohnung zu klein ist, ein Zimmer mit deiner Schwester.

Fragen:
- Du kommst bei den Hausaufgaben nicht weiter. Kannst du jemanden zu Hause um Hilfe bitten?
- Kannst du deine Hausaufgaben in Ruhe in deinem eigenen Zimmer machen?
- In der Schule wird ein freiwilliger Austausch nach Japan angeboten (Kosten: ca. 1500 Euro). Kannst du daran teilnehmen?
- Du hast Liebeskummer: Hast du zu Hause immer einen Ansprechpartner?
- Deine Freunde wollen mit dir am Wochenende einen Ausflug in den Freizeitpark machen (Kosten: ca. 60 Euro inkl. Bahnfahrt). Bist du dabei?
- Kannst du deine Freunde, wann immer du es willst, nach Hause einladen?
- Bist du Mitglied in einem kostenpflichtigen Sport- oder Musikverein?

(Autorentext)

1 Führt das Experiment wie beschrieben durch (M 2 a).

2 Tauscht euch über eure Erfahrungen während des Spiels aus: Wie habt ihr euch gefühlt? Wie habt ihr abgeschnitten? Empfindet ihr das Ergebnis als gerecht?

3 Bezieht das Experiment und seine Ergebnisse auf das Zitat aus M 1. Hat sich eure Position nach dem Experiment verändert? Begründet!

Vielleicht habt ihr euch in eurer Rolle „ungerecht" behandelt gefühlt, weil ihr nicht die gleichen Lebensbedingungen und Chancen wie die anderen Mitbewerber hattet? Genau um dieses Phänomen, nämlich soziale Ungleichheit, geht es im Folgenden.

M 2 b Ist „Gleichheit" gleich „Gerechtigkeit"?

Unter **Gleichheit** wird laut verschiedenster Definitionen verstanden, dass es zwischen Personen oder Sachverhalten, aber auch Gegenständen, eine nahezu vollständige Übereinstimmung bestimmter Merkmale gibt. Eineiige Zwillinge beispielsweise sehen (nahezu) gleich aus, ihre äußeren Merkmale sind (nahezu) gleich. Ein anderes Beispiel für Gleichheit ist der Anspruch, dass vor dem Gesetz alle Menschen gleichbehandelt werden und nicht z. B. jemand benachteiligt oder bevorzugt wird, weil er mehr oder weniger Geld verdient oder in einer anderen Stadt wohnt als ein anderer.
Gerechtigkeit dagegen meint, dass es (in einer Gesellschaft) einen angemessenen Ausgleich zwischen verschiedenen Interessen oder auch der Verteilung von Gütern und Chancen zwischen verschiedenen Personen oder Gruppen gibt, der niemanden bevorzugt oder benachteiligt. Wenn es z. B. darum geht, bestimmte Güter zu verteilen, so kann eine gerechte Verteilung bedeuten, dass jeder den gleichen Anteil oder eine glei-

che Anzahl bekommt, oder aber, dass jeder einen unterschiedlichen Anteil bekommt, der jedoch nach bestimmten Kriterien (z. B. erbrachter Leistung) bemessen wird, sodass niemand gegenüber den anderen benachteiligt wird. Gleichheit ist in der Regel objektiv messbar, Gerechtigkeit ist dagegen eher schwierig zu messen, da sie häufig subjektiv wahrgenommen wird.

(Autorentext)

M3 Soziale Ungleichheit

Mit dem Wort „Ungleichheit“ werden in den Sozialwissenschaften [...] Besser- bzw. Schlechterstellungen zwischen Menschen bezeichnet. Man spricht von „sozialer Ungleichheit“, wenn die Ressourcenausstattung (zum Beispiel der Bildungsgrad oder die Einkommenshöhe) oder die Lebensbedingungen (beispielsweise die Wohnverhältnisse) von Menschen aus gesellschaftlichen Gründen so beschaffen sind, dass bestimmte Bevölkerungsteile regelmäßig bessere Lebens- und Verwirklichungschancen als andere Gruppierungen haben. „Besser“ sind Lebens- und Verwirklichungschancen dann, wenn Ressourcenausstattungen oder Lebensbedingungen bestimmten Menschen nach den jeweils geltenden gesellschaftlichen Maßstäben (zum Beispiel bezüglich Sicherheit, Wohlstand, Gesundheit) die Möglichkeit zu einem „guten Leben“ und zur weiten Entfaltung der eigenen Persönlichkeit bieten, anderen Menschen jedoch nicht. [...]

(Stefan Hradil: Grundbegriffe, Bundeszentrale für politische Bildung, 31.05.2012, Bonn; http://www.bpb.de/politik/grundfragen/deutsche-verhaeltnisse-eine-sozialkunde/138437/grundbegriffe [23.02.2021])

1 Erklärt in eigenen Worten den Unterschied zwischen „Gleichheit“ und „Gerechtigkeit“.

2 Erklärt, was man unter „sozialer Ungleichheit“ versteht. Bezieht euch dabei auch auf das Experiment (M 2 a) und erklärt, inwiefern die fünf Teilnehmer (Rollen) von sozialer Ungleichheit betroffen sind.

Inwiefern man soziale Ungleichheit auch als ungerecht empfindet, hängt auch davon ab, was man unter Gerechtigkeit an sich versteht. Darum geht es im folgenden Material.

M4 Gerechtigkeitsprinzipien – Was ist gerecht?

Die Entscheidung, was jemand als gerecht empfindet und was nicht, kann verschiedenen Prinzipien von Gerechtigkeit zugeordnet werden. Man spricht auch von unterschiedlichen Gerechtigkeitsverständnissen. Die bekanntesten sind:

Leistungsgerechtigkeit

Dieses Prinzip orientiert sich an dem Gedanken, dass sich die Menge, die Menschen von etwas bekommen (z. B. Einkommen, Schulnoten, Lob), danach richtet, wie viel sie zuvor (dafür) geleistet haben. Das bedeutet beispielsweise, dass jemand, der mehr arbeitet als ein anderer, auch mehr Einkommen dafür erhalten soll. Oder auch, dass eine Schülerin, die öfter im Unterricht aufzeigt als ihre Mitschüler und qualitativ bessere Antworten gibt, eine bessere Note bekommt. Ungleichheiten sind bei diesem Prinzip also durchaus denkbar und sollen auch dazu dienen, Menschen zu besseren Leistungen zu motivieren (und somit langfristig für alle Menschen bessere Bedingungen zu erreichen).

Verteilungsgerechtigkeit

Nach diesem Prinzip soll im Gegensatz zur Leistungsgerechtigkeit Ungleichheit möglichst vermieden werden. Sowohl Güter als auch Lasten sollen möglichst gleich auf alle Menschen einer Gesellschaft verteilt werden. Wenn z. B. Einkommen ungleich verteilt sind, wird dies als ungerecht empfunden und als etwas, das geändert werden sollte.

Bedarfsgerechtigkeit

Der Begriff „Bedarf" deutet bereits auf die grundlegende Idee hinter diesem Prinzip hin. Um Gerechtigkeit für alle Menschen einer Gesellschaft zu schaffen, sollen sie entsprechend ihres „objektiven" Bedarfs mit Gütern, Einkommen oder sozialen Leistungen usw. versorgt sein. Der Staat zahlt bspw. Menschen, die nicht (mehr) oder noch nicht arbeiten können (Kranke, ältere Menschen, Kinder), bestimmte Leistungen, um zumindest ihren Mindestbedarf wie eine Wohnung, ausreichend Lebensmittel, Strom etc. zu decken. Das kann auch beinhalten, dass Menschen, die relativ viel Einkommen haben, davon in Form von Steuern etwas mehr abgeben, damit es Bedürftigen z. B. in Form von Unterstützungsleistungen zukommt.

Gerechtigkeit durch Chancengleichheit

In diesem Konzept wird davon ausgegangen, dass nur dann, wenn alle Menschen auch die gleiche Chance haben, leistungsfähig zu sein und Leistungen zu erbringen, Gerechtigkeit unter ihnen möglich ist. Hier geht es also nicht um ein Ergebnis, sondern um den Weg dorthin. Hat z. B. ein Schüler die Möglichkeit, Nachhilfeunterricht zu nehmen, ein anderer aber nicht (etwa weil seine Eltern diesen nicht finanzieren können), so sind die Chancen beider, ihre Leistungen zu verbessern, ungleich (und dem Konzept nach auch ungerecht) verteilt.

(Autorentext: Julia Löbke)

1 Ordnet die folgenden Aussagen begründet den vier Gerechtigkeitsprinzipien zu.
- „Wer wenig hat, sollte viel bekommen."
- „Wer mehr leistet, soll auch mehr bekommen."
- „Jeder sollte die gleichen Ausgangsbedingungen haben."
- „Jeder sollte das Gleiche bekommen."

2 Bezieht die Gerechtigkeitsprinzipien auf die Aussage in M 1. Erläutert, welchem Gerechtigkeitsprinzip sie am ehesten entspricht.

3 Entwickelt Beispiele, an denen sich die verschiedenen Gerechtigkeitsprinzipien erklären lassen.

4 Entwickelt zu jedem Gerechtigkeitsprinzip ein passendes Symbol.

2. Ist unser Bildungssystem gerecht? – Dimensionen und Folgen sozialer Ungleichheit

M5 Bildungsgerechtigkeit

Akademikerin, Akademiker: jemand mit Universitäts- bzw. Hochschulabschluss

(Thomas Plaßmann)

1 Analysiert die Karikatur.

2 Stellt einen Bezug zu den Themen „soziale Ungleichheit" und „Gerechtigkeit" her.

3 Die Karikatur trägt die Überschrift „Bildungsgerechtigkeit". Stellt Vermutungen an, was damit gemeint sein könnte. Überprüft eure Vermutungen anschließend mithilfe des folgenden Textes.

M6 Bildung – eine Dimension sozialer Ungleichheit

Soziale Ungleichheit zeigt sich in unterschiedlichen Aspekten oder Dimensionen, die z. T. miteinander zusammenhängen. Ungleichheit zeigt sich z. B. darin, dass Menschen unterschiedlich viel Einkommen und Vermögen zur Verfügung haben (**materieller**

Wohlstand), sich in ihrem gesellschaftlichen Ansehen, welches häufig an einen Beruf geknüpft ist, unterscheiden (**Prestige**), oder darin, dass sie nicht die gleichen Möglichkeiten haben, eigene Interessen durchzusetzen (**Macht**).
Eine weitere Dimension sozialer Ungleichheit ist die der **Bildung**. Ungleiche Verteilung im Bereich Bildung meint meistens, dass Kinder und Jugendliche unterschiedliche Voraussetzungen haben, Bildung zu erhalten, und zwar unabhängig von ihrer Intelligenz oder Lernfähigkeit. Es geht i. d. R. vielmehr darum, welche Schulform sie besuchen (also bspw. eine Gemeinschaftsschule oder ein Gymnasium) und welche anderen Bildungsangebote (bspw. den Besuch einer Musikschule oder eines Sportvereins) sie nutzen. Beides ist oft davon abhängig, welchen Schulabschluss und welche finanziellen Möglichkeiten durch Einkommen und Vermögen die Eltern haben. Man hat festgestellt, dass Kinder und Jugendliche, deren Eltern einen Universitätsabschluss haben, mit größerer Wahrscheinlichkeit auch einen solchen erwerben werden als Kinder aus Familien, in denen bisher niemand einen solchen Abschluss oder auch nur das Abitur erlangt hat – ganz unabhängig davon, ob das Kind die entsprechenden Fähigkeiten hat. Zudem können sich wohlhabendere Eltern – wie bereits angesprochen – auch eher leisten, ihrem Kind Nachhilfe oder zusätzliche Förderung (bspw. in der Musikschule) zukommen zu lassen, was ebenfalls einen Teil der Ungleichheit im Bereich Bildung ausmacht. Man spricht in diesem Zusammenhang auch von Bildungsgerechtigkeit bzw. Bildungsungerechtigkeit: Unabhängig von ihrer Leistungsfähigkeit haben Schülerinnen und Schüler unterschiedliche Chancen auf Bildungserfolg. Würde man diese ungleichen Bedingungen ausgleichen, könnte man von Bildungsgerechtigkeit sprechen.

(Autorentext)

In den folgenden Materialien werdet ihr über zwei Dimensionen sozialer Ungleichheit – materieller Wohlstand und Bildung – Genaueres erfahren. Oft hängen diese nämlich zusammen bzw. verstärken sich gegenseitig. Insgesamt ist der materielle Wohlstand der Gesamtbevölkerung in den letzten Jahren und Jahrzehnten klar gestiegen. Dies sagt aber noch nichts über die Verteilung des Wohlstands in Deutschland aus.

M7 Entwicklung der Armut in Deutschland

M7a Definition von Armut

Wenn man über Armut spricht, muss man zwischen zwei Armutsbegriffen unterscheiden, die ihr auch schon aus dem Unterricht kennt: Unter **absoluter Armut** versteht man, dass ein Mensch seine physischen Grundbedürfnisse (Nahrung, Kleidung, Wohnung, medizinische Grundversorgung) nicht befriedigen kann. In der üblichen Definition gilt als absolut arm, wer weniger als 1,90 US-Dollar am Tag zur Verfügung hat. Diese Form der Armut gibt es in Deutschland i. d. R. nicht. Spricht man hier von Armut, meint man die **relative Armut**. Als relativ arm gilt, wer weniger als 60 % des mittleren Einkommens seines Landes erhält. Die Armutsschwelle für einen Alleinstehenden betrug 2018 beispielsweise 1035 Euro, für einen Paarhaushalt mit zwei Kindern unter 14 Jahren 2174 Euro (Alleinerziehende: 1656 Euro). Die drei folgenden Materialien informieren über die Aspekte Einkommen und Armut in Deutschland.

(Autorentext)

M 7 b Neue Studie: Die Einkommenskluft wird größer

Die Einkommen in Deutschland waren zuletzt so ungleich verteilt wie nie. [...] Das geht aus einer Studie des Wirtschafts- und Sozialwissenschaftlichen Instituts (WSI) der gewerkschaftsnahen Hans-Böckler-Stiftung hervor. [...] Trotz der über Jahre guten wirtschaftlichen Entwicklung wächst die Ungleichheit der Einkommen der Studie zufolge weiter.

(tagesschau.de: Die Einkommenskluft wird größer, 07.10.2029, Norddeutscher Rundfunk, Hamburg; https://www.tagesschau.de/wirtschaft/ungleichheit-studie-101.html [23.02.2021])

M 7 c Einkommensentwicklung 1991 – 2015

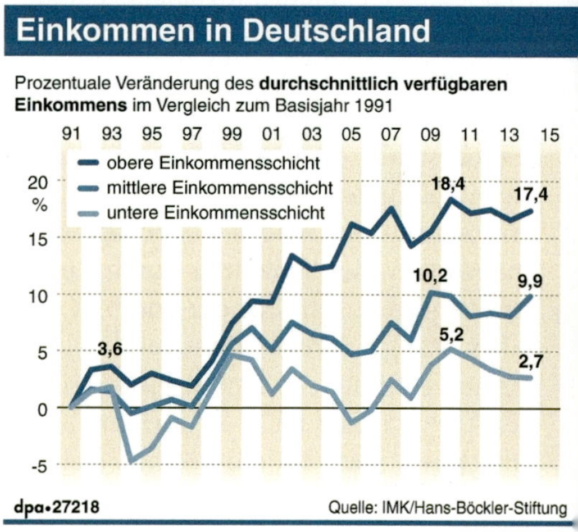

M 7 d Armutsquote in Deutschland

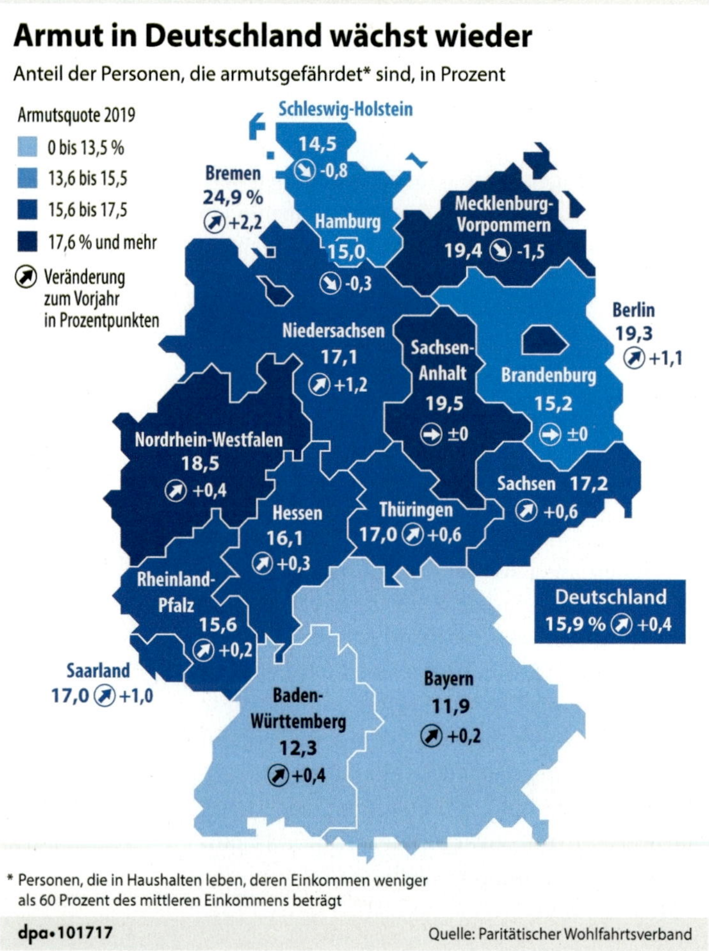

Armutsquote: Kennziffer, die angibt, wie viel Prozent der Bevölkerung in relativer Armut leben

1 Erklärt, was gemeint ist, wenn man in Deutschland von Armut spricht. Geht dabei auch auf die unterschiedlichen Armutsbegriffe ein (M 7 a).

2 Wertet die Materialien M 7 b – M 7 d hinsichtlich der folgenden Fragen aus:
- Wie sind Einkommen und Armut in Deutschland verteilt?
- Wie haben sich Einkommensunterschiede und Armut in Deutschland entwickelt?

Hilfen erhaltet ihr in den methodischen Hinweisen auf S. 271.

M8 Was fehlt? Was bedeutet Armut konkret?

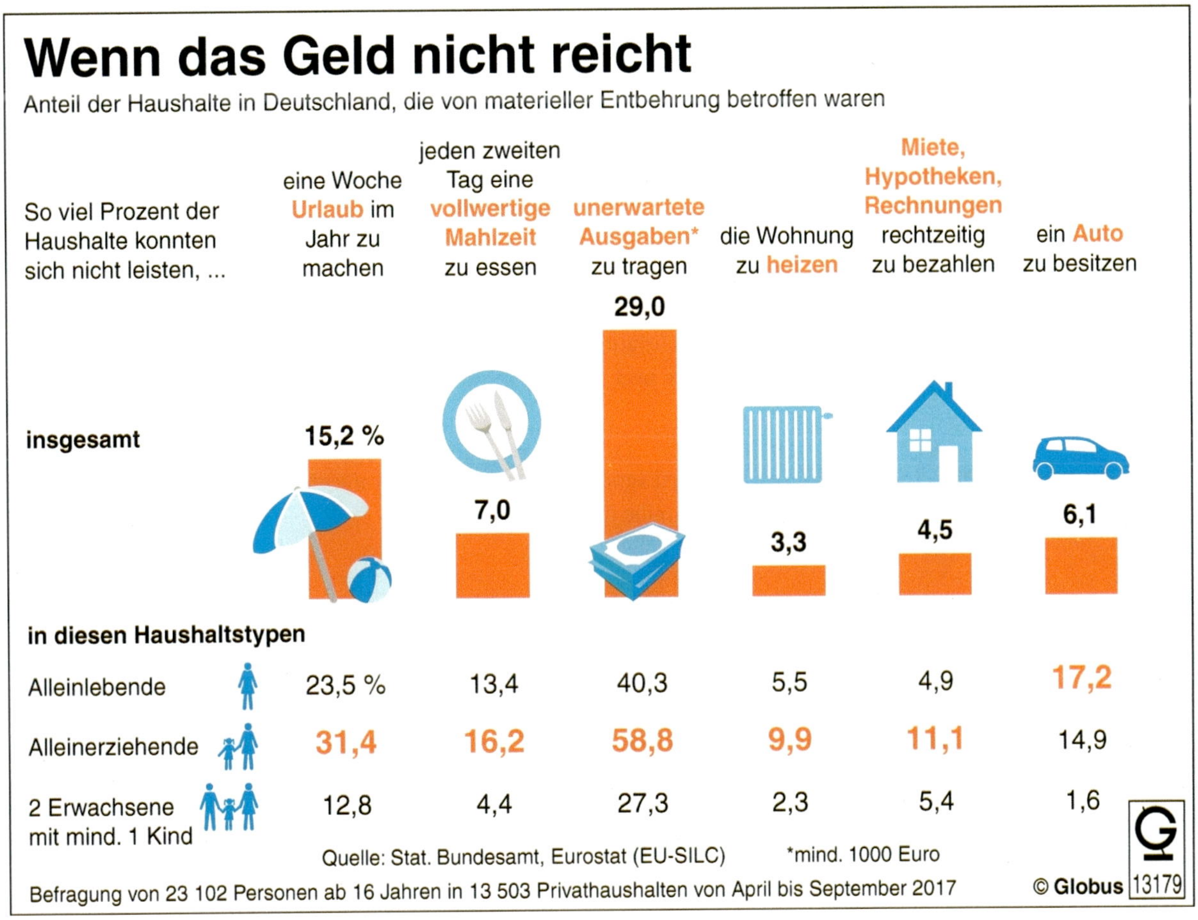

M9 Kinderarmut: „Wer einmal arm ist, bleibt lange arm."

Gütersloh (dpa) – Mehr als jedes fünfte Kind in Deutschland lebt laut einer Studie der Bertelsmann-Stiftung länger als fünf Jahre in armen Verhältnissen. Für zusätzlich 10 Prozent der Kinder in der Bundesrepublik ist Armut nach der Untersuchung [...] zumindest ein zwischenzeitliches Phänomen. „Kinderarmut ist in Deutschland ein Dauerzustand. Wer einmal arm ist, bleibt lange arm. Zu wenige Familien können sich aus Armut befreien", sagt Stiftungsvorstand Jörg Dräger zum Ergebnis der Studie. [...] Wie viele Kinder in armen Verhältnissen leben, ist bekannt. Neu aber: Für die Studie haben die Forscher erstmals über den Zeitraum von 2011 bis 2015 untersucht, wie undurchlässig die sozialen

Milieu: eine bestimmte Personengruppe in der Gesellschaft; manchmal wird auch der Begriff „Gesellschaftsschicht“ verwendet

Milieus sind. Armut bedeutet laut Bertelsmann-Stiftung für die Kinder Verzicht. Die Grundversorgung ist demnach in der Regel gewährleistet, aber die Betroffenen sind vom gesellschaftlichen Leben abgekoppelt. Um das messbar zu machen, fragen die Wissenschaftler, welche 23 Güter und Aspekte aus finanziellen Gründen in den Familien fehlen. Darunter fallen Kinobesuche, Freunde einladen, Computer mit Internetzugang oder eine zu kleine Wohnung. Kinder in einer dauerhaften Armutslage geben laut Studie an, dass ihnen im Schnitt 7,3 der abgefragten Güter fehlen. Kinder mit zwischenzeitlicher Armutserfahrung geben an, im Durchschnitt auf 3,4 Dinge verzichten zu müssen. Kinder, die dauerhaft in gesicherten Verhältnissen leben, fehlen aus finanziellen Gründen im Schnitt nur 1,3 der abgefragten 23 Güter. […]

(wgr/© dpa, 23.10.2017)

1 Erläutert unter Berücksichtigung von M 8 und M 9, worin sich Armut in Deutschland – insbesondere bei Kindern und Jugendlichen – im Alltag konkret äußert.

2 Fasst die wichtigsten Aussagen des Textes zusammen (M 9).

3 Schreibt auf Basis der Aussagen des Textes und der Grafik einen Tagebucheintrag eines Jugendlichen, dessen Familie in relativer Armut lebt.

M 10 Ungleichheit im Bereich Bildung

Laut zahlreichen Studien ist in Deutschland der Bildungserfolg von Kindern und Jugendlichen stärker von ihrer sozialen Herkunft abhängig als in anderen europäischen Ländern, wie auch diese Grafik zeigt:

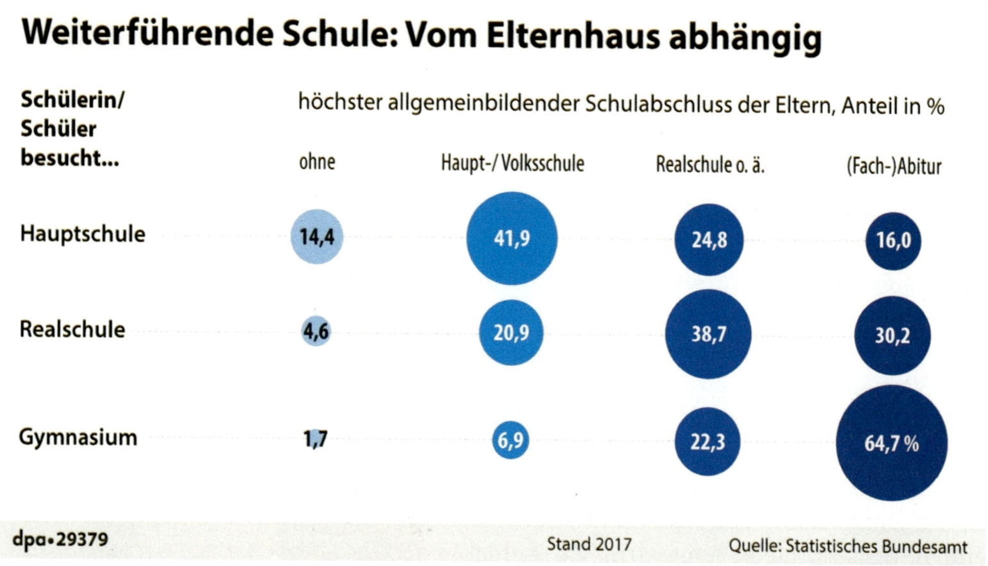

M 11 Der Zusammenhang von Bildung und Einkommen

Der erreichte Bildungsgrad hat wiederum auch große Auswirkungen auf den späteren Verdienst, was diese Grafik zeigt:

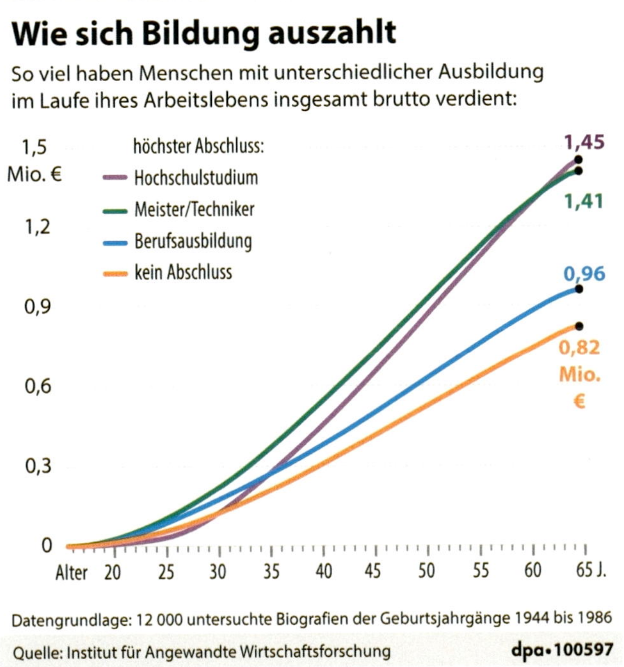

1 Wertet die Grafik M 10 hinsichtlich der Frage aus, wovon es abhängt, welche Schulform Kinder in Deutschland besuchen bzw. welchen Bildungsabschluss sie selbst erreichen.

2 Bewertet den beschriebenen Zusammenhang unter Berücksichtigung der euch bekannten vier Gerechtigkeitsprinzipien.

3 Stellt den in M 11 dargestellten Zusammenhang zwischen dem Bildungsabschluss und dem Einkommen einer Person dar.

4 Bewertet auch diesen Zusammenhang unter Berücksichtigung der Gerechtigkeitsprinzipien.

M 12 Ergebnisse einer Umfrage: Wie die Deutschen über soziale Ungleichheit denken

Die sozialen Verhältnisse in Deutschland sind ungerecht: Dieser Aussage stimmt eine große Mehrheit im Land zu. In einer repräsentativen Umfrage der Friedrich-Ebert-Stiftung gaben 82 Prozent der Befragten an, dass die soziale Ungleichheit mittlerweile zu groß sei. Das Unbehagen ist

* Die **Friedrich-Ebert-Stiftung** e. V. ist die größte und älteste politische Stiftung in Deutschland. Die nach dem sozialdemokratischen deutschen Reichspräsidenten Friedrich Ebert benannte […] Stiftung wurde 1925 gegründet. Hauptaufgabe sollte es sein, der Diskriminierung der Arbeiter auf dem Gebiet der Bildung entgegenzuwirken. […] Die Stiftung [orientiert sich] heute an den Grundwerten der Sozialen Demokratie: Freiheit, Gerechtigkeit und Solidarität. Angestrebt wird eine freie und solidarische Gesellschaft mit gleichen Chancen der politischen, wirtschaftlichen, sozialen und kulturellen Teilhabe – unabhängig von Herkunft, Geschlecht oder Religion.
(ifw-kiel.de: Partner Friedrich Ebert Stiftung, IfW, ohne Datum, Kiel; https://www.ifw-kiel.de/de/institut/ueber-das-ifw/partner-netzwerke-initiativen/partner/friedrich-ebert-stiftung/ [23.02.2021], leicht verändert)

weit verbreitet, auch Menschen mit hohem Einkommen teilen diese Meinung. Selbst Gutverdiener mit einem [Einkommen] von 4.000 Euro und mehr stimmen noch zu 76 Prozent der Aussage zu, dass die Ungleichheit zu groß sei.

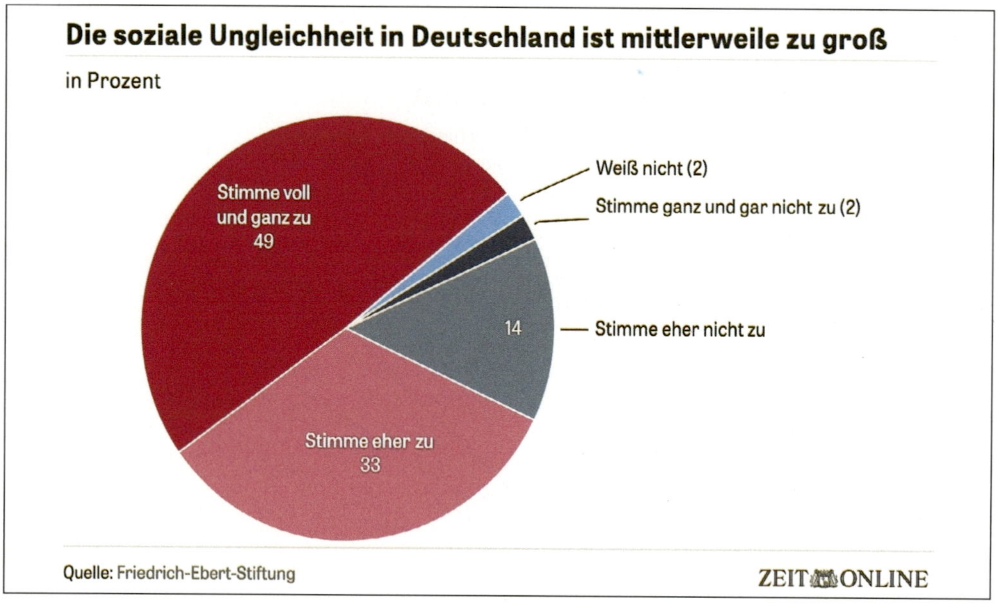

Dieses Empfinden sei durchaus „als Reaktion auf die Entwicklung der Einkommens- und Vermögensverteilung“ zu verstehen, schreiben die Autoren der Studie. Damit beziehen sie sich darauf, dass der Unterschied zwischen Arm und Reich in den vergangenen Jahren deutlich größer geworden ist. Das hat beispielsweise das Deutsche Institut für Wirtschaftsforschung (DIW) in diversen Untersuchungen festgestellt.

(„Mehrheit findet Deutschland ungerecht“ von Zacharias Zacharakis [ZEIT ONLINE, 11.05.2016])

1 Fasst mithilfe der Grafik und des Textes zusammen, wie die Befragten den Zustand sozialer Ungleichheit in Deutschland wahrnehmen (M 12).

Blick-winkel

2 Nehmt selbst Stellung zu der Frage, ob die soziale Ungleichheit in Deutschland in euren Augen ungerecht ist. Hilfen dazu erhaltet ihr in der folgenden Methodenbeschreibung. Führt zunächst als Übung das dort in den Kästchen vorgegebene Beispiel fort. Überlegt euch dazu weitere Kriterien und trefft am Ende ein Gesamturteil. Dieses kann dann beispielsweise folgende Formulierungen enthalten:

- „Die Behauptung, soziale Ungleichheit sei ungerecht, trifft nicht zu, weil …“
- „Soziale Ungleichheit ist ungerecht, da nach dem Kriterium der Leistungsgerechtigkeit …“
- „Kriterium … ist für mich bei der Frage, ob soziale Ungleichheit ungerecht ist, besonders ausschlaggebend, weshalb ich zu dem Urteil komme, dass …“
- „Ausgehend vom Kriterium der Leistungsgerechtigkeit stimme ich der Aussage, soziale Ungleichheit ist ungerecht, nicht zu. Jedoch erachte ich Kriterium … als noch wichtiger und komme daher zu dem Urteil, dass …“

Methode Politische Urteilsbildung

Ein wichtiges Instrument im Politikunterricht ist die Bildung eines Urteils über einen bestimmten Sachverhalt. Es geht hier nicht um ein Sachurteil im Sinne von „richtig“ oder „falsch“, sondern es geht um die Beurteilung eines (sachlich geklärten) Sachverhalts unter Berücksichtigung unterschiedlicher Kriterien, die von verschiedenen Personen unterschiedlich gewichtet werden können. Nicht jede (spontane) Bewertung ist gleichermaßen geeignet, um tatsächlich etwas zu beurteilen. Vielmehr geht es um (stichhaltige) Begründungen und Offenlegung der jeweils für wichtig erachteten Aspekte, die zu dem jeweiligen Urteil führten.

Im Folgenden wird dargestellt, wie ein „politisches“, an Kriterien orientiertes Urteil aussehen kann. Das Beispiel in den farbigen Kästen soll dabei helfen. Es greift zurück auf M 12, in dem es darum ging, wie soziale Ungleichheit in Deutschland von der Bevölkerung wahrgenommen wird.

Schritt 1: Bildung eines Spontanurteils

„In Deutschland kann man nicht arm sein“ oder „Deine Idee halte ich für gut“ sind spontane Urteile, die schnell gesagt sind, vor allem der persönlichen Sympathie folgen und oft nicht weiter begründet werden. Sie werden sozusagen „aus dem Bauch heraus“ getroffen.

> **„Soziale Ungleichheit ist ungerecht!“** – als Frage formuliert: „Ist soziale Ungleichheit ungerecht?“

Schritt 2: Kriterien für ein politisches Urteil finden

Ein politisches Urteil geht über diese spontane Äußerung eines Gefühls hinaus. Es orientiert sich an bestimmten, zuvor festgelegten Maßstäben, sogenannten Kriterien. Diese helfen dabei, alle Informationen, die man sich zu einem bestimmten Thema oder Sachverhalt aneignet oder sammelt, zu strukturieren. Einige Beispiele für Kriterien sind:

- Vereinbarkeit mit persönlich wichtigen Werten wie z. B. Freiheit, Solidarität, Umweltschutz, Gleichheit
- Umsetzbarkeit eines der Gerechtigkeitskonzepte
- Vereinbarkeit mit Gesetzen, Menschenrechten etc.
- Verhältnis von Kosten/Aufwand zum Nutzen/Ergebnis

> Mögliches Kriterium:
> - **Leistungsgerechtigkeit**

Schritt 3: Kriterien und Informationen zusammenführen

Nach der Festlegung passender Kriterien müssen diese mit dem Sachwissen bzw. den Informationen zusammengeführt werden. D. h., es gilt zu überlegen, ob die Informationen gemäß den gewählten Kriterien eher für oder eher gegen die Ausgangsfrage bzw. das Problem/den Sachverhalt sprechen.

> **Leistungsgerechtigkeit:**
> - Soziale Ungleichheit ist gerecht, weil durch unterschiedliche Leistungen automatisch Ungleichheit entsteht.
> - Soziale Ungleichheit ist ungerecht, weil nicht jeder in der Lage ist, die gleichen Leistungen wie andere zu erbringen.

Schritt 4: Ein Detailurteil bilden

Anschließend muss jede/jeder für sich entscheiden, ob sie/er bei den einzelnen Kriterien die Argumente überzeugender findet, die dafür bzw. die dagegen sprechen. Diese Detailurteile helfen dabei, zu einem Gesamturteil zur jeweiligen Frage/zum jeweiligen Sachverhalt zu kommen.

Schritt 5: Ein Gesamturteil bilden

Abschließend werden noch einmal alle Detailurteile betrachtet und in eine Reihenfolge nach Wichtigkeit gebracht. Diese Reihenfolge ergibt sich daraus, welche Kriterien für wichtiger als andere gehalten werden. Allerdings muss das Detailurteil beim wichtigsten Kriterium nicht zwangsläufig auch identisch mit dem Gesamturteil sein.

(Autorentext: Julia Löbke)

3. Wie (un-)gerecht sind Einkommensunterschiede zwischen Mann und Frau? – Der Gender Pay Gap

M13 Der Equal Pay Day: Ab jetzt verdienen auch Frauen Geld

@ WES-116592-020
Hier findet ihr weitere Informationen zum Equal Pay Day.

Der Aktionstag „Equal Pay Day" macht jedes Jahr auf eine große Ungerechtigkeit aufmerksam: Bis zu diesem Tag arbeiten Frauen in Deutschland im Durchschnitt ohne Bezahlung, während Männer schon ab dem 1. Januar Geld für ihre Arbeit bekommen. 2020 entspricht dieser Unterschied 77 Tagen ohne Bezahlung. Der Equal Pay Day ist in diesem Jahr [2020] deshalb am Dienstag, 17. März. [...] Zum Equal Pay Day wird in zahlreichen Ländern aufgerufen, jedoch an unterschiedlichen Terminen. In Deutschland ist der „Equal Pay Day" der Tag, bis zu dem Frauen über den Jahreswechsel hinaus arbeiten müssen, um auf das durchschnittliche Jahreseinkommen der Männer zu kommen. [...]

(Sophie Mühlmann: Equal Pay Day: Ab jetzt verdienen auch Frauen Geld, NDR.de, 17.3.2020, Hamburg; https://www.ndr.de/nachrichten/niedersachsen/Equal-Pay-Day-Ab-jetzt-verdienen-auch-Frauen-Geld,equalpayday142.html [23.02.2021])

1 Erklärt, worauf genau der „Equal Pay Day" aufmerksam macht.

2 Stellt einen Bezug zu den Themen soziale Ungleichheit und Gerechtigkeit her.

M14 Einkommensunterschiede von Mann und Frau

M14 a Gender Pay Gap

Der Gender Pay Gap beschreibt den geschlechtsspezifischen Verdienstunterschied zwischen Frauen und Männern. Man unterscheidet zwischen dem bereinigten und dem unbereinigten Gender Pay Gap. Für den **unbereinigten (auch: allgemeinen) Gender Pay Gap** werden alle Stundenverdienste von Männern und Frauen verglichen, unabhängig davon, welche Tätigkeit (Berufe) in welchem Umfang (Teilzeit oder Vollzeit) ausgeübt oder welche Position in einem Unternehmen (z. B. Hilfs- oder Führungskraft) eingenommen wird. Beim **bereinigten Gender Pay Gap** werden dagegen die Durchschnittsverdienste von Männern und Frauen verglichen, die den gleichen Beruf ausüben, die gleiche Stellung innehaben und die gleiche Qualifikation und Anzahl an Arbeitsstunden vorzuweisen haben, sodass der so berechnete Einkommensunterschied nur auf das Geschlecht zurückgeführt werden kann. Der bereinigte Gender Pay Gap liegt in Deutschland bei 6 Prozent.

(Autorentext)

M14 b Durchschnittlicher Bruttoverdienst insgesamt (2007 – 2019)

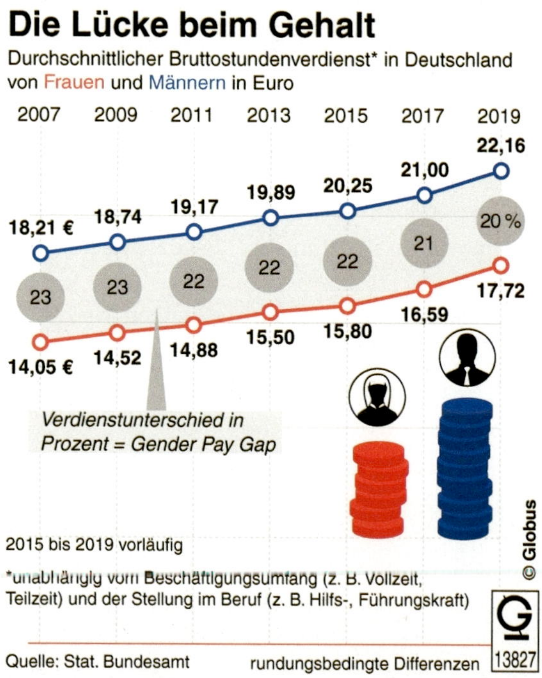

M14 c Durchschnittlicher Bruttoverdienst nach Berufen (2020)

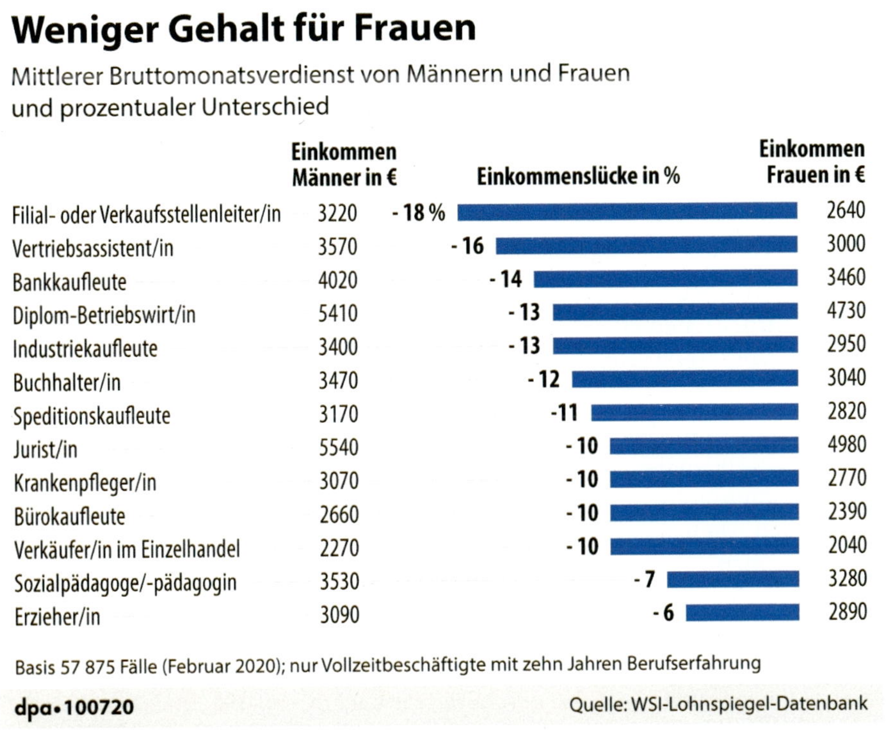

1 Stellt dar, was jeweils der unbereinigte und der bereinigte Gender Pay Gap aussagen (M 14 a).

2 Erklärt, warum es wichtig sein kann, sowohl den bereinigten als auch den unbereinigten Gender Pay Gap zu ermitteln.

3 Wertet die beiden Grafiken M 14 b und M 14 c hinsichtlich der Einkommensunterschiede von Männern und Frauen aus. Haltet zentrale Erkenntnisse in Form von Kernaussagen fest.

M15 Ursachen der Ungleichbezahlung von Männern und Frauen

[...] Laut Statistischem Bundesamt beträgt der Unterschied der Bezahlung zwischen Männern und Frauen in Deutschland aktuell 21 Prozent. Die Ursachen für diese Ungerechtigkeit seien vielfältig, als wesentliche Gründe werden Teilzeitarbeit und Minijobs genannt, die deutlich mehr von Frauen in Anspruch genommen werden. Die sogenannten „Frauenberufe" seien tariflich schlechter bewertet und dadurch geringer bezahlt. Frauen seien in den gutbezahlten Führungspositionen außerdem nach wie vor deutlich seltener vertreten als Männer. Und oft bekämen Frauen auch für gleichwertige Arbeit weniger Lohn.

„Die langjährige Kampagnenarbeit rund um den Aktionstag (Equal Pay Day) hat erreicht, dass in der Öffentlichkeit breit über die Ursachen der Lohnlücke diskutiert wird", sagt Silke Steffen-Beck, die Gleichstellungsbeauftragte der Gemeinde Wedemark. „In dieser Diskussion wird die Lohnlücke aber auch gern der Zurückhaltung der Frauen angelastet. Oftmals wird behauptet, Frauen würden ihre Chancen insbesondere in Verhandlungssituationen seltener nutzen oder andere Prioritäten setzen.“ Das diesjährige Kampagnenmotto „Auf Augenhöhe verhandeln“ setze deshalb genau dort an. [...]

„Frauen wollen nicht nur verhandeln, Frauen wollen auch mehr“, so Steffen-Beck. „Geschlechtstypisches Verhalten, das diese Verhandlungen beeinflusst, findet auf beiden Seiten des Verhandlungstisches statt und das ist oftmals durch traditionelle Rollenbilder beeinflusst.“ Aus diesem Grund sei es besonders wichtig, die Personalverantwortlichen der Unternehmen zu erreichen, so die Gleichstellungsbeauftragte. [...] Die Studie „Gendertypische Verhandlungskompetenz und ihre Auswirkungen auf Gehalts- und Aufstiegsverhandlungen“ von Martina Voigt und Andrea Ruppert von 2017 zeigt laut Steffen-Beck auf, dass Frauen seltener Gehaltserhöhungen erhalten, selbst wenn sie gleich häufig danach fragten. Um selbstsicher auftreten zu können, brauchen Frauen demnach mehr Informationen als Männer über den Ablauf und die Bewertungskriterien in Verhandlungen. Vorgesetzte hingegen neigten dazu, die Ambitionen ihrer weiblichen Mitarbeiterinnen zu unterschätzen. „An dieser Stelle mein Appell an die Frauen: Stellen Sie Ihre Kompetenz nicht in Frage und bleiben Sie hartnäckig in den Verhandlungen“, so die Gleichstellungsbeauftragte.

„Ohne konkrete Handlungskonzepte seitens der Arbeitgeberinnen und Arbeitgeber, insbesondere zu den Themen Vereinbarkeit und Wiedereinstieg, werden wir da nicht wirklich weiterkommen“, so Steffen-Beck. „Entgeltgleichheit wird nur erreicht werden, wenn wir bei dem Verhandlungsbegriff auch das Private in den Blick nehmen. Nur wenn Familien- und Sorgearbeit gleichberechtigt geteilt wird, ist die Voraussetzung für alle geschaffen, berufliche Chancen voll wahrzunehmen.“

(Sophie Mühlmann: Equal Pay Day: Ab jetzt verdienen auch Frauen Geld, NDR.de, 17.3.2020, Hamburg; https://www.ndr.de/nachrichten/niedersachsen/Equal-Pay-Day-Ab-jetzt-verdienen-auch-Frauen-Geld,equalpayday142.html [23.02.2021])

M16 Gender Care Gap – „unbezahlte Sorgearbeit“

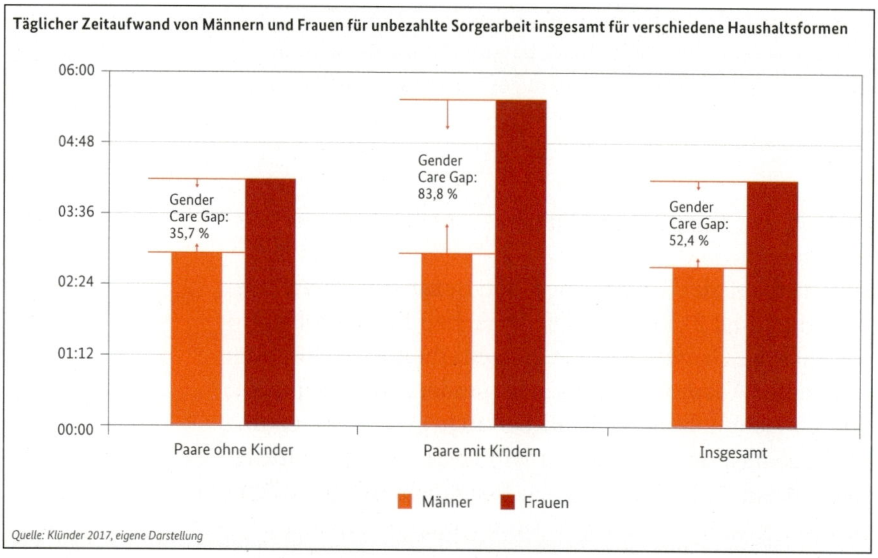

(BMFSFJ 2018: Zweiter Gleichstellungsbericht der Bundesregierung. Eine Zusammenfassung, S. 12)

Der Gender Care Gap gibt den unterschiedlichen Zeitaufwand an, den Männer und Frauen für sogenannte Sorgearbeit aufwenden. Dazu zählen z. B. Tätigkeiten im Haushalt (Kochen, Putzen, Gartenarbeit, Reparaturen ...), die Pflege und Betreuung von Kindern und Erwachsenen oder ehrenamtliche Tätigkeiten (z. B. kostenloser Sprachunterricht für Geflüchtete). Auch hier zeigt sich ein deutlicher Unterschied zwischen Männern und Frauen, was auch Auswirkungen auf das Einkommen (unbereinigter Gender Pay Gap) hat, da Sorgearbeit nicht entlohnt wird.

(Autorentext)

1 Listet die im Text genannten Ursachen für die Ungleichbezahlung von Männern und Frauen auf (M 15).

2 Wertet die Grafik M 16 dahingehend aus, wie die sogenannte Sorgearbeit unter den Geschlechtern aufgeteilt ist. Erklärt auch, inwiefern der hier deutlich werdende Unterschied Einfluss auf die Einkommensunterschiede zwischen Männern und Frauen hat.

3 „Entgeltgleichheit wird nur erreicht werden, wenn wir bei dem Verhandlungsbegriff auch das Private in den Blick nehmen. Nur wenn Familien- und Sorgearbeit gleichberechtigt geteilt wird, ist die Voraussetzung für alle geschaffen, berufliche Chancen voll wahrzunehmen" (M 15, Z. 33–36). Erklärt unter Berücksichtigung von M 16, was konkret hier gefordert wird.

M 17 Entgelttransparenzgesetz – Gleiche Bezahlung durch mehr Transparenz?

Das Gesetz zur Förderung der Transparenz von Entgeltstrukturen (kurz: Entgelttransparenzgesetz) soll vor allem Frauen dabei unterstützen, ihren Anspruch auf gleiches Entgelt bei gleicher oder gleichwertiger Arbeit besser durchzusetzen. Ein wichtiger Baustein des Gesetzes ist der „individuelle Auskunftsanspruch" aller Mitarbeiterinnen und Mitarbeiter: Der Arbeitgeber ist verpflichtet, seiner Mitarbeiterin bzw. seinem Mitarbeiter Auskunft über die Bezahlung anderer Mitarbeiterinnen/Mitarbeiter zu geben, die die gleiche Tätigkeit ausüben. Dies muss allerdings anonymisiert erfolgen und setzt daher voraus, dass man mindestens sechs Kolleginnen und Kollegen benennen kann, die die gleiche Tätigkeit wie man selbst ausüben. Es gilt auch nur für Unternehmen mit mehr als 200 Beschäftigten.

(Autorentext)

M 18 Transparenz allein führt noch lange nicht zu gleicher Bezahlung

Der Kern des seit 2017 geltenden Gesetzes steckt in der Mitte seines sperrigen Kurznamens: Es geht um Transparenz. „Das Neue an diesem Gesetz ist, dass erstmals ein Auskunftsanspruch für betroffene Arbeitnehmerinnen und Arbeitnehmer geschaffen wird, der allerdings unter relativ strengen Voraussetzungen erst wirksam wird", sagt Thomas Thees von der Rechtsanwaltsgesellschaft Luther. [...] Das Unternehmen, in dem vorzugsweise Frau ihr Auskunftsrecht durchsetzen will, muss mindestens 200 Mitarbeiter haben. Zudem muss sie sechs Kolleginnen oder Kollegen benennen können, die die gleiche Tätigkeit wie sie ausüben. Wenn das alles gegeben ist und schließlich die Auskunft über das Durchschnittsgehalt der Kollegen da ist, heißt das aber noch nicht, dass sich die Gehälter dann automatisch angleichen müssen. „Sie haben danach zwar die Auskunft in der Hand, müssen ihre Rechte aber immer noch per Klage durchsetzen, wenn sich im Betrieb nichts tut. Das heißt, sie stehen alleine vor der Aufgabe – vor allem, wenn es keinen Betriebsrat [s. dazu Kap. 3, M 20] gibt." Abgesehen davon, dass mit der möglichen Transparenz der Gehälter nicht auch ein Angleichen der Bezahlung verbunden ist, haben einer Studie der gewerkschaftsnahen Hans-Böckler-Stiftung zufolge bislang nur sehr wenige Frauen überhaupt die mögliche Transparenz wirklich eingefordert. [...] Das ließe sich ändern, indem die Hürden für die geforderte Transparenz gesenkt werden. [...]

(Mischa Ehrhardt: Recht auf die Lohn-Auskunft, Deutschlandfunk, 8.3.2019, Deutschlandradio, Köln; https://www.deutschlandfunk.de/entgelttransparenzgesetz-recht-auf-die-lohn-auskunft.769.de.html?dram:article_id=443119 [23.02.2021])

1 Erklärt, wie das Entgelttransparenzgesetz für eine gerechtere Bezahlung von Männern und Frauen sorgen soll (M 17).

2 Ermittelt aus M 18, was der Autor am Entgelttransparenzgesetz kritisiert.

Blick-winkel

3 Nehmt Stellung dazu, ob das Entgelttransparenzgesetz in euren Augen geeignet ist, um der Ungleichbezahlung von Männern und Frauen entgegenzuwirken. Berücksichtigt dabei die Gerechtigkeitsprinzipien und orientiert euch an der Methode „Politische Urteilsbildung" (s. S. 145).

M 19 Sorgearbeit sollte anders verteilt werden

[...] Unbezahlte [Sorgearbeit] ist in Deutschland ungleich verteilt. [...] Belastungen durch Sorgearbeit beschränken die Möglichkeiten, eigene berufliche Ambitionen zu verfolgen. Zeit, die in unbezahlte Haushaltstätigkeiten investiert werden muss, ist ein Grund dafür, dass Frauen im Vergleich zu Männern nach wie vor seltener erwerbstätig sind oder öfter in Teilzeit arbeiten. Das wirkt sich auf die Berufserfahrung, den weiteren Karriereweg und schließlich auf das Gehalt und die Altersvorsorge aus – womit wir wieder bei der Verdienstlücke, dem Gender Pay Gap, wären.

Aber bleiben wir bei der Sorgearbeit: Der deutschen Volkswirtschaft entgehen wertvolle Ressourcen, wenn Frauen einen Großteil ihrer Zeit für Hausarbeit und Kinderbetreuung aufwenden. [...] Es geht bei dem Thema nicht darum, alte Debatten darüber zu führen, wer im Haushalt kocht oder wäscht und inwieweit Menschen die Betreuung ihrer Kinder, Partner oder Eltern aus der Hand geben sollten. [...]

Erstens kann die Belastung der Haushalte mit Sorgearbeit reduziert werden. Beispielsweise der Ausbau der öffentlichen Kinderbetreuung hat dies in den vergangenen Jahren gezeigt. Der Zeitaufwand für Frauen bei der Kinderbetreuung ist gesunken, die Erwerbsbeteiligung von Müttern nachweislich gestiegen. [...]

Zweitens kann die Care-Arbeit zwischen Männern und Frauen gerechter verteilt werden. Lange bestehende Strukturen aufzubrechen, ist kein hoffnungsloses Unterfangen. Das Elterngeld zeigt, dass sich traditionelle Rollenzuschreibungen ändern können: Finanzielle Anreize bewegen Männer dazu, Elternzeit zu nehmen und sich auch im Anschluss an diese nachhaltig an der Betreuung ihrer Kinder zu beteiligen. [...]

* **Elterngeld:** wird gezahlt, wenn Eltern nach der Geburt ihre berufliche Arbeit unterbrechen oder einschränken, um sich um ihr Kind zu kümmern. Den Eltern stehen gemeinsam insgesamt 14 Monate Basiselterngeld zu, wenn sich beide an der Betreuung beteiligen und dadurch Einkommen wegfällt. Sie können die Monate frei untereinander aufteilen. Ein Elternteil kann dabei mindestens zwei und höchstens zwölf Monate für sich in Anspruch nehmen.

Der gesellschaftliche Wandel hin zu gleichen Rechten und Pflichten schreitet voran, könnte aber beschleunigt werden. Die Politik kann diesen Prozess stärker unterstützen, als sie es derzeit tut. […] Mehr Arbeitszeit- und Arbeitsortflexibilität, beispielsweise durch Homeoffice, wären ein weiterer Ansatzpunkt. Frauen und Männer könnten Erwerbstätigkeit und Sorgearbeit dann besser unter einen Hut bekommen. Damit würden weitere wichtige Hürden auf dem Weg zu mehr individueller Chancengleichheit genommen.

(Kai-Uwe Müller: Sorgearbeit sollte anders verteilt werden, Frankfurter Rundschau online, 02.03.2020, Frankfurt am Main; https://www.fr.de/meinung/sorgearbeit-sollte-anders-verteilt-werden-13569029.html [24.02.2021])

* **Homeoffice:** hierbei kann die Arbeit ganz oder teilweise von zu Hause und damit außerhalb der Gebäude des Arbeitgebers verrichtet werden

1 Fasst die wichtigsten Aussagen des Kommentars (M 19) zusammen. Geht dabei insbesondere auf die Forderungen des Autors an die Politik ein.

2 „Die Sorgearbeit, die überwiegend von Frauen geleistet wird, wird von Politik und Gesellschaft nicht angemessen wertgeschätzt." Diskutiert diese Aussage in der Klasse. Pro und Kontra

V Recherchiert weitere Maßnahmen zur Verringerung von Lohnunterschieden zwischen Männern und Frauen. Informationen erhaltet ihr z. B. im Gleichstellungsbericht der Bundesregierung (s. hier: @ WES-116592-021).

Was ihr jetzt wissen und können solltet:

- ✓ MSUH die Begriffe (Un-)Gleichheit und (Un-)Gerechtigkeit unterscheiden und erläutern;
- ✓ MSUH verschiedene Dimensionen von (sozialer) Ungleichheit kennen;
- ✓ MSUH Auswirkungen von (sozialer) Ungleichheit erklären;
- ✓ MSUH verschiedene Prinzipien von Gerechtigkeit erklären;
- ✓ MSUH den wechselseitigen Zusammenhang von Bildung und Einkommen erläutern und bewerten;
- ✓ MSUH zwischen „absoluter" und „relativer" Armut unterscheiden;
- ✓ MSUH Ausmaß und Entwicklung von Armut und Einkommen in Deutschland beschreiben;
- ✓ MSUH Einkommensunterschiede zwischen verschiedenen gesellschaftlichen Gruppen und insbesondere zwischen Mann und Frau analysieren;
- ✓ MSUH Ursachen einer Ungleichbezahlung von Männern und Frauen benennen;
- ✓ MSUH Maßnahmen zur Bekämpfung der Ungleichbezahlung von Männern und Frauen erläutern und beurteilen;
- ✓ MSUH die Bedeutung unbezahlter Familienarbeit (Sorgearbeit) erkennen und beurteilen;
- ✓ MSUH ein politisches Urteil anhand von Kriterien abgeben;
- ✓ MSUH grafisch aufbereitetes und statistisches Material auswerten

Was ihr wisst – was ihr könnt – wie ihr es seht

M S U H

1. Gerechtigkeitsprinzipien

Wo soll Person C aus dem Fallbeispiel unten wohnen? Nehmt Stellung dazu und bezieht euch dabei auf die Gerechtigkeitsprinzipien.

A und B sind zwei identisch begabte Architekten. C hat keinerlei Begabung. A arbeitet sehr viel und baut sich eine große Villa mit 20 Zimmern und Pool. B hingegen ist faul und genießt lieber seine Freizeit. Er baut eine kleine Hütte, die ein einziges Zimmer hat. C schafft es nicht, ein eigenes Haus zu bauen. Damit er nicht obdachlos wird, muss er irgendwo unterkommen. Aber bei wem? A oder B?

(Autorentext)

M S U H

2. Equal Pay Day

1 Erklärt, worauf genau am Equal Pay Day aufmerksam gemacht werden soll.

2 Analysiert vor diesem Hintergrund die Karikatur.

(Schwarwel)

M S U H

3. Ein politisches Urteil fällen

Bildet eine Vierergruppe und erarbeitet in den euch bekannten Schritten ein kriterienorientiertes Urteil zu folgender These:

„Zur Vermeidung sozialer Ungleichheit sollten alle Menschen das Gleiche verdienen."

Wenn ihr noch mehr lernen wollt …

D1 Für alle, die als Erste in ihrer Familie studieren

Die Einrichtung „ArbeiterKind.de“ widmet sich der Förderung des Hochschulstudiums von Nicht-Akademikerkindern. Unter https://www.arbeiterkind.de/als-erste-studieren findet ihr unterschiedliche Informationen zu ausgewählten Themenbereichen.

1 Recherchiert in Gruppenarbeit zu den unterschiedlichen Themenbereichen und stellt euch gegenseitig eure Ergebnisse vor.

2 Macht diese Einrichtung in eurer Schule bekannt und überlegt euch dafür einen wirkungsvollen Weg (z. B. Infotafeln, Infoabend, Bericht in der Schulzeitung o. Ä.).

(https://www.arbeiterkind.de/)

Als Erste/r studieren

Denkst du darüber nach, als Erste/r aus deiner Familie zu studieren? Vielleicht bist du auch die oder der Erste mit (Fach-)Abitur oder du hast die Möglichkeit, ohne Abitur zu studieren? Oder du studierst bereits als Erste/r in deiner Familie? Dann bist du bei ArbeiterKind.de genau richtig! Von deinen Geschwistern oder Cousins und Cousinen studiert schon jemand, aber deine Eltern haben nicht studiert? Dann gehörst du immer noch zur ersten Generation in deiner Familie, die studiert, und bist bei uns genau richtig! Herzlich willkommen!

Wir sind größtenteils ebenfalls die Ersten in unseren Familien, die studieren oder studiert haben, und kennen daher die typischen Herausforderungen und Fragen. Wir sind bereits im Studium oder im Berufsleben und möchten unsere Erfahrungen an dich weitergeben, um dir Mut zu machen und um dich auf deinem Weg zu unterstützen. […]

(ArbeiterKind.de gemeinnützige GmbH, ohne Datum, Berlin; https://www.arbeiterkind.de/als-erste-studieren [28.05.2021])

JOB SEARCH
FIND JOB

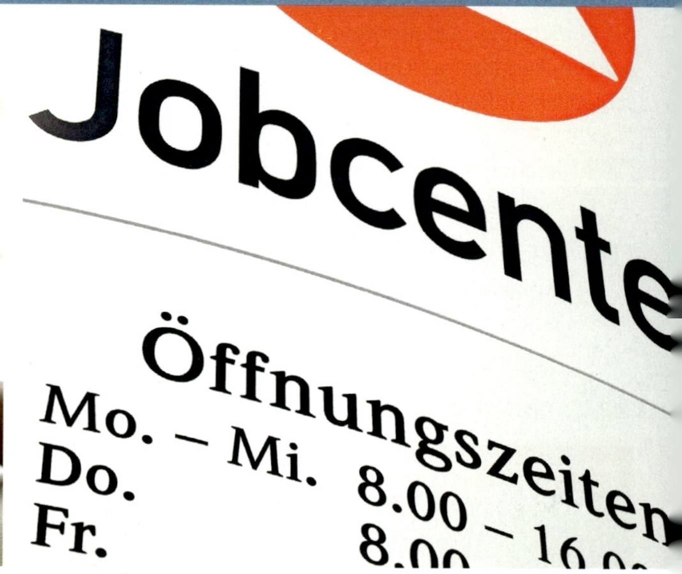
Jobcente
Öffnungszeiten
Mo. – Mi. 8.00 –
Do.
Fr.

VOR
SORGE

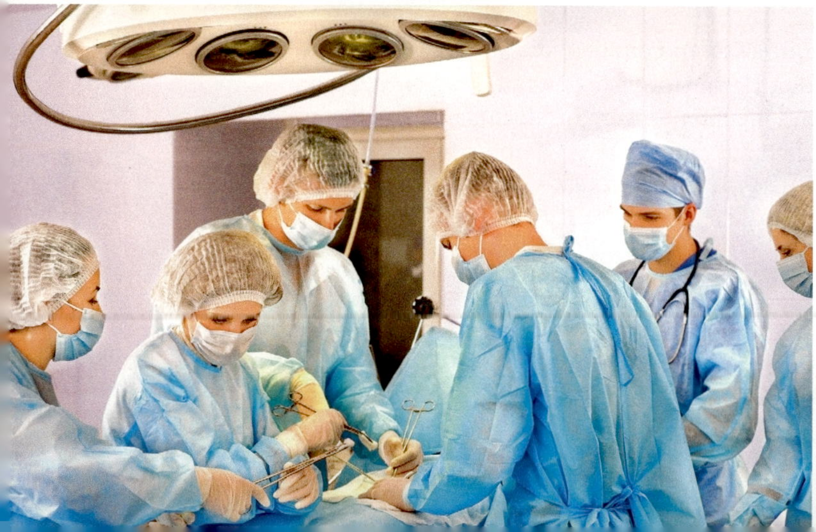

6

Soziale Sicherung heute und morgen – Wie zukunftsfähig ist der Sozialstaat?

Darum wird es gehen

In den Kapiteln zur sozialen Marktwirtschaft (Kapitel 4) und zum Thema Gerechtigkeit (Kapitel 5) ist deutlich geworden, dass unsere Wirtschaftsordnung den Anspruch erhebt, die sozialen Belange einer Gesellschaft sicherzustellen und gleichermaßen für sozialen Ausgleich und soziale Absicherung zu sorgen. Um dies umzusetzen, hat die Bundesrepublik im Verlauf ihrer Geschichte ein umfangreiches Sozialsystem aufgebaut, das zum einen dazu dienen soll, die Menschen gegen Lebensrisiken wie Krankheit, Arbeitslosigkeit und Altersarmut abzusichern. Zum anderen soll das Sozialsystem auch verhindern, dass Unterschiede in den Lebensverhältnissen zu groß werden. Der Auf- und Ausbau des Sozialsystems hat auch außerhalb der Bundesrepublik viel Anerkennung gefunden. Doch seit einigen Jahren wird über den Sozialstaat heftig diskutiert. Veränderungen in Gesellschaft und Wirtschaft haben dazu geführt, die bisherigen Maßnahmen der Sozialpolitik infrage zu stellen.

Im ***ersten Abschnitt*** *dieses Kapitels wird aufgezeigt, inwiefern sich die Bundesrepublik als „Sozialstaat" versteht, sowie ein Überblick über das soziale Sicherungssystem, dessen Umfang und Finanzierung gegeben.*

Im ***zweiten Abschnitt*** *wird dargestellt, was man unter dem demografischen Wandel versteht und inwiefern dieser den Sozialstaat in eine Krise stürzt bzw. stürzen kann. Natürlich wird der Blick dabei auch auf Maßnahmen gerichtet, um dieser Krise zu begegnen.*

Der ***dritte Abschnitt*** *zeigt Reformen und Maßnahmen zur weiteren Sicherung des Sozialsystems auf. Dabei stehen die Maßnahmen der sog. Hartz IV-Gesetze im Mittelpunkt.*

1. Grundlagen der Sozialpolitik in Deutschland

Zum Einstieg:

M1 Eure Meinung: Wann ist ein Staat sozial?

Tabea, 15, Hilden
„Oft heißt es, wir müssen unser Geld an ‚den Staat' abdrücken. Ich kann genauso gut sagen: Wir zahlen Beiträge in unsere ‚Gemeinschaftskasse' ein. Das ändert meine Einstellung total."

Lara, 16, Dortmund
„Ich kiffe nicht, rauche nicht, ich ernähre mich gesund und mache Sport. Deshalb will ich auch keine medizinischen Therapien zum Drogenentzug, Lungenkrebs und Diabetes mitfinanzieren."

Titus, 15, Bochum
„Mein Vater war eine Zeit lang arbeitslos. Meine Oma hat Parkinson und braucht seit vielen Jahren Betreuung und teure Medikamente. Ohne Sozialversicherung hätten wir alles verloren: Omas Haus, unsere schöne Wohnung, das Auto und alles Ersparte fürs Alter oder Studium."

Hatice, 16, Siegen
„In unserem Sportverein lassen wir keinen hängen. Wir haben aus der Vereinskasse den Jahresausflug für Jana bezahlt. Sonst hätte sie nicht mitkommen können. Ihre Eltern beziehen Hartz IV. Ayham aus Afghanistan kann ohne Vereinsbeitrag bei uns mitkicken. Für Jakob hatten wir mal Mathe-Nachhilfe organisiert, damit er die Neunte schafft. Es kann jeden mal treffen. So stelle ich mir auch einen sozialen Staat vor."

Wladimir, 16, Dresden
„Sozial bedeutet für mich zunächst einmal gleiche Chancen am Start, in der Schule und so. Aber dann muss jeder selbst was daraus machen. Wo bleibt sonst der Anreiz, sich durchzuboxen?"

(Sozialpolitik, Arbeitsheft Sekundarstufe I, Ausgabe 2016/2017: Grundwissen Sozialversicherung, hg. von der Stiftung Jugend und Bildung in Zusammenarbeit mit dem Bundesministerium für Arbeit und Soziales, Eduversum GmbH, Wiesbaden 2016, S. 2; Verf.: Susanne Patzelt; leicht verändert)

1 Stellt die hier deutlich werdenden Einstellungen der Jugendlichen zu einem sozial ausgerichteten Staat in einer Tabelle gegenüber.

Blickwinkel

2 Formuliert ein eigenes Statement dazu und begründet eure Position. Stellt eure Stellungnahmen anschließend in der Klasse vor und diskutiert diese.

Wir leben in Deutschland in einem Sozialstaat; das ist sogar im Grundgesetz (Art. 20) so festgeschrieben und steht folglich auch nicht zur Debatte. Wie genau dieser Sozialstaat ausgestaltet ist bzw. wie er ausgestaltet sein soll und was „sozial" eigentlich bedeutet, ist allerdings Gegenstand kontroverser Diskussionen. Im Folgenden erarbeitet ihr zunächst grundlegende Prinzipien und Ziele des Sozialstaats bzw. der deutschen Sozialpolitik. Dies ist wichtig, um über zentrale Probleme und Herausforderungen sowie über die zukünftige Ausgestaltung des Sozialstaats diskutieren zu können. Dabei werdet ihr auch merken, dass ihr die Leistungen des Sozialstaats fast täglich bewusst oder unbewusst in Anspruch nehmt.

Arbeitsvorschlag:
Bearbeitet die folgenden Materialien (M 2 a – M 2 d) arbeitsteilig in einer Vierergruppe, wobei jede und jeder für ein Material zuständig ist.
Bearbeitet dazu die jeweils angegebenen Aufgaben und haltet zentrale Informationen auf einem Stichwortzettel fest.
Im Anschluss an diese Einzelarbeitsphase sollt ihr euch die Ergebnisse gegenseitig vorstellen und gemeinsam Aufgaben bearbeiten (s. Fallbeispiel M 3). Das funktioniert nur, wenn jede und jeder zuvor sein Material gut bearbeitet hat.

M 2 Grundlagen des Sozialstaats

M 2 a Grundlegende Ziele des Sozialstaats

Die Forderung, die sozialen Belange in einer Gesellschaft angemessen zu berücksichtigen, wurde im Grundgesetz verankert. In Artikel 20 Absatz 1 heißt es: „Die Bundesrepublik ist ein demokratischer und sozialer Bundesstaat."
Mit diesem Grundgesetz-Artikel wird das sogenannte Sozialstaatsprinzip begründet. Allerdings wird dort nicht näher ausgeführt, welche konkreten Maßnahmen damit verbunden sind. Die Volksvertreterinnen und Volksvertreter im Bundestag und schließlich die Wählerinnen und Wähler entscheiden darüber, wie ein sozialer Staat zu gestalten ist – also wie Sozialpolitik praktisch zu betreiben ist. Der Begriff „Sozialstaat" wird im Grundgesetz zwar nicht verwendet, ist aber im allgemeinen Sprachgebrauch üblich. Man ist sich darüber einig, dass mit Maßnahmen des Gesetzgebers zur Verwirklichung des Sozialstaatsprinzips zwei grundlegende Ziele zu erreichen sind:

- **sozialer Ausgleich**: Damit ist gemeint, dass der Staat Maßnahmen ergreifen soll, die die sozialen Unterschiede in einer Gesellschaft nicht zu groß werden lassen.
- **soziale Sicherheit**: Der Staat soll einerseits gewährleisten, dass die Menschen gegen die Risiken im Leben abgesichert sind. Dazu zählen vor allem die Versorgung im Alter, bei Krankheit, Arbeitslosigkeit, Pflegebedürftigkeit und Unfall. Menschen, die davon betroffen sind, können mit ihren Familien in eine finanzielle Notlage kommen. Der Staat soll dann die notwendige Unterstützung leisten. Zum anderen soll der Staat – über die genannten Risiken des Lebens hinaus – diejenigen Menschen unterstützen, die aus anderen Gründen Hilfe benötigen, z. B. durch Hilfe für Kinder und Jugendliche oder die Einrichtung von Beratungsstellen.

Zusammengefasst soll das Sozialstaatsprinzip also garantieren, dass jede Bürgerin und jeder Bürger einen angemessenen Lebensstandard und ein menschenwürdiges Leben hat.

(Autorentext: Werner Heimeroth)

1 Erklärt, was man unter dem „Sozialstaatsprinzip“ versteht.

2 Erläutert die Ziele, die der Staat zu beachten hat, um den vom Grundgesetz geforderten „Sozialstaat“ zu gewährleisten.

3 Entwickelt Vorschläge für Maßnahmen, mit denen der Staat die Ziele „sozialer Ausgleich“ und „soziale Sicherheit“ konkret erreichen kann.

M2b Die fünf Zweige der Sozialversicherung

Fallbeispiel

Johanna, 18, Abiturientin:
„Nach dem Abitur möchte ich Physik studieren. Meine Schwester Lea hat auch Physik studiert und jetzt einen ersten Job in einem Forschungsinstitut bekommen, der auf zwei Jahre befristet ist. Da dies an Hochschulen üblich ist, geht sie davon aus, dass sie in den nächsten Jahren weiter mit befristeten Arbeitsverträgen leben muss oder auch vielleicht mal arbeitslos sein wird, bis sie eine feste Stelle hat. Sie macht mir Mut, trotzdem Physik zu studieren, da man in arbeitslosen Phasen finanzielle Unterstützung bekommt.“

In Deutschland gibt es eine vom Staat durch Gesetz festgelegte **Sozialversicherungspflicht**: Wer in einem Arbeitsverhältnis steht oder eine Ausbildung macht, ist in der Regel automatisch sozialversichert. Ein nicht erwerbstätiger Ehepartner sowie Kinder und Jugendliche in der schulischen Ausbildung sind mitversichert. In Deutschland sind daher ca. 90 Prozent der Bevölkerung pflichtversichert. Selbstständige, Beamtinnen/Beamte und Künstlerinnen/Künstler haben besondere Regelungen. Die Arbeitnehmerinnen und Arbeitnehmer werden von ihren Arbeitgeberinnen/Arbeitgebern bei den Sozialversicherungen angemeldet und die Beiträge direkt vom Gehalt abgezogen und überwiesen. In die gesetzlichen Sozialversicherungen (s. Schaubild) müssen Beiträge eingezahlt werden. Diese Beiträge werden je zur Hälfte von den Arbeitnehmern und Arbeitgebern aufgebracht.

(Autorentext: Werner Heimeroth)

Die fünf Zweige der Sozialversicherung

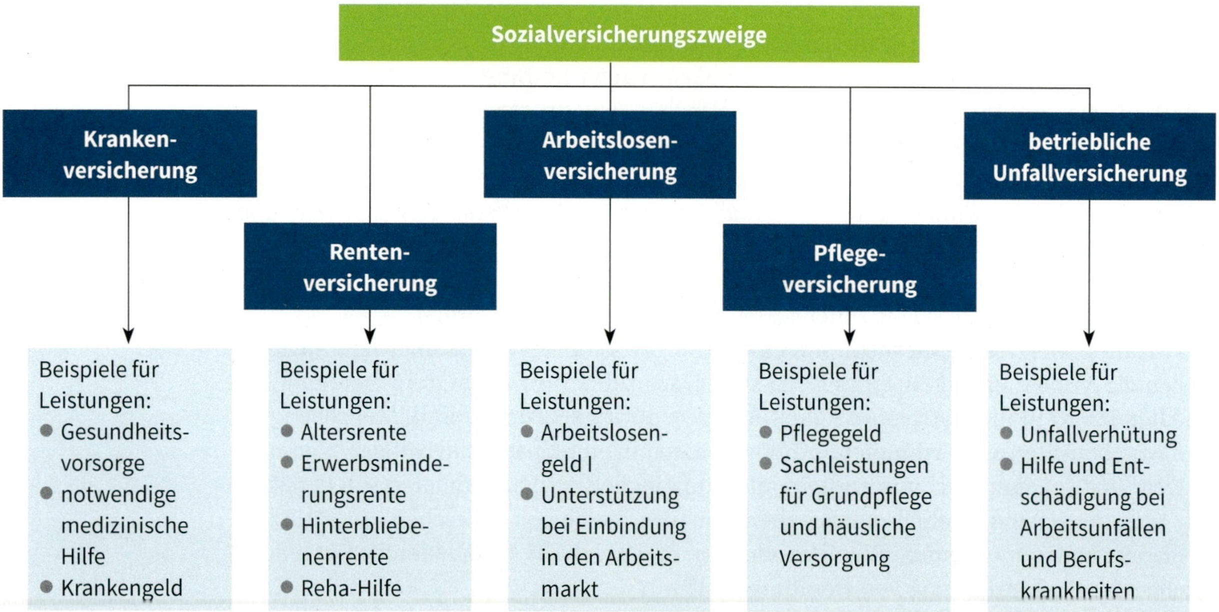

(Sozialpolitik, Arbeitsheft Sekundarstufe I, Ausgabe 2016/2017: Grundwissen Sozialversicherung, hg. von der Stiftung Jugend und Bildung in Zusammenarbeit mit dem Bundesministerium für Arbeit und Soziales, Eduversum GmbH, Wiesbaden 2016, S. 4; Verf.: Susanne Patzelt; leicht verändert)

1 Erklärt, was man unter der gesetzlichen Sozialversicherungspflicht versteht und wie sie funktioniert.

2 Stellt anhand des Schaubildes dar, wie der Sozialstaat seine Bürgerinnen und Bürger gegen bestimmte Lebensrisiken versichert.

3 Erläutert, welche Leistung des Sozialstaats Johanna (s. Fallbeispiel) in Anspruch nehmen könnte.

M2c Die Prinzipien des Sozialversicherungssystems

Das Sozialversicherungssystem in Deutschland ist auf zwei wesentlichen Prinzipien aufgebaut: Zum einen beruht es auf dem sog. **Solidaritätsprinzip**. Unter Solidarität versteht man die gegenseitige Unterstützung und den Zusammenhalt in einer Gesellschaft. Für die Sozialversicherung bedeutet das, dass derjenige, der mehr verdient und in der Lage ist, mehr zur Gemeinschaft beizutragen, höhere Sozialbeiträge bezahlt als jemand mit einem geringeren Lohn/Gehalt und so mehr zur Finanzierung der Leistungen der Versicherung beiträgt. Auch bei den Leistungen der Versicherung gilt das Solidaritätsprinzip: Alle Versicherten haben Anspruch auf die gleichen Leistungen. „Einer für alle, alle für einen“ – dieser Grundsatz gilt für die Kranken- und Pflegeversicherung.

Das zweite Prinzip, das **Subsidiaritätsprinzip** (= unterstützend oder ersatzweise eintretend), betont die Eigenverantwortung und Selbstbestimmung des Menschen. Danach sollen die Aufgaben in einer Gesellschaft grundsätzlich jeweils von der kleinsten „zuständigen“ Einheit (z.B. der Familie) übernommen werden. Erst wenn diese mit den Aufgaben oder der Lösung eines Problems überfordert ist, soll die nächstgrößere Einheit (z.B. die Gemeinde) helfend eingreifen. Man bezeichnet das als staatliche Hilfe zur Selbsthilfe. Staatliche Leistungen erhält z.B. ein Student (BAföG), wenn er oder seine Familie die finanziellen Mittel für das Studium nicht aufbringen können.

Von diesen beiden Versicherungsprinzipien zu unterscheiden sind die Leistungen der Renten- und Arbeitslosenversicherung. Hier gilt der Grundsatz der **Äquivalenz** (Gleichwertigkeit, Entsprechung; hier: ein bestimmter [hoher/niedriger] Beitrag entspricht einer bestimmten [hohen/niedrigen] Leistung), der besagt, dass die Leistungen von den eingezahlten Beiträgen abhängig sind. Wer z.B. in seinem Berufsleben ein relativ hohes Einkommen hatte und entsprechend hohe Beiträge in die Rentenversicherung eingezahlt hat, erhält auch eine entsprechend höhere Rente als Versicherte mit einem geringen Einkommen und entsprechend geringen Beiträgen. Außerdem ist die Versicherungsleistung abhängig von der Dauer der Beitragszahlungen. Auch die Höhe des Arbeitslosengeldes richtet sich nach dem bisherigen Verdienst der/des Versicherten.

(Autorentext: Werner Heimeroth)

Fallbeispiel

Fallbeispiel: Krankenversicherung

Ehepaar Müller, ohne Kinder, beide berufstätig und eigenständig krankenversichert. Herr Müller muss von seinem Bruttoeinkommen – vereinfacht – 8 % an seine Krankenkasse abführen. Er ist weitgehend gesund, hat aber im Jahr 2020 seiner Krankenkasse wegen einer langwierigen Grippeerkrankung und einer Vorsorgeuntersuchung Kosten von 800 Euro verursacht.

Familie Schmidt, zwei Kinder, Ehefrau wegen der Betreuung der Kinder nicht berufstätig. Auch Herr Schmidt zahlt – vereinfacht – 8 % seines Einkommens an seine Krankenkasse. Eines der Kinder musste 2020 operiert werden. Frau Schmidt war häufiger krank, musste mehrfach einen Arzt aufsuchen und bekam teure Medikamente verschrieben. Insgesamt musste die Krankenversicherung 9.500 Euro aufbringen.

(Autorentext: Werner Heimeroth)

1 Stellt die Prinzipien, die dem Sozialversicherungssystem zugrunde liegen, dar und zeigt auf, in welchen Aussagen in M 1 diese Prinzipien erkennbar sind.

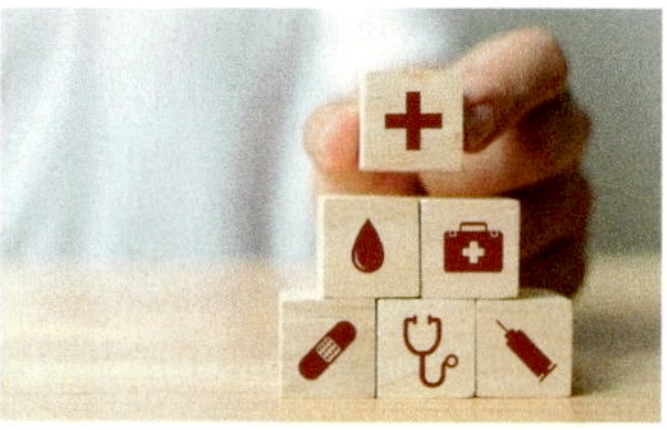

2 Verdeutlicht anhand des Fallbeispiels zur Krankenversicherung das Prinzip der Solidarität.

3 Begründet, warum bei Leistungen der Renten- und Arbeitslosenversicherung der Grundsatz der Äquivalenz angewendet wird.

M 2 d Das soziale Netz

Fallbeispiel

Lara ist 16 Jahre alt. Die Eltern haben sich getrennt, der Vater ist aus dem Haus ausgezogen. Ihre Mutter muss in Vollzeit arbeiten und hat wenig Zeit für sie. Lara fühlt sich mit ihren Sorgen und Problemen alleingelassen – es gab häufiger Streit. Die Situation zu Hause war so angespannt, dass Lara schon überlegt hat auszuziehen. Allerdings war das aus finanziellen und rechtlichen Gründen nicht möglich – und eigentlich wollte sie das auch nicht.

Eine Freundin hat Lara dann erzählt, dass das Jugendamt der Stadt in solchen Fällen Hilfe bietet und sie Unterstützung in Anspruch nehmen kann. Lara und ihre Mutter haben sich daraufhin bei der Stadt informiert. Sie konnten einen Antrag stellen und können nun kostenlos einen Berater in Anspruch nehmen, der ihnen bei der Lösung von Problemen helfen kann. Dadurch hat sich Laras Verhältnis zur Mutter deutlich verbessert.

(Autorentext: Werner Heimeroth)

Was ist mit Jugendlichen, die Probleme haben, eine Ausbildung zu finanzieren, oder die Konflikte mit ihren Eltern haben und Beratung benötigen? Was ist mit älteren Menschen, die aus gesundheitlichen Gründen nicht arbeiten können, oder mit Alleinerziehenden, die nicht voll arbeiten können und kaum genug Geld übrig haben, um eine Wohnung zu bezahlen? Hier hilft der Staat mit **Förder- und Fürsorgeleistungen** den Menschen, die ihren Lebensunterhalt nicht selbst bestreiten können. Zu diesen Leistungen gehören u. a. Kinder- und Jugendhilfe, Erziehungsgeld und Förderung der Aus- und Weiterbildung. Jeder Bedürftige hat einen Rechtsanspruch darauf, wenn er die gesetzlich festgelegten Voraussetzungen erfüllt.

Unter **Versorgungsleistungen** fallen die staatlichen Leistungen für Bürgerinnen und Bürger, die entweder Opfer oder besondere Leistungen für die Gemeinschaft erbracht haben. Dazu gehören z.B. Entschädigungszahlungen an Hinterbliebene von Kriegsopfern wie auch das Kindergeld oder die Beamtenversorgung.
Diese Leistungen für den sozialen Ausgleich übernimmt der Staat und verwendet dazu die Steuerzahlungen aller Bürgerinnen und Bürger.

(Autorentext: Werner Heimeroth)

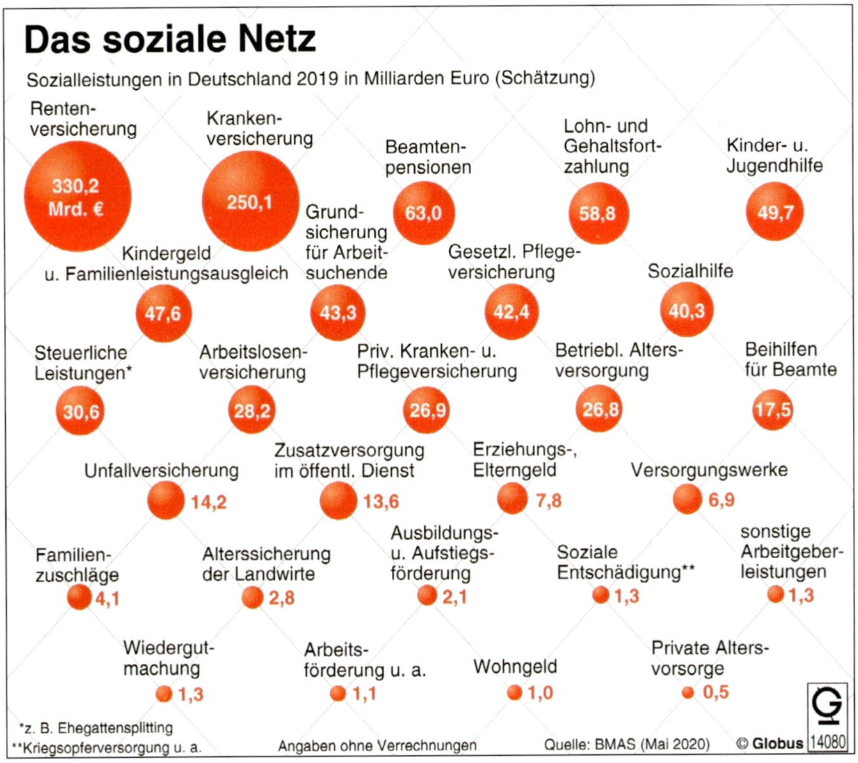

1 Beschreibt die Aufgaben, die die Fürsorge- und Förderleistungen in einem Sozialstaat erfüllen sollen.

2 Überprüft anhand der Grafik die soziale Leistung, die Lara und ihre Mutter (Fallbeispiel) möglicherweise in Anspruch genommen haben.

3 Findet Beispiele aus eurem Erfahrungsbereich, in denen der Staat fördert bzw. Fürsorge betreibt, und ordnet sie in die Grafik ein.

M3 Jonas hat Probleme

Fallbeispiel

Taynan und Jonas sind Schüler der Klasse 9 des Städtischen Gymnasiums in Köln. Im Mathematikunterricht wird die kürzlich geschriebene Arbeit zurückgegeben und besprochen. Sie war diesmal nicht so schwer. Taynan hatte sich zu Hause gut vorbereitet und hat in der Arbeit ein „Gut plus" bekommen. Als er zu seinem Freund Jonas blickt, merkt er, dass dieser sehr zerknirscht aussieht. Jo-

nas ist eigentlich ein guter Schüler in Mathematik, aber in dieser Arbeit hat er ein „Mangelhaft“ geschrieben.
Auf dem gemeinsamen Nachhauseweg nach der Schule ist Jonas immer noch sehr geknickt und Taynan fragt seinen Freund, was denn los sei. Erst druckst Jonas ein wenig herum, aber dann erzählt er seinem Freund, was ihn bedrückt: Die Firma, in der sein Vater als kaufmännischer Angestellter arbeitet, wird in drei Monaten geschlossen und sein Vater wird dadurch arbeitslos. Er ist über 50 Jahre alt und macht sich große Sorgen, ob er wieder einen Job findet. Die Familie, also Mutter, Vater, Jonas‘ Schwester Lena, die Oma, die noch im Haus wohnt, und Jonas haben in der letzten Woche zusammengesessen und besprochen, was jetzt durch die Arbeitslosigkeit des Vaters auf die Familie zukommen könnte.
Die Familie hat vor zehn Jahren ein Einfamilienhaus gebaut und hat dafür einen Kredit bei der Bank aufnehmen müssen, der noch einige Jahre abbezahlt werden muss. Die Oma verfügt nur über eine sehr bescheidene Rente, weil sie – wie viele Frauen ihrer Generation – nicht erwerbstätig war, sondern sich um „Kinder, Haus und Hof“ gekümmert hat. Sie benötigt zudem umfangreiche Pflege und Betreuung, die bisher Jonas‘ Mutter zu Hause geleistet hat. Sie hat dafür ihre ganztägige Arbeitsstelle als Angestellte in einem Anwaltsbüro aufgegeben und arbeitet nun in einem Halbtagsjob bei der örtlichen Bibliothek. Außerdem braucht die Oma teure Medikamente.
Jonas und seine ältere Schwester Lena besuchen das Gymnasium. Lena steht kurz vor ihrem Abitur und möchte dann gerne Medizin studieren. Dazu muss sie in eine andere Stadt ziehen, eine Wohnung mieten, das Studium muss finanziert werden. Auch für sich selbst sieht Jonas Probleme. Er ist ein begeisterter und sehr erfolgreicher Tennisspieler. Das Niveau kann er aber nur halten, wenn er regelmäßig Trainerstunden erhält.
In ihrem bisherigen Leben haben sich eigentlich alle Familienmitglieder wohl gefühlt – und jetzt das! Jonas erzählt, dass er sich viele Gedanken macht, wie es weitergehen soll. Er kann sich nicht mehr so gut in der Schule konzentrieren und führt das schlechte Ergebnis seiner Mathe-Arbeit auch darauf zurück.

(Autorentext: Werner Heimeroth)

1 Stellt euch zunächst die Arbeitsergebnisse zu M 2 in der Gruppe vor. Sichert anschließend alle wichtigen Informationen zum Sozialstaat, die ihr bis hierhin erarbeitet habt, in einer Mindmap und haltet diese z. B. auf einem Plakat fest.

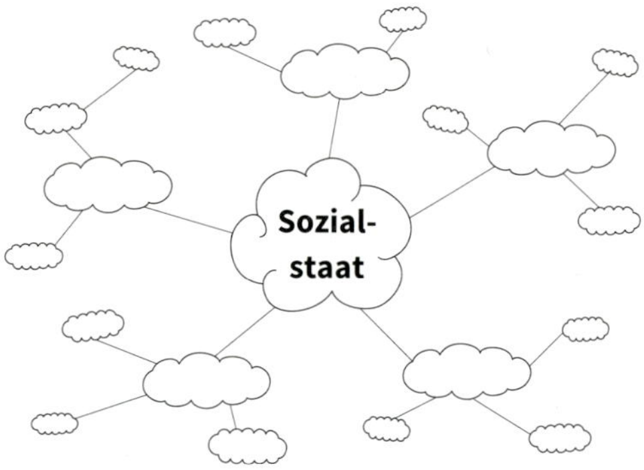

2 Stellt die Probleme heraus, die Jonas aufgrund der drohenden Arbeitslosigkeit des Vaters auf die Familie zukommen sieht.

3 Setzt euch mit der Frage auseinander, wie die Familie mit dieser schwierigen Situation umgehen könnte. Geht dabei auch darauf ein, welche Rolle der Sozialstaat spielt.

In der Grafik in M 2 d könnt ihr erkennen, dass die Ausgaben des Staates bzw. der Sozialversicherungen sehr hoch sind. Im Folgenden soll es darum gehen, wie der Sozialstaat konkret finanziert wird und ob dies so, wie es momentan ist, auch „gerecht“ ist.

M 4 Die Ausgaben des Sozialstaates – und von wem sie finanziert werden

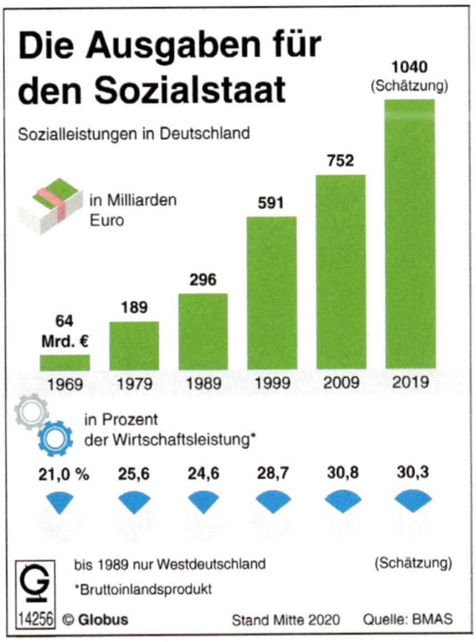

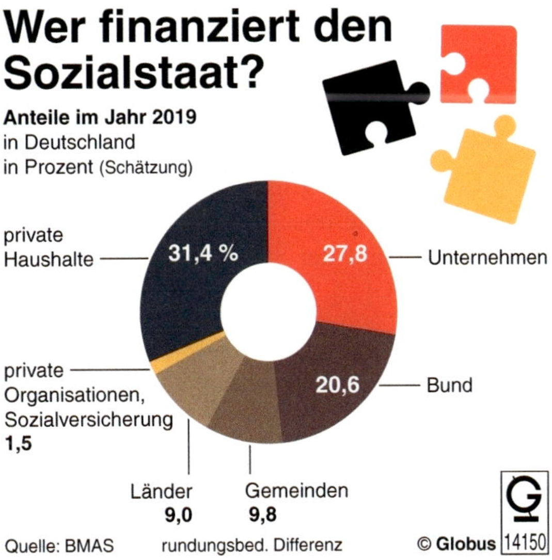

Bruttoinlandsprodukt (BIP): der Wert aller Waren und Dienstleistungen, die in einem Jahr innerhalb eines Landes hergestellt bzw. angeboten werden

M 5 Finanzierungsströme des Sozialstaates

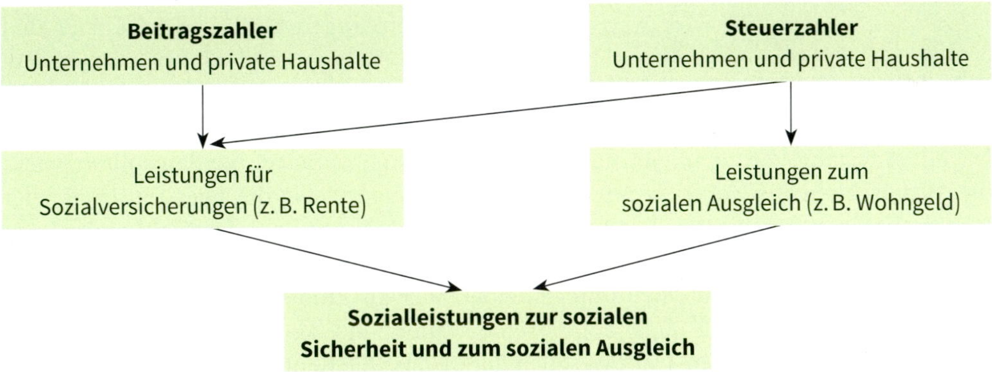

(Grafik: Werner Heimeroth)

1 Wertet die beiden Grafiken (M 4) hinsichtlich der folgenden Fragen aus:
- Wie entwickeln sich die Staatsausgaben? Beachtet dabei auch, welchen Anteil sie an der gesamten Wirtschaftsleistung ausmachen. Man bezeichnet diesen Wert auch als Sozialleistungsquote.
- Wie finanziert sich der Sozialstaat? Wer trägt die meiste Last?

2 Erklärt, weshalb es wichtig sein kann, nicht nur die absoluten Ausgaben des Sozialstaates, sondern auch die Sozialstaatsquote zu betrachten.

3 Erläutert im Hinblick auf die Finanzierung den wichtigen Unterschied zwischen den Leistungsbereichen der Sozialversicherungen und denen des sozialen Ausgleichs (M 5).

4 Nehmt auf Grundlage von M 4 und M 5 zu folgender Aussage begründet Stellung: „Es sind immer die Bürgerinnen und Bürger, die zur Kasse gebeten werden, um das soziale Engagement des Staates zu finanzieren.“

Der Begriff **Mittelschicht** ist nicht eindeutig definiert, meint aber i. d. R. eine Bevölkerungsschicht mit einer gewissen ökonomischen Sicherheit, die in der sozialen Struktur etwa in der Mitte (zwischen Unter- und Oberschicht) steht.

Grundlage für die zu zahlenden Versicherungsbeiträge ist die Höhe des Bruttolohns, d. h. des Lohns ohne Abzüge wie z. B. Steuern und Beiträge für Versicherungen. Die **Beitragsbemessungsgrenze** gibt die maximale Höhe des Lohns an, die zur Berechnung der Beiträge zur gesetzlichen Sozialversicherung herangezogen wird. Für den Anteil des Lohns, der oberhalb der Beitragsbemessungsgrenze liegt, müssen keine weiteren Beiträge gezahlt werden.

M 6 Geringverdiener und Mittelschicht füllen die Sozialkassen

Nicht nur das deutsche Steuersystem, sondern auch die Sozialversicherungen spiegeln die gesellschaftliche Spaltung des Landes. Wie das Bundesarbeitsministerium auf eine Anfrage der Linkspartei mitteilte, finanzieren Geringverdiener und die Mittelschicht den Hauptteil des deutschen Sozialstaats. Arbeitnehmer mit einem zu versteuernden Jahreseinkommen von bis 70.000 Euro tragen 81 Prozent der Sozialabgaben, während ihr Anteil am Gesamteinkommen bei knapp zwei Dritteln und damit deutlich darunter liegt. Arbeitnehmer, die über mehr als 110.000 Euro Jahreseinkommen verfügen, tragen nur rund fünf Prozent der Sozialabgaben, obwohl sie über 22 Prozent des Gesamteinkommens verfügen. [...]

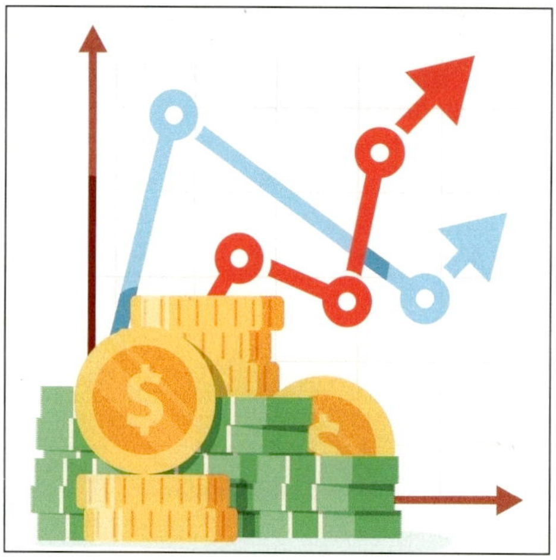

Für die Linkspartei sind diese Zahlen erneut Anlass zu heftiger Kritik an der Finanzierung des Sozialstaates. „Unser Steuer- und Abgabensystem ist das Faxgerät unseres Landes: völlig verstaubt und aus der Zeit gefallen", sagte der Linken-Fraktionschef im Bundestag, Dietmar Bartsch. Es sei ungerecht, dass Sozialstaat und Gemeinwesen überproportional von kleinen und mittleren Einkommen finanziert werden müssten. Bartsch forderte eine „Generalüberholung" des gesamten Systems: „Wir brauchen Steuersenkungen für Geringverdiener und die Mittelschicht und gleichzeitig höhere Steuern für Top-Verdiener und die deutliche Anhebung der Beitragsbemessungsgrenzen der Sozialkassen." [...]

Nachdem bislang vor allem Geringverdiener bevorzugt entlastet werden sollten, rückt die Mittelschicht ins Zentrum politischer Überlegungen, also die Leistungsträger der Gesellschaft wie Ingenieure, Ärzte oder das mittlere Management. Die Zahlen des Bundesarbeitsministeriums belegen, dass das deutsche Steuer- und Abgabensystem kaum mehr zwischen Mitte und Oben unterscheidet. Wer als kinderloser Single 70.000 Euro zu versteuern hat, kommt quasi auf dieselbe Steuer- und Abgabenquote wie jene, die 200.000 Euro jährlich haben. Das liegt auch daran, dass die Renten- und Arbeitslosenversicherung bis zur Beitragsbemessungsgrenze von rund 82.000 Euro Jahresbrutto voll zu zahlen sind; wer mehr verdient, muss dafür keine Beiträge zahlen. Gehälter über dieser Grenze, die in etwa 70.000 Euro zu versteuerndem Einkommen entspricht, werden also weniger belastet als die darunter. [...]

(Cerstin Gammelin: Geringverdiener und Mittelschicht füllen Sozialkassen, Süddeutsche Zeitung online, 02.02.2020, München; https://www.sueddeutsche.de/wirtschaft/mittelschicht-geringverdiener-sozialabgaben-1.4781297 [24.02.2021])

1 Fasst die wichtigsten Aussagen des Textes zusammen (M 6).

2 Erläutert die im Text deutlich werdende Kritik an der Beitragsbemessungsgrenze. Berücksichtigt dabei auch die Gerechtigkeitsprinzipien (s. Kap. 5, M 4, S. 136 f.).

Blickwinkel

3 „Die Spitzenverdiener mit einem Jahreseinkommen von 100.000 Euro und mehr gehören zu den Leistungsträgern der Gesellschaft. Sie zusätzlich zu belasten wäre ungerecht." Diskutiert diese Aussage in der Klasse. Berücksichtigt dabei auch die Gerechtigkeitsprinzipien.

2. Immer mehr Alte und immer weniger Junge – Wie zukunftsfähig ist der Sozialstaat?

Zu den wichtigsten politischen Themen der Gegenwart in Deutschland gehört die Frage, wie das in den vorhergehenden Materialien beschriebene System der sozialen Sicherung erhalten bzw. weiterentwickelt werden kann, wenn sich die Voraussetzungen für ein funktionierendes Sozialsystem ändern. Veränderungen ergeben sich insbesondere bei der Entwicklung der Bevölkerung. Darum soll es in diesem Abschnitt gehen.

M7 „Demografischer Wandel" in der Karikatur

(Thomas Plaßmann)

Die Karikatur bezieht sich auf den sogenannten demografischen Wandel in Deutschland. Stellt Vermutungen an, was dieser Begriff meinen bzw. auf welche gesellschaftliche Entwicklung er verweisen könnte. Ihr könnt eure Annahmen im Anschluss mithilfe der folgenden Materialien und den dazugehörigen Aufgaben überprüfen.

M8 Demografischer Wandel – eine Definition

Die Demografie (von griechisch *demos* – das Volk, *graphe* = Schrift, Beschreibung) beschreibt die Entwicklung der Bevölkerung eines Landes, also ihren Aufbau nach Altersstufen, das Verhältnis von Jüngeren zu Älteren, die Aufteilung nach Geschlechtern, Einwanderungs- und Auswanderungszahlen und auch die jeweiligen Veränderungen und deren Ursachen. Sie erstellt dabei auch Berechnungen für zukünftige Enwicklungen mit möglichen Folgen für Gesellschaft und Wirtschaft. Wesentliche Faktoren für den Altersaufbau der Bevölkerung eines Landes sind die Geburtenrate (s. M 9) und die Lebenserwartung (s. M 10).

(Autorentext: Werner Heimeroth)

M9 Die Entwicklung der Geburtenrate in Deutschland

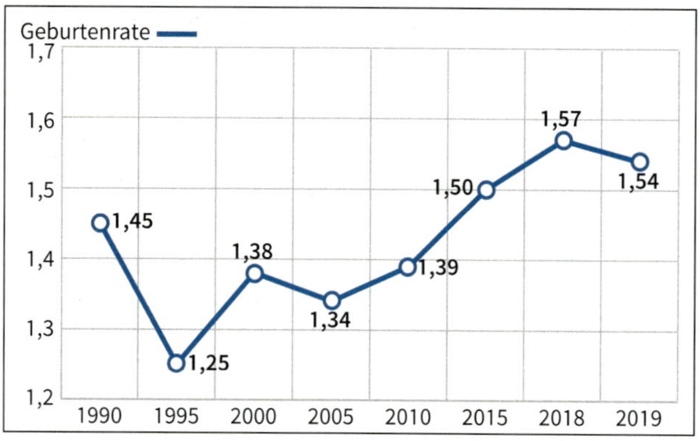

Wenn man lediglich die Anzahl der Geburten berücksichtigt, um zu beurteilen, ob die Bevölkerungszahl konstant bleibt, müsste statistisch gesehen eine Frau in Deutschland 2,1 Kinder bekommen. Sie ersetzt damit sich selbst und ihren Partner. Die Statistik rechnet zudem einen „Sicherheitsfaktor“ von 0,1 dazu für Kinder, die später selbst keine Kinder haben. Bei einer Geburtenrate unter dieser statistischen Zahl von 2,1 ist die Kindergeneration zahlenmäßig kleiner als ihre Elterngeneration, die Bevölkerung nimmt also ab. Zum Vergleich: 1964 lag die Geburtenrate bei 2,54, um 1900 sogar deutlich über 4.

(Autorentext: Werner Heimeroth; Grafik: L. Diekhans nach Daten des Statistischen Bundesamts)

M10 Die Entwicklung der Lebenserwartung in Deutschland

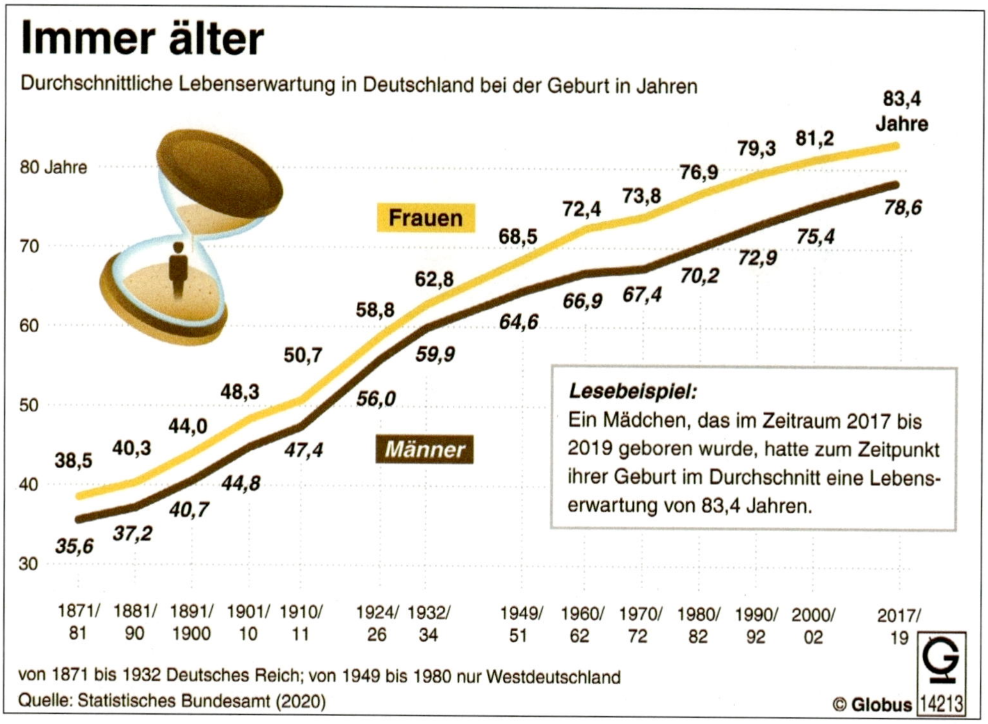

1 Beschreibt die Entwicklung der Geburtenrate sowie der durchschnittlichen Lebenserwartung in Deutschland anhand von M 9 und M 10.

2 Erklärt die Auswirkung dieser Entwicklungen auf die Bevölkerungszahl und Altersstruktur in Deutschland.

M 11 Die Altersstruktur der Bevölkerung in Deutschland im historischen Vergleich

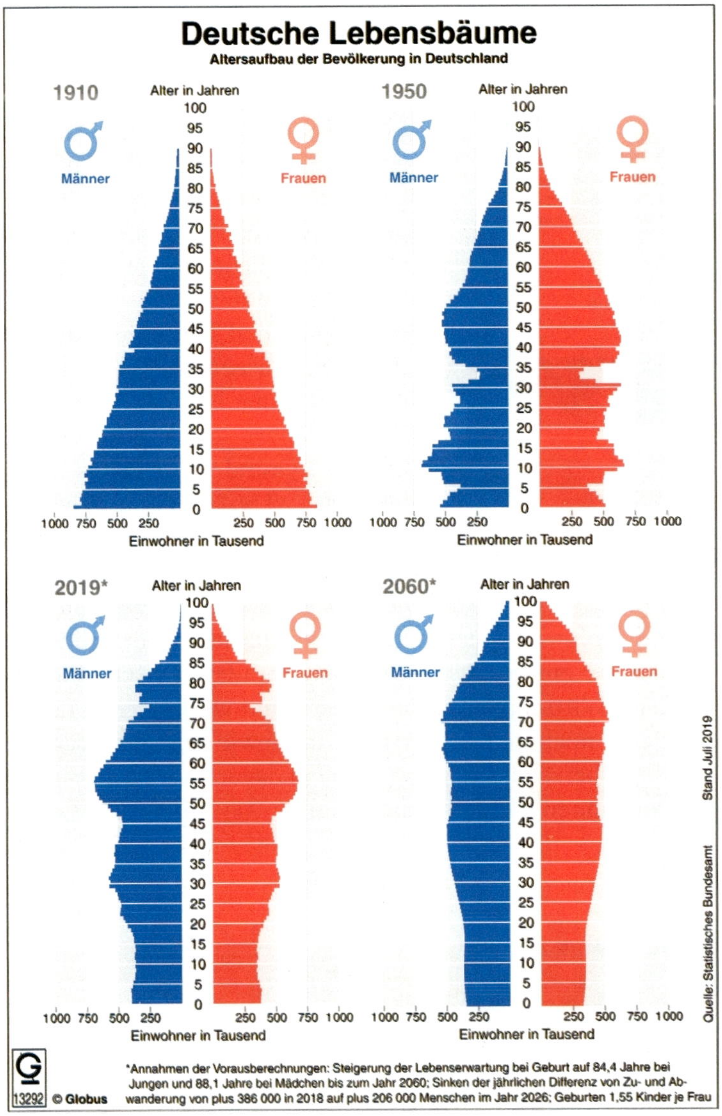

@ WES-116592-022

Hier findet ihr eine interaktive Grafik zu den Lebensbäumen.

1 Vergleicht die Bevölkerungsstruktur von 1910, 1950, 2019 und 2060 (M 11).

2 Formuliert abschließend, was man unter dem demografischen Wandel in Deutschland versteht (M 8 – M 11).

V Recherchiert die aktuelle Geburtenrate und vergleicht sie mit den Daten aus M 9. Informationen findet ihr hier: @ WES-116592-023

In den vorhergehenden Materialien habt ihr die Veränderung der Bevölkerungsstruktur kennengelernt und erfahren, dass die Zahl älterer Menschen zunimmt, während der Anteil junger Menschen abnimmt. Geht man davon aus, dass die Kosten der Sozialsysteme weiterhin in erster Linie von den Menschen getragen werden, die als Steuerzahler, Arbeitnehmer und Arbeitgeberinnen die sozialen Leistungen finanzieren, stellt sich die Frage, wer angesichts der Veränderungen in Zukunft in welchem Maße die Aufgaben des Sozialstaates gewährleisten soll. Diese Problematik soll im Folgenden am Beispiel der Rentenversicherung deutlich werden.

M 12 Der Generationenvertrag

M 12 a Der Generationenvertrag in der gesetzlichen Rentenversicherung

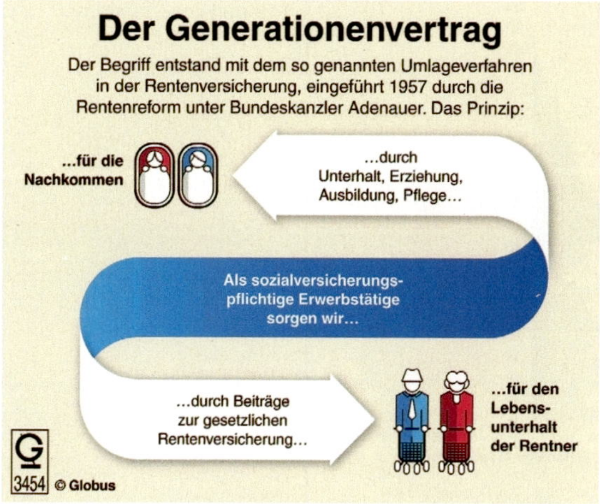

Beim Generationenvertrag handelt es sich um keinen schriftlich festgelegten Vertrag, sondern um eine politische Vereinbarung darüber, wie die staatliche Altersversorgung finanziert werden kann. Er besteht seit der großen Rentenreform von 1957. Ein wesentlicher Vorteil bei der Einführung bestand darin, dass Renten sofort ausbezahlt werden konnten. Grund dafür ist das System der **Umlagefinanzierung**. Das bedeutet, dass mit den Einzahlungen der Arbeitgeberinnen/Arbeitgeber und Arbeitnehmerinnen/Arbeitnehmer in die gesetzliche Rentenversicherung keine Rücklagen gebildet, sondern diese sofort für die Rentenzahlungen eingesetzt werden. Mit der guten wirtschaftlichen Entwicklung zur damaligen Zeit („Wirtschaftswunder“), den damit verbundenen Lohnerhöhungen und entsprechenden Einnahmen der Versicherung sowie einer wachsenden Bevölkerung mit einem Geburtenüberschuss ging man zudem davon aus, auch künftig steigende Renten finanzieren zu können („dynamische Rente“).

(Autorentext: Werner Heimeroth)

M 12 b Der Generationenvertrag im Wandel

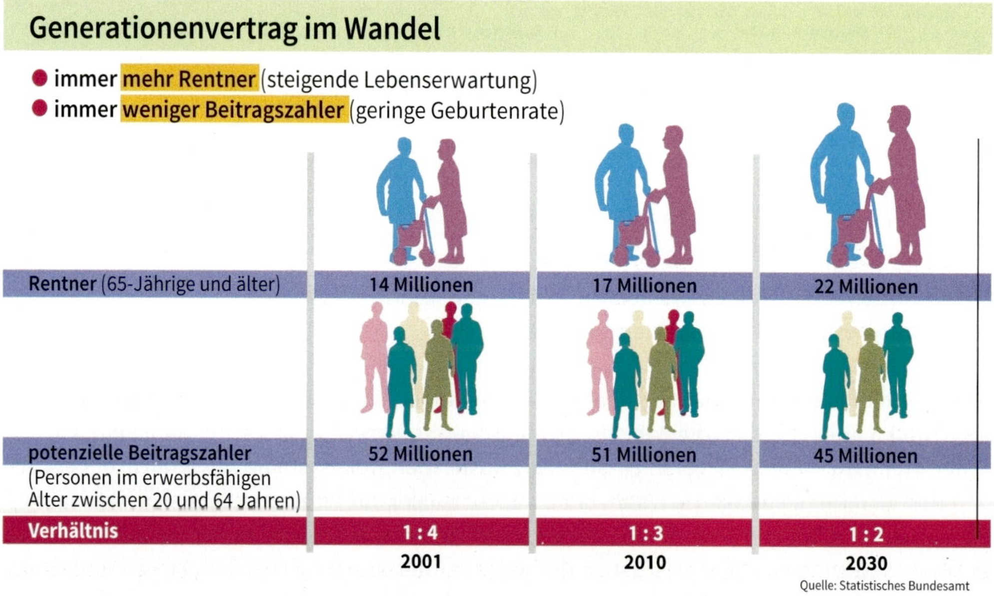

M13 Karikatur: Retter in der Not?

(Thomas Plaßmann)

1 Erläutert die Funktionsweise des Generationenvertrags und der „umlagefinanzierten Rente“ (M 12 a).

2 „Der Generationenvertrag ist in Gefahr.“ Erläutert diese Aussage vor dem Hintergrund eurer Arbeitsergebnisse zum demografischen Wandel und unter Berücksichtigung von M 12 b.

3 Analysiert die Karikatur M 13. Nehmt dabei auch Bezug auf den Generationenvertrag.

M14 Der demografische Wandel als Chance

Die jungen Menschen von heute werden es schwer haben. So hört und liest man es allerorten. Vom wachsenden Generationenkonflikt ist die Rede [...]. Doch ist dem wirklich so?

Klar ist, dass der demografische Wandel die junge Generation vor so manche Herausforderung stellen wird. [...] Denn mit der gesetzlichen Rente allein werden die meisten Menschen selbst nach einem 35- bis 40-jährigen Berufsleben ihren gewohnten Lebensstandard im Alter wahrscheinlich nur schwer halten können. [...]

Und doch gibt es auch positive Aussichten und Chancen, die der demografische Wandel für die heute unter 30-Jährigen bereithält. So werden die meisten von ihnen dank des medizinischen Fortschritts bei guter Gesundheit ein Alter erreichen, von dem ihre (Ur-)Großeltern nur träumen konnten. Darüber hinaus werden sie aller Voraussicht nach von einer sinkenden Arbeitslosigkeit in den kommenden Jahrzehnten profitieren sowie von einem familienfreundlichen Arbeitsklima – wie es vor noch nicht allzu langer Zeit kaum denkbar gewesen wäre. Denn der demografische Wandel bringt auch eine größere Konkurrenz um qualifizierte Arbeitskräfte mit sich. Frauen werden mehr denn je auf dem Arbeitsmarkt benötigt. Die Arbeitgeber müssen sich dieser neuen Situation anpassen. […] Qualifizierte Fachkräfte sind heutzutage in den meisten Firmen begehrt. Gesucht werden unter anderem angehende Ingenieurinnen und Ingenieure und andere Vertreterinnen und Vertreter aus den sogenannten MINT-Fächern (Mathematik, Informatik, Naturwissenschaft und Technik), Ärztinnen und Ärzte sowie anderes Gesundheits- und Pflegepersonal, außerdem Fachkräfte der Hotel- und Gastronomiebranche. Wer in diesen Bereichen eine gute Ausbildung abschließen kann, muss sich um das Thema Arbeitslosigkeit auf absehbare Zeit vermutlich nur noch wenig Gedanken machen. […] Vom demografischen Wandel profitieren werden aller Voraussicht nach auch junge Familien. Längst haben Politikerinnen und Politiker zum Beispiel erkannt, dass die wertvolle Arbeitskraft der meist gut ausgebildeten Frauen nur dann zu gewinnen und zu halten ist, wenn diese Kinder und Karriere unter einen Hut bringen können.

(Anke Brodmerkel: Perspektive der jungen Generation, Bundeszentrale für politische Bildung, 12.05.2017, Bonn; https://www.bpb.de/politik/innenpolitik/demografischer-wandel/196654/perspektive-der-jungen-generation [24.02.2021])

1 Fasst die wichtigsten Aussagen des Textes zusammen (M 14).

2 Ermittelt (auch unter Berücksichtigung von M 7 – M 13), welche Auswirkungen der demografische Wandel auf eure persönliche Zukunft haben kann.

Blickwinkel

3 Diskutiert in der Klasse, inwiefern der demografische Wandel auch als Chance für euch gesehen werden kann.

3. Was tun? – Reformen im System der sozialen Sicherung

In Politik, Wissenschaft und Öffentlichkeit wird darüber diskutiert, wie man einerseits die Probleme der stetig ansteigenden Ausgaben für das System der sozialen Sicherung lösen und andererseits die Aufgaben als Sozialstaat gewährleisten kann. Eine besondere Herausforderung bei diesen Reformbemühungen ist es, die Folgen und Lasten des demografischen Wandels so zu verteilen, dass sich die Generationen gerecht behandelt fühlen.

M15 Arm im Alter – Das Beispiel Ursula M.

Fallbeispiel

Ursula M. […] wird auch nach 45 Berufsjahren als Rentnerin nur knapp über dem Existenzminimum leben. Als Vierzehnjährige machte sie eine Lehre als Zahnarzthelferin, arbeitete ein paar Jahre in diesem Beruf, mit Anfang zwanzig absolvierte sie ihr Fachabitur. Danach jobbte sie, häufig schwarz, bis sie sich mit 29 Jahren entschloss, eine Ausbildung zur Rechtsanwaltsfachangestellten zu machen. Als ihre Tochter 1990 zur Welt kam, reduzierte sie ihre Arbeitszeit um die Hälfte. Das tun die meisten Frauen in Deutschland, wenn sie Kinder bekommen, auch heute noch. Wenige Jahre später konnte sie ihre Arbeitszeit wieder auf 35 Wochenstunden erhöhen. Das gelingt nur den wenigsten, für die meisten Frauen bedeutet einmal Teilzeit immer Teilzeit. Ursula M. startete mit einem üblichen Einstiegsgehalt, das sind heute 1300 bis 1400 Euro brutto. Inzwischen verdient die 53-Jährige in einer gut gehenden Anwaltskanzlei 2700 Euro brutto. In ihrem Beruf, in dem überwiegend Frauen arbeiten, ist das ein überdurchschnittliches Gehalt. […] Doch trotz dieses Gehalts und über 45 Berufsjahren stehen Ursula M. nach Auskunft der gesetzlichen Rentenversicherung im Alter nur 880 Euro zu. […]

(Kristina Vaillant: Die Rentenfalle, in: Christina Bylow/Kristina Vaillant: Die verratene Generation. Was wir den Frauen in der Lebensmitte zumuten, Pattloch Verlag, München 2014, S. 59 f.)

Existenzminimum: die finanziellen Mittel, die zur Befriedigung der materiellen Bedürfnisse (wie Nahrung, Kleidung, Wohnung und eine medizinische Notfallversorgung) notwendig sind; darüber hinaus wird ein Recht auf Teilhabe am gesellschaftlichen, kulturellen und politischen Leben garantiert (entspricht dem Regelbedarf bei Hartz IV).

1 Stellt dar, vor welchem Problem Ursula M. steht.

2 Erläutert, inwiefern ihr beruflicher Werdegang (man sagt auch ihre Erwerbsbiografie) zu diesem Problem beigetragen hat.

3 Ursula M. erhält gemäß dem Äquivalenzprinzip 880 Euro Rente im Monat. Diskutiert in der Klasse, ob ihr das für gerecht haltet.

Blickwinkel

Das Fallbeispiel hat deutlich gemacht, dass die Lösung des Rentenfinanzierungsproblems und die Bekämpfung der Altersarmut wichtige Herausforderungen des Sozialstaats sind. Im Folgenden werden zwei Vorschläge vorgestellt, wie das Rentensystem reformiert werden könnte, um die eben erwähnten Probleme zu lösen oder zumindest zu entschärfen.

Arbeitsvorschlag
Erarbeitet diese Reformvorschläge arbeitsteilig zu zweit. Bearbeitet dazu jeweils einen Vorschlag (M 16 oder M 17) mithilfe der angegebenen Aufgabenstellungen. Stellt euch die Ergebnisse im Anschluss gegenseitig vor. Diskutiert die Vorschläge abschließend gemeinsam in der Klasse.

M 16 „Riester-Rente" – Private Vorsorge fördern

M 16 a Private Vorsorge als dritte Säule der Altersvorsorge

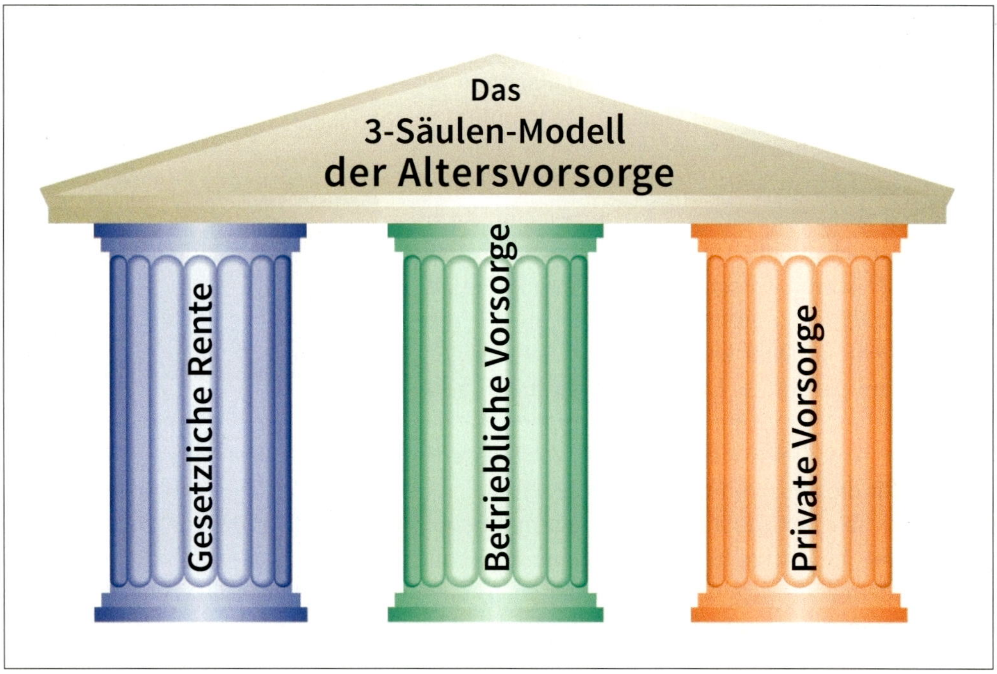

Betriebliche Vorsorge: Neben der gesetzlichen Rente und der privaten Vorsorge gibt es Unternehmen, die ihren Arbeitnehmerinnen und Arbeitnehmern eine betriebliche Rente ermöglichen.

Mit den Riester-Verträgen (benannt nach dem früheren Arbeits- und Sozialminister Walter Riester) wird eine zweite Säule in der Rentenversorgung geschaffen, um v. a. die gesetzliche Rentenversicherung zu entlasten: die private Vorsorge. Es handelt sich bei der Riester-Rente um einen Sparvertrag, bei dem der Staat dem Versicherten aus Steuermitteln Zuschüsse zahlt, wenn dieser mindestens 4 Prozent des Vorjahreseinkommens für die private Altersvorsorge nutzt. So sollen die Menschen dazu motiviert werden, mehr privat vorzusorgen, um das durch den demografischen Wandel ausgelöste Rentenfinanzierungsproblem zu entschärfen. Als Problem wird allerdings gesehen, dass Beschäftigte mit niedrigem Einkommen nicht in der Lage sind, 4 Prozent ihres Einkommens für die Riester-Rente zu nutzen.

(Autorentext: Werner Heimeroth)

M 16 b Wer profitiert von der Riester-Rente?

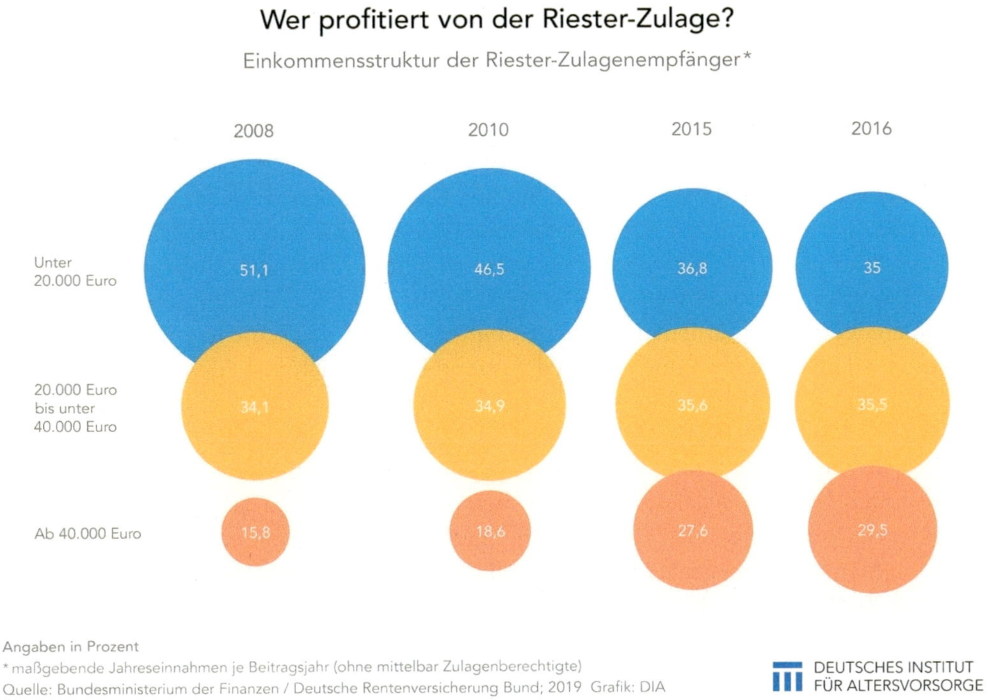

(Quelle: Deutsches Institut für Altersvorsorge GmbH)

1 Beschreibt die drei Säulen der Altersvorsorge und macht deutlich, welcher Säule die „Riester-Rente" zuzuordnen ist (M 16 a).

2 Wertet die Grafik (M 16 b) hinsichtlich der Frage aus, wer von der Riester-Rente profitiert.

3 Bewertet, ob die Riester-Rente eurer Meinung nach eine geeignete Maßnahme ist, um das Rentenfinanzierungsproblem zu lösen.

M 17 Rente mit 67, 69 oder noch später? – Das Renteneintrittsalter erhöhen

M 17 a Länger einzahlen, später Rente beziehen

2007 wurde beschlossen, zwischen 2012 und 2025 schrittweise das Renteneintrittsalter von bisher 65 Jahre auf 67 Jahre zu erhöhen. Da die Lebenserwartung steigt, beziehen die Menschen auch länger Rente. Daher sei es gerecht, sie auch länger arbeiten zu lassen – so lautet die Argumentation. Eine weitere Erhöhung auf z. B. 70 Jahre wird immer wieder diskutiert und kann für die Zukunft nicht ausgeschlossen werden. Auf diese Weise würden die Menschen erst später Rentenansprüche haben und gleichzeitig stiege die Zahl der Arbeitnehmerinnen und Arbeitnehmer, die weiterhin in die Rentenkassen einzahlen. In der Kritik an dieser Maßnahme wird betont, dass ältere Arbeitnehmerinnen und Arbeitnehmer oft gar keinen Arbeitsplatz mehr finden oder bestimmte Arbeiten aus gesundheitlichen Gründen nicht mehr ausführen können.

(Autorentext)

M 17 b Geteilte Reaktionen auf Forderung nach Rente mit 69

Die Forderung der Bundesbank, das Renteneintrittsalter mit der steigenden Lebenserwartung bis zum Jahr 2070 auf mehr als 69 Jahre zu erhöhen, stößt […] auf ein geteiltes Echo.

Der Vorschlag der Bundesbank sei ein „Angriff auf den Zusammenhalt der Gesellschaft“, sagte der stellvertretende Bundesvorsitzende der Christlich-Demokratischen Arbeitnehmerschaft (CDA) Christian Bäumler. Die Lebenssituation eines Hochschulabsolventen, der mit 27 Jahren ins Erwerbsleben trete, sei eine andere als die eines Arbeitnehmers, der mit 17 Jahren zu arbeiten beginne, betonte Bäumler. „Viele Arbeitnehmer erreichen schon heute das gesetzliche Renteneintrittsalter nicht und landen in Hartz IV.“ Noch deutlicher wurden die Gewerkschaften. Bereits die Rente mit 67 sei ein Fehler gewesen, sagte DGB-Vorstandsmitglied Annelie Buntenbach […] Ältere Arbeitnehmer würden oft schon vorher arbeitslos oder chronisch krank und [landen] infolgedessen oft in Altersarmut.

Die Sozialverbände sehen das ähnlich. Viele Menschen in psychisch oder physisch anstrengenden Berufen schafften es schon heute nicht, bis 67 zu arbeiten, meinte VdK-Präsidentin Verena Bentele. „Eine weitere Erhöhung des Renteneintrittsalters wäre für all diese Menschen am Ende eine schmerzhafte Rentenkürzung.“ Das könne „nicht das Angebot der Politik gerade für die jüngere Generation sein“.

Von den Arbeitgebern dagegen kam Zuspruch. Die gewonnene Lebenserwartung müsse auch zu einer längeren Erwerbsphase führen und dürfe nicht nur einen immer längeren Ruhestand bedeuten, meinte der Hauptgeschäftsführer der Bundesvereinigung der Deutschen Arbeitgeberverbände (BDA) Steffen Kampeter. Der Präsident des Deutschen Instituts für Wirtschaftsforschung (DIW), Marcel Fratzscher, plädierte mit Blick auf unterschiedliche Voraussetzungen für einen flexiblen Renteneintritt. Er betonte jedoch: „Ohne eine Verlängerung der Lebensarbeitszeit wird ein nachhaltiges Rentensystem nicht möglich sein.“ […]

(Rainer Woratschka: Beifall und Widerstand bei der CDU, Tagesspiegel online, 22.10.2019, Berlin; https://www.tagesspiegel.de/politik/reaktion-auf-forderung-nach-rente-mit-69-beifall-und-widerstand-bei-der-cdu/25143336.html [24.02.2021])

1 Stellt dar, inwiefern eine Erhöhung des Renteneintrittsalters das Rentenfinanzierungsproblem entschärfen kann (M 17 a).

2 Arbeitet aus dem Text Pro- und Kontra-Argumente zur Erhöhung des Renteneintrittsalters heraus und sammelt diese in einer Tabelle (M 17 b).

3 Bewertet, ob die Erhöhung des Renteneintrittsalters eurer Meinung nach eine geeignete Maßnahme ist, um das Rentenfinanzierungsproblem zu lösen.

Tipp: @ WES-116592-024

Hier findet ihr u. a. das Video: „Das Rentensystem ist ungerecht: Ich muss zahlen und nur die Alten profitieren!“

1 Stellt die Argumente zusammen, die in dem Video über die Belastung der jungen Generation vorgetragen werden.

2 Stellt diesen Argumenten eure Ergebnisse zum Fall „Ursula M.“ (M 15) gegenüber.

Blickwinkel

3 Diskutiert unter Beachtung der Ergebnisse zu Aufgabe 1 und 2 sowie zu dem Beispiel „Ursula M.“ das Thema „Generationengerechtigkeit“.

Ursula M., die Frau aus dem Fallbeispiel M 15, wird im Alter nur knapp über dem Existenzminimum leben. Dieses Existenzminimum, welches sich darin äußert, dass die materiellen Grundbedürfnisse sowie eine Teilhabe am gesellschaftlichen Leben (z. B. Kultur, Sport, Bildung) gesichert sind, muss vom Sozialstaat für jede Bürgerin und jeden Bürger gewährleistet werden. Wie dies konkret in Deutschland erfolgt und ob die Maßnahmen ausreichend sind, soll im Folgenden am Beispiel von „Hartz IV", welches im Zuge der großen Sozialstaatsreform 2003 (Agenda 2010, s. M 18) eingeführt wurde, thematisiert werden.

M 18 Reformen der Agenda 2010

M 18 a Ursachen und Ziele der Reform

Zu Beginn der 2000er-Jahre war – neben dem demografischen Wandel – die wirtschaftliche Situation in der Bundesrepublik mit hoher Arbeitslosigkeit und wirtschaftlichem Stillstand der Grund, wichtige Sozialstaatsreformen in Angriff zu nehmen. Außerdem war das Land hoch verschuldet und die EU mahnte, dass die staatlichen Ausgaben gesenkt werden müssten. Deutschland sei der „kranke Mann Europas" und wirtschaftlich Schlusslicht in der EU. Der damalige Bundeskanzler Gerhard Schröder (s. Foto) schnürte deshalb u. a. ein Reformpaket, das unter dem Titel „Agenda 2010" bis heute bekannt ist und Wirkung zeigt. Am 14. März 2003 verkündete Schröder das Konzept zur Reform des deutschen Sozialsystems und Arbeitsmarktes. Ziel dieses Reformpakets „Agenda 2010" war es, bis zum Jahr 2010 die Sozialsysteme zu sanieren, die Lohnnebenkosten (z. B. die Beiträge der Arbeitgeber zum Sozialversicherungssystem) zu senken, den Arbeitsmarkt flexibler zu machen und die Staatsfinanzen zu konsolidieren (hier: das Haushaltsdefizit abzubauen). Seine Kernaussage war: „Wir werden die Leistungen des Staates kürzen, Eigenverantwortung fördern und mehr Eigenleistung von jedem Einzelnen abfordern müssen (Fördern und Fordern)."
Kern der Agenda waren die „**Hartz**"-Gesetze, die auch „Hartz IV" umfassen (trat 2005 in Kraft). Benannt wurden sie nach Peter Hartz, ehemals Vorstandsmitglied des VW-Konzerns.

(Autorentext: Werner Heimeroth)

flexibler Arbeitsmarkt: Arbeitsmarkt, auf dem z. B. durch befristete Arbeitsverträge, Leiharbeit oder geringfügige Beschäftigung und Erleichterungen im Kündigungsschutz flexibler und schneller auf wirtschaftliche Situationen reagiert werden kann

M 18 b Ausgestaltung der Reform – Was hat sich geändert?

Für bedürftige, **nicht erwerbsfähige** Menschen (z. B. wegen Krankheit) vor dem Renteneintrittsalter mit geringem Einkommen, die keine oder wenig Versicherungsleistungen erhalten, gibt es weiterhin die **Sozialhilfe**. Sie soll gewährleisten, dass Menschen mit ihren finanziellen Mitteln in der Lage sind, die materiellen Bedürfnisse zu befriedigen, die zum Überleben notwendig sind (v. a. Nahrung, Kleidung, Wohnung und medizinische Notfallversorgung), und dass sie darüber hinaus ihr Recht auf Teilhabe am

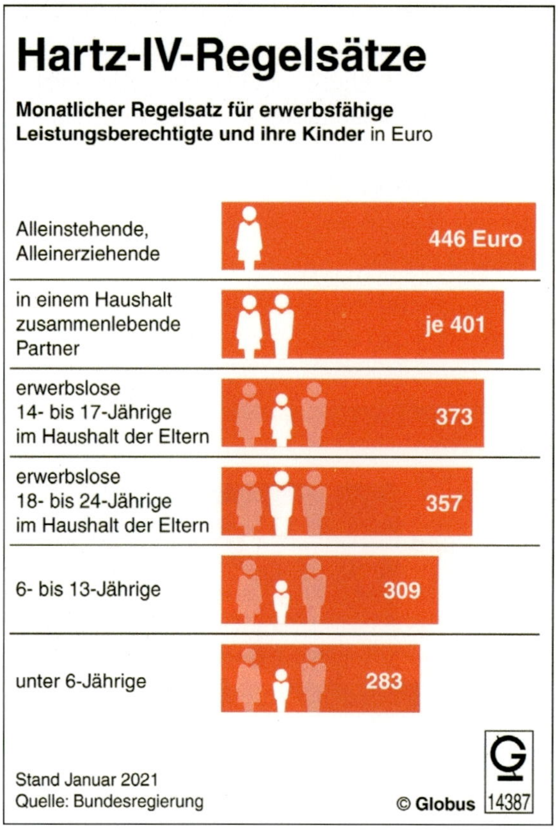

gesellschaftlichen (sozialen), kulturellen und politischen Leben verwirklichen können. Die Sozialhilfe wird aus Steuermitteln finanziert.

Eine wesentliche Veränderung bezieht sich auf die Unterstützung für Langzeitarbeitslose (Arbeitslose, die ein Jahr und länger arbeitslos gemeldet sind). Seit dem 01.01.2005 ist die Arbeitslosenhilfe entfallen. An ihre Stelle ist **die Grundsicherung für Arbeitsuchende** getreten, die auch als **Arbeitslosengeld II (ALG II)** (s. auch M18c) oder **Hartz IV** bezeichnet wird. Die finanziellen Leistungen wurden auf das geringere Niveau der Sozialhilfe gesenkt. Erstmals wurde also ein kompletter Zweig des traditionellen Sozialstaats – die aus Steuermitteln finanzierte Arbeitslosenhilfe – abgeschafft. Dafür sollte aber die Betreuung der Arbeitsuchenden stark verbessert werden.

Hartz IV betrifft also **erwerbsfähige Personen** in Deutschland, die schon lange arbeitslos sind, noch nie eine Arbeit hatten oder aus anderen Gründen ihren Lebensunterhalt nicht aus eigenen Mitteln bestreiten können. Die Betroffenen haben die Möglichkeit, Arbeitslosengeld II zu beantragen. Ihre nicht erwerbstätigen Familienangehörigen – man nennt das auch eine **Bedarfsgemeinschaft** – erhalten **Sozialgeld**. Bestimmte Gruppen erhalten zudem Aufschläge für einen Mehrbedarf. Das Arbeitslosengeld II und das Sozialgeld werden vom Staat bezahlt. […]

Hilfebedürftige Personen, die die Altersgrenze erreicht haben oder wegen einer bestehenden Erwerbsminderung auf Dauer ihren Lebensunterhalt nicht aus eigener Erwerbstätigkeit bestreiten können, haben Anspruch auf Leistungen der **Grundsicherung im Alter und bei Erwerbsminderung.**

Um Arbeitslosengeld II zu bekommen, müssen Arbeitslose auch etwas tun, nämlich nach einem Job suchen. Wenn sie eine Arbeit angeboten bekommen, die ihnen eigentlich nicht gefällt oder bei der sie nur wenig verdienen, müssen sie sie trotzdem annehmen. Wenn es Arbeit nur in einer anderen Stadt gibt, wird von Arbeitslosen erwartet, dass sie umziehen – zumindest, wenn sie keine Familie haben. Das heißt also, dafür, dass ein Antragsteller Leistungen erhält (Förderung), muss er bereit sein, wieder in den Arbeitsmarkt zurückzukehren und seinen Lebensunterhalt wieder selbst zu bestreiten (Forderung). Wenn er das nicht tut, bekommt er möglicherweise weniger Geld vom Staat.

Hartz IV wurde seit 2005 mehrmals nachgebessert, der Regelsatz erhöht und ein Bildungs- und Teilhabepaket für bedürftige Kinder eingeführt. Für Ältere wurde die Bezugsdauer des Arbeitslosengeldes I (ALG I) bereits vor Jahren wieder verlängert. Je nach Dauer der Beschäftigung und Alter gibt es 15, 18 oder 24 Monate ALG I. Für Jüngere gibt es nach mindestens 24 Monaten Beschäftigung 12 Monate ALG I. Für die Bezieher von

Hartz IV wurden u. a. die Hinzuverdienstmöglichkeiten nachgebessert. Im Kern blieb die Reform aber erhalten.

(Autorentext: Werner Heimeroth)

M 18 c Überblick: Arbeitslosengeld I und Arbeitslosengeld II (Hartz IV)

Das Arbeitslosengeld

Angaben für Alleinstehende mit eigenem Haushalt pro Monat

Arbeitslosengeld I

- Leistung für Personen, die in den vergangenen 2 Jahren vor der Arbeitslosigkeit mindestens **12 Monate versicherungspflichtig beschäftigt waren** (Regelanwartschaftszeit) und sich arbeitslos gemeldet haben

Dauer des Bezugs*

- bis 49-Jährige: 6 bis 12 Monate
- 50- bis 54-Jährige: 6 bis 15 Monate
- 55- bis 57-Jährige: 6 bis 18 Monate
- ab 58-Jährige: 6 bis 24 Monate

Höhe des Arbeitslosengeldes €

- 60 % des errechneten letzten Nettogehalts**
- eigenes Nebeneinkommen wird berücksichtigt***, eigenes Vermögen nicht

Zusätzliche Leistungen +

- keine; bei Bedarf kann zusätzlich ein Antrag auf Arbeitslosengeld II gestellt werden

*je nach Dauer der Einzahlung in die Arbeitslosenversicherung in den vergangenen 5 Jahren
**berücksichtigt werden Gehälter der letzten 12 Monate
***jeweils abzgl. eines bzw. mehrerer Freibeträge; beim ALG I ist eine Tätigkeit unter 15 Stunden wöchentlich erlaubt

Arbeitslosengeld II („Hartz IV“)

- **Grundsicherung** für erwerbsfähige Personen im Alter von mindestens 15 Jahren bis zur gesetzlich festgelegten Altersgrenze (zwischen 65 und 67 Jahren), die ihren **Lebensunterhalt nicht aus eigener Kraft und eigenen Mitteln** decken können

Höhe des Regelsatzes €

- 446 Euro
- eigenes Einkommen und Vermögen werden bei der Höhe der Leistung mitberücksichtigt***

Zusätzliche Leistungen +

- Übernahme der Kosten für Unterkunft und Heizung soweit angemessen
- eventuell Einmalleistungen als Darlehen oder Geld-/Sachleistung für Wohnungs-, Bekleidungserstausstattung und/oder Kosten für medizinische/therapeutische Geräte
- eventuell Mehrbedarf für besondere Lebenslagen (z. B. Alleinerziehende)

Quelle: Bundesagentur für Arbeit Stand Januar 2021 © Globus 14442

1 Erläutert Gründe und Ziele der Einführung und Umsetzung der Agenda 2010 (M 18 a).

2 Beschreibt die Veränderungen der Leistungen des Sozialstaates durch die Agenda 2010 (M 18 a und M 18 b).

3 Erklärt den Unterschied zwischen Arbeitslosengeld I und Arbeitslosengeld II (Hartz IV) und geht auch darauf ein, wer jeweils Anspruch darauf hat (M 18 c).

4 Gerhard Schröder hat die Agenda 2010 mit folgender Aussage begründet: „Wir werden die Leistungen des Staates kürzen, Eigenverantwortung fördern und mehr Eigenleistung von jedem Einzelnen abfordern müssen (Fördern und Fordern)“ (M 18 a, Z. 20 ff.). Diskutiert diese Aussage in der Klasse unter Berücksichtigung der Gerechtigkeitsprinzipien (s. Kapitel 5, M 4, S. 136 f.).

Hartz IV ist immer wieder Gegenstand kontroverser Debatten. Dabei geht es häufig auch um die Frage, ob die Höhe der ausgezahlten Unterstützungsgelder ausreichend ist, um das Existenzminimum zu gewährleisten. Darum soll es im Folgenden gehen.

M19 Die Höhe der Hartz IV-Regelsätze für Kinder

Die folgende Übersicht zeigt die Höhe der Regelsätze für Kinder, deren Eltern Hartz IV beziehen. Außerdem wird dargestellt, wie sich dieser Regelsatz zusammensetzt, also wie viel konkret im Monat z. B. für Bekleidung und Schuhe (Beispiel für 6- bis 14-Jährige: 37,45 €) vorgesehen ist.

HARTZ IV Regelsätze für Kinder ab 2021 – Übersicht

Diese Werte basieren auf dem Gesetz zur Ermittlung der Regelbedarfe nach § 28 SGB XII und gelten ab. 01.01.2021. (Regelbedarfsermittlungsgesetz – § 6 RBEG)

Bedarf für	0 – 5 Jahre	in %	6 – 14 Jahre	in %	15 – 17 Jahre	in %
Nahrungsmittel, alkoholfreie Getränke	92,85 €	32,81 %	121,10 €	39,19 %	164,57 €	44,12 %
Bekleidung und Schuhe	45,31 €	16,01 %	37,45 €	12,12 %	44,50 €	11,93 %
Wohnen, Energie und Wohnungsinstandhaltung	8,83 €	3,12 %	14,28 €	4,62 %	20,25 €	5,43 %
Innenausstattung, Haushaltsgeräte und -gegenstände	16,22 €	5,73 %	13,23 €	4,28 %	17,01 €	4,56 %
Gesundheitspflege	8,26 €	2,92 %	8,16 €	2,64 %	11,00 €	2,95 %
Verkehr	26,04 €	9,20 %	24,63 €	7,97 %	23,54 €	6,31 %
Nachrichtenübermittlung	24,76 €	8,75 %	26,79 €	8,67 %	26,74 €	7,17 %
Freizeit, Unterhaltung, Kultur	45,31 €	16,01 %	44,25 €	14,32 %	39,20 €	10,51 %
Bildungswesen	1,53 €	0,54 %	1,61 €	0,52 %	0,67 €	0,18 %
Beherbergungs- und Gaststättendienstleistungen	3,20 €	1,13 %	6,98 €	2,26 %	10,52 €	2,82 %
Andere Waren und Dienstleistungen	10,64 €	3,76 %	10,60 €	3,43 %	14,99 €	4,02 %
Gesamt	**283 €**	**100 %**	**309 €**	**100 %**	**373 €**	**100 %**

(hartziv.org, ohne Datum, Burgdorf; https://www.hartziv.org/regelbedarf.html#google_vignette [24.02.2021])

M20 Soll Hartz IV abgeschafft werden?

Pro und Kontra

M20 a Pro: Hartz IV gehört abgeschafft

Für viele Menschen ist die Arbeitswelt unsicher geworden. Sie brauchen vom Staat keine Drohungen, sondern das Versprechen einer Existenzsicherung.
Die Aussage, ein „Hartzer" zu sein, ist an Trostlosigkeit kaum zu überbieten. Der Begriff steht für Menschen, die ohne Jobperspektive, mit Scham und harten Strafen leben müssen. Hartz IV ist so schlecht beleumundet [ist mit einem so schlechten Ruf behaftet], dass nicht nur dieses Wort, sondern das ganze System abgeschafft gehört. Es ist nicht mehr zu retten. [...]
Wer von heute auf morgen arbeitslos wird, kann sehr schnell nach unten rutschen. Egal, wie viele Jahrzehnte er in die Sozialkassen eingezahlt hat. Zwölf Monate lang gibt es Arbeitslosengeld I. Danach der harte Cut: die Grundsicherung, genannt Hartz IV, Regelsatz 416 Euro [aktuell: 446 Euro]. Wer bis dahin ein normales Arbeitsleben geführt hat, muss jetzt: Anträge auf Miet- und Heizzuschuss stellen; Ersparnisse aufbrauchen bis zum „Schonvermögen" von 150 Euro pro Lebensjahr. Fremde entscheiden, ob man in der Wohnung weiterleben darf und ob man die Waschmaschine bezahlt bekommt.
Dies ist eine schockierende, eine entwürdigende Erfahrung. Wer da nicht mehr den Überblick behält und Termine versäumt, spürt die nächste Härte: Abzüge von der Stütze. Die Leute in den Jobcentern sind mehr damit beschäftigt, Sanktionen zu verhängen, als ihrer wirklichen Aufgabe nachzukommen: zu motivieren und Arbeit zu vermitteln. Das System stößt ab. Die Bürokratie verfestigt den Eindruck, der Staat bekämpfe eher die Arbeitslosen denn die Arbeitslosigkeit. Das Argument, Strafen seien nötig, damit jemand, der nicht arbeiten will, nicht genau so leben darf wie jemand, der arbeiten will, zieht auch nicht. [...] Für viele ist die Arbeitswelt unsicherer geworden. Sie brauchen keine Drohungen, sondern ein Versprechen auf Existenzsicherung. Was dafür nötig ist: eine Arbeitslosenhilfe auf höherem Niveau, die länger als nur ein Jahr gezahlt wird. Eine Grundsicherung – nicht für alle, sondern für die mehr als zwei Millionen Kinder, die Hartz IV beziehen.

(Ulrike Heidenreich: Hartz IV gehört abgeschafft, Süddeutsche Zeitung online, 20.11.2018, München; https://www.sueddeutsche.de/wirtschaft/hartz-iv-abschaffen-1.4218884 [24.02.2021])

M20 b Kontra: Vergesst nicht die, die Hartz IV finanzieren

Wenn sich der Staat in der sozialen Sicherung vom Leistungsgedanken verabschieden würde, dann hieße das auch, den Stellenwert von Arbeit herabzuwürdigen. [...] „Nein danke" sollen Arbeitslose künftig sagen können zu unattraktiven Jobs. Diejenigen, die ihnen das ermöglichen sollen, können aber keineswegs „Nein danke" sagen. Weder zum Acht-Stunden-Tag auf der winterkalten Baustelle noch zur Spätschicht an der Supermarktkasse – und erst recht nicht zum Steuerbescheid des Finanzamts.
Wer, so muss man sich angesichts der Hartz-IV-Debatte fragen, interessiert sich eigentlich noch für diese Leute? [...] Ja, im Hartz-IV-Streit geht es auch um die Höhe der Grundsicherung, um mehr Unterstützung für Kinder und die quälende Bürokratie. Doch all das kann man reformieren, ohne „Hartz IV muss weg" zu rufen. Zentral ist eine andere Frage: Darf man Arbeitslosen vorschreiben, dass sie jeden Job annehmen und Termine mit dem Jobcenter einhalten müssen? [...] Die Antwort liegt auf der Hand: Das Prinzip „Fördern und Fordern" ist nicht nur weiterhin richtig, sondern geradezu zwingend. Unfair ist es nicht, für eine von der Allgemeinheit finanzierte Leistung eine Gegenleistung zu verlangen. [...]
Die allermeisten Hartz-IV-Empfänger wollen arbeiten, und es muss ihnen besser geholfen werden. Doch die Existenz verfestigter Hartz-IV-Milieus zu leugnen, in denen manche sich mit dieser Art des Lebens arrangiert haben, ist einfach nicht in Ordnung. Auch, weil sich ein Leben in Abhängigkeit vererbt. Das Ziel müssen weniger, nicht mehr Hartz-IV-Empfänger sein.

(Henrike Roßbach: Vergesst nicht die, die Hartz IV finanzieren, Süddeutsche Zeitung online, 20.11.2018, München; https://www.sueddeutsche.de/wirtschaft/hartz-iv-abschaffen-1.4218886 [24.02.2021])

1 Beschreibt, welcher Hartz-IV-Regelsatz euch zustehen würde (M 19).

V Macht den Selbstversuch. Schreibt einen Monat lang alle Ausgaben auf, die ihr tätigt; bei einigen Ausgaben müssen euch evtl. eure Eltern helfen. Könntet ihr einen Monat mit dem Geld des Regelsatzes auskommen? Besprecht eure Ergebnisse des Selbstversuches anschließend in der Klasse.

2 Erarbeitet aus M 20 Argumente, die für bzw. gegen eine Abschaffung von Hartz IV (zugunsten einer Erhöhung der Sozialleistungen bzw. der Arbeitslosenhilfe) sprechen, und sammelt diese in einer Tabelle.

Blickwinkel

3 Stellt dar, aus welcher Perspektive die beiden Autorinnen in M 20 jeweils schwerpunktmäßig argumentieren.

4 Erläutert, inwiefern diese Perspektive der beiden Autorinnen sie jeweils in ihrem Urteil beeinflusst.

5 Verfasst eine persönliche Stellungnahme zur Frage, ob Hartz IV in euren Augen ausreicht, um „die lebensnotwendigen materiellen Bedürfnisse zu befriedigen und eine Teilhabe am gesellschaftlichen und kulturellen Leben zu ermöglichen". Berücksichtigt dabei die Gerechtigkeitsprinzipien und unterschiedliche Perspektiven. Orientiert euch auch an der Methode „Politische Urteilsbildung" (S. 145).

Methode

Erstellen einer begrifflichen Landkarte mit der ABC-Methode

Zum Abschluss dieses Kapitels könntet ihr zur Sicherung der vielen neuen Inhalte, mit denen ihr euch beschäftigt habt, die ABC-Methode anwenden.
Entwerft ein sog. ABC-Arbeitsblatt, in dessen Kopfzeile das Thema des Kapitels eingetragen wird. Listet nun links die Buchstaben des Alphabets von A bis Z auf und notiert entsprechend Begriffe bzw. Schlagwörter zu Inhalten dieses Kapitels (siehe Muster unten). Einige Buchstaben werden möglicherweise unbesetzt bleiben.
Tragt anschließend eure Ergebnisse vor und klärt dann inhaltlich gemeinsam mit euren Mitschülerinnen und Mitschülern die von euch notierten Begriffe und Schlagwörter. Selbstverständlich kann jede Schülerin/jeder Schüler in ihrer/seiner eigenen Liste die zusätzlich von anderen gefundenen Schlagwörter ergänzen.
Die ABC-Methode kann als Einzel-, Partner- oder Gruppenarbeit durchgeführt werden.
Als Alternative dazu bietet sich an, dass die Begriffe jeweils während der Unterrichtsreihe auf einer großen ABC-Übersicht notiert werden und somit im Klassenzimmer präsent sind. So kann im Verlauf des Unterrichts die Liste immer weiter ergänzt werden. Werden die Begriffe und Schlagwörter erläutert, lässt sich zum behandelten Thema ein Begriffs- und Schlagwortlexikon erstellen.

Muster:

Thema: Sozialstaat in der Krise – Grundlagen und Probleme der Sozialpolitik	
ABC-Liste	
A	Arbeitslosenversicherung, Arbeitslosengeld I ….
B	Beiträge, Bevölkerungsentwicklung …
C	???
D	???

(Autorentext: Werner Heimeroth)

Selbstverständlich könnt ihr diese Methode auch zur Sicherung wesentlicher Stichwörter und Begriffe aus allen anderen Kapiteln anwenden.

Was ihr jetzt wissen und können solltet:

- ✓ M S U H unterschiedliche Auffassungen zu den Aufgaben eines Sozialstaates benennen und selbst begründet Position beziehen;
- ✓ M S U H erklären, welche Ziele mit dem im Grundgesetz formulierten „Sozialstaatsgebot" verfolgt werden;
- ✓ M S U H zwischen Maßnahmen der gesetzlichen Sozialversicherungen und des sozialen Ausgleichs unterscheiden;
- ✓ M S U H die Ausgestaltung der gesetzlichen Sozialversicherungssysteme sowie Möglichkeiten betrieblicher und privater Vorsorge darstellen;
- ✓ M S U H Maßnahmen des sozialen Ausgleichs erläutern;
- ✓ M S U H Finanzierungsmöglichkeiten des Sozialstaats beschreiben und vor dem Hintergrund von Gerechtigkeitsvorstellungen diskutieren;
- ✓ M S U H Merkmale und Auswirkungen des demografischen Wandels auf die Sozialversicherungssysteme erläutern;
- ✓ M S U H die persönliche Betroffenheit der demografischen Entwicklung erkennen und bewerten;
- ✓ M S U H bisherige Reformmaßnahmen und Reformvorschläge in der Rentenversicherung erläutern und bewerten;
- ✓ M S U H die Zukunftsfähigkeit des deutschen Sozialstaats vor dem Hintergrund des demografischen Wandels bewerten;
- ✓ M S U H Maßnahmen der Hartz IV-Gesetzgebung erläutern und mögliche Auswirkungen für das Gebot des Sozialstaatsprinzips erkennen und beurteilen;
- ✓ M S U H bestimmte Begriffe des Kapitels eigenständig als für die Sache ganz wesentliche erfassen und deren Inhalt erläutern;
- ✓ M S U H Grafiken und Schaubilder analysieren;
- ✓ M S U H Karikaturen analysieren

Was ihr wisst – was ihr könnt – wie ihr es seht

M S U H

1. Fünfmal richtig, fünfmal falsch

Korrigiert in eurem Heft die falschen Aussagen.

1. Das Sozialstaatsprinzip garantiert, dass jede Bürgerin und jeder Bürger einen Anspruch auf einen angemessenen Lebensstandard und ein menschenwürdiges Leben hat.
2. Unter „Sozialabgaben" versteht man die Beiträge, die Beschäftigte und Unternehmen zur Finanzierung der Sozialversicherung leisten.
3. Die Beiträge für die gesetzlichen Sozialversicherungen tragen allein die Arbeitnehmerinnen und Arbeitnehmer.
4. Das Solidarprinzip in der Kranken- und Pflegeversicherung bedeutet, dass alle Versicherten den gleichen prozentualen Beitrag zu entrichten haben.
5. Die Zuzahlungen aus Steuermitteln sind bei der Pflegeversicherung am höchsten.
6. Der Altersaufbau einer Gesellschaft wird ausschließlich von der Lebenserwartung der Menschen bestimmt.
7. Zum demografischen Wandel trägt bei, dass die Lebensdauer der Menschen stark zugenommen hat.
8. Der Generationenvertrag ist im Grundgesetz festgeschrieben.
9. Mit der „Riester-Rente" sollen sich die Versicherten ein privates „zweites Standbein" für ihr Alterseinkommen schaffen.
10. Die Leistungen zum ALG II sind im Allgemeinen höher als die des ALG I.

(Autorentext: Werner Heimeroth; leicht verändert)

M S U H

2. Eine Karikatur zum Thema Altersarmut

Analysiert die Karikatur.

(Kostas Koufogiorgos)

Wenn ihr noch mehr lernen wollt …

D1 Warum gibt es keine internationale Sozialpolitik?

In der EU gibt es keine gemeinsame Sozialpolitik der Mitgliedsländer, sie ist Aufgabe der einzelnen Mitgliedstaaten. Wegen des Subsidiaritätsprinzips kann die EU jedoch nur die Angelegenheiten regeln, die die Mitgliedstaaten nicht ausreichend allein lösen können. Allerdings setzt die Europäische Union soziale Mindeststandards, denn ein gemeinsamer Binnenmarkt (s. Kapitel 11, S. 319 ff.) mit der Freizügigkeit von Arbeitnehmerinnen/Arbeitnehmern und Dienstleistern macht auch gemeinsame Standards und Regelungen im sozialen Bereich erforderlich. Aber eine internationale gemeinsame Sozialpolitik ist nicht erkennbar.

Wenn es einheitliche und verbindliche Standards der Sozialpolitik in der EU oder auch weltweit geben soll, muss es internationale Abkommen geben, in denen diese Standards festgelegt sind, und die Einhaltung muss kontrolliert werden. Das betrifft sowohl Maßnahmen im Bereich der sozialen Sicherung als auch des sozialen Ausgleichs, da gerade bei letzterem Gesichtpunkt die Bereitschaft des Staates für solche Ausgaben gegeben sein muss.

Wie bei der Bearbeitung des Materials zur Agenda 2010 (M 18) deutlich wurde, war neben der Reduzierung der Staatsausgaben ein weiteres wesentliches Ziel, die Kosten der Unternehmen zu senken, um damit die Wettbewerbsfähigkeit deutscher Produkte wiederherzustellen. Die Wettbewerbsfähigkeit eines Produktes wird neben der Qualität und anderen Faktoren in starkem Maße bestimmt durch den Preis. Der Preis wiederum wird u. a. bestimmt von den Kosten, die die Herstellung und der Vertrieb eines solchen Produktes verursachen. Zu diesen Kosten gehören natürlich auch die Löhne und die Abgaben für die Sozialversicherungen, die der Unternehmer zu zahlen hat.

Da der Preis im Wettbewerb mit anderen Produzenten in der Regel eine wichtige Rolle spielt, besteht ein wesentliches Problem möglicher Abkommen daher in der Festlegung des Niveaus der Sozialleistungen: Länder, in denen es ein hohes Niveau der Sozialleistungen gibt, wären wohl nur bereit, auch einheitliche Standards der Sozialleistungen auf hohem Niveau zu akzeptieren, da sie ansonsten befürchten, im Wettbewerb mit Ländern mit einem niedrigen Niveau der Löhne und Sozialleistungen Nachteile zu haben. Die Länder mit einem niedrigen Niveau der Sozialleistungen würden also Wettbewerbsvorteile verlieren und wären wohl nur bereit, einheitlichen Standards der Sozialpolitk auf niedrigem Niveau zuzustimmen. Eine Harmonisierung der Sozialpolitik in der EU mit ihren 27 Mitgliedsländern ist aufgrund der unterschiedlichen sozialen Standards kaum mehr realisierbar.

(Autorentext: Werner Heimeroth)

Bearbeitet diesen Text am besten in **Partnerarbeit**.

1 Stellt zunächst die Gründe heraus, die die Einführung einer gemeinsamen Sozialpolitik problematisch machen.

2 Zeigt mögliche Argumente auf, die für eine gemeinsame Sozialpolitik in Europa und weltweit sprechen.

3 a Fällt nach Abwägung der einzelnen Vor- und Nachteile ein Gesamturteil zur Einführung einer gemeinsamen internationalen Sozialpolitik (mögliche Kriterien: Kosten/Nutzen, Gleichheit, Solidarität, Gerechtigkeit; vgl. Methode „Politische Urteilsbildung“, S. 145).

Blickwinkel

b Informiert eure Mitschülerinnen und Mitschüler (z. B. in einem Kurzvortrag) über die Problematik und stellt euer Gesamturteil in der Klasse zur Diskussion.

geheim
Demokratie
Freiheit
Regierung
Bürger
Mandat
Transparenz
Gleichheit
Mitbestimmung
Partei
Parlament
Meinung
Wahlen
Politik
Kandidaten
Wahlurne
Stimme

EURE IGNORANZ TÖTET
IST DAS KLIMA ODER KANN DAS WEG?
FRIDAYS FOR FUTURE
VERDEN

× CDU?
× SPD?
× GRÜNE?
× LINKE?
× FDP?
× AFD?
× PIRATEN?

Skype
Telegram
Instagram
Gmail
WhatsApp
Facebook
Spotify
Twitter
Shazam

SAME IDEAS
SAME BELIEFS
SAME INFORMATION
FILTER BUBBL

7

Demokratie leben! – Wahlen, Parteien, Partizipation

Darum wird es gehen

In diesem Kapitel geht es um die Kernelemente der Demokratie, die im wörtlichen Sinne eine „Herrschaft des Volkes“ bedeutet. Im ***ersten Abschnitt*** *beschäftigt ihr euch mit dem Selbstverständlichsten einer Demokratie: den Wahlen. Nicht alle Bürgerinnen und Bürger allerdings nehmen ihr Wahlrecht auch wahr. Mit den Gründen dafür sollt ihr euch kritisch auseinandersetzen. Zudem werdet ihr etwas über das Wahlsystem erfahren, von dem abhängt, wie die Stimmen der Wählerinnen und Wähler bei den Bundestagswahlen zu einer bestimmten Verteilung der Sitze im Bundestag auf die verschiedenen Parteien führen.*

Bei den Wahlen kämpfen die Parteien um möglichst viele Stimmen. Viele Menschen aber wissen nicht, wofür die verschiedenen Parteien stehen und welche sie wählen sollen. Deshalb werdet ihr im ***zweiten Abschnitt*** *etwas über ihre unterschiedlichen Ziele und Ausrichtungen erfahren. Viele Menschen, besonders die Jüngeren, interessieren sich nicht sehr für Parteien. Ihr werdet Gründe dafür kennenlernen, warum sie in einem demokratischen System aber sehr wichtig sind und warum es für Parteien schwierig geworden ist, den Erwartungen aller gerecht zu werden.*

Dass Menschen wählen können oder Mitglied in einer Partei sind, ist für eine funktionierende Demokratie bei weitem noch nicht genug. Im ***dritten Abschnitt*** *lernt ihr deshalb noch eine Reihe weiterer Möglichkeiten kennen, wie Bürgerinnen und Bürger mitbestimmen können und wie ihr euch auch selbst an politischen Entscheidungen aktiv beteiligen könnt. Einige davon dürften euch noch unbekannt sein. Es geht in diesem Abschnitt um die „Partizipation“, das bedeutet übersetzt die Teilhabe in einem weiterreichenden demokratischen Verständnis.*

Politische Beteiligung und Mitbestimmung setzen voraus, dass man sich gut informiert und eine begründete Meinung zu politischen Themen bildet. Dabei spielen die Medien eine sehr große Rolle. Neben Fernsehen und Zeitungen haben heute die gar nicht mehr so „neuen“ Medien eine erhebliche Bedeutung, vor allem bei jungen Menschen. Deshalb werdet ihr euch im ***vierten Abschnitt*** *damit befassen, welche Wirkungen die sozialen Medien für die politische Meinungsbildung haben können.*

1. Wählen oder nicht wählen? – Politische Machtverteilung durch Wahlen

M1 Wählen gehen?

Kurz vor der Bundestagswahl am unterhalten Philipp und Alex sich im Chat über die anstehende Wahl. Beide dürfen sich erstmals an der Wahl beteiligen.

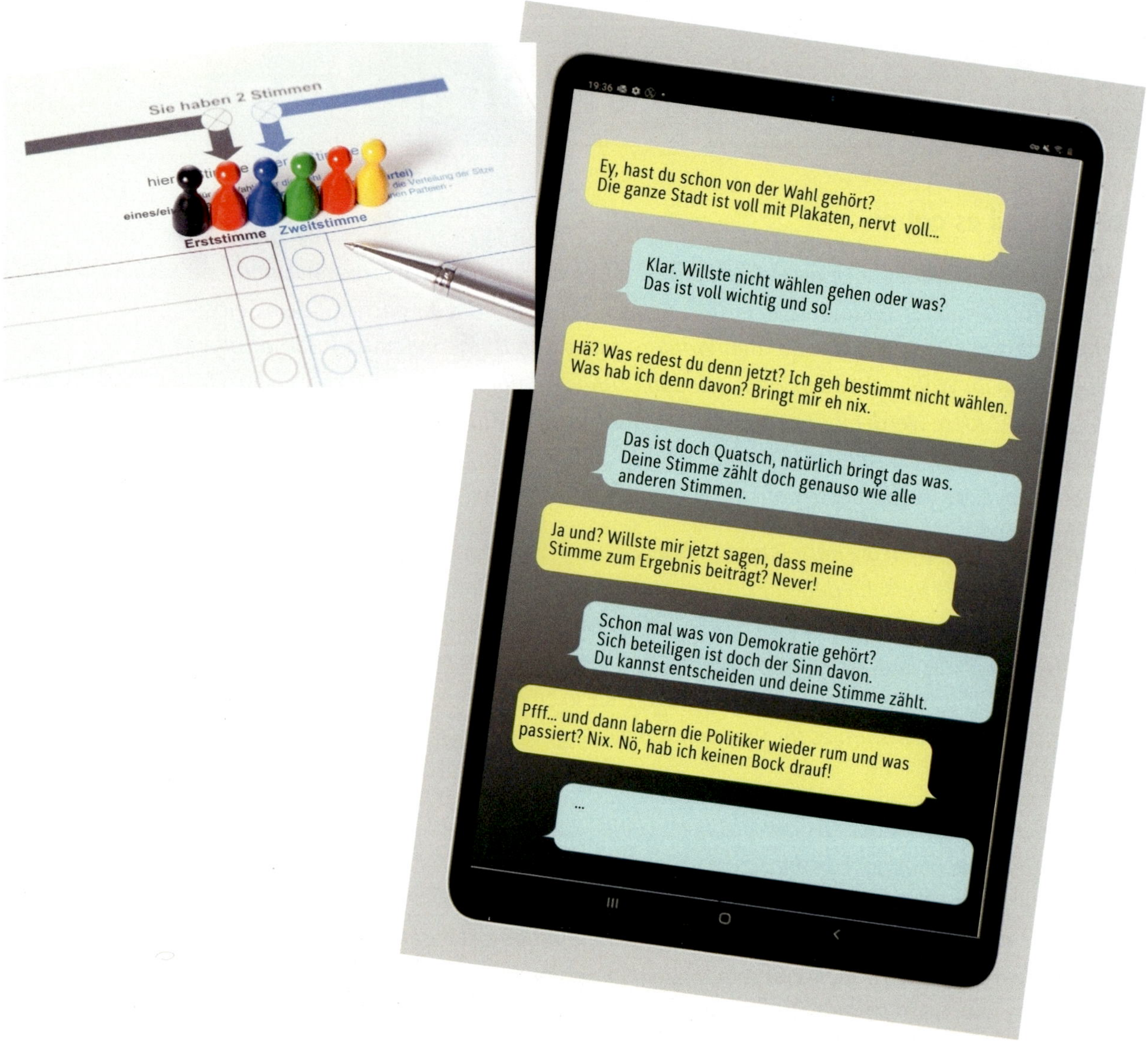

(Grafik: Domke, Franz-Josef; © Bundeszentrale für politische Bildung: Zwei Jugendliche im Chat über die Wahl, 04.07.2017/ www.bpb.de)

1 Arbeitet die Positionen von Philipp und Alex zur Teilnahme an den Wahlen heraus und erläutert ihre Argumente.

2 Entwickelt den Chat zwischen den beiden weiter bis zur Beantwortung der Frage: „Wählen gehen?"

Arbeitsvorschlag:
Die folgenden drei Materialien (M 2 – M 4) enthalten verschiedene Informationen und Aussagen zur Teilnahme an politischen Wahlen. Bildet für jedes Material eine **Gruppe** und bearbeitet es jeweils anhand der gestellten Aufgaben.
Präsentiert die Ergebnisse jeweils im Plenum. Entscheidet euch für eine Methode, mit der ihr abschließend allen in der Klasse die jeweiligen Ergebnisse zur Verfügung stellt.

M2 Die Entwicklung der Wahlbeteiligung an Bundestagswahlen

(© Bundeszentrale für politische Bildung 2014, www.bpb.de)

1 Wertet die Grafik hinsichtlich der Entwicklung der Wahlbeteiligung aus. Fasst eure Ergebnisse in Form knapper Aussagen zusammen.

2 In der Grafik ist die Entwicklung der Wahlbeteiligung nur bis zur Bundestagswahl 2013 dargestellt. Ermittelt auch die Beteiligung an den Bundestagswahlen in den Jahren 2017 und 2021. 2.1, 2.2

M3 Warum gehen viele junge Menschen nicht wählen?

[...] Junge Menschen haben gerade im Alter zwischen 18 und 29 Jahren häufig für sie wichtige Aufgaben zu bewältigen. Sie kümmern sich um ihre Ausbildung, beschäftigen sich mit der Partnerwahl und müssen lernen, auf eigenen Füßen zu stehen. Wenn diese schwierige Lebensphase vorüber ist, steigt das Interesse an Politik und dementsprechend auch die Wahlbeteiligung.

Es existieren jedoch Faktoren, die das politische Engagement und die Wahlbeteiligung junger Menschen erheblich beeinflussen. Ein wichtiger Einflussfaktor auf politisches Engagement und speziell auf das Wahlverhalten der jungen Generation ist Bildung. Während in den 80er-Jahren der Schulabschluss bei älteren Menschen keinen Einfluss und bei jungen Menschen nur einen geringen Einfluss auf die Teilnahme an Wahlen besaß, nahm dieser im Zeitverlauf stetig zu. Bereits in den Neunzigern gaben junge Menschen mit Abitur ihre Stimme häufiger ab als Schülerinnen und Schüler unterer und mittlerer Bildungsabschlüsse. Dieser Trend hat sich bis heute nochmals verstärkt. Der Unterschied in der Wahlbeteiligung beträgt heute zwanzig Prozent zwischen jungen Erwachsenen mit hoher und denjenigen mit niedriger Bildung. Im Gegensatz dazu beträgt die Differenz bei der Wahlbeteiligung zwischen älteren Erwachsenen mit hohen und niedrigen Bildungsabschlüssen nur zehn Prozent. Gut ausgebildete Menschen der jungen Generation gehen sogar mit einer höheren Wahrscheinlichkeit zur Wahl als ältere Erwachsene mit hohen Abschlüssen. Bildung ist demnach vor allem bei jungen Menschen ein wichtiger Faktor für die Stimmabgabe. Dieser Faktor hat in den letzten Jahren enorm an Bedeutung gewonnen. [...]

(Bundeszentrale für politische Bildung: Partizipation junger Menschen, 16.08.2017, Bonn; https://www.bpb.de/lernen/grafstat/grafstat-bundestagswahl-2017/254445/m-02-07-partizipation-junger-menschen [25.02.2021])

1 Nennt die besonderen Gründe, warum jüngere Wahlberechtigte häufig nicht zur Wahl gehen (Z. 1 – 11). Ergänzt sie durch weitere mögliche Beweggründe.

2 Erläutert den besonderen Zusammenhang zwischen Bildung und Wahlbeteiligung. Begründet, wie dieser zu erklären sein könnte (Z. 12 ff.).

M 4 Wahlbereitschaft und persönliche soziale Lage

[...] Je sozial heterogener [ungleicher] eine Gesellschaft ist, so die Faustformel, desto geringer ist die Wahlbeteiligung. Der typische Nichtwähler in Deutschland steht dafür Beispiel: Die Forschung hat den sozialen Status, das Einkommen, das Bildungsniveau sowie das Alter als zuverlässige Parameter [Einflussgrößen] identifiziert, um zu prognostizieren, ob eine Person wählen geht oder nicht. Je gebildeter und wohlhabender ein Mensch ist, desto größer ist seine Wahlneigung. Der typische Nichtwähler kommt aus einem sozial schwachen Milieu. [...] Wie soziale Lage und Wahlverhalten zusammenhängen, zeigte auch eine Studie der Bertelsmann Stiftung zur Bundestagswahl 2013: Wähler und Nichtwähler leben in unterschiedlichen Welten [...].

Es gibt [...] eine Geografie des Nichtwählens. Hierbei wirkt das Umfeld verstärkend: Wessen Nachbarn, Freunde und Familie sich ebenfalls enthalten, bleibt bei einer Wahl zu Hause. Wer im Kontrast hierzu beispielsweise keine arbeitslosen Freundinnen und Freunde hat, wählt mit über 80-prozentiger Wahrscheinlichkeit. Dieser Wert sinkt auf 45 Prozent, wenn alle Freunde sich in keinem geregelten Beschäftigungsverhältnis befinden. Wer sich abgehängt fühlt, beteiligt sich übrigens auch seltener an Demonstrationen und Protesten. Er oder sie hat grundsätzlich geringeres Vertrauen in die Politik und die politischen Institutionen, hält politisches Engagement für nutzlos. Die soziale Spreizung der Gesellschaft bildet sich im Wahlverhalten wie auch der Bereitschaft zur unkonventionellen Beteiligung ab [d.h. in anderer Form als Wahlen und Abstimmungen]. [...]

(Philipp Gassert: Die romantische Verklärung der Wahlbeteiligung, ZEIT ONLINE, 11.09.2019, Hamburg; https://www.zeit.de/politik/2019-09/wahlbeteiligung-nichtwaehler-wahlen-internationaler-vergleich [25.02.2021])

1 Nennt die im Text genannten Merkmale eines typischen Nichtwählers.

2 Erläutert, was der Autor unter der „Geografie des Nichtwählens“ versteht (Z. 10).

3 Erschließt und diskutiert, welche Folgen das beschriebene Problem mangelnder Wahlbeteiligung für die Politik und die Ergebnisse politischer Entscheidungen in der Demokratie haben könnte.

M5 Wählen: Bürgerinnen und Bürger leihen den Regierenden politische Macht auf Zeit

Demokratie heißt „Herrschaft des Volkes“. Weil aber zig Millionen Menschen nicht täglich herrschen und über politische Lösungen entscheiden können, gibt es Menschen, die stellvertretend für alle Bürgerinnen und Bürger die politische Herrschaft ausüben. Diese Repräsentanten, die Abgeordneten in Parlamenten wie dem Bundestag oder in einem Stadtrat, werden in festen zeitlichen Abständen von den Bürgern gewählt. In einer Demokratie wie Deutschland hat jede Bürgerin und jeder Bürger das Recht, ihr/sein Wahlrecht frei auszuüben. Im Wahlergebnis spiegelt sich der Wille des Volkes wider; so wird Demokratie Wirklichkeit. Wenn niemand wählen würde, wäre die Demokratie tot. Und wenn zu wenige zur Wahl gehen würden, wäre sie dabei zu sterben. Diktatoren verachten und fürchten Wahlen.

Die Wählerinnen und Wähler entscheiden mit ihrer Stimme, ob die Regierenden an der Macht bleiben oder von der politischen Opposition abgelöst werden. Sie allein entscheiden über einen Machtwechsel. Sie erteilen Parteien das Recht zu regieren und den Bundeskanzler zu stellen. Eine Wahlniederlage der Regierungsparteien nimmt ihnen das Recht zum Weiterregieren. Die Regierenden verdanken den Wählern ihre Macht immer nur für eine bestimmte Zeit, denn die Opposition erhält mit den Wahlen die Chance, den von ihr angestrebten Machtwechsel herbeizuführen.

Weil die Politikverantwortlichen die Konsequenzen einer Wahl kennen und (wieder-)gewählt werden wollen, müssen sie stets die Meinungen und den Willen der Bürger berücksichtigen und in ihre Entscheidungen einbeziehen. Die Wählerinnen und Wähler können sie abstrafen, wenn sie ihre Interessen nicht genügend beachtet sehen oder wichtige Wahlversprechen nicht eingehalten worden sind. Der Wahltag ist so etwas wie ein Tag der politischen Abrechnung. Deshalb dürfen die Politikerinnen/Politiker und Parteien in einer Demokratie die Bürger nie aus dem Blick verlieren.

Der Wahlakt entscheidet aber auch über die politische Zukunft des Landes. Die Stimme der Wählerin bzw. des Wählers hat Auswirkungen auf die Politik bis zur nächsten Wahl. Und auch darüber hinaus! Denn die Folgen politischer Entscheidungen bleiben nicht auf eine Wahlperiode von wenigen Jahren begrenzt. Wer eine gute Zukunft für das Klima, die Bildung der Menschen und die Arbeit haben will, muss deshalb zur Wahl gehen. Daran sollten besonders junge Menschen denken.

Bei der Wahl zählt jede Stimme, denn es hat schon sehr knappe Wahlausgänge gegeben. Manch ein Wahlberechtigter hat schon bereut, nicht seine Stimme abgegeben zu haben.

Einige Bürgerinnen und Bürger sind enttäuscht von der Politik und gehen deshalb nicht zur Wahl. Sie bleiben frustriert zu Hause. Doch damit bewirken sie keine Verbesserung,

denn ihre Meinung wird so nicht berücksichtigt. Umso mehr fallen die Stimmen anderer Wählerinnen und Wähler ins Gewicht. So haben möglicherweise gerade diejenigen Parteien einen politischen Vorteil, die man nicht wählen wollte.
(Autorentext)

1 Erklärt die Bedeutung von Wahlen in einer Demokratie. Fasst die verschiedenen Gesichtspunkte zusammen.

4.1 2 Formuliert einen Slogan und gestaltet ein Plakat, das darauf abzielt, Wahlberechtigte zum Wählen zu motivieren. Ihr könnt dabei auch besonders an die Wählergruppe der jungen Menschen denken.

M6

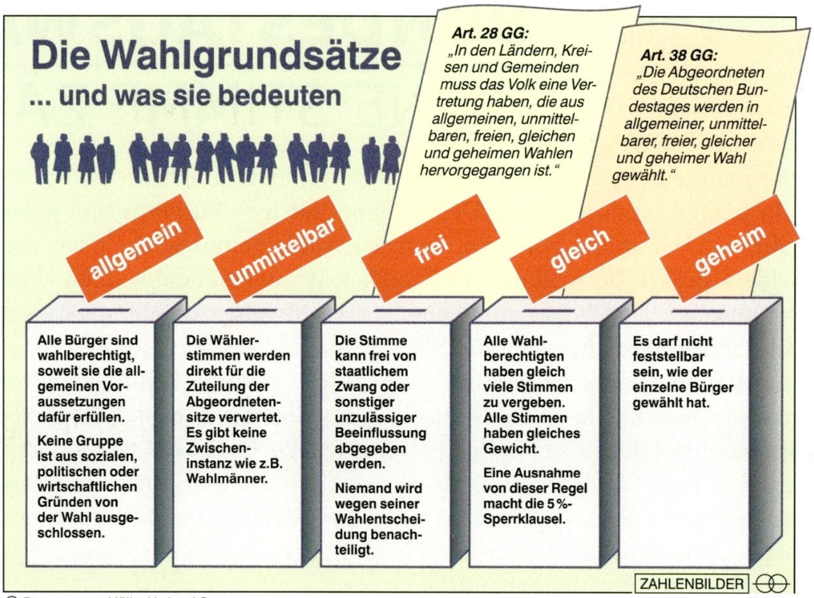

© Bergmoser + Höller Verlag AG 86 030

1 Erläutert die einzelnen Wahlgrundsätze, die demokratische Wahlen sicherstellen sollen.

2 Erklärt für jeden Wahlgrundsatz, warum dessen Verletzung zu einer Einschränkung der Demokratie führen würde.

M7 Was läuft hier falsch?

- Die Wahlurnen befinden sich nur in den Supermärkten der Stadt, weil hier viele Menschen hinkommen und mit ihrem Einkauf gleich die Stimmabgabe verbinden können.
- Die Wählerinnen und Wähler haben nicht die Möglichkeit, eine Kandidatin oder einen Kandidaten anzukreuzen. Stattdessen können sie auf dem Wahlzettel mit einer Liste von 20 Kandidaten fünf streichen.
- Die Regierungspartei benutzt Steuereinnahmen zur Finanzierung ihres Wahlkampfs.
- Ein Mann schickt per Messenger seinem Freund, der im Wahlvorstand im Wahlraum sitzt, die Nachricht, dass er stellvertretend für ihn eine bestimmte Partei wählen soll. Der Wahlvorstand erlaubt dies.

- Die Wahlurnen werden nach Ablauf der Wahl um 18 Uhr aus den verschiedenen Wahlräumen in das Rathaus der Stadt gebracht. Dort werden am nächsten Tag die Stimmzettel von Angestellten der Stadt ausgezählt.
- Während einer Epidemie finden Wahlen statt. Allerdings sind Wahlkampfveranstaltungen auf öffentlichen Plätzen und in Versammlungsräumen verboten.
- Die Bürgerinnen und Bürger haben die freie Wahl zwischen den Kandidaten auf dem Stimmzettel. Allerdings haben die Kandidatinnen und Kandidaten zunächst eine Zulassung der Regierungsbehörden benötigt.
- Eine Wahlberechtigte/ein Wahlberechtigter muss fünf Fragen zur Politik richtig beantworten, bevor sie/er wählen darf.

(Autorentext)

Prüft bei jedem Punkt, gegen welchen Grundsatz einer demokratischen Wahl verstoßen wird oder wo der Anspruch der Demokratie verletzt wird.

M8 Wählen mit 16?

Diese Frage wird bei bevorstehenden Wahlen immer wieder diskutiert. Wenn ein zu geringes Interesse von Jugendlichen beklagt wird, aber auch, wenn sie sich tatsächlich mehr in die Politik einmischen (wie z. B. bei Fridays For Future), wird die Forderung laut, Jugendlichen schon mit 16 Jahren das Wahlrecht zu geben. Wie denkt ihr darüber?

(Gerhard Mester)

JA! — **Unentschieden** — **NEIN!**

Mit 18 wird man volljährig und geschäftsfähig. Dann erst ist man auch wirklich politisch mündig.

Die Jugend kann besser beurteilen, was in Zukunft wichtig ist.

Mit 16 kann man genauso gut informiert sein wie mit 60.

Mit dem Wahlrecht werden die Jungen dazu angeregt, sich politisch ernsthaft zu interessieren.

Unter 18-Jährige kennen sich nicht gut genug damit aus, wie Politik funktioniert, mit den Parteien, dem Bundestag usw.

Eltern und Freunde haben einen zu großen Einfluss auf die Stimmabgabe.

Unter 18-Jährige kennen sich nicht gut genug damit aus, wie Politik funktioniert, mit den Parteien, dem Bundestag usw.

Eltern und Freunde haben einen zu großen Einfluss auf die Stimmabgabe.

Im Grundgesetz steht: „Alle Staatsgewalt geht vom Volke aus." Und zum Volk gehört man nicht erst ab 18.

Jugendliche würden ihr Wahlrecht nicht ernst nehmen. Sie wählen nur Spaßparteien.

(Autorentext)

1 Befasst euch mithilfe der Methode der Positionslinie (s. S. 117) mit folgender Forderung: **„Jugendliche sollen schon mit 16 Jahren ein Wahlrecht bei Bundestagswahlen haben!"**

2 Gestaltet in Gruppenarbeit ein Faltblatt, das geeignet ist, die politischen Entscheidungsträger von einem Wahlrecht für 16-Jährige zu überzeugen.

Im Folgenden geht es um das Wahlsystem, das den Bundestagswahlen zugrunde liegt. Weil es etwas komplex ist, müsst ihr den Text sehr aufmerksam lesen. Am besten geht ihr schrittweise anhand der zu M 9 gestellten Aufgaben vor (S. 195).

M9 Von den Wählerstimmen zur Sitzverteilung im Deutschen Bundestag

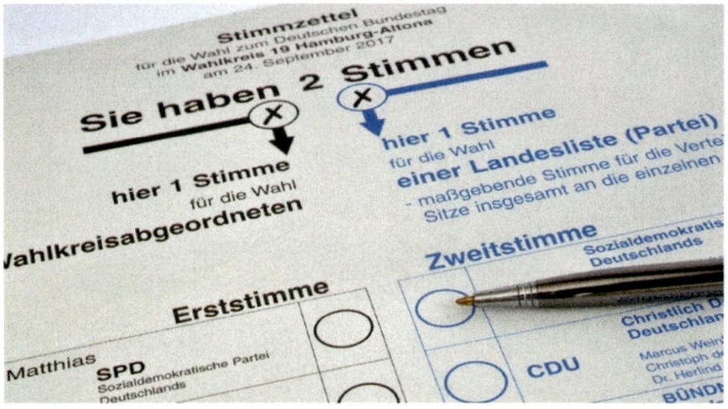

Abb. 1

Landeslisten: Die Parteien stellen vor einer Bundestagswahl in den Bundesländern jeweils sog. Landeslisten auf. Die Parteidelegierten stimmen darüber ab, welche Kandidatinnen und Kandidaten von Platz 1 an absteigend für ihren Landesverband in den Bundestag einziehen sollen. Bekannte Politikerinnen und Politiker werden meist oben auf der Liste platziert und auch diejenigen, die ihren Wahlkreis wahrscheinlich nicht gewinnen werden, aber dennoch in den Bundestag einziehen sollen, weil sie für ihre Partei sehr wichtig sind.

Die Wählerinnen und Wähler haben zwei Stimmen

Alle vier Jahre ist es so weit, dann können wieder alle Bürgerinnen und Bürger, die die deutsche Staatsbürgerschaft besitzen und älter als 18 Jahre sind, Frauen und Männer in den Deutschen Bundestag wählen, die sie hier vertreten sollen. Die Wahlberechtigten sind auf insgesamt **299 Wahlkreise** aufgeteilt, die etwa gleich groß sind (ca. 250.000 Einwohner). **598 Sitze** sind im Bundestag an die Volksvertreterinnen und Volksvertreter zu vergeben.

Die Wählerinnen und Wähler können auf dem Stimmzettel zwei Stimmen abgeben (s. Abb. 1). Zum einen die **Erststimme**, mit der ein von den Parteien aufgestellter Wahlkreiskandidat direkt gewählt werden kann. Die Kandidatin/der Kandidat, die/der die meisten Stimmen gewonnen hat, ist in den Bundestag gewählt (es gilt das **Mehrheitswahlsystem**).

Zum anderen gibt es die **Zweitstimme**, womit die Wähler keinen Kandidaten, sondern eine **Partei** wählen. Die Zweitstimme können sie der Partei geben, der auch der Kandidat angehört, den sie mit der Erststimme wählen. Allerdings muss das nicht sein, denn es ist möglich, die beiden Stimmen zu splitten. (Die auf dem Stimmzettel bei „Zweitstimme" unter der Partei aufgeführten Namen sind Politikerinnen/Politiker, die oben auf der Landesliste ihrer Partei stehen.)

Von den Stimmen zu den Sitzen

Wie werden die von so vielen Millionen Wählerinnen und Wählern abgegebenen Stimmen in die Anzahl der Sitze übertragen, die den einzelnen Parteien im Bundestag nach der Wahl zustehen? Der Weg dahin erfolgt in **vier Schritten**, die im Folgenden in vereinfachter Form dargestellt werden.

Im **ersten Schritt**, schon vor der Wahl, wird festgelegt, wie viele **Sitze jedem Bundesland** von den insgesamt 598 zu vergebenden zustehen. Je mehr Einwohner ein Bundesland hat (es zählen dabei nur die mit einer deutschen Staatsbürgerschaft), desto mehr Abgeordnete können dieses auch vertreten. Dem größten Bundesland Nordrhein-Westfalen z. B. standen bei der Bundestagswahl 2021 insgesamt 127 Bundestagssitze zu.

Im **zweiten Schritt**, nach dem Wahlausgang, werden die so für jedes Bundesland ermittelten Sitze auf die verschiedenen Parteien verteilt. Die Grundlage dafür ist das Wahlergebnis. Es wird festgestellt, welchen **Anteil die einzelnen Parteien an allen Zweitstimmen** haben, die in dem Bundesland für sie abgegeben worden sind. Würde Partei A z. B. ein Viertel der in NRW abgegebenen Zweitstimmen gewinnen, dann erhielte sie auch ein entsprechendes Verhältnis an allen im ersten Schritt für NRW festgelegten Sitzen, also ein Viertel (aufgerundet 32). Der Verteilung der Sitze liegt somit das **Verhältniswahlsystem** zugrunde. Die exakte Umrechnung des Stimmenanteils der Parteien an den Zweitstimmen in die entsprechende Verteilung der Sitze erfolgt etwas komplizierter nach der Methode *Sainte-Laguë/Schepers* (s. Abb. 2).

Abb. 2

Im **dritten Schritt** wird für jedes Bundesland festgestellt, welche Politikerinnen und Politiker einen der Sitze für ihre Partei in Anspruch nehmen können. Den ersten Zugriff darauf haben diejenigen **Wahlkreiskandidaten**, die die meisten Erststimmen für sich verbuchen konnten. Jeder Wahlkreissieger bzw. jede Siegerin erhält einen Sitz im Bundestag. Das könnten bei der o. g. Beispielpartei A in NRW z. B. 30 Direktkandidaten sein. Die dann noch verbleibenden Sitze (im Beispiel zwei) werden von den Kandidatinnen/Kandidaten eingenommen, die auf der Landesliste ihrer Partei stehen (in der Reihenfolge von oben nach unten). Parteien, die gar keine Wahlkreissieger stellen (das sind in der Regel die kleinen), besetzen alle ihre Plätze ausschließlich mit Kandidaten von ihren Landeslisten.

Eine besondere Situation ergibt sich, wenn viele Wählerinnen bzw. Wähler ihre zwei Stimmen splitten. Nicht selten sind die Direktkandidaten beliebter als ihre Partei. Das kann dazu führen, dass mehr Direktkandidaten einen Sitz im Bundestag gewinnen, als der Partei insgesamt eigentlich Sitze aufgrund ihres Anteils an den Zweitstimmen in dem Bundesland zustehen. Das wäre beispielsweise der Fall, wenn Partei A in NRW nicht nur 30 Wahlkreise gewonnen hätte, sondern sogar 34 (obwohl ihr aufgrund ihres Zweitstimmenanteils nur 32 Sitze zustehen würden). Weil grundsätzlich gilt, dass jede/jeder direkt gewählte Abgeordnete in den Bundestag einzieht, entstehen so für eine Partei **Überhangmandate** (für Beispielpartei A also 2).
Auf diese Weise wird von der Ebene der Bundesländer ausgehend für alle Parteien die sog. **Mindestsitzzahl** im Bundestag ermittelt. Dieser Begriff deutet schon an, dass noch weitere Sitze für die Parteien hinzukommen können.

Sie ergeben sich aus dem **vierten Schritt**: Auf der **Bundesebene werden alle Zweitstimmen addiert** und der Anteil jeder Partei daran wird festgestellt. Denn allein der Anteil der Parteien an den bundesweiten Zweitstimmen ist der entscheidende Maßstab für die endgültige Verteilung der Sitze im Bundestag. Die Stärke der Parteien im Bundestag muss exakt deren **Verhältnis** an diesen Zweitstimmen widerspiegeln (beispielsweise entsprechen 25% an den bundesweiten Zweitstimmen vereinfacht 25% der zu vergebenden Sitze; die genaue Anzahl der Sitze für die Parteien wird wie schon beim zweiten Schritt nach der Methode von Sainte-Laguë/Schepers ermittelt.) Bei der Sitzverteilung werden allerdings nur die Parteien berücksichtigt, die bundesweit einen Anteil von mindestens 5% (5%-Hürde) an den Zweitstimmen erhalten haben.
Der Grundsatz des Verhältniswahlsystems ist uneingeschränkt einzuhalten. Dazu stehen allerdings die **Überhangmandate** in einem Widerspruch, die sich zuvor auf der dritten Stufe für Parteien möglicherweise ergeben haben. Denn diese verzerren das Verhältnis einer Partei an den Sitzen gemessen an den Zweitstimmen auf der Bundesebene. Um diesen Nachteil für die Parteien ohne Über-

Nicht alle Parteien, die auf dem Stimmzettel stehen, sind auch im Bundestag vertreten. Bedingung für die Zuteilung von Sitzen an eine Partei ist, dass sie mindestens **5 %** an Zweitstimmen auf Bundesebene bekommt oder – wenn dieses nicht der Fall ist – mindestens drei ihrer Direktkandidaten einen Wahlkreis gewinnen. In diesem Fall wird die Partei bei der Sitzverteilung doch noch berücksichtigt, und zwar gemäß ihrem Anteil an den gesamten Zweitstimmen auf Bundesebene (so geschehen bei dem Wahlergebnis 2021 der Partei „DIE LINKE“).

Aufgrund von Überhang- und Ausgleichsmandaten könnte der Bundestag theoretisch sogar auf mehr als 800 Sitze anwachsen. Dann aber wäre er viel zu groß und nicht mehr arbeitsfähig. Deshalb hat der Bundestag im Oktober 2020 Regeln beschlossen, die die **Parlamentsvergrößerung begrenzen sollen**. U. a. wurden bei der Bundestagswahl 2021 Überhangmandate erst vom vierten an ausgeglichen. Von der danach folgenden Wahl an (die voraussichtlich 2025 stattfindet) wird die Anzahl der Wahlkreise von 299 auf 280 reduziert.

Abb. 3

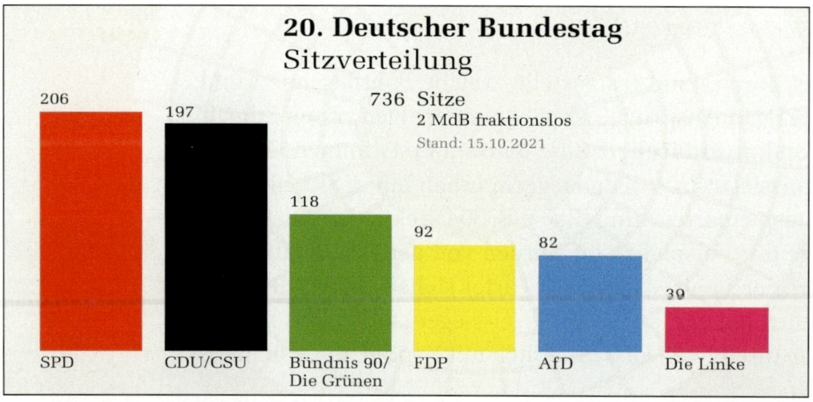

hangmandate auszugleichen, werden ihnen so viele **Ausgleichsmandate** zugeteilt, bis die endgültige Sitzverteilung auf alle Parteien genau deren Anteil an den bundesweiten Zweitstimmen entspricht.
Die Überhang- und Ausgleichsmandate führen in der Konsequenz dazu, dass der Bundestag größer wird als die ursprünglich zu verteilenden 598 Sitze. Bei der Bundestagswahl 2021 wuchs er auf insgesamt 736 Abgeordnete an.

(Autorentext)

1 Beschreibt den in Abb. 1 dargestellten Stimmzettel. Bezieht euch auf Z. 1–25.

2 Legt in eurem Heft eine Tabelle an (s. folgendes Muster) und tragt in Partnerarbeit zusammenfassend ein, was bei den einzelnen Schritten zur Ermittlung der Sitze im Bundestag geschieht (Z. 34–128).

Schritte	Ermittlung der Sitze
Erster Schritt	???
Zweiter Schritt	???
Dritter Schritt	???
Vierter Schritt	???

3 Erklärt den Begriff Verhältniswahlsystem (Z. 48–57, 85–97). Vergleicht dieses Wahlsystem mit dem Mehrheitswahlsystem (s. Wahl der Direktkandidaten, Z. 11–16).

4 Stellt dar, warum das Verhältniswahlsystem im Deutschen Bundestag Ausgleichsmandate erforderlich macht.

5 In einigen Staaten (z. B. Großbritannien) gibt es ein reines Mehrheitswahlsystem. Im Parlament befinden sich dort ausschließlich Abgeordnete, die einen Wahlkreis gewonnen haben. Wir nehmen einmal an, das Mehrheitswahlsystem würde auch in Deutschland eingeführt. Begründet, zu welchen Änderungen es dann beim Bundestagswahlsystem kommen würde. (Annahme: Die Anzahl der zu vergebenden Bundestagssitze soll gleich bleiben.) Denkt an die Anzahl der Wahlkreise, die Veränderungen beim Stimmzettel, die kandidierenden Politiker und Politikerinnen sowie an die Folgen beim Wahlergebnis für die Parteien.

6 Diskutiert Pro- und Kontra-Gesichtspunkte zum Verhältnis- und Mehrheitswahlsystem und haltet sie in einer geeigneten Übersicht fest.

Pro und Kontra

2. Parteien – wichtig, aber wenig beliebt

Erstellt zunächst, aufgeteilt in Gruppen, ein Gedankenfeld zum Wort „Parteien“. Schreibt diesen Begriff jeweils in die Mitte eines DIN-A4-Blattes und ergänzt ihn durch euer Vorwissen, eure Meinungen und Fragen.

Viele Menschen kennen zwar die größten Parteien, aber kaum jemand weiß genau, was ihre Ziele sind und wie sie sich voneinander unterscheiden. Aber es ist wichtig, bei einer Wahl zu wissen, wofür sie jeweils stehen. Deshalb werden im Material M 10 b die Parteien, die im Deutschen Bundestag vertreten sind und somit die wichtigste Rolle in der deutschen Politik spielen, in ihrer grundsätzlichen Ausrichtung dargestellt. Dies geschieht in einer plakativen Kurzfassung, nicht bis ins Detail. Es kommt an dieser Stelle nicht darauf an, viele Einzelheiten der Parteiprogramme zu kennen, sondern in einer ersten Orientierung nur etwas über ihre politische Grundausrichtung und markante Unterschiede zu erfahren. Ausführlicher könnt ihr euch auf den Internetseiten der Parteien informieren.

Arbeitsvorschlag:

(Harm Bengen)

Im Folgenden werden zunächst einige politische Kernfelder, Ziele und Begriffe genannt, die auf die Parteien unterschiedlich stark zutreffen (sozusagen politische „Markenkerne“, M 10 a). Danach werden die Grundvorstellungen der Parteien in knapper Form ausgeführt (M 10 b).

Lest zunächst M 10 b zu den Grundvorstellungen der Parteien und ordnet ihnen dann die Begriffe (M 10 a) zu, die für sie besonders charakteristisch sind. Für eine Partei kann auch mehr als nur ein Begriff infrage kommen.

M 10 a Politische „Markenkerne“

- verstärkter Klimaschutz
- Abschöpfung wirtschaftlicher Erträge durch den Staat
- Leistungsorientierung
- leistungsfähige Wirtschaft
- Ausbau sozialer Gerechtigkeit
- Verantwortung des Einzelnen
- Offenheit für Flüchtlinge
- keine Partei der politischen Mitte
- freie Wirtschaftstätigkeit
- soziale Absicherung
- starke staatliche Eingriffe
- Achtung der Würde des Einzelnen
- Betonung des Nationalen

(Autorentext)

M 10 b Die Programmatik der Parteien in Kurzfassung

CDU

Die Christlich Demokratische Union Deutschlands (CDU), gegründet 1947, versteht sich als „Volkspartei" der politischen Mitte. Sie baut auf einen Zulauf aus verschiedenen Berufsgruppen und gesellschaftlichen Schichten. Das Programm der CDU orientiert sich am christlichen Menschenbild von der unbedingten Würde und Freiheit des einzelnen Menschen, die vom Staat zu achten ist. Die Partei setzt sich für die soziale Marktwirtschaft ein, für wirtschaftlichen Wettbewerb und eine ausreichende soziale Sicherung. Die wirtschaftliche Eigenverantwortung des Einzelnen wird durch die Sozialversicherung und soziale Fürsorge ergänzt. Ein weiterer wichtiger Aspekt in ihrem Programm ist die Idee des Konservativen, d.h. das Ziel, das, was sich in der Vergangenheit bewährt hat, auch zu bewahren. In den zurückliegenden Jahren hat die CDU sich zunehmend für eine moderne Gesellschafts- und Familienpolitik geöffnet, worin sich ihr liberaler Akzent zeigt. (Die CSU ist die „Schwesterpartei" der CDU. Sie ist auf Bayern begrenzt und bildet mit der CDU im Deutschen Bundestag eine Fraktionsgemeinschaft.)

SPD

Die Sozialdemokratische Partei Deutschlands, 1864 gegründet, hat ihren Ursprung in der Arbeiterbewegung. Sie gewann im Laufe der Zeit ihre Wählerinnen und Wähler zunächst vor allem in der Industriearbeiterschaft und später darüber hinaus auch in der aufstiegsorientierten Mittelschicht. Die Partei setzt sich besonders für soziale Gerechtigkeit und Mitbestimmung ein. Der Staat soll umfassende sozialpolitische Maßnahmen ergreifen. Da die SPD in der Beurteilung vieler Wählerinnen und Wähler im Zuge einiger Sozialreformen ab 2005, vor allem durch die Einführung von „Hartz IV", ihren sozialen Markenkern verloren hatte, legt sie seit einiger Zeit wieder einen größeren Wert auf die Betonung sozialer Gerechtigkeit im Interesse benachteiligter Bevölkerungsgruppen (z.B. Bezieher niedriger Renten und Einkommen). Sie will kleinere und mittlere Einkommen steuerlich entlasten, nicht aber Großverdiener. Das Rentenniveau soll stabil bleiben.

BÜNDNIS 90 DIE GRÜNEN

Die Gründung der Partei im Jahr 1980 ist auf die Entstehung der damals immer stärker werdenden Umweltschutz-, Anti-Atom-, Friedens- und Frauenbewegung zurückzuführen. Die Bürgerrechtsbewegung in der früheren DDR, aus der 1990 das „Bündnis 90" hervorging, bildet eine weitere Basis der Partei. Die Grünen definieren ihr Programm als ökologisch, sozial, basisdemokratisch und gewaltfrei. Sie setzen sich stark für den Einsatz erneuerbarer Energien ein und kämpfen gegen die Verbrennung von Kohle. Das letzte Kohlekraftwerk soll 2030 abgeschaltet werden. Ab 2030 sollen auch nur noch abgasfreie Neuwagen zugelassen werden. Die Grünen wollen die industrielle Massentierhaltung abschaffen. Sie setzen sich ferner dafür ein, geflüchteten Menschen Asyl zu gewähren und die Integration zu fördern. Für Reiche (Vermögen ab 2 Mio. Euro) soll eine Vermögenssteuer eingeführt werden.

Freie Demokraten FDP

Die Freie Demokratische Partei (FDP) wurde 1948 gegründet. Sie betont in ihrem Grundsatzprogramm die Freiheit des Einzelnen, ohne dass diese grenzenlos sein soll. Die Freiheit ist für sie wichtiger als die Gleichheit der Menschen. Leistung, Eigenverantwortung, die Entwicklungsmöglichkeiten und Chancen des Einzelnen stehen im Vordergrund. Eine Umverteilung der Einkommen durch Steuern und Sozialabgaben zugunsten eines starken Sozialstaats lehnt sie ab. Der Staat soll sich mit Eingriffen in die private Wirtschaftstätigkeit zurückhalten. Private Vorsorge der Bürgerinnen und Bürger wird als wichtig erachtet. Wirtschaftlicher Wandel und Unternehmensgründungen sollen gefördert, Wirtschaft und sozialer Aufstieg durch eine Bildungspolitik begünstigt werden, die die Heranwachsenden befähigt, erfolgreich zu sein. Die persönlichen Grundrechte müssen strikt geschützt werden.

Die **Alternative für Deutschland (AfD)** wurde 2013 in Reaktion auf die Krise in der Europäischen Währungsunion gegründet. Die Hilfszahlungen für das überschuldete Griechenland und andere Euro-Länder wurden von ihr abgelehnt, weil die Partei eine Belastung der nationalen Haushalte und damit der Steuerzahlerinnen und Steuerzahler für unrechtmäßig hielt. Der EU und dem Euro steht sie sehr kritisch, z. T. ablehnend gegenüber. Im Zuge des starken Flüchtlingszustroms 2015 entwickelte die Partei bei den Themen Zuwanderung, Asyl und Migration eine stark ablehnende Haltung und rückte sie in den Mittelpunkt ihres Programms. Der Erhalt des deutschen Staatsvolks ist für die AfD eine vorrangige politische Aufgabe, Islamunterricht soll es nicht geben. Einigen AfD-Mitgliedern werden z. T. rechtsradikale Ansichten zugeschrieben. Die Partei betrachtet den Klimawandel als nicht von Menschen mit verursacht; Klimaschutzabkommen und damit verbundene Maßnahmen lehnt sie deshalb ab.

DIE LINKE.

Die Partei „Die Linke“ ist hauptsächlich in der PDS (Partei des demokratischen Sozialismus, Nachfolgepartei der früheren DDR-Staatspartei SED) verwurzelt. 2007 erfolgte der Zusammenschluss mit der in Westdeutschland entstandenen Partei „Arbeit & soziale Gerechtigkeit – Die Wahlalternative“. Die Linke strebt ein sozialistisches Gesellschafts- und Wirtschaftssystem an. Eine marktwirtschaftliche Ordnung lehnt sie ab. Der Staat soll stark in die Wirtschaft eingreifen. Sie tritt für eine umfassende Ausweitung des Sozialstaates ein. Renten und Löhne sollen stärker angehoben, die Wochenarbeitszeit verkürzt werden. Die Ausgaben sollen durch hohe Steuern auf höhere Einkommen und eine Belastung von Vermögen finanziert werden. Auch eine starke Reduzierung der Verteidigungsausgaben soll dazu beitragen. Auslandseinsätze der Bundeswehr werden abgelehnt. Die Partei steht auch für weitgehend offene Grenzen für Flüchtlinge, Geflüchteten soll ein Bleiberecht zugesichert werden.

(Autorentext)

2.1

Recherchiert in den Medien, inwieweit die Parteien bei aktuellen Themen unterschiedliche Positionen vertreten. Prüft, inwieweit diese ihrer Programmatik entsprechen (M 10 b).

M11 Die Parteien – was leisten sie?

➡ Bündelung und Äußerung von Interessen

Demokratie heißt, dass das Volk herrschen soll, dass also in seinem Sinne politisch gehandelt und regiert wird. Dazu leisten die Parteien einen wichtigen Beitrag. In ihnen schließen sich Menschen zusammen, die ähnliche Interessen, politische Vorstellungen und Ziele haben. Das geschieht stellvertretend für sehr viele Bürgerinnen und Bürger, denn nur etwa zwei Prozent der Bevölkerung gehören einer Partei an. In den verschiedenen Parteien werden unterschiedliche Programme diskutiert und beschlossen, auf deren Grundlage wichtige gesellschaftliche Probleme gelöst werden sollen. Beispielsweise geht es um eine erfolgreiche Bekämpfung des Klimawandels oder mehr bezahlbare Wohnungen. Die Parteien nehmen die Interessen von Bürgerinnen und Bürgern auf und bündeln sie in eine bestimmte Richtung. Wenn sie an die Macht kommen, können sie die Interessen auch umsetzen. Die Parteien bieten den Menschen durch ihr Wirken auch eine politische Orientierung und politische Entscheidungshilfen an.

➡ Gestaltung der öffentlichen Meinung

Die Parteien nehmen nicht nur die Interessen von Bürgerinnen und Bürgern auf, sondern versuchen diese auch von ihrem Programm zu überzeugen. Deshalb treiben die Parteien einen großen Aufwand, um ihre Positionen bekannt zu machen. Mithilfe aller Medienkanäle wie Zeitungen, Fernsehen, Rundfunk, Internet, soziale Medien etc. versuchen sie die öffentliche Meinung und die Stimmung zu ihren Gunsten zu beeinflussen und zu formen. Die Regierungsparteien erklären den Bürgerinnen und Bürgern ihre politischen Entscheidungen, manchmal kündigen sie auch neue Gesetze und Leistungen für die Bevölkerung an. Die Oppositionsparteien dagegen kritisieren die Regierungsparteien. Jede Partei versucht möglichst viele Wähler für sich zu mobilisieren.

„Die Parteien wirken bei der politischen Willensbildung des Volkes mit."
(Grundgesetz Art. 21, Abs. 1)

➡ Beteiligung von Bürgerinnen und Bürgern am politischen Leben

Die Mitglieder einer Partei haben besondere Möglichkeiten, sich aktiv am politischen Leben zu beteiligen. In der Partei können sie gemeinsam diskutieren, Vorschläge machen und Kritik üben. Als Parteimitglied erfahren sie auch mehr über das politische Geschehen als Nichtmitglieder. Sie haben auch das Recht, über die Aufstellung von Kandidaten mitzuentscheiden, die von den Bürgerinnen und Bürgern in die Parlamente (Stadtrat, Landtag, Bundestag) gewählt werden. Das ist eine starke politische Mitbeteiligungsmöglichkeit, weil die Aufstellung von Kandidaten den Parteien vorbehalten ist. Sie ist eine Entscheidung darüber, wer die Bürgerinnen und Bürger nach der Wahl in den Parlamenten vertritt.

➡ Heranbildung geeigneter Bürgerinnen und Bürger zur Übernahme öffentlicher Ämter

Die Parteien werden in der Öffentlichkeit vor allem über ihre führenden Politikerinnen und Politiker wahrgenommen. Angela Merkel ist das derzeit bekannteste Gesicht der CDU, Robert Habeck und Annalena Baerbock stehen stellvertretend für die Grünen, Olaf Scholz fällt als Minister für die SPD auf und Christian Lindner ist der bekannteste FDP-Politiker. Sie sind in ihren Parteien zum Führungspersonal aufgestiegen. Es gibt aber auch viele weitere Politikerinnen und Politiker, die als Orts- oder Kreisvorstandsmitglieder für ihre Partei aktiv Politik betreiben, z. B. als Bürgermeister und Landrätinnen. Menschen können sich in einer Partei politisch weiterbilden und qualifizieren, sodass sie befähigt werden, politische Ämter auf allen Ebenen des Staates zu übernehmen. In den Parteien wird sozusagen der politische Nachwuchs gebildet.

➡ Ausübung und Kontrolle politischer Herrschaft

Die Parteien streben politische Macht an, um ihre Ideen auch verwirklichen zu können. Deshalb setzen sie sich das Ziel, Sitze und Ämter in den Staatsorganen zu besetzen, wie z. B. im Deutschen Bundestag oder in der Regierung. Hier haben sie den stärksten Einfluss auf die Gesetzgebung und können politische Herrschaft ausüben. Ihr Wahlerfolg ist der Schlüssel dafür. Die Regierung wird von den Abgeordneten im Parlament gewählt und unterstützt, die den Regierungsparteien angehören. Die Parteien, die sich in der Opposition befinden, kontrollieren und kritisieren dagegen öffentlich die Regierenden. Sie stellen eigene politische Alternativen vor.

(Autorentext)

1 In jedem der fünf Textabschnitte werden Aufgaben und Funktionen der Parteien erklärt. Bildet für jeden Abschnitt eine Gruppe. Erklärt und erläutert jeweils die Funktion. Überlegt, wie ihr sie zusammengefasst am besten für alle in der Klasse festhalten und zugänglich machen könnt.

2.1, 2.2 **2** Sammelt Beispiele aus der aktuellen politischen Berichterstattung, die sich den verschiedenen Aufgaben der Parteien zuordnen lassen, und stellt sie in der Klasse vor.

Die Parteienlandschaft in Deutschland hat sich in den letzten Jahren und Jahrzehnten grundlegend geändert. Heute stehen vor allem die großen Parteien Herausforderungen gegenüber, die ihre erfolgreiche politische Arbeit erschweren. CDU und SPD verstehen sich als „Volksparteien", weil sie grundsätzlich alle Bevölkerungsschichten ansprechen und für sich gewinnen wollen. Doch es ist für sie schwieriger geworden, eine Politik zu machen, die von sehr vielen Bürgerinnen und Bürgern als die richtige angesehen wird. Die großen Parteien haben Konkurrenz bekommen, das Parteiensystem hat sich gewandelt. Das sollen die folgenden Materialien verdeutlichen.

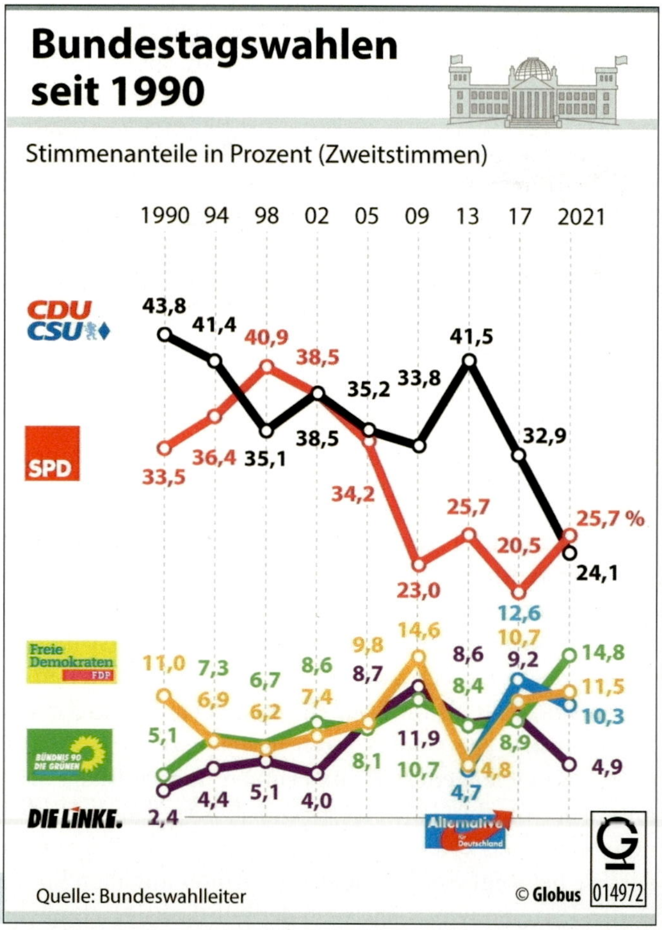

M12

1 Gebt die Entwicklung der Wahlergebnisse in den letzten Jahren und Jahrzehnten für die einzelnen Parteien wieder.

2 Beschreibt zusammenfassend die Entwicklung des Parteiensystems.

3 Erschließt, vor welche Probleme die Unionsparteien CDU/CSU und die SPD sich gestellt sehen könnten.

M13

(Gerhard Mester)

Analysiert die Karikatur zur Situation der Parteien nach der euch bekannten Methode.

Arbeitsvorschlag:
In den folgenden Materialien (M 14 und M 15 a, b) wird deutlich, warum es für die Parteien – vor allem für die traditionell großen Volksparteien – schwieriger geworden ist, Menschen für sich zu gewinnen und so an der Politik zu beteiligen. Erarbeitet die Texte arbeitsteilig in Gruppen anhand der jeweils gestellten Aufgaben.

Volksparteien haben den Anspruch, möglichst viele Mitglieder, Anhänger und Wählerstimmen in allen Bevölkerungsschichten und Altersgruppen zu gewinnen. Sie richten sich also nicht nur an bestimmte Interessengruppen wie z. B. Unternehmerinnen/Unternehmer, können aber unterschiedliche inhaltliche Schwerpunkte haben (wie z. B. CDU/CSU und SPD). Volksparteien wollen so stark sein, dass sie möglichst allein oder höchstens zusammen mit einem kleinen Koalitionspartner eine Regierung bilden können. Weil sie möglichst viele gesellschaftliche Interessen berücksichtigen wollen, sind häufig Kompromisse erforderlich.

M14 Die Gesellschaft hat sich verändert – was bedeutet das für die Parteien?

Die großen Parteien CDU und SPD, auch als Volksparteien bezeichnet, haben ihren Ursprung in einer Zeit, in der sie sich auf eine treue Wählerschaft verlassen konnten. Die meisten Arbeiter wählten wie selbstverständlich die SPD, weil sie für deren soziale Besserstellung kämpfte. Mittlere und leitende Angestellte wie Beamtinnen/Beamte und Managerinnen/Manager, Selbstständige, Landwirtinnen/Landwirte und Menschen, die auf gesellschaftliche Veränderungen weniger bedacht waren, wählten überwiegend die andere große Partei, die CDU. Die Menschen fühlten sich mit den Parteien verbunden, es gab viele sogenannte Stammwähler. Viele ließen sich in der gesellschaftlichen Schicht, der sie angehörten, von jeweils ähnlichen Wertvorstellungen leiten.

Heutige politische und gesellschaftliche Themen waren für viele Menschen noch keine großen Anliegen. Sie wurden aber seit Ende der 1970er-Jahre immer intensiver vorgebracht: die Umweltgefährdung, die von und für Frauen angestrebte Gleichberechtigung, mehr Mitbestimmung, höhere Bildungsabschlüsse und qualifizierte Berufstätigkeiten. Die gesellschaftlichen Veränderungen lassen sich vereinfacht an einem Beispiel darstellen: Während der Vater noch Arbeiter war und die Mutter Hausfrau, wurde der Sohn Ingenieur und die Tochter Lehrerin. Bei wachsendem Wohlstand gab es mehr Möglichkeiten und Freiheiten, sein Leben zu gestalten. Die Sorge um den Erhalt der Umwelt wuchs. Vor diesem Hintergrund begann der Aufstieg der Partei der Grünen.

(Autorentext)

[...] Die alten großen Stammwähler-Milieus [...] verloren gegen Ende des 20. Jahrhunderts an Bedeutung: Bei der SPD etwa die eng mit den Gewerkschaften verbundene Arbeiterschaft, bei der Union die mit der Kirche verbundenen Christen. [...] Während früher das Streben der Menschen auf einen möglichst ähnlichen Lebensstandard und Stil ausgerichtet gewesen sei, gehe es heute darum, möglichst einzigartig zu sein. [...] Diese Änderungen zeigen sich nicht nur bei Wahlen, sondern auch in den [stark gesunkenen] Mitgliederzahlen der Volksparteien. Engagement, so beobachten es Politik- und Sozialwissenschaftler seit Jahren, findet immer seltener dauerhaft in den großen, alten Institutionen statt. Sondern themenbezogen, spontaner – lieber die schlagkräftige lokale Bürgerinitiative als die schwerfällige Partei. [...] Lediglich die Grünen, die eng mit diversen Bürgerbewegungen verwoben sind, haben heute mehr Mitglieder als 1990. [...]

(Hannah Beitzer: Als den Volksparteien das Volk davonrannte, Süddeutsche Zeitung online, 25.12.2017, München; https://www.sueddeutsche.de/politik/bundestagswahl-2017-als-den-volksparteien-das-volk-davonrannte-1.3798822 [25.02.2021])

1 Beschreibt, wie sich die gesellschaftlichen Bedingungen für die Volksparteien geändert haben (Z. 1–33).

2 Erläutert die Veränderungen und Probleme, die sich daraus für die Parteien ergeben haben (Z. 34–39).

M15 Jugendliche und Parteien auf Distanz

a) Jugendforscher Klaus Hurrelmann: Parteien kommen für Jugendliche aus einer anderen Welt

[...] **Jugendliche engagieren sich noch immer wenig in Parteien. Warum ist es der Politik nicht gelungen, die Begeisterung zu nutzen?**
Da sind wir bei der Kernfrage. Wie halten es die jungen Leute mit den Parteien, die unsere Repräsentanten einer parlamentarisch-repräsentativen Demokratie sind? Die Parteien sind für jüngere Leute riesige, fremdartige Apparate, die nach bürokratischen Prinzipien fungieren. Sie haben das Gefühl, auch wenn sie Mitglied werden, könnten sie dort nichts bewirken.

Woher kommt diese Entfremdung?
Das hängt ganz stark damit zusammen, dass diese Parteien in der Nachkriegszeit groß geworden sind. Der statistische Durchschnitt ihrer Mitglieder liegt bei 60 Jahren. Ein junger Mensch träte da im Grunde in einen alten Club ein und hat entsprechend natürlich das Gefühl: Die sprechen nicht meine Sprache, die kommen aus einer anderen Welt.

Klaus Hurrelmann ist ein bedeutender Sozialwissenschaftler, der vor allem durch Studien zum Wandel von Wertvorstellungen und Verhaltensweisen von Jugendlichen bekannt geworden ist. Er lehrte u. a. an der Universität Bielefeld.

Sind Parteien also nicht mehr zeitgemäß?
So erscheint es den jungen Leuten. Sie sehen natürlich nicht, welche Verdienste die Parteien gerade in Deutschland haben, um ein demokratisch funktionierendes System aufzubauen. Dank Parteien haben wir ein stabiles politisches System mit repräsentativen Wahlen, die festen Regeln folgen. Aber die Dauer solcher Auswahlprozesse, die Formen der Entscheidungen über Personal- und Sachfragen, genau das ist etwas, das junge Leute zumindest irritiert, wenn nicht sogar verschreckt. [...]

Aber was müsste man denn verändern, damit sich die Jungen in den Parteien wiederfinden?
Es kommt darauf an, diese Kluft zwischen den Parteien und der jungen Generation zu überbrücken. Und das bedeutet, die Parteien müssen sich öffnen und neue Formen der Mitgliedschaft anbieten. Man ist also nicht Mitglied auf Lebenszeit, sondern für eine begrenzte Zeit. Man muss nicht Vollmitglied sein, sondern kann nur sympathisierendes Mitglied sein. Hier muss cinc Flcxibilisierung hinein, die bei einigen Parteien auch schon praktiziert wird.

Reicht das schon?
Nein, es wäre sehr klug, wenn Parteien sich eine selbstverbindliche Quote auferlegen. Wenn sie also zum Beispiel bei allen zukünftigen Wahlen beschließen, 30 Prozent Kandidaten und Kandidatinnen unter 35 Jahren aufzustellen. [...]

(„Parteien sind für jüngere Leute riesige, fremdartige Apparate", Interview von Christine Zinner mit Klaus Hurrelmann, cicero.de, 25.04.2019, Res Publica Verlags GmbH, Berlin; https://www.cicero.de/innenpolitik/jugend-fridays-for-future-bewegung-parteien-generationenkonflikt [25.02.2021])

b) Lieber flexibel

Es ist viel einfacher, sich situativ und vor allem auch digital zu organisieren. Das erspart ein weiteres Problem, das viele Jugendliche mit Parteipolitik haben: Viele Menschen, die in eine Partei eintreten, machen das mit der Hoffnung, die Partei in eine Richtung formen zu können, die der eigenen entspricht. Der Trend geht aber mehr dahin, etwas zu suchen, bei dem man sich bereits besser aufgehoben fühlt.

(Andrea Römmele: Parteien, nutzt den Impuls der Jugend!, ZEIT ONLINE, 09.04.2019, Hamburg; https://www.zeit.de/politik/deutschland/2019-04/parteipolitik-politikverdrossen-jugend-fridays-for-future-debattenkultur [25.02.2021])

1 Erläutert, wie Jugendliche die Parteien erleben.

2 Erklärt die Verdienste der Parteien, die die jungen Menschen nach Meinung des Jugendforschers Klaus Hurrelmann nicht sehen (Z. 17 ff.). Zur Erklärung könnt ihr euch z. B. auf M 11 (S. 199 f.), M 7 (S. 231 f.) und M 13 (S. 238 f.) beziehen.

Blick-winkel

3 Nennt die von Hurrelmann vorgeschlagenen Formen der Beteiligung Jugendlicher in Parteien und diskutiert diese.

2.1, 2.2

4 Alle Parteien haben auch Jugendorganisationen. Mit unter 20 Jahren, manchmal schon mit 14, kann man Mitglied werden. Recherchiert, wie die Jugendorganisationen heißen, welche Themen für sie wichtig sind, und vergleicht, wie sie Jugendliche ansprechen.

3. Partizipation – Mitmachen und Mitentscheiden

Wählen allein reicht in der Demokratie nicht aus. Eine Beteiligung von Bürgerinnen, Bürgern und Betroffenen an politischen Entscheidungen, mit einem Fachbegriff als „Partizipation“ bezeichnet, muss auch zwischen Wahlterminen stattfinden können. Nur so bleibt die Demokratie lebendig und entwickelt sich nicht zu einer Zuschauerdemokratie. Viele Menschen, vor allem auch junge Menschen, haben Ziele und Anliegen, die sich nicht nur mit einem Kreuz auf dem Stimmzettel zufriedenstellend lösen lassen. Als Betroffene wollen sie sich unmittelbar einbringen und engagieren. Darum geht es im Folgenden.

M16 „Wie kann ich bewirken, dass ein kostenloses Nahverkehrsticket eingeführt wird?"

Du möchtest gerne nach deinem Schulabschluss ein freiwilliges soziales Jahr ableisten. Im Gespräch mit Freunden und Eltern fällt dir aber auf, dass dies mit einem erheblichen finanziellen Aufwand verbunden sein würde. Besonders kostspielig wären die Fahrten zur Arbeit und zurück nach Hause. Aus diesem Grund würdest du dir wünschen, dass ein kostenloses Nahverkehrsticket für alle unter 25 Jahren eingeführt wird.

(Autorentext)

1 Überlegt, zunächst jede und jeder für sich allein, wie man die Einführung eines kostenlosen Nahverkehrstickets erreichen könnte. Schreibt Ideen auf, die in die Sprechblasen eingetragen werden könnten.

2 Stellt anschließend die möglichen Vorgehensweisen vor. Diskutiert, welche ihr in diesem Beispiel für erfolgversprechend haltet.

3 Haltet die Gesichtspunkte fest, die bei der Bewertung der verschiedenen Möglichkeiten zur Sprache gekommen sind.

Arbeitsvorschlag:

Das folgende Material (M 17) enthält eine Kurzbeschreibung von sieben verschiedenen Möglichkeiten, sich politisch zu betätigen und zu beteiligen. Einige davon können vor allem Jugendliche nutzen.

1 Bildet zunächst Zweier- oder Dreiergruppen für jeweils eine Partizipationsmöglichkeit in den Abschnitten a – g. Lest die Beschreibung und diskutiert in der Gruppe, inwieweit das beschriebene Instrument (auch) geeignet sein könnte, ein kostenloses Nahverkehrsticket zu erwirken. Tragt anschließend im Plenum eure Diskussionsergebnisse vor.

2 Beurteilt dann allgemein die verschiedenen Möglichkeiten politischer Partizipation anhand der folgenden Kriterien:

Zeitaufwand – spontane Umsetzungsmöglichkeit - erforderliche Kenntnisse – Veranstaltungsort – Beteiligte – Dauerhaftigkeit – Adressaten – Teilnahmevoraussetzungen – öffentliche Aufmerksamkeit – Vorteile/Nachteile

1.2, 4.1

3 Erstellt digital eine Übersicht, in die ihr die in den verschiedenen Gruppen ermittelten Ergebnisse eintragt und miteinander teilt.

4 Vergleicht und beurteilt abschließend, wie politisch wirksam und erfolgreich die verschiedenen Beteiligungsformen sein können. Legt eure Beurteilungskriterien offen.

M 17 So kann man sich politisch beteiligen

a) Demonstrationen – Schülerinnen und Schüler gehen auf die Straße

Viele Tausend Schülerinnen und Schüler nehmen seit Anfang des Jahres 2019 deutschlandweit an Demonstrationen für den Klimaschutz teil, statt zur Schule zu gehen. Mit den Schulstreiks wollen sie darauf aufmerksam machen, dass der Klimawandel ihre eigene Zukunft gefährdet. Sie fordern von den Erwachsenen, mehr für den Klimaschutz zu tun. Zum Beispiel, das Pariser Klimaabkommen umzusetzen und aus der Kohleenergie auszusteigen. [Kernforderung: Einhaltung der auf dem Pariser Klimagipfel Ende 2015 gesetzten Ziele zur weltweiten Reduktion von CO2-Emissionen, damit die Erd-erwärmung auf einen Anstieg von maximal 1,5 Grad begrenzt wird.] Die Demonstrationen finden in der Regel freitags statt und stehen unter dem Motto „Fridays For Future."

Vorbild für die Demonstrationen ist die Initiative von Greta Thunberg. Die damals 15-jährige schwedische Schülerin begann im Sommer 2018 vor dem schwedischen Parlament zu demonstrieren und weigerte sich, in die Schule zu gehen. […]

(umwelt-im-unterricht.de: Mitgestalten – die Rechte und Möglichkeiten von Kindern und Jugendlichen, 07.03.2019, Herausgeber: Bundesministerium für Umwelt, Naturschutz und nukleare Sicherheit (BMU), Berlin, https://www.umwelt-im-unterricht.de/hintergrund/mitgestalten-die-rechte-und-moeglichkeiten-von-kindern-und-jugendlichen/ [25.02.2021])

b) Jugendparlamente – Jugendliche vertreten Jugendliche

[...] In Jugendparlamenten repräsentieren die Vertreter und Vertreterinnen die Interessen der Jugend in einer Gemeinde. Häufige Themen sind beispielsweise Verbesserungen des Schulhofes und Freizeitangebote vor Ort.

Die Vertreterinnen und Vertreter sind Kinder und Jugendliche – meistens zwischen acht und 21 Jahren –, die von ihren Altersgenossen in einer geheimen Wahl direkt gewählt werden. [...] Sie sind Sprachrohr und Ansprechpartner für Jugendliche und informieren die Öffentlichkeit und die Kommunalpolitik über Wünsche und Belange der Jugend vor Ort. [...]

(Laila Oudray: Jugendparlament: Welche Aufgaben haben die Vertreter der Jugend, polyas.de, 13.07.2017, Kassel; https://www.polyas.de/blog/de/vertreterwahlen/jugendparlament [25.02.2021])

c) Initiativen und Organisationen – gemeinsam mit Erwachsenen

In Organisationen und Initiativen können Jugendliche ihren Interessen nachgehen und sich gesellschaftlich engagieren. Das können sehr große Vereine sein, wie zum Beispiel die bekannten Umweltverbände oder die Jugendorganisationen der politischen Parteien, oder kleine Vereinigungen vor Ort, zum Beispiel im Kulturbereich. Als Mitglied eines Vereins kann man das Vereinsleben mitgestalten und an Sitzungen und Abstimmungen teilnehmen. [...]

(Deutscher Bundesjugendring: Formen der Jugendbeteiligung – Initiativen und Organisationen, ohne Datum, Berlin; https://mitwirkung.dbjr.de/beteiligung/formen-der-jugendbeteiligung/ [25.02.2021])

d) Projektarbeit – Jugendliche planen und gestalten mit

Sind junge Menschen einmalig an der Ausgestaltung eines konkreten Vorhabens oder der Lösung eines konkreten Problems beteiligt, spricht man von projektorientierter Beteiligung. Das kann zum Beispiel die Beteiligung der Jugendlichen an der Planung eines Skateparks oder des Programms für das Stadtfest sein. Interessierte können sich in die Projektarbeit einbringen und zum Beispiel an Diskussionen teilnehmen oder sich an der Umsetzung beteiligen. [...]

(Deutscher Bundesjugendring: Formen der Jugendbeteiligung – Projektarbeit, ohne Datum, Berlin; https://mitwirkung.dbjr.de/beteiligung/formen-der-jugendbeteiligung/ [25.02.2021])

e) Petition – eine Beschwerde schreiben

[...] Eine Petition ist ein Schreiben, das sich mit einer Beschwerde oder einem Vorschlag an den Deutschen Bundestag richtet. Dort befasst sich ein Petitionsausschuss mit dem jeweiligen Anliegen. [...] In Artikel 17 der Verfassung ist geregelt, dass sich jedermann schriftlich an den Bundestag, Landtag, Kreistag etc. mit Bitten und Beschwerden richten kann. [...] Der Petitionsausschuss muss sich – unabhängig von der Anzahl der gesammelten Unterschriften – mit jeder ordnungsgemäß eingereichten Petition beschäftigen. [...]

(Alexander von Chrzanowski, Max Frehner: Was ist eine Petition und wie viele Unterschriften brauche ich?, Deutsche Handwerks-Zeitung online, 12.06.2020, Holzmann Medien GmbH & Co. KG, Bad Wörishofen; https://www.deutsche-handwerks-zeitung.de/was-ist-eine-petition-und-wie-viele-unterschriften-brauche-ich/150/32549/371202 [26.02.2021])

Online-Petition

Auf der Internetseite des Deutschen Bundestages können Bürgerinnen und Bürger seit September 2005 Petitionen auch online einreichen oder mitzeichnen. Anders als bei klassisch, also per Post, eingereichten Petitionen können Online-Petitionen auch öffentlich im Forum diskutiert werden.

(Deutscher Bundestag, Glossar: Online-Petition, ohne Datum, Berlin; https://www.bundestag.de/services/glossar/glossar/O/online_petition-247182 [26.02.2021])

f) Online aktiv werden und aktivieren

Jugendliche […] können selbst Themen setzen, Aufmerksamkeit erregen, andere mobilisieren und Beteiligung organisieren. Die konkreten Formen sind vielfältig. Dazu kann gehören, sich zu *positionieren*, sich *aktiv einzubringen* sowie andere zu *aktivieren*.

Sich positionieren heißt, Stellung zu gesellschaftlichen Fragen zu beziehen. Dies beginnt beim einfachen „Liken" von Inhalten in sozialen Netzwerken. Auch Gruppenmitgliedschaften, Statements in der Profilbeschreibung oder bestimmte Profilbilder gehören dazu.

Sich einbringen heißt, selbst aktiv zu werden. Dazu kann gehören, sich in Diskussionen einzubringen oder diese anzustoßen. Eine einfache Form in sozialen Netzwerken ist das Teilen eines Bildes oder eines Beitrags mit einem eigenen Kommentar dazu, der das eigene Netzwerk zu Reaktionen bewegt.

Andere aktivieren bedeutet, andere Nutzerinnen und Nutzer gezielt anzusprechen und zu bewegen, aktiv zu werden. Eine häufig zu beobachtende Form in sozialen Netzwerken ist das Weiterleiten eines Links zu einer Online-Petition oder einer Spendenaktion. […] Ein Beispiel, wie Online- und Offline-Engagement zusammenwirken, ist die „Fridays For Future"-Bewegung. Während sich hier viele Jugendliche persönlich in Gruppen und bei Demonstrationen vor Ort engagieren, trägt die Nutzung von sozialen Netzwerken und Messenger-Diensten bedeutend dazu bei, dass die Bewegung in kurzer Zeit eine große Dynamik entfalten konnte.

(umwelt-im-unterricht.de: Jugendliche, digitale Medien und Partizipation, 11.07.2019, Herausgeber: Bundesministerium für Umwelt, Naturschutz und nukleare Sicherheit (BMU), Berlin; https://www.umwelt-im-unterricht.de/hintergrund/jugendliche-digitale-medien-und-partizipation/ [25.02.2021])

g) Bürgerinitiative – für oder gegen etwas kämpfen

Eine Bürgerinitiative besteht aus beliebig vielen Bürgern, die ein gemeinsames Ziel verfolgen. […] Oftmals entstehen Bürgerinitiativen, um ein Problem zu lösen, das die Mitglieder in ihrer lokalen Umgebung feststellen. Vielleicht engagieren sie sich für den Bau weiterer Spielplätze, für die Sanierung des Hallenbades oder für die Errichtung neuer Kreisverkehre. Manchmal werden Bürgerinitiativen aber auch gegründet, um gegen bestimmte Umstände anzugehen. Wenn die Einflugschneise eines Flughafens direkt über einem Neubaugebiet liegt, tun sich zum Beispiel Bürgerinnen und Bürger zusammen, um sich gegen Fluglärm zu wehren.

Beliebte Protestmethoden einer Bürgerinitiative sind Unterschriftenaktionen, Demonstrationen oder das Verfassen von Petitionen, die dem Anliegen mehr Nachdruck verleihen. […] Bürgerinitiativen sind nicht auf Dauer angelegt, sondern lösen sich in der Regel auf, wenn das Ziel erreicht oder das Problem aus der Welt ist. […]

(mitmischen.de, Lexikon: Bürgerinitiative, Deutscher Bundestag, ohne Datum, Berlin; https://www.mitmischen.de/bundestag-wissen/lexikon/b/buergerinitiative [26.02.2021])

M18 Warum ist politische Partizipation wichtig?

Demokratie, die Herrschaft des Volkes, lebt von der Beteiligung aller Bürgerinnen und Bürger. Die Beteiligung an der Wahl der Volksvertreterinnen und Volksvertreter ist das wichtigste Recht, um sich demokratisch zu beteiligen. Nicht weniger wichtig ist aber auch die Wahrnehmung anderer politischer Beteiligungsformen. Denn die Idee der Demokratie in ihrem Wortsinn wird nur dann gut verwirklicht, wenn möglichst viele Menschen sich an politischen Entscheidungsfindungen beteiligen oder sich zumindest für diese interessieren. Die Partizipation der Bürgerinnen und Bürger ist jedoch unterschiedlich stark ausgeprägt (s. S. 188, M4). Viele haben, aus unterschiedlichen Gründen, kein Interesse, sich politisch zu beteiligen. Das ist sehr bedenklich für eine demokratische politische Ordnung. Im Folgenden findet ihr dazu einige wichtige Aussagen.

a) Politische Amtsträger zeigen nur eine geringe Bereitschaft, auf Interessen von Bürgerinnen und Bürger einzugehen, die sich politisch nicht beteiligen.

c) Menschen, die ihre Interessen in der Politik nicht berücksichtigt sehen, verlieren das Vertrauen in das politische System.

b) Geringverdiener und weniger gut Ausgebildete fühlen sich politisch schlecht vertreten und lehnen es deshalb frustriert ab, sich an Wahlen zu beteiligen. Für sie würde „ja eh nichts" getan.

d) Die Demokratie verliert an Zustimmung.

e) Menschen mit einem niedrigen Einkommen und geringer Bildung, darunter besonders viele junge Leute, gehen seltener zur Wahl und nutzen auch andere Beteiligungsmöglichkeiten weniger als besser gebildete Menschen mit höherem Einkommen.

f) Die Interessen einkommensstarker und gut gebildeter Personengruppen werden in der politischen Willensbildung stärker berücksichtigt.

g) Die Interessen von Geringverdienern und/oder schlecht ausgebildeten Personen werden weniger repräsentiert.

(Autorentext)

1 Die Aussagen a – g stehen inhaltlich in einem Zusammenhang damit, dass einige gesellschaftliche Gruppen sich zu wenig politisch beteiligen und daraus eine politische Problematik folgt. Ihre Reihenfolge ist willkürlich. Bringt sie in eine sinnvolle Reihenfolge, sodass sich daraus sozusagen eine „Spirale mangelnder politischer Partizipation" ergibt.

2 Beschreibt und begründet den Zusammenhang zwischen den einzelnen Elementen.

3 Diskutiert, ob bzw. wie die „Spirale mangelnder politischer Partizipation" überwunden werden könnte.

Praxis

Vorschlag: Ihr könntet Vertreterinnen und Vertreter von Jugendorganisationen vor Ort in den Unterricht einladen, um sie besser kennenzulernen. Und wenn ihr euch gemeinsam in der Klasse engagieren wollt, findet ihr nachfolgend methodische Hinweise zur Planung eines Projekts zum politischen Engagement.

Methode – Ein Projekt planen

Aktiv werden – politisches Engagement planen und durchführen

Arbeitet in Gruppenarbeit einen Plan aus, wie ihr euch für ein gesellschaftliches oder politisches Anliegen engagieren könnt. Ihr könnt auswählen zwischen einem Thema, das euch auf den Nägeln brennt, und einem Schulprojekt. Bildet Gruppen, die sich gemeinsam einer Forderung annehmen.

Erstellt dann in Gruppenarbeit ein Handout, in dem ihr eure Recherchen und euer Aktionskonzept beschreibt.

Tipps zur Planung:

Das Anliegen definieren

- Was will ich erreichen? Was ist mein konkretes Anliegen?
- Gibt es Zwischenschritte oder Teilerfolge, die zunächst leichter umzusetzen sind?

Informationsquellen suchen

- Gibt es offizielle Institutionen, Projekte, Ämter, Parteienvertreter etc., die ihr befragen könnt?
- Welche Internetadressen und Medien liefern weiterführende Informationen?

Konkrete Möglichkeiten der Meinungsäußerung erwägen

- zum Beispiel Leserbriefe, Schülerzeitung, lokale journalistische Medien, Petitionen, Beschwerdebriefe; an Demonstrationen, Abstimmungen oder Befragungen teilnehmen

Eine Öffentlichkeit schaffen, sich organisieren und aktiv werden

- Wie und wo können Mitstreiter gewonnen werden?
- Welche sozialen Netzwerke, Straßenaktionen oder ähnliche Aktivitäten eignen sich, um die Bevölkerung zu informieren?
- Gibt es eine Möglichkeit, bei bestehenden Projekten mitzumachen, die ein ähnliches Anliegen verfolgen (Bürgerinitiativen, Gewerkschaften, Gruppen in sozialen Medien etc.)?

(ZEIT für die Schule, Thema im April 2018: Schülerproteste nach Amoklauf: Engagiert euch!; Projektleitung: Franziska Sachs, Zeitverlag Gerd Bucerius GmbH & Co. KG, Projektassistenz: Jannike Möller, Zeitverlag Gerd Bucerius GmbH & Co. KG, didaktisches Konzept und Arbeitsaufträge: Susanne Patzelt, Wissen beflügelt; http://service.zeit.de/schule/wp-content/uploads/sites/9/2018/03/0418-ZEIT.ZfdS-Sek2-Amoklauf.pdf, S. 9 [15.01.2019]; leicht verändert)

4. Neue Medien und politische Willensbildung

4.1, 5.2, 5.3, 5.4, 6.1, 6.2, 6.4

Menschen bilden sich ihre politische Meinung mittels Nachrichten, Informationen, Meinungen, Kommentaren und Bildern, die zahlreich in den Medien verbreitet werden. Diese medialen Produkte können auch Wahlentscheidungen beeinflussen. Neben den traditionellen Medien wie Zeitung und Fernsehen spielen das Internet und soziale Medien eine immer wichtigere Rolle. Vor allem junge Menschen nutzen sie täglich. So selbstverständlich der Umgang damit auch ist, so gravierend (und manchmal auch ungewollt) können die damit verbundenen Auswirkungen auf die politische Willensbildung sein. Die folgenden Materialien sollen euch dies bewusst machen.

M19 Der Papst für Trump? – Fake News!

[...] Es stimmt nicht, an der [obigen] Meldung ist nichts dran, es handelt sich um Fake News – eine gefälschte Nachricht. Dennoch verbreitete sich die Schlagzeile von Franziskus' angeblicher Unterstützung für Trump im Sommer 2016 rasend schnell im Internet. Urheber der Falschmeldung war die inzwischen abgeschaltete Webseite WTOE5news.com. Über Facebook geteilt, erreichte die Nachricht drei Monate vor der US-Wahl mehr Nutzer als jeder Artikel, den seriöse Medien wie die „New York Times" oder „Washington Post" in dem sozialen Netzwerk veröffentlichten. Fast eine Million Reaktionen – Likes, Shares, Kommentare – löste die Lügengeschichte auf Facebook aus. [...]

(Paul Starzmann: Fake News: Wahlkampf in der Gerüchteküche, vorwaerts.de, Berliner vorwärts Verlagsgesellschaft mbH, 04.01.2017, Berlin; https://www.vorwaerts.de/artikel/fake-news-wahlkampf-geruechtekueche [26.02.2021])

*

Der Begriff **Fake News** setzt sich aus den Wörtern fake (gefälscht) und news (Nachrichten) zusammen. Fake News erwecken den Eindruck, echte Nachrichten zu sein, sind aber entweder falsch oder tatsächliche Aussagen und Bilder werden in einen neuen, aber falschen Zusammenhang gestellt. Oft erregen sie mit provozierenden Schlagzeilen Aufmerksamkeit. Ihre Absicht ist Manipulation, um vorhandene Vorurteile und Meinungen bestimmter Gruppen zu bestätigen oder zu verstärken.

M 20 Fake News gegen Nachrichten

Warnhinweise bei Tweets

Der Online-Dienst Twitter hat erstmals Kurznachrichten von US-Präsident Donald Trump mit Warnhinweisen versehen und einem Faktencheck unterzogen. Trumps Tweets über eine vermeintliche Betrugsgefahr bei Briefwahlen „enthalten potenziell irreführende Informationen über Wahlprozesse“, teilte Twitter mit. Daher seien sie gekennzeichnet und um zusätzlichen Kontext zu Briefwahlen ergänzt worden. Unter Trumps Kurznachrichten gibt es nun einen Link mit den Worten „Holen Sie sich die Fakten über Briefwahlen“. Dieser führt Nutzer zu einer Twitter-Seite mit einer kritischen Prüfung der Aussagen sowie Nachrichtenartikeln über unbelegte Behauptungen Trumps. […] Nach den Warnhinweisen von Twitter warf Trump dem Social-Media-Unternehmen auf dessen Plattform vor, sich in die Präsidentschaftswahlen 2020 einzumischen: „Twitter unterdrückt die freie Meinungsäußerung […].“

(tagesschau.de: Trump legt sich mit Twitter an, 27.05.2020, Norddeutscher Rundfunk, Hamburg; https://www.tagesschau.de/ausland/trump-twitter-145.html [26.02.2021])

Wenn eine gezielte Falschnachricht erst in der Welt ist, wird sie in sozialen Medien oft tausendfach geteilt. Sie dann wirkungsvoll zu korrigieren, sei fast nicht möglich, sagt Prof. Stephan Weichert [ein Medien- und Kommunikationswissenschaftler] in einem Interview. […]

Gezielte Falschmeldungen gab es schon immer, was ist neu an den Fake News von heute?

Stephan Weichert:

Das Spezifische an Fake News ist, dass sie gleichrangig neben Informationen hoher Güte und Qualität stehen. Und dass sie so schwer nachverfolgbar sind. Facebook und andere Netzwerke haben unser Informations-Ökosystem einfach auf den Kopf gestellt. Jeder hat Zugriff, jeder kann sich wie ein Medium artikulieren, ohne dass das jemand überprüft. Wenn einmal eine Falschmeldung erst in der Welt ist und die tausendfach geteilt wurde, wie im Fall von Donald Trump, dann lesen das Hunderttausende. Um solch eine Falschmeldung zu korrigieren, müssten Sie erst einmal die gleiche Anzahl von Leuten erreichen. Das schaffen Sie aber nicht, weil Sie nicht die gleiche Anzahl an Twitter-Followern haben oder die gleiche Anzahl an Facebook-Fans. Damit entsteht in unserem Informations-Ökosystem ein neues Kräfteverhältnis, das es so früher nicht gegeben hat. […]

(welt.de: Trump und der Papst, 20.01.2017, Axel Springer SE, Berlin; https://www.welt.de/print/welt_kompakt/hamburg/article161343710/Trump-und-der-Papst.html [26.02.2021])

1 Erläutert die Eigenschaften und Merkmale von Fake News und warum sie sich so stark verbreiten (M 19, M 20).

2 Erschließt, welche politischen Wirkungen sie haben können.

5.2, 5.3 **3** Diskutiert verschiedene Möglichkeiten, wie man etwas gegen Fake News unternehmen könnte (z. B. Warnhinweise bei Tweets, s. Kasten in M 20). Notiert die Vorschläge und nennt dazu jeweils Pro- und Kontra-Argumente.

5.4 Auf den Seiten der „Faktenchecker“ correctiv.org oder mimikama.at findet ihr viele Beispiele von Fake News, die als solche identifiziert und richtiggestellt wurden (ein Beispiel findet ihr im folgenden Kasten). Geht auf eine dieser Internetseiten und prüft anhand eines Beispiels, inwieweit die Anwendung der folgenden Methode „Fake News erkennen“ dazu hätte beitragen können, diese zu erkennen.

Kind starb, weil es eine Maske trug
Ein sechsjähriges Kind sei angeblich „bei Schweinfurt" in Bayern verstorben, weil es einen Mund-Nasen-Schutz trug, wird in sozialen Netzwerken behauptet. Die Polizei, die Stadt Schweinfurt und ein Krankenhaus sagen: Das ist eine Falschmeldung.

(Kathrin Wesolowski, CORRECTIV – Recherchen für die Gesellschaft gemeinnützige GmbH, 08.10.2020, Essen; https://correctiv.org/faktencheck/2020/10/08/behoerden-in-schweinfurt-sprechen-von-falschmeldung-keine-belege-dass-ein-sechsjaehriges-maedchen-starb-weil-es-eine-maske-trug [26.02.2021])

Methode – Fake News erkennen

So könnt ihr vorgehen, um Fake News zu erkennen:

1. News genau anschauen
Schau die Nachricht aufmerksam an. Wenn alles wie eine Schlagzeile aussieht, wenn es vor allem um Sensation geht, dann sei vorsichtig. Wenn nur eine Meinung geäußert wird, ohne Erklärung, wenn Stimmung gemacht werden soll, dann sei vorsichtig [z. B. bei vielen Frage- oder Ausrufezeichen oder aufsehenerregenden Bildern].

2. Selber denken
Denke immer nach, bevor du eine Nachricht weiterleitest. Bei Zweifel an der Echtheit der Nachricht: lieber nicht liken und verbreiten.

3. Kritisch lesen
Oft werden in Fake News Zahlen und Zitate genannt. Sie erscheinen, ohne dass man erkennt, woher sie kommen. Da ist Vorsicht geboten. Prüfe, ob der Beitrag sehr einseitig ist. Wird nur eine Meinung vertreten oder kommen auch andere Ansichten zur Sprache?

4. Quellen prüfen
Echte Nachrichten kommen aus zuverlässigen Quellen. Prüfe, wer die Nachricht verbreitet! Auf jeder Veröffentlichung muss es ein „Impressum" geben. Dort müssen Name, Adresse und Kontaktmöglichkeiten der Person stehen, die für die Nachrichten auf der Seite verantwortlich ist. [Wird die Autorin/der Autor genannt? Gibt es ein Erstelldatum?] Wenn diese Angaben fehlen oder fehlerhaft sind, besteht Anlass zur Vorsicht. Wenn andere Medien diese Nachricht nicht verbreiten, besteht Anlass, an der Richtigkeit der Nachricht zu zweifeln.

(Gerd Schneider, Christiane Toyka-Seid: Fake News, in: Das junge Politik-Lexikon von www.hanisauland.de, Bundeszentrale für politische Bildung, Bonn 2021; https://www.bpb.de/nachschlagen/lexika/das-junge-politik-lexikon/320271/fake-news [26.02.2021])

[5. Zitate prüfen]
[…] Eine Art von Falschmeldungen, die wir häufig sehen, sind erfundene Politiker-Zitate. Sie lassen sich leicht verifizieren [überprüfen], indem man das angebliche Zitat in eine Suchmaschine eingibt. Wenn Zitate ohne Quellenangabe, Ort und Datum verbreitet werden, lohnt es sich, das zu überprüfen.

6. Bilder prüfen
Da Bilder leicht verfälscht werden können, sei es durch Photoshop oder eine falsche Bildunterschrift, sollte man auch Bilder überprüfen. Das geht leicht mit der Bilder-Rückwärtssuche. Dafür lädt man ein Bild oder die URL eines Bildes bei Suchmaschinen wie Google, Yandex oder Bing hoch und bekommt als Ergebnis angezeigt, wo die Bilder zuvor erschienen sind. So kann man schnell herausfinden, ob ein Foto im falschen Kontext geteilt wird oder manipuliert wurde.

7. Achte auf deine Gefühle
Falschmeldungen wollen oft Gefühle wie Wut oder Angst hervorrufen, weil dadurch mehr Menschen mit der Meldung interagieren – auf sie klicken, sie kommentieren oder teilen. Klicks bedeuten oft Geld [viele Klicks bringen mehr Werbeeinnahmen] und sind daher eine der Motivationen dafür, Falschmeldungen zu verbreiten. […]

(correctiv.org: Diese Tipps helfen, Falschmeldungen zu erkennen, CORRECTIV – Recherchen für die Gesellschaft gemeinnützige GmbH, 14.05.2019, Essen; https://correctiv.org/faktencheck/ueber-uns/2019/05/14/diese-tipps-helfen-falschmeldungen-zu-erkennen [26.02.2021]; Reihenfolge geändert)

4.1, 5.1, 5.2, 5.3, 5.4, 6.1, 6.4

Arbeitsvorschlag:
In den folgenden Materialien (M 21 - M 26) wird unter jeweils verschiedenen Gesichtspunkten (über die Verbreitung von Fake News hinausgehend) die Bedeutung des Internets bzw. sozialer Medien für die Parteien und die politische Willensbildung dargestellt. Bearbeitet die Materialien **arbeitsteilig in fünf Gruppen** anhand der dazu gestellten Aufgaben. Gestaltet eure Arbeitsergebnisse digital so, dass ihr sie teilen könnt.

Gruppe 1

M 21 Politik im Snack-Format

Wie wichtig sind soziale Medien für die Parteien? Sie setzen immer stärker darauf. Die Parteien haben das Gefühl, dass die Bürgerinnen und Bürger von ihnen erwarten, dort präsent und sichtbar zu sein. […] Auch wenn sich viele Menschen noch in den klassischen Medien informieren, werden sogenannte Snack-News immer wichtiger. Das bedeutet, dass die Menschen möglichst schnell und nebenbei informiert werden wollen, und dann reichen häufig Überschriften. Genau diese Art von kurzen, schnellen Informationen liefern Facebook & Co. Außerdem können Menschen, die sonst keine Nachrichten verfolgen und sich niemals eine Zeitung kaufen würden, in den sozialen Medien zufällig mit Nachrichten in Kontakt kommen. […]

(Katharina von Kleinen-von-Königslow im Interview mit Felix Willeke: Soziale Medien – Gefahr oder Chance für die Politik? In: uni-hamburg.de vom 23.5.2019, zit. nach: Wochenschau: Das Parteiensystem, Vertiefungsheft Sekundarstufe II, Nr. 1, Wochenschau Verlag, Frankfurt am Main, Januar 2020, S. 18)

M 22 Neue Wahlkampfplätze für Parteien

Ähnlich wie in den USA ist Facebook auch in Deutschland die mit Abstand wichtigste Plattform zur politischen Meinungsbildung. Etwa ein Viertel der Menschen nutzen Facebook als Nachrichtenquelle. Die meisten Menschen ändern zwar vermutlich wegen eines Facebook-Chats nicht gleich ihre politische Meinung, sie gehen aber vielleicht eher zur Wahl oder auch gerade nicht, wenn ihre Facebook-Freunde das auch nicht tun.
(Autorentext)

[…] Wer […] Wahlen gewinnen will, muss nicht mehr nur an Ständen mit Gratis-Kugelschreibern und beim Besuch in der Fertigungshalle des größten Arbeitgebers im Wahlkreis überzeugen. Wahlkampf findet auch auf Facebook statt. Und die Betonung liegt auf „Kampf".

Lange haben die Parteien mit dem digitalen Wandel und sozialen Netzwerken gefremdelt, nun begreifen sie: Der Wahlkampf muss sich radikal verändern. Politiker kommunizieren mit den Bürgern direkt, blitzschnell und ständig. Und die Bürger äußern sich ausgiebig – mal fundiert, mal lautstark, mal wütend. Mobilisierung von Wählern gehorcht den alten Regeln der analogen Demokratie nicht mehr. […]
In kürzester Zeit werden Themen in die Debatte gespült – und verschwinden wieder. Traditionelle Institutionen verlieren die Kontrolle über Debatten. Neu gegründete, auf

Viralität [schnelle Informationsweitergabe von Mensch zu Mensch] spezialisierte Nachrichtenseiten mischen mit; neue Influencer tauchen auf, die keine Partei brauchen [...]

(Jannis Brühl, Katharina Brunner und Sabrina Ebitsch: Der Facebook-Faktor. Wie das soziale Netzwerk die Wahl beeinflusst, Süddeutsche Zeitung online, ohne Datum, München; https://gfx.sueddeutsche.de/apps/e502288/www/ [26.02.2021])

1 Erklärt und erläutert, warum es für die Parteien wichtig ist, in den sozialen Medien vertreten zu sein (M 21, M 22).

2 Recherchiert den Internetauftritt von Parteien auf Facebook und anderen sozialen Medien. Ermittelt, wie sie mit ihrer Aufmachung die Nutzer zu erreichen versuchen.

2.1, 2.2

Gruppe 2

M 23 Mit sozialen Medien ungefiltert die Bürgerinnen und Bürger erreichen

[...] Politiker können über soziale Medien direkt mit den Wählern in Kontakt treten. Während in klassischen Nachrichtenmedien Journalisten [als „Gatekeeper“] darüber entscheiden, ob und in welchem Kontext Politiker zu Wort kommen, haben diese in sozialen Medien die Gewissheit, dass ihre Botschaften die Wähler ungefiltert und unverändert erreichen. Diese Botschaften können multimedial sein und per Hyperlinks auf andere Inhalte verweisen, die dem Politiker wichtig sind. Im Idealfall verbreiten die Follower eines Politikers seine Botschaften weiter, sodass sie auch Menschen erreichen, die bislang keine Anhänger des Politikers waren. Soziale Medien geben den Bürgern zudem zu einem gewissen Grad die Möglichkeit, mit Politikern zu interagieren, indem sie z.B. Posts schreiben, bewerten oder kommentieren. Dies suggeriert [macht glauben] zumindest eine gewisse Einflussmöglichkeit auf die Politik und schafft zugleich eine Nähe zwischen Politikern und ihren Anhängern, die vermutlich stärkere Bindungen erzeugt, als es Wahlplakate oder klassische Medienberichterstattung können. [...]

(Marcus Maurer: Die Bedeutung Neuer Medien für populistische Parteien, in: Deutschland & Europa - Zeitschrift für Gemeinschaftskunde, Geschichte und Wirtschaft, Heft 74/2017, hrsg. von der Landeszentrale für politische Bildung Baden-Württemberg, Stuttgart 2017, S. 17)

Gatekeeper (Torwächter, Türöffner): Medien und Journalisten, die aus der Fülle der täglichen Ereignisse die wichtigsten auswählen; sie entscheiden somit darüber, welche Informationen zu den Zuschauern bzw. Nutzern durchgelassen werden und welche nicht

1 Erklärt die Besonderheit der sozialen Medien im Vergleich zu den klassischen Medien Zeitung und Fernsehen.

2 Beschreibt die Auswirkungen der sozialen Medien auf das Verhältnis zwischen Parteien/Politikern und den Nutzerinnen und Nutzern dieser Medien.

3 Gestaltet eine Grafik, die die Zusammenhänge veranschaulicht.

Gruppe 3

M 24 Neue Medien – besonders für populistische Parteien reizvoll

Populistische Parteien benötigen, wie alle anderen Parteien auch, öffentliche Aufmerksamkeit, um bei Wählern um Unterstützung für ihre Positionen und Ziele zu werben. Klassische journalistische Nachrichtenmedien wie Tageszeitungen oder Fernsehnach-

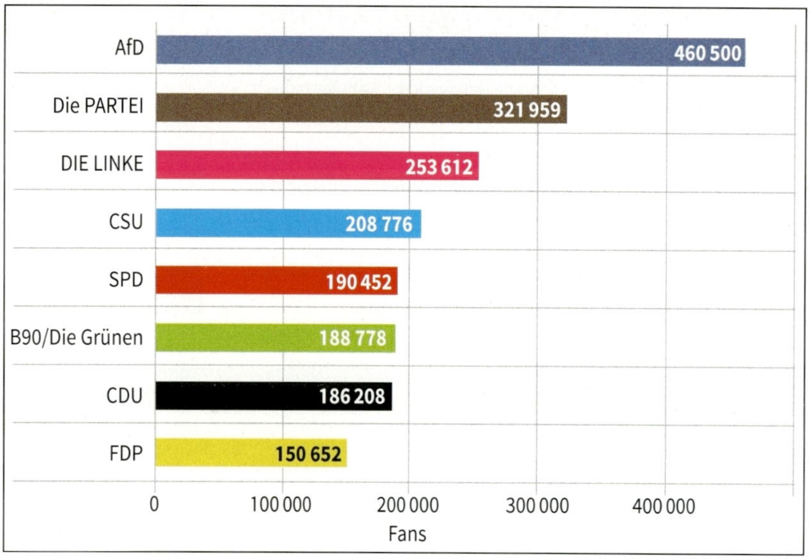

Die Fanzahlen der deutschen Parteien bei Facebook (August 2017)
(FES-Kurzstudie „Digitale Parteistrategien zur Europawahl 2019“)

[…] Diese Dominanz der AfD in den sozialen Netzen bestätigt auch die im Auftrag der CSU-nahen Hanns-Seidel-Stiftung entstandene Studie „Social Media im Wahlkampf“ von Simon Hegelich, Professor für Political Data Science an der Münchener Hochschule für Politik. Neben den Facebook-Aktivitäten der Parteien hat der Politikwissenschaftler 350 Millionen Tweets aus den sechs Monaten vor der Bundestagswahl [2017] untersucht. Bei Facebook erhielt die AfD die meisten Likes. […]

(BFS-Trendinfo, Nr. 6/2018: Fakten oder Fake News? Wahlkampf in Zeiten von Social Media, Bank für Sozialwirtschaft, Köln; https://www.sozialbank.de/news-events/publikationen/bfs-trendinfo/06-18/bfs-trendinfo-06-18-07.html [26.02.2021])

* Der Begriff **populistisch** kommt vom lateinischen Wort „populus“ (deutsch: „das Volk“). Populisten behaupten, dass sie für das ganze Volk sprechen und dass nur sie das Beste für alle wollen. Sie verstärken Ängste und Vorurteile gegenüber Minderheiten und versprechen oft einfache Lösungen für schwierige Probleme.

richten wollen sich in der Regel aber nicht zum Sprachrohr von Populisten machen. Sie berichten deshalb entweder gar nicht oder sehr negativ über populistische Parteien. […] Neue Medien, vor allem soziale Netzwerke wie Facebook, Twitter oder YouTube, sind für populistische Parteien deshalb ausgesprochen wichtige Kommunikationskanäle: Sie nutzen sie erstens, um ihre Botschaften direkt und ungefiltert an ihre Anhänger zu verbreiten [verstärkt durch die Wirkung von Algorithmen]. Zweitens versuchen sie, durch gezielte Provokationen die Aufmerksamkeit der klassischen Medien auf sich zu lenken. Auch wenn die Berichterstattung dann meist negativ ausfällt, gelingt es ihnen so, im Gespräch zu bleiben. Zugleich können sie die negative Berichterstattung als weiteren Beleg dafür ins Feld führen, dass sie in klassischen Medien stigmatisiert [gebrandmarkt] werden.

(Marcus Maurer: Die Bedeutung Neuer Medien für populistische Parteien, in: Deutschland & Europa - Zeitschrift für Gemeinschaftskunde, Geschichte und Wirtschaft, Heft 74/2017, hrsg. von der Landeszentrale für politische Bildung Baden-Württemberg, Stuttgart 2017, S. 16)

1 Erklärt das Verhältnis zwischen populistischen Parteien und den klassischen Medien.

2 Beschreibt die Bedeutung der sozialen Netzwerke für populistische Parteien.

3 Gestaltet eine Grafik, die die Zusammenhänge veranschaulicht.

2.1, 2.2, 5.2, 5.4

4 Seht euch die Anzahl der Facebook-Profile der Parteien an (Grafik) und vergleicht sie mit der Stärke der Parteien bei der Bundestagswahl 2021 (s. S. 200, M 12). Erklärt, was sich aus diesem Vergleich im Hinblick auf ihre Anhänger erschließen lässt.

Gruppe 4

M 25 Meinungsbildung in der Filterblase

Der Begriff „Filter Bubble" [...] bedeutet, dass wir in den sozialen Medien alle mehr oder weniger in unserer eigenen „Seifenblasenwelt" leben. Warum? Ganz einfach. Durch Facebook, Twitter und Co. manipulieren wir uns quasi selbst bzw. werden manipuliert. [...] Uns werden hauptsächlich nur Inhalte von Seiten und Posts angezeigt, denen wir mal unser „Gefällt mir" gegeben haben, die wir also „geliked" haben. Was wir liken, merkt sich Facebook und schaltet uns so gezielt Werbung und ähnliche Inhalte zu [bewirkt durch Algorithmen]. So bilden wir quasi unsere eigenen Filter und unsere Seifenblasenwelt. In einer Gesellschaft, in der sich die meisten jungen Menschen aber fast nur noch durch die Kanäle sozialer Medien über das aktuelle Tagesgeschehen informieren, ist das mehr als bedenklich.

Ein Beispiel: Ein rechtsgesinnter Jugendlicher bekommt immer wieder flüchtlingsfeindliche Inhalte auf seiner Startseite angezeigt, Facebook merkt sich sein Like-Verhalten und reagiert entsprechend. Auch sein soziales Umfeld auf Facebook teilt dieses Gedankengut. Der Jugendliche wird in seiner Haltung also immer wieder bekräftigt, da 90% der Artikel eine negative Haltung proklamieren – auch wenn die Realität vielleicht ganz anders aussieht. Stößt er einmal auf einen anders bewerteten Artikel (die restlichen zehn Prozent), so ist er ganz klar der Meinung, dass das, was da drinsteht, ja gar nicht stimmen kann, denn die 90 Prozent würden schließlich etwas ganz anderes behaupten [...]. Dieser junge Mensch wird dann nur schwer von seiner Meinung abzubringen sein.

(Laura Schiller: Seifenblasenwelt, in: Moosburger Zeitung, 19.11.2016, S. 28, zit. nach: Wochenschau Sek. I, 69. Jahrgang, Nr. 2/3 2018, Wochenschau Verlag, Frankfurt am Main, S. 55)

(Thomas Plaßmann)

Und es ist nur folgerichtig anzunehmen, dass dieser Prozess dadurch verstärkt wird, dass die Menschen sich in den sozialen Netzwerken [...] immer wieder bestätigen lassen, dass die Weltsichten auseinanderdriften, die jeweiligen subjektiven „Wahrheiten" sich mehr und mehr voneinander entfernen, bis es keine gemeinsame Grundlage für die Diskussion mehr gibt.

(Thomas Petersen: Beginn einer Blasenbildung, in Frankfurter Allgemeine Zeitung Nr. 296 v. 20.12.2018, S. 8)

Es ist einleuchtend, dass eine Demokratie den Meinungsaustausch braucht und Filterblasen dazu führen können, dass sich politische Meinungen polarisieren [...].

(Bayerische Landeszentrale für neue Medien: Dein Algorithmus – meine Meinung!, Hrsg.: mebis – Landesmedienzentrum Bayern, München 2017, S. 24)

1 Erklärt, wie sich eine „Filter Bubble" (auch als „Echokammer" bezeichnet) bildet, und stellt die Folgen der Bildung von „Filterblasen" für die politische Meinungsbildung der/des Einzelnen und den Prozess der politischen Willensbildung dar.

2 Gestaltet eine Grafik, die die Zusammenhänge veranschaulicht.

3 Diskutiert (nach der Vorstellung eurer Arbeitsergebnisse im Plenum), inwieweit es möglich sein könnte, der Bildung und Wirkung von „Filterblasen" entgegenzuwirken.

Blickwinkel

Gruppe 5

M26 Microtargeting – die passgenaue Wähleransprache

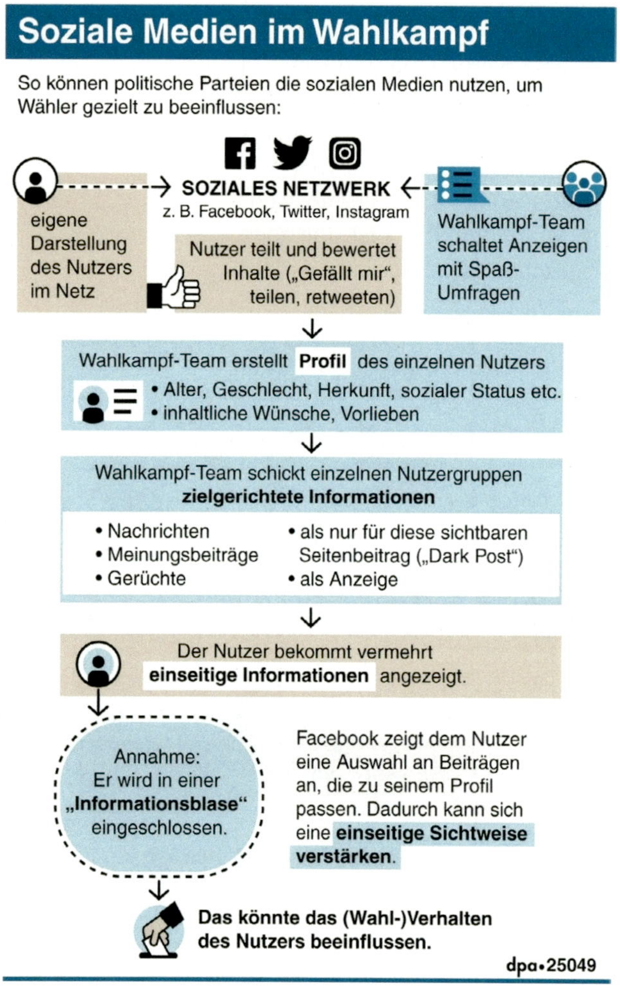

Microtargeting oder politisches Direktmarketing ist eine aus der Werbewirtschaft auf die Politik übertragene Technik, bei der für politische Positionen mit Ansprachen geworben wird, die passgenau auf immer kleinere Adressatengruppen oder sogar Individuen zugeschnitten werden. […] Die Gruppenbildung [erfolgt] anhand von Merkmalen, von denen man aus vorherigen Tests weiß, wofür sie stehen.

(Dietmar Janetzko: Manipulation in sozialen Netzwerken, in: Deutschland & Europa - Zeitschrift für Gemeinschaftskunde, Geschichte und Wirtschaft, Heft 74/2017, hrsg. von der Landeszentrale für politische Bildung Baden-Württemberg, Stuttgart 2017, S. 30)

[…] In ihrer simpelsten Form wird die Methode beispielsweise eingesetzt, um regional zugeschnittene Wahlaufrufe zu verbreiten: Dabei wird von einer Partei am Wahltag ein grundsätzlicher Wahlaufruf an die Menschen eines Wahlkreises verbreitet, jeweils mit dem Konterfei des regionalen Kandidaten. Trotz erster Experimente blieben bei der Bundestagswahl 2017 in Deutschland große Manipulationsversuche mithilfe von Microtargeting aus – zumindest, soweit dies von außen beurteilbar ist: Außer Linkspartei und Grünen weigerten sich schließlich alle Parteien, Transparenz über die Rolle von Targeting in ihrem Wahlkampf zu schaffen. […] Ihr Einsatz für Negative Campaigning [politische Wahlwerbung, die darauf aus ist, den politischen Gegner in ein schlechtes Licht zu rücken] und zur Entmutigung oder Polarisierung bestimmter Wählergruppen droht unsere politischen Diskurse nachhaltig zu vergiften. Immer wieder werden deshalb Rufe nach einem grundsätzlichen Verbot des politischen Microtargetings laut. […]

(Constanze Kurz, Ingo Dachwitz: Microtargeting und Manipulation: Von Cambridge Analytica zur Europawahl, Bundeszentrale für politische Bildung, 02.05.2019, Bonn; https://www.bpb.de/gesellschaft/digitales/digitale-desinformation/290522/microtargeting-und-manipulation-von-cambridge-analytica-zur-europawahl [26.02.2021])

1 Erklärt mithilfe des Textes und des Schaubildes, wie politisches Microtargeting funktioniert.

2 Erläutert, zu welchen Zwecken Microtargeting eingesetzt werden kann.

3 Erläutert mögliche negative Auswirkungen des Microtargeting (Z. 22 – 27).

Blickwinkel

4 Diskutiert (nach der Vorstellung eurer Arbeitsergebnisse im Plenum), ob politisches Microtargeting verboten werden sollte, und geht dabei nach der Methode „Politische Urteilsbildung" vor (S. 145).

Was ihr jetzt wissen und können solltet:

- ✓ MSUH Gründe für die tendenziell sinkende Wahlbeteiligung nennen;
- ✓ MSUH den Zusammenhang zwischen Bildungsstand und Wahlbeteiligung, insbesondere bei jungen Wahlberechtigten, erläutern;
- ✓ MSUH freie Wahlen als Kernelement einer demokratischen Grundordnung erfassen und die politische Bedeutung der Stimme jeder und jedes einzelnen Wahlberechtigten erkennen;
- ✓ MSUH die fünf Grundsätze in ihrer jeweiligen Bedeutung als Voraussetzung für demokratisch verlaufende Wahlen erläutern;
- ✓ MSUH Argumente für und gegen ein Wahlalter ab 16 Jahren abwägen;
- ✓ MSUH die Bedeutung von Erst- und Zweitstimme bei Bundestagswahlen unterscheiden;
- ✓ MSUH erklären, wie sich der Deutsche Bundestag nach dem Prinzip des Verhältniswahlsystems zusammensetzt;
- ✓ MSUH das Zustandekommen von Überhangmandaten und die Bedeutung von Ausgleichsmandaten erklären;
- ✓ MSUH die im Bundestag vertretenen Parteien in ihren Kernaussagen und ihrer politischen Grundausrichtung kennen und unterscheiden;
- ✓ MSUH die Funktionen von Parteien erläutern und sie als erforderlich für die parlamentarische Demokratie begründen;
- ✓ MSUH den Wandel des Parteiensystems beschreiben und Gründe dafür erläutern;
- ✓ MSUH die Distanz junger Menschen zu Parteien erklären und kritisch reflektieren;
- ✓ MSUH politische Partizipation, die über Wahlen und Parteiengagement hinausgeht, als Voraussetzung für eine funktionierende Demokratie begreifen und begründen;
- ✓ MSUH verschiedene Möglichkeiten politischer Partizipation reflektieren und die Bereitschaft entwickeln, sie wahrzunehmen;
- ✓ MSUH Merkmale und Intention von Fake News kennen und begründen;
- ✓ MSUH die Methode zur Erkennung von Fake News kennen und anwenden;
- ✓ MSUH die Herausforderungen und Chancen der sozialen Medien für die Parteien im demokratischen System erläutern und kritisch beurteilen;
- ✓ MSUH Unterschiede zwischen traditionellen und sozialen Medien in ihrer Bedeutung für die politische Kommunikation und Willensbildung erfassen und beurteilen;
- ✓ MSUH die sozialen Medien in ihrer Funktion als Plattform für populistische Parteien erklären und kritisch beurteilen;
- ✓ MSUH die Begriffe „Filterblase“ und „Microtargeting“ kennen und die Bedeutung ihrer Inhalte für politische Diskussion und Meinungsbildungsprozesse erklären;
- ✓ MSUH das Gefährdungspotenzial sozialer Medien für eine demokratische politische Willensbildung erläutern und reflektieren

Was ihr wisst – was ihr könnt – wie ihr es seht

M S U H

1. Das Wahlrecht ändern! – Vorschläge

Entscheidet, ob ihr dem jeweiligen Vorschlag zustimmt oder ihn ablehnt. Gebt auch jeweils eine Begründung an.

a) Auf die Erststimme kann verzichtet werden.
b) Nur noch Direktkandidaten sollten in das Parlament gewählt werden.
c) Das Wahlrecht sollte eine Wahlpflicht sein.
d) Die 5 %-Hürde sollte abgeschafft werden.
e) Die Bundestagsabgeordneten sollten durch Los bestimmt werden.
f) Bundestagsabgeordnete sollten kein zweites Mal mehr gewählt werden können.
g) Die Möglichkeit einer Briefwahl sollte abgeschafft werden.

M S U H

2. Richtig oder falsch?

a) Jede Wählerin und jeder Wähler hat zwei Stimmen, um eine davon auswählen zu können.
b) Kleine Parteien haben in einem Verhältniswahlsystem gute politische Chancen.
c) Die Direktkandidaten sind den Wählerinnen und Wählern oft besser bekannt als die Kandidaten auf der Landesliste.
d) Die Zweitstimme ist entscheidend für die Verteilung der Sitze im Bundestag auf die verschiedenen Parteien.
e) Wahlberechtigt bei Bundestagswahlen sind alle Einwohner Deutschlands.
f) Jede und jeder, die/der will, kann sich politisch engagieren.
g) Soziale Medien sind für populistische Parteien interessanter als die traditionellen Medien.
h) Facebook hat für die „alten“ Parteien keine Bedeutung.

M S U H

3. Stellt euch vor …

Vervollständigt die folgenden Sätze bzw. Gedanken in eurem Heft:

Wenn es keine Parteien mehr geben würde, dann …
Wenn viele Wahlberechtigte keine Partei mehr finden würden, die ihnen passt, dann …
Wenn sich nur noch Menschen aus der sozialen Oberschicht politisch engagieren würden, dann …
Wenn Menschen sich nur noch in den sozialen Medien informieren würden, dann …

M S U H

4. Eine Mindmap erstellen

Erstellt in eurem Heft eine Mindmap zum Thema „Soziale Medien – politische Willensbildung“.

M S U H

5. Engagiert euch selbst!

Besprecht, ob ihr euch als Klasse oder Einzelne von euch in oder außerhalb der Schule für ein Anliegen, das euch persönlich interessiert, engagieren könntet. Prüft, welche konkrete Methode der Partizipation dafür infrage kommen könnte (s. M 17).

Wenn ihr noch mehr lernen wollt ...

D1 Redest du noch mit einem Menschen? – Täuschung durch Social Bots

Social Bots sind Softwareprogramme, die in sozialen Medien menschliche Verhaltensmuster simulieren [Bot ist eine Kurzform des englischen Wortes „robot" (Roboter)]. Diese werden heute meist bei Facebook, Twitter oder Instagram eingesetzt. Social Bots haben das Ziel, Internetnutzer zu täuschen und reale Menschen zu imitieren. Social Bots treten in den sozialen Netzwerken wie echte menschliche User auf und sind nicht von realen Nutzern zu unterscheiden. Sie basieren auf Algorithmen, die Posts und Tweets analysieren und automatisch aktiv werden, wenn sie bestimmte Hashtags oder Keywords erkennen. Wurde ein bestimmter Begriff erkannt, reagiert der Social Bot, indem der Post gelikt, kommentiert, geteilt oder retweetet wird. Intelligente Social Bots können sogar eigenständig Beiträge erstellen und einen eigenen „virtuellen" Freundeskreis aufbauen und sich mit anderen, realen Nutzern vernetzen. So kann mithilfe von Social Bots die Reichweite eines Postings enorm vergrößert werden. Kommen viele Social Bots mit derselben Zielsetzung zum Einsatz, kann auf die Meinungsbildung Einfluss genommen werden.

Insbesondere helfen Social Bots dabei, Meinungen als Mehrheitsmeinungen darzustellen. Von Bedeutung ist dies, da Menschen dazu neigen, sich Mehrheitsmeinungen anzuschließen. Im schlimmsten Fall können Social Bots massenhaft falsche Nachrichten (Fake News) verbreiten und somit zur Grundlage politischer Entscheidungen machen (z. B. bei Wahlen).

Viele Experten sind z. B. der Meinung, dass Social Bots mitverantwortlich für den Ausgang des Brexit-Votums in Großbritannien und auch der US-amerikanischen Präsidentschaftswahl 2016 waren. Laut einer Studie aus dem Jahr 2017 machen sich über 59 % der deutschen Internet-Nutzer Sorgen, dass Social Bots in Zukunft immer öfter Menschen und Entscheidungen manipulieren werden.

(Katharina Breyer, Anika Holderried, Alessa Schmid, Bela Mutschler: Social Media und der Einfluss auf die politische Meinungsbildung – Social Bots, Ereignishorizont Digitalisierung, quarterloop GmbH, 30.06.2019, Lindau; https://ereignishorizont-digitalisierung.de/gesellschaftspolitik/social-media-und-der-einfluss-auf-die-politische-meinungsbildung/ [26.02.2021])

(Jürgen Tomicek)

1 Stellt in Form einer Grafik dar, wie Social Bots funktionieren und mit einem Social-Media-Nutzer interagieren.

2 Erläutert, wie Social Bots sich auf die politische Meinungsbildung eines Einzelnen sowie auf politische Stimmungslagen und Entscheidungen auswirken können.

3 Interpretiert die Karikatur zur Problematik von Social Bots nach der euch bekannten Methode.

5.1, 5.2, 5.3, 5.4, 6.1

@ WES-116592-025

Hier findet ihr Hinweise zur Erkennung von Social Bots.

Bundesministerium
für Gesundheit

Bundesverfassungsgericht

8

Wie funktionieren die Staatsorgane?

Darum wird es gehen

Die Bundesrepublik Deutschland ist ein demokratischer Staat, das heißt, „alle Staatsgewalt geht vom Volke aus“, wie es Artikel 20 des Grundgesetzes besagt. Die Staatsgewalt wird in „Wahlen und Abstimmungen und durch besondere Organe der Gesetzgebung, der vollziehenden Gewalt und der Rechtsprechung“ ausgeübt, wie es weiter in dem Artikel heißt. Über die Wahlen habt ihr schon in Kapitel 7 einiges gelernt.

Im ***ersten Abschnitt*** *dieses Kapitels werdet ihr erfahren, welche staatlichen Organe an der Gesetzgebung beteiligt sind. Das Beispiel des „Videoüberwachungsverbesserungsgesetzes“ soll euch helfen, die verschiedenen Stationen in einem Gesetzgebungsprozess leichter nachzuvollziehen. Dabei werdet ihr die gesetzgebende Funktion von Bundestag und Bundesrat genauer kennenlernen.*

Im ***zweiten Abschnitt*** *geht es um die Aufgaben und die Arbeit der Bundestagsabgeordneten, die diese ausüben, um ihrer Funktion als Vertreter des Volkes gerecht zu werden. Dabei werdet ihr feststellen, dass die Abgeordneten ihre Rolle im Parlament durchaus unterschiedlich verstehen. Das hängt vor allem davon ab, ob sie einer Partei in der Regierung oder in der Opposition des Bundestages angehören.*

Bundeskanzler und Ministerinnen bzw. Minister stehen besonders im Zentrum öffentlicher Aufmerksamkeit. Sie haben die Funktion, die „vollziehende Gewalt“, die Exekutive, auszuüben. Nach der Bearbeitung des ***dritten Abschnitts*** *werdet ihr wissen, wie die politischen Funktionsträger in ihre Ämter kommen und welche Aufgaben sie haben.*

Der Bundespräsident nimmt als Staatsoberhaupt der Bundesrepublik Deutschland eine sichtbar hervorgehobene Stellung in unserem politischen System ein. Dennoch ist er in den Medien weniger präsent als andere Staatsorgane. Im ***vierten Abschnitt*** *erfahrt ihr mehr darüber.*

Gesetze und politische Entscheidungen kommen wie im ersten Abschnitt dargestellt auf einem demokratischen Wege zustande. Das allein reicht allerdings noch nicht aus. Vielmehr muss staatliches Handeln immer auch mit dem Grundgesetz vereinbar sein. Das haben u. a. Diskussionen und Rechtsstreitigkeiten über die Wahrung von Grundrechten bewusst gemacht, die von Maßnahmen zur Eindämmung des Corona-Virus berührt werden. In diesem Zusammenhang werdet ihr im ***fünften Abschnitt*** *die zentrale Rolle des Bundesverfassungsgerichts kennenlernen.*

1. Wie ein Gesetz zustande kommt

Zum Einstieg:

Fallbeispiel

M1 Videoüberwachung in Einkaufszentren, vor Fußballstadien und Diskotheken, in Bus und Bahn?

Äußert spontan eure Gedanken zu der in der M-Überschrift formulierten Frage. Haltet anschließend die wichtigsten Aspekte stichwortartig fest.

Nach einem Attentat in einem Einkaufszentrum in München und einem Sprengstoffanschlag bei einem Musikfestival in Ansbach im Sommer 2016 wurde heftig die Frage diskutiert, ob es leichter als zuvor erlaubt werden sollte, an stark besuchten öffentlich zugänglichen Plätzen, die sich in Privatbesitz befinden (z. B. in Einkaufszentren), an Sport- und Parkplätzen sowie im Bus- und Bahnverkehr mehr Videoüberwachungsmaßnahmen zu genehmigen. Die damals amtierende Bundesregierung sah darin eine geeignete Möglichkeit, die Sicherheit der Menschen zu verbessern, und beschloss, eine entsprechende gesetzliche Regelung, das sog. **„Videoüberwachungsverbesserungsgesetz"**, auf den Weg zu bringen. Anhand dieses Beispiels wird im Folgenden dargestellt, welche Stationen ein Gesetzentwurf bis zum Inkrafttreten eines Gesetzes durchläuft. Die folgenden Materialien (M 2a – M 2e) geben die einzelnen **Etappen der Gesetzgebung** in verkürzter Form wieder. Nachdem ihr diese erarbeitet habt, könnt ihr euch inhaltlich noch näher mit der diskutierten Videoüberwachung auseinandersetzen. Im Vordergrund dieses Abschnitts soll aber das Gesetzgebungsverfahren stehen.

Arbeitsvorschlag:
Lest zunächst aufmerksam die Materialien M 2a – 2e. Bezieht dabei auch die Informationskästen mit ein. Gestaltet dann auf dieser Basis in Partnerarbeit ein Schaubild (im DIN-A4-Format), in dem der Verlauf der Gesetzgebung (beginnend mit M 2a) dargestellt

wird. Skizziert den Gesetzgebungsweg, indem ihr die einzelnen Stationen mit den jeweils handelnden Personen bzw. politischen Organen benennt und kurz stichwortartig beschreibt, was geschieht. (Bei der Reihenfolge der Stationen könnt ihr euch auch an den Datumsangaben in den Materialien orientieren.) Stellt anschließend euer Ergebnis vor.

M2a Ein Brief von der Kanzlerin

BUNDESREPUBLIK DEUTSCHLAND Berlin, 23. Januar 2017

DIE BUNDESKANZLERIN

An den
Präsidenten des Deutschen Bundestages
Herrn Prof. Dr. Norbert Lammert
Platz der Republik 1
11011 Berlin

Sehr geehrter Herr Präsident,

hiermit übersende ich den von der Bundesregierung beschlossenen

Entwurf eines Gesetzes zur Änderung des Bundesdatenschutzgesetzes – Erhöhung der Sicherheit in öffentlich zugänglichen großflächigen Anlagen und im öffentlichen Personenverkehr durch optisch-elektronische Einrichtungen (Videoüberwachungsverbesserungsgesetz) [...].

Federführend ist das Bundesministerium des Innern.

[...]
Der Gesetzentwurf ist dem Bundesrat am 30. Dezember 2016 als besonders eilbedürftig zugeleitet worden.

Die Stellungnahme des Bundesrates zu dem Gesetzentwurf sowie die Auffassung der Bundesregierung zu der Stellungnahme des Bundesrates werden unverzüglich nachgereicht.

Mit freundlichen Grüßen

Dr. Angela Merkel

(Deutscher Bundestag, Drucksache 18/10941, S. 5; https://dip21.bundestag.de/dip21/btd/18/109/1810941.pdf [01.03.2021])

M2b Beratungen im Deutschen Bundestag

Im Bundestag finden zu einem Gesetzentwurf drei **Beratungen** statt (auch **Lesungen** genannt). In der 1. Lesung stellt der zuständige Minister bzw. die Ministerin zunächst den Gesetzentwurf vor. Danach geben die Bundestagsabgeordneten ihre ersten Stellungnahmen ab. Abschließend wird der Entwurf zur genaueren Prüfung und Bearbeitung an den zuständigen Ausschuss weitergeleitet.

Deutscher Bundestag
216. Sitzung
Berlin, Freitag, den 27. Januar 2017

Erste Beratung [Lesung] des von der Bundesregierung eingebrachten Entwurfs eines **Gesetzes zur Änderung des Bundesdatenschutzgesetzes** [...] [kurz: Videoüberwachungsverbesserungsgesetzes]

[Im Folgenden sind einige Beiträge aus der Beratung stark gekürzt zusammengestellt:]

Bundesinnenminister Thomas de Maizière [s. Foto]: [...] „Kameras leisten einen entscheidenden Beitrag zu mehr Sicherheit. Sie helfen, Straftäter zu identifizieren, festzunehmen und zu bestrafen. Sie verhindern auch Straftaten." [...] [S. 21650]

Irene Mihalic (Die Grünen) [...] „Private Stellen, die Videokameras betreiben, haben doch gar keine Möglichkeit, im Falle eines Falles einzugreifen oder irgendetwas zu verhindern. Das Einzige, was hier passiert, ist, dass Sie gewaltige Datenberge schaffen, von Flensburg bis Rosenheim, um im Fall eines Attentates ein paar mehr Bilder vom Tatort zu bekommen." [...] [S. 21652]

Stephan Meyer (CSU) [...] „Ich bin der festen Überzeugung: Eine moderate, maßvolle Ausweitung der Videoüberwachung, die bei weitem nicht der eines Überwachungsstaates entspricht, stärkt die Arbeit der Sicherheitsbehörden sowohl in der präventiven [vorbeugenden] Arbeit, weil sie abschreckende Wirkung hat, als auch bei der Verfolgung von Straftaten, weil sie diese erleichtert." [...] [S. 21654]

Martina Renner (Die Linke): [...] „Wer beobachtet wird, ändert sein Verhalten. Jeder von uns kennt das: Wenn die Kamera hier angeht, laufen, sitzen und reden wir anders, als wenn wir unbeobachtet sind. Videoaufzeichnungen können in vielfältiger Weise missbraucht werden, nicht nur von Privaten und Firmen. [...] Nein, das Gesetz wird nichts besser machen, und deshalb können wir ihm nicht zustimmen." [...] [S. 21656]

Sebastian Hartmann (SPD): [...] „Wenn ein einziges Foto ausreicht, eine Tat aufzuklären, oder sogar dazu führt, dass ein Täter seine Vorbereitungshandlung im öffentlichen Raum, zum Beispiel in einem Einkaufszentrum, nicht so durchführen kann, wie er sich das vorgestellt hat, und wir ihn auf dem Weg zur Tat stoppen können, dann hat es sich gelohnt, das Gesetz an dieser Stelle klarer zu fassen und privaten Akteuren eine klare Vorgabe zu geben, was ihre Verantwortung ist, damit wir gemeinsam für mehr Sicherheit sorgen. Da können Sie uns begleiten." [...] [S. 21656]

Günter Baumann (CDU): [...] „Aber wir haben ja gerade an Beispielen aus der letzten Zeit gemerkt, dass uns Videoaufnahmen geholfen haben. Wenn wir die U-Bahn-Station Schönleinstraße in Berlin sehen, wo Chaoten einen Obdachlosen angezündet haben, so war es dort nur durch Videoüberwachung möglich, dass die Täter erkannt worden sind." [...] [S. 21658]

Präsident Dr. Norbert Lammert: Ich schließe die Aussprache. Interfraktionell [d.h. mit Einverständnis aller Fraktionen] wird Überweisung der Gesetzentwürfe an die in der Tagesordnung aufgeführten Ausschüsse vorgeschlagen [federführend ist der Innenausschuss]. [...] [S. 21661]

(Deutscher Bundestag: Plenarprotokoll 18/216, Stenografischer Bericht 216. Sitzung, Berlin, den 27. Januar 2017; dip.bundestag.de/dip21/btp/18/18216.pdf [02.03.2021])

Ausschüsse: Es ist organisatorisch und zeitlich nicht möglich, dass alle Bundestagsabgeordneten bei Hunderten von Gesetzen in einer Legislaturperiode über jede einzelne Formulierung eines Gesetzes beraten. Deshalb arbeiten lediglich die Fachexperten unter ihnen in kleinen Gruppen an den Gesetzentwürfen; diese nennt man Ausschüsse. Hier sind die Parteien bzw. Bundestagsfraktionen proportional genauso stark vertreten wie im Bundestag. Sie sind sozusagen der Bundestag im Kleinformat. Die Regierungsparteien haben in Ausschüssen immer die Mehrheit, die Oppositionsparteien sind in der Minderheit. Beide Seiten sind darauf aus, ihren politischen Vorstellungen im Gesetz Geltung zu verschaffen. In Anhörungen können sie sich von Sachverständigen beraten lassen, damit es ein fachlich gutes Gesetz wird. Am Ende verabschiedet der Ausschuss mit seiner Mehrheit eine Beschlussempfehlung für den Bundestag. Dieser befasst sich im Plenum noch einmal in der 2. Lesung damit. Unmittelbar danach erfolgt dann die Schlussabstimmung in der 3. Lesung.

Der Webcode @ WES-116592-026 führt zu einer Übersicht über die aktuellen Ausschüsse des Bundestages.

M2c Beratungsverlauf und Beratungsergebnis im Innenausschuss

Der Innenausschuss hat [...] am 15. Februar 2017 einvernehmlich beschlossen, eine öffentliche Anhörung [mit sieben Sachverständigen] zu dem Gesetzentwurf [...] durchzuführen, und diese [...] am 6. März 2017 durchgeführt.
Der Innenausschuss hat den Gesetzentwurf [...] am 8. März 2017 abschließend beraten. [...] Den Gesetzentwurf [...] empfiehlt der Innenausschuss mit den Stimmen der Fraktionen der CDU/CSU und SPD gegen die Stimmen der Fraktionen DIE LINKE und BÜNDNIS 90/DIE GRÜNEN [im Bundestag] anzunehmen.

(Deutscher Bundestag, Drucksache 18/11435, 08.03.2017, S. 5; http://dip21.bundestag.de/dip21/btd/18/114/1811435.pdf [01.03.2021])

M2d Bundestag beschließt Ausbau der Videoüberwachung

Der Bundestag hat in der Nacht zum Freitag [nach der 2./3. Lesung am 9. März 2017] den Ausbau der Videoüberwachung an „öffentlich zugänglichen“ Orten in Deutschland beschlossen. Gegen die Stimmen von Bündnis 90/Die Grünen und Die Linke votierten SPD und CDU/CSU für das sogenannte „Videoüberwachungsverbesserungsgesetz“. Der Bundesrat hatte zuvor keine Bedenken geäußert. [...]

(Simon Rebiger: Bundestag beschließt Ausbau der Videoüberwachung, Kennzeichen-Scanner und Bodycams für die Bundespolizei, netzpolitik.org e.V., 10.03.2017, Berlin; https://netzpolitik.org/2017/bundestag-beschliesst-ausbau-der-videoueberwachung-kennzeichen-scanner-und-bodycams-fuer-die-bundespolizei/ [01.03.2021])

M2e Beschluss des Bundesrates

[...] Auch der Bundesrat hatte im ersten Durchgang [am 31. März 2017] keine Einwände gegen den Gesetzentwurf.
Das Gesetz wird nun über die Bundesregierung dem Bundespräsidenten zur Unterschrift vorgelegt. Es soll am Tag nach der Verkündung in Kraft treten.

(bundesrat.de: Gesetzesbeschlüsse des Bundestages, TOP 3: Videoüberwachung, Bundesrat, 31.03.2017, Berlin; https://www.bundesrat.de/DE/plenum/bundesrat-kompakt/17/956/003.html?cms_imageindex=2 [01.03.2021])

Die Bundesrepublik Deutschland besteht aus 16 Bundesländern. Weil diese von den Bundesgesetzen betroffen sein können, sind sie durch das Organ des **Bundesrates** in den Gesetzgebungsprozess einbezogen (s. S. 229, M 4).

Am 4. Mai 2017 wurde das Videoüberwachungsverbesserungsgesetz im Bundesgesetzblatt veröffentlicht, einen Tag später trat es in Kraft.

Pro und Kontra

Bei eurer bisherigen Arbeit standen die Stationen beim Zustandekommen des Videoüberwachungsverbesserungsgesetzes im Vordergrund, weniger dagegen der Inhalt. Führt deshalb ergänzend an dieser Stelle eine Pro- und Kontra-Diskussion zu diesem Gesetz. Bedenkt dabei sowohl das Interesse des Staates als auch das von Bürgerinnen und Bürgern. Ihr könnt dabei auch auf M 2b und den Text im folgenden Kasten Bezug nehmen.

> […] Künftig sollen die Datenschützer den „Schutz von Leben, Gesundheit oder Freiheit" stärker gegenüber dem Grundrecht auf informationelle Selbstbestimmung der Betroffenen berücksichtigen. […] „Aber die Terrorismusbekämpfung und Mittel zur Strafverfolgung auf Dritte, auf Private zu übertragen, das führt auf die schiefe Bahn, denn beides sind originäre [ursprüngliche] Aufgaben des Staates und dürfen nicht outgesourct [ausgelagert] werden." (Konstantin von Notz, netzpolitischer Sprecher der Grünen-Fraktion im Bundestag)
>
> (Simon Rebiger: Bundestag beschließt Ausbau der Videoüberwachung, Kennzeichen-Scanner und Bodycams für die Bundespolizei, netzpolitik.org e. V., 10.03.2017, Berlin; https://netzpolitik.org/2017/bundestag-beschliesst-ausbau-der-videoueberwachung-kennzeichen-scanner-und-bodycams-fuer-die-bundespolizei/ [01.03.2021])

M3 Von der Gesetzesinitiative bis zur Unterzeichnung des Gesetzes

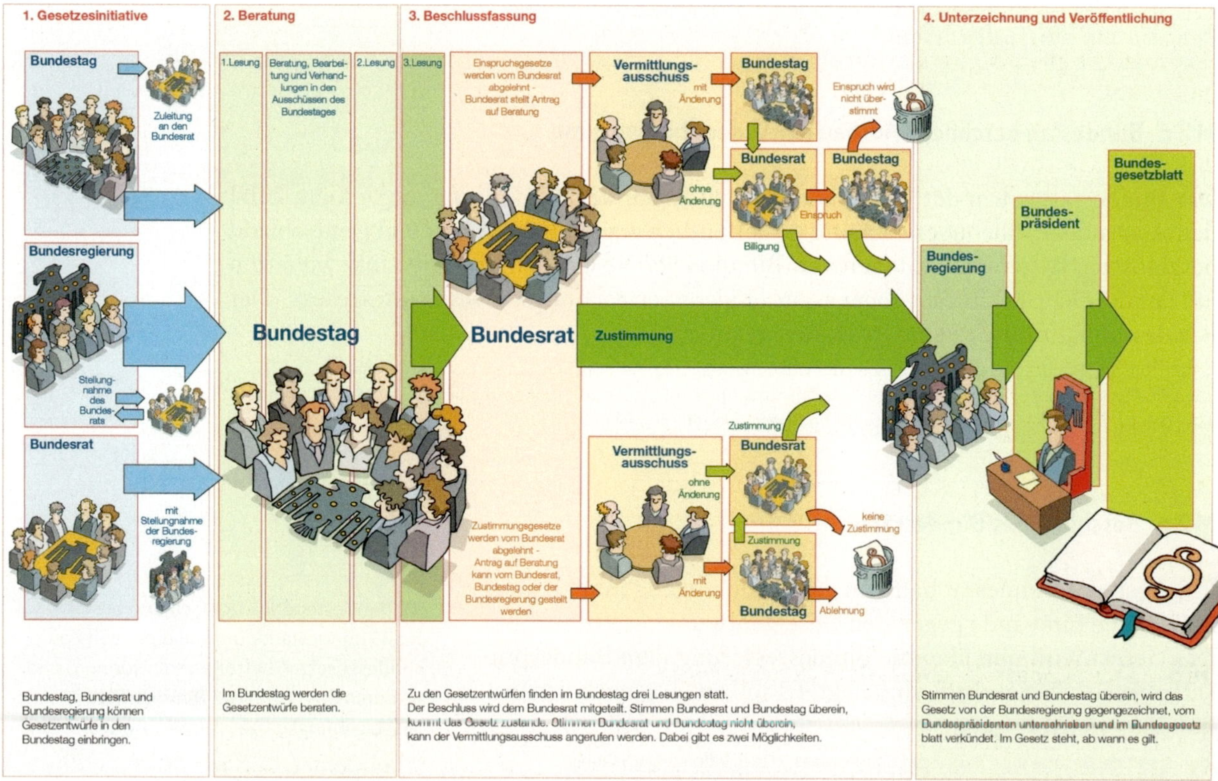

Die Grafik veranschaulicht das allgemeine Gesetzgebungsverfahren. Vergleicht hiermit das von euch erarbeitete Schaubild zum Videoüberwachungsverbesserungsgesetz. Stellt fest, wo es Übereinstimmungen gibt und wo die Grafik (M 3) inhaltlich darüber hinaus geht.

M4 Zwei Arten von Gesetzen: Zustimmung oder nur Einspruch durch den Bundesrat?

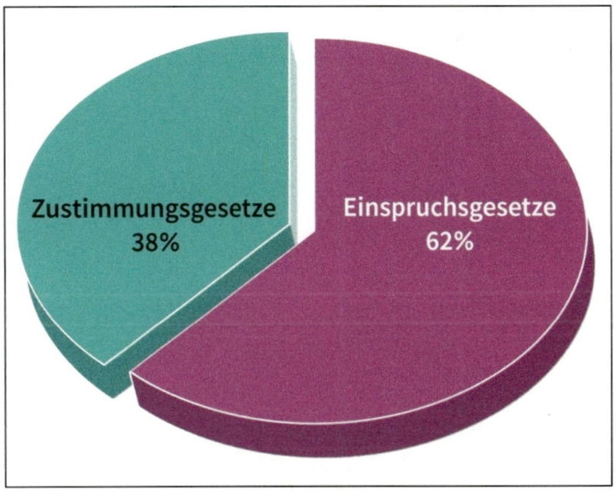

Zeitraum: 01.09.2006 – 23.10.2017

@ WES-116592-027

Hier findet ihr ein informatives Video zur Gesetzgebung.

Jedes Gesetz muss nach dem Bundestag auch den **Bundesrat**, die Vertretung der Bundesländer (s. M5), passieren. Allerdings muss der Bundesrat nicht allen Gesetzen zustimmen. Das ist nur bei den sogenannten **Zustimmungsgesetzen** der Fall. Dabei handelt es sich um solche Gesetze, die zu Ausgaben der Länder führen oder von ihrer Verwaltung ausgeführt werden müssen. Auch Änderungen des Grundgesetzes sind zustimmungspflichtig.

Alle anderen Gesetze sind **Einspruchsgesetze**. Bei Einspruchsgesetzen kann der Bundesrat zwar Einspruch einlegen, also erklären, dass er nicht mit ihnen einverstanden ist. Allerdings kann der Bundestag anschließend diesen Einspruch mit der gleichen Mehrheit überstimmen, mit der der Bundesrat diesen zuvor eingelegt hat. Der Einspruch wird damit unwirksam. Bei Einspruchsgesetzen hat der Bundesrat also einen geringeren Einfluss als bei Zustimmungsgesetzen. Letztlich kann er die Verabschiedung eines Einspruchsgesetzes nur verzögern.

Wenn der Bundesrat einen zustimmungspflichtigen Gesetzentwurf ablehnt, haben die Bundesregierung, der Bundestag und auch der Bundesrat noch die Möglichkeit, den **Vermittlungsausschuss** anzurufen. In diesem Organ sind Bundestag und Bundesrat mit jeweils 16 Mitgliedern gleich stark vertreten. Sie versuchen die unterschiedlichen Vorstellungen auszugleichen. Das Ziel besteht darin, einen für alle Seiten akzeptablen Kompromiss zu finden und das vorgesehene Gesetz in einer geänderten Form doch noch zu „retten". So kann ein völliges Scheitern des Gesetzes und ein Rückschlag für die Lösung eines Problems verhindert werden. Der Vermittlungsausschuss erarbeitet dabei einen Einigungsvorschlag, der den Interessen beider Seiten möglichst gerecht wird. Dieser ist aber noch kein Gesetz, sondern benötigt abschließend wieder die Zustimmung des gesamten Bundestages und des Bundesrates.

(Autorentext)

1 Es gibt zwei Arten von Gesetzen. Erklärt die Unterschiede zwischen ihnen.

2 Begründet, ob es sich bei dem Videoüberwachungsverbesserungsgesetz (M 2a – 2e) um ein Zustimmungs- oder ein Einspruchsgesetz handelt.

3 Stellt die politische Bedeutung des Vermittlungsausschusses dar.

M5 Der Bundesrat – ein „ewiges Bundesorgan"

Der Bundesrat besteht momentan aus insgesamt 69 Mitgliedern [s. Grafik]. Die Zahl der Stimmen und damit der Mitglieder pro Bundesland richtet sich nach der Einwohnerzahl des jeweiligen Bundeslandes [...]. Die Bundesratsmitglieder werden nicht wie die Bun-

destagsabgeordneten vom Volk gewählt, sondern sind Mitglieder der Landesregierungen der verschiedenen Bundesländer (zum Beispiel Ministerpräsidenten, Minister). Sie werden von den Landesregierungen in den Bundesrat entsandt. Die Bundesratsmitglieder sind bei der Abgabe ihrer Stimmen im Gegensatz zu den Bundestagsabgeordneten nicht frei und unabhängig, sondern an Weisungen ihrer jeweiligen Landesregierung gebunden […].
Der Bundesrat hat im Gegensatz zum Bundestag keine Legislaturperiode [wird nicht für eine festgelegte Zeit gewählt]. Er ist ein sogenanntes „ewiges Bundesorgan". Ein Teil der Bundesratsmitglieder wechselt dann, wenn in einem der Bundesländer eine neue Landesregierung gewählt wird. Der Bundesrat (Bundesratsplenum) fasst, im Gegensatz zum Bundestag, seine Beschlüsse in der Regel mit absoluter Mehrheit, das heißt mit der Mehrheit seiner gesetzlichen Stimmen. Bei grundgesetzändernden Gesetzen ist eine 2/3-Mehrheit im Bundesrat erforderlich. […]
Bei der Abstimmung können die Stimmen eines Landes nur **einheitlich** und nur durch anwesende Mitglieder oder deren Vertreter, also durch Regierungsmitglieder, abgegeben werden. Ein Mitglied kann stellvertretend alle Stimmen seines Landes abgeben. Der Bundesrat wählt turnusmäßig einen Ministerpräsidenten jeweils für ein Jahr zu seinem Präsidenten.

(Michael Honikel: Bundesrat, ohne Datum, Mannheim; https://staatsrecht.honikel.de/de/bundesrat.htm [01.03.2021])

Wenn eine Landesregierung von verschiedenen Parteien gebildet wird (z. B. CDU und Grüne), kann es vorkommen, dass diese uneins über die Zustimmung zu einem Gesetz sind. In dieser Situation enthält sich das Land bei der Abstimmung.

Bundesrat blockiert Teile des Klimapaketes

Der Bundesrat hat wie erwartet wichtige Teile des Klimapakets der Bundesregierung vorerst gestoppt und den Vermittlungsausschuss angerufen. Die Grünen hatten bereits im Vorfeld gedroht, Teile des Gesetzes nicht annehmen zu wollen. Eine der Hauptsorgen der Bundesländer galt der finanziellen Lastenteilung. Sie sind der Auffassung, dass zu viel der nötigen Investitionen von den Ländern getragen würden. […]

(Florence Schulz mit Agenturen: Bundesrat blockiert Teile des Klimapaketes, EURACTIV.de, 29.11.2019, Berlin; https://www.euractiv.de/section/energie-und-umwelt/news/bundesrat-blockiert-teile-des-klimapaketes/ [01.03.2021])

1 Erklärt das Schaubild „Die Zusammensetzung des Bundesrates" mithilfe des Textes.

2 Stellt dar, wie sich die Mitglieder des Bundesrates von den Abgeordneten im Deutschen Bundestag unterscheiden (Zugehörigkeit, Aufgaben).

3 Im Jahr 2020 setzte die Bundesregierung sich aus CDU/CSU und SPD zusammen. Überprüft, welche Länder im Bundesrat zu dieser Zeit sicherlich für ein Gesetz, das die Regierung eingebracht hat, stimmen würden und welche eher nicht. Begründet eure Meinung.

4 Erklärt, warum die Partei der Grünen einen starken Einfluss auf die Klimapolitik ausüben kann, obwohl sie nicht an der Regierung im Bund beteiligt ist (Text im Kasten und Grafik).

2. Die Aufgaben des Bundestages – Rolle und Arbeit der Abgeordneten

M6 Aufgaben des Bundestages

Der Deutsche Bundestag ist das Parlament Deutschlands. Das Parlament hat seinen Sitz in Berlin, im Reichstagsgebäude. [...] Die Bundestagsabgeordneten treffen wichtige Entscheidungen für uns und unser Land.

Die Abgeordneten wählen die Bundeskanzlerin oder den Bundeskanzler. Sie beschließen Regeln, die in ganz Deutschland gelten, die Gesetze. Zudem kontrollieren die Abgeordneten die Bundesregierung. Und sie entscheiden, wofür die Regierung wie viel Geld ausgeben darf [der Bundestag verabschiedet den Haushaltsplan der Regierung].

Diese Aufgaben erledigen die Abgeordneten stellvertretend für uns alle. Schließlich können nicht alle Menschen in ganz Deutschland dabei mitreden. Das wäre ein großes Durcheinander und würde viel zu lange dauern, denn Deutschland hat etwa 83 Millionen Einwohner. Da die Abgeordneten das Volk vertreten, nennt man sie auch Volksvertreter.

Der Bundestag ist das einzige vom Volk gewählte Verfassungsorgan. Es ist das Zentrum demokratischer Debatten und Entscheidungen, das Herz der Demokratie. [...]

(mitmischen.de, Lexikon: Bundestag, mitmischen.de - Das Jugendportal des Deutschen Bundestages, ohne Datum, Berlin; https://www.mitmischen.de/bundestag-wissen/lexikon/b/bundestag [01.03.2021])

M7 Der Bundestag

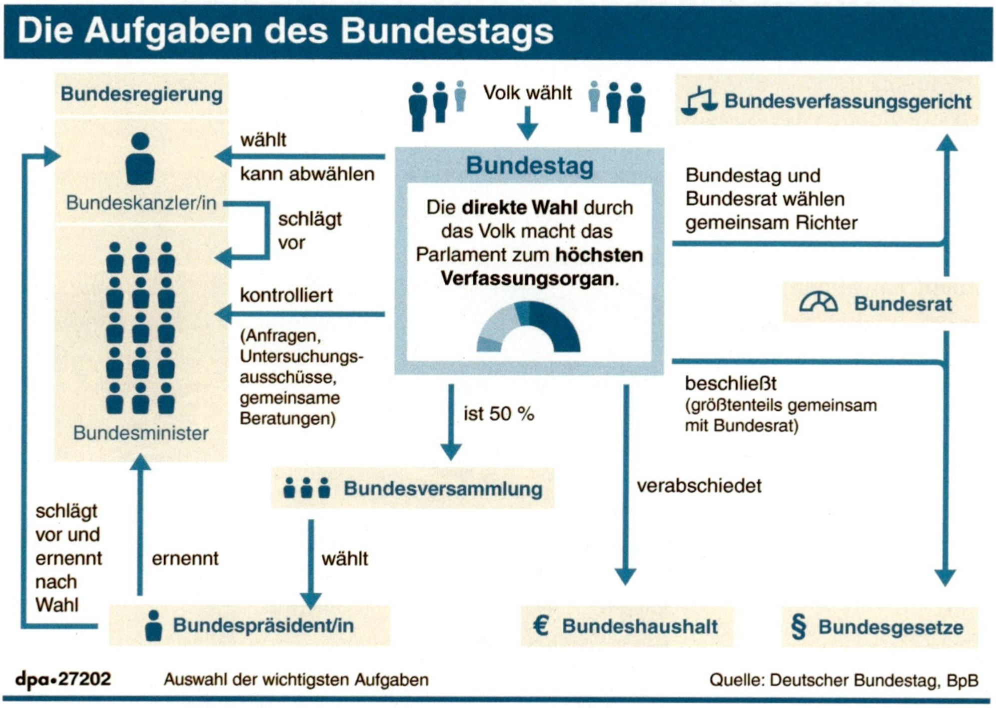

(https://www.bpb.de/politik/grundfragen/24-deutschland/40438/wahl-bundestag [01.03.2021])

1 Benennt die verschiedenen Aufgaben des Deutschen Bundestages (M 6).

2 Erklärt den bildhaften Vergleich vom Deutschen Bundestag als das „Herz der Demokratie“.

3 Gebt wieder, wo die in M 6 genannten Aufgaben des Bundestages in der Grafik (M 7) dargestellt sind.

4 Beschreibt die weiteren Elemente der Grafik und die Aufgaben des Bundestages. Dazu könnt ihr auf folgende Materialien zurückgreifen: S. 238 f., M 13, Z. 42 – Z. 55; S. 243, Kastentext, und S. 249, Grafik M 26.

M8 Ein Interview mit dem Mitglied des Deutschen Bundestages Carsten Linnemann (CDU)

Herr Linnemann, zunächst die Frage: Wie sind Sie Abgeordneter im Deutschen Bundestag geworden?

Als ich von verschiedenen Seiten wegen einer Kandidatur für den Bundestag angefragt wurde, war ich gerade Mitglied im Gemeinderat Altenbeken. Zu der Zeit hatte ich meine Promotion im Bereich der Volkswirtschaftslehre bereits abgeschlossen und auch einige berufliche Stationen absolviert. Ich habe mich dann als Kandidat für die bevorstehende Bundestagswahl im Kreis Paderborn für die CDU zur Verfügung gestellt. In einer Versammlung haben die CDU-Mitglieder mich mit großer Mehrheit als Direktkandidaten für den Wahlkreis bestimmt. Bei der Bundestagswahl habe ich dann die meisten Stimmen der Wählerinnen und Wähler gewonnen.

Was sind Ihre Hauptaufgaben und Beschäftigungen in einer Arbeitswoche in Berlin?

Jede Plenarwoche in Berlin beginnt mit fraktionsinternen Sitzungen. In Corona-Zeiten verstärkt auch im digitalen Format. Da gibt es die Sitzung der Landesgruppe NRW, des Fraktionsvorstandes, der Fraktion sowie der Arbeitsgruppen zu den verschiedenen Fachbereichen wie beispielsweise Wirtschaft, Umwelt und Inneres. In diesen Gremien werden die aktuellen Themen der Plenarwoche durchgesprochen, aber auch neue Initiativen und Gesetzentwürfe beraten.

Ab Mittwoch tagen dann die Fachausschüsse [s. Kasten S. 227], und zwar fraktionsübergreifend. Der Donnerstag wie auch der Freitag sind traditionell die Tage, an denen sich das meiste im Plenum abspielt. Es werden Gesetzestexte und Anträge debattiert und es wird über sie abgestimmt. Parallel dazu, am Rande des Plenums, laufen immer wieder Gespräche mit Kollegen, mit Experten oder auch Journalisten. Zudem nutze ich jede freie Minute, um auf E-Mails von Bürgern zu antworten oder sie auch anzurufen.

Als Mitglied des Bundestages gehören Sie, als Teil Ihrer Fraktion, der Legislative an. Wie verstehen Sie Ihre Rolle gegenüber der Bundesregierung, die die ausführende Gewalt im politischen System darstellt, von der aber auch die weitaus meisten Gesetzesinitiativen ausgehen?

Die beiden wichtigsten Aufgaben des Bundestages sind es, Gesetze zu beschließen und die Regierung zu kontrollieren. Der SPD-Politiker Peter Struck hat mal treffend festgestellt, dass kein Gesetz so aus dem Parlament herauskommt, wie es eingebracht wurde. Wir als Bundestag haben also immer den Anspruch, Gesetzesinitiativen der Bundesregierung noch zu verbessern. Zudem halten wir Bundestagsabgeordnete den engen Kontakt zum Wahlkreis. Aus den Gesprächen mit Bürgern fließen nicht selten wichtige Ideen ein, die sogar in parlamentarische Initiativen münden können. Mir ist dies vor einigen Jahren bei einem rentenpolitischen Thema so ergangen. Damals hatte mich ein Bürger im Rentenalter kontaktiert, der nicht verstehen konnte, warum man ihm, der gerne noch weiterarbeiten würde, so viele Hürden in den Weg legt. Mit der „Flexi-Rente“ gab es am Ende tatsächlich eine gesetzliche Regelung, die Menschen nach dem Renteneintrittsalter zum Weiterarbeiten ermutigt.

Als Abgeordneter sind Sie laut Artikel 38 des Grundgesetzes „Vertreter des ganzen Volkes“, besonders repräsentieren Sie die Bürgerinnen und Bürger Ihres Wahlkreises Paderborn. Wie nehmen Sie die Anliegen und Interessen der Menschen auf, die Sie politisch vertreten?

Seit ich im Bundestag bin, halte ich an dem Grundsatz fest: Jede Bürgerin und jeder Bürger meines Wahlkreises erhält bei mir einen persönlichen Termin. Das kann in meinem Wahlkreisbüro sein, bei einer meiner regelmäßigen Bürgersprechstunden, am Telefon oder auch am Rand eines Vortrags. Ich spreche mit Bürgern über ihre Wünsche und Sorgen, halte Kontakt zu Bürgermeistern, Vereinen und anderen Einrichtungen. Bei mir erhält jeder Bürger aus meinem Wahlkreis einen Termin und ich bin immer erreichbar. Ich lese jede E-Mail selbst, beantworte sie und lade viele Bürgerinnen und Bürger zu einem persönlichen Gespräch ein. Denn nur im direkten Austausch erhalte ich die entscheidenden Hinweise für meine politische Arbeit. Aus diesem Grund habe ich auch direkt nach Antritt meines Bundestagsmandats im Jahr 2009 begonnen, in allen 75 Ortsteilen meines Wahlkreises Hausbesuche zu machen.

(Interview von Reinhold von Rüden mit Herrn Dr. Carsten Linnemann am 01.12.2020)

1 Erklärt, auf welchem Weg Herr Dr. Linnemann in den Deutschen Bundestag eingezogen ist (s. auch den Stimmzettel auf S. 192).

2 Nennt im Einzelnen die Orte, an denen er während einer Arbeitswoche in Berlin politisch aktiv wird, und ordnet diesen die jeweiligen Tätigkeiten zu.

3 Gebt wieder, mit welchen Worten Herr Linnemann feststellt, dass der Bundestag nicht einfach nur die Gesetzesvorstellungen der Bundesregierung passieren lässt, sondern selbst eine aktive Rolle bei der Gesetzgebung spielt.

4 Erklärt anhand der Antwort zur zweiten Frage sowie mithilfe der Kastentexte „Beratungen – Lesungen“ (S. 226) und „Ausschüsse“ (S. 227), an welchen Stellen Ideen eines Abgeordneten in ein Gesetz Eingang finden können.

5 Eine Bundestagsabgeordnete bzw. ein Bundestagsabgeordneter soll sich als Vertreterin/Vertreter des Volkes verstehen. Erläutert, wie Herr Linnemann versucht, dieser Aufgabe gerecht zu werden.

2.1

6 Recherchiert in den lokal bezogenen Medien, bei welchen Aktivitäten der/die Abgeordnete eures Wahlkreises in Kontakt mit den Bürgerinnen und Bürgern steht. Informationen könnt ihr zumeist auf seiner/ihrer Homepage finden.

7 Erschließt, über welche Fähigkeiten ein Bundestagsabgeordneter bei der Ausübung seines Mandates verfügen muss.

V Erstellt ein Porträt von der bzw. dem Abgeordneten, die/der euren Wahlkreis im Bundestag vertritt. Berücksichtigt z. B. folgende Aspekte:
- persönliche Angaben (Alter, Beruf etc.)
- Parteizugehörigkeit
- Wahlergebnis bei der letzten Bundestagswahl
- als Direkt- oder Listenkandidat in den Bundestag gewählt
- Dauer der Zugehörigkeit zum Bundestag
- Mitglied in Bundestagsausschüssen (welchen?)
- Berichte in den Medien über den Abgeordneten/die Abgeordnete
- seine/ihre Position zu bestimmten politischen Themen
- Adresse und Sprechzeiten im Wahlkreis

Einige Angaben könnt ihr auf den Internetseiten unter dem Webcode @ WES-116592-028 recherchieren. In der Regel hat jede/jeder Abgeordnete auch eine eigene Internetseite. Ihr könnt auch mit einem oder mehreren Abgeordneten eures Wahlkreises persönlich Kontakt aufnehmen. Ihr könntet sie in die Schule zu einem Gespräch oder einer Diskussion einladen oder eventuell einen Besuch bei ihnen in Berlin organisieren.

M9 Die Abgeordneten zwischen Fraktion und Gewissen

Art. 38 GG: Die Abgeordneten des Deutschen Bundestages werden in allgemeiner, unmittelbarer, freier, gleicher und geheimer Wahl gewählt. Sie sind Vertreter des ganzen Volkes, an Aufträge und Weisungen nicht gebunden und nur ihrem Gewissen unterworfen.

Wenn ein Abgeordneter des Bundestages Mitglied einer Fraktion wird, stimmen seine politischen Ansichten grundsätzlich mit der Linie der Fraktion überein. Aber natürlich kann dies bei einzelnen Themen auch einmal anders sein. Mitglieder des Bundestages sind laut Artikel 38 des Grundgesetzes nur ihrem eigenen Gewissen verpflichtet, deshalb können sie jederzeit anders denken und abstimmen, als ihre Fraktion es sich vielleicht wünscht. Einen rechtlichen Fraktionszwang gibt es daher nicht.

Einheitliche Linie

Dennoch versuchen die Fraktionen im Vorfeld von Abstimmungen, eine einheitliche Linie zu erarbeiten. An die sollen sich möglichst alle Abgeordneten der eigenen Fraktionen halten. Hierfür gibt es wichtige Gründe: Ohne eine gewisse Fraktionsdisziplin wäre das parlamentarische Geschehen oft unberechenbar.

Dies könnte sogar die Stabilität einer Regierung gefährden und damit zu flatterhaften Verhältnissen in ganz Deutschland führen. Wichtige Gesetzgebungsvorhaben könnten blockiert werden, weil bei knappen Mehrheiten schon wenige Stimmen den Ausschlag für das Zustandekommen eines Gesetzes geben.

(Martin Erl)

Also wird in den Fraktionen vorab intensiv über die einheitliche Linie diskutiert. Am Ende wird das Ergebnis der Diskussion dann meist von allen Abgeordneten mitgetragen – auch von denen, die von den Argumenten in der Diskussion nicht in jeder Hinsicht überzeugt waren.

Ausnahme: Abstimmungen ohne Fraktionszwang

Doch natürlich gibt es auch hier Ausnahmen. Vor allem, wenn es um ethische Grenzfragen des Lebens geht, wäre es unzumutbar, eine Entscheidung mitzutragen, von der man nicht vollkommen überzeugt ist. Dann entscheiden die Bundestagsabgeordneten unabhängig von ihrer Fraktion. In der Vergangenheit ist dies mehrfach in Debatten passiert, in denen es um die Ethik der Biomedizin ging. So auch bei der Frage, wie schützenswert menschliche Embryonen sind [und ob Sterbehilfe zugelassen werden sollte].

(mitmischen.de, Lexikon: Fraktionsdisziplin, mitmischen.de - Das Jugendportal des Deutschen Bundestages, ohne Datum, Berlin; https://www.mitmischen.de/bundestag-wissen/lexikon/f/fraktionsdisziplin [01.03.2021])

1 Erläutert die Begriffe Fraktionszwang und Fraktionsdisziplin.

2 Bewertet die Erwartung der Fraktionsführung an die Mitglieder der Fraktion, sich grundsätzlich an die Fraktionsdisziplin zu halten und die Position der Partei zu vertreten.

3 Diskutiert, ob ein Bundestagsabgeordneter, der schon mehrfach anders abgestimmt hat als von seiner Fraktion erwartet, von ihr ausgeschlossen werden sollte.

Blickwinkel

M10 Die Opposition kontrolliert die Regierungsarbeit

Bundestagsdebatten haben einen immer gleichen Ablauf: Der Redner der Regierungsfraktion wird durch hämische Zwischenrufe aus dem Lager der Opposition unterbrochen und für Pointen gegenüber dem politischen Gegner durch die eigenen Parteifreunde mit Applaus bedacht. Der nachfolgende Redner der Opposition zerpflückt voller Freude jedes geäußerte Argument und erhält dabei Applaus oder Zwischenrufe je nach politischem Lager.

Dieses Parlamentsspiel mag viele Zuschauer ernüchtern – denn egal, wie gut die Idee ist, wird sie doch heftig kritisiert. Doch verbirgt sich in diesem Hin und Her ein Grundprinzip der Demokratie: die Kontrolle der Regierung durch die Opposition.

Die Minoritätsparteien im Parlament formen die Opposition – wobei dem Fraktionsvorsitzenden der stärksten Minderheitspartei die Rolle des Oppositionsführers zukommt. [...].

Die Aufgabe der Opposition ist die ständige Kritik an der Regierung und das Aufzeigen von Alternativen. Zudem haben die Oppositionsfraktionen zahlreiche parlamentarische Rechte, um die Regierungsarbeit zu kontrollieren. Kritik äußert die Opposition nicht nur in Bundestagsreden und in den Fachausschüssen, sondern auch mithilfe von Öffentlichkeitsarbeit über Presse, Fernsehen und Parteiveranstaltungen.
Das Ziel einer Oppositionspartei ist, stets die Regierung ablösen zu können.

(blog-politik.de: Die Opposition im Bundestag – Aufgaben, Rechte und Bedeutung, 14.10.2013, Geschichte-Wissen, Ralph Feile, Ellwangen; http://blog-politik.de/die-opposition-im-bundestag-aufgaben-rechte-und-bedeutung/ [01.03.2021])

M11

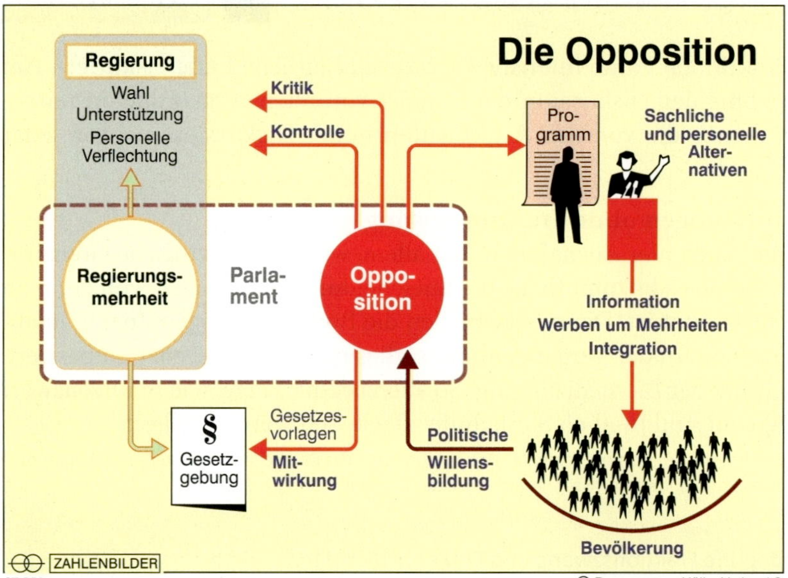

67 260 © Bergmoser + Höller Verlag AG

1 Erklärt die Rolle und das Selbstverständnis der Opposition im Deutschen Bundestag (M 10).

2 Beschreibt das Schaubild (M 11). Erläutert, wie die Abgeordneten der Regierungsmehrheit im Parlament ihre Rolle verstehen.

2.1, 2.2

3 Recherchiert in den Medien, bei welchen politischen Themen die Opposition zurzeit die Regierung kritisiert und welche gegensätzliche Position sie dazu einnimmt.

M12 Kontrollfragen

Wer, wie, was. Wieso, weshalb, warum – wer nicht fragt, bleibt dumm. Der Text des „Sesamstraßen"-Liedes lässt sich im Kern auch auf die Politik übertragen. Denn: Wenn Abgeordnete nicht kritisch nachfragen würden, könnten sie nicht die neben der Gesetzgebung wohl wichtigste Aufgabe des Parlaments erfüllen: die Kontrolle der Regierung. Ohne Informationen funktioniert dies nicht.
Das Fragerecht der Parlamentarier sichert somit die Grundlage ihrer Arbeit. Anfragen wie etwa die „Große Anfrage" oder die „Kleine Anfrage" sind wichtige Informations- und Kontrollinstrumente, die im Parlamentsalltag eine große, in den letzten Jahren zunehmende, Rolle spielen. In 60 Jahren Bundestag wurden so insgesamt 229.612 Anfragen und Einzelfragen gestellt.

(Sandra Schmid: Die Anfrage – ein wichtiges Recht der Parlamentarier, Deutscher Bundestag, 2011, Berlin; https://www.bundestag.de/webarchiv/textarchiv/2011/37215383_kw52_instrumente_bundestag-207296 [01.03.2021])

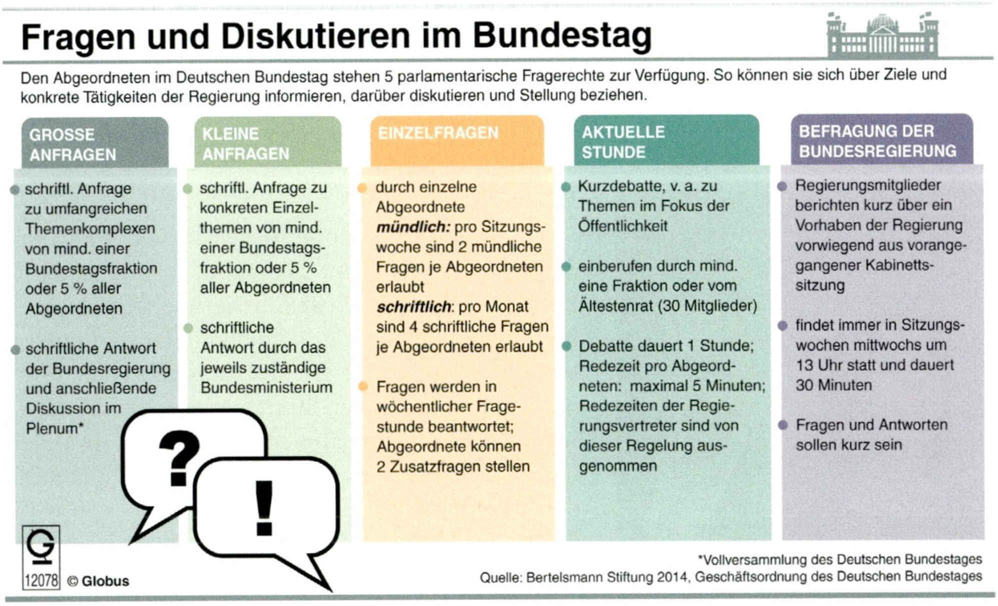

Ergänzende Hinweise:

- Eine Kleine Anfrage kann bis zu sieben einzelne Fragen beinhalten.
- Auf schriftliche Einzelfragen erhalten die Abgeordneten die Antworten innerhalb einer Woche.
- In der Aktuellen Stunde können keine Fragen gestellt werden.
- Seit Juni 2018 gibt es ein weiteres Fragerecht: die sog. Kanzler-Befragung. In einer einstündigen Plenumsveranstaltung muss sich die Kanzlerin bzw. der Kanzler persönlich den Fragen von Abgeordneten stellen. Die Befragung soll dreimal im Jahr stattfinden.

1 Erschließt und erläutert jeweils die politische Bedeutung, die die fünf verschiedenen Formen der Befragung haben könnten. Denkt dabei an die Regierung, die Opposition und einzelne Abgeordnete.

2 Wägt ab, inwieweit die fünf Instrumente über die Medien eine Wirkung in der Öffentlichkeit entfalten könnten.

3 Recherchiert, welche der in M 12 angeführten Instrumente innerhalb des aktuellen Monats wahrgenommen worden sind. Die Internetseite des Bundestages enthält dazu Informationen.

2.1, 2.2

Wenn man von „Untersuchungsausschuss“ spricht, meint man zumeist einen „parlamentarischen Untersuchungsausschuss“. Ein solcher Ausschuss wird von Abgeordneten des Parlaments gebildet. Er kann einberufen werden, wenn mindestens ein Viertel aller Abgeordneten des Parlaments das beantragt. Ziel eines solchen Ausschusses ist es, Missstände im staatlichen Bereich aufzuklären. Der Ausschuss kann keine Urteile sprechen, so wie ein Richter in einem Prozess. Er veröffentlicht aber seine Ergebnisse in einem Abschlussbericht. Zum Beispiel könnte ein solcher Ausschuss einberufen werden, wenn Zweifel daran bestehen, dass eine Partei Gelder, die sie vom Staat bekommen hat, auch korrekt abgerechnet hat. Der Ausschuss tagt für einen bestimmten Zeitraum, befragt Zeugen und Sachverständige, um die Vorwürfe zu klären.

(Gerd Schneider, Christiane Toyka-Seid: Das junge Politik-Lexikon von www.hanisauland.de, Stichwort: Untersuchungsausschuss, Bundeszentrale für politische Bildung, Bonn 2021; https://m.bpb.de/nachschlagen/lexika/das-junge-politik-lexikon/321282/untersuchungsausschuss [01.03.2021])

3. Bundeskanzler und Bundesregierung

M13 Wer wird Bundeskanzler oder Bundeskanzlerin? – Wahl und Regierungsbildung

Die Wahl

Für die Bürgerinnen und Bürger ist vor einer Bundestagswahl vor allem spannend, wer der nächste Kanzler oder die nächste Kanzlerin sein wird. Deshalb stehen die Kanzlerkandidaten der großen Parteien im Mittelpunkt des Wahlkampfes. Dabei sind diese gar nicht auf den Stimmzetteln der Wählerinnen und Wähler zu finden, sondern es sind vielmehr die Direktkandidatinnen und -kandidaten in den 299 Wahlkreisen bzw. die Parteien selbst mit ihren Listenkandidaten (seht euch dazu noch einmal Abb. 1 auf S. 192 an). Nicht die Bürgerinnen und Bürger wählen unmittelbar den Kanzler oder die Kanzlerin, sondern die gewählten Abgeordneten. Das Ziel der Parteien besteht also darin, möglichst viele Stimmen zu gewinnen, damit eine große Anzahl Abgeordneter ihren jeweiligen Kandidaten bzw. ihre Kandidatin zum Kanzler wählen kann.

Die Regierungsbildung

Wenn die Abgeordneten den Kanzler oder die Kanzlerin wählen, kann der jeweilige Kanzlerkandidat sich fest auf die Stimmen seiner Partei verlassen. Allerdings sind die Bundestagsmitglieder auch der größten Partei in der Regel zu wenige, um die „Kanzlermehrheit“ zu stellen. Das heißt, sie verfügen nicht über die absolute Mehrheit (mindestens die Hälfte plus eine Stimme der Abgeordneten), die für die Kanzlerwahl erforderlich ist. Deshalb benötigt die Partei des Kanzlerkandidaten noch eine oder auch mehr Parteien als **Koalitionspartner,** auf die der Kanzler/die Kanzlerin sich bei seiner/ihrer Wahl und später auch bei Abstimmungen im Bundestag verlassen kann. Aus diesem Grund muss die Kanzlerkandidatin/der Kanzlerkandidat bzw. ihre/seine Partei nach der Bundestagswahl mit anderen kleineren Parteien Koalitionsgespräche führen und um ihre Unterstützung werben. Die Koalitionsverhandlungen können manchmal zäh und langwierig verlaufen. Denn jede Partei will möglichst viel von ihren ursprünglichen Zielen und Versprechungen, mit denen sie zuvor im Wahlkampf um Stimmen geworben hat, auch beim Mitregieren umsetzen. Sie möchte ihre Mitglieder und Wählerinnen/Wähler nicht enttäuschen und verärgern, wenn sie in den Koalitionsverhandlungen zu sehr nachgibt und womöglich „faule Kompromisse“ mit einer anderen Partei eingeht.

Nachdem sich die koalitionswilligen Parteien auf ein gemeinsames Programm geeinigt haben, kann die Wahl des Bundeskanzlers erfolgen. Der Bundespräsident bzw. die Bundespräsidentin schlägt dem Bundestag den Kanzlerkandidaten von der größten Koaliti-

onspartei vor, und es ist dann keine Überraschung mehr, wenn er (oder sie) von den Abgeordneten der Koalitionsparteien mit der erforderlichen Mehrheit auch gewählt wird. Anschließend ernennt der Bundespräsident ihn oder sie zum Kanzler.
Im nächsten Schritt stellt der Kanzler bzw. die Kanzlerin seine/ihre Regierung (auch „Kabinett“ genannt) zusammen. Ihr gehören die Ministerinnen und Minister an, die für die verschiedenen Ressorts wie Wirtschaft, Umwelt und Verteidigung zuständig sind. Die Koalitionsparteien haben in der Regel schon zuvor in ihren Gesprächen ausgehandelt, wie viele Ministerinnen/Minister sie jeweils stellen. Die größte Partei erhält natürlich mehr als die kleine(n). Jede Partei bestimmt für sich allein, welche Politikerin bzw. welcher Politiker aus ihren Reihen ein Ministeramt übernehmen soll. Der Kanzler schlägt die vorgesehenen Ministerinnen und Minister dem Bundespräsidenten vor, der sie dann offiziell ernennt.

(Autorentext)

1 Erklärt, warum die großen Parteien ihre Kanzlerkandidaten im Bundestagswahlkampf für die Wählerinnen und Wähler besonders in den Vordergrund stellen und darüber hinaus an vielen Wählerstimmen interessiert sind.

2 Erklärt, warum es für eine Partei schwierig sein kann, sich für eine Teilnahme an einer Regierungskoalition zu entscheiden, und unter welchen Voraussetzungen sie dazu bereit sein könnte.

3 Bringt folgende Schritte bis zur Arbeitsaufnahme einer neuen Bundesregierung in die richtige Reihenfolge: Suche nach möglichem(n) Koalitionspartner(n) – Vorschlag zur Wahl einer Bundeskanzlerin/eines Bundeskanzlers – Koalitionsverhandlungen und -vertrag – Ernennung der Ministerinnen/Minister durch die Bundespräsidentin/den Bundespräsidenten – Bundestagswahlen.

4 a Stellt fest, aus welchen Parteien sich die gegenwärtige Bundesregierung zusammensetzt.

b Recherchiert, welcher Partei die Ministerinnen und Minister jeweils angehören und für welches Ressort sie zuständig sind.

2.1, 2.2

M14 Die Aufgaben der Regierung

Die Bundesregierung hat die Aufgabe und das Ziel, zum einen die **inneren Verhältnisse** in Deutschland zu gestalten. Dazu gehören beispielsweise das Verbraucher- und Mietrecht, die Sicherheit und Gesundheit der Bürgerinnen und Bürger, die Steuern, der Umweltschutz und die Digitalisierung des Landes. Zum anderen kümmert die Regierung sich um die **auswärtigen Beziehungen** zu anderen Staaten in Europa und in der ganzen Welt.
Bei der Fülle der Aufgaben leitet die Bundesregierung mit der Kanzlerin/dem Kanzler an der Spitze bei etwa zwei Dritteln der Gesetze den Gesetzgebungsprozess ein (s. S. 228, M3), um

Mehrwertsteuer-Senkung für Gastronomie kommt
Der Bundesrat hat den von der Bundesregierung auf den Weg gebrachten Steuererleichterungen für die Gastronomie und beim Kurzarbeitergeld zugestimmt. Ziel ist es, die wirtschaftliche Entwicklung angesichts der Corona-Epidemie zu stabilisieren und Arbeitsplätze zu sichern. Um die wirtschaftlichen Auswirkungen der Corona-Einschränkungen im Gaststättengewerbe abzumildern, soll für Speisen in der Gastronomie der reduzierte Mehrwertsteuersatz gelten. Die Regelung soll am 1. Juli 2020 in Kraft treten und bis zum 30. Juni 2021 befristet sein. Dem Vorschlag der Bundesregierung hat der Bundesrat nun zugestimmt. [...]

(Presse- und Informationsamt der Bundesregierung, 05.06.2020, Berlin; https://www.bundesregierung.de/breg-de/aktuelles/steuerentlastungen-coronavirus-1750826 [01.03.2021])

Lösungen für politische Ziele und Probleme herbeizuführen. Sie bereitet die Gesetze in den fachlich zuständigen Ministerien vor. Viele Expertinnen und Experten arbeiten daran mit. Wenn der Gesetzentwurf in den Bundestag kommt, kann die Regierung darauf bauen, dass die Abgeordneten aus den Regierungsfraktionen den Gesetzentwurf im weiteren Gesetzgebungsverfahren auch unterstützen (s. S. 236, M 11). Nachdem der Bundestag und der Bundesrat die Gesetze beschlossen haben, hat die Bundesregierung die Aufgabe, dafür zu sorgen, dass sie auch umgesetzt werden. Dafür sind die jeweiligen Fachministerien zuständig. Das Finanzministerium beispielsweise sorgt dafür, dass eine beschlossene Mehrwertsteuersenkung auch tatsächlich ausgeführt wird.

(Autorentext)

M 15

1 Erläutert, welche Aufgaben die Bundesregierung hat und auf welchem Weg sie die Lösung politischer Problemstellungen herbeiführt (M 14). (Über aktuelle Vorhaben der Bundesregierung könnt ihr euch in den Medien und auf der Seite der Bundesregierung informieren.)

2 Erklärt das Schaubild zur klassischen Gewaltenteilung (M 15).

3 Prüft, inwieweit die strenge formale Gewaltenteilung zwischen Legislative (Bundestag) und Exekutive (Bundesregierung) in dem beschriebenen politischen Ablauf tatsächlich eingehalten wird (M 14; s. auch S. 225 f., M 2a, 2b, und S. 236, M 11).

M16 Die Zusammenarbeit in der Bundesregierung

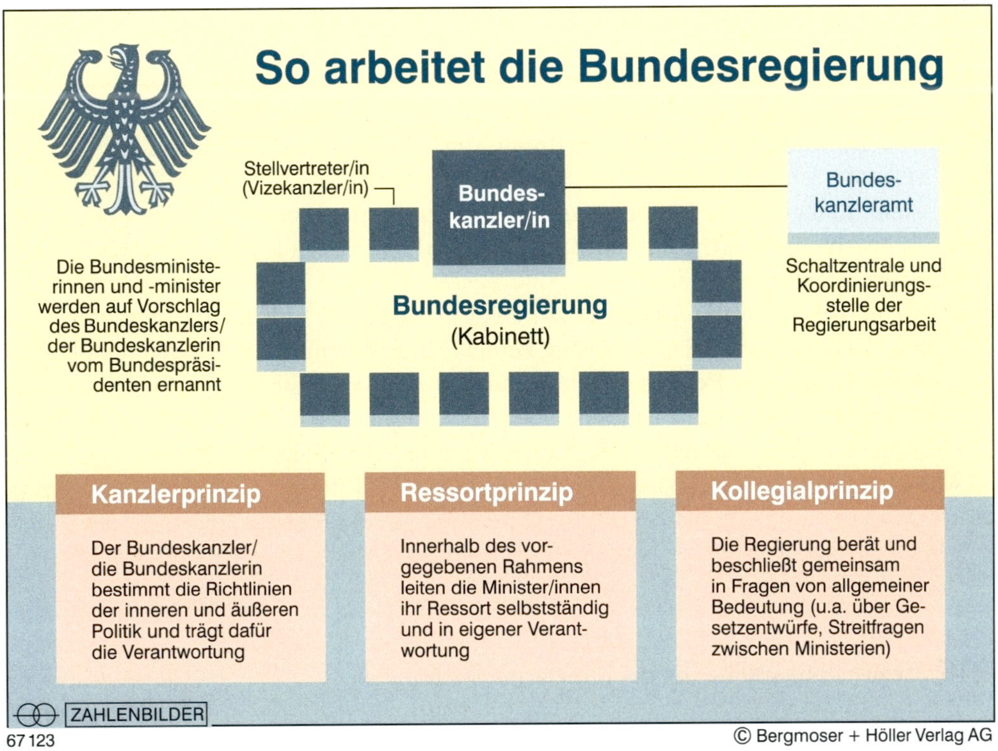

1 Beschreibt das Schaubild und erläutert die Prinzipien, die die Arbeitsweise der Bundesregierung bestimmen (das Kanzlerprinzip wird auch als „Richtlinienkompetenz" der Kanzlerin/des Kanzlers bezeichnet).

2 Prüft, welchem der drei Prinzipien die folgenden Aussagen jeweils entsprechen bzw. mit welchem sie nicht vereinbar sind (s. auch den letzten Abschnitt in M 17):

- Wenn der Finanzminister und die Verteidigungsministerin sich über die Finanzierung der Anschaffung neuer Flugzeuge für die Bundeswehr streiten, setzt sich immer der Finanzminister durch, weil er auf die Staatsausgaben achten muss.
- Nach dem Willen der Regierung soll die Elektromobilität gefördert werden, um den Ausstoß von Kohlendioxid zu vermindern. Der Umweltminister lässt von den Beamten in seinem Ministerium dafür geeignete Maßnahmen (z. B. Kaufprämien für Elektroautos) erarbeiten.
- Der Kanzler/die Kanzlerin wünscht, dass wieder neue Atomkraftwerke für die Stromgewinnung gebaut werden, und weist die Umweltministerin gegen ihren Willen an, einen solchen Gesetzentwurf vorzubereiten.
- Das Kabinett stimmt mehrheitlich, aber gegen den Willen des Bundeskanzlers/der Bundeskanzlerin gegen die Aufnahme von Flüchtlingskindern in Deutschland.
- Der Bundestag hat Steuersenkungen beschlossen. Der Finanzminister veranlasst, dass die Finanzämter diese für die steuerpflichtigen Bürgerinnen und Bürger umsetzen.

M17 Die starke Stellung der Kanzlerin/des Kanzlers

[...] Der Bundeskanzler hat in der Bundesregierung eine herausragende Stellung (**Kanzlerprinzip**). Sie zeigt sich darin, dass er

- als einziges Mitglied der Bundesregierung vom Bundestag **gewählt** ist und damit über eine besondere demokratische Legitimation verfügt;
- allein den Antrag stellen kann, der Bundestag möge ihm das **Vertrauen** aussprechen [s. M18, b];
- bei Ablehnung der **Vertrauensfrage** Neuwahlen herbeiführen kann;
- allein durch ein **Misstrauensvotum** [s. M18, a] zu stürzen ist, wobei auch alle seine Minister ihr Amt verlieren;
- das Recht hat, die Bundesminister zur **Ernennung und Entlassung** vorzuschlagen (Art. 64 GG), während der Bundestag keinen Minister zum Rücktritt zwingen kann;
- die **Richtlinien der Politik** bestimmt und für sie die alleinige Verantwortung trägt. Die Richtlinienkompetenz ist die wichtigste Befugnis des Kanzlers. Sie weist ihm die Führungsrolle im Kabinett zu. Er kann von einer Mehrheit im Kabinett nicht überstimmt werden. [...]

(Horst Pötzsch: Die deutsche Demokratie, 5. überarbeitete und aktualisierte Auflage, Bundeszentrale für politische Bildung, Bonn 2009, S. 106; https://www.bpb.de/politik/grundfragen/deutsche-demokratie/39365/bundesregierung?p =all [01.03.2021])

M18 Keine „Jobgarantie" für die Kanzlerin/den Kanzler

a) Konstruktives Misstrauensvotum:
Der Bundestag kann während einer Legislaturperiode mit der Mehrheit seiner Mitglieder einen neuen Bundeskanzler/eine neue Bundeskanzlerin wählen. Auf dem Wege dieser Wahl wird gleichzeitig der amtierende Bundeskanzler/die amtierende Bundeskanzlerin abgewählt (vgl. Grundgesetz Art. 67).

b) Vertrauensfrage:
Der Bundeskanzler/die Bundeskanzlerin kann, wenn er/sie umstritten ist und die Regierungsparteien ihm/ihr nicht mehr geschlossen folgen wollen, den Bundestag fragen, ob er/sie noch mehrheitlich sein Vertrauen genießt und weiter im Amt bleiben sollte. Findet der Antrag des Bundeskanzlers/der Bundeskanzlerin, sich das Vertrauen aussprechen zu lassen, bei der Mehrheit der Mitglieder des Bundestages keine Zustimmung, kann der Bundeskanzler/die Bundeskanzlerin dem Bundespräsidenten die Auflösung des Bundestages vorschlagen (vgl. Grundgesetz Art. 68). Würde dieser ihn auflösen, müssten nach 60 Tagen Neuwahlen stattfinden (vgl. Grundgesetz Art. 39).

(Autorentext)

1 Erläutert zusammenfassend die hervorgehobene politische Position der Bundeskanzlerin/des Bundeskanzlers (M17). Lasst dabei auch die schon in der Unterrichtsreihe erworbenen Kenntnisse einfließen.

2 Erklärt, worin die einzige Möglichkeit besteht, die Kanzlerin bzw. den Kanzler – auch gegen ihren/seinen Willen – aus dem Amt zu entfernen (M17/M18).

3 Erklärt, von wem – im Unterschied zum Misstrauensvotum – die Vertrauensfrage ausgeht und wozu sie führen kann (M18).

4. Die Bundespräsidentin/ der Bundespräsident – das Staatsoberhaupt

M19 Die Wahl des Bundespräsidenten im Jahr 2017

Als am 12. Februar 2017 Prominente wie Fußball-Bundestrainer Joachim Löw, der Entertainer Hape Kerkeling, die Schauspielerin Iris Berben, die Verlegerin Friede Springer und der hessische Ministerpräsident Volker Bouffier in Berlin zusammenkamen, geschah das nicht, weil in der Hauptstadt eine Benefiz-Gala gefeiert wurde. Im Reichstagsgebäude tagte die **Bundesversammlung**, um für die nächsten fünf Jahre einen neuen Bundespräsidenten zu wählen (Artikel 54 Absätze 1 und 2 des Grundgesetzes). 630 Bundestagsabgeordnete und ebenso viele von den Landesparlamenten entsandte Mitglieder hatten sich versammelt (Art. 54 Abs. 3). Als Delegierte der Länder werden traditionell gemeinsam mit Landtagsabgeordneten und Kommunalpolitikern auch bekannte Persönlichkeiten berufen, wenn es darum geht, ein neues Staatsoberhaupt zu wählen. Die Wahl der 16. Bundesversammlung fiel erwartungsgemäß auf den Kandidaten der Regierungskoalition von CDU/CSU und SPD, Frank-Walter Steinmeier. Im ersten Wahlgang wurde der frühere Bundesaußenminister zum zwölften Bundespräsidenten gewählt. [...]

(Katja Gelinsky: Der Bundespräsident, Deutscher Bundestag, 01.05.2019, Berlin; https://www.bundestag.de/parlament/grundgesetz/gg-serie-07-bundespraesident-634572 [01.03.2021])

Die einzige Aufgabe der **Bundesversammlung** ist es, alle fünf Jahre die Bundespräsidentin/den Bundespräsidenten zu wählen. Sie setzt sich jeweils zur Hälfte zusammen aus den Mitgliedern des Deutschen Bundestages und der gleichen Anzahl Mitglieder, die von den Landtagen der Bundesländer nach dem Grundsatz der Verhältniswahl entsendet werden. Im ersten bzw. zweiten Wahlgang ist eine absolute Mehrheit der Stimmen erforderlich, im dritten reicht eine relative Mehrheit.

Zusammensetzung der Bundesversammlung

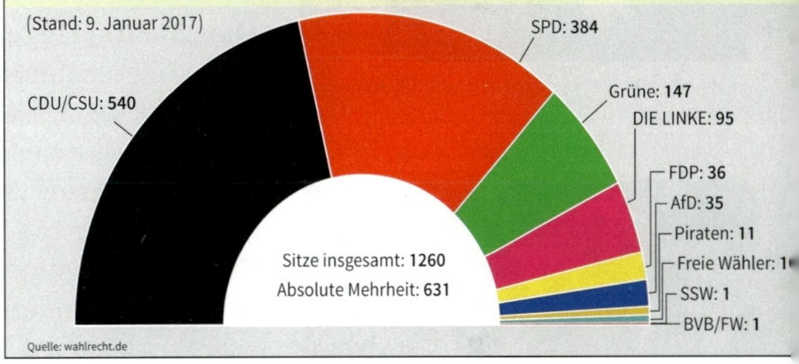

1 Stellt dar, wie die Wahl des Bundespräsidenten zustande kommt und wer an ihr teilnimmt.

2 Erklärt, warum in der Bundesversammlung nicht nur Parteien aus dem Bundestag vertreten sind, sondern auch andere (z. B. „Freie Wähler“ aus Bayern).

3 Erschließt, warum unter den Delegierten der Landtage nicht nur Politikerinnen/Politiker vertreten sind, sondern auch bekannte Persönlichkeiten aus anderen Bereichen als der Politik an der Wahl des Bundespräsidenten teilnehmen dürfen.

4 Erklärt, warum die Größe der Bundesversammlung bei jeder Wahl eines Bundespräsidenten anders sein kann.

M20 Die Aufgaben des Bundespräsidenten

Der Bundespräsident bzw. die Bundespräsidentin ist das Staatsoberhaupt der Bundesrepublik Deutschland, ohne selbst aktiv Politik zu betreiben. Er steht über allen anderen Staatsorganen und gehört keiner der drei Staatsgewalten (Legislative, Exekutive, Judi-

Fernsehansprache aus Anlass der Corona-Epidemie am 11. April 2020

Staatsbesuch in der Republik Kenia (23. Februar 2020)

Der Bundespräsident diskutiert mit Bürgerinnen und Bürgern bei einer Kaffeetafel in Gera (3. Februar 2020).

kative) an. Der Bundespräsident verhält sich politisch neutral und ist für keine Partei tätig. Seine Hauptaufgabe ist es, den Staat nach innen und außen zu repräsentieren, zum Beispiel durch das Halten von Ansprachen, den Besuch einer Schule u. Ä. Nach außen nimmt er eine völkerrechtliche Funktion wahr, wenn er anderen Ländern Staatsbesuche abstattet, im Namen des Bundes Verträge mit anderen Staaten schließt oder ausländische Botschafter empfängt.

Die Aufgaben des Bundespräsidenten sind im Grundgesetz festgelegt (Art. 54 – 61). Neben der Repräsentation sind folgende Aufgaben die wichtigsten im politischen System der Bundesrepublik Deutschland:

- Vorschlag eines Kandidaten für die Wahl des Bundeskanzlers,
- Ernennung und Entlassung des Bundeskanzlers,
- Auflösung des Bundestages,
- Unterzeichnung und Verkündung von Gesetzen,
- Ernennung der Bundesrichter, der Bundesbeamten, der Offiziere und Unteroffiziere.

(Autorentext)

Die „Staatspflege“ des Bundespräsidenten

Neben diesen amtlichen Funktionen nimmt das Staatsoberhaupt Aufgaben wahr, die sich als „Staatspflege“ charakterisieren lassen. Der Bundespräsident ist eine integrierende, die Einheit des Staates und des Volkes repräsentierende Autorität, als Staatsoberhaupt verkörpert er den Staat, er repräsentiert ihn und er soll die unterschiedlichen gesellschaftlichen Gruppen zusammenführen. Alle Tätigkeiten auf diesem Gebiet, vor allem die Bestimmung der Staatssymbole, die Erfüllung von Repräsentationspflichten, die Übernahme von Schirmherrschaften und Ansprachen, die Anordnung von Staatsakten und Staatsbegräbnissen lassen sich unter dem Begriff der Staatspflege zusammenfassen. Das ist ein sehr weiter Bereich, für den vielfach keine rechtlichen Vorgaben existieren.

(Bundespräsidialamt: Repräsentation und Integration – Staatspflege, ohne Datum, Berlin; https://www.bundespraesident.de/DE/Amt-und-Aufgaben/Wirken-im-Inland/Repraesentation-und-Integration/repraesentation-und-integration-node.html [01.03.2021])

[...] Das Amt sei „auf vor allem geistig-moralische Wirkung angelegt“, schreibt das Bundesverfassungsgericht. Wichtigstes Instrument dafür ist die Rede. „Mahnen, warnen und ermutigen“, beschrieb der Staatsrechtslehrer Roman Herzog das Aufgabenprofil des Bundespräsidenten, bevor er selbst in Schloss Bellevue einzog. [...]

(Katja Gelinsky: Der Bundespräsident, Deutscher Bundestag, 01.05.2019, Berlin; https://www.bundestag.de/parlament/grundgesetz/gg-serie-07-bundespraesident-634572 [01.03.2021])

1 Beschreibt die besondere Position des Bundespräsidenten als Staatsoberhaupt der Bundesrepublik Deutschland.

2 Erklärt die amtlichen Aufgaben des Bundespräsidenten in Bezug auf die anderen Staatsorgane (s. auch S. 238 f., M 13, Z. 42 – 55, und S. 242, M 18 b). (Zu den weiteren amtlichen Aufgaben findet ihr hier Informationen: @ WES-116592-029).

3 Erläutert die mit dem Begriff „Staatspflege“ umschriebene Rolle des Bundespräsidenten und nehmt Bezug auf mögliche aktuelle Beispiele.

4 Prüft, ob der Bundeskanzler bzw. die Bundeskanzlerin auch die Rolle des Bundespräsidenten übernehmen könnte.

5. Werden die Grundrechte verletzt? – Prüfstein Corona-Maßnahmen

Das Corona-Virus hat das Leben aller Menschen verändert. Masken tragen, Abstand halten, Restaurantschließungen, Besuchs- und Veranstaltungsverbote erschweren das Leben in vielen Bereichen. Darf der Staat so tief in die Lebensabläufe der Bürgerinnen und Bürger eingreifen, auch wenn die Maßnahmen eine gesetzliche Grundlage haben? Bei dieser Frage kommt das **Bundesverfassungsgericht** ins Spiel. Die Bedeutung dieses Staatsorgans für den Schutz der Grundrechte soll euch bei der Bearbeitung dieses letzten Abschnitts deutlich werden.

M 21 Bundesverfassungsgericht kippt Demo-Verbot in Stuttgart

Das Bundesverfassungsgericht hat ein grundsätzliches Demo-Verbot der Stadt Stuttgart abgelehnt. [...] Ein Mann wollte am Nachmittag [des 18. April 2020] von 15.30 Uhr bis 17.30 Uhr auf dem zentralen Schlossplatz mit maximal 50 Leuten gegen die Einschränkung der **Grundrechte** in der Corona-Krise demonstrieren. [...] Die Stadt hatte dem Anmelder und dessen Anwalt nach deren Darstellung nicht einmal einen ablehnenden Bescheid geschickt. Ein Mitarbeiter habe am Telefon gesagt, über Versammlungen werde derzeit nicht entschieden, weil sich deren Verbot direkt aus der Corona-Verordnung für Baden-Württemberg ergebe. Dieses Vorgehen verletze den Kläger in seinem Grundrecht auf Versammlungsfreiheit, entschieden die Karlsruher Richter [Karlsruhe ist der Sitz des Bundesverfassungsgerichtes]. [...]

Die Stadt hatte dem Gericht in einer Stellungnahme mitgeteilt, es sei ihr nicht möglich, Auflagen festzusetzen, die der aktuellen Pandemielage gerecht würden. Das ist den Richtern viel zu pauschal. Es sei zwar richtig, dass die Infektionszahlen gerade in Stuttgart in den vergangenen Wochen stark gestiegen seien. Das befreie aber nicht davon, „möglichst in kooperativer Abstimmung mit dem Antragsteller alle in Betracht kommenden Schutzmaßnahmen in Betracht zu ziehen und sich in dieser Weise um eine Lösung zu bemühen". Es müssten immer die Umstände des Einzelfalls berücksichtigt werden.

(red/dpa: Bundesverfassungsgericht kippt Demo-Verbot in Stuttgart, Stuttgarter Zeitung, 18.04.2020; https://www.stuttgarter-zeitung.de/inhalt.gegen-corona-einschraenkungen-bundesverfassungsgericht-kippt-demo-verbot-in-stuttgart.53cbf11d-0208-4b63-be68-5099d471a28e.html [01.03.2021])

* Die **Grundrechte** sind im Grundgesetz (GG) der Bundesrepublik Deutschland in Art. 1 – 19 festgeschrieben. Kein Gesetz, keine Entscheidung und kein Handeln staatlicher Stellen darf diese verletzen. Denn „Grundrechte binden Gesetzgebung, vollziehende Gewalt und Rechtsprechung als unmittelbar geltendes Recht" (GG Art. 1, Abs. 3).

1 Stellt dar, welcher Konflikt zu dem Urteil des Bundesverfassungsgerichts geführt hat. Berücksichtigt, welche Personen daran beteiligt waren, und arbeitet ihre Interessen und Begründungen heraus. Blickwinkel

2 Bewertet das Urteil aus eurer Sicht und legt eure Bewertungskriterien offen.

3 Entwerft in Gruppenarbeit ein Konzept für die geplante Demonstration, das geeignet ist, dem Urteil des Bundesverfassungsgerichts bzw. dem Interesse der Demonstranten einerseits und dem Anliegen der Stadt Stuttgart andererseits gerecht zu werden.

M22 Maßnahmen gegen das Corona-Virus im Konflikt mit den Grundrechten

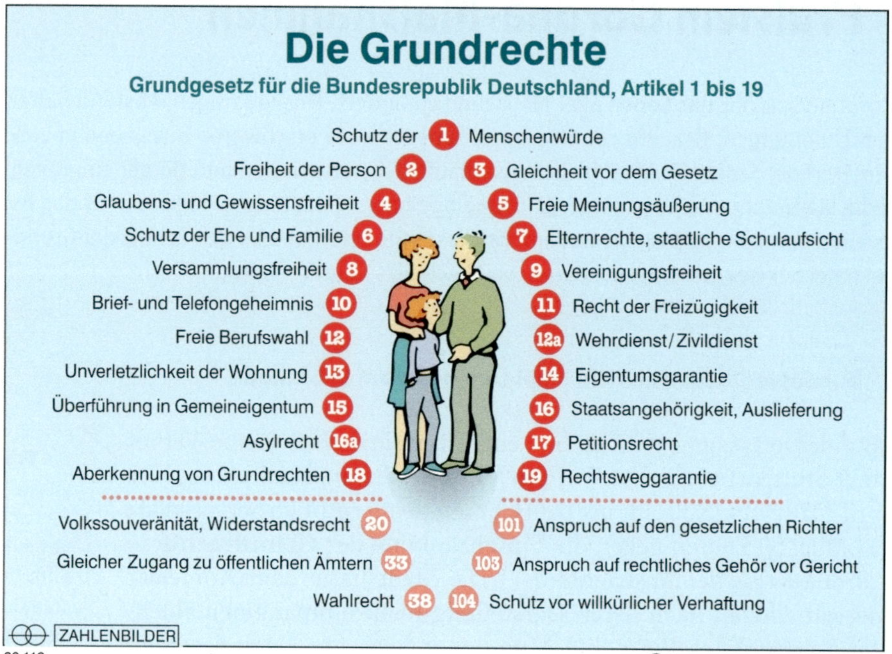

60 110 © Bergmoser + Höller Verlag AG

Keine Party, keine Freunde – Jugendliche im Lockdown

Listet die euch (noch) bekannten Corona-Maßnahmen auf. Prüft und begründet, welche Grundrechte von Bürgerinnen und Bürgern dadurch möglichweise verletzt werden (s. Grundgesetz Art. 1–19).

M23 Konträre Standpunkte

Pro und Kontra

Gesundheit geht vor!
Die Gesundheit ist immer wichtiger als die persönliche Freiheit. Jeder kann infiziert werden und schwer erkranken, das sollte man bedenken. Vielleicht sogar mit gesundheitlichen Einschränkungen für lange Zeit. Es gibt kein Medikament für die Behandlung, deshalb muss die Gesundheit aller kompromisslos geschützt werden. Jeder muss bereit sein, Einschränkungen beim Einkaufen, Feiern, bei Besuchen und bei der Bewegungsfreiheit hinzunehmen.

(Autorentext)

Einen unnatürlichen Zustand beenden!
In der ersten Schockstarre waren alle Bürger gehorsam, man versuchte eben irgendwie, der unsichtbaren Bedrohung auszuweichen. Die Politik tat ihr Bestes. [...] Trotzdem wurden die Maßnahmen kaum gelockert. Ein gigantischer Wirtschaftseinbruch ist die Folge. Abgesehen davon ist der Mensch nun mal mehr als die Summe seiner Körperfunktionen. Wir sind soziale Wesen und wollen unter unseresgleichen leben. Isolation bedeutet für viele Menschen Stress, Angst, Depression. Es ist ein unnatürlicher Zustand. Es wird schon Zeit, das zu berücksichtigen.

(Ira Lester, 01.05.2020)

(FOCUS Online, Leser-Kommentar zum Artikel „Richter kippt Corona-Verbote: ‚Haben den Menschen ein Stück Freiheit zurückgegeben'", 01.05.2020, München; https://www.focus.de/politik/hammer-urteil-im-saarland-richter-zu-corona-lockerungen-haben-den-menschen-ein-stueck-freiheit-zurueckgegeben_id_11944087.html [03.03.2021])

Blickwinkel

1 Diskutiert in Gruppen die Pro- und Kontra-Äußerungen zu den Corona-Maßnahmen. Notiert alle Gesichtspunkte, die bei der Verhängung von coronabedingten Einschränkungen eurer Meinung nach zu bedenken sind, und gewichtet sie nach der Bedeutung, die ihr ihnen zuschreibt.

2 Entwickelt Grundsätze, die der Staat beachten müsste, wenn er die Absicht hat, Corona-Einschränkungen zu verhängen.

M24 Was passiert mit unseren Grundrechten in Zeiten einer Pandemie?

Um die Ausbreitung von gefährlichen Krankheiten wie COVID-19 zu verhindern, darf der Staat Grundrechte beschränken. Die rechtliche Grundlage für die aktuellen Maßnahmen bietet vor allem das Infektionsschutzgesetz (IfSG). Hier werden unterschiedliche Schutzmaßnahmen zur Seuchenbekämpfung geregelt, die u. a. die Versammlungsfreiheit und die Unverletzlichkeit der Wohnung beschränken (§ 28 IfSG). Es wird also festgelegt, wie und in welche Rechte der Staat eingreifen darf. Außerdem können die Bundeslän-

der nach § 32 IfSG eigene Schutzmaßnahmen in Form von Rechtsverordnungen erlassen, auf deren Grundlage unsere Grundrechte ebenfalls beschränkt werden dürfen.
Wichtig ist: Der Staat darf auch in der aktuellen Ausnahmesituation nur in unsere Grundrechte eingreifen, wenn dies **verhältnismäßig** ist. Es sind also nicht alle Maßnahmen, die zum Infektionsschutz getroffen werden oder theoretisch getroffen werden können, automatisch rechtmäßig. Bei jeder einzelnen getroffenen Maßnahme muss der Grundrechtseingriff verhältnismäßig zu dem Zweck sein, den sie verfolgt. Aktuell geht es darum, die Ausbreitung einer Krankheit zu verhindern und damit das Recht bisher nicht infizierter Dritter auf Leben und körperliche Unversehrtheit zu schützen (Artikel 2 Absatz 2 Satz 1 Grundgesetz, GG). Generell gilt: Je tiefer der jeweilige Grundrechtseingriff, desto erfolgsversprechender und alternativloser muss eine Maßnahme diesem Zwecke dienen. Und das Ziel, die Ausbreitung einer Krankheit zu verhindern, muss nach Möglichkeit durch Maßnahmen verfolgt werden, welche die Grundrechte so wenig wie möglich beschränken. Es geht also immer um eine Abwägung der betroffenen Rechtsgüter. [...]

(Gesellschaft für Freiheitsrechte e. V.: Was passiert mit unseren Grundrechten in Zeiten einer Pandemie?, 18.11.2020, Berlin; https://freiheitsrechte.org/corona-und-grundrechte/ [01.03.2021])

1 Stellt dar, auf welcher Grundlage der Staat Maßnahmen gegen die Ausbreitung des Corona-Virus ergreift.

Blick-winkel

2 Erläutert, was mit der „Abwägung der betroffenen Rechtsgüter" (Z. 26) gemeint ist, die der Staat vorzunehmen hat.

3 Diskutiert, ob die Maskenpflicht in der Schule dieser Abwägung entspricht.

2.1, 2.2

4 Recherchiert nach Gerichtsurteilen zur Maskenpflicht und arbeitet die Begründungen für die Urteile heraus.

M 25 Das Bundesverfassungsgericht – Hüter des Grundgesetzes

Das in Karlsruhe sitzende und in Grundgesetzfragen höchste Gericht besteht aus zwei sogenannten Senaten, die jeweils mit acht Richtern besetzt sind. [...] Eine wichtige Aufgabe des Bundesverfassungsgerichtes ist es, bestehende Gesetze auf ihre **Übereinstimmung mit dem Grundgesetz** zu prüfen [Normenkontrolle]. [...] [Das Bundesverfassungsgericht wird nicht von sich aus tätig, sondern nur, wenn es angerufen wird. Zum einen können ein Viertel der Mitglieder des Bundestages, die Bundesregierung oder eine Landesregierung die Vereinbarkeit eines Gesetzes mit dem Grundgesetz überprüfen lassen. Zum anderen kann ein Gericht das Bundesverfassungsgericht anrufen, wenn es der Auffassung ist, dass ein Gesetz, das es in einem konkreten Gerichtsverfahren anzuwenden hat, möglicherweise nicht mit dem Grundgesetz vereinbar ist.]
Zudem kann jeder Bürger, der sich durch die öffentliche Gewalt in seinen Grundrechten verletzt fühlt, **Verfassungsbeschwerde** beim Bundesverfassungsgericht erheben. Eine Verfassungsbeschwerde kann sich gegen ein Gesetz, ein Gerichtsurteil oder eine be-

hördliche Maßnahme richten. Das Bundesverfassungsgericht kann nach einer Prüfung auf deren Verfassungsmäßigkeit die Entscheidungen aller anderen Gerichte aufheben und Gesetze für ungültig erklären. […]
Als einziges Organ kann das Bundesverfassungsgericht eine Partei verbieten. Ein solches **Partei-Verbot** muss von der Regierung, dem Bundestag oder dem Bundesrat beantragt werden und kann nur ausgesprochen werden, wenn die Ziele der Partei oder die Handlungen ihrer Mitglieder gegen die freiheitliche demokratische Grundordnung verstoßen. Damit schützt das Bundesverfassungsgericht die besondere Rolle der Parteien im demokratischen Willensbildungsprozess. […]

(Bundeszentrale für politische Bildung: Bundesverfassungsgericht, 02.11.2009, Bonn; https://www.bpb.de/politik/grundfragen/24-deutschland/40457/bundesverfassungsgericht [01.03.2021])

1 Stellt dar, wann bzw. bei welchen Angelegenheiten das Bundesverfassungsgericht tätig wird.

2 In M 25 werden drei wichtige Aufgaben des Bundesverfassungsgerichtes ausgeführt. Prüft, auf welche Aufgabe eine Klage von Bürgerinnen/Bürgern gegen eine verhängte Corona-Maßnahme zutrifft.

3 Stellt fest, welchen ausschließlichen Maßstab das Bundesverfassungsgericht seinen Urteilen zugrunde legt.

4 Erschließt, welche politisch bedenklichen Folgen eintreten könnten, wenn das Bundesverfassungsgericht nicht existieren würde.

M26 Das Bundesverfassungsgericht

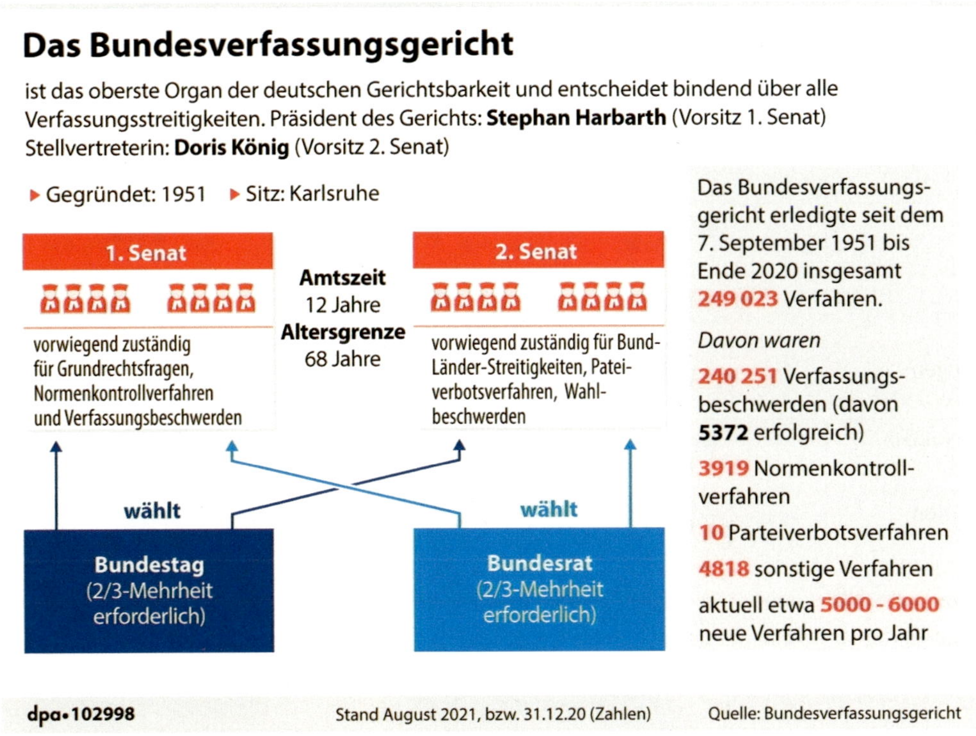

Beschreibt den Aufbau und das Wahlverfahren für das Bundesverfassungsgericht.

Methode

Die Bestimmung der politischen Dimension

Was ist Politik? Diese Frage zu beantworten, scheint auf den ersten Blick einfach zu sein. Wenn man die Politik näher betrachtet, lassen sich allerdings verschiedene Ebenen des Politischen unterscheiden. In der englischen Sprache gibt es dafür drei verschiedene Begriffe: Policy – Politics – Polity.

Unter **Policy** versteht man die **Inhalte**, um die es in der Politik geht, also zum Beispiel um die Lehrpläne in der Schule, ein Fahrverbot für Autos oder die Ausweitung von Videoüberwachung. Die damit verbundenen Probleme, Interessen und Anliegen, die die Beteiligten äußern, sind Gegenstand von Policy.

Bei dem Begriff **Politics** geht es um die **Art und Weise**, wie politische Inhalte durchgesetzt werden, in welchen Verfahren also Interessengruppen und Parteien ihre Vorstellungen durchsetzen; dass z. B. in Wahlen, Diskussionen und Abstimmungen entschieden wird.

Polity bezeichnet den **politischen Gesamtrahmen**, innerhalb dessen die konkrete Politik stattfindet. Gemeint sind die politische Grundordnung, das Regierungssystem, die Parteien und die Rechtsordnung mit ihren Gesetzen. Auch die Wertvorstellungen, die hinter den Regeln stehen, zählen zur Ebene von Polity; so zum Beispiel der Wert der „Gleichberechtigung“ aller Menschen oder das Recht auf Mitbestimmung.

Versucht mithilfe dieser Erklärungen zu bestimmen, welche Dimension des Politischen bei den folgenden Beispielen aus diesem Kapitel vorliegt. Legt dazu eine Übersicht nach dem folgenden Muster an. Bei einigen Beispielen kann auch mehr als nur eine Dimension zutreffen.

Beispiele	Policy	Politics	Polity
Videoüberwachung	???	???	???
Bundesrat	???	???	???
Gesetzgebungsverfahren	???	???	???
Verfassungsbeschwerde	???	???	???
Judikative	???	???	???
Fraktion	???	???	???
Abgeordnete	???	???	???
Kleine Anfrage	???	???	???
Koalitionsverhandlungen	???	???	???
Kanzlerwahl, Kanzlerprinzip	???	???	???
„Corona“-Demonstration	???	???	???

(Autorentext)

Was ihr jetzt wissen und können solltet:

- ✓ M S U H den Bundestag als Gesetzgeber auf Bundesebene kennen;
- ✓ M S U H die parlamentarischen Stationen der Gesetzgebung erläutern;
- ✓ M S U H das Spannungsverhältnis zwischen innerer Sicherheit und Datenschutz erkennen und beurteilen;
- ✓ M S U H die Funktion des Bundesrates in der föderalen Ordnung und im Zusammenhang damit die Bedeutung von dessen parteipolitischer Zusammensetzung für die Gesetzgebung erläutern und beurteilen;
- ✓ M S U H den Stellenwert und die vielfältige Arbeit von Bundestagabgeordneten im repräsentativen politischen System erfassen und beurteilen;
- ✓ M S U H den Bundestag in Regierungs- und Oppositionsfraktionen differenzieren und deren jeweilige Rolle und Selbstverständnis darstellen;
- ✓ M S U H die wichtigsten Kontrollinstrumente von Abgeordneten gegenüber der Regierung, insbesondere der Opposition nennen;
- ✓ M S U H die Bildung, Zusammensetzung und Aufgaben der Bundesregierung erläutern;
- ✓ M S U H die Prinzipien der Regierungsarbeit erläutern;
- ✓ M S U H die politisch hervorgehobene Position des Bundeskanzlers nachvollziehen und bewerten;
- ✓ M S U H Ziel und Zweck eines konstruktiven Misstrauensvotums und einer Vertrauensfrage unterscheiden;
- ✓ M S U H aktuelle innenpolitische Prozesse und Diskussionen, an denen Bundestag, Bundesregierung und Parteien beteiligt sind, verstehen und einordnen;
- ✓ M S U H die Wahl des Bundespräsidenten und dessen Aufgaben erklären und erläutern;
- ✓ M S U H den Verfassungsrang der persönlichen Grundrechte erkennen und beurteilen;
- ✓ M S U H das Spannungsverhältnis zwischen Grundrechten und dem öffentlichen Interesse des Gesundheitsschutzes reflektieren;
- ✓ M S U H die Bedeutung des Bundesverfassungsgerichtes für den Schutz der Inanspruchnahme der Grundrechte erkennen und beurteilen;
- ✓ M S U H die Möglichkeit kennen, das Bundesverfassungsgericht zur Prüfung der Vereinbarkeit von Gesetzen und Grundgesetz anzurufen;
- ✓ M S U H die Dimensionen des Politischen in Policy, Politics und Polity unterscheiden, auf konkrete Beispiele anwenden und beurteilen;
- ✓ M S U H Informationen über politische Sachverhalte und Vorgänge sammeln und beurteilen

Was ihr wisst – was ihr könnt – wie ihr es seht

M S U H

1. Gesetzgebung – richtig oder falsch?

Gebt in eurem Heft an, ob die Aussagen zutreffen oder nicht.

a) Die Mitglieder eines Bundestagsausschusses entscheiden über ein Gesetz.
b) Der Bundesrat berät die Abgeordneten bei der Gesetzgebung.
c) Ein Gesetz benötigt die Unterschrift des Bundespräsidenten.
d) Die Oppositionsparteien versuchen, einen Gesetzentwurf zu verändern.
e) Das Bundesverfassungsgericht muss jedem Gesetz zustimmen.

M S U H

2. Aufgaben des Parlaments

Der Bundestag (Legislative) hat die Bundesregierung (???) zu überprüfen und zu ???. Die Kontrolle der Regierung und öffentliche Kritik an ihrer Arbeit wird aber in erster Linie von der ??? ausgeübt, zumindest im Plenum des Bundestages. Die ??? vermeidet nach außen sichtbare Kritik an ihrer Regierung. Hinter verschlossenen Türen jedoch, in den internen Sitzungen der ???, findet auch eine kritische Betrachtung und Kontrolle der ??? statt. Die wichtigsten ???, die vor allem von den Oppositionsfraktionen eingesetzt werden, sind: Große und Kleine Anfrage, Fragestunden und Aktuelle Stunden.
Das Parlament steht als die ??? im Zentrum der politischen Ordnung. ??? können nur von ihm beschlossen werden. Gesetzentwürfe werden in den ??? des Parlaments behandelt und in zwei oder drei ??? beschlossen.

Übertragt den Text in euer Heft und füllt die Lücken mit den folgenden Begriffen aus:

Opposition – Gesetze – Regierungsmehrheit – kontrollieren – gesetzgebende Gewalt – Lesungen – Regierungspolitik – exekutive Gewalt – Ausschüssen – Kontrollmittel – Regierungsfraktionen

(Leicht verändert übernommen aus: Grundgesetz für Einsteiger und Fortgeschrittene, hrsg. v. der Bundeszentrale für politische Bildung, Bonn, 15. Aufl. 2010, S. 26; Verf.: Lothar Scholz)

M S U H

3. Eine Corona-Demonstration genehmigen?

Formuliert einen Bericht über eine geplante Demonstration gegen staatlich verfügte Corona-Vorschriften. Verwendet dabei folgende Textbausteine:

Versammlung und Demonstration – Verhältnismäßigkeit – geltende Corona-Regeln – Auflagen für die Versammlung – Verbot – Teilnehmer der Demo – Genehmigung – Gruppe „Querdenker“ – Infektionsgefahr – Grundrecht – Polizei – Grundgesetz – frei reden – Infektionsgefahr für Teilnehmer – städtisches Ordnungsamt – Forderung: Stopp aller Corona-Auflagen – vor das Bundesverfassungsgericht ziehen – hohe Wahrscheinlichkeit von Schäden

Wenn ihr noch mehr lernen wollt ...

D1 Grundrechte – Menschenrechte – Bürgerrechte

Als Grundrechte bezeichnet man die in unserer Verfassung, dem Grundgesetz, niedergelegten und garantierten Rechte jeder und jedes Einzelnen, insbesondere in ihrem/seinem Verhältnis zum Staat. Die Grundrechte sollen vor allem den Freiheitsspielraum der Bürgerinnen und Bürger sichern und sie vor staatlichen Übergriffen schützen (man bezeichnet diese Rechte deshalb auch als „Freiheitsrechte" oder auch als „Abwehrrechte"). Die Staatsgewalt ist in allen Handlungen und Entscheidungen an die Grundrechte gebunden. Ein Grundrecht darf nur durch ein Gesetz eingeschränkt werden. Dabei darf es jedoch nicht in seinem Wesensgehalt angetastet werden (GG Art. 19, Abs. 1).
Bei den Grundrechten kann man unterscheiden zwischen allgemeinen Menschenrechten und Bürgerrechten. **Menschenrechte** gelten für alle Menschen, unabhängig von ihrer ethnischen Herkunft und Staatsangehörigkeit. Sie sind „überstaatlich", sie gehören sozusagen zur Natur des Menschen, sind ihm angeborene Rechte. Das Grundgesetz weist auf dieses Verständnis hin, indem es zu Beginn (Art. 1, Abs. 1, Satz 1) die Menschenwürde als „unantastbar" bezeichnet und sich zu den „unverletzlichen und unveräußerlichen Menschenrechten als Grundlage jeder menschlichen Gemeinschaft" bekennt.
Neben den Menschenrechten enthält das Grundgesetz auch Grundrechte, die nur deutschen Staatsbürgerinnen und Staatsbürgern zustehen und die daher auch als **Bürgerrechte** bezeichnet werden. Während die Formulierung der Menschenrechte mit den Worten beginnt: „Jeder hat das Recht...", beginnt die Nennung der Bürgerrechte mit den Worten „Alle Deutschen haben das Recht ...".
Die Bürgerrechte werden in Art. 8 (Versammlungsfreiheit), Art. 9 (Vereinigungsfreiheit), Art. 11 (Freizügigkeit) und Art. 12 (Berufsfreiheit) aufgeführt.
Über den Grundrechtskatalog (Art. 1 – 19 GG) hinaus enthält das Grundgesetz als weitere Grundrechte noch das Widerstandsrecht (Art. 20, Abs. 4), das Wahlrecht (Art. 38) und bestimmte Rechte im Rahmen der Rechtsprechung und des Gerichtswesens (Art. 101, 103, 104; s. S. 246, M22).

(Autorentext)

1 Erläutert, welches Kernanliegen in den Grundrechten verankert ist.

2 Entwickelt ein Schaubild, in dem ihr die Unterscheidung der Grundrechte in Menschen- und Bürgerrechte darstellt und in ihrer Bedeutung kurz beschreibt.

3 Im letzten Textabschnitt (Z. 25 – 31) werden grundrechtsgleiche Rechte genannt. Sie sind wie die Grundrechte in Art. 1 – 19 einklagbar. Begründet für zwei Artikel, warum sie für eine freiheitliche und demokratische Gesellschaft wichtig sind.

SIND EUCH
EURE KINDER
EGAL?

TOLE
IGNO
R A N Z

GRUNDGESETZ
für die Bundesrepublik Deutschland

Nein Danke!
Rassismus

Rassismus

9

Extremismus – Randerscheinung oder eine Gefahr für die Demokratie?

Darum wird es gehen

Dass wir in einer zumeist gut funktionierenden Demokratie leben, ist für uns nahezu selbstverständlich. Wir machen uns dies nicht immer bewusst, sondern profitieren einfach von ihren überwiegend positiven Merkmalen, wie beispielsweise Meinungsfreiheit, Rechtsstaatlichkeit, freien Wahlen usw. Genaueres habt ihr ja bereits im Kapitel 5 des Bandes 2 für die Jahrgangsstufen 7/8 erfahren. Nicht alle Menschen jedoch schätzen die Demokratie so, wie sie ist, sondern wünschen sich kleinere oder größere Veränderungen. Manchmal werden diese Wünsche so stark, dass sie in radikale oder extreme politische Vorstellungen umschlagen, die unser Zusammenleben gefährden können. Wie solche Vorstellungen aussehen und wie damit umgegangen werden kann, ist das Thema dieses Kapitels.

Im ***ersten Abschnitt*** *erarbeitet ihr ausgehend von zwei aktuellen Fallbeispielen, was Extremismus und Radikalismus bedeuten. Außerdem setzt ihr euch mit zwei wichtigen Erscheinungsformen des Extremismus, nämlich dem Linksextremismus und dem Rechtsextremismus, auseinander.*

Der ***zweite Abschnitt*** *thematisiert die Ursachen, weshalb sich insbesondere Jugendliche radikalisieren. Dies könnt ihr u. a. an einem konkreten Fall erschließen.*

Im ***dritten Abschnitt*** *geht es darum, die Gefahr, die von Extremistinnen und Extremisten in Deutschland ausgeht, zu erläutern und kritisch zu beurteilen. Dazu wertet ihr statistisches Material zum Thema zielgerichtet aus.*

Im ***vierten Abschnitt*** *steht abschließend die Frage im Mittelpunkt, was gegen Extremismus unternommen werden kann und wird. Dabei soll es auch darum gehen, was ihr selbst tun könnt.*

1. Gefährdungen von links und rechts … – Formen von politischem Extremismus

Was versteht man unter Extremismus und inwiefern kann er zur Gefahr für unsere Demokratie werden? Die beiden folgenden Fallbeispiele zeigen dies eindrucksvoll und ermöglichen euch einen ersten Austausch über das Thema.

Zum Einstieg:

M1 Extremismus in Deutschland – zwei aktuelle Beispiele

Fallbeispiel

M1a Stephan B., Attentäter von Halle: „Ich bedaure, die beiden Deutschen getötet zu haben!"

„Ich bedaure, die beiden Deutschen getötet zu haben." Das sagte Stephan B. im gegen ihn laufenden Prozess aus. Der Angeklagte wollte am 9. Oktober 2019 vermutlich ein Massaker in der Synagoge von Halle an der Saale anrichten. Er hatte versucht, in die städtische Synagoge einzudringen, um die dort versammelten Menschen zu töten. An diesem Tag feierten die Menschen Jom Kippur, den höchsten jüdischen Feiertag. Weiter sagte der Angeklagte aus, dass er ganz bewusst diesen Tag für seinen Anschlag ausgewählt habe, da er davon ausgegangen sei, dass die Tür an diesem Feiertag offenstehen würde. Als Motiv für seine Tat nannte er in den Vernehmungen Hass auf Juden, die die Ursache all seiner persönlichen Probleme seien. Da es ihm nicht gelang, in die Synagoge einzudringen, erschoss er zunächst eine unbeteiligte Passantin und tötete anschließend in einem türkischen Schnellimbiss einen weiteren Menschen. B. konnte festgenommen werden, der Generalbundesanwalt übernahm die Ermittlungen.

(Autorentext)

M1b Linksextreme Gewalt: „Alle nach Leipzig: Bullen angreifen!"

„Alle nach Leipzig: Bullen angreifen": Dieser Aufruf wurde Mitte Januar im Internet veröffentlicht. Und so kam es dann auch: Am Samstag eskalierte kurzzeitig eine Demo gegen das Verbot der linksextremistischen Webseite linksunten.indymedia. Gewaltbereite Autonome griffen Polizisten mit Steinen an, zerschlugen Scheiben parkender Autos und einer Straßenbahnhaltestelle. Mehrere Pressevertreter wurden bedroht oder sogar angegriffen […]. Anlass der Demo: Die Seite linksunten.indymedia wurde vor zwei Jahren vom Bundesinnenministerium verboten – wegen wiederholter Gewaltaufrufe und veröffentlichter Bekennerschreiben aus der linksextremen Szene. [...] Anfang November [etwa] klingelten in Leipzig zwei Männer bei einer Immobilienmaklerin, die auch im linksalternativen Stadtteil Connewitz hochwertige Wohnungen vertreibt. Sie öffnete nach eigenen Angaben die Tür und sei daraufhin mit Faustschlägen angegriffen worden. Auch in diesem Fall folgte ein Bekennerschreiben auf Indymedia: Man habe sie da getroffen, wo es „wirklich weh tut: in ihrem Gesicht." [...]

(Heiner Hoffmann, Ulrich Neumann: Neue Dimension der Gewalt?, tagesschau.de, 28.01.2020, Norddeutscher Rundfunk, Hamburg; https://www.tagesschau.de/investigativ/report-mainz/linksextremismus-109.html [02.03.2021])

Autonome: Gruppierung von Linksextremen, die den Kampf gegen Faschisten und Rassisten in die eigenen Hände nehmen wollen und dies z. B. durch gezielte Aktionen umsetzen, die sich in erster Linie gegen den politischen Gegner („Nazis") richten. Sie nehmen dabei sowohl Sach- als auch teilweise Personenschäden in Kauf.

1 Sprecht über die beiden Fälle in der Klasse. Was wisst ihr darüber? Sind euch ähnliche Ereignisse bekannt?

2 Vergleicht die beiden Fälle miteinander. Was haben sie gemeinsam? Was unterscheidet sie?

3 Die Überschrift zu diesem Kapitel lautet „Extremismus – Randerscheinung oder eine Gefahr für die Demokratie?" Stellt Vermutungen an, wie unsere Demokratie konkret durch Extremismus gefährdet werden kann.

Die beiden Beispiele oben verdeutlichen, welche Gefahren von Extremisten ausgehen. Um über die Ursachen und Folgen von Extremismus diskutieren zu können, ist es zunächst wichtig, den Begriff möglichst genau zu definieren und z. B. vom Begriff des Radikalismus abzugrenzen. Die folgenden Materialien helfen euch dabei, wobei ihr merken werdet, dass eine eindeutige Definition manchmal schwierig ist, da es sich um ein sehr vielschichtiges Problem handelt.

M2 Extremismus in einer Demokratie – ein Modell

Die Verfassungsschutzbehörden unterscheiden zwischen „Extremismus" und „Radikalismus", obwohl beide Begriffe oft synonym gebraucht werden. Bei „Radikalismus" handelt es sich zwar auch um eine überspitzte, zum Extremen neigende Denk- und Handlungsweise, die gesellschaftliche Probleme und Konflikte bereits „von der Wurzel (lat. radix) her" anpacken will. Im Unterschied zum „Extremismus" sollen jedoch weder der demokratische Verfassungsstaat noch die damit verbundenen Grundprinzipien unserer Verfassungsordnung beseitigt werden. So sind z. B. Kapitalismuskritiker, die grundsätzliche Zweifel an der Struktur unserer Wirtschafts- und Gesellschaftsordnung äußern und sie von Grund auf verändern wollen, noch keine Extremisten. Radikale politische Auffassungen haben in unserer pluralistischen [vielfältigen, vielschichtigen] Gesellschaftsordnung ihren legitimen [rechtmäßigen] Platz. Auch wer seine radikalen Ziel-

Verfassungsschutz: Meist ist damit das Bundesamt für Verfassungsschutz (BfV) gemeint, der Inlandsnachrichtendienst der Bundesrepublik Deutschland. Seine Aufgabe ist es, Schaden von unserem Staat, von der freiheitlichen demokratischen Grundordnung und von der Bevölkerung abzuwenden und die Regierung über die Sicherheitslage zu informieren. Dazu sammelt und analysiert das BfV Informationen über extremistische und terroristische Aktivitäten sowie über die Anstrengungen ausländischer Nachrichtendienste gegen Deutschland.

vorstellungen realisieren will, muss nicht befürchten, dass er vom Verfassungsschutz beobachtet wird, jedenfalls nicht, solange er die Grundprinzipien unserer Verfassungsordnung anerkennt. Als extremistisch werden dagegen die Aktivitäten bezeichnet, die darauf abzielen, die Grundwerte der freiheitlichen Demokratie (freiheitlich-demokratische Grundordnung, s. Kasten unten) zu beseitigen.

(Bundesamt für Verfassungsschutz: Glossar – Extremismus/Radikalismus, ohne Datum, Köln/Berlin; https://www.verfassungsschutz.de/de/service/glossar/_lE [02.03.2021])

Eine **freiheitliche demokratische Grundordnung** (FDGO) im Sinne des Art. 21 II GG ist eine Ordnung, die die unabänderlichen obersten Grundwerte als Kern der Demokratie sieht. Diese bestimmen die Gesetzgebung des Bundes und der Länder, so auch die Verfassungsschutzgesetze. Zu diesen Grundsätzen gehören folgende Verfassungsprinzipien:

- das Recht des Volkes, die Staatsgewalt in Wahlen und Abstimmungen und durch Organe der Gesetzgebung und der Rechtsprechung auszuüben und die Volksvertretung in allgemeiner, unmittelbarer, freier, gleicher und geheimer Wahl zu wählen,
- die Bindung der Gesetzgebung an die verfassungsmäßige Ordnung und die Bindung der vollziehenden Gewalt und der Rechtsprechung an Gesetz und Recht,
- das Recht auf Bildung und Ausübung einer parlamentarischen Opposition,
- die Ablösbarkeit der Regierung und ihre Verantwortlichkeit gegenüber der Volksvertretung,
- die Unabhängigkeit der Gerichte,
- der Ausschluss jeder Gewalt- und Willkürherrschaft,
- die im Grundgesetz konkretisierten Menschenrechte.

(Bundesamt für Verfassungsschutz: Glossar – Freiheitliche demokratische Grundordnung, ohne Datum, Köln/Berlin; https://www.verfassungsschutz.de/de/service/glossar/_lF#freiheitliche-demokratische-grundordnung, leicht ergänzt [02.03.2021])

Das folgende Modell wird oft verwendet, um Extremismus in einer Demokratie zu veranschaulichen. Das Bundesamt für Verfassungsschutz orientiert sich beispielsweise daran (daher auch die Bezeichnung „amtliches“ Modell). Es erleichtert die Einordnung von Parteien in das politische Spektrum, indem man z. B. die Merkmale von Radikalismus und Extremismus mit den Zielen einer Partei abgleicht. Allerdings ist dieses Modell nicht so eindeutig, wie es hier auf den ersten Blick wirkt. Die Grenzen zwischen Extremismus und Radikalismus sind manchmal nicht klar auszumachen. Deshalb meinen Kritiker des Modells, dass eine einfache Einteilung in links, rechts und eine Mitte zu wenige Möglichkeiten bietet, um Parteien, Gruppen oder einzelne Personen damit angemessen politisch einzuordnen. Es gibt jedoch bisher kein alternatives Modell, das sich durchgesetzt hat.

(Autorentext: Julia Löbke)

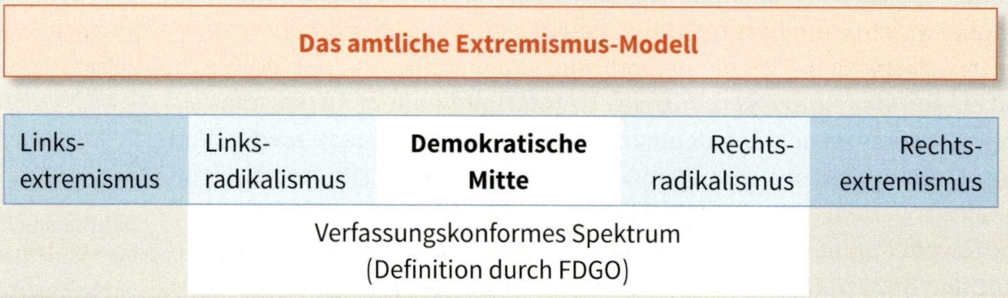

(Richard Stöss: Rechtsextremismus im Wandel, Friedrich-Ebert-Stiftung, Berlin 2007, S. 19)

1 Erklärt die im Text vorgenommene Unterscheidung zwischen Extremismus und Radikalismus. Berücksichtigt dabei auch die Erklärungen in den Kästchen (M 2).

2 Erläutert das im Schaubild angebotene „amtliche Extremismus-Modell" und zeigt Schwierigkeiten bei seiner Verwendung auf.

Im Folgenden soll es etwas genauer um den Rechts- und den Linksextremismus gehen. Wir schlagen euch vor, dass ihr die Materialien zu zweit arbeitsteilig erschließt.

Dazu bearbeitet jeweils eine Person die Materialien zum Rechtsextremismus (M 3, M 4) und die andere Person die Materialien zum Linksextremismus (M 5, M 6). Die Arbeitsaufträge helfen euch dabei. Am Ende sollt ihr euch die zu erstellenden Mindmaps (s. Aufgabe 3, S. 261, bzw. Aufgabe 3, S. 264) gegenseitig vorstellen und in euer Heft übertragen, sodass ihr jeweils eine Übersicht über die beiden Erscheinungsformen des Extremismus' notiert habt. Vergleicht die Ergebnisse abschließend in der Klasse. 3.1

M 3 Merkmale des Rechtsextremismus'

Rechtsextremismus ist ein Oberbegriff für politische Orientierungen und Aktivitäten, die den demokratischen Staat ablehnen und dafür eine autoritär geführte „Volksgemeinschaft" errichten wollen. Dabei wird von einem vermeintlich naturgemäßen „Volkstum" und einem „gewachsenen Volkskörper" ausgegangen. Zudem wird versucht, andere Menschengruppen durch rassistische Parolen auszugrenzen und abzuwerten.

Rechtsextremisten glauben an eine naturgegebene ethnische („rassische") Ungleichwertigkeit der Menschen. Ethnische, kulturelle, geistige und körperliche Unterschiede begründen für sie einen minderen Wert und Rechtsstatus bestimmter Individuen und Gruppen. So schreibt die rechtsextreme Partei NPD in ihrem Parteiprogramm im ersten Kapitel: „Volkstum und Kultur sind die Grundlagen für die Würde des Menschen." Die Würde des Menschen ist für die NPD also keineswegs unantastbar, es gibt sogar bestimmte Voraussetzungen und Bedingungen: Grundlage sei „Kultur und Volkstum". Ohne diese – äußerst schwammigen – Begriffe keine Würde und somit auch nur eingeschränkte oder gleich gar keine Rechte. […] Der Rechtsextremismus lehnt das an den Menschenrechten orientierte Gleichheitsprinzip ab. Menschen seien durch biologische Abstammung („Wurzeln") kulturell so weit vorgeprägt, dass kein friedliches, gleichberechtigtes Zusammenleben verschiedener Ethnien in einem Staat möglich sei. Die Gesellschaft müsse daher zu einem homogenen „Volkskörper" vereinheitlicht werden, fordert die rechtsextreme Ideologie.

In der Politikwissenschaft ist der Begriff Rechtsextremismus umstritten, da Elemente dieser Ideologie auch bei anderen Ideologien vorzufinden sind. Daher wird unter anderem der Begriff „Gruppenbezogene Menschenfeindlichkeit" benutzt. […]

Von **Gruppenbezogener Menschenfeindlichkeit** spricht man, wenn Menschen aufgrund eines oft einzigen gemeinsamen Merkmals in Gruppen eingeteilt und diese abgewertet und ausgegrenzt werden (z. B. „die Ausländer", „die Obdachlosen", „die Schwulen").

Rechtsextremisten knüpfen an verschiedene politische und ideologische Ideen des Faschismus und Nationalsozialismus an. Die Übereinstimmung mit der NS-Ideologie zeigt sich an einigen besonderen

Der **Ethnopluralismus** ordnet Menschen in „Völker“ und „Kulturen“ ein. Diese hätten jeweils eine eigene, in sich geschlossene Identität, die auf ein bestimmtes Territorium begrenzt sei, und sollten sich nicht „vermischen“.

Merkmalen, wie beispielsweise dem Antisemitismus [Hass gegenüber Juden] und dem Geschichtsrevisionismus, der den NS-Staat verharmlost oder gar als Vorbild verherrlicht, seine Verbrechen relativiert oder abstreitet (Holocaustleugnung). Rechtsextreme Strategen versuchen immer wieder, der Ideologie einen modernen Anstrich zu verpassen, wie beispielsweise durch das Konzept des Ethnopluralismus. Allerdings spielt der Bezug auf die NS-Zeit weiterhin eine überragende Rolle in der rechtsextremen Bewegung. […]

(Patrick Gensing: Was ist eigentlich Rechtsextremismus?, tagesschau.de, 14.06.2019, Norddeutscher Rundfunk, Hamburg; https://www.tagesschau.de/inland/rechtsextremismus106.html [02.03.2021])

In der Praxis des Verfassungsschutzes werden folgende Merkmale als Anhaltspunkte für rechtsextremistische Bestrebungen gewertet. Diese werden in der Literatur als kennzeichnend für ein rechtsextremistisches Weltbild aufgeführt:

1. der Wunsch nach einem „Führerstaat“ mit militärischen Ordnungsprinzipien (Militarismus)
2. eine ständige Diffamierung der demokratischen Institutionen und ihrer Repräsentanten
3. Antipluralismus (Ablehnung einer Vielfalt gleichberechtigter, gesellschaftlich konkurrierender Gruppen)
4. ein aggressiver Nationalismus, für den nur die deutschen Interessen als Richtschnur gelten und der andere Nationen als „minderwertig“ betrachtet
5. eine aggressive, extrem gewaltbereite Fremdenfeindlichkeit als Ergebnis einer Wiederbelebung rassistischen und damit verbunden antisemitischen Gedankenguts
6. Relativierung oder sogar Leugnung der Verbrechen des „Dritten Reiches“ und damit verbunden eine Verharmlosung oder Verherrlichung des Nationalsozialismus
7. der Wunsch nach einer Volksgemeinschaft auf „rassischer“ Grundlage, die die Rechte des Einzelnen beliebig einschränkt und der pluralistischen Gesellschaft das Modell des „Volkskollektivismus“ („Du bist nichts, dein Volk ist alles“) entgegensetzt

(Gabriele Nandlinger: Wann spricht man von Rechtsextremismus, Rechtsradikalismus oder Neonazismus …?, Bundeszentrale für politische Bildung, 25.07.2008, Bonn; http://www.bpb.de/politik/extremismus/rechtsextremismus/41312/was-ist-rechtsextrem?p=all [02.03.2021])

M4 No-Go-Area für Migrantinnen und Migranten ausgerufen

Vor einem Auftritt von Özcan Cosar im FZW Dortmund sprach der Radiosender Einslive mit dem türkischen Comedian über sein Leben als Türke in Deutschland und seine Erfahrungen mit Rassismus. Als Ort für das Interview wählten Reporter Hubertus Koch und Özcan Cosar im November 2018 den „Nazi-Kiez“, die Emscherstraße in Dortmund-Dorstfeld. Keine gute Idee. Das Kamerateam von Einslive spürte bereits während des Aufbaus, dass sich um sie herum etwas zusammenbraute. Verdächtige Personen beobachteten sie, telefonierten in Hauseingängen, auf die überall „Nazi“ und „Nazi-Kiez“ gesprüht worden ist. Reporter Koch erkannte den berüchtigten Nazi „SS Siggi“ Siegfried Borchardt [ein mehrfach vorbestrafter Rechtsextremist] am Fenster. Plötzlich explodierten Böller in der Nähe. Dem bedrohlichen Szenario wollten sich die beiden Protagonisten nun doch nicht mehr aussetzen und brachen ab. Doch noch bevor sich Cosar und Koch wieder ins Auto setzen konnten, eskalierte die Situation. Vor laufender Kamera wurden die Beteiligten der Dreharbeiten von Rechtsextremen attackiert und weggejagt. „Verpisst euch jetzt, Mann! Steigt in das scheiß Auto ein!“, brüllt einer der Angreifer. „Yalla, yalla, verpisst euch“, ein anderer. Im Clip wird berichtet, dass beim Angriff in Dortmunds „Nazi-Kiez“ zudem geschubst wurde, sogar Kopfnüsse verteilt wurden. Die von Einslive gerufene Polizei bereinigte die Situation schließlich, niemand kam zu Schaden. [...]

(Daniel Sobolewski: Schockierende Bilder aus Dortmunds „Nazi-Kiez“: Türkischer Comedian vor laufender Kamera von Rechtsextremisten attackiert, derwesten.de, 22.2.2019, FUNKE Digital GmbH, Berlin; https://www.derwesten.de/staedte/dortmund/dortmund-tuerkischer-comedian-im-nazi-kiez-vor-laufender-kamera-attackiert-id216503359.html [02.03.2021])

1 Nachfolgend findet ihr einige Aussagen, die typisch für die in M 3 beschriebenen Merkmale von Rassismus sind. Ordnet die Aussagen dem jeweils passenden Merkmal zu.

e) „Heutzutage gucken doch alle nur noch egoistisch auf sich selbst, anstatt das Wohl ihres Volkes im Blick zu behalten.“

d) „Die anderen Länder versuchen doch nur, Deutschland in seiner Stärke kleinzumachen, weil sie selber nichts auf die Reihe kriegen. Die faulen Griechen z. B. sind doch bloß neidisch auf die Deutschen, weil sie es einfach nicht schaffen, ihre Staatsfinanzen in den Griff zu bekommen. Und dann sollen wir die mit dem hart erarbeiteten Geld unserer deutschen Bevölkerung auch noch retten – was für eine Frechheit!“

b) „Unsere Regierung braucht kein Mensch, die gehört abgeschafft, weil sie nur Schaden anrichtet.“

g) „Die Multikulti-Gesellschaft ist doch Schwachsinn und kann nicht funktionieren!“

a) „Die Regierungszeit Hitlers wird in den Geschichtsbüchern sehr einseitig dargestellt. Es war doch nicht alles schlecht, was er in jener Zeit erreicht hat.“

f) „Einwanderer sollten radikal abgeschoben werden, auch mit Einsatz von Polizei und Militär, und zurück zu ihrem eigenen Volk gehen. Die haben in Deutschland nichts zu suchen, weil sie ohnehin nicht auf den Entwicklungsstand kommen, auf dem wir hier sind.“

c) „Hätten wir (stattdessen) einen starken Mann an der Spitze, der entscheiden darf, ohne dauernd mit allen zu diskutieren, würde es viel besser laufen und hier endlich Ordnung herrschen.“

2 Erklärt unter Berücksichtigung von M 3, inwiefern das in M 4 genannte Verhalten als rechtsextremistisch einzustufen ist.

3 Fasst die wichtigsten Merkmale des Rechtsextremismus‘ in einer Mindmap zusammen. Hilfen erhaltet ihr in der Methodenübersicht (S. 344 f.).

M5 Merkmale des Linksextremismus'

Heute gibt es eine demokratische und eine undemokratische, also extremistische Linke in Deutschland. Eine demokratische Linke verfolgt ein politisches Leitbild, das u.a. die [...] Grundwerte Freiheit, Gerechtigkeit, Solidarität auf freiheitlich demokratischem Wege, das heißt durch Reform und Demokratisierung, zu verwirklichen sucht. Linksextremisten dagegen streben die Überwindung der durch das Grundgesetz vorgegebenen Staats- und Gesellschaftsordnung der Bundesrepublik Deutschland an. „Links" zu sein hat also erstmal gar nichts damit zu tun, Extremist zu sein. [Und] was ist [dann] Linksextremismus?

Linksextremismus hat viele Gesichter. Einig sind sich alle Linksextremisten aber darin, dass sie unsere heutige Demokratie überwinden wollen. Einige meinen, dass überhaupt keine Regeln für ein politisches System festgelegt werden müssten. Sie wollen eine „Ordnung ohne Herrschaft" und verstehen sich selbst als Anarchisten [Menschen, die eine Gesellschaft ohne Staatsgewalt und Zwang bzw. Pflicht, sich an Gesetze zu halten, fordern]. Andere sehen die Demokratie durch die Marktwirtschaft, die sie als Kapitalismus bezeichnen, entwertet. Demokratie, glauben sie, funktioniert nur, wenn der Staat die Wirtschaft organisiert und bestimmt, was produziert wird. Diese Fraktion nennt sich Kommunisten.

[...] Würden sich Linksextremisten durchsetzen, wären unsere garantierten Grundrechte [...] und die parlamentarische Demokratie stark gefährdet. Das anarchistische Ideal ist eine Utopie, die noch nie verwirklicht wurde. Das kommunistische Konzept mündete unter Lenin und Stalin in Diktatur und Terror. Mit ihm wurde auch in der DDR die Unterdrückung der Bevölkerung bis hin zu willkürlichen Inhaftierungen bis 1989 gerechtfertigt.

(Andi – Comic für Demokratie und gegen Extremismus, Heft 3, hg. vom Ministerium des Innern des Landes NRW, Düsseldorf 2018, Redaktion: Verfassungsschutz NRW, S. 29 f.)

Welches Verhältnis haben Linksextremisten zur Gewalt?

Einer der umstrittensten Punkte – auch unter Linksextremisten – ist die Anwendung von Gewalt als Mittel zum gesellschaftlichen Umsturz. Immer wieder wird die politisch motivierte Gewalt als erlaubtes und geeignetes Mittel angesehen, um linksextremistische Vorstellungen zu verwirklichen. Besonders wenige Probleme mit der Ausübung von Gewalt hat der aktionsorientierte Linksextremismus, der sich vor allem auf der Straße zeigt.

Insbesondere Autonomen […] geht es darum, Demonstrationen und andere öffentliche Veranstaltungen durchzuführen. Entscheidend für Autonome ist die Ablehnung des politischen und gesellschaftlichen Systems. Die Demokratie soll also nicht durch Reformen verbessert, sondern durch eine Revolution beseitigt werden. Gewalt wird hauptsächlich gegen Symbole und Vertreter des ihnen verhassten Staates (wie Polizisten, Soldatinnen, Kasernen usw.) oder des Kapitalismus (wie teure Autos) ausgeübt. Es gab sogar schon linksextremistische Terroristen in Deutschland, nämlich die „Rote Armee Fraktion" (RAF), die in den 1970er- und 80er-Jahren viele Menschen aus politischen Gründen entführt und ermordet hat. […]

(Andi – Comic für Demokratie und gegen Extremismus, Heft 3, hg. vom Ministerium des Innern des Landes NRW, Düsseldorf 2018, Redaktion: Verfassungsschutz NRW, S. 34)

Eine optisch besonders auffällige Gruppe bei Demonstrationen linksextremer Gruppen ist der sogenannte „Schwarze Block". Dieser besteht aus meist schwarzgekleideten Demonstrantinnen und Demonstranten, die dichtgedrängt marschieren und sich mit Kapuzen, Mützen, Tüchern und Sonnenbrillen gegen Tränengas und Identifizierung durch die Polizei schützen. Mehrfach spielten Angehörige des „Schwarzen Blocks" eine tragende Rolle bei Krawallen und Auseinandersetzungen mit der Polizei bei Demonstrationen. Dies wurde immer wieder von friedlichen Demonstrationsteilnehmern kritisiert. In den letzten Jahren treten allerdings auch teilweise Rechtsextremisten und Neonazis bei ihren Demonstrationen als „Schwarzer Block" auf.

(Autorentext: Julia Löbke)

Neonazis setzen sich für die Wiederaufnahme und Verbreitung nationalsozialistischen Gedankenguts ein.

M6 No-Go-Area für Polizisten und Politiker ausgerufen

Berlin-Friedrichshain, Rigaer Straße. Kaum ein Laternenmast ohne Aufkleber, kaum ein Stromkasten ohne Demoaufruf, kaum eine Fassade ohne Graffiti. „Werte Deinen Kiez ab", hat jemand mit grüner Farbe an ein frisch saniertes Haus aus der Gründerzeit gesprüht. Die Baustelle nebenan: besser bewacht als in anderen Gegenden Berlins – Linksautonome werfen gerne Steine in die Fenster neu gebauter Wohnhäuser. Dann die Kreuzung Rigaer-, Ecke Liebigstraße – die Fassaden voller gelber Plakate: „Ihr Gefahrengebiet. Unser Widerstandsviertel. Das heißt: Investoren werden abgeschreckt. Die Mieten steigen nicht so schnell. Bullen können nur begrenzt aktiv werden. Leisten wir weiter Widerstand gegen die Pläne, hier einen teuren Spießer-Kiez entstehen zu lassen. Die Nachbarschaft bleibt rebellisch!"

Tom Schreiber biegt um die Ecke, Sporttasche unter dem Arm. „Mal kurz nach dem Rechten sehen", sagt der 37-jährige Sozialdemokrat. „Danach ein Termin beim Staatsschutz, dann ins Sportstudio". Kaum ist er aufgetaucht, fährt auch schon ein Streifenwagen vorbei. „Die Polizei guckt zum einen, was in der Straße los ist, und zum anderen sind sie auch darüber informiert, dass ich heute vor Ort bin." Denn Tom Schreiber wird bedroht von Linksautonomen, die den Kiez als den ihren betrachten. Haben Neonazis in Mecklenburg-Vorpommern „National befreite Zonen" und No-Go-Areas für Ausländer ausgerufen, soll nach Wunsch der linken Szene die Rigaer Straße in Berlin-Friedrichshain eine No-Go-Area für Polizisten und Politiker wie Tom Schreiber sein. [...]

(Claudia van Laak: No-Go-Area für Polizisten und Politiker ausgerufen, Deutschlandfunk online, 17.12.2015, Deutschlandradio, Köln; http://www.deutschlandfunk.de/linksautonome-in-berlin-no-go-area-fuer-polizisten-und.862.de.html?dram:article_id=340166 [02.03.2021])

1 Erstellt eine Übersicht über die linksextremistischen Strömungen bzw. Gruppen, die in M 5 genannt werden.

2 Erklärt unter Berücksichtigung von M 5, inwiefern das in M 6 genannte Verhalten als linksextremistisch einzustufen ist.

3 Fasst die wichtigsten Merkmale des Linksextremismus' in einer Mindmap zusammen. Hilfen erhaltet ihr in der Methodenübersicht (S. 344 f.).

2. Warum radikalisieren sich Jugendliche? – Ursachen von Extremismus

In Folgenden lernt ihr Felix kennen, der als Jugendlicher zum Neonazi geworden ist. Welche Erfahrungen er dort gemacht hat und welche Ursachen er für sein Abrutschen in die rechte Szene in der Rückschau sieht, könnt ihr im Interview nachlesen.

M7 Interview mit Nazi-Aussteiger Felix Benneckenstein

Fallbeispiel

Felix, wie bist du ein Nazi geworden?

Dafür waren verschiedene Faktoren ausschlaggebend. Ich bin in Erding bei München aufgewachsen, vor Ort gab es eine rechtsradikale Gruppierung. [...] Es gab viele soziale Probleme und häufige Zusammenstöße mit der Polizei. Sobald sich Jugendliche an öffentlichen Plätzen aufhielten, tauchte die Polizei auf – meistens ohne triftigen Grund. Dadurch habe ich ein zwiespältiges Verhältnis zum deutschen Staat entwickelt. Außerdem war ich überhaupt nicht darauf vorbereitet, wie die rechte Szene operiert. Keiner spricht öffentlich vom Hass. Nein, man redet ausschließlich von der ‚Volksgemeinschaft'. Irgendwie denkt man auch nicht bewusst an die Außenseiter, an diejenigen, die man ausschließt, weil sie anders denken. Schließlich will man ja nichts Böses ...

Was hat dich denn damals besonders an der rechten Szene fasziniert?

Die Musik. Das war etwas sehr Spannendes, weil sie verboten war. [...] Diese Lieder gaben mir das Gefühl: ‚Wir gegen alle'. Überhaupt spielte das Zugehörigkeitsgefühl eine sehr große Rolle. Fasziniert hat mich auch das Kräftemessen mit der Polizei, weil ich mit denen vorher schon dumme Erfahrungen gemacht hatte. [...]

Wie haben denn deine Eltern reagiert, als du zum Nazi wurdest?

Für meine Eltern war das ein regelrechter Schock. Sie waren immer sehr stark gegen Rechtsextremismus – und dann wird der Sohn ein Nazi! Mit 16 Jahren bin ich von zu Hause ausgezogen und habe ein WG-Zimmer in München gemietet. Schuld daran waren aus meiner Sicht natürlich meine Eltern. Ich habe immer gesagt: ‚Ich kann nichts dafür, dass ich jetzt ausziehe – meine Eltern wollen mich nur einfach nicht so akzeptieren, wie ich bin'.

Und deine Freunde? Was haben die dazu gesagt?

Einige Freunde sind ja selber mit in die Szene gerutscht. Aber die wenigsten sind, so wie ich, in die Kameradschaft nach München gewechselt. Von 2001 bis 2009 war ich zu hundert Prozent ein Neonazi. Nach ein paar Jahren habe ich den Kontakt zu meinen Eltern und meinen drei Brüdern komplett abgebrochen. Ich habe nämlich immer gemeint, ich müsste alle aufklären, weil ich sozusagen die Wahrheit erkannt habe. Und das wollten die natürlich irgendwann nicht mehr hören. [...]

(Dike Attenbrunner: Nazi-Aussteiger Felix Benneckenstein: „Das hat viel mit Gehirnwäsche zu tun!“, da hogn, Hörhammer und Weigerstorfer GbR, 24.07.2013, Hinterschmiding-Herzogsreut; https://www.hogn.de/2013/07/24/1-da-hogn-geht-um/nachrichten-in-freyung-grafenau/neo-nazi-aussteiger-felix-benneckenstein-exit-onkelz-neonazis-rechtsextremismus-npd-nsu/34072 [02.03.2021])

1 Lest das Interview zunächst mit verteilten Rollen. Tauscht euch dann in der Klasse über euren ersten Eindruck aus (M 7).

2 Weshalb ist Felix in die rechte Szene abgerutscht? Benennt die im Interview beschriebenen Ursachen.

Wie Felix den Weg aus der rechten Szene geschafft hat, erfahrt ihr im hinteren Teil des Kapitels (M 16).

M 8 Warum radikalisieren sich Jugendliche?

[...] Besonders „anfällig“ für radikale Gruppen sind männliche Jugendliche zwischen 15 und 18 Jahren. Häufig sind es Jugendliche, die nach Orientierung und nach einem Sinn im Leben suchen. Diese Sinnsuche wird verknüpft mit der Sehnsucht nach Geborgenheit, Anerkennung, Vertrauen, Fürsorge und Liebe. Viele Jugendliche erhoffen sich durch den Anschluss an eine radikale Gruppe, die viel ersehnte familiäre Wärme zu finden. Sie suchen in der Gruppe Geborgenheit, ein Gefühl, das ihnen in der eigenen Familie oder im Freundeskreis verwehrt geblieben ist. [...]

Die Gruppe bietet zudem Sicherheit. Es gibt ein einfaches Weltbild, das aus Gut und Böse besteht. Alles scheint klar und ersichtlich zu sein. Die Regeln sind klar, die Wahrheiten einfach. Diese [nur zweiteilige] Weltsicht ist für viele Jugendliche ein wichtiger Anziehungspunkt, weil sie in der undurchsichtigen modernen Gesellschaft diese Gewissheit nicht haben. Daher bietet ihnen die Gruppe einen [scheinbaren Wegfall von Komplexität in ihrem Leben. Man könnte auch sagen: statt vieler Grau- und Farbtöne eine nur schwarz-weiße Welt].

Bei Eintritt in diese Gruppen wird das „Wir“-Gefühl gestärkt. Hier finden die Jugendlichen Gehör. Hier sind sie willkommen, werden nicht ausgestoßen. Sie gehören dazu. Sie sind wichtig, was noch einmal das Selbstwertgefühl steigert. Daher ist die Radikalisierung auch eine Gegenreaktion zur Ausgrenzung. Zudem ist der Mensch ein soziales Wesen, das sich in einer Gruppe anpasst, auch wenn es den Werten der Gruppe nicht glaubt. Gruppenzwang ist hier eine einflussreiche Größe. Hinzu kommen Jugendbedürfnisse, wie z. B. Protestbedürfnis, Abenteuerlust, Zugehörigkeit zu einer Clique. Radikale Gruppen stillen diese Bedürfnisse.

Ein anderer Faktor, der bei Radikalen – egal ob jugendlich oder nicht – eine immense [sehr große] Rolle spielt, ist das Gerechtigkeitsempfinden. Viele gehen davon aus – auch aufgrund der [zweiteiligen] Weltsicht –, dass es nur Ungerechtigkeit in der Gesellschaft gibt. Sie wollen dann mithilfe ihrer Gruppe „die Welt retten“. Ihr Tun soll die Gesell-

schaft „verbessern", obwohl sie sie zerstören. Dies wird damit legitimiert, dass einige geopfert werden müssen, damit es besser wird.
Viele Radikale geben an, dass sie sich vor ihrem Eintritt in die Gruppe ungerecht behandelt fühlten. Wenn dieses Gefühl ein hohes Maß annimmt, verknüpft mit fehlender Geborgenheit, Sicherheit und Vertrauen, suchen sie nach alternativen Wegen, um diese Bedürfnisse zu erfüllen. Sie lehnen also die Ungerechtigkeit ab und suchen andere Gerechtigkeitsmodelle. Dies ist der größte Nährboden für Radikalisierungen jeglicher Art.

(Cemil Şahinöz: Warum radikalisieren sich Jugendliche?, MiGAZIN online, 08.09.2014, Overath; http://www.migazin.de/2014/09/08/warum-radikalisieren-sich-jugendliche/ [02.03.2021])

1 Formuliert die im Text (M 8) angegebenen möglichen Gründe für eine Radikalisierung junger Menschen mithilfe des Schemas um, um diese noch einmal übersichtlich darzustellen. Übertragt das Schema dazu in euer Heft. Wenn euch noch andere Gründe einfallen, ergänzt diese.

Wenn …
…
…
…
…
…
… dann nimmt die Wahrscheinlichkeit für politisch extreme Einstellungen zu.

2 Vergleicht Felix' Erfahrungen (M 7) mit den Informationen des Sachtextes (M 8).

3 Entwickelt auf Grundlage der Informationen aus M 7 und M 8 in kleinen Gruppen Möglichkeiten, wie eurer Meinung nach verhindert werden könnte, dass Jugendliche sich radikalisieren. Was kann man selbst tun? Welche Rolle spielen die Eltern, Freunde, die Schule? Welche Aufgabe übernimmt der Staat? Stellt euch eure Ideen gegenseitig in der Klasse vor und haltet die besten z. B. auf einem Plakat fest.

3. Ist unsere Demokratie in Gefahr? – Folgen von Extremismus

Bis hierhin habt ihr erarbeitet, was man unter Extremismus im Allgemeinen und Rechts- bzw. Linksextremismus im Besonderen versteht, und ihr konntet am Beispiel von Felix Ursachen von Extremismus erkennen. Im Folgenden geht es um die Frage, wie groß die Gefahr, die von Extremisten ausgeht, für Deutschland und unsere freiheitlich-demokratische Grundordnung tatsächlich ist. Dazu sollt ihr euch mit aktuellen Statistiken zum Rechts- und Linksextremismus in Deutschland befassen.
Wir schlagen euch dazu eine arbeitsteilige Gruppenarbeit zu viert vor, wobei von jedem Gruppenmitglied eine der vier Statistiken ausgewertet wird. Geht wie folgt vor:

1 Teilt die Materialien (M 9, M 10, M 11a und M 11b) untereinander auf. Beachtet bei der Aufteilung, dass die Statistiken ein steigendes Anspruchsniveau aufweisen. Jeder wertet nun seine Statistik unter den folgenden Fragestellungen aus:
- Was erfährt man über Linksextremismus in Deutschland?
- Was erfährt man über Rechtsextremismus in Deutschland?
- Welche Aussagen lassen sich zum Ausmaß von Links- und Rechtsextremismus in Deutschland machen?

Hilfen zum Auswerten von Statistiken findet ihr in den Methodenhinweisen auf S. 271.

3.1 **2** Stellt euch eure Ergebnisse gegenseitig vor. Diskutiert abschließend, wie stark ihr die Gefahr durch Rechts- und Linksextremismus in Deutschland einschätzt. Haltet die Ergebnisse eurer Diskussion auf einem Plakat fest.

3 Stellt eure Ergebnisse in der Klasse vor.

M 9 Potenziell extremistische Menschen in Deutschland

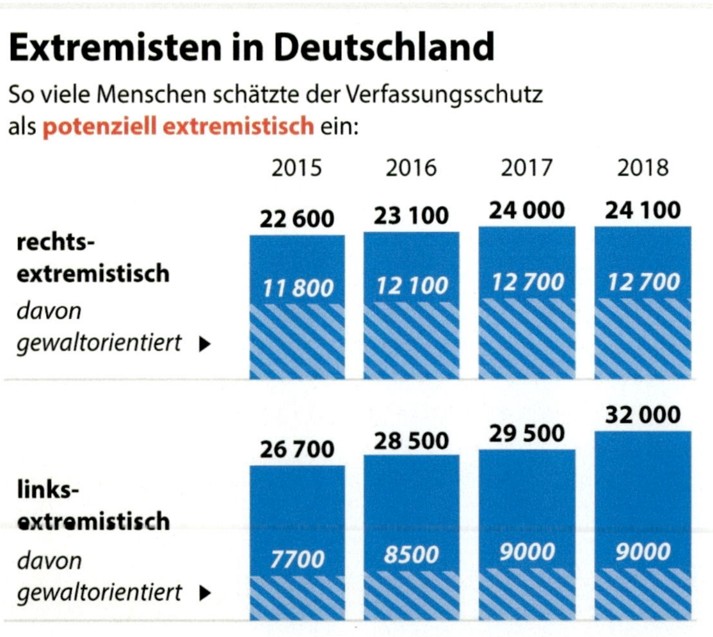

Das Bundesamt für Verfassungsschutz schätzt u. a. auf der Grundlage der Mitgliederzahlen bestimmter extremistischer Vereine oder Parteien die Anzahl der Menschen, die potenziell extremistisch sind. Es handelt sich also nicht um exakte Zahlen, da hierfür die Datengrundlage fehlt.

M10 Extremistisch motivierte Straftaten in Deutschland (Links- und Rechtsextremismus)

Extremistisch motivierte Straftaten sind nach der Definition im Verfassungsschutzbericht solche Straftaten, bei denen es Anhaltspunkte dafür gibt, dass sie darauf abzielen, bestimmte Verfassungsgrundsätze zu beseitigen oder außer Geltung zu setzen, die für die freiheitliche demokratische Grundordnung prägend sind.

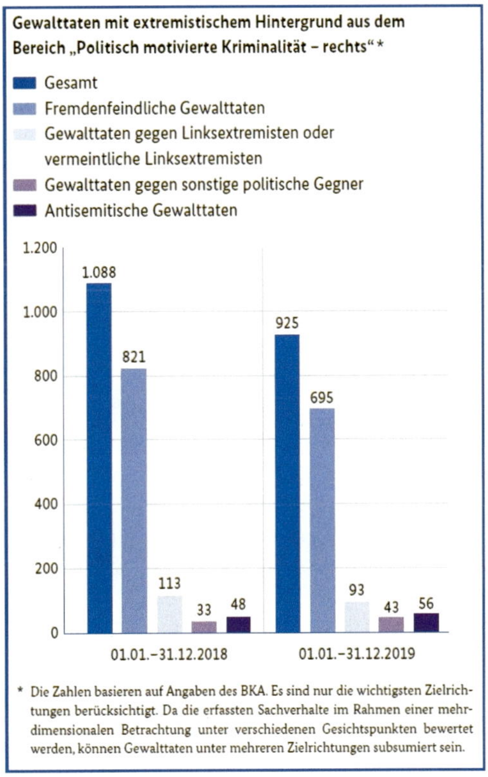

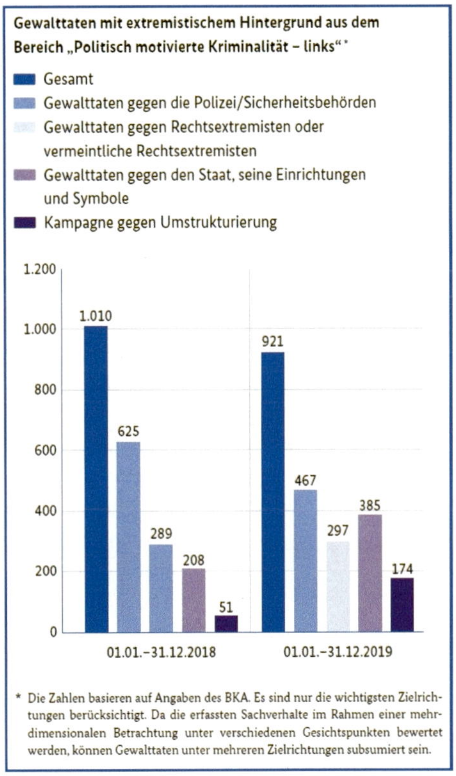

(Bundesministerium des Innern, für Bau und Heimat [Hrsg.]: Verfassungsschutzbericht 2019, online: https://www.verfassungsschutz.de/SharedDocs/publikationen/DE/2020/Verfassungsschutzbericht-2019.pdf?__blob=publicationFile&v=10)

Die Friedrich-Ebert-Stiftung untersucht mit ihrer „Mitte-Studie“ die Verbreitung von rechtsextremen, menschenfeindlichen und weiteren antidemokratischen Meinungen in der Gesellschaft. Dazu hat ein Forschungsteam eine wissenschaftliche Umfrage unter 1.890 repräsentativ ausgewählten Deutschen durchgeführt. In den folgenden Grafiken wird dargestellt, wie viele der Befragten rassistische, fremdenfeindliche und antidemokratische Einstellungen zeigen. Den Befragten wurden jeweils bestimmte Aussagen vorgelegt, die sie auf einer Skala von „lehne völlig ab“ bis „stimme voll und ganz zu“ einschätzen sollten. Da es sich um eine repräsentative Umfrage handelt, lassen sich die Ergebnisse auf die Gesamtbevölkerung in Deutschland übertragen. Es gibt momentan keine vergleichbare Studie mit aktuellen Zahlen zu linksextremen Einstellungen, weshalb wir uns hier auf das Phänomen Rechtsextremismus beschränken.

M 11 Rechtsextreme Einstellungen innerhalb der Bevölkerung in Deutschland (Mitte Studie)

M 11a Gruppenbezogene Menschenfeindlichkeit – Verlauf der Zustimmung 2008 – 2018/19 (Angaben in Prozent)

Rassismus:
- „Aussiedler sollten bessergestellt sein als Ausländer, da sie deutscher Abstammung sind."
- „Die Weißen sind zu Recht führend in der Welt."

Fremdenfeindlichkeit:
- „Es leben zu viele Ausländer in Deutschland."
- „Wenn Arbeitsplätze knapp werden, sollte man die in Deutschland lebenden Ausländer wieder in ihre Heimat zurückschicken."

Antisemitismus:
- „Juden haben in Deutschland zu viel Einfluss."
- „Durch ihr Verhalten sind Juden an ihrer Verfolgung mitschuldig."

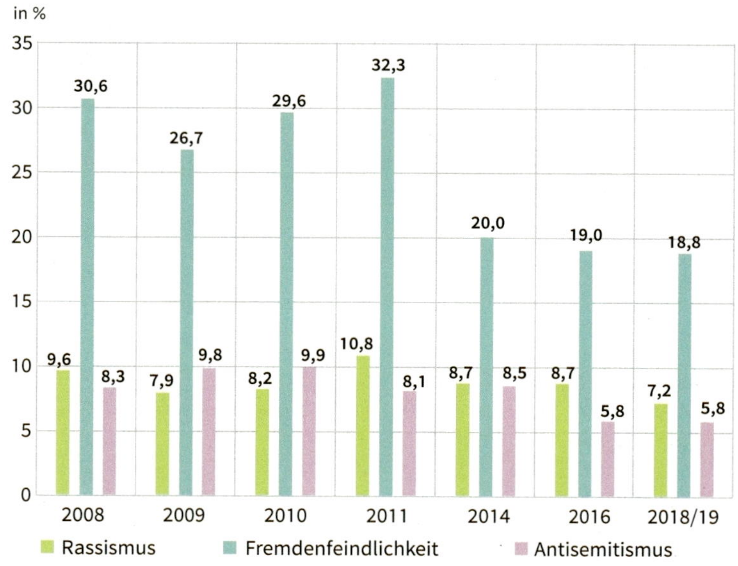

M 11b Entwicklung rechtsextremer Einstellungen in der Bevölkerung 2008 – 2018/19 (Angaben in Prozent)

Befürwortung Diktatur:
- „Im nationalen Interesse ist unter bestimmten Umständen eine Diktatur die bessere Staatsform."
- „Was Deutschland jetzt braucht, ist eine einzige starke Partei, die die Volksgemeinschaft insgesamt verkörpert."
- „Wir sollten einen Führer haben, der Deutschland zum Wohle aller mit starker Hand regiert."

Verharmlosung Nationalsozialismus:
- „Ohne Judenvernichtung würde man Hitler heute als großen Staatsmann ansehen."
- „Die Verbrechen der Nationalsozialisten sind in der Geschichtsschreibung weit übertrieben worden."
- „Der Nationalsozialismus hatte auch seine guten Seiten."

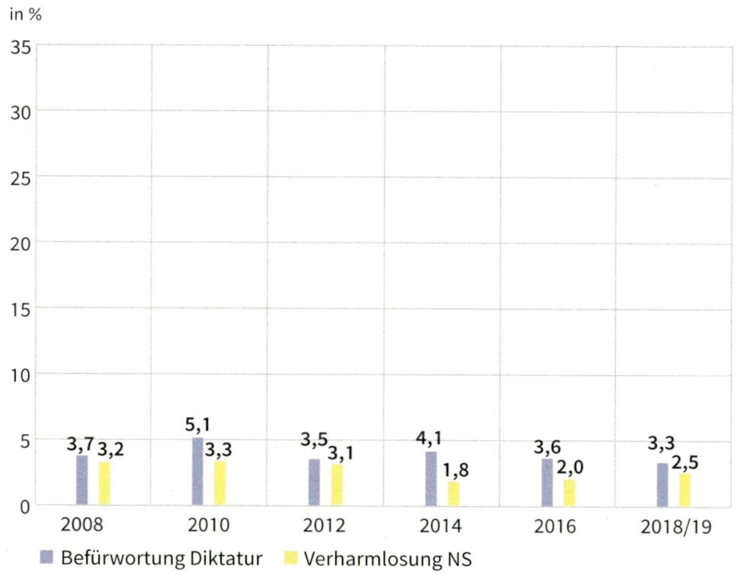

(Grafiken: F.-J. Domke/L. Diekhans; Texte: Andreas Zick, Beate Küpper, Wilhelm Berghan: Verlorene Mitte - Feindselige Zustände. Rechtsextreme Einstellungen in Deutschland 2018/19, hrsg. von Franziska Schröter für die Friedrich-Ebert-Stiftung, Verlag J.H.W. Dietz Nachf., Bonn 2019, Tabellen 3.1, 4.1; https://www.fes.de/index.php?eID=dumpFile&t=f&f=39580&token=25099e2da91ee839a5e6945994f3a073315558b3 [16.04.2021])

Methode – Grafiken und Statistiken auswerten

Grafische Darstellungen spielen im Fach Wirtschaft-Politik bei der Behandlung vieler Themen eine wichtige Rolle. Statistische Zahlen werden mithilfe von grafischen Elementen anschaulich dargestellt. Zur Beurteilung einzelner konkreter Fälle und Problemfragen muss man wissen, wie es „im Ganzen“ oder „im Durchschnitt“ aussieht. Um statistisches Material zielgerichtet auswerten zu können, hilft es, die unten aufgeführten Schritte einzuhalten und die ihnen zugeordneten Fragen zu beantworten. Dabei ist es wichtig, zwischen Beschreibung und Interpretation zu unterscheiden.

I. Beschreibung

1. Thema und Quelle
- Auf welches Thema oder welche Frage bezieht sich die Grafik?
- Wer hat die Grafik verfasst bzw. in Auftrag gegeben und auf welche Quellen beruft sie sich?
- Für welchen Zeitraum (z. B. das Jahr 2020) und welches Gebiet (z. B. Deutschland, EU) gilt sie?
- Bei Befragungen: Wer und wie viele wurden befragt? Handelt es sich um eine repräsentative Befragung?

2. Darstellungsform
- Welche Darstellungsform wurde gewählt (z. B. Balkendiagramm, Kreisdiagramm, Säulendiagramm oder eine andere Form)?
- Welche Zahlenarten (z. B. absolute Zahlen oder Prozentzahlen) werden verwendet?

II. Interpretation

3. Auswertung
- Welche Aussagen in Bezug auf das Thema oder die Frage (siehe Schritt 1) lassen sich treffen?
- Welche Aussagen, Entwicklungen, Zahlen sind besonders auffällig?

4. Kritische Beurteilung
- Gibt es Unklarheiten im Hinblick auf die Angaben zur Quelle, zur Fragestellung, zum Zeitraum usw.?
- Welche Fragen bleiben offen?
- Lässt sich eventuell ein bestimmtes Interesse an der Veröffentlichung erkennen? Soll der Leser/die Leserin zum Beispiel in der Meinungsfindung beeinflusst werden?

(Autorentext)

Die Corona-Pandemie hat das Leben der Menschen im Jahr 2020 und darüber hinaus bestimmt und enorme Auswirkungen auf Gesellschaft, Politik und Wirtschaft gehabt. Der folgende Kommentar beschäftigt sich v. a. mit den gesellschaftlichen und politischen Folgen der Pandemie und stellt einen Bezug zum Thema Extremismus her.

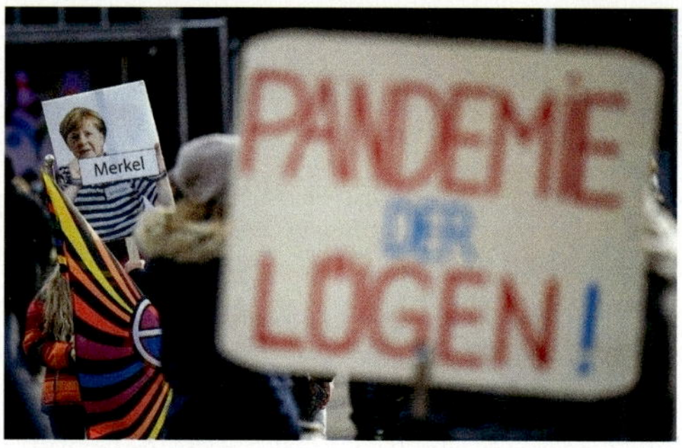

M12 Die Bedrohung durch Extremismus wächst durch Corona

Die Gewaltbereitschaft ist laut Verfassungsschutzbericht in fast allen extremistischen Bereichen gestiegen. Corona könnte die Entwicklung noch verschärfen.

Corona ist nicht nur eine Gefahr für unsere Gesundheit und unseren Wohlstand, sondern auch für die freiheitlich-demokratische Grundordnung. Denn das Virus trifft unsere Gesellschaft ausgerechnet zu einer Zeit, in der anschwellender Extremismus das friedliche Zusammenleben in zunehmendem Maße herausfordert. Die größte Bedrohung geht akut von Rechtsextremisten, Rassisten und Antisemiten aus. Aber auch im linken Spektrum steigt die Zahl der Straftaten, während weiter hunderte islamistische Gefährder Terror im Schilde führen. Und in einem absolut erschreckenden Maße setzen die Geheimdienste autoritärer Staaten alles daran, die westliche Wertegemeinschaft und die Idee der Demokratie insgesamt zu schwächen. Um dieses Ziel zu erreichen, feuern sie gesellschaftliche Konflikte etwa durch falsche oder verzerrte Nachrichten immer weiter an.

Zentrale Erkenntnis des aktuellen Verfassungsschutzberichts ist, dass die extremen Ränder wachsen. Durch Corona könnte sich diese Entwicklung nun weiter verschärfen. Denn die unheimliche Pandemie weckt Urängste, vor dem Tod, dem Verlust von Arbeitsplatz, Status, Hab und Gut, gesellschaftlicher Existenz. Sollte es infolge der Pandemie zu einer anhaltenden Rezession (Wirtschaftskrise), zu Massenentlassungen und Verteilungskämpfen kommen, könnten sich jetzt schon aufgeheizte Debatten weiter radikalisieren. Leider sieht es so aus, als würde die Corona-Krise trotz aller staatlichen Gegenmaßnahmen viele Verlierer produzieren. Ihr Frust könnte wie ein Brandbeschleuniger für extremistische Strömungen wirken.

In Krisenzeiten wie diesen suchen viele Menschen nach Sündenböcken, werden Verschwörungsmythen populär. Bei Demonstrationen, besonders aber im Internet blühen Hass und Hetze. In einem Klima weitreichender Verunsicherung fallen extremistische Botschaften und radikale Thesen auf besonders fruchtbaren Boden und vergiften das Klima immer weiter. […] Wenn die Ränder wachsen, wird die Mitte kleiner, das muss jedem Bürger bewusst sein. Das Extremismusproblem geht alle an. Egal zu welchen Parteien, Lebensentwürfen und Religionen sie sich bekennen. Und egal, welche Maßnahmen gegen die Corona-Pandemie sie für sinnvoll halten oder eben nicht.

* **Autoritäre Staaten** zeichnen sich dadurch aus, dass die Herrschenden das Volk durch Gewalt und mithilfe von Überwachung unterdrücken, um ihre Macht zu sichern und Andersdenkende sowie die politische Opposition einzuschüchtern und so an ihrer Arbeit zu hindern.

* Als **Verschwörungsmythos** (auch Verschwörungstheorie oder Verschwörungsideologie genannt) wird im weitesten Sinne der Versuch bezeichnet, ein Ereignis wie z. B. die globale Corona-Pandemie oder andere politische, gesellschaftliche und wirtschaftliche Entwicklungen durch eine angebliche Verschwörung zu erklären, also durch das zielgerichtete, geheime und illegale Wirken einer meist kleinen Gruppe von Akteuren, die im Geheimen handelt. Dabei werden wissenschaftliche Erkenntnisse ignoriert oder als vermeintliche Fehlinformationen bewusst zurückgewiesen.

Vielfalt und freie Rede, das wunderbare Grundgesetz, die Achtung der Menschenwürde, das sind Werte, für die es sich zu kämpfen lohnt. Diesen Kampf müssen nicht nur die Verfassungsschützer mit aller Konsequenz führen. Wo der Extremismus wuchert, muss jeder Einzelne zum Hüter der Verfassung werden. Nicht mit den Mitteln der Geheimdienste, sondern mit einem klaren Bekenntnis zu Demokratie und Pluralismus. Und energischem Widerspruch, wo immer die Feinde der Demokratie am Werk sind. Gerade in Zeiten von Corona, wo jeden seine eigenen Sorgen plagen, darf das Eintreten für die freiheitliche Grundordnung nicht in den Hintergrund treten. Ein intaktes Immunsystem braucht nicht nur der menschliche Körper gegen Corona. Sondern auch die ganze Gesellschaft benötigt es gegen Hass, Terrorismus und Radikalismus. Um ihre Abwehrkräfte zu stärken, muss sich die friedliebende, demokratische Mitte breit machen, selbstbewusst und geschlossen auftreten. Sonst wird sie irgendwann von den extremistischen Rändern erdrückt.

Pluralismus beschreibt eine vielfältige Gesellschaft, in der unterschiedliche Gruppen, Organisationen, Meinungen, Ideen, Werte und Weltanschauungen grundsätzlich gleichberechtigt nebeneinander bestehen können.

(Bernhard Junginger: Die Bedrohung durch Extremismus wächst durch Corona, Augsburger Allgemeine online, 09.07.2020; https://www.augsburger-allgemeine.de/politik/Die-Bedrohung-durch-Extremismus-waechst-durch-Corona-id57701781.html [02.03.2021])

1 Beschreibt die im Text genannten Auswirkungen der Corona-Pandemie auf das politische Phänomen des Extremismus.

2 Berichtet in der Klasse von eigenen Erfahrungen mit der Corona-Pandemie:
- Welche Ängste, Sorgen und Unsicherheiten hattet ihr persönlich bzw. eure Eltern, Geschwister und Freunde?
- Wie haben die Menschen in eurem Umfeld auf die Corona-Pandemie reagiert?
- Seid ihr in Kontakt gekommen mit besonders radikalen oder für euch unverständlichen Ansichten? Gab es Menschen in eurem Umfeld, die sogenannte Verschwörungsmythen verbreitet haben?

3 Erläutert die Forderung, die der Autor in seinem Kommentar an die Leserinnen und Leser stellt. Erklärt in diesem Zusammenhang auch die Formulierung, eine Gesellschaft bräuchte, ebenso wie ein gesunder Körper, ein „intaktes Immunsystem“.

4 Diskutiert die Forderungen des Autors.

M13 Der Umgang mit Verschwörungsmythen und extremistischen Äußerungen in den sozialen Medien

Die folgende Karikatur bezieht sich auf den Umgang mit Verschwörungsmythen und extremistischen Äußerungen im Internet und insbesondere in den sozialen Medien. Gerade die sozialen Medien haben sich in den letzten Jahren zu echten Sprachrohren für Extremisten und Anhänger von Verschwörungsmythen entwickelt, da man mit ihnen in kürzester Zeit viele Menschen erreichen kann, welche die so geteilten Informationen z.T. unkritisch übernehmen. Auch wenn manche Behauptungen offensichtlich falsch sind, werden sie tausendfach angeklickt und weiterverbreitet. Natürlich werden die sozialen Medien aber auch von Wissenschaftlerinnen und Politikern für die Verbreitung seriöser Informationen genutzt.
Die Karikatur bezieht sich einerseits auf den Vorwurf, die im Zuge der Corona-Pandemie beschlossenen Maßnahmen (z.B. die Einführung einer Maskenpflicht in Schulen, die zeitweise Schließung von Restaurants oder die Anordnung von Kontaktbeschränkungen) seien undemokratisch und Merkmal einer diktatorischen Regierung, welche die Bevölkerung unterdrücke und unverhältnismäßig in ihrer Freiheit einschränke. Die genannte „Willkommenskultur“ wiederum bezieht sich auf die Reaktion weiter Teile der Bevölkerung, die Menschen, die aus Krisen- und Kriegsregionen auf der Welt nach Deutschland geflohen sind, um hier Schutz zu suchen, bereitwillig aufgenommen, also „willkommen geheißen“ haben. (Autorentext)

(Schwarwel)

1 Analysiert die Karikatur und erläutert insbesondere, welches Verhalten der Karikaturist in Bezug auf den Umgang mit Verschwörungsmythen und extremistischen Äußerungen in den sozialen Medien empfiehlt.

2 Berichtet von eigenen Erfahrungen, die ihr mit fragwürdigen, offensichtlich falschen oder extremistischen Äußerungen im Netz bzw. in den sozialen Medien gemacht habt.

5.2, 5.3, 5.4

3 Diskutiert in der Klasse, ob das hier vorgeschlagene Verfahren des Löschens und Blockierens in euren Augen eine sinnvolle Reaktion darstellt. Geht auch auf mögliche Alternativen dazu ein.

4. Wie kann man Extremismus begegnen? – Maßnahmen gegen Extremismus

M14 Was der Staat tut

Die Bundesregierung versucht auf verschiedene Weise, politischen Extremismus zu bekämpfen und ihm vorzubeugen. So kann sie einerseits durch Gesetze bestimmte politische Aktivitäten verbieten bzw. unter Strafe stellen, damit sich erst gar keine umfassenden extremistischen Strukturen und Netzwerke bilden können. Auch wenn die Hürden dafür sehr hoch sind, können politische Parteien, die die freiheitlich-demokratische Grundordnung ablehnen und gefährden, verboten werden. Dieses Mittel wurde jedoch erst zweimal wirksam eingesetzt: 1952 wurde die SRP, eine Nachfolgeorganisation der NSDAP, und 1956 die linksextreme KPD verboten. Darüber hinaus hat der Bundesinnenminister unterschiedliche extremistische Vereine verboten. Am 19.3.2020 etwa traf es den Verein „Geeinte deutsche Völker und Stämme“ und ihre Teilorganisation „Osnabrücker Landmark“, was der Innenminister Horst Seehofer wie folgt begründete:

„Wir haben es mit einer Vereinigung zu tun, die rassistische und antisemitische Schriften verbreitet und damit unsere freiheitliche Gesellschaft systematisch vergiftet. Auch die verbale Militanz [kriegerische, aggressive Haltung; Aufrufe zur Gewalt] und massive Drohungen gegenüber Amtsträgern und ihren Familien belegen die verfassungsfeindliche Haltung dieser Vereinigung. Wir setzen den Kampf gegen den Rechtsextremismus auch in Krisenzeiten unerbittlich fort. Für Rassismus und Antisemitismus haben wir in unserer Gesellschaft keinen Millimeter Platz.“

(Bundesministerium des Innern, für Bau und Heimat, Pressemitteilung: Bundesinnenminister Seehofer verbietet mit „Geeinte deutsche Völker und Stämme“ erstmals Reichsbürgervereinigung, 19.03.2020, Berlin; https://www.bmi.bund.de/SharedDocs/pressemitteilungen/DE/2020/03/verbot-reichbuergervereinigung.html [02.03.2021])

Am 30.04.2020 wurden auch sämtliche Aktivitäten der libanesischen „Hisbollah“, der „Partei Gottes“, in Deutschland verboten. Denn die Hisbollah wird für zahlreiche Anschläge auf israelische, amerikanische und jüdische Ziele verantwortlich gemacht. Politische und gesellschaftliche Organisationen, z.B. Kulturvereine, Stiftungen und Moscheen, die mit der Hisbollah in Verbindung stehen, waren bislang nicht verboten. Das hat sich durch die Entscheidung des Innenministers geändert.
Weiterhin wurde im Jahr 2012 ein gemeinsames Abwehrzentrum gegen Extremismus und Terrorismus (GETZ) geschaffen, in dem sich Bundes- und Landesbehörden, Polizei und Verfassungsschutz regelmäßig austauschen. Dadurch können alle Behörden terroristische Bedrohungen so früh wie möglich erkennen und vor Ort bekämpfen.
Die Bundesregierung unterstützt außerdem das Engagement der Bevölkerung (z.B. in Vereinen) gegen Extremismus mit vielfältigen Förderprogrammen. Es gibt etwa Organisationen, die sich gezielt der Aufklärung von Jugendlichen über das Thema Extremismus widmen, oder solche, die Opfer von extremistischen Gewalttaten unter-

stützen. Darüber hinaus bemüht sich der Bund aber auch um Menschen, die bereits in extremistische Organisationen hineingeraten sind, indem er sogenannte Aussteigerprogramme fördert und organisiert. Auf diese Weise soll Menschen dabei geholfen werden, solche Gruppen wieder zu verlassen und manchmal auch ein ganz neues Leben zu beginnen.

(Autorentext)

1 Stellt die hier angesprochenen verschiedenen Maßnahmen des Staates gegen Extremismus in einer Übersicht dar (z. B. einer Mindmap).

2 Macht in eurer Übersicht durch farbige Markierungen deutlich, welche Maßnahmen präventiv, also vorsorgend, sind und welche eher akut genutzt werden oder wenn bereits etwas „passiert“ ist.

2.1, 2.2

3 Recherchiert nach aktuellen Verboten (ab 2020) extremistischer Gruppierungen seitens des Innenministeriums und stellt die jeweiligen Begründungen vor.

Fallbeispiel

M 15 Wie ein Aussteiger mit seiner rechten Vergangenheit umgeht

Steven Hartung ist gerade mal 25 Jahre alt, aber er hat schon ein erstes Leben hinter sich. [...] Heute studiert er Philosophie in Jena und versucht, die Vergangenheit abzuschütteln. Das ist nicht einfach.

Hartung kommt aus einem kleinen Dorf in Thüringen. Bei der Feuerwehr oder im Fußballverein bekam er oft rechte Sprüche zu hören. „Die meisten Erwachsenen waren da eher rechts eingestellt“, erzählt er. Den ersten richtigen Kontakt zur Szene hatte Hartung mit 13, als ihm jemand an der Schule eine CD in die Hand drückte. Anfangs hörte er rechte Musik mit Freunden, mit 15 nahm ihn ein Kumpel zu einer Kameradschaft mit. Dort stieg er ein – und schnell auf: Mit 17 war Hartung selbst Leiter der Kameradschaft, organisierte Vorträge, Demos und Konzerte und lockte neuen Nachwuchs an.

„Damals war ich komplett vereinnahmt“, sagt er. „Ich habe meine Ersatzfamilie in der Szene gefunden. Ich dachte, nur wir kennen die Wahrheit und alle anderen sind verblendet.“ [...] Seine Eltern waren einigermaßen hilflos. „Sie haben versucht, dagegen zu argumentieren, aber irgendwann haben sie es nicht mehr geschafft“, sagt er. „Sie hatten zwar keinen Einfluss mehr auf mich, aber sie haben mich nicht aufgegeben. Das war das Gute.“

Nach ein paar Jahren fingen die Zweifel an. Hartung beschäftigte sich viel mit den Argumenten seiner „Feinde“. Eigentlich um sie zu entkräften, doch stattdessen geriet sein eigenes Weltbild ins Wanken. Hartung stellte seine bisherigen Überzeugungen infrage. Die Leute in seiner Kameradschaft verstanden ihn nicht mehr. Und dann tauchte eine junge Frau in seinem Leben auf: eine Antifa-Aktivistin, die er noch von der Schule kannte. Anfangs diskutierten die beiden nur, dann verliebten sie sich. Vor drei Jahren zog sich Hartung aus der Kameradschaft zurück, brach den Kontakt zur Szene ab und suchte Hilfe beim Aussteigerprogramm Exit. Die Initiative hilft seit 13 Jahren Menschen, die sich gegen den Rechtsextremismus und für ein neues Leben entscheiden. [...] „Wir können niemanden gegen seinen Willen aus der Szene rausziehen“, sagt Fabian Wichmann von Exit. „Es muss immer von den Leuten selbst ausgehen.“

Hartung ergriff damals die Initiative, verließ sein Heimatdorf, ging nach Jena und schrieb sich dort an der Uni ein. Seine rechte Vergangenheit ist ihm nicht mehr anzusehen – zumindest nicht auf den ersten Blick. Er kommt alternativ

* **EXIT-Deutschland** ist eine im Jahr 2000 gegründete Initiative des Zentrums Demokratische Kultur (ZDK). Sie unterstützt Aussteigewillige aus der rechtsextremen Szene und Familien, die ihre Angehörigen aus der rechtsradikalen Bewegung lösen wollen.

daher: mit Wollmütze, langen Haaren, Kapuzenpulli und roten Turnschuhen. Aber unter den Klamotten sieht es anders aus.
Sein Körper erzählt von früher. Hartung hat noch viele Tätowierungen – rechte Symbole und Parolen. „Ich habe mich damit selbst gebrandmarkt", sagt er. „Heute bereue ich das unglaublich." An den Beinen hat er angefangen, die Zeichen übertätowieren zu lassen: „Inzwischen bin ich so weit, dass ich in kurzen Hosen rumlaufen kann." Der Rest soll nach und nach verschwinden.
Ein paar Drohungen hat Hartung nach seinem Ausstieg bekommen – per Mail oder SMS. In rechten Internetforen schrieben frühere Kumpanen, er sei „zum Abschuss freigegeben". Passiert ist nichts. Mit seiner Adresse und Telefonnummer geht er zwar immer noch vorsichtig um. Verstecken will er sich aber nicht. Im Gegenteil. [...]
Für Hartung ist [seine rechte Vergangenheit] heute weit weg. „Ich habe inzwischen großen Abstand." Die Reue bleibt. „Ich habe ideologische Gewalt ausgeübt. Ich habe einige Leute in die Szene reingezogen. Durch all das habe ich viel Schlechtes in die Gesellschaft gebracht."
Vom hetzenden Neonazi zum besonnenen Philosophiestudenten? Manch einer glaubt Hartung die Kehrtwende nicht. Linke Aktivisten werfen ihm vor, er spiele nur den Bekehrten. Bei Diskussionen an der Uni wurde er mehrfach rausgebeten. Auch bei der Studentenvertretung wollten sie ihn nicht haben. „Viele denken: einmal Nazi, immer Nazi", sagt er. „Aber Menschen können sich ändern."

(wgr/© dpa, 31.05.2013)

Felix Benneckenstein kennt ihr bereits aus M 7. Auch er hat den Sprung aus der rechten Szene geschafft. Wie ihm dies gelungen ist, erfahrt ihr im folgenden Interview-Auszug.

M16 Felix' Ausstieg aus der rechten Szene

Du warst ja einige Male im Gefängnis. Welche Erfahrungen hast du dort gemacht?
Insgesamt war ich 18 Monate lang im Gefängnis, immer mal wieder für einige Wochen oder Monate – alle Aufenthalte hatten mit der rechten Szene zu tun. Die ersten Male war das noch Jugendarrest. [...] Bei meinem letzten Mal war ich in der JVA Stadelheim. Dort war ich mit Abschiebehäftlingen auf einem Gang untergebracht. Und das hat mich endlich zum Nachdenken gebracht, weil dort die Leute waren, die ich selbst raus haben wollte. Dabei warteten die nur auf ihren Flug. Die hatten ja eigentlich nichts angestellt, die durften ja nicht mal arbeiten. Es waren Leute dabei, die in Deutschland ihr gesamtes soziales Umfeld aufgebaut hatten – und der Staat beschloss einfach: Raus mit dir! Das hat sehr viel in mir ausgelöst. Ich habe jahrelang ‚Ausländer raus' gefordert – und erst im Knast gesehen, was das heißt. Da habe ich gemerkt: Ich habe die Schuld immer nur bei den anderen gesucht – und nichts verändert.

Hat dir dort jemand seine Hilfe angeboten, damit du aus der Szene rauskommst?
Nur ein einziger Justizbeamter hat mich darauf angesprochen, ob ich aussteigen möchte. Aber das habe ich damals noch verneint. Ich bin kurze Zeit später dann selbst zu EXIT gegangen. Das ist eine Organisation in Berlin, die Aussteigerhilfe anbietet, denn ohne professionelle Hilfe ist es schwierig. Man wird ständig mit seiner Vergangenheit konfrontiert, ist im Internet als Neonazi auffindbar. Da braucht man jemanden, der einem in Sicherheitsfragen zur Seite steht.

(Dike Attenbrunner: Nazi-Aussteiger Felix Benneckenstein: „Das hat viel mit Gehirnwäsche zu tun!", da hogn, Hörhammer und Weigerstorfer GbR, 24.07.2013, Hinterschmiding-Herzogsreut; https://www.hogn.de/2013/07/24/1-da-hogn-geht-um/nachrichten-in-freyung-grafenau/neo-nazi-aussteiger-felix-benneckenstein-exit-onkelz-neonazis-rechtsextremismus-npd-nsu/34072 [02.03.2021])

1 Fasst zusammen, was Steven dazu bewogen hat, „auszusteigen“, und wie sein Leben heute aussieht (M 15).

2 Vergleicht Stevens Erfahrungen mit denen von Felix (M 7, M 15, M 16).

2.1, 2.2 3 Recherchiert, wie ein Ausstieg aus der rechts- oder linksextremen Szene ablaufen kann, welche Voraussetzungen/Bedingungen es gibt usw. Informationen könnt ihr z. B. hier finden: @ WES-116592-030

M 17 Schülerin für Einsatz gegen rechtsextreme Hetze geehrt

Weil ihre Klassenkameraden mit Hitlergruß und antisemitischen Sprüchen im Gruppenchat provozierten, zeigte die 15-jährige Emilia einen Mitschüler an. Für ihren Mut hat sie den „Preis für Zivilcourage gegen Rechtsradikalismus, Antisemitismus und Rassismus“ erhalten.

Es fing mit geschmacklosen Scherzen an in der Klasse von Emilia, die ein Gymnasium in Dresden besucht. Scherze allerdings, über die die 15-Jährige nicht lachen konnte – und die rechtswidrig waren.

„In meiner Klasse wurde es nach und nach zum Trend, dass Leute den Hitlergruß zeigen, wenn sie in die Klasse kommen, oder ‚Heil Hitler‘ rufen oder 88 Prozent Handyladung mit einem Hitlergruß unterstreichen und es witzig finden.“ [...] Die Zahl 88 ist unter Neonazis eine Chiffre für „Heil Hitler“. Emilia war zunehmend unwohl bei der Sache. Als ein Mitschüler in einem Gruppenchat der Klassenkameraden bei WhatsApp antisemitische Bilder postete, hatte sie genug. „Das Schlimmste, was mir jetzt so einfällt, war ein Foto von einer Rauchwolke, unter der ‚jüdisches Familienfoto‘ stand.“ Emilia stellte den Mitschüler zur Rede.

„Daraufhin habe ich halt geschrieben: Lass das mal mit dem Nazi-Gehabe, das ist überhaupt nicht witzig. Und daraufhin meinte er sowas wie: ‚Hast wohl zu viele tote Juden eingeatmet‘ oder ‚Wander doch nach Polen aus, wenn es dir hier nicht gefällt‘. Also, so ein absurdes Zeug hat er dann gekontert.“

Emilia sprach mit ihren Eltern über den Fall und gemeinsam beschlossen sie, den Mitschüler anzuzeigen. Für ihr Eingreifen wurde Emilia nun mit dem Preis für Zivilcourage gegen Rechtsradikalismus, Antisemitismus und Rassismus ausgezeichnet, der gestern zum achten Mal in Berlin vergeben wurde. Er wird vom Förderkreis Denkmal für die Ermordeten Juden Europas gemeinsam mit der Jüdischen Gemeinde zu Berlin vergeben und ist mit 2.000 Euro dotiert. Die Organisationen wollen damit Menschen ehren, die durch ihr öffentliches Engagement beeindruckt haben. Die Vorsitzende des Förderkreises, Lea Rosh, war beeindruckt, als sie von Emilia hörte:

„Dass dieses Mädchen sich dagegen wehrt, als Einzige in der Klasse, ziemlich alleine gelassen von den Mitschülern, dann ist sie zur Polizei gegangen, hat den Jungen angezeigt, das ist weiß Gott Zivilcourage.“ [...]

Emilia will, um sich zu schützen, ihren Nachnamen und den Namen ihrer Schule nicht nennen. Lea Rosh kritisierte, dass zunehmend von antisemitischen und rassistischen Angriffen und Beleidigungen auf Schulhöfen berichtet werde, und forderte Lehrer und

Schulleiter auf, dagegen vehement vorzugehen. Im Fall von Emilia reagierten die aber verhalten, als ihre Eltern sie auf das Vorgehen an der Schule ansprachen, wie Emilias Vater berichtet.

„Wir haben zwei E-Mails geschrieben, die recht gehaltvoll waren, und wir haben eine Mail zurückgekriegt, in der es hieß, das Thema werde im Geschichtsunterricht bearbeitet."

Die Eltern hakten noch einmal nach, erhielten darauf aber bis heute keine Antwort. Dass Schulleiter, Lehrer und Polizei nicht entschieden auf antisemitisches und rechtsradikales Auftreten an Schulen reagierten, komme leider häufig vor [...].

(Benjamin Dierks: Schülerin für Einsatz gegen rechtsextreme Hetze geehrt, deutschlandfunk.de, 08.11.2017, Deutschlandradio, Köln; https://www.deutschlandfunk.de/zivilcourage-preis-schuelerin-fuer-einsatz-gegen.680.de.html?dram:article_id=400156 [02.03.2021])

1 Stellt dar, wofür Emilia den Preis für Zivilcourage bekommen hat (M 17).

2 Hättet ihr euch an Emilias Stelle auch so verhalten? Begründet eure Position.

3 Wie sollte eurer Meinung nach in der Schule mit dem Thema Extremismus umgegangen werden? Entwickelt Handlungsvorschläge.

4 Diskutiert in der Klasse, wie ihr die Wirksamkeit und Umsetzbarkeit der verschiedenen Maßnahmen gegen Extremismus einschätzt.

5 Recherchiert Beispiele für Projekte gegen Rechtsextremismus in NRW (beispielsweise auf der hier zu findenden Internetseite: @ WES-116592-031).

Nützliche Links zur weiteren Recherche oder vertiefenden Information über das Thema findet ihr hier: @ WES-116592-032

Was ihr jetzt wissen und können solltet:

- ✓ M S U H Merkmale und Erscheinungsformen von Extremismus, Antisemitismus und gruppenbezogener Menschenfeindlichkeit benennen und erläutern;
- ✓ M S U H Ursachen für politischen Extremismus und Fremdenfeindlichkeit darlegen;
- ✓ M S U H eigene Handlungsmöglichkeiten bei der Begegnung mit Extremismus einschätzen und darlegen;
- ✓ M S U H die Funktion der Schule bei der Bekämpfung von Extremismus erläutern und beurteilen,
- ✓ M S U H Möglichkeiten, politischem Extremismus entgegenzuwirken, nennen, erläutern und beurteilen;
- ✓ M S U H eine internetbasierte Recherche durchführen;
- ✓ M S U H wichtige Informationen in einer Mindmap sichern;
- ✓ M S U H statistisches Material zum Thema „politischer Extremismus" zielgerichtet auswerten;
- ✓ M S U H die Gefährdung der freiheitlich-demokratischen Grundordnung durch Rechts- und Linksextremismus beurteilen

Was ihr wisst – was ihr könnt – wie ihr es seht

M S U H

1. Richtig oder falsch?

Gebt an, ob die folgenden Aussagen richtig oder falsch sind, und verbessert (in eurem Heft) die, die nicht richtig sind.

a) In einer freiheitlich-demokratischen Grundordnung sind geheime Wahlen verboten.
b) Ein Merkmal eines rechtsextremen Weltbilds ist Fremdenfeindlichkeit.
c) Links- und Rechtsradikalismus befinden sich laut amtlichem Extremismus-Modell noch im verfassungskonformen Spektrum.
d) Linksextremismus gibt es in vielen verschiedenen Formen.
e) Im „schwarzen Block" finden sich ausschließlich Linksextremisten.
f) Unter bestimmten Umständen darf der Staat Parteien und Vereine, die die freiheitlich-demokratische Grundordnung gefährden, verbieten.
g) Aussteigerprogramme für Extremisten werden nicht vom Staat finanziert.

M S U H

2. Eine Karikatur zum Linksextremismus

Analysiert die Karikatur.

„... Sie sehen doch, dass das Nazi-Problem immer größer wird!"
(Götz Wiedenroth)

Wenn ihr noch mehr lernen wollt ...

D1 Recherche: Projekte gegen Extremismus

Recherchiert im Internet weitere Projekte und Ideen, um Extremismus zu bekämpfen, und präsentiert diese in der Klasse. Linktipps: @ WES-116592-033

2.1, 2.2

D2 Putzen gegen Neonazis

Nagellackentferner, Spachtel, Farbe, Pinsel und Fotokamera: Ohne diese Utensilien verlässt Irmela Mensah-Schramm nie das Haus. Es ist ihr Werkzeug im Kampf gegen Hassparolen und Neonazisymbole. Seit über 30 Jahren zieht die gelernte Pädagogin durch Deutschland und entfernt rechtsextreme Schmierereien und Aufkleber. Vor dem Überpinseln oder Abschaben hält die Rentnerin ihre Fundstücke mit dem Fotoapparat fest. Auf mehr als 16.000 Fotos hat sie so bis heute die rechtsextreme Propaganda dokumentiert.
Angefangen hat die selbst ernannte „Politputze" mit ihrem Engagement im Sommer 1986. An einer Bushaltestelle direkt vor ihrer Haustür in Berlin Wannsee entdeckte sie morgens einen Aufkleber mit dem Slogan „Freiheit für Rudolf Heß" [ein Politiker der NSDAP, der Stellvertreter Adolf Hitlers]. Weil sie in Eile war, entfernte Irmela Mensah-Schramm den Aufkleber nicht sofort. Schließlich ärgerte sie sich den ganzen Tag, sich nicht die Zeit dafür genommen zu haben. „Als ich abends nach Hause kam und der Aufkleber noch immer hing, war ich geschockt. Ich konnte nicht glauben, dass keiner der vielen Leute, die im Laufe des Tages an der Haltestelle standen, den Aufkleber abgerissen hatte. Da habe ich beschlossen, dem Nichtstun ein Ende zu bereiten." Seither ist sie an mehreren Tagen die Woche unterwegs, vor allem in Berlin und Brandenburg, aber auch in anderen Bundesländern. […] Wo immer die Rentnerin auf Neonazi-Sprüche stößt, wischt sie diese weg, kratzt sie ab oder übermalt sie. „Solange ich diesen Nazidreck finde, ist meine Mission nicht beendet", sagt sie. Mit Ausstellungen und Workshops klärt sie über Rechtsextremismus auf. […]
Von Gegnern lässt sie sich nicht einschüchtern. Erschrocken ist die engagierte Rentnerin allerdings darüber, wie viele Menschen ablehnend auf die Putzaktionen reagieren: „Manche belächeln mich nur, andere beschimpfen mich, drohen mir oder zeigen mich sogar an. Sowohl Kinder als auch Erwachsene sagen mir: ‚Das dürfen Sie doch nicht' oder ‚Sie müssen doch auch andere Meinungen akzeptieren'. Denen ist es tatsächlich lieber, wenn die Hakenkreuze und SS-Runen oder die rassistischen Parolen stehen bleiben." Irmela Mensah-Schramm weiß, dass ihre Aktionen rein rechtlich unter Sachbeschädigung und manchmal auch Hausfriedensbruch fallen. Das hält die Rentnerin aber nicht auf. „Fest steht für mich, ich gehe gegen diese Hassparolen vor. Auch wenn ich massive Sachbeschädigung in Kauf nehmen muss, um die menschenverachtenden Sprüche zu beseitigen, entscheide ich mich dafür. Denn beschädigte Gegenstände sind alle ersetzbar und reparabel – eine verletzte Menschenwürde jedoch nicht!"

(Ninja Hofmann: Putzen gegen Neonazis, Bundeszentrale für politische Bildung, 26.06.2015, Bonn; https://www.bpb.de/politik/extremismus/rechtsextremismus/208782/putzen-gegen-neonazis [02.03.2021])

1 Fasst zusammen, wie Irmela Mensah-Schramm sich gegen Rechtsextremismus einsetzt.

2 Erläutert, welche Grenzen ihr Engagement hat bzw. auf welche Probleme sie stößt.

3 Wie ist eure Meinung? Seht ihr z. B. ein Problem darin, dass ihr Engagement nicht legal ist?

Blickwinkel

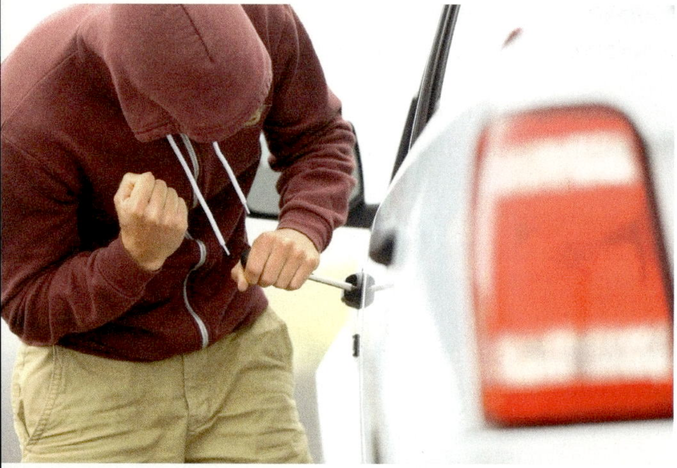

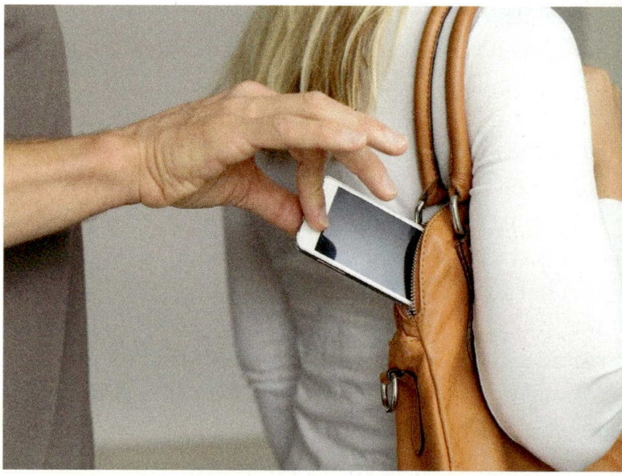

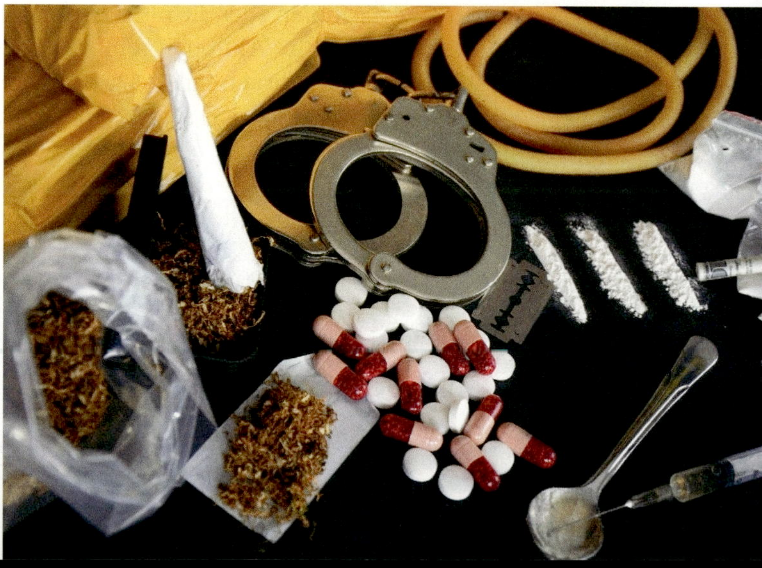

10

Gehört Jugendkriminalität zum Alltag? – Jugendkriminalität und Jugendstrafrecht

Darum wird es gehen

„Immer jünger, immer gewalttätiger, immer mehr und die Justiz ist viel zu milde!“ Unter anderem mit diesen oder ähnlichen Äußerungen wird das Bild von Jugendkriminalität und Jugendstrafrecht in öffentlichen Debatten häufig skizziert. Treffen diese Aussagen tatsächlich zu?

Im ***ersten Abschnitt*** *wird der Frage nachgegangen, ob die heutige Jugend als besonders kriminell bezeichnet werden kann. Hierzu könnt ihr euch mit Beispielen von Straftaten Jugendlicher auseinandersetzen und die* ***Entwicklung der Zahlen*** *straffällig gewordener Jugendlicher in den vergangenen Jahren analysieren.*

Im ***zweiten Abschnitt*** *bieten u. a. Fallbeispiele die Gelegenheit, mögliche* ***Ursachen*** *zu erarbeiten, die Jugendliche dazu bringen, kriminelle Handlungen zu vollziehen.*

Im ***dritten Abschnitt*** *wird die Wirkung unterschiedlicher* ***Maßnahmen*** *zur Vorbeugung von Straftaten zur Diskussion gestellt und ihr erfahrt mehr über die Besonderheiten des Jugendstrafrechts.*

Im ***vierten Abschnitt*** *sollt ihr – ausgehend von einem Fallbeispiel – abschließend selbst ein Urteil zu der Frage fällen, ob das Jugendstrafrecht einer Verschärfung bedarf.*

1. Kriminelle Jugend? – Umfang, Formen und Entwicklung der Jugendkriminalität

Zum Einstieg:

M1 Jugendkriminalität gehört zum Alltag

Es gehört zum Alltag in Deutschland – junge Menschen geraten aneinander, die Fäuste fliegen, sie knacken Autos oder handeln mit Drogen. Jugendkriminalität ist kein neues Phänomen. Eigentlich begehen alle Jugendlichen irgendwann mal ein bis zwei Delikte. Lässt man Schwarzfahren, Internetdelikte und Drogenkonsum raus, dann geben 84 Prozent der Jungen und 69 Prozent der Mädchen zwischen dem 13. und 18. Lebensjahr an, zumindest schon einmal geklaut, etwas zerstört oder jemanden geschlagen zu haben. In der Regel leichte Taten. Die Hälfte von ihnen begeht ein weiteres Delikt, dann wieder die Hälfte ein viertes und so weiter. Am Ende bleibt eine kleine Gruppe von Intensivtätern, so fünf bis acht Prozent. [...]

(Liz Wieskerstrauch: Wenn Kinder Täter werden - Was tun mit straffälligen Minderjährigen?, SPIEGEL TV online, 21.09.2020, Hamburg; https://www.spiegel-tv.de/programm/artikel/wenn-kinder-taeter-werden [03.03.2021])

M2 Jugendkriminalität in den Nachrichten

Mobbing mit falschen Todesanzeigen: Schüler verurteilt

[...] Der Fall machte im Herbst [2019] bundesweit Schlagzeilen: Der 15-jährige Nördlinger hatte eine gefälschte Todesanzeige eines Mitschülers in der Zeitung veröffentlicht. Außerdem hatte er Mitschülern über Monate hinweg Drohmails geschickt – teilweise auch mit Todesandrohungen versehen. Er hatte Flugtickets auf ihren Namen gebucht und ihnen Links mit pornografischen Inhalten gemailt. Zwei weitere gefälschte Todesanzeigen wurden vor der Veröffentlichung entdeckt. Zum Zeitpunkt der Taten war er erst 14 Jahre alt. Die Staatsanwaltschaft Augsburg war dennoch überzeugt, dass er reif genug gewesen sei, um zu verstehen, dass seine Taten Unrecht seien. [...]

(Judith Zacher, Werner Bader, Mario Kubina: Mobbing mit falschen Todesanzeigen: Schüler verurteilt, BR24, Bayerischer Rundfunk, 21.07.2020, München; https://www.br.de/nachrichten/bayern/gefaelschte-todesanzeigen-schueler-zu-arrest-verurteilt,S5Mo9qr [03.03.2021])

Jugendliche brechen in Gemeindezentrum ein

Die Polizei hat am [13.11.2020] eine Gruppe von Jugendlichen dingfest gemacht. Die Tatverdächtigen zwischen 15 und 16 Jahren sollen in das evangelische Gemeindezentrum an der Bodelschwinghstraße in [Essen-Stadtwald] eingebrochen sein. Sie leisteten bei der Verhaftung heftigen Widerstand und beleidigten die Beamten. Ein Zeuge war durch ein lautes Knallgeräusch auf den Einbruch aufmerksam geworden. Als er nachschauen wollte, was passiert sein könnte, bemerkte er die dunkel gekleideten Jugendlichen, die fluchtartig [...] wegliefen. Er alarmierte die Polizei. Die Beamten entdeckten am Tatort diverse beschädigte Glasvitrinen und Einbruchspuren. Mehrere leere Geldkassetten und hochwertige T-Shirts hatten die Täter auf ihrer Flucht weggeworfen.

(Essen: Einbruch in Gemeindezentrum, Jugendliche festgenommen, WAZ.de, 15.11.2020, Essen; https://www.waz.de/staedte/essen/essen-einbruch-in-gemeindezentrum-jugendliche-festgenommen-id230918016.html [03.03.2021])

Gucci-Bande prügelt Rentner fast tot

Wuppertal (dpa) – Zwei erst 14-jährige Intensivtäter [Personen, die bereits mehrfach Straftaten begangen haben] sollen in Wuppertal einen Rentner beinahe umgebracht haben. Nach Angaben der Wuppertaler Staatsanwaltschaft vom Freitag rechnen sich die beiden einer Gruppe zu, die sich „Gucci-Bande“ nenne. Dabei handele es sich um eine etwa 15-köpfige Gruppe von Kindern und Jugendlichen, „die von Schule nicht so viel halten“, sagte ein Sprecher der Staatsanwaltschaft. Wenn diese Gruppe „zusammen abhänge“, komme es immer wieder zu Straftaten. [...] Die Gruppierung sei bislang mit Straftaten wie Ladendiebstahl, Straßenraub, Abzocke und durch kleinere Drogendelikte aufgefallen. [...]

(wgr/© dpa, 24.05.2019)

14-Jähriger erwürgt Mitschüler

Siegen (dpa) – Weil er einen Mitschüler erwürgt hat, ist ein Teenager aus Wenden in Nordrhein-Westfalen zu einer Jugendstrafe von siebeneinhalb Jahren verurteilt worden. [...] Der angeklagte Teenager war demnach in den Älteren verliebt und hatte auf sexuelle Handlungen gehofft. Als der 16-Jährige ihn zurückwies, sei es zum Streit gekommen. [...]

(wgr/© dpa, 13.06.2019)

16-Jähriger wollte schwangere Ex-Freundin töten

Duisburg (dpa) – Nach einer Messerattacke auf eine schwangere 17-Jährige sind vier Jugendliche aus Duisburg wegen Mordversuchs [...] verurteilt worden. Einer der Angeklagten soll der Vater des damals noch ungeborenen Kindes sein. [...] Laut Urteil vom Mittwoch wollte der 16-Jährige Mutter und Kind töten, weil er nicht Vater werden wollte. Dazu hatte er seine Ex-Freundin im September 2018 zu einem Treffen an den Rhein gelockt. Die drei Mitangeklagten waren auf sein Zeichen hin aus einem Gebüsch gesprungen und hatten die 17-Jährige angegriffen. [...]

(wgr/© dpa, 06.03.2019)

1 „Jugendkriminalität gehört zum Alltag“ (M 1). Wie ist eure Wahrnehmung? Berichtet ggf. von Erfahrungen.

2 Gibt die Auswahl in M 2 eurer Meinung nach jugendtypische Straftaten wider? Diskutiert innerhalb eurer Klasse.

V Bevor ihr mit der Bearbeitung des Kapitels fortfahrt, ist es wichtig, dass ihr einige zentrale Begrifflichkeiten rund um das Thema Jugendkriminalität und Jugendstrafrecht klärt. Recherchiert hierzu nach der Bedeutung folgender Begriffe und legt ein Glossar an: Delikt, Deliktfähigkeit, Strafmündigkeit, Sanktion (im rechtlichen Sinne), Kinder- und Jugendhilfegesetz (KJHG), Bürgerliches Gesetzbuch (BGB), Jugendgerichtsgesetz (JGG), Jugendstrafrecht, Strafgesetzbuch (StGB). 2.1, 2.2

M3 Entwicklung der Jugendkriminalität in Deutschland

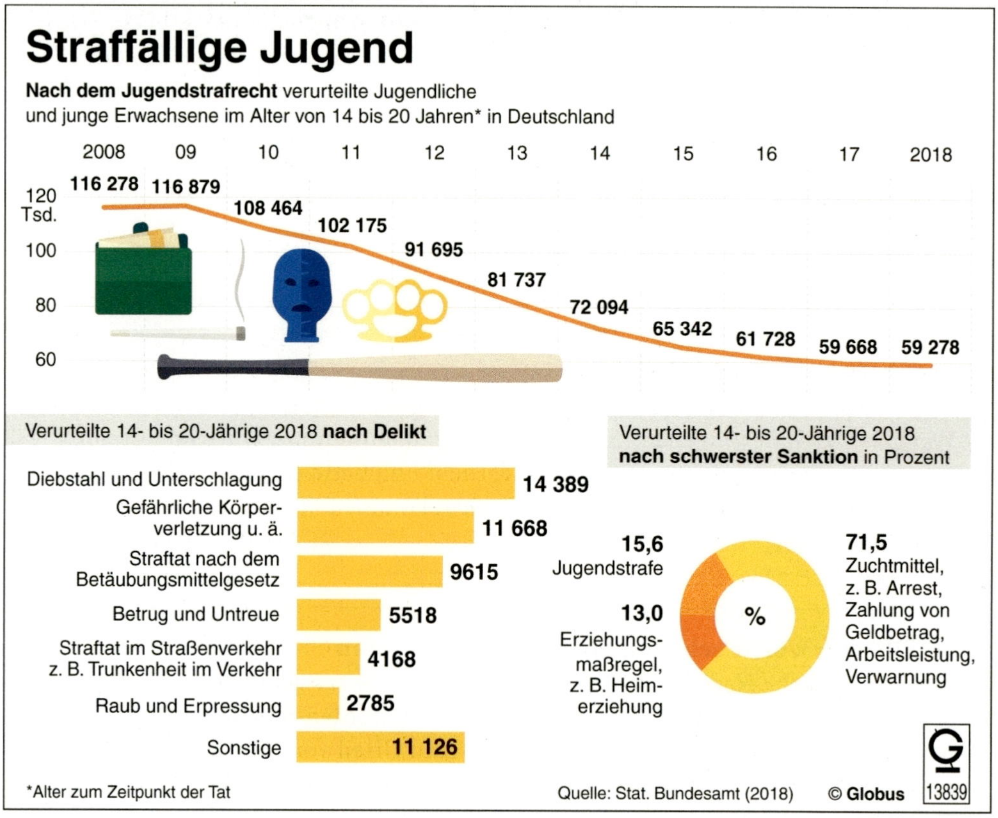

1 Ordnet die Fallbeispiele den in der Grafik dargestellten Delikten zu (M 2, M 3).

2 Analysiert die Grafik (M 3) nach dem euch bekannten Verfahren und haltet zentrale Aussagen zur Entwicklung schriftlich fest.

3 Stellt zu der von euch herausgearbeiteten Entwicklung der Jugendkriminalität in Deutschland begründete Vermutungen an.

2.1, 2.2 **V** Recherchiert nach aktuellen Fällen von Jugendkriminalität in eurer Region.

2. Warum werden Jugendliche kriminell? – Mögliche Ursachen von Jugendkriminalität

M4 Zwei Porträts jugendlicher Intensivtäter

Fallbeispiel

Tom ...
hat gut zwei Jahre Jugendhaft hinter sich und steht kurz vor der Entlassung aus der Jugendvollzugsanstalt Neustrelitz. [...] Seine Geschichte erzählt die klassische Biografie eines jugendlichen Straftäters: Mit seinen Eltern geriet er ständig aneinander, mit neun Jahren kam er zum ersten Mal ins Kinderheim. Es sollte nicht das letzte bleiben. Dann der falsche Freundeskreis und jede Menge Alkohol. Erst Fahren ohne Führerschein, Diebstahl und Drohungen, dann irgendwann wurden die Fäuste zur Waffe – immer wieder. Bis er u. a. wegen gefährlicher Körperverletzung inhaftiert wurde. [...]

Mario ...
war schon als Kleinkind hin- und hergerissen zwischen den getrennt lebenden Eltern. Niemand hatte Zeit für ihn. Mit 12 Jahren die ersten Schnapspartys. Schule abgebrochen. Ausbildung abgebrochen. Drogenkarriere. Beschaffungskriminalität. Wegen schwerer räuberischer Erpressung wurde er zu eineinhalb Jahren Jugendstrafe verurteilt. Die Hälfte der Zeit hat er in der Jugendvollzugsanstalt Regis-Breitingen südlich von Leipzig abgesessen. Für den Rest seiner Strafe hat er einen Platz in einer stringent geführten Jugendwohngemeinschaft nahe Leipzig bekommen. [...]

(Liz Wieskerstrauch: Wenn Kinder Täter werden - Was tun mit straffälligen Minderjährigen?, SPIEGEL TV online, 21.09.2020, Hamburg; https://www.spiegel-tv.de/programm/artikel/wenn-kinder-taeter-werden [03.03.2021])

Beschreibt die Entwicklung von Tom und Mario bis zu ihrer Inhaftierung und stellt Vermutungen darüber an, was dazu geführt haben könnte, dass sie zu Straftätern geworden sind.

Arbeitsvorschlag: Das folgende Material (M 5) ist recht umfangreich. Ihr könnt es aber gut zu zweit bearbeiten, und zwar in folgenden Schritten:

1. Erfasst die im Text angeführten Ursachen von Jugendkriminalität in einer Mindmap (methodische Hinweise s. S. 344 f.) und klärt für euch die erläuterten Zusammenhänge.
2. Stellt eure Ergebnisse unter Verwendung der von euch erstellten Mindmap in der Klasse vor. 4.1
3. Diskutiert in der Klasse mögliche Maßnahmen zur Verringerung von Jugendkriminalität. Blickwinkel

M5 Ursachen von Jugendkriminalität

Dass Kinder und Jugendliche ihre Grenzen austesten, ist normal. Sie klauen Zigaretten, sprühen Graffiti, hänseln Mitschüler auf dem Schulhof und im Internet. Doch wie, wann und warum werden aus ihnen Räuber, Vergewaltiger oder gar Mörder? [...]
Es ist einfach und zugleich offensichtlich: Wenn ein Schüler häufig nicht in die Schule kommt, hat er Probleme. Die Gründe dafür lassen sich in der Familie suchen oder

beim Jugendlichen selbst. Für Soziologen und Psychologen steht fest: Der oder die Jugendliche braucht Hilfe. [...] Studien belegen, dass das **Schuleschwänzen** einer von drei Hauptindikatoren dafür ist, dass Kinder und Jugendliche später kriminell werden. Wer sich traue, im Unterricht zu fehlen, neige auch dazu, andere Taten zu begehen, so [der Soziologe Dirk Baier vom Kriminologischen Forschungsinstitut Niedersachsen]. Und dann muss ein Schulschwänzer ja auch noch die Zeit rumbringen: Was macht ein Jugendlicher an einem Vormittag, an dem er nicht zur Schule geht, gleichzeitig aber auch nicht nach Hause kann? Er oder sie treibt sich im Kaufhaus rum, im Park oder am Bahnhof. Und Langeweile regt dazu an, Dummheiten zu begehen. Vor allem, wenn Jugendliche gemeinsam durch die Stadt ziehen. [...]
Für den Soziologen Baier ist das der zweite entscheidende Grund, warum Jugendliche kriminell werden: Sie landen im falschen **Freundeskreis** und lassen sich zu Taten überreden, die sie allein niemals ausführen würden. Besonders negativ sei dabei das Umfeld in Haupt- und Förderschulen, wo Schüler wenige positive Anreize bekommen und sich gegenseitig einreden, dass Anstrengung sich eh nicht lohnt. Viele dieser Jugendlichen fühlen sich vernachlässigt und von der Gesellschaft abgehängt. Der Frust darüber entlädt sich in Gewalt gegen andere – oder aber gegen sich selbst.

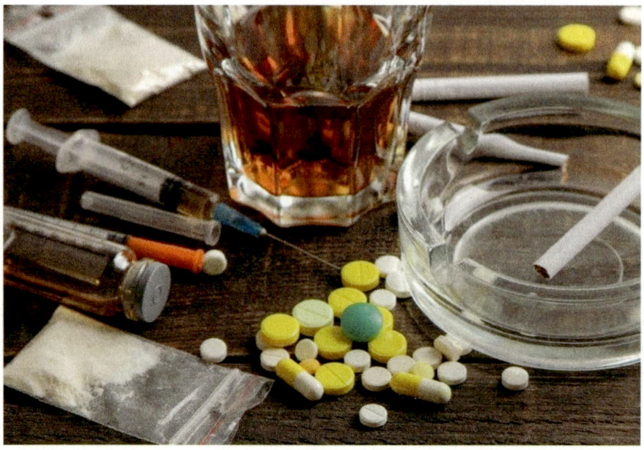

(Paolo Calleri)

Denn ein dritter Hauptgrund für jugendliche Gewalt sind **Drogen und Alkohol**. Erfreulich ist zwar, dass Jugendliche insgesamt weniger trinken und auch die Zahl der sogenannten „Koma-Säufer" abgenommen hat. Dennoch sind es immer noch alarmierend viele, die unter Drogen ihre Hemmungen verlieren. Einzelfälle [...] zeigen, was Alkohol aus sonst „harmlosen" Jugendlichen machen kann. [Sie machen zudem deutlich], dass auch ein behütetes Elternhaus und eine gute Schulbildung keinen hundertprozentigen Schutz bieten.
Generell belegen Studien, dass **Gewalt im Elternhaus** nachweislich das Risiko eines Kindes steigert, später selbst gewalttätig zu werden. Diese Kinder haben „eine stärkere Zustimmung zu Gewalt legitimierenden Männlichkeitsnormen", bei ihnen ist die „Selbstkontrolle schlechter ausgebildet" und sie weisen schlechtere Schulleistungen auf, so der „Erste Deutsche Forschungsbericht zu Jugendlichen in Deutschland als Opfer und Täter von Gewalt". Nichtdeutsche Jugendliche stechen deutlich hervor: Sie werden häufiger Opfer von elterlicher Gewalt, sind schlechter in das Bildungssystem integriert und ihre Familien sind häufiger von staatlichen Leistungen abhängig als deutsche. [...] Für Franz Petermann liefern diese sozialen Faktoren noch keine hinreichende Erklärung dafür, dass Kinder und Jugendliche kriminell werden. Für den Leiter des Zentrums für Klinische Psychologie und Rehabilitation an der Uni Bremen steht fest, dass – vor allem jugendliche – Intensivtäter auch **emotional gestört** sind. [...] Der Psychologe beobachtet, dass Störungen immer früher auftreten: Als Petermann in den 1970er-Jahren als junger Assistent an der Universität Bonn in der Ambulanz arbeitete, wurden Jugendliche im Alter von 11 oder 12 Jahren auffällig [...]. „Heute sind es

Sechsjährige, die mit extremster Aggression gegen ihre Eltern und andere Erwachsene zu uns kommen […]". Petermann findet dafür zahlreiche Erklärungen: Kinder werden immer früher mit der Erwachsenenwelt konfrontiert, Eltern und auch Schulen sind häufig überfordert und in unserer hochmobilen Gesellschaft fehlt oftmals die Kontinuität und Stabilität, die gerade ein Mensch in jungen Jahren braucht. […]
Kontrovers diskutiert wird in Gesellschaft und Wissenschaft derzeit auch, inwieweit **gewalthaltige Computerspiele** aggressives Verhalten begünstigen. Für Dirk Baier sind diese Spiele ein „Risikofaktor" für Gewalt: Spieler könnten ihre Empathie verlieren, könnten sich weniger in andere hineinversetzen und daher auch im alltäglichen Leben nicht immer angemessen auf ihre Umgebung reagieren. […]

(Sybille Klormann: Wie werden Kinder zu Verbrechern?, kultur.ARD.de, 26.10.2012, Südwestrundfunk, Stuttgart; https://www.ard.de/home/kultur/Wie_werden_Kinder_zu_Verbrechern_/897058/index.html [03.03.2021])

3. Vorbeugen statt strafen! – Das Jugendstrafrecht und seine Besonderheiten

Am besten ist es wohl, wenn Jugendliche erst gar nicht straffällig werden. Um kriminellen Handlungen von Jugendlichen vorzubeugen, unternehmen Eltern und Lehrkräfte viele Anstrengungen. Es gibt vielfältige präventive (vorbeugende) Maßnahmen, die auf unterschiedlichen Ebenen anzusiedeln sind und gewissermaßen in einem „Dreischritt" erfolgen, wobei der jeweils nachfolgende Schritt erst dann nötig wird, wenn sich der vorhergehende Schritt als wirkungslos erweist.

M6 Prävention in drei Schritten

[...]
Die **Primärprävention** ist die Verinnerlichung von **Werten und Normen**, wie sie durch die Erziehung im Elternhaus, im Kindergarten oder in der Schule erfolgt, aber auch durch Jugendhilfemaßnahmen wie soziale Trainingskurse und sozialpädagogische Einzelbetreuung.
Die **Sekundärprävention** ist die Veränderung von **Gelegenheitsstrukturen**. Hierzu zählt gerade auch die technische Prävention, aber ebenso die bessere Ausleuchtung von Straßen und Plätzen, die Einrichtung von Diskothekenbussen sowie von kostengünstigen Nachttaxis zur Verhinderung von Überfällen.
Die **Tertiärprävention** ist die Gegensteuerung durch **strafjustizielle Maßnahmen**, [...] um eine Straftatwiederholung zu verhindern.

Während in der Vergangenheit ganz überwiegend auf diese tertiäre Prävention gesetzt wurde, wird heute zunehmend Wert auf die Primär- und Sekundärprävention gelegt, weil die Effizienz der tertiären Prävention durch Strafrecht begrenzt ist: [...] Strafjustiz kommt immer zu spät. Die eingetretenen Verletzungen, Beschädigungen können nur zum Teil wieder beseitigt werden; Tote können nicht wieder lebendig gemacht werden. Strafjustiz kann nicht die sozialen Probleme lösen, die hinter den Straftaten stehen; sie wird erst mit den Ergebnissen dieser sozialen Probleme konfrontiert.
Vorrang müssen somit Primär- und Sekundärprävention haben. Zur Primärprävention gehört auch die Medienerziehung. Wenn der zunehmende Medienkonsum von Gewalt möglicherweise eine Ursache für die steigende Gewaltbereitschaft ist, muss gelernt werden, mit diesem Gewaltangebot in den Medien umzugehen. Ein wichtiger Ansatz für Primärprävention liegt in den Schulen – nicht zuletzt, weil auf dem Weg zur Schule bzw. von der Schule nach Hause sowie auf dem Schulhof häufig Gewalt ausgeübt wird. Gewalt sollte im Schulunterricht thematisiert werden. [...]

Sichtbare Erfolge vermittelt vor allem die Sekundärprävention, weil es leichter ist, die Umstände zu verändern als die Menschen. Hier bieten sich viele Möglichkeiten der technischen Prävention: Die elektronische Warensicherung in den Kaufhäusern bewährt sich zunehmend. Die elektronische Wegfahrsperre bei PKWs hat zu einem erheblichen Rückgang von Autodiebstählen geführt; von 1999 bis 2016 sank deren Zahl um 61,2 Prozent. Diese Bemühungen um Prävention müssen vor Ort, in dem jeweiligen Stadtteil, in der jeweiligen Gemeinde anfangen. Obwohl die reisenden Täter zunehmen, kommen zirka zwei Drittel der jugendlichen Täter aus der jeweiligen Kommune. Fast alle jugendlichen Straftäter sind bereits im Kindergarten oder in der Schule aufgefallen. Hier müssen die Problemfälle erkannt und durch eine Aktivierung von Familien- und Jugendhilfe aufgefangen werden. [...]

(Heribert Ostendorf: Ziele und Aufgaben des Jugendstrafrechts, Bundeszentrale für politische Bildung, 24.04.2018, Bonn; https://www.bpb.de/izpb/268248/ziele-und-aufgaben-des-jugendstrafrechts?p=all [03.03.2021])

1 Erarbeitet, was man unter Primär-, Sekundär- und Tertiärprävention versteht. Alternativ könnt ihr auch gestalterisch, beispielsweise durch Zeichnen einer Treppe, die drei Schritte der Prävention verdeutlichen (M 6).

2 Erläutert, weshalb heute zunehmend Wert auf die Primär- und die Sekundärprävention gelegt wird.

3 Diskutiert, welche Art der Prävention eurer Ansicht nach am wirkungsvollsten ist.

Blickwinkel

M 7 Das Jugendstrafrecht

Zeigen Maßnahmen der Primär- und Sekundärprävention keine Wirkung und werden Jugendliche kriminell, werden strafrechtliche Maßnahmen mit dem Ziel ergriffen, eine Straftatwiederholung zu verhindern (Tertiärprävention). Dabei treffen die Gerichte ihre Entscheidung auf der Grundlage des Jugendstrafrechts, das sich vom Erwachsenenstrafrecht unterscheidet.

M 7 a Wer wird strafrechtlich verfolgt?

Jugendstrafrechtlich sanktionierbar sind Jugendliche von 14 bis 17 Jahren und Heranwachsende von 18 bis 20 Jahren. Kinder (unter 14) sind nicht strafmündig und werden strafrechtlich deshalb nicht verfolgt. Besteht ein Tatverdacht gegen ein Kind, wird von der Polizei und der Staatsanwaltschaft trotzdem ermittelt, um den Sachverhalt aufzuklären und um zu prüfen, ob vielleicht auch Strafmündige an der Tat beteiligt waren. Verfahren gegen Kinder werden wegen fehlender Strafmündigkeit auf jeden Fall eingestellt. Die Polizei informiert jedoch das Jugendamt, welches prüft, ob Jugendhilfemaßnahmen notwendig sind. Bei Heranwachsenden wird in Abhängigkeit von ihrer Reife entschieden, ob Jugend- oder Erwachsenenstrafrecht angewendet wird.
Das Jugendgerichtsgesetz kommt zur Geltung, wenn ein Jugendlicher oder Heranwachsender einer Straftat verdächtig oder überführt ist (§ 1 JGG). Jugendliche können strafrechtlich dann verantwortlich gemacht werden, wenn sie als reif genug gelten, das Unrecht ihrer Tat einzusehen. Fehlt diese Reife, kommen ausschließlich Maßnahmen zur Erziehung infrage, die der Jugendrichter anordnen kann. Bei Heranwachsenden entscheidet das Jugendgericht unter Berücksichtigung einer Stellungnahme des Jugendamtes, ob Betroffene wegen einer jugendtypischen Verfehlung oder einer noch nicht ausgereiften Persönlichkeit nach Jugendstrafrecht oder – wenn die Reife hierzu vorliegt – nach Erwachsenenstrafrecht verurteilt werden.

(Gabriele Scheffler: Wenn Jugendliche straffällig werden ... Ein Leitfaden für die Praxis, BAG-Straffälligenhilfe e. V., hrsg. von der Bundesarbeitsgemeinschaft für Straffälligenhilfe e. V., Bonn 2010, S. 20 f.; http://www.bag-s.de/fileadmin/user_upload/PDF/Jugendbroschuere_fuer_Homepage.pdf [03.03.2021])

M 7 b Was ist der Unterschied zum Erwachsenenstrafrecht?

Das Jugendstrafrecht geht davon aus, dass junge Menschen nicht in gleichem Maße Verantwortung für ihr Handeln übernehmen können wie Erwachsene, da ihre Entwicklung und Reifung noch nicht abgeschlossen [sind]. Deshalb steht hier der Erziehungsgedanke im Vordergrund. Das Jugendgerichtsgesetz, in dem die strafrechtlichen Sanktionen gegen Jugendliche und Heranwachsende fixiert sind, enthält zwar den im allgemeinen Strafrecht aufgeführten Straftatenkatalog, jedoch ist der Strafrahmen niedriger und die Sanktionen sollen vorrangig dazu dienen, straffällige Jugendliche und Heranwachsende zu erziehen. Die Jugendstrafe (= Inhaftierung), die härteste Sanktionsform, soll nur verhängt werden, wenn eine „schädliche Neigung“ oder eine schwere Schuld vorliegt (§ 17 JGG). „Schädliche Neigung“ bedeutet, dass mit weiteren erheblichen Straftaten zu rechnen ist. In allen anderen Fällen soll dem delinquenten [straffälligen] Verhalten Jugendlicher zunächst mit milderen Sanktionsformen wie z. B. Weisungen, gemeinnütziger Arbeit oder Anti-Aggressions-Training begegnet werden.

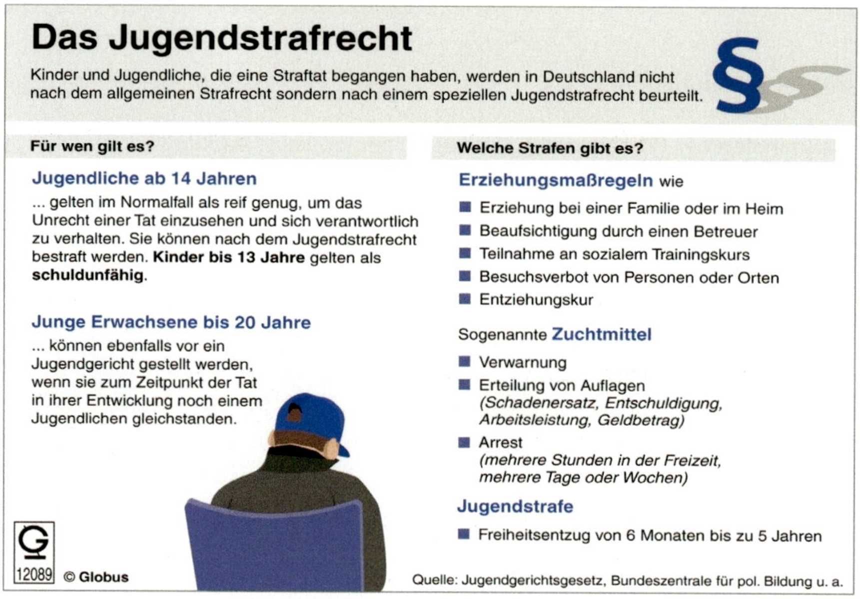

Das Ziel einer [gerichtlichen Verurteilung] von Jugendlichen und Heranwachsenden ist immer eine angemessene erzieherische Reaktion, die auch darin bestehen kann, dass schon die Staatsanwaltschaft von einer Strafverfolgung absieht, was allerdings nur bei leichteren Straftaten zur Anwendung kommt. Um zu prüfen, was erzieherisch sinnvoll ist, wird das Jugendamt über jede Straftat Jugendlicher und Heranwachsender durch die Polizei informiert […].

(Gabriele Scheffler: Wenn Jugendliche straffällig werden … Ein Leitfaden für die Praxis, BAG-Straffälligenhilfe e. V., hrsg. von der Bundesarbeitsgemeinschaft für Straffälligenhilfe e. V., Bonn 2010, S. 21 f.; http://www.bag-s.de/fileadmin/user_upload/PDF/Jugendbroschuere_fuer_Homepage.pdf [03.03.2021])

1 Arbeitet heraus, wovon es abhängt, wer strafrechtlich verfolgt wird (M 7a).

2 Stellt die nach dem Jugendstrafrecht möglichen Strafen (Sanktionen) dar (M 7b).

3 Erläutert Unterschiede zwischen dem Jugend- und dem Erwachsenenstrafrecht (M 7b).

4 Diskutiert das Jugendstrafrecht unter folgenden Leitfragen: Was finde ich gut und würde ich beibehalten? Wo sehe ich Verbesserungspotenzial und was würde ich verändern?

4. Ist das Jugendstrafrecht noch zeitgemäß?

M8 Gruppenvergewaltigung durch fünf Kinder und Jugendliche

Fallbeispiel

Die Jugendkammer des Landgerichts Duisburg hat drei 15-Jährige wegen gemeinschaftlicher Vergewaltigung in Mülheim an der Ruhr verurteilt. Am Donnerstag wurde in einer nicht-öffentlichen Sitzung das Urteil verkündet. Zwei der Angeklagten wurden zu Jugendstrafen von eineinhalb Jahren verurteilt, der dritte zu einer Jugendstrafe von zwei Jahren und sechs Monaten. Die kürzeren Strafen hat das Gericht zur Bewährung ausgesetzt, aber die beiden Teenager mit einem Dauerarrest von vier Wochen belegt. Der dritte Angeklagte bleibt weiter in Haft. Die Tat ereignete sich im Juli 2019 in einem Mülheimer Wäldchen an einem Spielplatz. Insgesamt sollen fünf Jungen zwischen damals zwölf und 14 Jahren beteiligt gewesen sein. Gemeinsam sollen sie dort eine junge Frau vergewaltigt und geschlagen haben. Ihre Taten sollen die Jungen auch gefilmt haben. Die Polizei sprach von „massiver Gewalt", die 18-Jährige musste im Krankenhaus behandelt werden. [...]
Auf der Anklagebank mussten sich nun nur die drei älteren Jungen verantworten. Gegen die beiden 12-Jährigen wurden die Ermittlungen eingestellt, da sie ohnehin nicht vor Gericht gestellt werden hätten können. Zugunsten der Angeklagten werteten die Richter, dass auch sie bei der Tat noch sehr jung waren und erst an der Schwelle zur Strafmündigkeit standen. Die beiden Angeklagten, die zu Bewährungsstrafen verurteilt wurden, sind zudem nicht vorbestraft. Der dritte Angeklagte war dagegen kein Unbekannter: Schon als Kind soll er geklaut haben, als Minderjähriger werden gegen ihn zwei Strafanzeigen wegen sexueller Belästigung aktenkundig. Zehn Monate vor der Tat soll er mit Freunden eine 15-Jährige auf einem Mülheimer Spielplatz eingekesselt und sexuell belästigt haben. Die Verfahren wurden wegen Strafunmündigkeit eingestellt.

(SZ/afis/jana: Jugendstrafen im Prozess um Gruppenvergewaltigung in Mülheim, Süddeutsche Zeitung online, 16.04.2020, München; https://www.sueddeutsche.de/panorama/gericht-gruppenvergewaltigung-muehlheim-1.4878988 [03.03.2021])

1 Beschreibt den Fall und stellt Vermutungen darüber an, weshalb er eine große mediale Aufmerksamkeit erhielt (M 8).

2 Diskutiert die vom Gericht getroffenen Urteile. Sind sie eurer Meinung nach gerechtfertigt? Welche Argumente werden bei der Urteilsfindung herangezogen worden sein?

Blickwinkel

M9 Das Strafmündigkeitsalter in anderen Ländern

Land	strafmündig ab:
Schweiz	10 Jahren
Frankreich	13 Jahren
Italien	14 Jahren
Österreich	14 Jahren
Niederlande	12 Jahren
USA	6 bis 12 Jahren (variiert je nach Bundesstaat)

(Autorentext)

Stellt Vermutungen darüber an, warum sich das Strafmündigkeitsalter zwischen den Ländern unterscheidet.

M10 Strafmündigkeit in Deutschland herabsetzen – eine richtige Forderung?

Der in M 8 geschilderte Fall sorgte insbesondere aufgrund des jungen Alters der Täter in der Gesellschaft für Entsetzen und führte zu einer öffentlichen Diskussion über das deutsche Jugendstrafrecht im Allgemeinen sowie über eine mögliche Herabsetzung der Strafmündigkeit im Konkreten. Hier einige Meinungen:

„Ein Gefängnis ist kein Ort für Kinder und Jugendliche. Ein längerer Aufenthalt kann schwerwiegende negative Konsequenzen für die Entwicklung der jungen Menschen zur Folge haben."

„Je früher junge Menschen Konsequenzen von der Gesellschaft spüren, wenn sie das Recht verletzen, desto besser für ihre Entwicklung."

„Ein Herabsetzen der Strafmündigkeit führt nicht zu weniger Taten."

„Eine generelle Strafunmündigkeit unter 14 Jahren könnte ein Anreiz für eine kriminelle Handlung sein."

„Das Unrechtsbewusstsein ist bei unter 14-Jährigen noch nicht ausreichend ausgeprägt."

„Da die Pubertät immer früher einsetzt, müssen sich junge Menschen, auch unter 14 Jahren, vor Gericht für ihre Taten verantworten."

(Autorentext)

1 Bildet euch ein Spontanurteil mithilfe der Methode Positionslinie (vgl. S. 117) zu der Frage, ob die Strafmündigkeit in Deutschland herabgesetzt werden sollte. Notiert euer Abstimmungsverhalten.

Pro und Kontra

2 Legt zu der Frage eine Tabelle mit Pro- und Kontra-Argumenten an und ordnet die oben stehenden Argumente in die Tabelle ein (M 10).

3 Sammelt weitere Argumente und tragt sie in die Tabelle ein. Zur Recherche könnt ihr auch das Internet nutzen. Hier findet ihr den Link zu einem interessanten Artikel, der die Absenkung des Strafmündigkeitsalters thematisiert: @ WES-116592-034

4 Im Rahmen eines digitalen Formates des Wochenmagazins Stern diskutieren der Bundesvorsitzende der Deutschen Polizeigewerkschaft Rainer Wendt sowie der Jugendrichter Andreas Müller die Frage, ob 12-Jährige schon strafmündig sein sollten. Schaut euch die Diskussion an und tragt weitere dort angeführte Argumente in eure Tabelle ein. Die Diskussion findet ihr unter folgendem Link: @ WES-116592-035

5 Führt erneut die Methode Positionslinie durch und beurteilt abschließend, ob das Alter für die Strafmündigkeit in Deutschland herabgesetzt werden sollte. Vergleicht euer Abstimmungsergebnis mit dem Abstimmungsverhalten beim Spontanurteil.

Was ihr jetzt wissen und können solltet:

- ✓ MSUH Umfang, Formen und Entwicklung von Jugendkriminalität darstellen;
- ✓ MSUH mögliche Ursachen von Jugendkriminalität erläutern;
- ✓ MSUH präventive und repressive Maßnahmen gegen Jugendkriminalität unterscheiden und bewerten;
- ✓ MSUH die Prinzipien (Ziele und Aufgaben) des Jugendstrafrechts erläutern und sich mit ihnen kritisch auseinandersetzen;
- ✓ MSUH unterschiedliche Maßnahmen zur Bekämpfung von Jugendkriminalität diskutieren;
- ✓ MSUH mithilfe der Methode „Positionslinie“ das Strafmündigkeitsalter beurteilen;
- ✓ MSUH zielgerichtet Informationsrecherchen durchführen und Suchstrategien anwenden;
- ✓ MSUH Medienprodukte planen, gestalten und präsentieren

Was ihr wisst – was ihr könnt – wie ihr es seht

MSUH

1. Richtig oder falsch?

Korrigiert in eurem Heft die falschen Aussagen.

a) Jugendkriminalität bezeichnet die Gesamtheit aller Straftaten, die von Menschen in einem Alter zwischen 14 und 20 Jahren begangen werden.
b) Die absolute Zahl der nach dem Jugendstrafrecht Verurteilten ist in den letzten zehn Jahren leicht steigend.
c) Die Delikte Diebstahl und Unterschlagung weisen den größten Anteil bei den nach dem Jugendstrafrecht Verurteilten auf.
d) Erlebte Gewalt im Elternhaus verringert nachweislich das Risiko eines Kindes, zukünftig eine Straftat zu begehen.
e) Der Erziehungsgedanke steht im Jugendstrafrecht an oberster Stelle.
f) Besonders Schulen können einen wichtigen Beitrag bei der Tertiärprävention leisten.
g) Die Höchststrafe im Jugendstrafrecht liegt bei 15 Jahren Freiheitsentzug.
h) In Deutschland und der Schweiz liegt das Strafmündigkeitsalter bei 14 Jahren.

MSUH

2. Eine Karikatur zum Jugendstrafrecht

Analysiert die Karikatur nach dem euch bekannten Dreischritt.

(Klaus Stuttmann)

MSUH

3. Ein Redebeitrag zum Jugendstrafrecht

Formuliert zu der nachfolgend geschilderten Situation einen Redebeitrag. Methodische Hinweise dazu findet ihr hier: @ WES-116592-036

Als Reaktion auf eine Gruppenvergewaltigung durch fünf Kinder und Jugendliche in Mühlheim an der Ruhr werden in der Öffentlichkeit Rufe nach einer Verschärfung des Jugendstrafrechts laut. Auf Antrag einer Fraktion findet auch im Deutschen Bundestag eine Aktuelle Stunde zu möglichen Reformen des Jungendstrafrechts statt. Alle Fraktionen suchen noch Debattenteilnehmer. Die Redezeit ist auf fünf Minuten beschränkt.

Wenn ihr noch mehr lernen wollt ...

D1 Sexting – Wie Jugendliche unwissentlich zu Tätern werden (können)

3.2, 3.3, 3.4

[...] Beim sogenannten Sexting versenden Menschen erotische Fotos, Videos oder Nachrichten von sich selbst über Mail oder Messenger-Dienste an ihnen bekannte Personen. [...] „Grundsätzlich ergibt sich eine Strafbarkeit, sobald sexualisierte Mediendateien versendet werden, die Personen unter 18 Jahren zeigen oder an solche versendet werden", sagt Heiner van der Werp, Polizeisprecher im Landkreis Rotenburg. [...]
„Wir warnen Jugendliche ganz eindringlich davor, Nacktbilder oder Videos von sich oder ihren Partnern – auch nicht untereinander – zu verschicken", so van der Werp weiter. Die Polizei erlebe immer wieder, dass sich die Betroffenen bzw. ihre Eltern später an die Beamt*innen wenden und Anzeige erstatten. Außerdem ziehe das Versenden von Nacktbildern und Videos nicht nur strafrechtliche, sondern vor allem viele soziale Probleme nach sich. „Das können junge Menschen im Überschwang ihrer Gefühle überhaupt nicht überblicken", sagt van der Werp.
[...] Sexuelle Darstellungen von Kindern bis einschließlich 13 Jahre sind übrigens ausnahmslos verboten, weil sie unter den Tatbestand der Kinderpornografie fallen. Bei Kinderpornografie ist dabei nicht nur die Verbreitung eine Straftat, sondern bereits der Besitz bzw. bereits das Anschauen entsprechender Dateien. Bekommt also ein 14-Jähriger von seiner 13-jährigen Freundin ein Nacktbild geschickt und löscht es nicht, macht er sich des Besitzes von Kinderpornografie strafbar. Richard Lemke von der Deutschen Gesellschaft für Sexualforschung unterstreicht die Wichtigkeit, Jugendliche für die Tragweite der Verbreitung von Kinderpornografie zu sensibilisieren.
[...] „Wenn in Klassenchats zum Beispiel als Mutprobe und zum Austesten von Grenzen Filme oder Bilder geteilt werden, auf denen Kindern sexuelle Gewalt angetan wird, dann ist das keine Bagatelle", sagt Lemke. Und wer aufgrund der Verbreitung oder des Besitzes von kinderpornografischem Material vorbestraft sei, könne seine Karriere knicken.
Gleichwohl [...] findet eine Differenzierung zur Jugendpornografie statt. So steht im § 184c StGB zu Verbreitung, Erwerb und Besitz jugendpornografischer Schriften, dass bei Einvernehmlichkeit und wenn es sich ausschließlich um den persönlichen Gebrauch handele, kein Straftatbestand vorliege. Jugendliche Paare machen sich also nicht strafbar, wenn sie sich Nacktbilder schicken. Problematisch werde es bloß, wenn im Nachhinein einer der beiden behaupte, das Ganze sei doch nicht einvernehmlich geschehen, so Lemke. [...]

(Lena Stehr: Wenn der Chat zum Tatort wird, Anzeiger Verlag online, 17.10.2020, Osterholz-Scharmbeck; https://www.anzeiger-verlag.de/bremervoerde/artikel/wenn-der-chat-zum-tatort-wird [03.03.2021])

Erläutert, was man unter dem Begriff „Sexting" versteht, und stellt dar, welche rechtlichen und sozialen Auswirkungen davon ausgehen können.

ΕΥΡΩ
2 ΕΥΡΩ

EUROPEAN CENTRAL BANK
EUROSYSTEM

CLOSED FOR
CORONAVIRUS

11

Was geht uns Europa an? – Die Europäische Union als politische und wirtschaftliche Gemeinschaft

Darum wird es gehen

Die Bekämpfung der Corona-Pandemie, der „Brexit", der Euro, die Euro-Schuldenkrise, die Europäische Union ... – jeden Tag könnt ihr in den Medien Berichte über europäische Ereignisse lesen und an fast jedem Tag habt ihr es mit Dingen zu tun, die in irgendeiner Weise mit Europa zu tun haben. Wie wichtig also sind Europa und die Europäische Union für uns? Diese Frage ist im ***ersten Abschnitt*** *Ausgangspunkt für die Bearbeitung dieses Kapitels.*

Im ***zweiten Abschnitt*** *erfahrt ihr, was „Europa" geografisch und politisch bedeutet. Darüber hinaus sollt ihr konkretisieren, welche Bedeutung die EU für euch selbst hat und welche Erwartungen ihr habt. Ihr werdet erfahren, dass sich die EU auf eine gemeinsame Wertebasis beruft, die alle Mitgliedsländer zu beachten haben. Den Abschluss bildet die historische Entwicklung der EU mit ihren unterschiedlichen Stufen der gemeinsamen Zusammenarbeit.*

Im ***dritten Abschnitt*** *geht es darum, wie die Europäische Union funktioniert. Ihr lernt das politische System der EU und dessen Institutionen kennen, die nur zum Teil mit den Institutionen des deutschen politischen Systems vergleichbar sind. Ihr lernt in diesem Unterabschnitt auch, wie in der Europäischen Union Gesetze entstehen.*

Der ***vierte Abschnitt*** *legt den Fokus auf die wirtschaftlichen Angelegenheiten der EU. Von zentraler Bedeutung ist hier der Binnenmarkt, in dem alle europäischen Bürgerinnen und Bürger vier Grundfreiheiten genießen können. Der Euro und die Europäische Zentralbank werden ebenso Thema dieses Abschnitts sein.*

Eine ganz besondere aktuelle Herausforderung stellt die Corona-Pandemie dar. Können Krisen europäisch und somit gemeinsam besser bewältigt werden? Ausgehend von dieser Frage wird im ***fünften Abschnitt*** *ein Ausblick auf die Zukunft der EU und die Mitgestaltungsmöglichkeiten ihrer Bürgerinnen und Bürger geworfen.*

1. Was bedeutet uns die Europäische Union?

Zum Einstieg:

M1 Sechs Argumente, sechs Bilder ...

Warum eigentlich ist es sinnvoll und gut, Mitglied der EU zu sein – auch wenn sie nicht perfekt ist? Hier stellen wir Argumente vor:

Setzt euch zu zweit zusammen und lasst euch von den Bildern inspirieren:

- Auf welche Vorteile soll mit dem Bildmaterial hingewiesen werden?
- Könnt ihr noch einige ergänzen?
- Auf welche legt ihr selbst den größten Wert?

Zur Ermittlung eurer eigenen bzw. der Einstellungen eurer Mitschülerinnen und Mitschüler zum Thema „Europa“ eignet sich die Methode des „Ampelspiels“ besonders gut.

Methode Ampelspiel

1. Jede und jeder von euch erhält eine grüne, eine gelbe und eine rote Karte.
2. Die Moderation (z. B. die Lehrkraft) liest eine Aussage vor (s. M 2). Ihr erhaltet kurz Zeit, darüber nachzudenken (z. B. 10 Sekunden), und dann müssen alle gleichzeitig eine von ihren Karten hochhalten:
   Grün bedeutet: „Ich stimme zu.“
   Gelb bedeutet: „Ich weiß nicht.“
   Rot bedeutet: „Ich stimme nicht zu.“
3. Die Moderation befragt dann alle zu ihrem Votum und ihr begründet eure jeweilige Wahl der Karte.

(Autorentext)

M 2 Was bedeutet Europa für dich?

... die Freiheit, von einem Land ins andere zu reisen

... Frieden und Sicherheit

... eine große Chance, später beruflich in anderen Ländern zu arbeiten

... Verlust unserer kulturellen Identität

... nirgendwo fremd zu sein

... politische Stabilität

... Heimat

1 Führt das Ampelspiel zu den Aussagen in M 2 durch.

2 Wertet die Ergebnisse aus und versucht Erklärungen dafür zu finden.

Ihr habt schon selbst anhand vieler Beispiele deutlich gemacht, dass euer Leben in vielen Bereichen dadurch berührt wird, dass ihr Bürgerinnen und Bürger der Europäischen Union seid. Ihr könntet nun zum Beispiel mit einer Recherche ermitteln, welche europäischen Themen im Moment besonders diskutiert werden. Dazu könnt ihr die folgende Methode nutzen.

Methode

Zeitungs- bzw. Onlinerecherche

2.1, 2.2, 2.3, 2.4

Ihr habt nun an einigen Beispielen feststellen können, wie weitgehend unser Alltagsleben durch Regelungen der EU-Politik betroffen ist. Die „Europäisierung“ unseres Lebens spiegelt sich auch in der Berichterstattung der Medien wider. Ihr könntet deshalb, begleitend zur Arbeit mit den folgenden Abschnitten, z. B. die Tages- oder Wochenzeitungen, die bei euch zu Hause analog oder digital gelesen werden, auf Nachrichten zur Europa-Politik hin untersuchen und aus den gesammelten Ausschnitten bzw. Ausdrucken eine Dokumentationsmappe zusammenstellen. Alternativ dazu könnt ihr auch eine Onlinerecherche durchführen.

Dabei könnt ihr wie folgt vorgehen (das geht am besten arbeitsteilig, indem ihr euch in Kleingruppen zusammensetzt und jeweils ein Schwerpunktthema behandelt):

1. Bereits vor der Recherche könnt ihr bestimmte **Themen festlegen** und diese auf Gruppen aufteilen. Themenbereiche können z. B. folgende sein:
   a) Berichte über Tagungen und Entscheidungen der einzelnen EU-Institutionen (z. B. des Europäischen Parlaments)
   b) Berichte über bestimmte EU-Gesetze (Richtlinien, Verordnungen) und ihre Auswirkungen auf verschiedene Bereiche wie z. B. Umweltschutz, Verkehrspolitik, Verbraucherschutz
   c) Berichte über die Bekämpfung der Corona-Pandemie auf europäischer Ebene
   d) Berichte über den Euro
   e) Berichte über die Flüchtlingskrise aus europäischer Sicht
   f) Berichte über die gemeinsame Außenpolitik der EU (z. B. Migrationspolitik, Beitritt neuer Mitglieder)
2. Ihr legt gemeinsam den **Zeitraum** fest, in dem ihr täglich die bei euch zu Hause gelesene(n) Zeitung(en) (Lokalzeitung, überregionale Zeitung) und andere Medien auf Berichte und

Fotos hin durchseht, in denen es um Fragen und Entscheidungen der EU-Politik geht (zumeist schon an der Überschrift zu erkennen). Diese **Artikel** schneidet ihr (nach Absprache mit den anderen Familienmitgliedern) aus bzw. druckt sie bei digitalen Formaten aus und **sammelt sie** in einer Mappe oder legt einen digitalen Ordner an.
3. Am Ende des Zeitraums kann im Unterricht die **Auswertung** erfolgen:
   a) Zunächst tauscht ihr euch in eurer Themengruppe über das gefundene Material aus und wertet es aus. Fasst die gewonnenen Informationen zusammen und klärt für euch die Sachverhalte – ggf. mithilfe eures Lehrers/eurer Lehrerin.
   b) Bereitet dann einen Vortrag oder eine Präsentation vor, um eure Mitschülerinnen und Mitschüler so gut wie möglich über das von euch ausgewählte Thema zu informieren.
   c) Begleitend könntet ihr – unter einer griffigen Überschrift – eine kleine Dokumentation eurer Ergebnisse veröffentlichen, zum Beispiel auf der Schul-Homepage, als Podcast, auf einer Wandzeitung. Dabei solltet ihr auf eine ansprechende, übersichtliche Gestaltung achten (große, gut lesbare Schlagzeilen, zusätzliche Informationen und Fotos zu Institutionen, Personen oder besonderen Ereignissen, eigene kurze Kommentare u. v. m.).

(Autorentext)

2. Der Beginn – Was die europäischen Länder verbindet

Europa, Europäische Union – viele Menschen verwenden diese beiden Begriffe synonym, doch wer es genau nimmt, legt Wert auf den Unterschied.

Abb. 1: Die Geografie Europas

M3 Europa – was ist das?

Europa – was ist das? Oder muss man fragen: Wer ist das? Beide Fragen sind möglich und auf beide gibt es eine Antwort. Europa war – der griechischen Sage zufolge – eine phönizische Königstochter [Phönizien ist ein Gebiet im heutigen Israel, Libanon und Syrien], die dem Gott Zeus so gut gefiel, dass er sich in einen weißen Stier verwandelte und sich unter eine Herde mischte, die in der Nähe der schönen Europa weidete. Er entführte die Königstocher auf seinem Rücken nach Kreta. Sie schenkte ihm mehrere Kinder und gab dem Kontinent ihren Namen.
Dieser **Kontinent** Europa ist unsere Heimat und hat uns geschichtlich, kulturell und mental geprägt. Darüber, wo der Erdteil endet, wird heftig diskutiert, da es klare geografische Grenzen im Osten und Südosten nicht gibt. Europa ist nicht objektiv gegeben, es wird von uns definiert. Das zeigt sich am Beispiel Islands, das durch das europäische Nordmeer vom Festland getrennt ist, aber allgemeiner Auffassung nach selbstverständlich zu Europa gehört – und auch in Erwägung gezogen hat, Mitglied der EU zu werden. Oftmals, wenn von „Europa" gesprochen wird, ist die **Europäische Union (EU)** gemeint, also der Zusammenschluss von derzeit 27 Europäischen Staaten. [Am 01.01.2021 wurde der Brexit, also der Austritt Großbritanniens aus der EU, endgültig vollzogen.]

(Eckart D. Stratenschulte: Warum Europa?, Bundeszentrale für politische Bildung, 01.04.2014, Bonn; https://www.bpb.de/internationales/europa/europaeische-union/42835/warum-europa?p =all [03.03.2021])

Abb. 2: Die EU-Staaten und ihre Hauptstädte

Vergleicht die Abbildungen in M3 und klärt den Unterschied zwischen „Europa" und der „Europäischen Union".

M4 Die Europäische Union ist eine Wertegemeinschaft

a) Die Werte der Europäischen Union

Die Europäische Union ist lange Zeit als reine Wirtschaftsgemeinschaft missverstanden worden. Wenngleich die Wirtschaft in der EU eine wichtige Rolle spielt und durch den europäischen Binnenmarkt integriert ist, darf nicht vergessen werden, dass die EU in erster Linie eine **Wertegemeinschaft** ist.
Im Vertrag über die Europäische Union (in der Fassung des Lissabonner Vertrags) werden die Werte in Artikel 2 erwähnt: „Die Werte, auf die sich die Union gründet, sind die Achtung der **Menschenwürde, Freiheit, Demokratie, Gleichheit, Rechtsstaatlichkeit** und die **Wahrung der Menschenrechte** einschließlich der Rechte der Personen, die Minderheiten angehören. Diese Werte sind allen Mitgliedstaaten in einer Gesellschaft gemeinsam, die sich durch Pluralismus, Nichtdiskriminierung, Toleranz, Gerechtigkeit, Solidarität und die Gleichheit von Frauen und Männern auszeichnet."
Und im folgenden Artikel 3 heißt es im ersten Absatz: „Ziel der Union ist es, den Frieden, ihre Werte und das Wohlergehen ihrer Völker zu fördern." […]
In der Präambel [feierliche Erklärung als Einleitung] der Charta heißt es unter anderem: „In dem Bewusstsein ihres geistig-religiösen und sittlichen Erbes gründet sich die Union auf die unteilbaren und universellen Werte der Würde des Menschen, der Freiheit, der Gleichheit und der Solidarität. Sie beruht auf den Grundsätzen der Demokratie und der Rechtsstaatlichkeit. Sie stellt die Person in den Mittelpunkt ihres Handelns, indem sie die Unionsbürgerschaft und einen Raum der Freiheit, der Sicherheit und des Rechts begründet." […]

(Bundeszentrale für politische Bildung: Die Werte der Europäischen Union, 24.09.2009, Bonn; https://www.bpb.de/internationales/europa/europaeische-union/42851/grafik-werte-der-eu [03.03.2021])

Elmar Brok (geb. 1946) ist ein deutscher Politiker, der von 1980 bis 2008 Mitglied des Europäischen Parlaments war und von 1999 bis 2007 sowie von 2012 bis 2017 Vorsitzender des Ausschusses für Auswärtige Angelegenheiten.

b) Europäische Werte – die Grundlage für die Zukunft Europas

[…] „Der spanische Philosoph Ortega y Gasset sagte am Anfang des letzten Jahrhunderts, vier Fünftel unsere geistigen Habe seien europäisches Gemeingut, und vergleicht man die verschiedenen europäischen Länder, muss man erkennen, dass unsere wesentlichen Werte und Interessen identisch sind. Die Mitglieder der Union verbindet das aus dem Christentum erwachsene Menschenbild. Sie bildet damit eine Wertegemeinschaft." […]

(Elmar Brok: Europäische Werte – Grundlage für die Zukunft Europas, in: OWEP - Ost-West, Europäische Perspektiven 02/2008, Hrsg.: Renovabis - Verlag Friedrich Pustet, Regensburg, S. 3)

M5 „Wer Werte missachtet, muss büßen"

Wer europäische Werte demontiert oder gegen sie verstößt, muss bald mit harten Konsequenzen rechnen. In Brüssel haben sich die Unterhändler der EU-Staaten, des Europaparlaments und der Kommission auf einen Mechanismus verständigt, um Abweichler in den eigenen Reihen zu bestrafen. Johannes Hahn, EU-Kommissar für Verwaltung und Personal, sprach von einem „historischen Durchbruch". Das Lob war einhellig – quer durch alle Parteien. Dies liegt daran, dass der Beschluss den kritisierten Ländern Polen, Ungarn, Tschechien und der Slowakei die Möglichkeit nimmt, sich gegenseitig vor Sanktionen zu schützen.
Das Verfahren läuft so ab: Sobald die Kommission einen Verstoß gegen Grundwerte festgestellt hat, muss sich der Ministerrat binnen eines Monats damit befassen. Subven-

tionen werden gekürzt, wenn mindestens 15 der 27 Staaten zustimmen, die 65 Prozent der Bevölkerung repräsentieren. Die beschuldigte Regierung darf sich verteidigen, nach maximal zwei Monaten wird entschieden. Dieser Modus geht sehr viel weiter als alle bisher angedachten Vorschläge. […]

(Detlef Drewes: Rechtsstaatsverstöße: Wer Werte missachtet, muss büßen, Augsburger Allgemeine online, 05.11.2020; https://www.augsburger-allgemeine.de/politik/Rechtsstaatsverstoesse-Wer-Werte-missachtet-muss-buessen-id58488451.html [04.03.2021])

Die Einigung auf Sanktionen bei Verstößen gegen EU-Grundwerte zielt auf Mitgliedstaaten wie Polen und Ungarn ab. Sie werden wegen demokratisch zweifelhafter Vorgänge kritisiert – so auch beim Rosenmontagszug 2018 in Düsseldorf.

1 Arbeitet zunächst aus den Materialien M 4a und b die angegebenen gemeinsamen Werte der Europäischen Union heraus und erläutert sie im Einzelnen.

2 Erläutert, inwiefern man von einer „europäischen Identität“ sprechen kann.

3 Stellt dar, wie vorgegangen werden kann, wenn einzelne Mitgliedsländer gegen die Grundwerte der Europäischen Union verstoßen (M 5).

4 Nehmt begründet Stellung zu dem Beschluss der Europäischen Union, bei Verstößen gegen die Grundwerte Strafen auszusprechen.

5 Beurteilt die Bedeutung einer europäischen Identität für die Entwicklung der Europäischen Union. Geht bei der Urteilsbildung nach der Methode „Politische Urteilsbildung“ (S. 145) vor.

Blickwinkel

Im Folgenden könnt ihr euch einen ersten Überblick über die Geschichte der europäischen Einigung verschaffen. Wenn euch bestimmte Dekaden (Jahrzehnte) oder Aspekte besonders interessieren, dann recherchiert im Anschluss diesbezüglich noch weitere Details.

2.1, 2.2, 2.3, 2.4

M 6 Kleine Geschichte der europäischen Einigung

F

1945 – 1959: Ein Europa des Friedens – die Anfänge der Zusammenarbeit

[…] Seit dem Jahr 1950 beginnt mit der **Europäischen Gemeinschaft für Kohle und Stahl** die wirtschaftliche und politische Vereinigung der europäischen Länder zur Sicherung eines dauerhaften Friedens. Die sechs Gründerländer sind Belgien, Deutschland, Frankreich, Italien, Luxemburg und die Niederlande. Die 1950er-Jahre sind vom **Kalten Krieg** zwischen Ost und West geprägt. […] Mit dem **Vertrag von Rom**, der im Jahr 1957 unterzeichnet wird, entsteht die **Europäische Wirtschaftsgemeinschaft (EWG)** – der Gemeinsame Markt.

1960 – 1969: Eine Zeit des wirtschaftlichen Wachstums

Die 1960er-Jahre bieten gute Bedingungen für die Wirtschaft; ein Faktor hierfür ist die **Abschaffung der Zölle** auf den Handel zwischen den EU-Mitgliedstaaten. Außerdem wird beschlossen, die landwirtschaftliche Erzeugung gemeinsam zu organisieren, um alle Bürger ausreichend mit Lebensmitteln zu versorgen; bald entstehen sogar Überschüsse an Agrarerzeugnissen. […]

Kalter Krieg: Bezeichnung für eine Konfrontation zwischen verschiedenen Staaten, die sich feindlich gegenüberstehen, aber nicht mit kriegerischen Mitteln gegeneinander kämpfen (die Waffen sind „kalt“, es wird also nicht geschossen)

1970 – 1979: Die Europäische Gemeinschaft wird größer – die erste Erweiterung

Am 1. Januar 1973 werden Dänemark, Irland und das Vereinigte Königreich Mitgliedstaaten der Europäischen Union; die EU hat jetzt neun Mitgliedstaaten. [...] Das **Europäische Parlament** erhält mehr Einfluss auf die EU-Politik; im Jahr 1979 können alle Bürger erstmals ihre Vertreter im Parlament direkt wählen. In den 1970er-Jahren werden die Maßnahmen gegen Umweltverschmutzung verstärkt. Die EU erlässt Vorschriften zum Schutz der Umwelt und führt das Verursacherprinzip [der Verursacher haftet für einen Schaden, er muss Kosten für umweltrechtliche Maßnahmen übernehmen] ein.

1980 – 1989: Das neue Gesicht Europas – der Fall der Berliner Mauer

[...] Im Jahr 1981 wird Griechenland zehntes Mitglied der EU; der Beitritt Spaniens und Portugals folgt fünf Jahre später. Im Jahr 1986 wird die **Einheitliche Europäische Akte** unterzeichnet. Dieser Vertrag schafft die Grundlage für ein umfassendes, über sechs Jahre angelegtes Programm zur Lösung der Probleme, die beim freien grenzübergreifenden Handel innerhalb der EU auftreten; damit entsteht der Binnenmarkt. Mit dem **Fall der Berliner Mauer** am 9. November 1989 und der Öffnung der seit 28 Jahren bestehenden Grenze zwischen Ost- und Westdeutschland wird eine große politische Wende ausgelöst. Sie mündet in der **Wiedervereinigung** Deutschlands im Oktober 1990.

1990 – 1999: Ein Europa ohne Grenzen

Der Zusammenbruch des Kommunismus in Mittel- und Osteuropa führt zu einer Annäherung der europäischen Nachbarstaaten. Im Jahr 1993 ist der **Binnenmarkt** vollendet; seine Kennzeichen sind die **vier Grundfreiheiten**: freier Verkehr von Waren, Dienstleistungen, Personen und Kapital. Außerdem werden in den 1990er-Jahren zwei Verträge geschlossen, der Vertrag über die Europäische Union („**Vertrag von Maastricht**", s. S. 324) und der **Vertrag von Amsterdam**. Umwelt geht uns alle an, aber auch im Bereich der Sicherheit und Verteidigung kann Europa gemeinsam handeln. Im Jahr 1995 wird die EU um drei Mitgliedstaaten erweitert: Österreich, Finnland und Schweden. Ein kleines Dorf in Luxemburg dient als Namensgeber für die **Übereinkommen von Schengen**, die Reisenden die Möglichkeit geben, die Grenzen ohne Passkontrolle zu überqueren [s. S. 320]. Millionen junger Menschen studieren mit Unterstützung der EU in anderen Ländern. Durch die zunehmende Verwendung von Mobiltelefonen und das Internet wird die Kommunikation zwischen den Menschen wesentlich erleichtert.

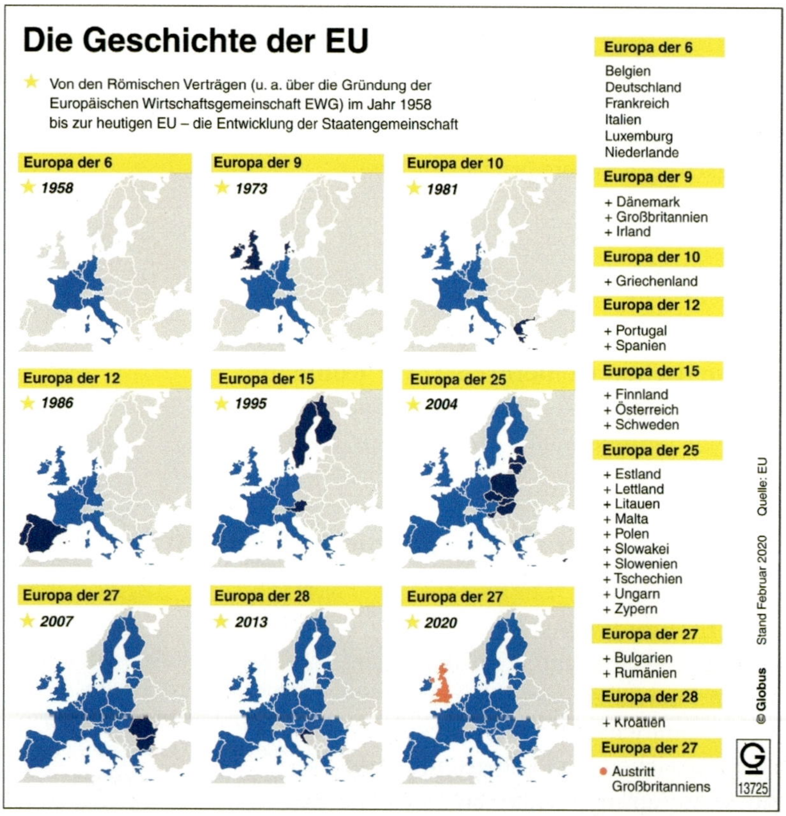

2000 – 2009: Weiterer Ausbau

Der **Euro** ist jetzt für viele EU-Bürger die **neue Währung**. In diesen zehn Jahren führen immer mehr

Mitgliedstaaten den Euro ein. Der 11. September 2001, der Tag, an dem gekidnappte Flugzeuge in Gebäude in New York und Washington gesteuert wurden, wurde gleichbedeutend mit dem Krieg gegen Terrorismus. Jetzt beginnen die EU-Länder, bei der Verbrechensbekämpfung enger zusammenzuarbeiten. Nach dem Beitritt von insgesamt zehn neuen Staaten im Jahr 2004 sowie Bulgarien und Rumänien im Jahr 2007 können die politischen Gräben zwischen Ost und West als überwunden betrachtet werden. [...] Der **Vertrag von Lissabon** wird von allen EU-Mitgliedstaaten unterzeichnet und tritt im Jahr 2009 in Kraft. Durch ihn erhält die EU moderne Institutionen und effizientere Arbeitsverfahren.

714 005 © Bergmoser + Höller Verlag AG

2010 bis 2019: Ein Jahrzehnt der Herausforderungen

Europa leidet unter der weltweiten Wirtschaftskrise. Die EU hilft mehreren Ländern bei der Bewältigung ihrer Schwierigkeiten und gründet die Bankenunion, um für mehr Sicherheit und Zuverlässigkeit im Bankensektor zu sorgen. Im Jahr 2012 erhält die Europäische Union den **Friedensnobelpreis**. Im Jahr 2013 wird **Kroatien** der 28. EU-Mitgliedstaat. Der Klimawandel bleibt weiterhin ein wichtiges Thema, und führende Politiker beschließen, schädliche Emissionen zu reduzieren. Bei den Europawahlen von 2014 werden mehr europaskeptische Abgeordnete ins Europäische Parlament gewählt. Infolge der Annexion [gewaltsame und widerrechtliche Aneignung fremden Gebiets] der Halbinsel Krim durch Russland wird eine neue **Sicherheitspolitik** eingeführt. Im Nahen Osten und in verschiedenen anderen Weltregionen breitet sich der religiöse Extremismus aus; dies führt zu Unruhen und Kriegen, in deren Folge viele Menschen aus ihrer Heimat vertrieben werden und Zuflucht in Europa suchen. Die EU steht vor der Herausforderung, sich um sie zu kümmern, ihr Wohlergehen zu wahren und ihre Menschenrechte zu achten.

(Europa.eu: Die Geschichte der Europäischen Union, Generaldirektion Kommunikation der Europäischen Kommission, ohne Datum, ohne Ort; https://europa.eu/european-union/about-eu/history_de [04.03.2021])

Ab 2020

Ab 2020 haben sich zahlreiche weitere Herausforderungen für die Europäische Union ergeben: Terroranschläge, die Entscheidung und die Verhandlungen zum „Brexit“ (dem Austritt Großbritanniens aus der Europäischen Union), innere Sicherheit, die Kommunikation zwischen der Europäischen Union und ihren Bürgerinnen und Bürgern, die Bekämpfung der Corona-Pandemie auf europäischer und globaler Ebene, die Flüchtlingssituation und vieles andere mehr.

(Autorentext)

1 M 6 stellt die Geschichte der europäischen Einigung in den wichtigsten Stationen dar. Stellt die wesentlichen Veränderungen vor und ergänzt mithilfe der beiden Schaubilder diese Entwicklungen. Im Internet findet ihr ausführlichere Darstellungen. Aufgrund der Erarbeitung des Textes und ggf. ergänzender Recherchen solltet ihr folgende Begriffe erläutern können: Zweiter Weltkrieg, Schuman-Plan, EGKS, EWG/Römische Verträge, Kalter Krieg, Vertrag von Maastricht, Europäische Union (EU), (Ost-)Erweiterung 2004/2007, Vertrag von Lissabon, Beitritt Kroatiens.

2 Schreibt die europäische Geschichte fort, indem ihr zu M 6 einen ergänzenden Abschnitt formuliert für den Zeitraum ab 2021.

M 7 Geschichte der EU in Bildern und Texten

① Vertrag über die „Europäische Union", unterzeichnet am 7. Februar 1992 in Maastricht (Maastrichter Verträge) durch die Außen- und Finanzminister der EG-Staaten

Ⓐ

Ⓑ

② EU-Gipfel in Amsterdam: Die Staats- und Regierungschef der Europäischen Union gruppieren sich auf dem EU-Gipfe in Amsterdam am 16.6.1997 zum Familienfoto um die hollän dische Königin Beatrix. In Amsterdam haben die Staats- unc Regierungschefs den Maastricht-II-Vertrag verabschiedet unc damit den Weg für die Aufnahme neuer Mitglieder frei gemacht Nach 17-stündigem Verhandlungsmarathon sprach Bundes kanzler Helmut Kohl am 18.6. von einem „außerordentliche Erfolg", der Europa weiterführen werde. Wie geplant könne nun die Beitrittsverhandlungen der Union mit osteuropäische Ländern wie Polen, Ungarn und Tschechien beginnen.

③ Nach dem Zweiten Weltkrieg lagen zahlreiche Städte in ganz Europa in Trümmern, hier Berlin-Mitte, das Brandenburger Tor (erbaut von C. G. Langhans). Das Foto vom Mai 1945 zeigt die Zerstörungen bei Kriegsende.

Ⓒ

④ Feier zur EU-Erweiterung: Grenzbrücke Frankfurt-Slubice: Unzählige Menschen gehen am Samstag (01.05.2004) in Frankfurt (Oder) auf dem deutsch-polnischen Grenzübergang Stadtbrücke in Richtung der polnischen Nachbarstadt Slubice In Slubice und Frankfurt (Oder) fanden am Tag de EU-Erweiterung zahlreiche Feste statt. Tausende Besucher pendelten über die Stadtbrücke zwischen den beiden Grenzstädten.
Mit dem 1. Mai besteht die Europäische Union aus 25 Mitgliedsländern. Polen ist mit 39 Millionen Einwohnern das größte der neuen EU-Länder.

⑤ 25. März 1957: Vertreter der sechs Gründerstaaten Belgien, Bundesrepublik Deutschland, Frankreich, Italien, Luxemburg und die Niederlande unterzeichnen in Rom die sogenannten Römischen Verträge zur Gründung der Europäischen Wirtschaftsgemeinschaft (EWG) und der Europäischen Atomgemeinschaft (Euratom).

Ⓓ

Ⓔ

⑥ Glückliche Gesichter nach der Unterzeichnung des Vertrags europäischer Außenminister am 18.04.1951 in Straßburg über die Gründung der Europäischen Gemeinschaft für Kohle und Stahl (EGKS). Zu sehen sind (v.l.n.r.): der belgische Außenminister Paul van Zeeland, Luxemburgs Außenminister Joseph Bech, der Außenminister Italiens Graf Carlo Sforza, der französische Außenminister Robert Schuman, Bundeskanzler und Bundesaußenminister Konrad Adenauer und der niederländische Außenminister Dirk Stikker.

Ⓕ

⑦ Am 10. Dezember 2012 wurde im norwegischen Oslo der Friedensnobelpreis an die Europäische Union überreicht. Das Nobelpreiskomitee würdigte das jahrzehntelange Eintreten der EU für Frieden, Demokratie und Menschenrechte in Europa.

Ⓖ

Ordnet die sieben Bilder zur europäischen Geschichte jeweils den sieben Textbausteinen zu. Notiert die richtigen Zahl-Buchstaben-Kombinationen in eurem Heft.

M 8 Die Europäische Union 2020

Das sind die Mitgliedsländer der Europäischen Union im Jahre 2020 (nach dem „Brexit“).

Die Europäische Union

	Beitrittsjahr	Einwohner 2019[1] in Mio.	BIP[1,2] 2018 pro Kopf in Tausend Euro
Belgien	1958	11,5 Mio.	35,7 Tsd. €
Deutschland	1958	83,0	36,9
Frankreich	1958	67,0	31,4
Italien	1958	60,4	29,1
Luxemburg	1958	0,6	78,7
Niederlande	1958	17,3	39,2
Dänemark	1973	5,8	38,7
Irland	1973	4,9	57,8
Griechenland	1981	10,7	20,6
Portugal	1986	10,3	23,2
Spanien	1986	46,9	27,6
Finnland	1995	5,5	33,7
Österreich	1995	8,9	38,6
Schweden	1995	10,2	37,0
Estland	2004	1,3	25,0
Lettland	2004	1,9	21,0
Litauen	2004	2,8	24,6
Malta	2004	0,5	29,6
Polen	2004	38,0	21,5
Slowakei	2004	5,5	23,5
Slowenien	2004	2,1	26,4
Tschechien	2004	10,6	27,6
Ungarn	2004	9,8	21,6
Zypern	2004	0,9	26,8
Bulgarien	2007	7,0	15,5
Rumänien	2007	19,4	19,8
Kroatien	2013	4,1	19,2

Gründungsmitglieder

[1]zum Teil vorläufig oder geschätzt [2]kaufkraftbereinigt Quelle: Eurostat 13794 © Globus Stand März 2020

Analysiert dieses Schaubild und haltet eure Ergebnisse schriftlich fest. Welche Auffälligkeiten stellt ihr fest?

3. Die EU – eine politische Gemeinschaft besonderer Art

M 9 Die Besonderheiten der Europäischen Union

Die Europäische Union ist ein Gebilde besonderer Art. Zunächst: Sie ist kein Staat und deshalb ist in der Union manches anders als in ihren Mitgliedstaaten. Die Union hat keine Hauptstadt, auch wenn ihre wichtigsten Institutionen in der belgischen Hauptstadt Brüssel ihren Sitz haben. Sie erhebt keine Steuern, ihre Einnahmen bestehen im Wesentlichen aus den Beiträgen, die die Mitgliedstaaten aus ihren eigenen Steuermitteln leisten. Sie hat auch keine „Regierung" in dem Sinne, dass ein vom Volk gewähltes Parlament die Gesetze (Legislative) beschließt und eine von ihm kontrollierte Regierung als oberstes Exekutivorgan wählt (so sieht es das Prinzip der Gewaltenteilung in den einzelnen Mitgliedstaaten vor).

Die EU ist etwas Besonderes, weil sie sich in ihrem Grundprinzip nicht nur von Staaten, sondern auch von anderen internationalen Organisationen unterscheidet. Dieses Grundprinzip heißt „Supranationalität", d. h. „Überstaatlichkeit", und bedeutet, dass die Mitgliedsländer durch Verträge auf einen Teil ihrer nationalen „Souveränität" verzichten, also auf einen Teil ihres Rechts, über ihre eigenen Angelegenheiten allein zu entscheiden. Sie haben damit einen Teil ihrer Souveränitätsrechte „vergemeinschaftet", indem sie sie auf gemeinsame „europäische" Institutionen übertragen haben, in denen gemeinsam für alle entschieden wird.

Entsprechend diesem besonderen Charakter der EU als eines „Staatenverbunds" (diesen Begriff hat das Bundesverfassungsgericht gewählt) muss im Hinblick auf den Gesamtbereich der Politik zwischen Bereichen („Handlungsfeldern") unterschieden werden, in denen allein auf europäischer Ebene (**„supranational"**) entschieden wird (**Gemeinschaftspolitik**), und solchen Bereichen, in denen die Regierungen der Mitgliedsländer zwar eng zusammenarbeiten, aber „souverän" bleiben; für diese Bereiche wird der Begriff **Regierungszusammenarbeit v**erwendet.

Daneben gibt es natürlich immer noch viele Bereiche der Politik, in denen die einzelnen Staaten für sich allein entscheiden (dabei allerdings auf die Interessen der anderen Länder Rücksicht nehmen sollen).

Die EU ist kein abgeschlossenes Gebilde. Wie sie sich fortentwickelt, hängt von der politischen Willensbildung in den Mitgliedsländern ab. Dabei geht es vor allem um die grundsätzliche Frage, ob man in Zukunft noch mehr Entscheidungsbefugnisse auf die europäischen Institutionen übertragen will (Stichwort: „mehr Europa") oder ob es bei dem bisherigen Stand bleiben soll bzw. ob die Gemeinschaftspolitik schon zu weit reicht (Stichwort: „weniger Europa").

(Autorentext)

1 Das Material beschreibt die Europäische Union als ein besonderes politisches Gebilde, das es in dieser Form auf der Welt sonst nicht gibt. Erläutert, warum sie kein „Staat" ist.

2 Erklärt die Bedeutung des Begriffs „Supranationalität" und erläutert den Unterschied zwischen „Gemeinschaftspolitik" und „Regierungszusammenarbeit".

3 Erläutert, inwiefern Deutschland ein Bundesstaat ist und wie sich die EU davon unterscheidet.

Auf den ersten Blick wirkt es immer etwas langweilig, wenn man sich mit Institutionen beschäftigt – aber Institutionen sind nun mal die Orte, an denen Entscheidungen getroffen werden und Macht ausgeübt wird. Wesentliche EU-Institutionen sollt ihr im Folgenden kennenlernen, damit ihr Entscheidungsprozesse innerhalb der EU besser verstehen könnt.

Als Ausgangspunkt für eure Erarbeitung dient ein Beispiel, in dem eine konkrete Entscheidung vorgestellt wird: die Abschaffung der Roaming-Gebühren in der EU, die in einer Verordnung geregelt ist.

Klärt anhand von M 10 zunächst, was es mit der Abschaffung von Roaming-Gebühren auf sich hat.

M 10 Endlich auch im Ausland Nachrichten kostenlos verschicken …

Diese Situation kennt ihr sicherlich auch: Sommerferien, Urlaub am Mittelmeer, mit dem Smartphone im Ausland. „Roaming" nennen dies die Telekommunikationsunternehmen (englisch für „herumwandern", „streunen" oder „herumstreifen"): die Möglichkeit, in einem anderen Mobilfunk-Anbieternetz telefonieren, im Internet surfen und Nachrichten schreiben zu können, und zwar zu demselben Tarif wie zu Hause.
An der Entscheidung zum Wegfall der Roaming-Gebühren waren unterschiedliche EU-Institutionen beteiligt wie die EU-Kommission und das EU-Parlament, aber auch die einzelnen EU-Mitgliedstaaten mussten jeweils zustimmen. Wie kommt es zu solchen Entscheidungen? Welche Institutionen können worüber entscheiden? Darum geht es in diesem Abschnitt.

(Autorentext)

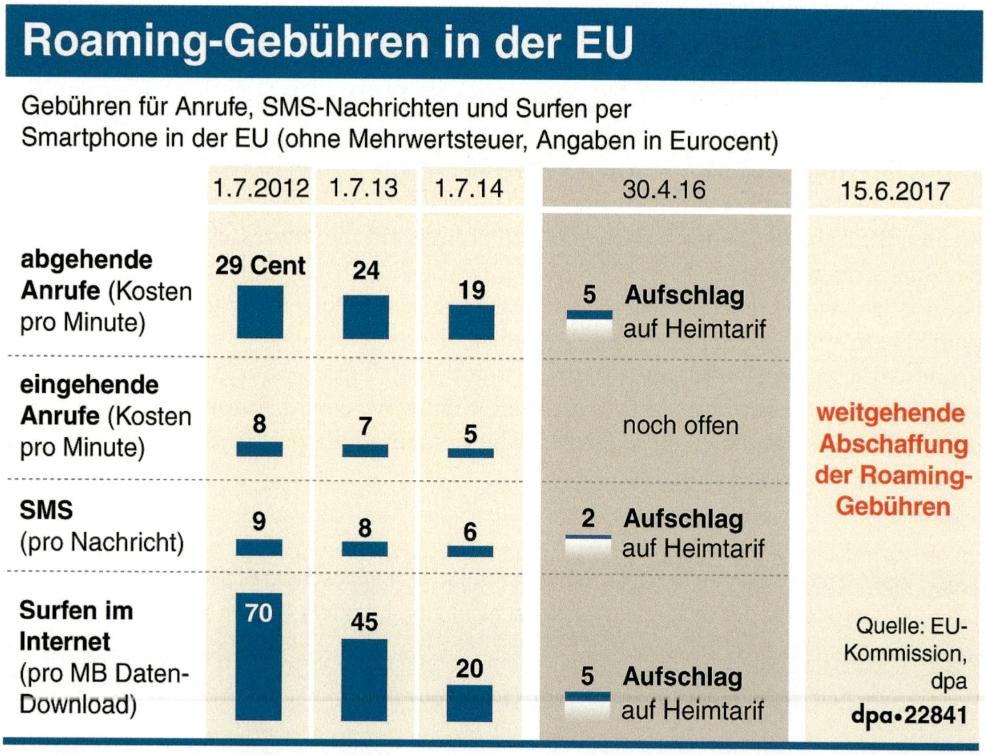

[Seit] dem 15. Juni [2017] können Sie bei Reisen innerhalb der EU zu denselben Konditionen wie zu Hause mobil telefonieren, SMS versenden und im Internet surfen. Vor rund einem Jahrzehnt startete die damalige EU-Kommissarin für Informationsgesellschaft und Medien, Viviane Reding, den „Feldzug" gegen die Roaming-Aufschläge. [...] „Mit dem Ende der Roaming-Gebühren wird die Freiheit der Bürger, des Reisens, das Gefühl, daheim zu sein, jenseits der Grenzen nicht zahlen zu müssen, sondern Europa als Heimat zu sehen, wiederhergestellt", sagte Viviane Reding.

Das EU-Parlament setzte sich zum Beispiel dafür ein, dass es keine zeitliche Begrenzung bezüglich der Auslandsaufenthaltsdauer gibt, sondern ein großzügiges „Prinzip der angemessenen Nutzung" Anwendung findet. Solange Sie also mehr Zeit im Inland verbringen als im Ausland oder Ihr Handy mehr zu Hause nutzen als im Ausland, können Sie bei Reisen überall in der EU Roaming zu Inlandspreisen in Anspruch nehmen („Roam like at home"). Um möglichem Missbrauch entgegenzuwirken, kann der Mobilfunkbetreiber aber zusätzliche Roaming-Gebühren verlangen, wenn die Nutzung im EU-Ausland die Nutzung zu Hause überschreitet. [...]

(Europäisches Parlament: Abschaffung der Roaming-Gebühren wird Wirklichkeit, 14.06.2017, ohne Ort; https://www.europarl.europa.eu/news/de/headlines/economy/20170612STO77250/abschaffung-der-roaming-gebuhren-wird-wirklichkeit [04.03.2021])

Mit dem folgenden Material M 11 a – d werden kurze Informationen zu den wichtigsten Institutionen der EU gegeben. Ihr könnt sie **arbeitsteilig in vier Gruppen** erarbeiten.

Die Aufgabe für alle Gruppen lautet:

Beschreibt anhand der Materialien die Aufgaben der dargestellten Institutionen der EU und ihre Beziehungen untereinander. Recherchiert ggf. noch weitere Informationen im Internet. Anschließend stellt jede Gruppe ihre Ergebnisse mit einer ihr geeignet erscheinenden Präsentation vor. Ihr könnt dazu auch das Schaubild in M 12 verwenden. Alle Klassenmitglieder sollten dazu für sich eine Übersicht anlegen, in der der jeweiligen Institution stichwortartig ihre Zusammensetzung und ihre Aufgaben zugeordnet werden.

2.1, 2.2, 4.1

M 11 Die Institutionen der EU

Gruppe 1

a) Der Europäische Rat

Der Europäische Rat (ER) ist die Zusammenkunft der Staats- und Regierungschefs. Deutschland wird durch Bundeskanzlerin Merkel vertreten, Frankreich beispielsweise durch Präsident Emmanuel Macron. Dem ER gehört auch der Präsident der Europäischen Kommission [siehe M 11d] an. Der ER gibt der Union „die für ihre Entwicklung erforderlichen Impulse und legt die allgemeinen politischen Zielvorstellungen und Prioritäten hierfür fest" (Art. 15 des EU-Vertrags).

Das bedeutet: Der ER erarbeitet und beschließt keine Gesetze, sondern er gibt die allgemeine Richtung vor. Der ER wird von einem hauptamtlichen Präsidenten geleitet.

Seit dem 1. Dezember 2019 ist das der belgische Politiker Charles Michel (siehe Foto). Der Präsident ist im Wesentlichen ein Moderator. Er bereitet die Sitzungen vor und leitet sie auch. Allerdings kann er nicht durch ein Machtwort irgendetwas entscheiden. Der Präsident des ER ist in diesem Gremium nicht einmal stimmberechtigt – er ist ja kein Staats- oder Regierungschef. Abgestimmt wird im ER im Allgemeinen nicht. Entweder man einigt sich oder eben nicht.

(Themenblätter im Unterricht Nr. 106: Wer hat die Macht in Europa?, Bundeszentrale für politische Bildung, Bonn 2015, S. 10, Kopiervorlage 2, Verf.: Eckart D. Stratenschulte; aktualisiert)

@ WES-116592-037

Hier sind weitere Informationen zu finden.

Gruppe 2

b) Der Rat der Europäischen Union (Ministerrat)

[...] Hier sitzen die Minister aus allen Mitgliedstaaten zusammen. Je nach Thema sind das zum Beispiel die Außen-, Innen- oder Landwirtschaftsminister. Der Rat ist eines der beiden Entscheidungsorgane. Hier wird die Politik beraten, und hier werden auch die europäischen Gesetze auf den Weg gebracht, die Verordnungen oder Richtlinien heißen. Ohne den Rat läuft also nichts in der Europäischen Union. Der Rat trifft seine Entscheidungen entweder einstimmig oder er beschließt mit Mehrheit. Bei Mehrheitsentscheidungen müssen 55 Prozent der Mitgliedstaaten für die jeweilige Sache stimmen; gleichzeitig müssen diese Staaten auch mindestens 65 Prozent der Gesamtbevölkerung der EU repräsentieren (man nennt dies eine „doppelte Mehrheit"). Der Vorsitz im Rat wechselt halbjährlich, alle Mitglieder kommen gleichberechtigt an die Reihe. [...]

(Europa. Das Wissensmagazin für Jugendliche, Verf.: Eckart D. Stratenschulte, Aktion Europa/Bundeszentrale für politische Bildung, Bonn 2015, S. 17)

@ WES-116592-038

Hier sind weitere Informationen zu finden.

Gruppe 3

c) Das Europäische Parlament

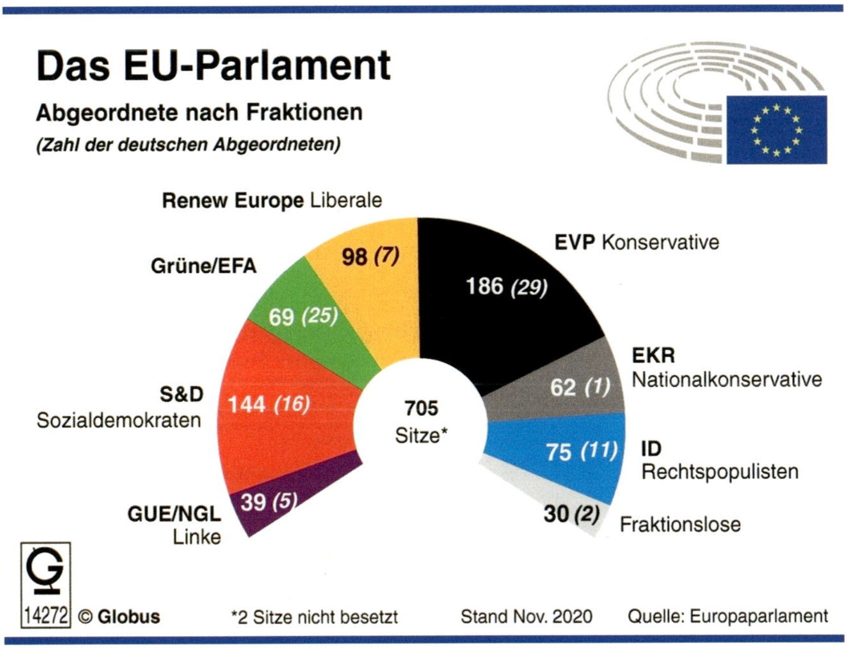

@ WES-116592-039

Hier sind weitere Informationen zu finden.

In den allermeisten Fällen kann der Rat allerdings nicht allein entscheiden. Er benötigt dazu das Europäische Parlament. Dieses vertritt die Bürger der EU-Staaten und wird von diesen alle fünf Jahre direkt gewählt. Das Parlament umfasst derzeit 705 Vertreter aus allen Mitgliedstaaten [Stand: Mai 2021]. Die letzten Wahlen fanden 2019 statt.

Die großen Mitgliedstaaten stellen mehr Abgeordnete als die kleinen. Das Parlament kann Entscheidungen mit Gesetzeskraft für die EU nicht allein treffen, aber im Allgemeinen muss es einem Beschluss des Rates der Europäischen Union zustimmen, damit dieser wirksam werden kann. Man nennt dies „Mitentscheidungsverfahren". Das Parlament muss auch die Europäische Kommission durch Wahl bestätigen und kann sie abwählen. Außerdem beschließt es den Haushaltsplan der Europäischen Union. Ohne das Europäische Parlament – und damit die direkte Vertretung der Bürger – kann also in Europa wenig entschieden werden.

(Europa. Das Wissensmagazin für Jugendliche, Verf.: Eckart D. Stratenschulte, Aktion Europa/Bundeszentrale für politische Bildung, Bonn 2015, S. 17 f.; Angaben aktualisiert)

Gruppe 4

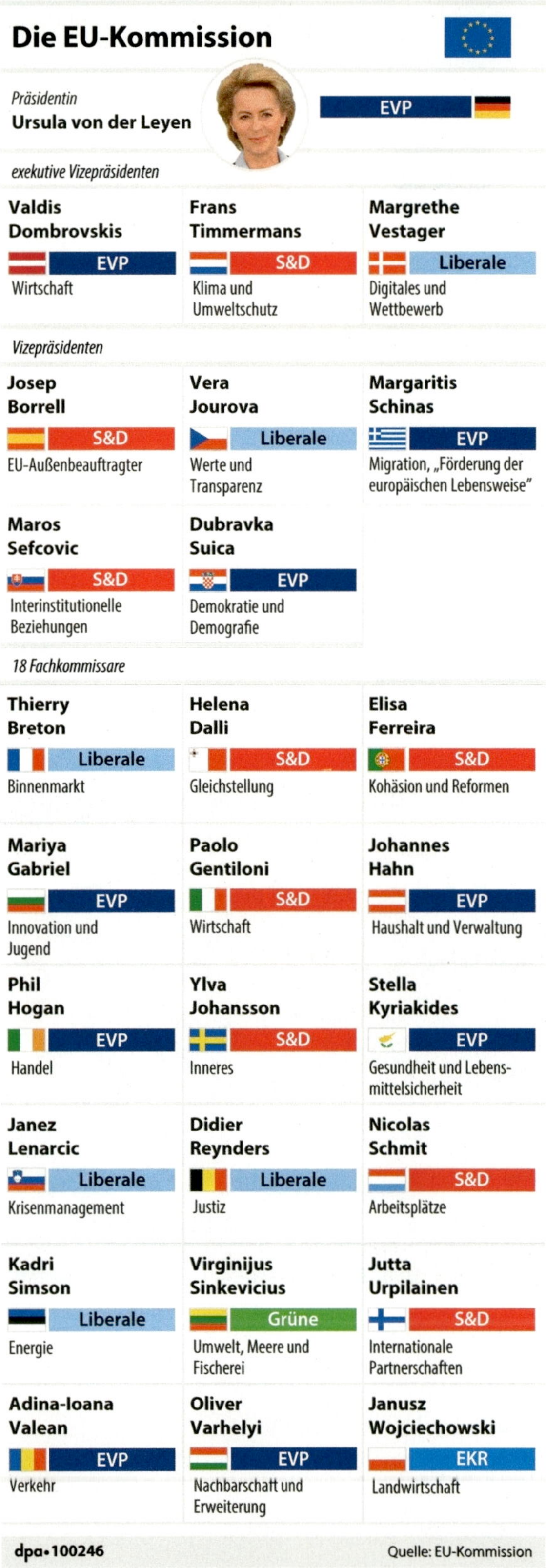

d) Die Europäische Kommission

Eine weitere wichtige Institution in der EU ist die Europäische Kommission. Das Kollegium der Kommission besteht aus einem Mitglied pro Land, das aber in der Kommission nicht die Positionen seines Herkunftsstaates vertritt, sondern die gemeinsamen Interessen der Europäischen Union. Jedes Kommissionsmitglied hat ein Mandat von fünf Jahren und ist für ein eigenes Sachgebiet zuständig (ähnlich wie ein Minister). Der

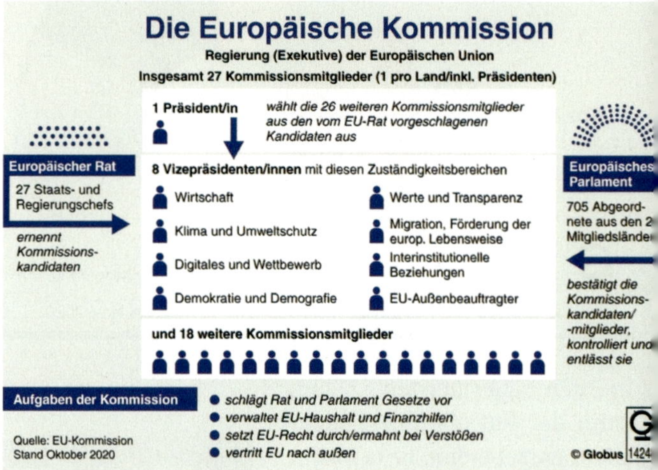

Präsident der Kommission – derzeit eine Präsidentin, Ursula von der Leyen – wird vom Europäischen Rat vorgeschlagen und vom Europäischen Parlament gewählt. Die Europäische Kommission achtet auf die Einhaltung der gemeinsamen Regeln durch die Mitgliedstaaten. Man nennt sie daher die „Hüterin der europäischen Verträge". Sie verwaltet die EU nach den Vorgaben des Rates und des Parlaments. Eine Besonderheit des europäischen Systems ist, dass der Rat und das Parlament Dinge nur auf der Basis eines Vorschlags der Kommission beschließen können. Dieses alleinige Vorschlagsrecht gibt der Europäischen Kommission Einfluss auf die Entscheidungen, weil sie selbst die Vorgaben macht. Damit wird sichergestellt, dass von Anfang an die gemeinsamen Interessen der Europäischen Union berücksichtigt werden. Natürlich können Rat und Parlament dann von dem Vorschlag abweichen.

(Europa. Das Wissensmagazin für Jugendliche, Verf.: Eckart D. Stratenschulte, Aktion Europa/ Bundeszentrale für politische Bildung, Bonn 2015, S. 18)

@ WES-116592-040

Hier sind weitere Informationen zu finden.

Ihr habt nun arbeitsteilig die unterschiedlichen EU-Institutionen im Einzelnen erarbeitet und euch gegenseitig die jeweiligen Aufgaben und Funktionen vorgestellt. Das folgende Material könnt ihr zur Präsentation eurer Ergebnisse aus der Gruppenarbeit verwenden. Überlegt, ob eine der EU-Institutionen im Vergleich zu den anderen als wichtiger anzusehen ist. Gibt es **die** wichtigste?

M12 Übersicht – Die EU auf einen Blick

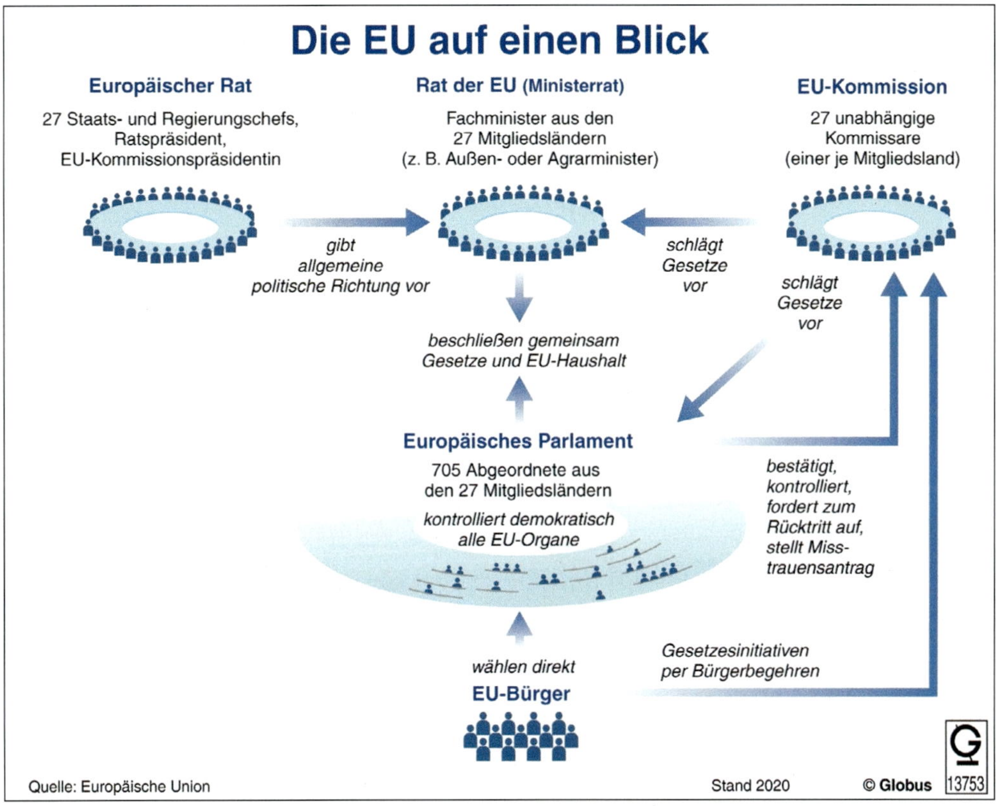

Überlegt nun, wie ihr euer Wissen gegenseitig abfragen könnt. Ihr könnt selbstständig einen Text zum Thema „Die Europäische Union auf einen Blick“ formulieren. Ihr könnt aber auch digitale Medien einsetzen und zum Beispiel ein eigenes Quiz auf der Grundlage der bearbeiteten Materialien erstellen. Eine weitere Alternative wäre, die Inhalte nach dem spielerischen Konzept von „Wer wird Millionär?“ aufzubereiten.

Wie entsteht nun ein Gesetz für die Mitgliedsländer der EU? Im Folgenden wird dargestellt, wie die Institutionen zusammenarbeiten, um ein Gesetz auf europäischer Ebene zu verabschieden und auf den Weg zu bringen.

M13 Der Ablauf der Europäischen Gesetzgebung

Zunächst berät der zuständige **Ausschuss** über das Gesetz und legt ggf. Änderungen vor, danach stimmt das gesamte Parlament ab.

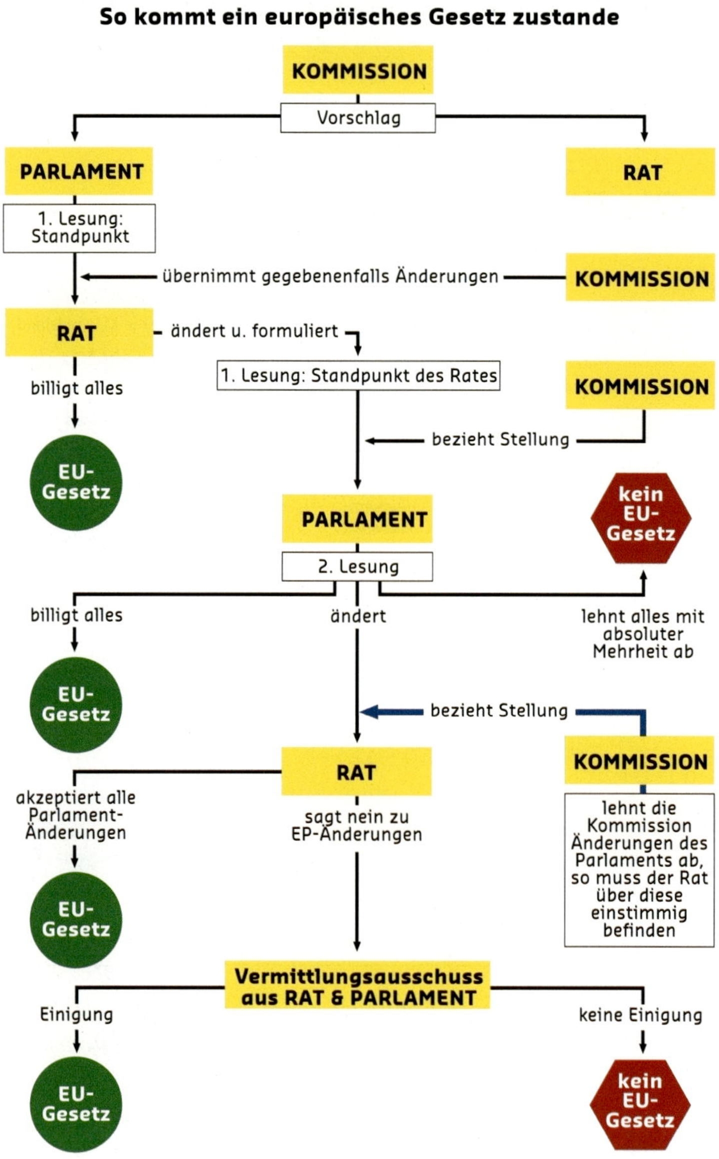

Die Gesetzesinitiative liegt **ausschließlich** bei der Kommission.

Die drei beteiligten Institutionen können zusätzlich zu jedem Zeitpunkt im **„Trilog“** verhandeln, um eine Einigung zu erzielen. Dazu werden jeweils Vertreter entsandt.

(Infochart GbR Peter Diehl)
(Ordentliches Gesetzgebungsverfahren – Vor dem Vertrag von Lissabon: Das Mitentscheidungsverfahren, https://www.europarl.europa.eu/germany/de/europa_und_sie/das_ep/gesetzgebungverfahren/ordentliches_gesetzgebungsverfahren.html [28.04.2021]; Sprechblasen: Autorentext)

1 Beschreibt anhand des Schaubilds den allgemeinen Ablauf des Gesetzgebungsverfahrens in der Europäischen Union.

2.1, 2.2, 4.1

2 Recherchiert, mit welchem zu verabschiedenden Gesetz sich die Institutionen der EU aktuell beschäftigen, stellt es kurz vor und versucht, den Stand der Bearbeitung in den allgemeinen Gesetzgebungsprozess einzuordnen.

3 Komplizierte Gesetzgebung? – Versucht eine Beurteilung.

4. Die EU – eine wirtschaftliche Gemeinschaft

In Aachen wohnen und einen Arbeitsplatz in Frankfurt haben, ein Auto in Hannover kaufen, mit dem man alle Grenzen zwischen den Bundesländern ohne Kontrollen passieren kann, und sein Geld bei einer Bank in Hamburg anlegen. Das alles ist kein Problem, wenn man in einem inländischen Markt ohne Grenzen lebt. Was in Deutschland selbstverständlich ist, ist heute im Prinzip auch in der EU möglich. Denn seit 1993 bilden alle Staaten der EU einen **Binnenmarkt**. Außerdem gehören ihm noch Norwegen, die Schweiz, Island und Liechtenstein an.
Den Europäischen Binnenmarkt zeichnen **vier Grundfreiheiten** aus. Anhand der folgenden Ausführungen sollt ihr sie erarbeiten.

Erstellt auf der Grundlage des folgenden Materials M 14 in einem **ersten Schritt** in Gruppenarbeit jeweils ein Plakat zur Warenverkehrsfreiheit, zur Personenverkehrsfreiheit und zur Dienstleistungsfreiheit (weil die Ausführungen zur Kapitalverkehrsfreiheit sehr knapp sind, soll diese erst später berücksichtigt werden). Zu den einzelnen Freiheiten des EU-Binnenmarktes könnt ihr auch mehr als eine Gruppe bilden. Haltet in dem Plakatformat (natürlich auch digital möglich) jeweils die wichtigsten Informationen fest.
Bildet im **zweiten Schritt** Gruppen in einer neuen Zusammensetzung, sodass darin jede der drei Binnenmarktfreiheiten vorgestellt werden kann. Überlegt, wie die Arbeitsergebnisse für alle (in einer Übersicht) gesichert werden können. Anschließend kann dann in Einzel- oder Partnerarbeit diese Übersicht durch die Inhalte zur Kapitalverkehrsfreiheit ergänzt werden.

4.1, 4.2

M 14 Die Grundfreiheiten des europäischen Binnenmarktes

1. Warenverkehrsfreiheit

Für den Warenhandel in der Europäischen Union existieren keine Grenzen mehr. In Deutschland hergestellte Produkte, z. B. Autos oder Brillen, können in den anderen EU-Ländern ohne Hindernisse verkauft werden. Umgekehrt finden sich zahlreiche Waren aus anderen EU-Ländern in den Regalen deutscher Supermärkte. Spaghetti aus Italien, Wein aus Frankreich, Käse aus den Niederlanden und Pralinen aus Belgien, die Verbraucherinnen und Verbraucher haben bei ihren Einkäufen eine große Auswahl. Jedes Produkt, das in einem EU-Land rechtmäßig hergestellt und zugelassen ist, kann auch in jedem anderen EU-Land angeboten werden. Kein Land darf den Import durch bestimmte Vorschriften, z. B. durch besonders hohe Auflagen an Sicherheit und Produktausführung, behindern. Müssen die Verbraucherinnen und Verbraucher deshalb wegen einer möglichen Gefährdung ihrer Gesundheit durch Lebensmittel aus einem anderen EU-Land Bedenken haben? Das ist nicht der Fall! Denn für die Zulassung eines Produktes im Ursprungsland gelten bestimmte Mindestanforderungen der EU an Sicherheit, Umweltschutz, Hygiene und Gesundheit zum Schutz der Verbraucherinnen/Verbraucher in Europa. Elektroartikel beispielsweise, die das europäische CE-Zeichen tragen, erfüllen die Sicherheitsanforderungen. Die Produkte aus verschiedenen Ländern können unterschiedlich aussehen und verschieden teuer sein, sicher sind sie aber auf jeden Fall und die Gesundheit

ist geschützt. Über mögliche Qualitätsunterschiede, die es trotzdem gibt, müssen die Verbraucher sich informieren.
Die Anbieter stehen in einem starken Wettbewerb miteinander, der für günstige Preise sorgt. Zölle bei der Grenzüberschreitung der Waren in Europa werden schon lange nicht mehr erhoben. Ihre Abschaffung war der erste Schritt zum Binnenmarkt, die EU ist eine Zollunion. Die Zollfreiheit gilt jedoch nur für den innereuropäischen Handel. An der Außengrenze des europäischen Binnenmarktes dagegen werden Zölle auf Importe bzw. Exporte erhoben.

(Autorentext)

[...] Auch die Bedingungen für den Internethandel sollen fair und einheitlich sein. Im Februar 2018 hat das Europäische Parlament einer Verordnung zugestimmt, der zufolge geschäftliche Websites dazu verpflichtet sind, ihre Produkte in der gesamten EU zu verkaufen. So kann jede Verbraucherin und jeder Verbraucher online in der ganzen EU einkaufen, ohne „geblockt" oder auf andere Internetseiten umgeleitet zu werden. Allerdings sind Firmen bislang nicht dazu verpflichtet, ihre Waren in das gesamte EU-Gebiet zu liefern. Aber für Leistungen vor Ort gibt es keine Ausnahmen mehr. Es kann also einem Deutschen nicht mehr passieren, dass er beispielsweise in Griechenland für seinen Mietwagen oder seine Hotelbuchung einen höheren Preis bezahlen muss als ein Bulgare. [...]

(Europa 2019, Herausgeber: Europäisches Parlament, Verbindungsbüro in Deutschland, Berlin 2018, S. 13; Verf.: Eckart D. Stratenschulte; http://euinfo.wfe.eu/csdata/download/1/de/ep_bro_europa_2019_a5_digital_2385.pdf [04.03.2021])

2. Personenverkehrsfreiheit

Junge Leute können es oft schon nicht mehr hören, wenn der Opa davon erzählt, wie er früher an der deutsch-französischen Grenze Schlange gestanden hat, einen Reisepass mit sich führen musste oder für einen Besuch in Prag oder Warschau erst einmal ein Visum bei der jeweiligen Botschaft beantragen musste. Unbeschwertes Reisen ohne Passkontrolle, Visum und Warterei an den Grenzen ist für die Bürgerinnen und Bürger der EU heute selbstverständlich. Personenkontrollen entfallen. Geregelt ist dies durch das **Schengener Abkommen**. Schengen ist ein kleiner Ort in Luxemburg, wo die Vereinbarung damals geschlossen wurde. Diesem Schengener Übereinkommen gehören fast alle Mitgliedstaaten an. Die Ausnahmen sind Irland und Zypern. Bulgarien, Rumänien und Kroatien gehören dem Abkommen nur teilweise an. Auch einige Nicht-EU-Staaten gehören offiziell zum Schengener Abkommen oder wenden es an: z. B. Norwegen, Island und die Schweiz. Reisen ohne Grenzkontrollen ist vor allem für diejenigen wichtig, die die nationalen Grenzen jeden Tag aus beruflichen Gründen überschreiten. Da gibt es Menschen, die in Deutschland wohnen und in den Niederlanden arbeiten, die in Belgien ihr Zuhause, aber in Luxemburg ihr Büro haben.

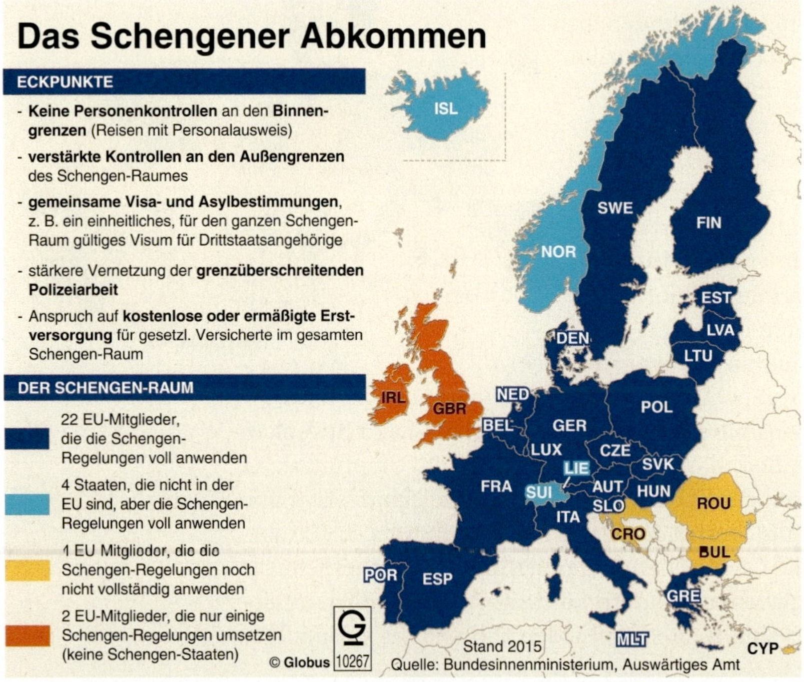

Denn die Europäische Union garantiert nicht nur kontrollfreies Reisen, sondern auch **Arbeitnehmerfreizügigkeit** in der gesamten EU. D.h., dass jede Unionsbürgerin und jeder Unionsbürger in dem EU-Land leben und arbeiten kann, wo es ihr oder ihm am besten gefällt.
Wenn jemand einen Arbeitsplatz in einem anderen Land findet, z.B. als Arzt in einem italienischen Krankenhaus, dann kann ihm die Arbeitserlaubnis nicht verweigert werden. Das ist die Regel. Es gibt aber Ausnahmen, wenn die im Heimatland abgeschlossene Ausbildung nicht der in einem anderen EU-Staat gleichwertig ist. Die meisten Berufsqualifikationen werden automatisch anerkannt, bei anderen muss eine neue Prüfung abgelegt werden. Das ist z.B. bei Beschäftigten in der Altenpflege der Fall, weil die Ausbildung europaweit zu uneinheitlich ist. Auch bei anerkannten Berufen kann aber letztlich immer nur der Arbeitgeber entscheiden, ob er eine ausländische Arbeitskraft anstellt. Er kann nicht dazu gezwungen werden.
Zur Personenverkehrsfreiheit zählt auch die **Niederlassungsfreiheit**. Damit ist gemeint, dass EU-Bürger in jedem EU-Land selbstständige Erwerbsarbeiten aufnehmen dürfen, z.B. als Fliesenlegerin oder Reinigungskraft. Es ist auch möglich, Unternehmen zu gründen und zu leiten, z.B. als Restaurantbesitzer. Wer die Absicht hat, das zu tun, muss aber die Qualifikationsanforderungen erfüllen, die im Land der Niederlassung an den Berufsstand gestellt werden.

(Europa 2019, Herausgeber: Europäisches Parlament, Verbindungsbüro in Deutschland, Berlin 2018, S. 25 f.; Verf.: Eckart D. Stratenschulte; http://euinfo.wfe.eu/csdata/download/1/de/ep_bro_europa_2019_a5_digital_2385.pdf [04.03.2021]; verändert und ergänzt)

3. Dienstleistungsfreiheit

Nicht nur Menschen und Waren können die EU-Binnengrenzen ungehindert passieren, sondern auch Dienstleistungen können von Unternehmen und Selbstständigen grenzüberschreitend angeboten werden. Busunternehmen, Taxifahrer, Handwerkerinnen, Rechtsanwälte, Architektinnen oder IT-Berater können ihre Leistungen in allen anderen EU-Ländern anbieten. Ein deutsches Reiseunternehmen etwa kann Fahrten für Schulklassen in Frankreich organisieren. Diese Fahrten können bei einem Schüleraustausch zwischen Frankreich und Deutschland stattfinden, aber auch nur innerhalb Frankreichs wären sie für das deutsche Reiseunternehmen möglich. Selbst eine Reise von einer Stadt in Frankreich zu einem Ziel in Belgien könnte es durchführen. Voraussetzung ist nur, dass das Unternehmen berechtigt ist, die betreffende Dienstleistung in seinem Heimatland anzubieten. Wenn es seine Dienstleistung in einem anderen Land anbietet, muss es sich dort aber an dieselben Regeln halten wie die einheimischen Unternehmen. Deutsche Unternehmen können in anderen EU-Ländern tätig sein, aber im Gegenzug muss Deutschland natürlich auch z.B. tschechische oder polnische Baufirmen zulassen.

(Autorentext)

Innerhalb des Binnenmarkts kann also ein europäisches Unternehmen seine Leistungen in jedem anderen Land anbieten. Um den Auftrag auszuführen, kann es Arbeitnehmerinnen und Arbeitnehmer entsenden. So wie beispielsweise ein bulgarisches Unternehmen seine Arbeiter in deutschen Schlachthöfen Tätigkeiten verrichten lässt. Hierüber gab und gibt es viele Diskussionen. Wenn das bulgarische Unternehmen Arbeitskräfte nach Deutschland entsendet und diese nach bulgarischen Standards bezahlt, kann es die Ausführung des Auftrags kostengünstiger anbieten als ein deutsches Unternehmen, das deutsche Tariflöhne zahlt. Um dieses Ungleichgewicht zu verhindern, hat jedoch das Europäische Parlament am 29. Mai 2018 eine Neufassung der sog. **Entsenderichtlinie** beschlossen. [...] Danach dürfen Arbeitnehmerinnen und Arbeitnehmer in der Regel nur noch für zwölf, in Ausnahmefällen für 18 Monate entsandt werden. In dieser Zeit müssen sie den gleichen Lohn erhalten wie die Kolleginnen und Kollegen aus dem Land, in dem sie arbeiten, also den Tariflohn und auch eventuelle Zulagen wie Weihnachts- oder Urlaubsgeld. Die entsendenden Unternehmen dürfen ihnen für die Anreise zum und die Unterkunft am Arbeitsort nichts vom Lohn abziehen. Mit dieser Richtlinie ist die Dienstleistungsfreiheit gewahrt, aber gleichzeitig sichergestellt, dass am Arbeitsort faire Konkurrenzbedingungen herrschen.

(Europa 2019, Herausgeber: Europäisches Parlament, Verbindungsbüro in Deutschland, Berlin 2018, S. 13; Verf.: Eckart D. Stratenschulte; http://euinfo.wfe.eu/csdata/download/1/de/ep_bro_europa_2019_a5_digital_2385.pdf [04.03.2021])

4. Kapitalverkehrsfreiheit

Für die Bewegungsfreiheit des Kapitals bzw. des Geldes gibt es in der Europäischen Union keine Grenzen. Grenzüberschreitende Überweisungen in der EU werden ohne zusätzliche Gebühren genauso durchgeführt wie innerhalb eines Landes. EU-Bürgerinnen und -Bürger und Unternehmen können bei allen Banken in der EU in beliebiger Höhe Geld anlegen oder Kredite aufnehmen. Sie können auch EU-weit Kapital investieren, z. B. Immobilien kaufen. Ebenso können Anteile an Unternehmen von einzelnen Personen oder von anderen Unternehmen erworben werden. Ein deutsches Chemieunternehmen oder ein Aktionär beispielsweise kann Kapital in einem spanischen Unternehmen anlegen, wenn die Investition als ein lohnendes Geschäft angesehen wird. Banken, die in einem Land der EU zugelassen sind, können in jedem anderen EU-Land ihre Leistungen anbieten und Kundinnen und Kunden beraten.

(Autorentext)

M 15 Vorteile und Nachteile des europäischen Binnenmarktes

A In einem riesigen Binnenmarkt können die Unternehmen viele Produkte verkaufen.

B Bauunternehmen finden dringend benötigte Facharbeiter in Osteuropa.

C Arbeitslose können in einem anderen Land Arbeit finden.

D Einheitliche statt vieler unterschiedlicher landesbezogener Vorschriften für ein Produkt senken die Produktionskosten.

E Ungelernte Arbeitskräfte haben es schwerer, ihren Arbeitsplatz zu behalten.

F Geldflüsse aus Drogen- und anderen illegalen Geschäften können weniger gut verfolgt werden.

G Für die Produktion benötigte Vorprodukte anderer europäischer Unternehmen können günstig in die Lieferketten eingebaut werden.

H Teile der Produktion können in Länder mit niedrigen Löhnen verlagert werden, wie z. B. die Motorproduktion eines Autobauers nach Ungarn.

I Reisende werden an innereuropäischen Grenzen nicht kontrolliert.

J Viele Anbieter bedeuten mehr Wettbewerb bei Preisen und Qualität.

K Unabhängig davon, ob Menschen EU-Bürger sind oder nicht, werden sie an innereuropäischen Grenzen nicht nochmals kontrolliert, nachdem sie (nach einer Kontrolle) die Außengrenze des Schengen-Raums überschritten haben.

L Zunehmender Verkehr belastet die Umwelt.

M Junge Leute sammeln in anderen EU-Ländern wichtige Erfahrungen in Ausbildung und Studium.

N Kleine Unternehmen haben es schwerer, Aufträge bei europaweiten Ausschreibungen zu bekommen.

O Sparer können ihr Geld bei Banken in anderen EU-Binnenmarkt-Ländern anlegen.

(Autorentext)

1 In M 15 werden Vorteile, aber auch Nachteile des EU-Binnenmarktes genannt. Übertragt die folgende Übersicht in euer Heft und ordnet die Aussagen derjenigen Binnenmarktfreiheit zu, mit der sie in einem Zusammenhang stehen. Bei einigen Aussagen sind auch mehrere Möglichkeiten denkbar. Ihr könnt euch in Partnerarbeit auf die zutreffende Einordnung verständigen.

Freiheiten des EU-Binnenmarktes	Vorteile	Nachteile
Warenverkehrsfreiheit	???	???
Personenverkehrsfreiheit	???	???
Dienstleistungsfreiheit	???	???
Kapitalverkehrsfreiheit	???	???

2 Beurteilt abschließend aus der Sicht von Verbraucherinnen/Verbrauchern, Arbeitnehmerinnen/Arbeitnehmern sowie Unternehmen die Einrichtung des europäischen Binnenmarktes. Wägt dabei die zur Sprache gekommenen Gesichtspunkte in ihrer Bedeutung ab.

Blickwinkel

Update: Nach dem Ausbruch der Corona-Pandemie im Jahr 2020 führten viele EU-Staaten aus Angst vor der Ausbreitung des Virus wieder Kontrollen an den innereuropäischen Grenzen durch. Arbeitnehmerinnen und Arbeitnehmer konnten vielfach nicht mehr ihren Arbeitsplatz im Nachbarland erreichen und Lkws stauten sich viele Kilometer lang an den Grenzübergängen. Dieser Rückfall in die Zeit vor dem EU-Binnenmarkt machte vielen die große Bedeutung der vier Freiheiten des Binnenmarktes nochmals nachdrücklich bewusst.

F M16 Die EU bildet eine Währungsunion: Der Euro ersetzt die alten Währungen

Das Euro-Starterkit (2002)

Der Euro ist sozusagen über Nacht am 1. Januar 2002 zur Welt gekommen. Seit diesem Tag befinden sich die Münzen und Banknoten der damals neuen Währung im Portemonnaie der Menschen in den Euroländern. Elektronische Buchungen wurden allerdings schon seit dem 1.1.1999 vorgenommen. So konnten sich die Bürgerinnen und Bürger allmählich an den Gedanken gewöhnen, ihre altvertraute Währung aufgeben zu müssen. Das neue Geld ersetzte die viele Jahrzehnte lang bekannten Währungen der Mitgliedsländer in der **Europäischen Währungsunion**. Der Französische Franc, der Holländische Gulden, die Deutsche Mark und die Währungen der anderen anfangs 11 Euro-Länder wurden in einem zuvor festgelegten Verhältnis in Euro umgetauscht. Die Deutschen erhielten an den Bankschaltern ab dem 17. Dezember 2001 für 20 Deutsche Mark ein sogenanntes Starterkit mit den ersten Euro-Münzen im Wert von 10,23 Euro (1 Euro = 1,95583 DM). Mit dem frisch geprägten Geld konnten sie vom ersten Tag des neuen Jahres an ihre Einkäufe bar bezahlen. Anfangs wurden die Preise der Waren und Dienstleistungen noch parallel in der alten und neuen Währung ausgezeichnet, damit die Menschen ein Gefühl für den Wert des Euro bekamen.

Vor allem den Deutschen fiel es schwer, von der DM Abschied zu nehmen. Sie hatten ihre Währung sehr geschätzt, weil ihre Kaufkraft in den Jahrzehnten zuvor relativ stabil geblieben war. Das lag darin begründet, dass das Geld nicht durch hohe jährliche Preissteigerungen (d.h. Inflation) an Wert verloren hatte. In den anderen Ländern gab es dagegen oft hohe Inflationsraten, teils bis zu 20%. Davor fürchteten die Deutschen sich besonders.

Der Start der Europäischen Währungsunion wurde mit dem **Vertrag von Maastricht** beschlossen, der 1992 von den europäischen Staats- und Regierungschefs unterzeichnet worden war. Mit diesem Vertrag wurde auch die Grundlage für den Europäischen Binnenmarkt gelegt. Der Euro sollte diesen ergänzen nach dem Grundsatz: „Ein Markt – eine Währung“. Dieses Ziel ist noch nicht voll erreicht, weil acht EU-Länder den Euro bislang noch nicht eingeführt haben. Aber heute bezahlen schon mehr als 340 Millionen Menschen in 19 Staaten mit dem Euro. Weitere Teilnehmerländer können folgen.

(Autorentext)

1 Erläutert, was sich für die Menschen in Deutschland mit der Einführung des Euro änderte und warum sie der neuen Währung anfangs skeptisch gegenüberstanden.

2 Begründet, warum der Umtausch der alten Währung in die neue die Kaufkraft der Menschen nicht verändert hat.

3 Erklärt, wann sich für die Inhaber des Euro die Kaufkraft nach dessen Einführung hätte verringern können (s. auch S. 328, M 19, Z. 15–33).

4 Erschließt (schon bevor euch das nächste Material näher darüber informiert), warum die Einführung der Gemeinschaftswährung die Ausweitung des grenzüberschreitenden Handels im Europäischen Binnenmarkt fördert (s. S. 319, M 14, Z. 1–15).

M 17 Dank des Euro keine Wechselkursprobleme

Fallbeispiel

Verschiedene Währungen – schwankende Wechselkurse

Die 7. Jahrgangsstufe des Mauritius-Gymnasiums in Büren fährt schon seit Jahrzehnten jedes Jahr im Februar nach Südtirol, um dort das Skifahren zu erlernen. Für die einwöchige Fahrt in die Alpenregion müssen die Eltern ca. 200 Euro pro Kind bezahlen (das entsprach etwa 400 DM, als es die Deutsche Mark noch gab). Schon etwa ein Jahr im Voraus können Eltern und Kinder sich auf diesen Betrag einstellen und ggf. dafür sparen. Das war bis zur Einführung des Euro nicht immer so einfach, wie Sportlehrerin Frau Henke aus früherer Zeit erzählt. Denn bis dahin hatte jedes Land seine eigene Währung, die Deutschen bezahlten mit der Deutschen Mark (DM) und die Italiener mit der Lira (ITL). Das heißt, die Schule hatte die Rechnung für die Unterkunft, die Skiausrüstung, den Skipass u. Ä. in italienischer Lira zu bezahlen, in unserem Beispiel 400.000 Lire für jeden Teilnehmer der Skifahrt. Für diesen Zweck tauschte die Schule, die die Skifahrt selbst organisierte und die Rechnung bezahlen musste, 400 DM bei der heimischen Bank in italienische Lire um. Das entsprach einem Tauschverhältnis (man bezeichnet dieses als **Wechselkurs**) von 1 DM = 1000 ITL (1 ITL war damit umgerechnet 0,001 DM wert). So war es zumindest geplant.

Zum Zeitpunkt des Umtausches konnte es aber auch eine böse Überraschung geben, weil der Wechselkurs sich jederzeit ändern konnte. Es war möglich, dass 1 DM in nur noch 800 ITL getauscht werden konnte (1 ITL war dann umgerechnet 0,00125 DM wert). In diesem Beispiel hat also eine **Abwertung** der DM bzw. eine **Aufwertung** der ITL stattgefunden. (Mögliche Gründe dafür werden an dieser Stelle ausgespart.) In diesem Fall hatte Frau Henke ein Problem, denn sie musste den Eltern erklären, warum für ihre Kinder nun jeweils 500 DM statt 400 DM fällig waren (bei der Bank müssen zum neuen Wechselkurs 500 DM gezahlt werden, um 400.000 ITL zu erhalten). Das sorgte natürlich für Ärger. Erfreulich war es dagegen, wenn die Deutsche Mark wertvoller wurde, sie z. B. auf 1200 Lira aufwertete. Denn das bedeutete, dass die 400.000 ITL teure Fahrt umgerechnet nur noch 333,33 DM für jede Schülerin und jeden Schüler kostete.

Positive Auswirkungen
Mehr Auswahl, bessere Preise. Der Wettbewerb zwischen den Geschäften und Anbietern ist intensiver. Das führt zu niedrigeren Verbraucherpreisen und hält Preiserhöhungen in Grenzen. Grenzüberschreitendes Einkaufen ist einfacher geworden. [...] Seit der Einführung des Euro lag die Inflationsrate im Euroraum bei etwa 2% pro Jahr. Das ist – vor allem im Vergleich zu den von einigen EU-Ländern in den 1970er- und 1980er-Jahren verzeichneten Inflationsraten von teils über 20% – bemerkenswert stabil und niedrig. [...] Zur Abfederung des Wechselkursrisikos verlangten Unternehmen im Ausland in der Regel höhere Preise, was den Handel bremste. Dieses Risiko besteht nun nicht mehr. Außerdem ist der Handel in einem Binnenmarkt mit einheitlicher Währung einfach effizienter als grenzübergreifender Handel mit mehreren Währungen.

(Europäische Kommission: Der Nutzen überwiegt, in: Ein kurzer Leitfaden zum Euro, S. 3, © Europäische Union 2013; https://docplayer.org/20872881-Ein-kurzer-leitfaden-zum-euro.html [11.05.2021])

Folgen für Unternehmen – Vorteile des Euro
Die Folgen einer Aufwertung oder Abwertung einer Währung sind für Eltern bzw. Kinder noch überschaubar. Für Unternehmen allerdings ist das Problem viel schwerwiegender. Bei ihnen geht es um große Beträge, bei denen sie zuvor nicht genau kalkulieren können, welchen Wechselkurs sie ihrem Geschäft zugrunde legen können. Wie teuer beispielsweise wird in Zukunft für einen deutschen Schuhhändler der Import italienischer Schuhe sein? Wie viel DM wird eine Exporteurin deutscher Autos nach Frankreich für die ihr überwiesenen Französischen Franc bekommen? Soll das unternehmerische Risiko eingegangen werden, dass durch die Wechselkursveränderungen ein „Strich durch die Rechnung" gemacht wird? Den Wirtschaftsakteuren fehlt also die **Sicherheit** für ihre Geschäftstätigkeit.
Mit der Einführung des Euro ist dieses Problem in der Europäischen Währungsunion vollkommen beseitigt worden.
Und auch die Touristen und Verbraucherinnen/Verbraucher haben nicht mehr das Problem, ausländische Preise in ihre heimische Währung umrechnen zu müssen, um feststellen zu können, ob Waren teuer oder billig sind. Bei einer einheitlichen Währung können sie dies gleich auf den ersten Blick erkennen. Es herrscht **Preistransparenz**.
Und noch ein weiterer Nachteil ist mit dem Euro aufgehoben: Die Wechselgebühren, die normalerweise beim Tausch einer Währung in eine andere anfallen, entfallen. Durch den Wegfall dieser **Umtauschkosten** wird die Kasse bei grenzüberschreitenden Einkäufen geschont. Und auch den europäischen Unternehmen bleiben jährlich viele Milliarden Euro für den Währungsumtausch erspart. Die privaten Haushalte können mehr Geld für den Konsum ausgeben und die Unternehmen mehr für Investitionen. Das kommt der Wirtschaft zugute.
Die Gemeinschaftswährung erleichtert und fördert den innereuropäischen Handel, die Einfuhren und Ausfuhren von Gütern und Dienstleistungen. 40 Prozent der deutschen Exporte gehen in andere Länder der Euro-Zone. Der Euro hat zu einem starken Wachstum der Wirtschaft und zur Entstehung von Arbeitsplätzen beigetragen. Er vertieft den **europäischen Binnenmarkt**, weil die Bürgerinnen und Bürger mit dem Euro leichter grenzüberschreitend reisen, arbeiten, kaufen und Geld anlegen können.
(Autorentext)

1 Rechnet nach, warum die Skifahrt pro Schüler zunächst 400 DM und im Falle der Wechselkursschwankungen 500 DM bzw. 333,33 DM kostete.

2 Erklärt, welche Folgen eine Aufwertung der DM gegenüber der italienischen Lira (die zugleich eine Abwertung der Lira zur DM bedeutet) zum einen für einen deutschen Importeur italienischer Schuhe und zum anderen für eine deutsche Exporteurin von Milchprodukten hätte. Welche Konsequenzen könnten der Importeur und die Exporteurin daraus ziehen?

3 Erläutert, warum der Euro für die Wirtschaft im europäischen Binnenmarkt von Nutzen und für die Bürgerinnen und Bürger von Vorteil ist.

M18 Die Euro-Gemeinschaft – Regeln und Krisenbewältigung

F

Die Länder der Europäischen Währungsunion sind durch die gemeinsame Währung wirtschaftlich eng miteinander verflochten. Wenn in allen Teilnehmerstaaten die Wirtschaft gut läuft, ist das für die gesamte Währungsgemeinschaft positiv. Gibt es dagegen in einem Land größere wirtschaftliche Probleme wie zunehmende Arbeitslosigkeit, hohe Schulden oder einen allgemeinen Preisverfall (in diesem Fall nehmen die Unternehmen weniger Geld ein, investieren weniger und entlassen Beschäftigte), dann trifft das auch die anderen Länder. Deshalb müssen alle Staaten, die in die Währungsunion aufgenommen werden wollen, sozusagen eine „Aufnahmeprüfung" bestehen. Sie müssen **verschiedene Voraussetzungen („Kriterien")** erfüllen, in denen sich eine stabile wirtschaftliche Lage widerspiegelt. Darunter sind Verschuldungsgrenzen, die ein Staat nicht überschreiten darf. Gemessen an seiner Wirtschaftsleistung, dem Bruttoinlandsprodukt (BIP), darf der Schuldenstand nicht mehr als 60% davon betragen. Und die Aufnahme neuer Schulden darf in einem Jahr nicht höher als 3% des BIP sein. Wichtig ist, dass die Mitgliedstaaten auch nach ihrem Eintritt in die Währungsunion jährlich keine höhere Neuverschuldung als 3% zulassen dürfen. Das zumindest ist die Grundregel.

Bei einigen Ländern waren infolge einer großen Wirtschaftskrise (2008/2009) die Einnahmen allerdings stark gesunken und gleichzeitig die Staatsausgaben enorm gestiegen. Auch vor der Krise hatten sie ihre Staatsausgaben schon kräftig erhöht. Das Ergebnis war eine **Überschuldung**. Einige Staaten waren nicht mehr in der Lage, aus eigener Kraft die aufgenommenen Kredite zurückzuzahlen. Das war ein großes Problem für sie, vor allem aber auch für die Banken. Diese befürchteten, bei der Pleite eines Staates ihre Kredite abschreiben zu müssen und selbst zusammenzubrechen. Das allgemeine Vertrauen in die Europäische Währungsunion ging verloren, manche befürchteten ihren Zusammenbruch (das war ab ca. 2010 der Fall). In Griechenland waren die Probleme besonders groß.

In dieser zugespitzten Lage sahen sich die anderen Mitglieder der Europäischen Währungsunion gezwungen, den in die Krise geratenen Ländern zu helfen. Sie organisierten Kapital für die überschuldeten Länder, d.h., sie gewährten zum einen selbst Kredite, vor allem aber bürgten sie bei anderen Geldgebern, die Kapital für die Hilfe zur Verfügung stellten. Wenn Griechenland oder ein anderer überschuldeter Staat das Kapital aber nicht an den Kreditgeber (Gläubiger) zurückzahlen können sollte, würde das bedeuten, dass die „Helferländer" in die Bresche springen und dafür finanziell einstehen müssten.

Dieser Weg war sehr umstritten. Es gab viel Kritik an den Hilfszusagen. Die Krisenländer, die das Kapital erhielten, mussten als Bedingung dafür sehr strenge Sparmaßnahmen vornehmen: Renten wurden gekürzt, Staatsangestellte entlassen, Steuern erhöht und Staatseigentum musste verkauft werden, sogar Flughäfen. Die Bürgerinnen und Bürger hatten unter diesen Maßnahmen sehr zu leiden und es kam zu heftigen Protesten und Demonstrationen.

Seit 2012 unterstützt der sog. Europäische Stabilitätsmechanismus (ESM) nach dem Grundsatz **„Hilfe zur Selbsthilfe“** Staaten, wenn sie stark überschuldet sind und um finanzielle Hilfe in Form von Krediten bitten. Im Gegenzug müssen sie Anstrengungen zum Schuldenabbau unternehmen. Es wurden auch noch schärfere Vorkehrungen getroffen, damit die Staaten sich gar nicht erst überschulden und die Europäische Währungsunion nicht nochmals in eine so große Krise gerät. Seither ist das auch nicht mehr vorgekommen, auch wenn die Schulden in einigen Ländern nach wie vor hoch sind und die vorgegebenen Grenzen überschreiten.

(Autorentext)

1 Nennt die Verschuldungsgrenzen, die Staaten, die zur Europäischen Währungsunion gehören, nicht überschreiten dürfen.

2 Erklärt, wie die Europäische Währungsgemeinschaft 2010 in eine schwere Krise geraten ist.

3 Beschreibt, wie versucht worden ist, die Krise zu lösen, und wie eine mögliche neue Krise vermieden werden soll.

F

M19 Die Europäische Zentralbank wacht über den Wert des Euro

In der Europäischen Währungsunion ist die **Europäische Zentralbank (EZB)** für die gemeinsame Währung verantwortlich. Sie wird in den Mitgliedsländern von den nationalen Notenbanken vertreten, in Deutschland ist das die Bundesbank. Die EZB ist vor allem für die Geldversorgung zuständig. Das bedeutet, dass sie die im Umlauf befindliche Geldmenge kontrolliert. Sie stellt die Weichen dafür, wie viel Geld in der Wirtschaft zirkuliert. Das Geld fließt von der EZB über die Banken in die Wirtschaft. Kunden der EZB sind keine Privatpersonen, sondern die Geschäftsbanken in den Ländern der Europäischen Währungsunion (in Deutschland z.B. Volksbanken, Sparkassen, Deutsche Bank). Die Zentralbank ist sozusagen die Bank für die Banken. Die Geschäftsbanken besorgen sich bei der EZB Geld, das deshalb auch als Zentralbankgeld bezeichnet wird. Die Banken geben dieses Geld und auch das Geld, das sie mithilfe des Zentralbankgeldes selbst noch zusätzlich schaffen können (mittels ihrer Kreditvergabe), an die Kunden weiter. So kommen die Münzen und Banknoten in Umlauf. Das meiste Geld aber existiert nur auf Bankkonten und wird per Computer überwiesen.

Das **Hauptziel** der Europäischen Zentralbank ist die Erhaltung der Kaufkraft des Euro. Dieses Ziel ist dann erreicht, wenn vereinfacht gesagt die Menschen von Jahr zu Jahr etwa gleich viele Güter von ihrem Geld kaufen können. Das ist dann nicht mehr der Fall, wenn die Waren immer teurer werden. Ein einfaches Rechenbeispiel macht das deutlich: Ein Warenkorb mit alltäglichen Produkten kostete 2020 z.B. 50 Euro. Ein Haushalt, der über 1500 Euro im Monat verfügt, kann dafür 30 Warenkörbe erwerben. Steigen im nächsten Jahr die Preise, sodass der Warenkorb

nun 60 Euro kostet, kann der Haushalt mit 1500 Euro nur noch 25 Warenkörbe kaufen. Die Kaufkraft des Geldes ist infolge der Preissteigerung gesunken. Den Anstieg des allgemeinen Preisniveaus bezeichnet man als **Inflation**. Die Inflation wird anhand der jährlichen Preisentwicklung eines typischen Warenkorbes von einem Durchschnittshaushalt gemessen.
Wenn, wie schon gesagt, das Hauptziel der EZB die Erhaltung der Kaufkraft ist, dann muss sie darauf bedacht sein, die Inflation zu bekämpfen. Das ist ihr in den vergangenen Jahren recht gut gelungen, denn die Inflationsrate betrug in den letzten Jahren in der Europäischen Währungsunion im Durchschnitt kaum mehr als ein Prozent, oft war sie noch geringer.

Bekämpfung der Inflation

Inflation entsteht immer dann, wenn (etwas vereinfacht gesagt) zu viel Geld im Umlauf ist. Dann fragen die Konsumentinnen und Konsumenten, der Staat und die Unternehmen nämlich mehr Güter nach, als an den Märkten angeboten werden. Die Folge davon ist, dass die Anbieter die „Gunst der Stunde nutzen“ und die Preise für ihre Produkte erhöhen. Die Europäische Zentralbank achtet deshalb darauf, dass keine zu große Geldmenge im Umlauf ist. Sie berücksichtigt aber ebenso, dass nicht zu wenig Geld im Umlauf ist. Denn dann würden zu wenige Güter gekauft. Die Folgen wären Arbeitslosigkeit und ein Abschwung der Wirtschaft.

Ein wichtiges Instrument der Zentralbank zur Erreichung der Preisniveaustabilität ist die Beeinflussung des **Zinsniveaus**. Wenn die Zinsen niedrig sind, ist das Geld von den Banken billig zu bekommen. Das führt dazu, dass Privatpersonen und Unternehmen mehr Geld bei den Banken nachfragen, also Kredite aufnehmen, und außerdem weniger sparen. Sie geben dann viel Geld für Konsum und Investitionen aus. Wenn das in einer zu starken Weise geschieht, wächst die allgemeine Nachfrage übermäßig und die Preise beginnen stärker zu steigen. In einer solchen Situation müsste die EZB wieder für höhere Zinsen sorgen. Diese hätten zur Folge, dass mehr gespart wird und weniger Kredite aufgenommen werden. Die Nachfrage würde abgeschwächt und ebenso die allgemeinen Preissteigerungen. Der Wert des Euro bliebe in etwa gleich.

(Autorentext)

1 Erklärt, wofür die Europäische Zentralbank zuständig ist und worin sie ihr Hauptziel sieht. Warum ist die Erreichung dieses Ziels für die Bürgerinnen und Bürger von großer Bedeutung?

2 Begründet, warum die EZB auf die Geldmenge achtet, die sich auf den Konten und in den Händen von Haushalten und Unternehmen befindet.

3 Recherchiert zum einen, wie hoch zurzeit die Inflationsrate in Deutschland ist, und zum anderen, wie hoch die Zinsen sind (für die Sparer einerseits und die Kreditnehmer andererseits). 2.1, 2.2

5. Wie zukunftsfähig ist die Europäische Union?

Die weltweit zu bewältigenden Herausforderungen wie z. B. Klimawandel, Asyl und Migration, Rechtspopulismus, Neuordnung politischer und wirtschaftlicher Machtverhältnisse, Digitalisierung u. v. a. stellen sich auch im besonderen Maße der Europäischen Union. Krisen und besondere Belastungen wie z. B. die Flüchtlingskrise und der Ausbruch der Corona-Pandemie haben immer wieder die Frage aufkommen lassen, wie solidarisch und einig die Mitgliedsländer innerhalb der Europäischen Union sind und ob sie nicht doch in erster Linie an sich selbst denken. Und der seit dem 01.02.2021 endgültig vollzogene Brexit, mit dem erstmals ein Mitgliedsland sogar aus der Europäischen Union ausgetreten ist, verstärkt die Notwendigkeit, nach der zukünftigen Entwicklung der EU zu fragen.

Die seit dem 1. Dezember 2019 amtierende Präsidentin der Europäischen Kommission, Ursula von der Leyen, kündigte in ihrer Antrittsrede eine **Konferenz zur Zukunft Europas** *(Conference on the Future of Europe)* an. Sie ist als politisches Gremium gedacht, in dem in den kommenden zwei Jahren (geplant war der Zeitraum 2020 – 2022, der allerdings wegen der Corona-Pandemie wohl nicht eingehalten werden kann) neue Antworten für die Zukunft der europäischen Demokratie formuliert werden sollen. Auch junge Menschen sollen teilnehmen und ihre Ideen einbringen.

M20 Gefahr im Verzug? – Social Distancing à la Europa

(Schwarwel)

Analysiert vor dem oben skizzierten Hintergrund diese Karikatur.

M 21 Man hilft sich doch!

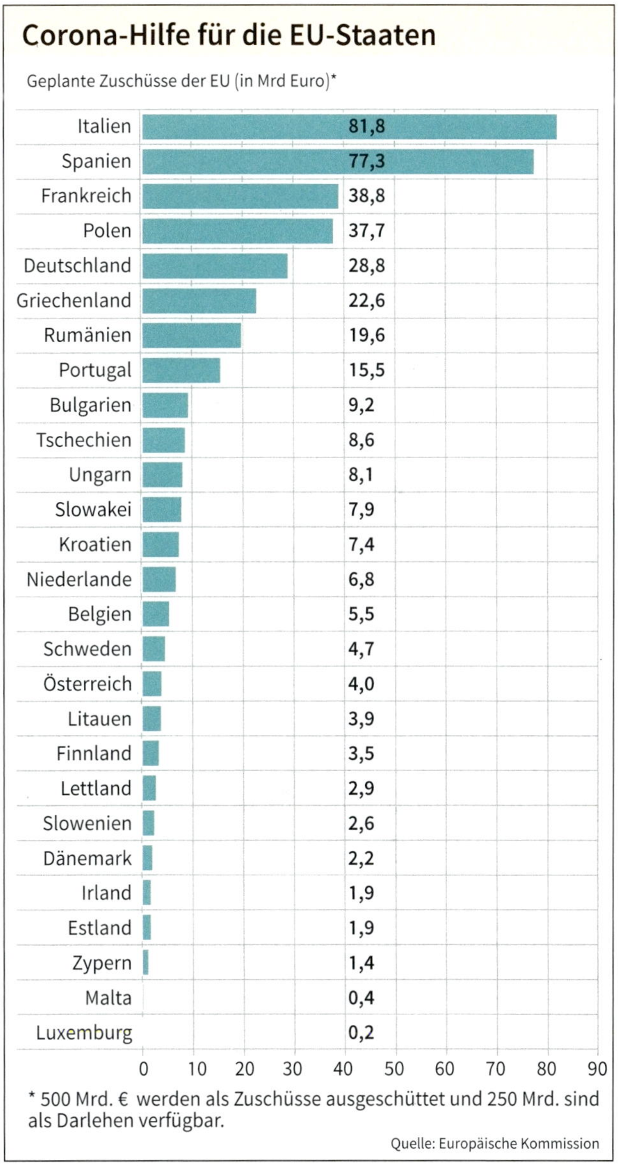

Grenzen dicht, Schutzmasken gehamstert – gerade zu Beginn der Corona-Pandemie lief zwischen den EU-Mitgliedern nicht alles rund. [...].
Wenn es ernst wird, ist sich eben jeder selbst der Nächste.
Oder etwa nicht? Nein, sagt Jana Puglierin vom Berliner Büro der europäischen Denkfabrik „European Council on Foreign Relations“ (ECFR):
„Ich glaube, dass sich bei vielen Bürgerinnen und Bürgern der Eindruck aus den ersten Wochen der Krise festgesetzt hat, dass die EU in dieser Krise einfach irrelevant war. Und dass es nur der einzelne Nationalstaat war, der etwas gemacht hat. Aber das stimmt so einfach nicht. Die EU-Ebene ist in dieser Krise definitiv besser als ihr Ruf.“
In jedem der 27-EU-Länder hat das Institut zusammentragen lassen, wer wann wem womit geholfen hat. Und das Ergebnis ist deutlich: Ja, es gab zu Beginn der Pandemie in Europa Anlaufschwierigkeiten – aber die waren schnell überwunden. „Praktisch jedes EU-Mitglied hat sich mit anderen solidarisch gezeigt“, so Puglierin. [...]
Und diese Solidarität gab es von Anfang an. Der interaktive Datenatlas zeigt: Schon Anfang März sind viele gegenseitige Hilfsaktionen angelaufen – von denen bisher kaum die Rede war.
„Ich wusste etwa nicht, dass Luxemburg so viele Patienten in Krankenhäusern aufgenommen hat, dass Polen schon ganz früh medizinisches Personal nach Italien geschickt hat oder dass Litauen mehr als 20.000 Schutzhandschuhe an die kroatische Polizei geliefert hat“, sagt Puglierin. „Eine meiner Lieblingsgeschichten ist, dass Portugal angekündigt hat, auf Ersuchen der luxemburgischen Regierung 15 Sprachlehrer zu entsenden, die ihre Kollegen bis Jahresende unterstützen und die geordnete Wiederöffnung der Grundschulen in Luxemburg erleichtern sollen. Das sind Beispiele für ein lebendiges Europa.“
[...] Natürlich ist den Forschern klar, dass es bei der Corona-Hilfe nicht nur um selbstlose Freundlichkeit geht: „Es steckt ja oft auch ein Eigeninteresse hinter der Solidarität: Dass Staaten etwas nicht aus Selbstlosigkeit tun, sondern dass sie ein knallhartes politisches Kalkül damit verfolgen.“
Das gilt etwa für Ungarn. Die Regierung von Viktor Orban hatte sich in den Nachbarländern zwar großzügig gezeigt, allerdings nur ganz gezielt. [...] Zum Beispiel hat Ungarn mehr als 700.000 Schutzmasken und medizinische Güter in die Nachbarschaft geliefert, aber gezielt an ungarische Minderheiten in der Slowakei, in Kroatien, in Rumänien, in Slowenien. [...]

(Stephan Ueberbach: Man hilft sich doch, ARD-aktuell/tagesschau.de, 11.06.2020, Norddeutscher Rundfunk, Hamburg; https://www.tagesschau.de/ausland/eu-coronakrise-101.html [05.03.2021])

1 Stellt dar, wie das Institut „European Council on Foreign Relations“ ermittelt hat, wie sich die 27 EU-Länder zu Beginn der Corona-Pandemie gegenseitig unterstützt haben. Stellt einige Beispiele vor.

2.1., 2.2

2 Recherchiert dazu auch unter diesem Link: @ WES-116592-041

2.1, 2.2, 4.1

3 In der Grafik geht es um geplante Corona-Hilfen, die die Europäische Union den Mitgliedsländern zur Unterstützung zahlen will. Stellt diese Maßnahme kurz vor und recherchiert zur Verteilung, Finanzierung und zur Debatte darüber unter diesem Link: @ WES-116592-042 Stellt anschließend eure Ergebnisse vor.

2.1, 2.2

M 21 sollte beispielhaft verdeutlichen, wie sich Solidarität in der EU zeigen kann: zum einen, indem sich die Länder gegenseitig helfen, zum anderen, indem die Institution EU entsprechende Entscheidungen trifft. Unter dem Link @ WES-116592-043 könnt ihr alle Maßnahmen der EU im Zusammenhang mit der Pandemie vom 9. Januar 2020 bis heute einsehen.

M 22 In Europa an einem Strang ziehen

Bundeskanzlerin Merkel hat im Europäischen Ausschuss der Regionen die Prioritäten des deutschen EU-Ratsvorsitzes erläutert. Mit Blick auf die zahlreichen Herausforderungen – allen voran der Covid19-Pandemie – forderte sie eine enge europäische Zusammenarbeit. „Das gelingt nur gemeinsam mit den Bürgerinnen und Bürgern und nicht über ihre Köpfe hinweg.“
Die deutsche EU-Ratspräsidentschaft [Vorsitz Deutschlands im Ministerrat der EU für die zweite Jahreshälfte 2020] finde in einer Ausnahmesituation statt, so Bundeskanzlerin Angela Merkel [...]. Die Covid19-Pandemie fordere Europa auf allen Ebenen – in den Mitgliedstaaten, in den Regionen und in den Kommunen. Die erneut ansteigenden Infektionszahlen in fast allen Teilen Europas beobachte sie mit Sorge. „Wir dürfen jetzt nicht das verspielen, was wir in den letzten Monaten durch Einschränkungen erreicht haben“, mahnte die Kanzlerin in ihrer Rede in der Plenartagung des Europäischen Ausschusses der Regionen (AdR). Ein weiterer Lockdown müsse verhindert werden.
Die Kanzlerin dankte den Mitgliedern des Ausschusses, dass sie in der Pandemie Verantwortung in den Kommunen und Regionen übernähmen. Gerade sie wüssten um die Herausforderungen vor Ort – in den Krankenhäusern, Pflegeheimen, Schulen und Kindergärten, den Unternehmen und dem öffentlichen Raum. „Ohne Sie können wir – als Staats- und Regierungschefs – wenig bewegen. Genauso wenig wie ohne die Bürgerinnen und Bürger Europas.“ Die Krisenbewältigung sei eine Herkulesaufgabe, die umso besser gelänge, wenn die Menschen in Europa an einem Strang zögen.
Die Bundeskanzlerin nahm auf Einladung des Präsidenten des Ausschusses der Regionen an dessen 140. Plenarsitzung teil. In der Debatte ging es um die Schwerpunkte der deutschen EU-Ratspräsidentschaft. [...]

Außergewöhnliche Maßnahmen

Es sei überaus wichtig gewesen, ein umfassendes Paket zu schnüren, um die wirtschaftlichen und sozialen Folgen einzudämmen, erklärte die Kanzlerin. Dazu dienten die europäischen Kredit- und Förderprogramme sowie die Beschlüsse des Europäischen Rates zum Mehrjährigen Finanzrahmen und zum Aufbauinstrument. Die Staats- und Regierungschefs der 27 EU-Mitgliedsstaaten hatten sich am 21. Juli nach viertägigen Beratungen auf einen Mehrjährigen Finanzrahmen (MFR) für die Jahre 2021 bis 2027 in Höhe von 1,8 Billionen Euro geeinigt. „Wir sind der Überzeugung, dass in einer solch außerordentlichen Situation auch außergewöhnliche Maßnahmen notwendig sind", so Merkel. [...]

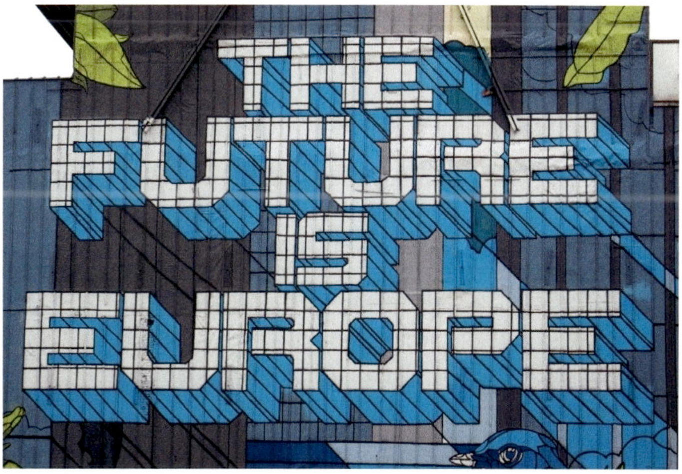

Klimaschutz und Digitaler Wandel

Die Kanzlerin ging auf zwei weitere wichtige Schwerpunkte der deutschen Ratspräsidentschaft ein: Klimaschutz und Digitaler Wandel. In beiden Bereichen müsse man vorankommen. Es gehe um Zukunftsvorsorge, Europa müsse sich neue wirtschaftliche Chancen erschließen. Die Wettbewerbsfähigkeit Europas werde in zunehmendem Maß davon abhängen, inwieweit es gelänge, digital souveräner zu werden und den Binnenmarkt in dieser Hinsicht zu stärken. Bei der Weiterentwicklung des Binnenmarktes müsse aber immer der Mensch im Mittelpunkt stehen, betonte Merkel. „Wir denken Wirtschaft und Soziales immer zusammen." Da müsse Europa selbstbewusst seinen eigenen Weg gehen.

Beim Klimaschutz ist die Kanzlerin davon überzeugt, dass eine globale Lösung vor allem dann gelingt, wenn Europa eine Vorreiterrolle einnähme. [...] Die Bundesregierung unterstützt den Vorschlag der Europäischen Kommission, die Emissionen bis 2030 um mindestens 55 Prozent gegenüber 1990 zu reduzieren. [...]

Stärke durch dezentrale Strukturen

> **Tipp:**
> Hier findet ihr die Rede im Wortlaut:
> @ WES-116592-044

Die Kanzlerin sprach auch die weiteren Herausforderungen der deutschen Ratspräsidentschaft an – die **Migration** und den Brexit. Um all diese Herausforderungen zu bewältigen, brauche es ein starkes Europa, betonte Merkel. Es brauche ein Europa mit Mitgliedstaaten, deren Stärke gerade auch aus dezentralen Strukturen erwachse, die den verschiedenen Gegebenheiten in den Regionen, Städten und Kommunen Rechnung tragen.

Gelebte Subsidiarität und europäische Errungenschaften wie die Freizügigkeit und Freiheiten des Binnenmarktes und Schengenraums seien Europa gerade bei der Bewältigung der Pandemie zugute gekommen. Merkel erwähnte hier die Aufnahme von Patienten aus anderen EU-Staaten. „Allerdings haben wir auch erlebt, dass die europäische Zusammenarbeit sozusagen nicht grenzenlos belastbar ist." Vor allem zu Beginn der Pandemie habe man sich zu sehr auf deren Bekämpfung im eigenen Staat konzentriert. „Aber auch diese Erfahrung lehrt einmal mehr: Wir brauchen einander. Wir brauchen eine enge europäische Zusammenarbeit, um große Herausforderungen zu meistern. Und das gelingt nur gemeinsam mit den Bürgerinnen und Bürgern und nicht über ihre Köpfe hinweg", so die Kanzlerin.

(Bundesregierung.de: In Europa an einem Strang ziehen, Presse- und Informationsamt der Bundesregierung, 13.10.2020, Berlin; https://www.bundesregierung.de/breg-de/aktuelles/merkel-ausschuss-regionen-1798320 [05.03.2021])

Analysiert dieses Material mithilfe der folgenden methodischen Hinweise zum Umgang mit Texten. Nicht alle Angaben sind für M 22 relevant, sie gelten für Textanalysen allgemein.

Methode

Hinweise zur Analyse von Texten

In folgenden **vier Schritten** könnt ihr vorgehen:

1. Klarstellung des inhaltlichen Zusammenhangs

In den meisten Fällen ist ein bestimmtes Vorwissen schon vorhanden oder der Text ist Teil einer Reihe schon erarbeiteter Materialien. Sich dies klarzumachen erleichtert das Verständnis und die Einordnung der neuen Informationen; es hilft, gezielt und wirksam zu lesen. Dazu gehört auch, sich die vorgegebene Aufgabenstellung genau klarzumachen.

2. Schritte der Texterschließung

2.1 Jede Texterschließung sollte damit beginnen, die äußeren Textmerkmale festzustellen:

- Worum geht es laut der Überschrift im Text?
- Wer ist die Verfasserin oder der Verfasser (z. B. Politikerin/Politiker einer bestimmten Richtung, Fachwissenschaftlerin/Fachwissenschaftler, Vertreterin/Vertreter von Interessengruppen)?
- Wer ist oder war ursprünglich der Adressat (z. B. eine breite Öffentlichkeit bei Zeitungs- und Onlineartikeln, ein bestimmtes Publikum bei einer Rede, Fachleute auf einem bestimmten Gebiet bei einem wissenschaftlichen Text)? Wird der Anlass für das Verfassen des Textes genannt?
- Wann und wo ist der Text ursprünglich veröffentlicht worden? Wie aktuell ist er?

2.2 Dann sollte der Text zur Orientierung einmal ganz überflogen werden. Für eine genaue Erschließung muss er anschließend sorgfältig gelesen und auf den gedanklichen Ablauf und seine Hauptaussagen hin untersucht werden. Dabei ist es eine gute Hilfe, auf zentrale Begriffe (Signalwörter) zu achten. Verbindungswörter (außerdem, und, denn, weil, allerdings, obwohl, andererseits, zunächst, schließlich) helfen bei der richtigen Erfassung des Gedankengangs und der Argumentation.

Zur Analyse der Textaussagen bieten sich die folgenden Techniken an:

- Unterstreichen oder farbiges Markieren von Kernaussagen und zentralen Begriffen, bei längeren Sätzen oder Abschnitten unter Umständen auch am Rand (nur möglich, wenn der Text als Kopie vorliegt oder abgespeichert wurde).
- Kurze, prägnante Randvermerke als Zusammenfassung von Textabsätzen oder Gliederung des Textes durch Zwischenüberschriften (ebenfalls nur möglich, wenn der Text als Kopie vorliegt oder abgespeichert wurde). Solche Zwischenüberschriften erleichtern die inhaltliche Gliederung des Textes, die jedoch erst nach einer genauen Textlektüre entstehen kann.
- Unbekannte Fremdwörter und Fachbegriffe müssen mit dafür geeigneten Hilfsmitteln (z. B. Fremdwörterlexikon, Fachwörterbuch, Suchmaschine) geklärt werden.

Wichtig ist jedoch, dass alle Mittel zur Kennzeichnung des Textes nur so sparsam verwendet werden, dass nur wirklich Wichtiges hervorgehoben wird.

3. Fragen zu einer genaueren Untersuchung des sachlichen Gehaltes und der Argumentationsstruktur formulieren

- Wie kommt die Autorin bzw. der Autor zu ihren/seinen Erkenntnissen? Woher stammen die Informationen?
- Wie begründet die Autorin/der Autor ihre/seine Aussage, These oder Position?
- Von welchen expliziten (ausdrücklich genannten) bzw. impliziten (nicht ausdrücklich genannten) Voraussetzungen geht die Autorin/der Autor aus?
- Auf welche Zusammenhänge nimmt die Autorin/der Autor ausdrücklich oder indirekt Bezug?
- Zu welchen Ergebnissen kommt die Autorin/der Autor? Sind die Argumente sachlich richtig, widerspruchsfrei und vollständig? Welche offenen Fragen oder Unklarheiten bleiben?

4. Erschließung der Absicht der Autorin/des Autors

Aus den bisherigen Ergebnissen der Textuntersuchung kann nun abgeleitet werden, welche Absicht die Autorin/der Autor mit dem vorliegenden Text verfolgt. Informationstexte haben zum Beispiel das Ziel, den Leserinnen und Lesern sachliche Informationen zu vermitteln. Kommentare oder andere wertende Texte haben hingegen das Ziel, von einer bestimmten Position zu überzeugen oder zu einer bestimmten Handlung aufzufordern. Ihr habt einen Text erst dann vollständig erschlossen, wenn ihr die Absicht klar benennen könnt.

(Autorentext: Rebecca Kinzl)

Ursula von der Leyen ist seit dem 1. Dezember 2019 Präsidentin der Europäischen Kommission. In ihrer Bewerbungsrede am 16. Juli 2019 im Europäischen Parlament formulierte sie zur Zukunft Europas u. a. den in M 23 dargestellten Vorschlag.

M23 Eine Konferenz zur Zukunft Europas

a) „Ich will, dass die Bürgerinnen und Bürger zu Wort kommen"

[...] „Ich will, dass die Europäerinnen und Europäer die Zukunft unserer Union gestalten. Sie sollten eine führende, eine aktive Rolle spielen, wenn wir unsere Prioritäten und Zielvorgaben festlegen. Ich will, dass die Bürgerinnen und Bürger bei einer Konferenz zur Zukunft Europas zu Wort kommen, die 2020 [wegen der Pandemie musste der Start allerdings verschoben werden] beginnen und zwei Jahre laufen soll. Diese Konferenz soll die Europäerinnen und Europäer zusammenbringen und unseren jungen Menschen, der Zivilgesellschaft und den europäischen Institutionen als gleichberechtigten Partnern eine starke Stimme geben. Sie muss gut vorbereitet werden: mit einem klar abgesteckten Rahmen und eindeutigen Zielen, die vorab von Parlament, Rat und Kommission vereinbart wurden. Ich bin bereit, das Vereinbarte weiterzuverfolgen, einschließlich gesetzgeberischer Maßnahmen, sofern diese erforderlich sind. Auch für Vertragsänderungen bin ich offen." [...]

(Ursula von der Leyen: Eine Union, die mehr erreichen will – Meine Agenda für Europa; Politische Leitlinien für die künftige Europäische Kommission 2019 – 2024, S. 23; Europäische Kommission 2019, ohne Ort; https://ec.europa.eu/info/sites/info/files/political-guidelines-next-commission_de.pdf [05.03.2021])

b) Die Stimme der Bürgerinnen und Bürger soll mehr Gewicht bekommen

Die Europäische Kommission hat heute (21.01.2020) ihre Ideen zur Konferenz zur Zukunft Europas vorgestellt. [...]
Kommissionspräsidentin Ursula von der Leyen sagte: „Die Menschen müssen im Mittelpunkt unserer gesamten Politik stehen. Ich wünsche mir daher, dass sich alle Europäer aktiv in die Konferenz zur Zukunft Europas einbringen und ihnen eine maßgebliche Rolle bei der Festlegung der Prioritäten der Europäischen Union zukommt. Nur gemeinsam können wir unsere Union von morgen aufbauen." [...]
Die Kommission schlägt zwei parallele Themenbereiche für die Debatten vor. Beim **ersten** liegt der Schwerpunkt auf den Prioritäten und anzustrebenden Zielen der EU. Dazu gehören

- die Bewältigung des Klimawandels und der Umweltprobleme,
- eine Wirtschaft, deren Rechnung für die Menschen aufgeht,
- soziale Gerechtigkeit und Gleichheit,
- der digitale Wandel Europas,
- die Förderung unserer europäischen Werte,
- die Stärkung der Stimme der EU in der Welt sowie
- die Festigung der demokratischen Grundlagen der Union.

Beim **zweiten Themenbereich** sollte der Schwerpunkt auf Fragen mit besonderer Bedeutung für demokratische Prozesse und institutionelle Fragen liegen. Hier sind insbesondere das Spitzenkandidaten-System und die länderübergreifenden Listen für die Wahlen zum Europäischen Parlament zu nennen.

Die Kommission betrachtet die Konferenz als Forum, dessen Ausgangs- und Orientierungspunkt die Bevölkerung ist, an dem also Bürgerinnen und Bürger aus allen Ecken der Union und nicht nur aus den Hauptstädten Europas teilnehmen können. Andere EU-Institutionen, die nationalen Parlamente, die Sozialpartner, regionale und lokale Behörden sowie die Zivilgesellschaft sind eingeladen, sich daran zu beteiligen. Eine mehrsprachige Online-Plattform wird die Transparenz der Debatte gewährleisten und eine breitere Beteiligung fördern. Die Kommission will, gemeinsam mit den anderen EU-Organen, so wirksam wie möglich dafür sorgen, dass die Ideen und Rückmeldungen der Bürgerinnen und Bürger in die Politikgestaltung der EU einfließen.

(Europäische Kommission: Konferenz zur Zukunft Europas: Stimme der Bürger soll mehr Gewicht bekommen, Vertretung in Deutschland, 22.01.2020, Berlin; https://ec.europa.eu/germany/news/20200122-zukunft-europas_de [05.03.2021])

1 Stellt vor, wie die Idee zu einer Konferenz zur Zukunft Europas entstanden ist, welche Zielsetzung sie verfolgt, welche Themenbereiche auf der Agenda stehen und wer daran teilnehmen soll.

Blick-winkel

2 Wie bewertet ihr eine solche Konferenz? Berücksichtigt dabei Chancen und mögliche Schwierigkeiten.

2.1, 2.2, 4.1, 4.2

3 Bildet Gruppen und wählt euch ein Thema aus aktuellen Politikfeldern der EU zur Bearbeitung aus. Recherchiert dazu Informationen (z. B. Sachlage, mögliche Konflikte, Interessen unterschiedlicher Akteure, Vereinbarungen) und bereitet sie für einen mediengestützten Vortrag auf. Zum Einstieg könnte ein Link hilfreich sein, den ihr hier findet: @ WES-116592-045

2.1, 2.2, 4.1

4 Recherchiert den aktuellen Stand der Konferenz zur Zukunft der Europäischen Union und berichtet darüber.

Was ihr jetzt wissen und können solltet:

- ✓ M**S**UH zwischen Europa und der Europäischen Union unterscheiden;
- ✓ M**S**UH beschreiben, inwiefern die Europäische Union jeden Menschen in Europa betrifft;
- ✓ **MS**U**H** mithilfe einer Zeitungs- und Onlinerecherche gezielt Informationen suchen und sammeln und über einen Sachverhalt informieren;
- ✓ M**S**UH Motive und Ziele des europäischen Einigungsprozesses bis heute beschreiben;
- ✓ M**S**UH wesentliche Merkmale der Europäischen Union darstellen;
- ✓ **MS**UH die zurzeit 27 Mitgliedstaaten im Hinblick auf unterschiedliche Indikatoren hin untersuchen;
- ✓ M**S**UH die Werte erläutern, die der Europäischen Union zugrunde liegen;
- ✓ M**SU**H die Bedeutung einer europäischen Identität für die Entwicklung der europäischen Union beurteilen;
- ✓ M**SU**H Aufgaben der zentralen Institutionen der EU beschreiben und in Grundzügen den Weg europäischer Gesetzgebung erläutern und beurteilen;
- ✓ M**S**UH wesentliche Merkmale eines Binnenmarktes und der Europäischen Währungsunion darstellen;
- ✓ M**SU**H Chancen und Herausforderungen eines freien EU-Binnenmarktes für Verbraucherinnen und Verbraucher sowie für Unternehmen und Arbeitnehmerinnen und Arbeitnehmer diskutieren;
- ✓ M**SU**H unter Berücksichtigung unterschiedlicher Interessen der EU-Länder an Beispielen Möglichkeiten der weiteren Entwicklung der Europäischen Union beurteilen;
- ✓ **MSU**H mithilfe unterschiedlicher Methoden (Ampelspiel, Positionslinie) zu Fragestellungen Stellung beziehen und sie begründen;
- ✓ **M**SUH Informationsrecherchen zielgerichtet durchführen und dabei Suchstrategien anwenden;
- ✓ **MS**UH themenrelevante Informationen und Daten aus Medienangeboten filtern, strukturieren, umwandeln und aufbereiten;
- ✓ **M**SU**H** Medienprodukte adressatengerecht planen, gestalten und präsentieren;
- ✓ **M**SU**H** Gestaltungsmittel von Medienprodukten kennen und reflektiert anwenden

Was ihr wisst – was ihr könnt – wie ihr es seht

MSUH

1. Wer macht was in der EU?

Testet euer Detailwissen über einzelne europäische Institutionen. Gebt jeweils an, welche der im Wortspeicher genannten EU-Institutionen für die nachfolgend genannten Aufgaben zuständig ist (zu „Europäischer Gerichtshof“ und „Europäischer Rechnungshof“ müsst ihr recherchieren):

Europäischer Rat – Rat der EU – Europäisches Parlament – Europäische Kommission – Europäischer Gerichtshof – Europäische Zentralbank – Europäischer Rechnungshof

a) macht Vorschläge für EU-Regelungen
b) besteht aus einer Vertreterin bzw. einem Vertreter pro Mitgliedstaat
c) legt die Leitzinsen fest
d) kontrolliert die Ausgaben der EU
e) wird von der Bevölkerung gewählt
f) beschließt die Gesetze (Verordnungen/Richtlinien) der EU
g) nominiert den Kommissionspräsidenten
h) verwaltet die EU
i) vertritt die Interessen der Bürgerinnen und Bürger
j) vertritt die Interessen der Mitgliedstaaten bzw. ihrer Regierungen
k) entscheidet über die Auslegung der europäischen Gesetze
l) legt die politischen Leitlinien fest

(Europa. Das Wissensmagazin für Jugendliche, Verf.: Eckart D. Stratenschulte, Aktion Europa/Bundeszentrale für politische Bildung, Bonn 2015, S. 19)

MSUH

2. Soll die Zeitumstellung abgeschafft werden?

Eine mögliche Abschaffung der Zeitumstellung ist ein gutes Beispiel für die Zusammenarbeit der Institutionen auf europäischer Ebene. Die EU-Kommission wird einen Vorschlag zur Abschaffung formulieren, der im EU-Parlament diskutiert werden wird, darüber hinaus muss der Ministerrat darüber entscheiden. Bevor dieser politische Entscheidungsprozess in Gang gesetzt wird, konnten in der Zeit vom 4. Juli bis 16. August 2018 alle EU-Bürgerinnen und -Bürger an einer (nicht repräsentativen) Online-Umfrage zur Zeitumstellung teilnehmen. 4,6 Millionen EU-Bürger haben sich an der Befragung beteiligt, u. a. mit folgenden Ergebnissen (Auswahl): Finnland, Polen: 95 % abschaffen – 5 % behalten; Deutschland: 84 % – 16 %; Italien: 66 % – 34 %; Malta: 54 % – 46 %; Zypern: 47 % – 53 %; Griechenland: 44 % – 56 %.

1 Recherchiert Argumente, die von Befürwortern und Gegnern der Zeitumstellung in die Diskussion eingebracht wurden. Recherchiert auch den aktuellen Stand der Beschlusslage.

2 Stellt euch vor, ihr seid Abgeordnete des EU-Parlaments und müsstet demnächst an der Abstimmung über die Abschaffung der Zeitumstellung teilnehmen. Verfasst einen kurzen Redebeitrag, in dem ihr (begründete) Argumente für bzw. gegen die Abschaffung der Zeitumstellung herausstellt.

Wenn ihr noch mehr lernen wollt …

D1 Konferenz zur Zukunft Europas: Mitgliedsstaaten legen enttäuschenden Beschluss vor

Liebe Freundinnen und Freunde, liebe Interessierte,
gestern war wieder so ein Tag, an dem in Brüssel eine wirklich wichtige Entscheidung getroffen wurde, und kaum jemand hat davon Notiz genommen: Gestern haben die nationalen Regierungen, also der Rat der EU, ihre gemeinsame Position zur „Future of Europe"-Konferenz festgelegt. Diese Konferenz ist eines der zentralen Versprechen von Ursula von der Leyen. Im Kern soll sie eine breite Beteiligung von EU-Bürger*innen an Fragen zur Zukunft der Europäischen Union ermöglichen. […] Eine solche Konferenz ist eine große Chance für die Stärkung der Europäischen Demokratie. Eine Möglichkeit, dem „Europa der Bürger*innen" einen wichtigen Schritt näher zu kommen. […]
Leider scheinen die Mitgliedsstaaten diese Chance verstreichen lassen zu wollen: In ihrem Beschluss von dieser Woche wollen sich die nationalen Regierungen von Änderungen des EU-Vertrags als Ergebnis der Konferenz freisprechen. Auch die deutsche Bundesregierung hat diese schwache Position leider unterstützt. Das ist enttäuschend, denn Vertragsänderungen wären der Hebel, um Europas Handlungsfähigkeit und die Beteiligung der Bürger*innen dauerhaft zu stärken. Wenn die Regierungen weder Europas Handlungsfähigkeit noch die Mitsprache der Bürger*innen mit der Konferenz nachhaltig stärken wollen, wird sie zum zahnlosen Tiger. Der Beschluss des Rats nennt zwar ein paar „key topics", über die auf der Konferenz diskutiert werden soll (z. B. Klimaschutz, Gleichstellung, Bildung …). Das sind zweifelsohne wichtige Themen. Allerdings müsste es auch darum gehen, wie Europa zu diesen Themen Entscheidungen trifft und handlungsfähig wird. Das soll aber eben nicht diskutiert werden. Hier liegt aber eines der zentrale Probleme Europas: In zu vielen Fällen gilt weiterhin das Einstimmigkeitsprinzip bei Entscheidungen im Europäischen Rat. Das lähmt Europa. Zuletzt erpressten Polen und Ungarn schwache Regeln gegen die Verletzung des Rechtsstaatsprinzips. Der gemeinsame EU-Haushalt bleibt trotz großer notwendiger Zukunftsinvestitionen Europas viel zu klein, weil er einstimmig entschieden werden muss. Gleichzeitig haben die Bürger*innen zu wenig Möglichkeiten, europäische Politik zu beeinflussen. Zwischen Lobby- und Bürger*inneneinfluss gibt es in Brüssel ein enormes Ungleichgewicht.
Wir wollen echte Bürger*innenbeteiligung, um Europa zu stärken. […]
Mit europäischen Grüßen
Sven Giegold,
Mitglied der Grünen/EFA-Fraktion im Europaparlament, Sprecher Europagruppe Grüne

(Sven Giegold: Konferenz zur Zukunft Europas: Mitgliedsstaaten legen enttäuschenden Beschluss vor, Sven Giegold MdEP, Europabüro NRW, 05.02.2021, Düsseldorf; https://sven-giegold.de/konferenz-zur-zukunft-europas-council/ [05.03.2021])

1 Analysiert diesen Text mithilfe der methodischen Hinweise auf S. 334.

2 Nehmt selbst begründet zu Giegolds Position Stellung und orientiert euch dabei an der Methode „Politische Urteilsbildung" (S. 145).

Blickwinkel

Tipp:

Eine Liste mit 60 (!) guten Gründen für die EU in einer Kurz- und einer Langfassung als pdf-Dokument findet ihr hier: @ WES-116592-046

Jan
Feb
Mar
Apr
May
Jun
88.154
44.186

STUDY
ABROAD!

NO
ALLA GLOBALIZZAZIONE
CAPITALISTA
WORK per i DIRITTI GLOBALI!

12

Chance oder Bedrohung? – Ursachen, Merkmale und Folgen der Globalisierung

Darum wird es gehen

„Globalisierung“ – das ist ein Begriff, der in unserem Sprachgebrauch einen festen Stammplatz hat. Viele verwenden ihn allerdings, ohne genau zu wissen, was er bedeutet, und verbinden mit ihm auch unterschiedliche Dinge.

Deshalb soll im ***ersten Abschnitt*** *zunächst geklärt werden, was unter Globalisierung zu verstehen ist und wer von ihr betroffen ist. Ihr werdet etwas genauer mögliche Einflüsse der Globalisierung auf unseren Alltag und unseren Konsum untersuchen und ermitteln, welche Dimensionen die Globalisierung umfasst.*

Im ***zweiten Abschnitt*** *soll Ursachenforschung betrieben werden. Hier geht es um die Antriebskräfte der Globalisierung. „Wodurch wurde der Globalisierungsprozess angestoßen und begünstigt?“, lautet die Untersuchungsfrage. Das sind sowohl technische Entwicklungen als auch unterschiedliche Vorstellungen der Länder darüber, untereinander Handel zu treiben.*

Anhand verschiedener Beispiele soll im ***dritten Abschnitt*** *auf unterschiedliche Folgen von Globalisierung aufmerksam gemacht werden. Dazu werden ausgewählte Perspektiven von Arbeitnehmerinnen/Arbeitnehmern, Unternehmen, Entwicklungsländern und Befürwortern einer nachhaltigen Entwicklung eingenommen. Geht es überhaupt ohne Globalisierung? Oder läutet die Corona-Pandemie womöglich das Ende der Globalisierung ein? Um diese und andere Fragen wird es gehen.*
Abschließend sollt ihr die in der Kapitelüberschrift gestellte Frage „Globalisierung – Chance oder Bedrohung?“ zu beantworten versuchen. Dabei gilt es viele Aspekte zu berücksichtigen, die in diesem Kapitel behandelt werden.

1. Globalisierung bedeutet ...

Methode

Brainwriting: Was „Globalisierung“ für mich bedeutet

Zum Einstieg in dieses Thema sollt ihr euch selbst zum Begriff „Globalisierung“ äußern, um dessen Bedeutung es in diesem Kapitel gehen wird. Ihr könnt darstellen,

- was ihr darüber wisst,
- was ihr gehört oder gelesen habt,
- welche Einstellung ihr dazu habt,
- was euch an diesem Thema besonders interessieren würde.

All dies soll nun mit der Methode des Brainwritings erfasst werden, denn dies ist ein schneller Weg, um Gedanken, Vorstellungen und Ideen zu einer Fragestellung auf schriftlichem Wege zu sammeln. Besonders einfach durchzuführen ist die sogenannte **6-3-5-Methode**: Eine Gruppe von **6** Schülerinnen und Schülern hat für **3** Ideen **5** Minuten Zeit.

Jede/jeder in der jeweiligen Gruppe hat ein DIN-A4-Blatt zur Verfügung mit einer vorbereiteten Tabelle von 6 Spalten und 3 Zeilen. Alle haben nun 5 Minuten Zeit, um 3 Aussagen auf dem Blatt zu notieren, zum Beispiel so:

Globalisierung bedeutet für mich ...

Schülerin/ Schüler 1	Schülerin/ Schüler 2	Schülerin/ Schüler 3	Schülerin/ Schüler 4	Schülerin/ Schüler 5	Schülerin/ Schüler 6
... weltweit kommunizieren zu können *Das finde ich auch gut!*	??? ???	??? ???	??? ???	??? ???	??? ???
???	???	???	???	???	???
???	???	???	???	???	???

Danach werden die Blätter reihum zum Nachbarn weitergegeben, die oder der die Aussagen seines Vorgängers lesen kann. Sie oder er notiert nun unter jeder Aussage, was ihr/ihm dazu einfällt. Das können Zustimmungen, Kritik, Ergänzungen und/oder Variationen der Vorgänger-Ideen und auch völlig neue Aussagen sein. Nach jeweils 5 Minuten werden die Blätter wieder weitergereicht und so fort. Nach 30 Minuten Brainwriting haben so alle Teilnehmer jede Aussage gesehen und ergänzt und jede/jeder hat wieder ihr/sein eigenes Blatt. Eine Gruppe präsentiert dann die Ergebnisse in der Klasse. Die folgenden Gruppen sollten dann nur noch Aussagen ergänzen, die zuvor noch nicht gemacht wurden. Das Ganze kann natürlich auch digital erfolgen, indem zum Beispiel Dateien per Mail rundversendet oder Etherpads verwendet werden.

(Autorentext)

Der folgende Text (M1) lädt euch auf einen kurzen Streifzug ein, der euch euren Alltag mit etwas anderen Augen sehen lässt. Ihr könnt ihn in **arbeitsteiliger Gruppenarbeit** bearbeiten.

1 Bildet Fünfergruppen und teilt euch auf die Textabschnitte a) – e) auf. Jede/jeder sollte das Wichtigste zu ihrem/seinem Abschnitt in Stichpunkten notieren.

2 Setzt euch dann in eurer Gruppe zusammen und erstellt gemeinsam eine Mindmap zum Thema „Globalisierung“, die alle Informationen enthält.

M1 Globalisierung im Alltag – Ein Streifzug

a) Einkaufen in aller Welt – gleich um die Ecke

Die erste Station ist der Supermarkt gleich um die Ecke, der frisches Obst und Gemüse in Hülle und Fülle im Angebot hat. Zu allen Jahreszeiten ist die Vielfalt groß, alle Preisklassen sind vertreten und es versteht sich von selbst, dass die meisten Sorten [...] aus aller Welt importiert werden: Avocados und Äpfel aus Neuseeland, Orangen aus Israel, spanische Clementinen und mexikanische Grapefruit, Kumquat, Mango, Papaya oder Ananas, Afrika, Asien, Lateinamerika, es gibt nichts, was es nicht gibt. [...] Auch einheimische Früchte, die früher jahreszeitlich „Saison" hatten, gibt es jetzt das ganz Jahr über: Erdbeeren, Trauben, Birnen oder Äpfel, irgendwo ist immer Saison und moderne, weltumspannende Logistik sorgt dafür, dass die Waren immer frisch in den Regalen des Supermarkts und auf unserem Tisch landen. [...]

b) Jederzeit, immer und überall und vor allem preiswert

Die große, immer verfügbare Vielfalt ist für uns so selbstverständlich geworden, dass wir uns nur selten Gedanken darüber machen, wo und unter welchen Umständen Gemüse und Obst produziert werden. Als vor einiger Zeit in unterschiedlichen Schulen, Betrieben und Kindertagesstätten Menschen an einer äußerst unangenehmen Darminfektion erkrankten, fiel der Verdacht sehr schnell auf das in den Kantinen angebotene Essen, das von einem gemeinsamen Caterer geliefert wurde. Ein wenig länger dauerte es, bis klar war, woher genau der Erreger stammte.

Des Rätsels Lösung fand sich dann in den Erdbeeren, die aus China importiert worden waren. Das Erstaunen war groß: Erdbeeren im Winter? Aus China? [...] Warum, so fragte sich der eine oder andere, wird im Winter in einer Kantine Erdbeerkompott zum Nachtisch angeboten statt Apfelbrei, der in dieser Jahreszeit in unseren Breiten sehr viel naheliegender wäre? Die Antwort ist einfach: Für Großküchen ist es offensichtlich billiger, Erdbeeren aus China zu importieren als Äpfel auf dem heimischen Markt zu kaufen.

Die Lebensmittelindustrie ist nur ein Beispiel für ein Phänomen, das sich quer durch alle Produkt- und Warenbereiche beschreiben lässt. Das Auto, das wir fahren, wird möglicherweise in Bochum, München oder Stuttgart endmontiert – die Komponenten, aus denen es besteht, können jedoch von Zulieferern aus der ganzen Welt stammen: Polen, Südkorea, Rumänien oder auf den Philippinen. Produziert wird immer da, wo es am schnellsten und vor allem am billigsten geht. [...]

c) Globalisierung im Alltag – alles Standard

Wenn Menschen und Staaten immer enger miteinander verbunden sind, bedeutet das auch, dass Abläufe und Prozeduren immer besser aufeinander abgestimmt werden müssen. Ob es sich um Steckdosen, Glühbirnen oder Produkte der Unterhaltungselektronik handelt – Konsumenten und Verbraucher wollen sich darauf verlassen können, dass das Produkt, das sie in Madrid erwerben, auch in Frankfurt funktioniert.

Einheitliche Qualitätsrichtlinien und verlässliche Informationen für Verbraucher sind hierbei ein wichtiges Anliegen. Dazu gehört z.B., dass Gebrauchsanleitungen grundsätzlich mehrsprachig sein müssen. Eine wichtige Aufgabe der europäischen Kommission besteht darin, einheitliche Standards zu definieren, die in allen europäischen Ländern gelten. [...]

d) Globalisierung im Alltag – Lernen und Studieren rund um die Welt

[...] Die Globalisierung im Alltag hat hier ganz neue Möglichkeiten eröffnet und prägt bereits bei Kindergartenkindern das tägliche Leben. Schon mit drei oder vier Jahren werden erste Englischkurse besucht, weil Eltern bemüht sind, ihre Kinder auf die ständig steigenden Anforderungen einer immer komplexeren Welt möglichst früh vorzubereiten. Im Kindergarten und in den Schulen lernen deutsche Kinder gemeinsam mit türkischen, russischen oder japanischen. Rund ein Fünftel der Menschen, die in Deutschland leben, haben einen Migrationshintergrund, stammen aus unterschiedlichen Ländern und leben in der zweiten oder dritten Generation hier in Deutschland. Menschen aus unterschiedlichen Kulturkreisen leben und lernen miteinander. Das bedeutet, dass wir neue Sichtweisen und Sprachen kennenlernen. Von einem produktiven Miteinander können alle profitieren, aber auch kulturelle Unterschiede werden immer weiter eingeebnet. [...]

e) Globalisierung im Alltag – Immer in Bewegung und im Netz

Globalisierung im Alltag bedeutet auch für Schule und Bildung: Die Welt ist in Bewegung gekommen. Bereits Schüler sind immer unterwegs. Schüleraustausch, Projektarbeiten, Partnerschulen im fernen Ausland. Kein Ort der Welt ist weit genug entfernt oder exotisch genug: Chinesische Austauschschüler sind zu Gast in einer Schule in Rheinhessen, eine Klasse aus Hamburg reist zu Studienzwecken nach Japan; Sprachkurse in England, Frankreich oder Italien sind selbstverständlich. Und für Studenten liegen die USA, Südamerika oder Südafrika praktisch um die Ecke. Vielleicht wäre auch im globalen Alltag weniger manchmal mehr.

Antriebsmotor und gleichzeitig wichtigster Treff- und Knotenpunkt in einer globalen Welt ist das Internet. Am PC, per Handy oder iPad haben wir rund um die Uhr Zugriff auf alles, was sich in der Welt tut. Die ganze Welt ist online. Egal, wo und wann – alle sind immer erreichbar, alles, was geschieht, können wir zeitgleich in Wort und Bild per Liveticker, bei Twitter oder Facebook nachvollziehen und diskutieren. Das Konzert unserer Lieblingsband, das gestern in Toronto stattgefunden hat, können wir heute schon per Livemitschnitt in YouTube anschauen. [...] Für die Generation Internet hat die Welt kaum noch Grenzen.

(Manuel Fuchs: Globalisierung im Alltag, © 2005 – 2021 Fuchs Media Solutions, Donaueschingen; https://www.globalisierung-fakten.de/globalisierung-informationen/globalisierung-im-alltag/ [05.03.2021])

Methode | **Eine Mindmap erstellen**

Eine Mindmap stellt Informationen über ein Thema in strukturierter Form dar. Man kann sie als Gedächtnislandkarte oder Strukturierungslandkarte beschreiben. Sie ist so aufgebaut, dass in der Mitte das Thema steht. Von diesem „Zentrum" gehen Äste mit Unterpunkten ab, die jeweils einen Bereich des Themas abbilden. Diese Äste können wiederum in Unterthemen aufgeteilt werden, an denen mehrere Stichpunkte oder Schlagworte ergänzt werden. So werden die Informationen von innen nach außen immer detaillierter und es wird auf den ersten Blick deutlich, welche Aspekte ein bestimmtes Thema umfasst. Mindmaps können zu unterschiedlichen Zwecken genutzt werden. Mit ihnen kann man sich beispielsweise gut auf einen Test oder eine Klassenarbeit vorbereiten, indem man die Informationen aus dem Unterricht in dieser übersichtlichen Form aufschreibt und lernt. Auch Referate können gut mithilfe von Mindmaps vorbereitet werden, sie dienen dann als Stichwortzettel. Einzelne Begriffe oder Äste können statt mit Begriffen auch mit Symbolen oder kleinen Zeichnungen beschriftet werden. So prägt man sich diesen Aspekt bereits beim Erstellen der Mindmap ein.

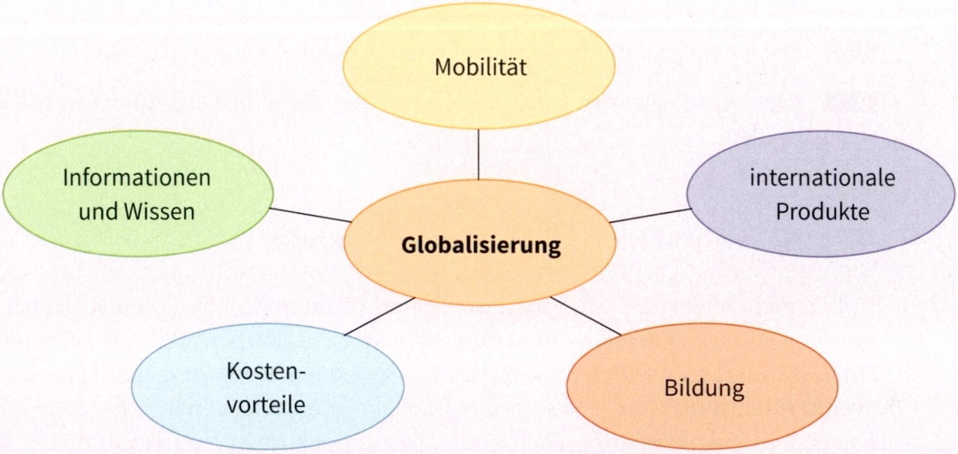

(Autorentext)

In M 2 a und M 2 b werden Informationen zu globalisierten Lebenswelten von Jugendlichen angeboten, und zwar zu den Beispielen „Fast Food“ und „Streamingdienste“. Bearbeitet arbeitsteilig zunächst die Aufgabenstellungen und nutzt dann die Methode „Rotierendes Partnergespräch“ (S. 347) dazu, die Ergebnisse untereinander auszutauschen.

M 2 a Globalisierte Lebenswelten – Beispiel Fast Food

[...] Zur McWelt gehören derzeit fast 32000 Restaurants, in denen 1,6 Millionen Mitarbeiter jeden Tag 50 Millionen Kunden bedienen. Bei McDonalds und anderen Bulettenbratern verdrücken allein die Amerikaner 13 Milliarden Hamburger im Jahr, aneinandergereiht würde diese Brötchen-Hackfleisch-Girlande die Erde 32fach umrunden.
Egal, wohin sich die westliche Kultur auch ausbreitet, in der Regel eröffnet kurz danach eine Außenstelle des großen Ms. Vom finnischen Rovaniemi am nördlichen Polarkreis, der offiziellen Heimat des Weihnachtsmanns, bis zum südlichsten Outlet in Invercargill, Neuseeland, spannt sich das Netz. Außer Coca-Cola steht keine Marke so sehr für die globale Dominanz amerikanischer Massenkultur.
Um in den 118 Ländern ein lokales Gesicht zu wahren, passt sich der Bulettenkonzern seit einigen Jahren verstärkt regionalen Geschmäckern an. So serviert er im stärksten europäischen Markt, Frankreich, den Croque McDo in Anlehnung an den beliebten Schinken-Käse-Toast, auf dem indischen Subkontinent den Chicken Maharaja Mac, eine Hühnchen-Variante des Big Mäc, einen Teriyaki-Burger in Japan (mit über 4000 Ablegern der zweitgrößte Markt), und der China Rice Burger stillt den wachsenden Hunger im Reich der Mitte.
Das Standardmenü bleibt dennoch unberührt. Zum Schrecken aller Individualisten und dem Entzücken der Freunde industrialisierter Cuisine. Und ganz im Sinne von McDonalds-Übervater Ray Kroc, der das Gebot der „Sameness“ (Gleichheit) als Grundparole ausgab. „Qualität, Service, Sauberkeit und Preiswürdigkeit“ müssen überall einheitlich

sein, um die „McDonalds Experience" nicht zu gefährden, wie es die Marketingfachkräfte des Weltkonzerns gern nennen. McBauchgrummeln inklusive, jenes typische Völlegefühl, welches sich unweigerlich nach einem McMahl einstellt. [...]

(Jörg Rohleder, Joachim Hirzel: Die McDonalds-Story, FOCUS Online, 25.12.2016; https://www.focus.de/finanzen/news/die-mcdonalds-story-fast-food_id_2157313.html [04.10.2021])

1 Erkläre, was das Beispiel McDonalds mit der Globalisierung zu tun hat.

2 Erläutere mögliche Folgen der Globalisierung, die im Text angesprochen oder angedeutet werden.

M2b Weltweit die gleichen Filme? – Streamingdienste

[...] Derzeit zahlen 139 Millionen Menschen für den Streamingdienst [Netflix], in zehn Jahren werden es nach Hochrechnung von Morgan Stanley mehr als 377 Millionen sein. Umgerechnet in Zuschauer wären das 900 Millionen Menschen, mehr als elf Prozent der Weltbevölkerung.
Es entsteht ein globaler Fernsehsender. Fast täglich lockt Netflix mit neuen Serien, hält mit Thrillern und Action in Atem, bezaubert durch Stars und Einfallsreichtum, bringt einen zum Lachen, erstaunt durch Ideen, zeigt heftige Brutalität und erzeugt kaum erträgliche Spannung. Die Film-Einbahnstraße von Hollywood Richtung Rest der Welt ist aufgehoben. Auf einmal schauen Amerikaner die deutsche Serie „Dark" oder die italienische TV-Provokation „Baby".
Es gilt die sofortige Verfügbarkeit, die im Extremfall im Binge-Watching mündet: das exzessive Schauen einer Serie, das Koma-Glotzen im Digitalzeitalter. Unterhaltung können auch andere, sicherlich. In den USA tun sich gewaltige Medienkonzerne zusammen. [...] Wie viele Menschen eine Serie oder einen Film sehen, wurde bislang wie ein Staatsgeheimnis bei Netflix gehandelt. Aber in den vergangenen Monaten veröffentlichte es erstmals einige Zahlen. So sahen das Drama „You – Du wirst mich lieben" vier Wochen nach dem Start mehr als 40 Millionen Menschen. Der Horrorthriller „Birdbox" mit Sandra Bullock in der Hauptrolle brachte es sieben Tage nach dem Start auf mehr als 45 Millionen Klicks. [...]

(Sven Afhüppe, Thomas Jahn, Hans-Jürgen Jakobs, Thomas Tuma, Britta Weddeling: Die totale Verführung – Wie der Streamingdienst Netflix die Filmwelt erobert, Handelsblatt online, 14.02.2019; https://www.handelsblatt.com/unternehmen/it-medien/im-reich-des-weltfernsehens-die-totale-verfuehrung-wie-der-streamingdienst-netflix-die-filmwelt-erobert/23977000.html?ticket=ST-7020431-el5XW1b1P1Cl4UgxLrAd-ap2 [04.10.2021])

1 Erkläre, was das Beispiel Netflix mit der Globalisierung zu tun hat.

2 Erläutere mögliche Folgen der Globalisierung, die im Text angesprochen oder angedeutet werden.

Blickwinkel

3 Tauscht dann eure Ergebnisse mithilfe eines rotierenden Partnergesprächs aus.

Methode — Rotierendes Partnergespräch

Phase 1: Austausch der Arbeitsergebnisse
Bildet einen Innen- und einen Außenkreis. Diejenigen, die sich mit der Fernsehunterhaltung beschäftigt haben, stehen außen, diejenigen, die sich mit dem Fast Food beschäftigt haben, stehen innen. Ihr steht also jemandem gegenüber, der das andere Thema bearbeitet hat.
Nun präsentiert zunächst die Schülerin/der Schüler aus dem Innenkreis ihr/sein Ergebnis. Die zuhörende Person hört aufmerksam zu und wiederholt, was sie erfahren hat. Auf ein Zeichen der Lehrkraft wechselt ihr die Partner, indem jede/jeder von euch einen Schritt nach links macht. Nun präsentiert der Außenkreis sein Ergebnis und der Innenkreis gibt wieder, was er gehört hat. Wiederholt diesen Schritt, um noch mehr Vermutungen über die Auswirkungen zu hören.

Phase 2: Gemeinsamkeiten finden
Beide Kreise machen erneut einen Schritt nach links und haben somit neue Partnerinnen und Partner vor sich. Sammelt im Gespräch Gemeinsamkeiten zwischen der Entwicklung beim Fernsehen und dem Fast Food und notiert sie in Stichpunkten. Überlegt, wo sich ähnliche Abläufe beobachten lassen. Wiederholt diese Runde etwa zwei Mal.

Phase 3: Argumente sammeln und bewerten
Mit einer neuen Partnerin oder einem neuen Partner diskutiert ihr nun die Frage: Sind Formen der kulturellen Globalisierung, wie beispielsweise der zunehmend einheitliche Fernseh- oder Fast-Food-Konsum, positiv oder negativ zu bewerten? Merkt euch die Argumente gut. Wechselt so lange die Partner, bis ihr keine neuen Argumente mehr habt oder hört. Schließt das rotierende Partnergespräch mit einer Abschlussrunde ab, in der jede/jeder die eigene Position nennt und begründet.

(Autorentext in Anlehnung an: Lothar Scholz: Methoden-Kiste. In: Bundeszentrale für politische Bildung: Thema im Unterricht extra, 7. Auflage, Bonn 2016, S. 6 f.)

M2c Durch die Globalisierung zur Einheitskultur?

[...] Gegner der globalen kulturellen Entwicklungsprozesse verstehen unter kultureller Globalisierung die weltweite Ausbreitung westlicher Wertvorstellungen, Lebensstile, Mode und Musik. Sie befürchten die Entstehung einer globalen Einheitskultur und umschreiben dies mit den Begriffen der McDonaldisierung oder Cocacolization.
Befürworter der kulturellen Globalisierung sprechen von einem zunehmenden Austausch der verschiedensten Kulturen, der zu einer Vermischung der unterschiedlichen kulturellen Stile, Formen und Traditionen führt (Kreolisierung der Kulturen). Je nach ihrem gesellschaftlichen Hintergrund machen sich die Menschen die fremden kulturellen Einflüsse auf unterschiedlichste Art und Weise zu Eigen, integrieren sie in ihr eigenes Weltbild und tragen so zur Entstehung neuer Kulturformen bei. [...]

(Lernhelfer.de: Kulturelle Globalisierung, Duden Learnattack GmbH, 2010, Berlin; https://www.lernhelfer.de/schuelerlexikon/politikwirtschaft/artikel/kulturelle-globalisierung [04.10.2021])

1. Stellt die Argumente für die beiden unterschiedlichen Positionen zur kulturellen Globalisierung gegenüber.
2. Inwiefern zeigen sich bei den Beispielen McDonalds und Netflix Beispiele für eine oder beide der Seiten?
3. Welche Entwicklung haltet ihr für wahrscheinlich? Begründet eure Sichtweise.

2. Die Globalisierung „nimmt Fahrt auf" – Antriebskräfte

M 3 Neue technische Entwicklungen und ihre Auswirkungen auf den Welthandel

M 3 a Kommunikation und Transport

Obwohl einzelne Güter schon früh über große Entfernungen transportiert wurden, hat sich das ökonomische Handeln den größten Teil der Menschheitsgeschichte auf die lokale Ebene bezogen. Auch heute spielt die lokale Ebene eine wichtige Rolle. Aber seit etwa 200 Jahren und noch einmal verstärkt in den vergangenen 60 Jahren hat der grenzüberschreitende Handel stetig an Bedeutung gewonnen. Neben expansiven Unternehmensstrategien ermöglichen vor allem sinkende Transport- und Kommunikationskosten die Ausweitung des grenzüberschreitenden Handels.
Seit 1930 sind sowohl die Kosten für den See- und Lufttransport als auch die Telekommunikationskosten massiv gesunken. Die Kosten für Seefracht und Lufttransport verringerten sich innerhalb von 70 Jahren um 65 bzw. knapp 90 Prozent. Bei den Kommunikationskosten – etwa bei den Gebühren für ein dreiminütiges Telefongespräch von New York nach London – ist die Entwicklung noch deutlicher: In Preisen von 1990 kostete dieses Gespräch 1930 knapp 245 US-Dollar, 1970 noch mehr als 30 US-Dollar und 2000 nur noch 86 US-Cent – eine Kostenreduzierung um mehr als 99 Prozent. Auch deshalb hat sich allein vom Ende der Siebziger- bis zum Ende der Neunzigerjahre die Zahl der aus den USA ins Ausland telefonierten Minuten auf etwa 28 Milliarden verneunfacht.
Während die Kommunikationskosten vor allem aufgrund technischer Entwicklungen und der Entstehung von Massenmärkten gesunken sind, profitierte der Transportsektor zusätzlich von relativ sinkenden Rohölpreisen zwischen Anfang der 1980er- und Ende der 1990er-Jahre. Marktliberalisierungen – also zum Beispiel die Senkung von Zöllen oder die Aufhebung von Marktzugangsbeschränkungen – wirkten sich in beiden Bereichen kostensenkend aus.
Erst die relativ sinkenden Kosten für Transport und Kommunikation und die gleichzeitige Verbreitung globaler Transport- und Kommunikationsnetze haben neue Produktions-, Vermarktungs- und Absatzstrategien sowie einen globalen Austausch ermöglicht.
Dabei sind sinkende Transport- und Kommunikationskosten nicht nur eine Voraussetzung für die Globalisierung, sondern werden ihrerseits von ihr beeinflusst: Durch eine größere Nachfrage von Dienstleistungen im Kommunikationsbereich, wachsende Gütermengen im Transportwesen und schnellere Verbreitung technischer Entwicklungen können logistische Leistungen günstiger angeboten – und im nächsten Schritt wiederum stärker nachgefragt – werden. Erst wenn das Angebot langsamer wächst als die Nachfrage, steigen die Preise. […]

(Bundeszentrale für politische Bildung: Transport- und Kommunikationskosten, 04.05.2017, Bonn; https://www.bpb.de/nachschlagen/zahlen-und-fakten/globalisierung/52499/transport-und-kommunikation?zahlenfakten=detail [08.03.2021])

M3b Containerfrachter – Motor des Welthandels

[...] Der Transport über den Seeweg ist zentral für die globale Vernetzung. Nach Angaben der International Chamber of Shipping (ICS) werden auf dem Seeweg – ausgehend vom Warengewicht der transportierten Güter – rund 90 Prozent des grenzüberschreitenden Warenhandels transportiert. 2014 wurden 9,84 Milliarden Tonnen rund 5.340 Seemeilen weit transportiert – insgesamt also 52.572 Milliarden Tonnen-Meilen. [...] Die Bedeutung des Seehandels ist vor allem aufgrund der relativ geringen Frachtkosten gestiegen. So kostete beispielsweise der Transport eines Containers mit mehr als 20 Tonnen Fracht von Asien (Shanghai) nach Nordeuropa im Jahr 2014 lediglich 1.160 US-Dollar. Ein wichtiger Grund für die relativ sinkenden Transportkosten ist die Beschleunigung im Bereich der Logistik, insbesondere durch die Verbreitung der standardisierenden Containerschifffahrt sowie die steigende Tragfähigkeit der Schiffe. [...]

(Bundeszentrale für politische Bildung: Seefracht, 03.04.2017, Bonn; https://www.bpb.de/nachschlagen/zahlen-und-fakten/globalisierung/52531/seefracht [08.03.2021])

1 Erläutert anhand von M 3a und M 3b, inwieweit technische Entwicklungen im Bereich der Kommunikation (des Austauschs von Informationen) und des Schiffstransports die Zunahme des weltweiten Güteraustauschs bewirkt haben.

2 Die Zahlen in M 3a und M 3b zur Bedeutung technischer Entwicklungen für die Globalisierung beziehen sich auf frühere Zeiträume. Recherchiert aktuelle Zahlen zur Bedeutung der Informations- und Kommunikationstechnologie für die Wirtschaftsleistung bzw. zur Bedeutung des Seehandels. Bereitet eure Ergebnisse für eine Präsentation auf und stellt sie in der Klasse vor.

2.1, 2.2, 4.1, 4.2

M4 Antriebskraft: politische Entwicklungen und Entscheidungen

Der Prozess der Globalisierung mit der Entstehung eines „Weltmarktes" hat nicht nur die in M 3 beschriebenen Ursachen. Dass der Globalisierungsprozess in den Jahren nach 1990 eine enorme Beschleunigung und Ausweitung erfuhr, war kein Zufall, sondern hatte zwei weitere wesentliche Gründe:

1. Das Ende des Ost-West-Konflikts

Seit der Beendigung des Zweiten Weltkriegs gab es eine Teilung der Welt in Länder des Ostblocks und Länder der westlichen Welt, die durch sehr gegensätzliche politische, wirtschaftliche und gesellschaftliche Gegebenheiten gekennzeichnet und die weitgehend voneinander abgeschottet waren. In Deutschland beispielsweise war dieser Gegensatz erkennbar durch die Staatsgebilde der Bundesrepublik Deutschland (BRD) und der Deutschen Demokratischen Republik (DDR).

Nach 1990 löste sich dieser Ost-West-Gegensatz (auch als „Kalter Krieg" bezeichnet) auf und führte nicht nur zur Wiedervereinigung Deutschlands, sondern u.a. auch zu einer wirtschaftlichen Neuorientierung in den ehemaligen „Ostblockländern" in Europa

(z. B. Polen, Litauen, Lettland, Slowakei), in denen nun das System der Marktwirtschaft eingeführt wurde. Dieses System verdrängte die bisherige Lenkung und Planung der Wirtschaft durch den Staat und öffnete die Wirtschaft für den internationalen Markt (zu den beiden Wirtschaftsordnungen s. auch S. 107 ff.).

2. Die Liberalisierung des Welthandels

Eine weitere wichtige Ursache der beschleunigten Globalisierung beruht auf politischen Entscheidungen, die geprägt sind von der Vorstellung, dass ein **freier Handel** zwischen den Ländern zur Verbesserung des Wohlstandes aller Beteiligten führt. Auch diese Ideen setzten sich in den 1990er-Jahren in zunehmendem Maße durch.

Maßnahmen zur Durchsetzung dieses Prinzips wurden zwar bereits seit 1948 im Rahmen der Welthandelsorganisation WTO (**W**orld **T**rade **O**rganization) eingeleitet, aber seitdem in einer Vielzahl von Konferenzen („Welthandelsrunden") entscheidend ausgeweitet. Beschränkungen des internationalen Handels (Handelsbarrieren, Handelshemmnisse) wurden weitgehend abgebaut, um den weltweiten Austausch von Waren zu erweitern. Diese politisch gewollte Entwicklung bezeichnet man als „Liberalisierung". Beschränkungen des freien Warenhandels ergeben sich vor allem durch Zölle, die die einzelnen Länder bei der Einfuhr und Ausfuhr von Waren erheben. Zölle machen die Waren teurer und erschweren somit den Verkauf. Sie machten 1990 durchschnittlich 14 Prozent des gesamten Güterwertes im Welthandel aus und lagen 2015 bei ca. 5 Prozent bei den ökonomisch entwickelten Ländern. Dies hat zu einer enormen Ausdehnung des weltweiten Güteraustausches geführt.

(Autorentext)

Neben den Zöllen – auch tarifäre **Handelshemmnisse** genannt – gibt es sogenannte nicht tarifäre Handelshemmnisse wie z. B. Quotenregelungen und Ein- und Ausfuhrverbote. Bei einer Quotenregelung erlaubt ein Land nur die Einfuhr einer bestimmten Menge (Quote) einer Ware.

1 Erklärt, worin der wesentliche Unterschied zwischen den in M 3 und den in M 4 beschriebenen Ursachen und Antriebskräften des Globalisierungsprozesses besteht.

2 Erläutert, inwiefern das Ende des „Ost-West-Konflikts" nach 1990 zu einer Ausweitung des internationalen Handels führte.

3 Beschreibt die Zielsetzung der Welthandelsorganisation und ihre Bedeutung für die globalen Handelsbeziehungen (M 4). Was ist mit der „Liberalisierung" des Welthandels gemeint?

Eine „Antriebskraft" besonderer Art ist die Entscheidung, ob Länder mit anderen Ländern Handel treiben wollen oder nicht, ob sie zum Beispiel Zölle auf Waren aus dem Ausland erheben oder nicht. Um diese Frage geht es in den folgenden Materialien. Dazu ein Fallbeispiel zum Einstieg.

Fallbeispiel

M5 Kein Google-Playstore auf Huawei-Handys

Das Jahr 2020 ist für Huawei ein wahrer Albtraum. Was sich die Chinesen über viele Jahre in Deutschland aufgebaut haben, ist binnen kürzester Zeit zusammengebrochen. Die tollen neuen Smartphones von Huawei will kaum noch jemand haben. Und auch 2021 geht der Albtraum weiter. Ob Huawei P30 oder Mate 20, ob Smartphones der Oberklasse oder günstigere und sehr beliebte Modelle wie das P30 Lite: In den vergangenen Jahren hat Huawei sich in Deutschland einen großen Namen geschaffen. Das Unternehmen war kurz davor, Samsung an der Spitze abzulösen. Doch dann kam die US-Regierung und verbot Google, mit Huawei Geschäfte zu machen. Die Folge: kein Play Store und keine Google-Dienste mehr auf neuen Smartphone-Modellen der Chinesen. Das Interesse der Käufer ging damit schlagartig zurück.

(Blasius Kawalkowski: Huawei-Smartphones mit Google und Play Store in 2021? Diese Aussage ist eindeutig, inside-digital.de, 03.12.2020, inside-intermedia Digital GmbH, Brühl; https://www.inside-digital.de/news/huawei-smartphones-mit-google-und-play-store-in-2021-diese-aussage-ist-eindeutig [08.03.2021])

1 Erläutert das Problem, mit dem sich das Unternehmen Huawei konfrontiert sieht.

2 Tauscht euch darüber aus, was ihr über den Hintergrund dieses Verbots bereits wisst.

M6 Der Handelsstreit zwischen den USA, China und der EU

Der amerikanische Präsident Trump [2017 – 2021] führt nicht nur gegen China einen Handelskrieg. Gegen die meisten Handelspartner hat er Konflikte mit unabsehbaren Folgen ausgelöst. [...]
Die USA importieren mehr Waren, als sie selbst ausführen. US-Präsident Donald Trump will das ändern [...]. So überzog er seit 2018 die ganze Welt mit Sonderzöllen, im Vordergrund stehen Stahl und Aluminium. Hauptziel im Handelsstreit ist allerdings China. Hier geht es nicht nur um eine unausgeglichene Handelsbilanz, sondern um politische Vormacht und um den Technologie-Spitzenplatz. [...]
In seiner Begründung für die einschneidenden Schutzzölle sagte Trump, es sei notwendig, die einheimische Stahl- und Aluminiumindustrie zu schützen, stillgelegte Produktionsstätten wiederzubeleben und die Beschäftigung in diesem Sektor zu erhöhen. Damit solle die Abhängigkeit Amerikas von ausländischen Produzenten verringert werden. [...]
Trump wirft auch der EU unfaire Handelspraktiken vor. Er beklagt sich, dass die Handelsbilanz mit der EU für die USA über viele Jahre „sehr schlecht" ausgefallen sei. Er erließ im März 2018 Strafzölle auf Stahl, die auch die Europäer treffen sollten. Daraufhin beschloss die EU im Juli 2018 die Einführung von Schutzmaßnahmen – ebenfalls in Form von Zöllen. Seitdem droht Trump auch mit Zöllen auf Autos aus Europa, sollte die EU nicht einlenken. [...]
Auch die Europäer reagieren auf den neuen Protektionismus der USA mit Vergeltungszöllen. Im Fokus stehen symbolkräftige US-Waren wie Stahl, Mais, Orangensaft, Whiskey, Hausboote, Motorräder oder Jeans. Auch amerikanische Stahlerzeugnisse wie Schiffe und Boote wären betroffen. Der Zusatzzoll, der seit dem 22. Juni 2018 auf diese Produkte erhoben wird, beträgt 25%. [...] Die möglichen EU-Zusatzzölle wurden so konzipiert, dass sie etwa den Schaden ausgleichen würden, welcher der EU durch die US-Zölle entstehen dürfte.

Die europäischen Zölle zeigten rasch Wirkung: Am 25. Juni 2018 teilte der Motorradhersteller Harley-Davidson mit, dass wegen der Zölle ein Teil der Produktion aus den USA in andere Länder verlagert wird. [...]

(Thomas Schürpf: Weltweiter Handelsstreit: Trump führt die Strafzölle auf kanadisches Aluminium wieder ein, Neue Zürcher Zeitung online, 13.10.2020, Zürich; https://www.nzz.ch/wirtschaft/handelsstreit-fakten-und-ereignisse-im-ueberblick-ld.1392086#subtitle-mit-welchen-vergeltungsz-llen-reagieren-die-europ-er-second [08.03.2021])

1 Erläutert, aus welchen Motiven heraus die USA Schutzzölle erheben und welche Wirkungen sie haben sollen.

2 Was bedeutet die Spirale von Zollerhöhungen für die Weltwirtschaft? Erläutert Folgen.

M7 Freihandel versus Protektionismus

Waren, die Grenzen überqueren, kosten Geld: Zölle. Auf der ganzen Welt. Seit Jahrtausenden.

Lange erhoben Landesfürsten und Herrscher in Europa Gebiets- und Wegzölle – eine Art Maut – für die Nutzung eines Hafens oder einer Straße. Noch Ende des 18. Jahrhunderts wurde allein bei einem Transport von Köln nach Königsberg eine Ware etwa achtzig Mal kontrolliert.

Jahrhundertelang hat das niemanden groß gestört – bis auf die Händler natürlich. Wer Zölle erhob, hatte Macht.

In der Zeit des Absolutismus zwischen dem 16. und 18. Jahrhundert nutzten Herrscher, aber auch freie Städte das aus: Sie schützten die heimischen Handwerker und Manufakturen vor Konkurrenz aus dem Ausland – zum Beispiel durch besonders hohe Zölle auf die Einfuhr von Wein oder Tuch.

Es war das Zeitalter des **Merkantilismus**, in dem die Herrschenden erstmals systematisch versuchten, ihre heimische Wirtschaft zu lenken, um Hof und Militär finanzieren zu können.

Erst Anfang des 19. Jahrhunderts begann sich ein anderes Prinzip durchzusetzen, das wir heute **„Freihandel“** nennen. Wegweisend waren dafür Ökonomen wie **Adam Smith**. Der Schotte entwickelte in seinem Buch „Der Wohlstand der Nationen“ bereits 1776 die These, dass jedes Land im besten Fall nur die Güter herstellen soll, die es günstiger oder schneller produzieren kann als andere Länder. Damit der Außenhandel angeregt wird und der Wohlstand aller Länder steigt, müssten gleichzeitig Handelshemmnisse wie Zölle wegfallen.

Ohne Einfuhrhindernisse kommt in der Theorie mehr Kundschaft aus dem Ausland. Es gibt mehr Aufträge für Händler und Handwerker – das führt zu mehr Wohlstand und mehr Steuern für die Staatskasse.

Eine ähnliche Idee hatte Anfang des 19. Jahrhunderts der britische Wirtschaftswissenschaftler **David Ricardo** mit seiner **Theorie der komparativen Kostenvorteile.** Demnach hilft es allen Staaten, wenn sie Handel treiben – und sich die Produktion bestimmter Waren aufteilen. Ricardo begründete dies damit, dass ein Land immer das

Produkt herstellen wird, bei dem sein Vorteil am größten ist. Dadurch blieben auch für Länder mit Kostennachteilen Bereiche übrig, auf die sie sich spezialisieren könnten. Ricardos Modell ist bis heute die theoretische Grundlage für den weltweiten Warenaustausch.

Gegenpart des Freihandels ist der **Protektionismus**. Darunter versteht man Maßnahmen von Ländern, die heimische Wirtschaft zu schützen. So beschloss Großbritannien Ende des 19. Jahrhunderts, auf Waren müsse das Herkunftsland angegeben sein. Damit sollten britische Firmen vor Billig-Konkurrenz aus dem Ausland geschützt werden – auch aus Deutschland. So entstand „Made in Germany" – heute ein Qualitätssiegel für deutsche Waren.

Die USA und andere Länder führten nach dem Börsencrash von 1929 hohe Einfuhrzölle ein. Sie wollten so ihre Wirtschaft vor Konkurrenz durch Importe schützen.

Viele dieser Bestimmungen gibt es heute nicht mehr. Die Bundesrepublik Deutschland und die Länder der damaligen Europäischen Wirtschaftsgemeinschaft gründeten 1968 die Zollunion. Damit begann das Ende der Zölle in Westeuropa.

Bis 1992, der Einführung des europäischen Binnenmarktes, fielen auch andere, sogenannte **„nicht tarifäre" Handelshemmnisse** – wie nationale Normen, Einfuhrquoten oder Kontingente, also Mengenbeschränkungen – weg, die den Austausch von Waren behinderten – auch die Grenzkontrollen in weiten Teilen Europas. Der Warenaustausch innerhalb der EU wuchs, vielerorts auch der Wohlstand.

Zölle gibt es aber noch immer. Und sie sind nicht der einzige Weg für Staaten, um Konkurrenz aus dem Ausland abzuwehren. Auch **staatliche Zuschüsse**, also Subventionen, dienen dazu, die heimische Wirtschaft zu stützen.

Die EU bezuschusste zum Beispiel lange den Verkauf von Milchpulver, Rindfleisch oder Weizen auf den Weltmärkten – dort verfielen in Folge die Preise. Gerade im globalen Süden hatten es viele Bauern schwer, auf den heimischen Märkten ihre Erzeugnisse zu verkaufen.

Ein weiteres protektionistisches Mittel sind **Produktstandards**, die die ausländische Konkurrenz nicht erfüllt. Zum Beispiel das Reinheitsgebot, das deutsche Brauereien einst vor Bier aus dem Ausland schützen sollte.

Lange hatte es so ausgesehen, als würde der Protektionismus eine immer geringere Rolle spielen. Der grenzüberschreitende Warenaustausch wurde intensiver und erfasste immer mehr Regionen auf der Welt. Nationale Regeln rückten in den Hintergrund, globale und kontinentale Märkte, auf denen große Unternehmen agierten, wuchsen. Die Welthandelsorganisation WTO arbeitet seit 1995 mit ihren heute 164 Mitgliedsstaaten am Abbau noch existierender Handelsschranken.

Der Begriff Globalisierung hat sich in den 1990er-Jahren für diese Entwicklungen durchgesetzt. Ermöglicht wurde sie nicht nur durch eine Liberalisierung des Welthandels, sondern auch durch rasante Fortschritte bei Informations- und Kommunikationstechnologien. [...]

(Kai Schöneberg für bpb.de: Teil 1: Geschichte und Grundlagen des Freihandels, Bundeszentrale für politische Bildung, 20.05.2020, Bonn; https://www.bpb.de/mediathek/310310/teil-1-geschichte-und-grundlagen-des-freihandels [16.03.2021])

@ WES-116592-047

Der Text ist das (gekürzte) Transkript eines Erklärvideos. Unter dem Webcode findet ihr den Link dazu.

1 Erläutert, was unter Freihandel und Protektionismus verstanden wird.

2 Arbeitet heraus, mit welchen Argumenten Freihandel auf der einen Seite und Protektionismus auf der anderen Seite vertreten werden.

3 Ordnet die Maßnahmen des Handelskonflikts begründet in das Spektrum zwischen Freihandel und Protektionismus ein.

3. Folgen von Globalisierung an ausgewählten Beispielen

M8 Die Bedeutung des Außenhandels für die deutsche Wirtschaft

Arbeitsvorschlag: Bildet eine Vierer-Gruppe. Teilt zur Bearbeitung die Grafiken (a – d) untereinander auf und analysiert sie nach dem euch bekannten methodischen Verfahren. Erstellt dann gemeinsam ein Informationsblatt, mit dem ihr die Bedeutung des Außenhandels für die deutsche Wirtschaft aufzeigt.

a)

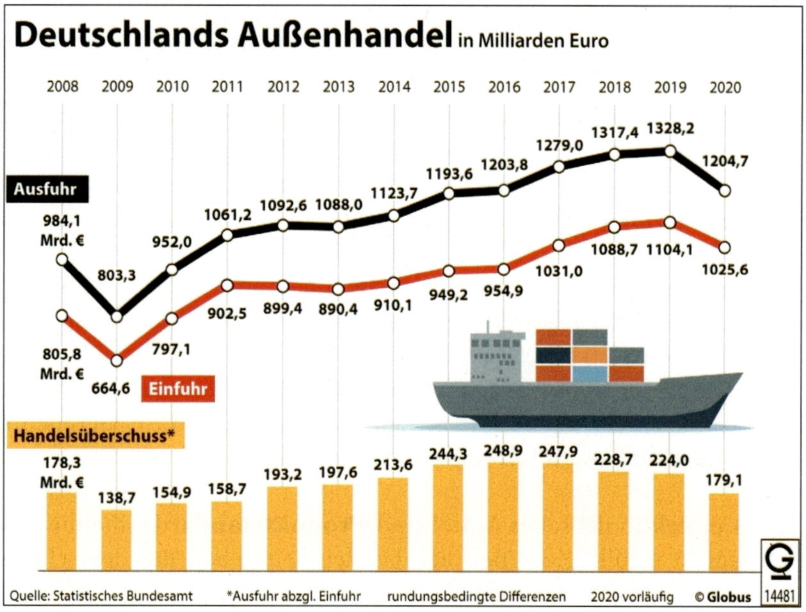

b)

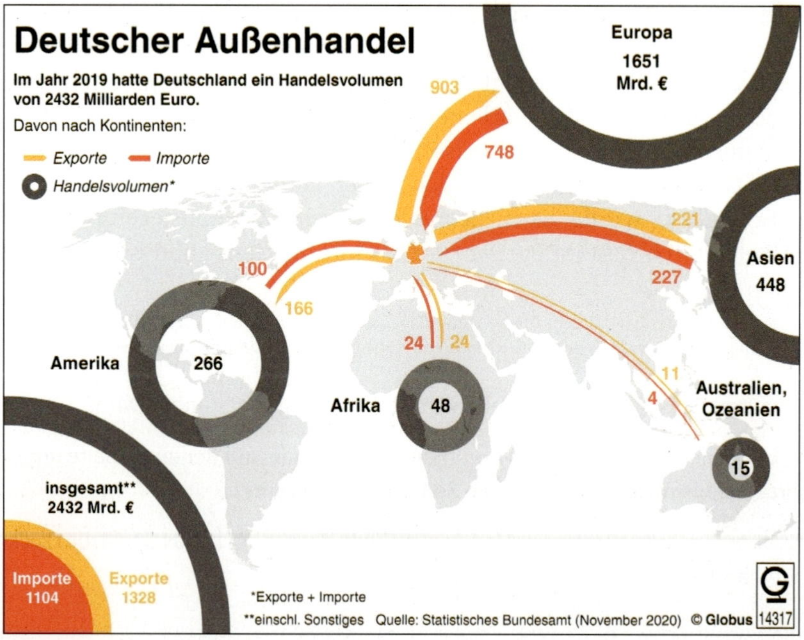

c)

d)

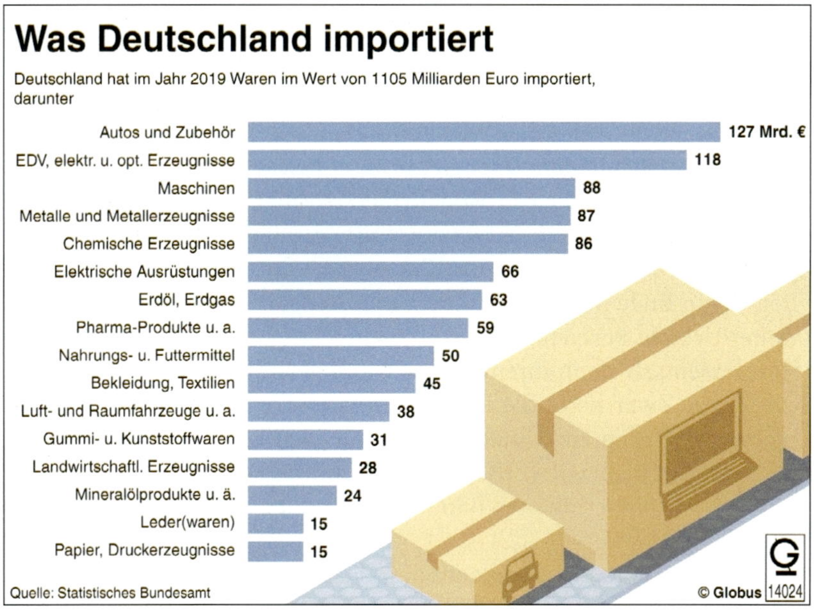

M9 Eine Näherin in Bangladesch

Fallbeispiel

Der Einsturz einer Textilfabrik in Bangladesch 2013 führte vielen vor Augen, wer den wahren Preis für billige Mode zahlt. Was hat sich seitdem geändert?

Wenn die 28-jährige Kulsum Akhter abends um acht nach zwölf Stunden Arbeit nach Hause geht, dann weiß sie, dass ihr Lohn wieder nicht reicht, um für sich und ihre Familie Essen zu kaufen. Für die unzähligen T-Shirts, Hemden oder Hosen, die sie jeden Monat näht, bekommt sie umgerechnet rund 60 Euro. Das reicht so eben für ein Zimmer in der Nähe der Fabrik und die Schulgebühren für ihre beiden Kinder. Damit es auch etwas zu essen gibt, zieht ihr Mann eine Rikscha durch Dhaka, die Hauptstadt von Bangladesch. Auch wenn es kaum zum Leben reicht, lebensgefährlich ist Kulsum Akhters Arbeitsplatz inzwischen nicht mehr. Das war nicht immer so, hat sich nach der Katastrophe von

Rana Plaza aber geändert: Am Morgen des 24. April 2013 stürzte in einem Vorort von Dhaka eine achtstöckige Fabrik ein, in der sich mehr als 5.000 Arbeiterinnen und Arbeiter befanden. 1.136 Menschen starben, über 2.000 wurden verletzt. Mit einem Schlag wurde deutlich, dass der Preis für die Billigmode in europäischen Geschäften nicht nur Minimallöhne am Existenzminimum sind, sondern dass auch katastrophale Arbeitsbedingungen dahinterstehen: keine Sicherheitsvorkehrungen, keine Notausgänge, kein Brandschutz.
Als Reaktion auf die Tragödie wurde Tausenden Familien, die vor dem Nichts standen, Geld aus einem insgesamt 30 Millionen US-Dollar hohen Entschädigungsfonds ausgezahlt. Zudem einigten sich einkaufende Modeunternehmen und die Internationale Arbeitsorganisation (ILO) darauf, in Kooperation mit staatlichen Behörden die Arbeitsbedingungen in den Nähfabriken regelmäßig zu überprüfen. Über 200 Modeunternehmen aus über 20 Ländern unterzeichneten ein Abkommen über Brandschutz und Gebäudesicherheit. Auch über Lohnerhöhungen wurde damals viel diskutiert – doch in diesem Bereich änderte sich für die meisten Näherinnen nichts. Tatsächlich sind die Löhne in den vergangenen Jahren kaum gestiegen, selbst die bestbezahlten Näherinnen bekommen nur knapp 80 Euro im Monat – genauso wie vor sieben Jahren. Und es lässt sich kaum kontrollieren, ob dieser Mindestlohn überhaupt eingehalten wird: Oft bekommen die Näherinnen ihr Gehalt bar ausgezahlt und haben weder Einblick in ihre Verträge noch in die Abrechnungen.
Durch das Coronavirus hat sich die wirtschaftliche Situation der Näherinnen noch weiter verschlechtert. Große Modehäuser mussten ihre Filialen vorübergehend schließen, die Nachfrage brach ein. Als Folge wurden in Bangladesch nach Angaben des Verbands der Bekleidungshersteller und -exporteure Bangladeschs (BGMEA) Aufträge im Wert von 3,18 Milliarden US-Dollar von Modefirmen storniert oder ausgesetzt, fast ein Zehntel des jährlichen Textilexports. „Etwa die Hälfte der Jobs im Textilsektor ist in Gefahr“, sagt Rubana Huq, Präsidentin des BGMEA.
Als die Regierung Ende März eine landesweite Ausgangssperre verhängte – offiziell als „landesweiter Urlaub“ bezeichnet –, konnte auch Kulsum Akhter nicht mehr zur Arbeit gehen. Stattdessen saß sie in ihrem Zimmer und vertröstete den Vermieter, der ständig nach Geld fragte. Zwar hatte die Premierministerin von Bangladesch, Sheikh Hasina, millionenschwere Hilfen zur Unterstützung der Textilindustrie versprochen, doch die Auszahlung verläuft nach wie vor schleppend, und viele Familien blieben ohne Geld. Also gingen Tausende Näherinnen in Bangladesch auf die Straßen, um gegen die Zustände zu protestieren. [...]
Während die Näherinnen in Bangladesch auf die Straße gehen, regt sich auch in den Ländern Widerstand, in denen die billige Mode in den Läden hängt. [...] „T-Shirts gibt es heute günstiger als eine Busfahrt. Und dafür haben die Näherinnen in Asien geschuftet“, sagt Gisela Burckhardt, die das sogenannte Textilbündnis berät, eine Initiative des Entwicklungsministeriums, bei der viele große Modekonzerne mit Vertretern der Zivilgesellschaft an einem Tisch sitzen, um bessere Standards entlang der Lieferkette festzulegen. Einzelne Unternehmen wie etwa C & A haben manches davon bereits umgesetzt. [...] Gisela Burckhardt fordert ein Umdenken bei Konsumenten und Modefirmen.

„Unternehmen, die Schäden an Menschen in Kauf nehmen, müssen haften“
„Besser, wir produzieren hochwertig und langlebig und setzen auf neutrale Kleidung statt auf aktuelle Mode“, sagt Burckhardt, die ein Lieferkettengesetz unterstützt, das im Juli dieses Jahres in Deutschland diskutiert wurde und das von NGOs und Gewerkschaften gefordert wird. „Unternehmen, die Schäden an Mensch und Umwelt in ihren Lieferketten verursachen oder in Kauf nehmen, müssen dafür haften. Skrupellose Geschäftspraktiken dürfen sich nicht länger lohnen“, heißt es in dem Aufruf. [...]

Human Rights Watch kommt zu dem Schluss, dass die Käufer die Zulieferer immer noch finanziell dermaßen unter Druck setzen, dass Letztere „große Anreize verspüren, ihre Kosten durch Ausbeutung zu verringern". Nun drohen einige Lieferanten erstmals damit, einzelne Modehäuser auf eine schwarze Liste zu setzen oder sie zu verklagen. Der Großteil der Fabriken wird aber wohl weiter zu Niedrigstpreisen liefern. „Viele Lieferanten werden sich nicht gegen die Käufer wehren, weil sie deren Bestellungen zum Überleben brauchen", sagt Christie Miedema von der Clean Clothes Campaign. Große Kunden könnten ihre Produktion in andere Länder verlegen, sollten die Lieferanten zu viel Kritik üben. [...]

(Benedict Wermter: Systemsprengerinnen, fluter.de – Magazin der Bundeszentrale für politische Bildung, 21.09.2020, Bonn; https://www.fluter.de/schlechte-arbeitsbedingungen-in-textilfabriken-bangladesch [11.05.2021])

Das sog. **„Lieferkettengesetz"** wurde am 11.06.2021 vom Bundestag verabschiedet, der Bundesrat billigte es am 25.06.2021. Mit dem Gesetz verpflichtet die Bundesregierung deutsche Firmen dazu, menschenrechtliche Standards und Umweltvorgaben in ihren Lieferketten einzuhalten. Im eigenen Unternehmen und bei den unmittelbaren Zulieferbetrieben müssen sie die Achtung der Menschenrechte sicherstellen, z.B. das Verbot von Zwangs- und Kinderarbeit und die Einhaltung international anerkannter Sozialstandards. Bei Verstößen drohen hohe Bußgelder. Wegen der Belastungen durch die Corona-Pandemie gelten die neuen Pflichten für die Unternehmen erst ab 2023 für größere Firmen (mit mehr als 3.000 Mitarbeitenden), ab 2024 dann auch für Firmen mit mehr als 1.000 Mitarbeiterinnen und Mitarbeitern.

1 Beschreibt, wie sich die Arbeitsbedingungen der Näherinnen in Bangladesch vor dem Unglück 2013 dargestellt haben.

2 Stellt dar und erläutert, mit welchen Maßnahmen Verbesserungen erreicht wurden.

3 Beschreibt die im Text angesprochenen Auswirkungen der Corona-Pandemie und zeigt globale Zusammenhänge auf.

4 Erläutert die Zielsetzung des Lieferkettengesetzes. Mithilfe der Links unter dem Webcode @ WES-116592-059 findet ihr die zentralen Regelungen im Einzelnen. Stellt sie in einem Kurzvortrag vor. 2.1, 2.2

5 Diskutiert, inwieweit ein solches Gesetz für die Lieferanten nützlich ist. Recherchiert dazu unterschiedliche Meinungen (Links sind z.B. unter dem Webcode @ WES-116592-048 zu finden) und bezieht selbst dazu Stellung (vgl. dazu die Methode „Politische Urteilsbildung", S. 145). Blickwinkel

M10 Unternehmen im internationalen Wettbewerb

6.1

M10 a Die Bauer AG

Fallbeispiel

Die **Herausforderungen** Globalisierung, Kostendruck und hohe Personalkosten kennt der Mittelständler **Bauer AG** im bayerischen Schrobenhausen zur Genüge. Der Anbieter von „Dienstleistungen, Maschinen und Produkten für Boden und Grundwasser" verzeichnete im Jahr 2020 mit etwa 11.000 Mitarbeitern einen Umsatz von 1,5 Milliarden Euro. Das Unternehmen ist [mit seinen rund 110 Tochterfirmen] in rund 70 Ländern aktiv. [...] Michael Stomberg leitet als Vorstandsvorsitzender die Geschicke der Bauer AG. [...]

FOCUS Online: Herr Stomberg, welche besonderen Herausforderungen sehen Sie für den deutschen Mittelstand?

Michael Stomberg: Da steht an erster Stelle die Digitalisierung. Und zwar doppelt: Gleichzeitig als Bereich, wo wir die größten Chancen, aber auch die größten Risiken haben – wenn wir nicht zur Weltspitze aufschließen.

Konkret: Die Digitalisierung wirkt sich auf alle Arbeitsplätze aus. Einige werden nicht mehr benötigt, andere erfordern ein starkes Umlernen der Arbeitnehmer. Wir müssen die Mitarbeiter mitnehmen bei dieser „Reise“, das umfasst intensive Schulungsmaßnahmen und vieles mehr.
Aber auch vor dem Hintergrund, wie unsere deutsche Infrastruktur dasteht. Die Industrie 4.0 ist zwar eine deutsche Erfindung, aber wenn man sich anschaut, wie etwa der Breitbandausbau derzeit aussieht – da hapert es einfach. Da wird die Politik viel tun müssen, um aufzuschließen. Das gilt für ganz Deutschland.
FOCUS Online: Wo sehen Sie weiteren Handlungsbedarf?
Stomberg: Ein anderes Thema ist die Wettbewerbsfähigkeit im weiteren Sinne. Wir sind ein Hochlohnland, und das werden wir auch bleiben. Es ist richtig, dass wir gute Löhne zahlen und die Arbeitnehmer am Erfolg unserer Unternehmen partizipieren lassen. Aber das heißt natürlich, dass wir weiter mit Niedriglohnländern konkurrieren müssen. Das schaffen wir nur, wenn wir unsere Produktivität weiter steigern.

Wir müssten jetzt investieren, um unsere Produktivität weiter zu erhöhen. Aber wir wissen nicht, ob unsere heutigen Absatzmärkte zukünftig erhalten bleiben. China könnte schon morgen wieder einen deutlichen wirtschaftlichen Rückgang erleben. Oder ganze Regionen könnten mit Exportembargos [staatliches Verbot des Exports] belegt werden beziehungsweise sich selbst wirtschaftlich abschotten. Diese Unsicherheiten sind gerade für den exportorientierten Mittelstand ein großes Problem.
[...]
FOCUS Online: Werfen wir einen Blick auf die finanziellen Belastungen der deutschen Wirtschaft. Die USA haben bereits eine Senkung der Unternehmenssteuern vorgenommen, die Franzosen planen Ähnliches. Haben Sie auf diesem Feld Erwartungen an die Bundesregierung?
Stomberg: Wenn die Unternehmenssteuern in Deutschland sänken, würde uns das sicherlich helfen. Das ist aber aus meiner Sicht nicht das Wichtigste, das die Politik tun sollte.
Entscheidend ist, dass die lähmende Bürokratie angegangen wird. Wir brauchen schlankere und stärker digitalisierte Prozesse – auch in der öffentlichen Verwaltung. Also Bürokratieabbau. Was wir als Unternehmen an Dokumentationsaufwand haben, das ist unglaublich. Als Beispiel nenne ich nur die Datenschutzgrundverordnung. Das hat die Politik gut gemeint, Daten sind auch eindeutig zu schützen, aber wir haben damit einen immensen Aufwand. Die Vorgaben sind einfach nicht praxistauglich.
FOCUS Online: Wie spüren Sie als Auftragnehmer eine lähmende Bürokratie?
Stomberg: Unsere Behörden sind alles andere als digital! Das sehen wir oft, denn die öffentliche Hand steht bei uns im Baubereich für ungefähr 50 Prozent der Aufträge. Dort sind die Entscheidungswege einfach viel zu lang. Das gilt für kommunale Bauprojekte, aber auch für Aufträge im größeren Rahmen.
Ich würde mir wünschen, dass die Politik hier einen Stimulus setzt. Mit dem Ziel, dass wir unsere Behörden so aufstellen, dass sie auch schneller und entscheidungsfreudiger werden können.

(Autor: FOCUS Online; Titel: „Mittelständler attackiert Politik: Deutschland verpasst den Anschluss“. Aus: FOCUS Online vom 23.09.2019. Link zum Artikel: https://www.focus.de/finanzen/news/konjunktur/wirtschaftsstandort-die-laehmende-buerokratie-muss-angegangen-werden_id_11138616.html)

Fallbeispiel

M10 b Chemiekonzern BASF – ein deutscher Global Player

Das Unternehmen BASF ist als Global Player mit seinen Standorten auf allen bewohnten Kontinenten vertreten. Der weltweit größte Chemiekonzern verfügt mit seinen Gesellschaften über Niederlassungen in mehr als 90 Ländern und beschäftigt etwa 122 000 Mitarbeiter. Der Konzern verteilt sich auf sechs Verbundstandorte und etwa 390 weitere Produktionsstandorte.

Standorttypen

Die BASF verfügt über Einzelstandorte (v. a. Produktion), Forschungszentren und Verbundstandorte. Die Verbundstandorte sind innerhalb der Konzernstruktur von besonderer Bedeutung. An den Verbundstandorten bestehen Wertschöpfungsketten, bei denen verschiedene Produktionsabläufe sehr effizient aufeinander abgestimmt sind. So können an einem Standort Produkte entstehen, die von Grundchemikalien bis hin zu hochveredelten Produkten (z. B. Pflanzenschutzmittel oder Lacke) reichen. Auch lassen sich Nebenprodukte, die in einer Produktanlage anfallen, für die Herstellung eines anderen Produktes am selben Fabrikstandort einsetzen. Das Verbundprinzip führt zu einem geringeren Energie- und Rohstoffeinsatz bei gleichzeitig hoher Produktionszahl und ist damit ressourcenschonend. Gleichzeitig lassen sich auf diese Weise auch Emissionen reduzieren und Logistikkosten senken.

Standorte außerhalb Europas

Die vier Verbundstandorte, die außerhalb von Europa liegen, sind Freeport (Texas/USA), Geismar (Louisiana/USA) sowie Kuantan (Malaysia) und Nanjing (China). Weitere große Produktionsstandorte befinden sich u. a. in Shanghai (China), Yokkaichi (Japan), Ulsan (Südkorea), Guaratinguetá (Brasilien), Altamira (Mexiko) und in Port Arthur (Texas/USA).

(BASF – Global Player der Chemieindustrie – Standorte außerhalb Europas, Diercke, © Westermann Gruppe, ohne Datum, Braunschweig; https://diercke.westermann.de/content/basf%C2 %A0 %E2 %80 %93-global-player-der-chemieindustrie-978-3-14-100390-1-25-4-2 [08.03.2021])

1 Arbeitet heraus, wie der Vorstandsvorsitzende Stomberg die Auswirkungen der Globalisierung auf sein mittelständisches Unternehmen beschreibt. Notiert auch, welche Stärken und Schwächen er am Standort Deutschland sieht (M 10a).

2.1, 2.2 **2** Der BASF-Konzern (M 10b) ist ein großes deutsches Unternehmen. Beschreibt das Ausmaß seiner internationalen Verflechtung. Ihr könnt dazu auch hier recherchieren: @ WES-116592-049

2.1, 2.2 **3** Wie schätzt ihr die Bedeutung des Unternehmens für die Beschäftigungslage in Deutschland – auch unter Berücksichtigung der für BASF arbeitenden Betriebe der Zulieferungsindustrie – ein? Recherchiert dazu Beispiele.

Handys bzw. Smartphones bilden ein typisches Beispiel für heutige globalisierte Produktionsketten mit ihren komplexen Zulieferstrukturen. Die enorme Produktionsmenge von ca. zwei Milliarden Handys weltweit schafft zwar einerseits sehr viele Arbeitsplätze, führt aber andererseits weltweit auch zu zahlreichen sozialen und ökologischen Problemen.

M 11 Globale Handyproduktion – nachhaltig gesehen

Station 1:
Chile, Kupfer, Wassermangel
Für die Leiterplatte (quasi das Gehirn eines Handys) wird Kupfer benötigt. Der Abbau von Kupfer verbraucht dabei viel Wasser. In Chile, dem größten Abbaugebiet von Kupfer weltweit, wird das Metall in sehr trockenen Regionen im Norden abgebaut. Große Mengen Trinkwasser werden aus anderen Regionen (u. a. dem Süden des Landes) in die Minen gepumpt. Für die Bevölkerung bleibt häufig nicht genug Trinkwasser und nicht ausreichend Wasser für die Landwirtschaft. Es verschärfen sich die Konflikte um Wasserreserven.

Station 2:
Mexiko, Silber, Gift im Boden
Für die Leiterplatte des Handys wird Silber abgebaut. Mexiko ist eines der weltweit größten exportierenden Länder von Silber. Beim Abbau werden Quecksilber und andere schädliche Stoffe freigesetzt und gelangen in Boden und Grundwasser. Die giftigen Schwermetalle vergiften vor Ort Pflanzen, Tiere und Trinkwasser.

Station 3:
Südafrika, Gold, Landraub
Für die Leiterplatte und die SIM-Karte im Handy wird Gold benötigt. Das Metall wird zum Beispiel in Südafrika abgebaut. Weil immer mehr elektronische Geräte verkauft werden, entstehen dort immer mehr Gold-Minen. Die brauchen Platz. Deswegen werden zum Teil Bauern von ihrem Land vertrieben und erhalten keine angemessene Entschädigung.

Station 4: Ost-Kongo, Coltan, bewaffnete Konflikte
In jedem Handy steckt ein Kondensator, der die Energie speichert. Für die Speicherung der Energie wird Coltan gebraucht. Im Ost-Kongo wird der Abbau und Handel von Coltan oft von bewaffneten Gruppen kontrolliert. Mit dem Gewinn kaufen sie neue Waffen und bedrohen die lokale Bevölkerung.

Station 5:
Sambia, Kobalt, Gesundheitsschäden durch Mineralstaub
Im Akku eines Handys ist Kobalt verbaut. Das wird vor allem in Sambia gewonnen. Beim Abbau entsteht ein giftiger Mineralstaub. Die Minenarbeiterinnen sind dem Staub oft schutzlos ausgesetzt und tragen Gesundheitsschäden davon.

Station 6:
Indien, Mikrokondensator, schlechte Bezahlung
Ein Mikrokondensator sorgt im Handy dafür, dass sich der Handyakku schnell wieder auflädt. In Mikrokondensatoren wird das Erz Coltan verwendet. Ein Problem bei den Herstellerfirmen von Mikrokondensatoren in Indien sind geringe Löhne.

Station 7:
China, Handy-Gehäuse, 80-Stunden-Woche
Viele Produktionsschritte finden in Fabriken in China und anderen asiatischen Ländern statt. Ein Problem ist, dass zu Stoßzeiten, wenn die Nachfrage besonders hoch ist, Arbeiterinnen in der Produktion häufig viele Überstunden machen müssen. Manchmal bis zu 80 Stunden pro Woche.

Station 8:
China, Touchscreen, keine Schutzkleidung/Unfälle, Verätzungen
Touchscreens werden mithilfe giftiger Chemikalien hergestellt. Trotzdem sorgen die Fabriken in China nicht immer für Schutzkleidung. Oder Arbeiter ziehen die Handschuhe aus, weil sie dann schneller arbeiten können. Das führt zu schlimmen Unfällen.

Station 9:
Thailand, Endmontage des Handys, Zeitarbeit
Viele Fabrikarbeiterinnen in Thailand sind nicht fest angestellt. Sie werden über Zeitarbeitsfirmen vermittelt, die für die Vermittlung Geld nehmen und einen Teil des Lohnes abziehen. Häufig sind die Rechte der Arbeitnehmerinnen bei Zeitarbeitsfirmen kaum geschützt und ihre Rechte werden schneller verletzt.

Station 10:
Deutschland, Verkauf, Nutzung, Elektroschrott
In Deutschland werden Handys durchschnittlich nur 18 Monate genutzt. Durch den gestiegenen Verbrauch von Handys hat sich die Menge an Elektroschrott erhöht. Es ist wichtig, ausrangierte oder kaputte Geräte richtig zu recyceln: Sie müssen zum Recyclinghof oder zurück in den Laden gebracht werden. Auf keinen Fall dürfen sie im Hausmüll landen.

Station 11:
Ghana, Kabel verbrennen, um Kupfer zu erhalten, giftige Plastikdämpfe
Aus Elektroschrott kann man Rohstoffe wieder herausholen, um sie zu verkaufen. Um an das Kupfer zu kommen, verbrennen Menschen in Ghana Kabel über dem offenen Feuer. Problematisch ist, dass ihnen häufig eine angemessene Schutzkleidung fehlt und sie die giftigen Plastikdämpfe einatmen.

Station 12:
Nigeria, Aluminium sammeln, schmelzen und in Form gießen, Lungenschäden – Luftverschmutzung
Aus den Handys werden auch kleine Mengen Aluminium gesammelt, geschmolzen und in Form gegossen. In Nigeria geschieht dies über offenem Feuer ohne Schutzkleidung. Die Menschen bekommen davon Lungenschäden und die Luft wird stark verschmutzt.

(Volkmar Lübke, Julia Otten, Ettina Zach: Folgen der Globalisierung am Beispiel Handy. In: Germanwatch e. V. & SODI e. V. [Hrsg.]: Bildung für nachhaltige Entwicklung, Unterrichtsmaterial, April 2015, Bonn; https://germanwatch.org/de/download/11036.pdf, S. 40 [02.06.2018])

1 Setzt euch zu viert zusammen und teilt die einzelnen Stationen zur Bearbeitung auf. Jeder übernimmt der Reihenfolge nach drei Stationen. Notiert, was an euren Stationen stattfindet.

2 Stellt euch anschließend erläuternd die 12 Produktionsschritte in eurer Gruppe vor.

3 Informiert euch über die globalen Nachhaltigkeitsziele der Weltgemeinschaft und überprüft, inwieweit diese Ziele von den in M 11 dargestellten Schritten der Handyproduktion betroffen sind. Den entsprechenden Link findet ihr hier: @ WES-116592-050

M 12 Corona: Das Ende der Globalisierung?

Wenn er das wirklich wäre, der „Patient Null" Europas – dann stünde er sinnbildlich für die global vernetzte Welt, in der wir leben: Ein 33-Jähriger, angestellt bei einem Automobilzulieferer, steckt sich bei einer chinesischen Kollegin an, als die nach einem Besuch bei ihren Eltern in Wuhan in Bayern eine Schulung leitet. Kurz darauf gibt es auch Infizierte in Italien, Frankreich, Großbritannien. Wenig später hat Covid-19 fast die ganze Welt im Griff.

Eine Welt, die für einige wenige keine Grenzen mehr hat. Mit Lieferketten, die den ganzen Globus umspannen – just in time – und Firmen, die ihre Waren überallhin verkaufen: Die globalisierte Welt. Hat sie also Schuld an Corona?

Globalisierung ist gar nicht so neu

In Lübeck läuft Dirk Rieger vor einem unscheinbaren Restaurant auf und ab. Vor einigen Jahren stieß man bei Renovierungsarbeiten hier auf einen grausigen Fund: auf Skelette, die dicht an dicht liegen. Ein Grab fünf mal fünf Meter groß und zwei Meter tief mit Toten einer der verheerendsten Seuchen unserer Geschichte – der Pest.

Der Schwarze Tod, wie man die Krankheit damals nannte, forderte im Europa des 14. Jahrhunderts innerhalb eines Jahrzehnts schätzungsweise 25 Millionen Tote. Die Seuche kam wohl über die Seidenstraße aus China nach Europa. Gelangte durch ein Handelsschiff über Frankreich nach England, über die Nordsee nach Skandinavien – und so weiter und so fort.

„Die Pest ist die Folge der Globalisierung", sagt der Stadtarchäologe Dirk Rieger und meint damit, dass das, was wir als Globalisierung bezeichnen, schon Jahrhunderte alt ist. Dass Krankheiten schon immer keine Grenzen kannten. Damals – wie heute.

Trotzdem ist die Angst vor der Globalisierung heute so groß wie noch nie. Laut einer vom „Spiegel" in Auftrag gegebenen Umfrage des Civey Instituts sehen mehr als die Hälfte der Befragten die Globalisierung negativ. Vor drei Jahren war das noch genau umgekehrt: Da sahen über 60 Prozent der Befragten die Globalisierung noch als Chance.

Die Angst vor der Globalisierung wächst

Und nun – mit einer Pandemie, die globale Lieferketten unterbricht, die den Kauf von FFP2-Masken aus dem Ausland zu einem Kampf macht, die Handelsschiffe stilllegt und Grenzen schließen lässt – nun wird der Eindruck geweckt, die Globalisierung stehe vor ihrem Aus. Hat sie einen Systemfehler?

In Hessen stapft der norddeutsche Bauer Rudolf Behr über ein Feld mit kleinen Salatköpfen. Er hat das Feld zugekauft. Die Sonne treibt ihm Schweißtropfen auf die Stirn. Eigentlich ist es hier im warmen Rheinhessen zu warm für Salat, erzählt er. Der Salat, der hier gerade noch gehe, sei Mini-Römer. Doch auch der hat es schwer. Auf den Außenblättern sind kleine, gelbliche Dellen. Vom Hagel, erklärt Bauer Behr, und sagt, Unwetter gebe es hier in der Gegend oft.

„Jedes Gemüse dort, wo es hingehört", sagt Rudolf Behr und meint damit: Salat am besten in Norddeutschland, Zucchini und alles, was es gern warm hat, in Hessen. Doch seit einigen Jahren wollen die Menschen regional essen, wollen Einzelhändler in Hessen nicht mehr Salat aus dem Norden kaufen, sondern mit bunten Schildchen als Wohlfühlaroma versehen können: Aus der Region.

Ohne Globalisierung geht es nicht

Dass Globalisierung kein Systemfehler ist, zeigt ein zweiter Besuch in Lübeck. Hier stellt die Firma Dräger FFP-Masken her. Ebenso in Schweden und Südafrika. Jetzt in jedem Land parallel Masken zu produzieren, nur weil es Lieferengpässe aus dem Ausland gab, hält Stefan Dräger, Chef der Firma, für unnütz: „Die Masken kommen aus einer hoch automatisierten Produktion." Das heißt, dass lieber einige wenige Fabriken viele Masken produzieren als viele Fabriken jeweils wenige für den heimischen Markt.

„Wo die Dinge nun hergestellt werden", meint der Ökonom Gabriel Felbermayr, sei gar nicht so wichtig. Wichtiger sei, sich nicht in allem abhängig von Lieferketten zu machen. Lager aufzubauen. Beim Erdöl aus den Krisen der 70er-Jahre habe es ja auch geklappt. Was weniger Globalisierung für uns als „Exportweltmeister" bedeuten würde, hat der Ökonom für Panorama ausgerechnet. 2018 lag die durchschnittliche Rente bei 905 Eu-

ro im Monat. Mit der Hälfte des Außenhandels wären nur noch 748 Euro drin, ganz ohne Außenhandel sogar nur noch 540 Euro.
Die Globalisierung ist also weder schuld an Corona noch ein Phänomen, das sich zurückdrehen lässt. Zeigte doch bereits die Pest im Mittelalter, dass Menschen schon immer im Austausch miteinander standen, über Grenzen hinweg. Die Globalisierung ist nicht der Systemfehler, den es jetzt zu beseitigen gilt, sondern für viele Probleme die Lösung. Auch im Kampf gegen Corona.

(Johannes Edelhoff, Annette Kammerer: Corona: Das Ende der Globalisierung?, Panorama, daserste.de, 02.07.2020, Norddeutscher Rundfunk, Hamburg; https://daserste.ndr.de/panorama/archiv/2020/Corona-Das-Ende-der-Globalisierung,globalisierung112.html [08.03.2021])

1 Ist die Globalisierung „am Ende"? Erarbeitet die Argumente, die in M 12 angeführt werden, und erläutert sie.

2 Auf welche Änderungen des Konsumverhaltens will Bauer Rudolf Behr hinweisen? Erläutert seine Aussagen im Zusammenhang mit der Globalisierung (Z. 27 – 42).

3 „Ohne Globalisierung geht es nicht." Erläutert diese Aussage anhand der Feststellungen des Ökonomen Felbermayr (Z. 43 – 64).

4 Diskutiert abschließend die in der Kapitelüberschrift formulierte Frage „Globalisierung – Chance oder Bedrohung?", indem ihr alle in diesem Kapitel berücksichtigten Aspekte in die Waagschale werft, sie ggf. noch ergänzt und ein abschließendes Urteil fällt.

Blickwinkel

F

5 Ihr könnt dafür auch eine Talkshow ansetzen. Orientiert euch dabei an den Vorschlägen zur Planung und Durchführung einer Talkshow (vgl. Kap. 2).

Was ihr jetzt wissen und können solltet:

- ✓ **M S** U H unterschiedliche Dimensionen von Globalisierung im eigenen Alltag identifizieren und erkennen;
- ✓ **M S** U H erläutern, was unter Globalisierung zu verstehen ist, und Dimensionen systematisch darstellen;
- ✓ M **S U** H kulturelle Auswirkungen der Globalisierung an den Beispielen Fernsehunterhaltung und Fast Food beschreiben, diskutieren und beurteilen;
- ✓ M **S** U H exemplarisch technische, ökonomische und politische Antriebskräfte (Ursachen) der Globalisierung erläutern;
- ✓ M **S U** H die Theorien des Freihandels und des Protektionismus erläutern und die Auswirkungen entsprechender handelspolitischer Maßnahmen auf Arbeits- und Gütermarkte in Industrie- und Entwicklungsländern darstellen und beurteilen;
- ✓ M **S U** H am Beispiel international tätiger Unternehmen Herausforderungen der Globalisierung für die Erreichung ihrer Ziele beschreiben und beurteilen;
- ✓ **M S** U H den Stellenwert des Außenhandels für die deutsche Wirtschaft anhand der Auswertung statistischen Materials ansatzweise beschreiben;
- ✓ M **S U** H den ökonomischen Globalisierungsprozess unter dem Aspekt einer nachhaltigen Entwicklung beurteilen;
- ✓ **M S U H** im Rahmen einer Talkshow Positionen von Akteuren der Weltwirtschaft in Bezug auf Auswirkungen der ökonomischen Globalisierung vergleichen und selbst Stellung dazu nehmen

Was ihr wisst – was ihr könnt – wie ihr es seht

M S U H

1. Ein Statement

> **„Globalisierung – das ist doch nur für die großen Konzerne wichtig. Uns betrifft das ja nicht."**

Verfasst eine Antwort.

M S U H

2. Ursachen der Globalisierung

Die Ursachen der Globalisierung liegen zum einen in der technischen Entwicklung, zum anderen beruhen sie auf politischen Entwicklungen und Entscheidungen.

Nennt für jeden Bereich zwei konkrete Ursachen und gebt erläuternde Erklärungen.

M S U H

3. Kulturelle Globalisierung

Neben der wirtschaftlichen gibt es auch eine „kulturelle" Globalisierung. Nennt dazu Beispiele.

M S U H

4. Eine Karikatur

Analysiert diese Karikatur.

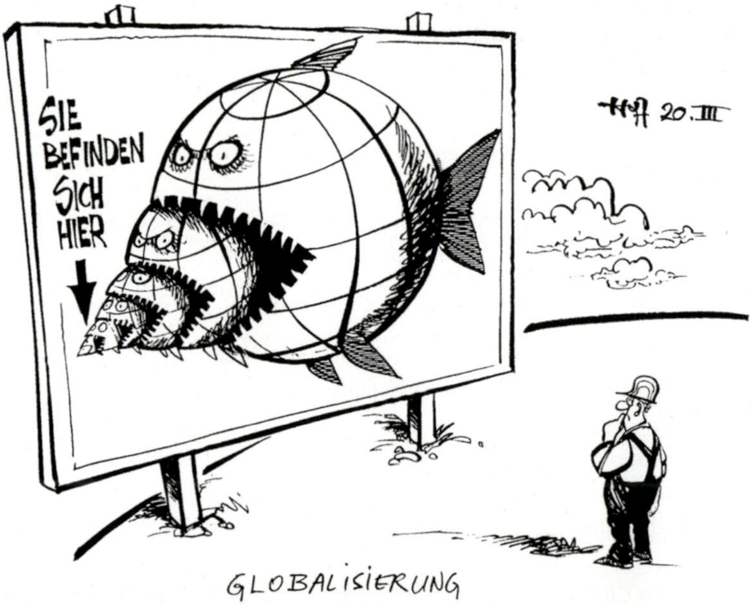

(Horst Haitzinger)

Wenn ihr noch mehr lernen wollt ...

D1 Covid-19 wird die Globalisierung nicht stoppen

[...] Am vergangenen Dienstag war es die Bundeskanzlerin persönlich, die Globalisierungsgegnern vom Davoser Weltwirtschaftsforum Argumente lieferte. Als Lehre aus der Pandemie verkündete Angela Merkel, dass Lieferketten weltweit nicht mehr verlässlich seien. „Sind es Schwachstellen, wenn wir zu abhängig von globalen Lieferketten sind?", fragte sie rhetorisch.

[...] Das Gegenteil ist das wahrscheinlichere Szenario: Ist die Corona-Pandemie erst einmal beendet, entfällt für die Importwirtschaft das Hindernis, ihr weltweites Sourcing im selben Tempo wieder aufzunehmen wie vor der Krise.

Genau das zeigte die Tsunami-Katastrophe vor zehn Jahren. Schon damals läuteten Politiker das Totenglöckchen für die Globalisierung, weil nach der Atomreaktor-Katastrophe im japanischen Fukushima die Versorgung mit Elektronik und Automobil-Zulieferteilen fast weltweit zum Erliegen kam. [...] Geblieben ist davon bis heute höchstens blasse Erinnerung.

Denn die Globalisierung ist im System der Marktwirtschaft nicht zu stoppen, gekauft wird dort, wo es am günstigsten ist. Allein massive staatliche Eingriffe könnten eine Trendumkehr bewirken, allerdings zu einem Preis, den am Ende alle bezahlen müssten. Denn ein solcher Prozess ginge mit großen Wohlstandsverlusten einher. „Globalisierung ist nicht das Problem", meint deshalb Post-Vorstandschef Frank Appel, „sondern die Lösung."

Und er hat recht. Wie groß die Zusatzkosten ausfielen, müssten die Deutschen auf eine internationale Arbeitsteilung verzichten, zeigte beispielhaft die Preisentwicklung in der Elektronik. Für ein Farb-TV etwa, das im Jahr 1967 von einem deutschen Hersteller [...] produziert wurde, hatte ein Käufer hierzulande durchschnittlich zwei Monatsgehälter zu zahlen. Weil die Geräte seither weitaus günstiger in Fernost montiert werden, reichen einem deutschen Durchschnittsverdiener für den Erwerb heute gerade einmal 19,7 Arbeitsstunden.

Auch ein Handy könnte sich ohne die Globalisierung wohl kaum jemand leisten. Das deutsche Siemens P3, ein kiloschweres „Porty" fürs C-Netz, kostete 1990 die stolze Summe von 11.000 D-Mark. Selbst die ungleich leistungsfähigeren Smartphones von Apple – made in China – sind inzwischen für einen Bruchteil davon zu haben.

In Wahrheit ist die Lehre aus der Pandemie eine ganz andere: Selbst massive staatliche Eingriffe zugunsten einer Regionalisierung, so die bittere Erkenntnis der vergangenen Tage, stärken gefährdete Lieferketten keineswegs.

Einen veritablen Flop nämlich landete diese Strategie ausgerechnet bei der Impfstoffversorgung. So stammen gleich zwei Vakzine aus Deutschland, die der Staat mit Steuergeldern förderte. An der Tübinger Firma Curevac erwarb er sogar Geschäftsanteile. Der Lieferkette geholfen hat dies erstaunlich wenig. Das Serum der Mainzer Firma Biontech kommt bei deutschen Impfstellen kaum an, während es in Israel, Großbritannien und den USA in großen Mengen an die Bevölkerung geht. [...]

Entgangen ist der Bundeskanzlerin offenbar eines. Nicht die Frage von national oder international entscheidet über die Verlässlichkeit der Beschaffung in einer Volkswirtschaft, wie Biontech und Astra-Zeneca belegen, sondern die Frage von tölpelhaft oder clever.

(Christoph Schlautmann: Covid-19 wird die Globalisierung nicht stoppen, Handelsblatt online, 02.02.2021, Düsseldorf; https://www.handelsblatt.com/meinung/kommentare/kommentar-covid-19-wird-die-globalisierung-nicht-stoppen/26860638.html?ticket=ST-5830806-wFbAZz6WFpkcrN2K7syO-ap5 [28.05.2021])

1 Erarbeitet die Argumente, die der Autor zur Stützung seiner These anführt, und erläutert sie mithilfe der angeführten Beispiele.

2 Gebt eine begründete Stellungnahme zu diesem Kommentar ab.

SARS-CoV-2
COVID-19
CORONAVIRUS

NATO
OTAN
LONDON
LONDRES

UN

13

Sicherheitspolitik und internationale Friedenssicherung: Bundeswehr, NATO, UNO

Darum wird es gehen

Auch im 21. Jahrhundert sind auf der ganzen Welt sehr viele Gewaltkonflikte und zahlreiche humanitäre Notlagen zu verzeichnen.
Obwohl die Militärausgaben insgesamt steigen und es eine internationale Friedens- und Sicherheitspolitik gibt, stellt sich die Frage: Warum und wo ist die Sicherheit nicht gewährleistet?

Im ***ersten Abschnitt*** *dieses Kapitels werden Formen von Gewalt aufgegriffen, von denen nahezu täglich in der Presse und den Medien berichtet wird: Kriege und Terrorismus. Es wird geklärt, was beide Formen voneinander unterscheidet, und auch auf Folgen dieser Gewaltformen eingegangen.*

Der ***zweite Abschnitt*** *widmet sich der Frage, welche internationalen Institutionen Friedens- und Sicherheitspolitik betreiben und welche Rolle Deutschland bei globalen Herausforderungen für Frieden und Sicherheit spielt. Deshalb werden friedens- und sicherheitspolitische Aufgaben und Möglichkeiten der Vereinten Nationen, der NATO und der Europäischen Union vorgestellt. Die deutsche Bundeswehr und ihre internationalen Einsätze erfahren ebenfalls Beachtung. Es gibt aber auch zivilgesellschaftliche Akteure, die sich um Frieden und Sicherheit auf der Welt bemühen. Um welche Formen des Engagements es sich hierbei handelt, dazu werdet ihr ebenfalls etwas erfahren.*

Im ***dritten Abschnitt*** *lernt ihr eine Methode kennen, mit der internationale und auch nationale Konflikte analysiert werden können, um sich so einen Überblick z. B. über Gründe, Motive, Akteure und Konfliktverläufe zu verschaffen. Diese Methode sollt ihr bei der Analyse des Mali-Konfliktes anwenden, in dem auch die deutsche Bundeswehr eingesetzt wird.*

1. Bedrohungen durch Kriege und Terrorismus

M1a Kinder in Konfliktgebieten – Bilder

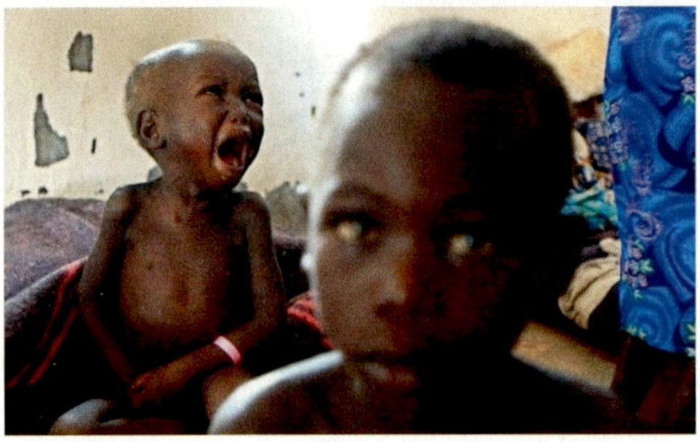

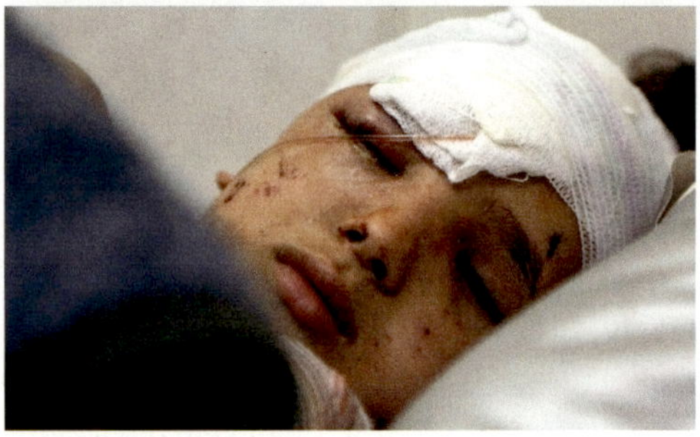

M1b Kinder in Konfliktgebieten – ein Schaubild

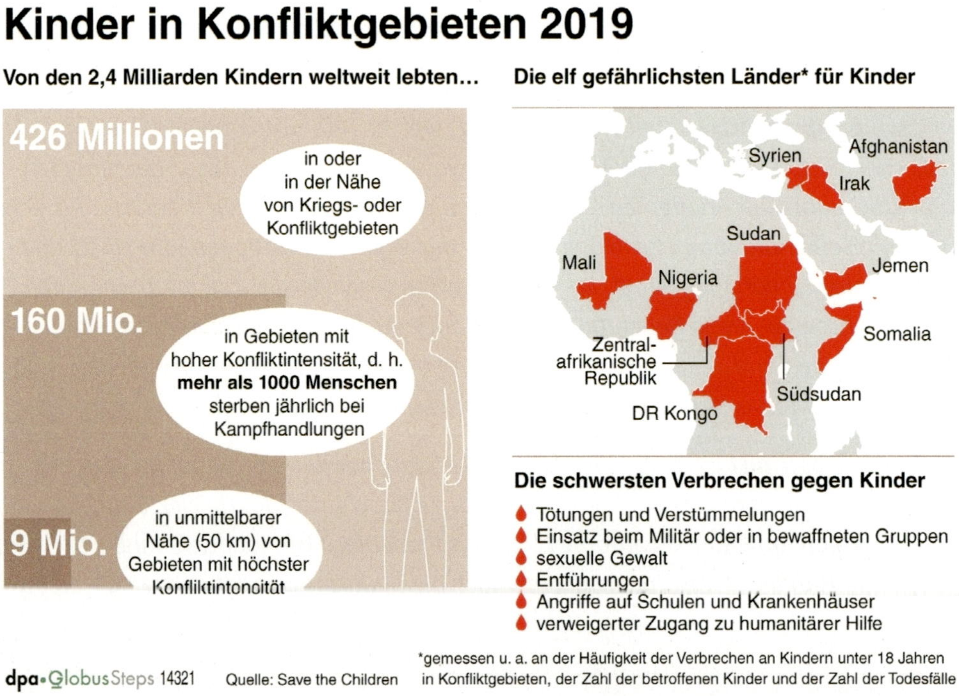

M2 Kriege weltweit

Kriege 2020

Im Jahr 2020 zählte das Heidelberger Institut für Internationale Konfliktforschung **359 Konflikte weltweit**, 220 davon wurden gewaltsam ausgetragen. Folgende 21 Konflikte erreichten die höchste Intensitätsstufe eines Krieges:

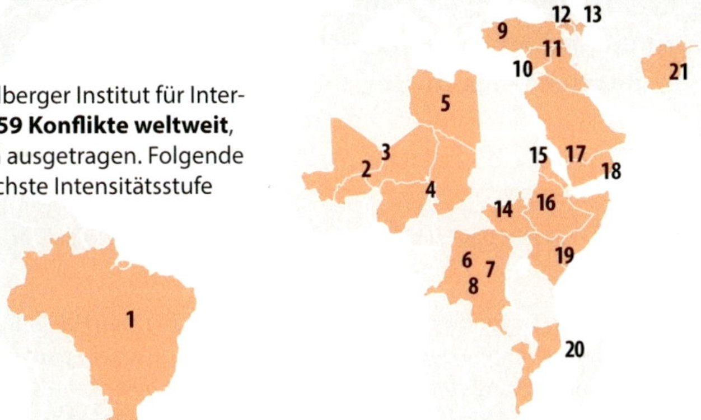

1	Brasilien	Drogenkartelle, Milizen – Regierung
2	Mali, Niger, Burkina Faso u. a.	islamistische Milizen JNIM, AQIM – Regierungen
3	Mali, Nigeria u. a.	islam. Miliz ISWAP – Regierungen
4	Nigeria, Tschad u. a.	islam. Miliz Boko Haram – Regierungen
5	Libyen	Opposition - Regierung
6	Dem. Rep. Kongo	islamistische Miliz ADF – Regierung
7		militante Milizen – Regierung (Ituri-Region)
8		Mayi-Mayi-Miliz, andere militante Gruppen – Regierung
9	Türkei	PKK/TAK – Regierung
10	Syrien	Opposition – Regierung
11	Syrien, Irak u. a.	Terrormiliz Islam. Staat – Regierungen
12	Armenien – Aserbaidschan	territoriale Konflikte, v. a. um Berg-Karabach-Region
13	Aserbaidschan	Regionalregierung Berg-Karabach – Regierung
14	Südsudan	interkommunale Konflikte
15	Äthiopien, Eritrea	Regionalreg. Tigray (TPLF) – Regierungen
16	Äthiopien	interkommunale Konflikte
17	Jemen, Saudi-Arabien	Huthi-Milizen – Regierungen
18	Jemen	al-Hirak-Milizen – Regierung
19	Somalia, Kenia	islam. Miliz Al-Shabaab – Regierungen
20	Mosambik	islam. Miliz ASWJ – Regierung
21	Afghanistan	Taliban, andere militante Gruppen – Regierung, Nato

Quelle: Heidelberger Institut für Internationale Konfliktforschung

1 Beschreibt anhand der Bilder in M 1a Folgen kriegerischer Auseinandersetzungen.

2 Analysiert das Schaubild (M 1b) nach dem euch bekannten Verfahren und verschafft euch einen Überblick darüber, inwieweit im Jahre 2019 Kinder von kriegerischen Auseinandersetzungen betroffen waren.

3 Beschreibt die räumliche Verteilung der in der Grafik M 2 aufgeführten Kriege im Jahr 2020.

4 Die Grafik enthält auch Kurzbeschreibungen zu den Akteuren und Gründen. Versucht diese kriegerischen Auseinandersetzungen mithilfe der Informationen in M 3 zu kategorisieren und erläutert eure Überlegungen.

2.1, 2.2 V Recherchiert zu einem der angegebenen Konflikte nähere Informationen zu Gründen, Akteuren und Verläufen.

M 3 Krieg und seine Erscheinungsformen

Krieg bezeichnet einen organisierten, mit Waffen gewaltsam ausgetragenen Konflikt zwischen Staaten bzw. zwischen sozialen Gruppen der Bevölkerung eines Staates (Bürgerkrieg).
1) Nach den **Ursachen** werden religions- und ideologisch begründete Kriege, Kolonial-, Wirtschafts- und Unabhängigkeitskriege etc. unterschieden.
2) Nach den **Zielen** wird zwischen Angriffs-, Interventions-, Sanktions-, Verteidigungs- und Befreiungskrieg etc. unterschieden.
3) Nach den **Formen** werden z.B. regulärer, Partisanen-, Volks-, Miliz- und Guerillakrieg unterschieden.
4) Entsprechend den eingesetzten Waffen(-gattungen) wird z.B. zwischen konventionellem, Atom-, bakteriologischem, chemischem Krieg, ferner zwischen Land-, See- und Luftkrieg unterschieden. In jüngster Zeit erhalten Cyber-Kriege (Cyberwar) besondere Bedeutung.
5) **Räumlich** wird z.B. zwischen lokal begrenztem, regionalem oder Weltkrieg unterschieden.

(Klaus Schubert, Martina Klein: Das Politiklexikon. Begriffe – Fakten – Zusammenhänge, Verlag J. H. Dietz, Bonn 2018, S. 201)

*

Ideologie: dient zur Begründung und Rechtfertigung politischen Handelns
Kolonialismus: Ausdehnung der Herrschaftsmacht europäischer Länder auf außereuropäische Gebiete
Intervention: Einmischung eines Staates in die Angelegenheiten eines anderen Staates
Partisan: jemand, der nicht als regulärer Soldat, sondern als Angehöriger bewaffneter, aus dem Hinterhalt operierender Gruppen kämpft
Miliz: Streitkräfte, deren Angehörige eine nur kurzfristige militärische Ausbildung haben
Guerilla: Bewaffnung einheimischer Bevölkerungsteile im Rahmen eines Untergrund- oder Bürgerkriegs
Cyberwar: kriegerische Auseinandersetzung zwischen Staaten im virtuellen Raum, die mit Mitteln der Informationstechnologie geführt wird; Ziel ist in der Regel, Ländern, Institutionen oder der Gesellschaft auf elektronischem Weg zu schaden und wichtige Infrastrukturen zu (zer-)stören

Kriege und Konflikte gibt es seit Jahrtausenden. In den letzten Jahrzehnten aber hat sich eine neue Dimension der Gewalt aufgetan: der Terrorismus. Terrorismus ist auf keine Region begrenzt, sondern terroristische Anschläge finden weltweit statt, nicht nur in Kriegsgebieten, auch im eigentlich „friedlichen“ Europa.
Die Materialien M 4b und M 4c verweisen auf terroristische Anschläge in Europa und Deutschland. Mithilfe von M 4a könnt ihr klären, was den Terrorismus kennzeichnet und wodurch er sich vom Krieg unterscheidet.

Arbeitsvorschläge:

2.1, 2.2, 4.1, 4.2

1 Erläutert, was unter Terrorismus zu verstehen ist (M 4a und b), und begründet, warum es besonders schwierig ist, terroristische Anschläge zu verhindern. Unter dem Webcode @ WES-116592-051 findet ihr einen Link zu den Maßnahmen der EU gegen die Bedrohungen durch Terrorismus. Stellt einzelne Maßnahmen vor, z. B. im Rahmen eines Referates.

2 Der Webcode @ WES-116592-052 führt zu einem Link, unter dem ihr Informationen zu konkreten islamistisch oder rassistisch motivierten Anschlägen in Europa finden könnt. Recherchiert zu einem von euch ausgewählten Fall Informationen und stellt eure Ergebnisse in der Klasse vor. Recherchiert in diesem Zusammenhang auch, was unter „Islamismus“ und „Rassismus“ zu verstehen ist.

3 Anlässlich des Jahrestages des rassistisch motivierten Anschlags in Hanau im Jahre 2020 schaltete die Stadt Hanau eine Gedenkseite für die Opfer (@ WES-116592-053). Hier findet ihr u. a. Videos von einigen bei der Trauerfeier gehaltenen Reden, z. B. vom Bundespräsidenten Frank-Walter Steinmeier, vom Ministerpräsidenten des Landes Hessen, von Vertretern der Stadt und von Freundinnen und Freunden der Opfer. Sie alle geben sehr persönliche Statements zum Anschlag selbst und zum Terrorismus ab.
- Recherchiert zunächst, was beim Anschlag in Hanau passiert ist.
- Setzt euch dann mit den Trauerreden in arbeitsteiliger Gruppenarbeit auseinander, haltet vorgetragene Argumente und Positionen kurz schriftlich fest und stellt euch abschließend gegenseitig eure Ergebnisse vor.
- Wählt die für euch überzeugendste bzw. beeindruckendste Ansprache aus und begründet eure Auswahl.

4 Recherchiert aktuelle Zahlen zu terroristischen Anschlägen in Europa und weltweit.

M 4 Terroristische Anschläge

M 4 a Was ist Terrorismus?

Der Begriff „Terrorismus“ kommt aus dem Lateinischen von terror = (panische) Angst, Schrecken, Furcht. Als Terrorismus bezeichnet man politisch motivierte Gewaltanwendung, die von Gruppen oder Einzelpersonen ausgeübt wird. Terroristische Aktionen richten sich in der Regel gegen Staaten oder Vertreter derselben (z. B. Staatspräsidenten). Häufig werden jedoch nicht nur einzelne Vertreter aus Politik oder Wirtschaft bedroht, sondern eine ganze Gesellschaft. Bei Mordanschlägen auf Großstädte, Verkehrsknotenpunkte und öffentliche Einrichtungen wird der Tod von vielen unbeteiligten Menschen bewusst in Kauf genommen. Terrorvereinigungen wollen durch solche Aktionen zeigen, wie verwundbar Staaten trotz aller Sicherheitsvorkehrungen und all ihrer militärischen Macht sind. Terroristische Organisationen entstehen häufig aus radikalen politischen oder religiösen Gruppen, die eine Revolution auslösen wollen oder einfach ihre Ziele durchsetzen und ihren Gegnern – dem herrschenden System – Schaden zufügen wollen. Das Problem ist, dass Terrorgruppen sehr schwierig zu bekämpfen sind, da sie sich an keinerlei Regeln halten, die sonst im Krieg zwischen Staaten trotz allem üblich sind. Sie handeln völlig willkürlich und unberechenbar. Außerdem sind viele terroristische Organisationen in sich in verschiedene Untergruppen aufgesplittert, die unterschiedliche Ziele verfolgen.

(LM: Was bedeutet Terrorismus?, Was ist was online, Tessloff Verlag, 12.09.2001, Nürnberg; https://www.wasistwas.de/archiv-geschichte-details/was-bedeutet-terrorismus.html [08.03.2021])

M 4 b Islamistischer Terror in Europa

Seit den Anschlägen 2001 in New York [Angriff auf das World Trade Center] stand in den vergangenen Jahren auch immer wieder Europa im Fokus islamistisch motivierter Terroranschläge. [...] Immer wieder gelingt es dem „Islamischen Staat“ und zunehmend auch selbst radikalisierten Einzeltätern, auf europäischem Boden Anschläge zu verüben. Ziel terroristischer Anschläge ist es, möglichst viele Menschen zu töten. So nehmen die Terroristen Orte ins Visier, an denen sich viele Zivilisten aufhalten, wie bei der Anschlagsserie in Paris, bei der u. a. ein Stadion und eine Konzerthalle betroffen waren. Auch Flughäfen wie bei den Anschlägen in Brüssel und Istanbul sind Ziele von Attacken. Oder aber es werden Anschläge gezielt auf Einrichtungen und Personen verübt, die nach Ansicht der Terroristen als islamkritisch, islamfeindlich gelten, wie etwa jüdische Einrichtungen, Politiker und Botschaften westlicher Länder. [...]

(politische-bildung.de: Islamistische Terroranschläge in Europa, Bundesarbeitsgemeinschaft Politische Bildung Online/c/o Bayerische Landeszentrale für politische Bildungsarbeit, ohne Datum, München/Augsburg; https://www.politische-bildung.de/islamistischer-terror-europa [08.03.2021])

M 4 c Rassistischer Anschlag in Hanau 2020 – „Digitales Denkmal“

„Rassismus tötet“: Ein Graffito in Frankfurt erinnert an die neun Mordopfer des rassistischen Anschlags von Hanau.

Hanau (dpa) – Zum Gedenken an die Opfer des rassistisch motivierten Anschlags mit neun Toten vor einem Jahr hat die Stadt Hanau eine Internetseite als „digitales Denkmal“ ins Leben gerufen. Die Seite mit der Adresse www.hanau-steht-zusammen.de gehe in der Nacht zu diesem Freitag [19. Februar 2021] online und umfasse Nachrufe, Videos, Interviews mit Angehörigen der Opfer sowie ein Kondolenzbuch, das auf bewegende Weise zeige, dass die Tat Menschen auf der ganzen Welt erschüttert habe, teilte die Stadt am Mittwoch mit. [...]

(wgr/© dpa, 17.02.2021)

2. Was können UNO, NATO und EU für Frieden und Sicherheit tun?

Im Folgenden soll es um die Frage gehen, wer Friedens- und Sicherheitspolitik betreibt und welchen Beitrag die Vereinten Nationen, die NATO und die Bundeswehr innerhalb der Europäischen Union dazu leisten können. Ihr könnt die folgenden Materialien in Form eines **Gruppenpuzzles** in drei Gruppen bearbeiten: Eine Gruppe beschäftigt sich mit den Vereinten Nationen (M 5 – M 7), eine zweite Gruppe mit der NATO (M 8, M 9) und eine dritte Gruppe mit der Europäischen Union (M 10). Beachtet, dass der Umfang der Materialien pro Gruppe unterschiedlich ist. Ihr könnt darüber hinaus zusätzliche, ergänzende Recherchen vornehmen.
Die Methode des Gruppenpuzzles habt ihr bereits in Band 2 (S. 39) kennengelernt. Hier könnt ihr genauso vorgehen. Haltet eure Ergebnisse jeweils zum Beispiel auf Karteikarten fest oder notiert sie in eurem Heft bzw. einem digitalen Dokument.

Gruppe 1: Die Vereinten Nationen

M 5 Die Organisation der Vereinten Nationen (UN)

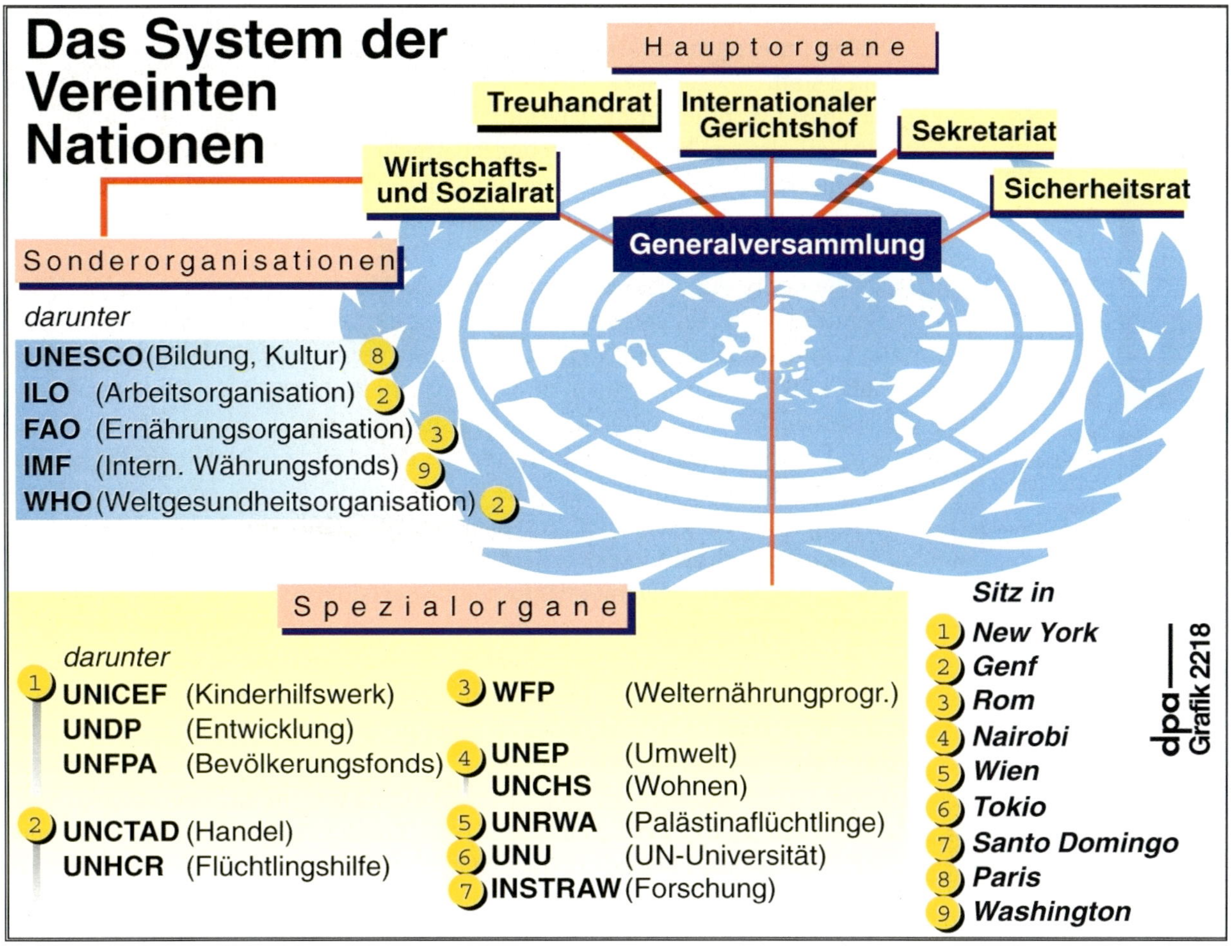

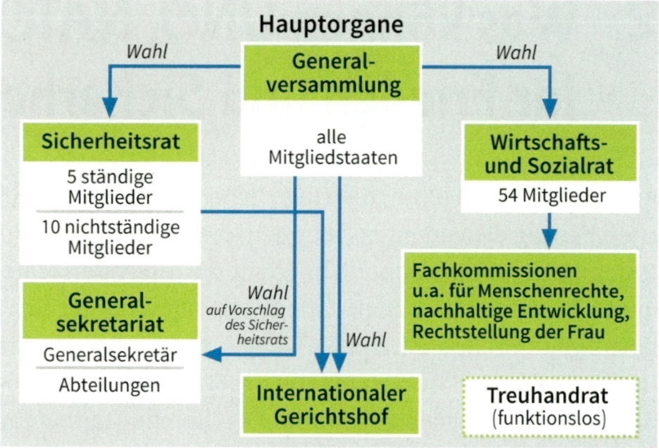

„Vereinte Nationen“ nannten sich erstmals die Kriegsgegner der Achsenmächte (Deutschlands, Italiens und Japans [im Zusammenhang mit dem Zweiten Weltkrieg bezeichnet man das Deutsche Reich und seine Bündnispartner Italien und Japan als Achsenmächte]) in der Washingtoner Erklärung vom 1.1.1942, mit der sie die von Roosevelt und Churchill in der sogenannten Atlantik-Charta [gemeinsame Erklärung vom 14. August 1941 zwischen USA und Großbritannien] vereinbarten Grundsätze einer künftigen Weltfriedensordnung anerkannten. [...] Die von den vier Großmächten (USA, Sowjetunion, Großbritannien und China) ausgearbeitete Satzung der neuen Organisation, die Charta [Gründungsvertrag] der Vereinten Nationen, wurde am 26.6.1945 in San Francisco von 51 Staaten unterzeichnet. Am 24.10.1945 fand die erste Tagung der Vereinten Nationen statt.

Die Charta verpflichtet die UN-Mitglieder, den Weltfrieden und die internationale Sicherheit zu bewahren, freundschaftliche Beziehungen zwischen den Völkern herzustellen, bei der Lösung wirtschaftlicher, sozialer und kultureller Fragen zusammenzuarbeiten und die Grundrechte und -freiheiten der Menschen zu achten. [...]

Das Plenarorgan [Versammlung, in der alle Mitglieder vertreten sind, von lat. „plenus“ = voll] der Vereinten Nationen ist die **Generalversammlung**, in der alle Mitgliedstaaten mit jeweils einer Stimme vertreten sind. Jedes Jahr von September bis Dezember tritt sie in New York zu ihrer regulären Sitzungsperiode zusammen. Sie beschließt den UN-Haushalt und legt den Verteilungsschlüssel [Angabe, wie etwas verteilt wird] für die Beiträge der UN-Mitglieder fest. Im Übrigen kann sie grundsätzlich alle internationalen Fragen erörtern und Empfehlungen dazu abgeben; davon ausgenommen sind lediglich Angelegenheiten, die noch im **Sicherheitsrat** behandelt werden. Die Generalversammlung fasst ihre Beschlüsse im Allgemeinen mit einfacher Mehrheit; zu „wichtigen Fragen“ ist jedoch eine Zweidrittelmehrheit erforderlich. Verbindlich sind ihre Resolutionen nur für die zustimmenden Staaten. Unterstützt wird die Arbeit der Generalversammlung durch zehn Hauptausschüsse und weitere ständige Ausschüsse oder ad hoc eingesetzte Kommissionen. [...]

Die Sicherung des Weltfriedens hat nicht allein politische oder militärische Aspekte. Sie setzt auch wirtschaftliche Entwicklung, sozialen Ausgleich, kulturellen Austausch und humanitäre Hilfe voraus – Fragen, mit denen sich der **Wirtschafts- und Sozialrat (ECOSOC)** beschäftigt. Die große Mehrzahl der Probleme, die von der Generalversammlung beraten werden, steht damit auch auf seiner Tagesordnung. Er formuliert Empfehlungen dazu, entwickelt Initia-

tiven und arbeitet internationale Übereinkommen aus. Der Wirtschafts- und Sozialrat besteht aus 54 Mitgliedern, die von der Generalversammlung gewählt werden. […]
Das Sekretariat nimmt die Verwaltungsaufgaben der Vereinten Nationen wahr. An seiner Spitze steht der **Generalsekretär**, der von der Generalversammlung auf Empfehlung des Sicherheitsrats für jeweils fünf Jahre gewählt wird. Das Sekretariat ist eine internationale Behörde mit eigenem Beamtenstab; sein Hauptsitz befindet sich in New York, Zweigstellen in Genf, Nairobi und Wien. Die UN-Charta weist dem Generalsekretär formal nur begrenzte Befugnisse zu. Je nach Konstellation kann er als Vermittler, Ideengeber und Koordinator jedoch erhebliche Wirkung entfalten.

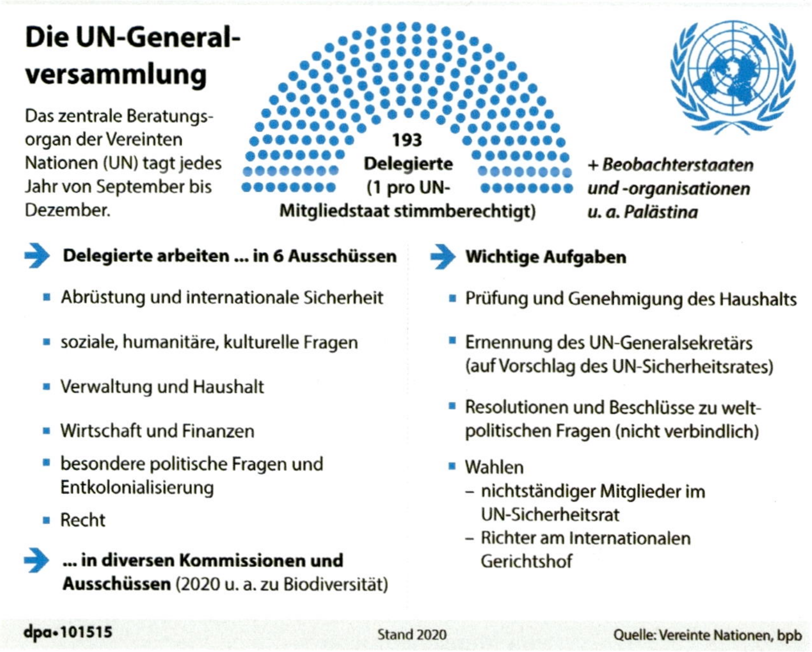

(Quelle: Zahlenbild 615121; © Bergmoser + Höller Verlag AG)

M6 Entscheidungszentrum Sicherheitsrat

Der Sicherheitsrat kann als einziges Organ der Vereinten Nationen für alle Mitglieder verbindliche Beschlüsse fassen, wenn er festgestellt hat, dass eine Friedensbedrohung, ein Friedensbruch oder eine Aggression vorliegt. Er kann Sanktionen politischer, wirtschaftlicher oder militärischer Art verhängen und ein Mandat zum Einsatz von Friedenstruppen (UN-Blauhelmen [siehe M7]) erteilen. Der Sicherheitsrat besteht aus fünf ständigen Mitgliedern (China, Frankreich, Großbritannien, Russland, USA) und zehn weiteren Mitgliedern, die von der Generalversammlung auf jeweils zwei Jahre gewählt werden. Zur Beschlussfassung in wichtigen Fragen sind mindestens neun Ja-Stimmen erforderlich, darunter die Stimmen der fünf ständigen Mitglieder; diese können durch ihr Veto also eine Entscheidung des Sicherheitsrats blockieren.

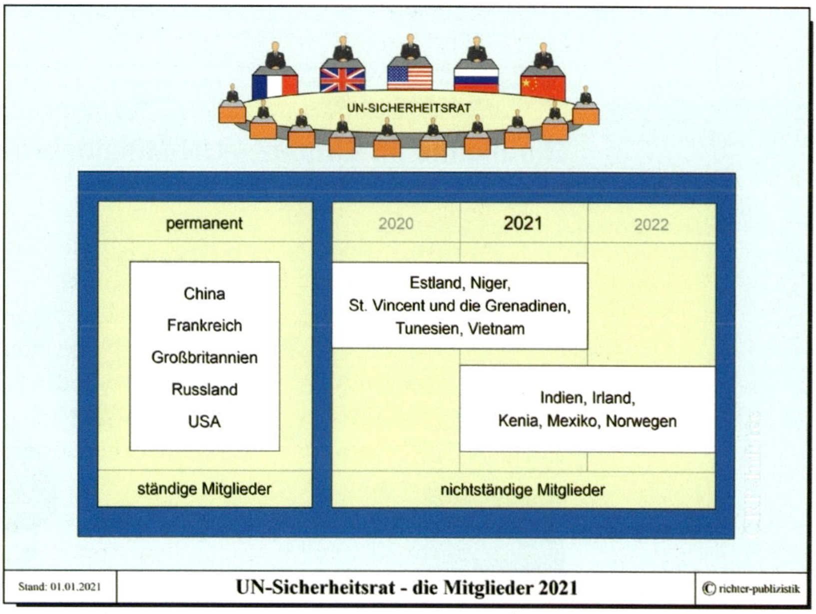

(Quelle: Zahlenbild 615121; © Bergmoser + Höller Verlag AG)

@ WES-116592-054

Weitere Informationen zum UN-Sicherheitsrat findet ihr unter den Internetadressen im Webcode.

M7 Blauhelme im Einsatz – UN-Missionen weltweit

Die seit 1948 in Krisengebieten eingesetzten UN-Friedenstruppen werden auch Blauhelme genannt. Der Name kommt daher, dass die Truppen in der Regel blaue Helme tragen. Die Vereinten Nationen können Blauhelmsoldaten zu Beobachtermissionen, zu Missionen der Friedenserzwingung und zu Missionen der Friedenserhaltung und Friedenssicherung entsenden. 1988 haben die UN-Blauhelme für ihren Einsatz zur Sicherung des Weltfriedens den Friedensnobelpreis erhalten. Die Blauhelme haben die Aufgabe, friedenserhaltende bzw. friedensstiftende Maßnahmen durchzuführen. Man unterscheidet dabei folgende Zielsetzungen:

- **Peacekeeping** (friedenssichernde Einsätze): Diese Friedensmission findet nur mit Zustimmung des Gastlandes statt, Unparteilichkeit der Blauhelme muss gewährleistet sein und Gewalt wird nur in bestimmten Situationen eingesetzt, u. a. zur Selbstverteidigung;
- **erweitertes Peacekeeping**: neben militärischen Aufgaben werden auch zivile Aufgaben verfolgt, wie zum Beispiel die Überwachung von Wahlen oder die Einhaltung von Menschenrechten;
- **robustes Peacekeeping**: Ein robustes Mandat erlaubt den eingesetzten „Luft-, See- oder Landstreitkräften die zur Wahrung oder Wiederherstellung des Weltfriedens und der internationalen Sicherheit erforderlichen Maßnahmen“, d. h. sie dürfen ggf. auch mit Waffengewalt ihre Maßnahmen umsetzen.

(Autorentext)

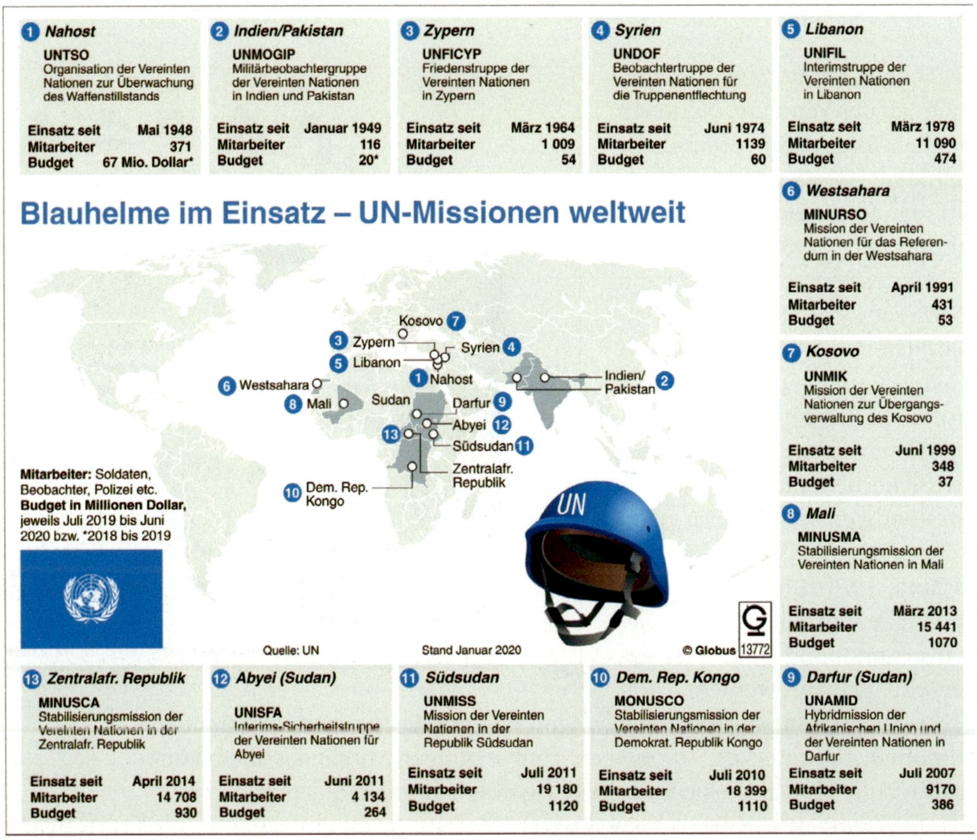

1 Beschreibt, warum es im Jahre 1945 zur Gründung der Organisation der Vereinten Nationen kam (M 5).

2 Nennt und erläutert die in der Charta genannten vier Ziele der UNO (M 5, Z. 13 – 17).

3 Erläutert den Aufbau der Vereinten Nationen. Geht dabei innerhalb eurer Gruppe ggf. nochmals arbeitsteilig vor, indem ihr zum Beispiel Expertin/Experte für jeweils eine Institution werdet und deren Aufgaben und Zusammensetzung präsentiert.
In Bezug auf den UN-Sicherheitsrat (M 6) könnt ihr z. B. folgende Aufgaben bearbeiten:
a) Stellt die Zusammensetzung des UN-Sicherheitsrates dar.
b) Erklärt das Vetorecht der fünf ständigen Mitglieder des Sicherheitsrates.
c) Erklärt, inwiefern dem Sicherheitsrat eine einzigartige Stellung und Bedeutung nicht nur im System der UNO, sondern in der gesamten weltweiten Sicherheits- und Friedenspolitik zukommt.

4 Verschafft euch einen Überblick über die Blauhelme im Einsatz (Grafik in M 7), indem ihr folgende Fragen beantwortet:
a) Wo finden Einsätze statt?
b) Welcher Einsatz dauert am längsten?
c) Welcher Einsatz hat den größten personellen Einsatz?
d) Welcher Einsatz verfügt über das höchste Budget?

5 Wählt einen Einsatz aus und recherchiert im Internet nach weiteren Hintergründen und Zusammenhängen dazu.

2.1, 2.2

V Sehr häufig wird die Notwendigkeit zur Reform des UN-Systems bzw. insbesondere des UN-Sicherheitsrates betont. Recherchiert dazu, stellt Reformvorschläge vor und diskutiert sie.

Blick-winkel

Gruppe 2: Die NATO

M 8 Welchen Beitrag kann die NATO leisten?

Die Nordatlantische Vertragsorganisation (NATO – North Atlantic Treaty Organization) ist am 4. April 1949 gegründet worden und versteht sich als Wertegemeinschaft freier demokratischer Staaten. In der Präambel des Nordatlantikvertrages bekennen sich die Mitglieder zu Frieden, Demokratie, Freiheit und der Herrschaft des Rechts. Um ihre Sicherheit und ihren Wohlstand zu gewährleisten, haben sie sich verpflichtet, ihre sicherheitspolitischen Aktivitäten zu bündeln und einander beizustehen.

Kollektive Verteidigung
Ganz oben auf der Prioritätenliste der Allianz steht die Kollektive Verteidigung. Ihr Kern ist in Artikel fünf des NATO-Vertrages festgelegt, der den Bündnisfall regelt: „Die Parteien vereinbaren, dass ein bewaffneter Angriff gegen eine oder mehrere von ihnen

in Europa oder Nordamerika als ein Angriff gegen sie alle angesehen werden wird.“ Die Mitgliedstaaten haben vereinbart, sich gegenseitig zu schützen und im Konfliktfall gemeinschaftlich zu reagieren.

Krisenmanagement
Nach dem Ende des Kalten Krieges [s. S. 349] hat sich das Aufgabenspektrum der NATO erweitert. Zur Verhütung und Eindämmung von Krisen und Konflikten sowie zur Stabilisierung von Ländern und Regionen sind die Mitgliedstaaten bereit, Soldaten in „out-of-area“-Einsätze zu entsenden. In Bosnien und Herzegowina, Kosovo oder Afghanistan hat die NATO im Auftrag der Weltgemeinschaft die Verantwortung übernommen, Frieden und Stabilität zu schaffen und den Aufbau demokratischer Strukturen zu unterstützen.

Kooperative Sicherheit
Die NATO setzt auf Kooperation und den Dialog mit Partnern und Organisationen weltweit. Sie sieht sich als Teil eines globalen Sicherheitsnetzes mit dem Ziel, eng verzahnt mit anderen Akteuren für Sicherheit zu sorgen. Über die Rüstungskontrolle, Abrüstung und Nichtverbreitung hinaus zielt die NATO darauf ab, ihre Partnerschaftspolitik weiter zu vertiefen. Dies gilt insbesondere für die Zusammenarbeit mit der Europäischen Union im gesamten Krisenspektrum.

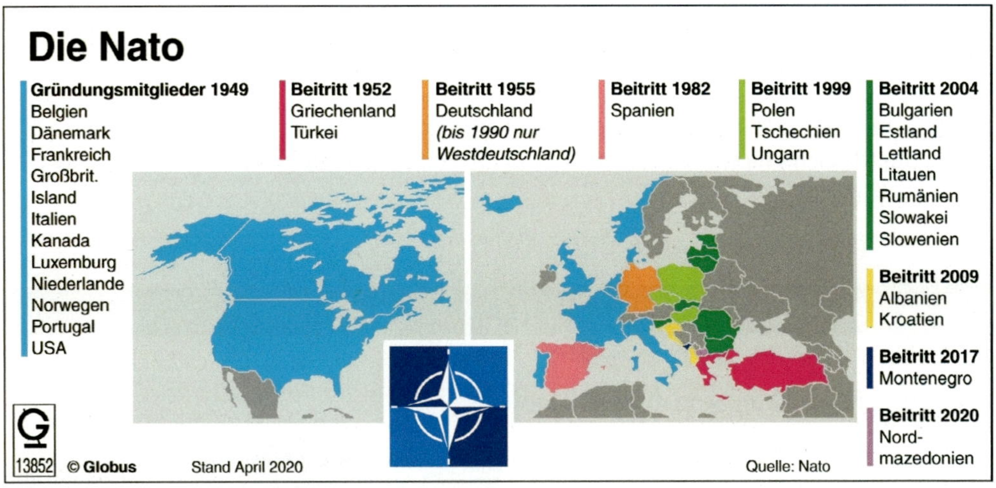

Deutschland in der NATO
Deutschland ist der NATO am 6. Mai 1955 beigetreten. Dem Beitritt vorangegangen war die Unterzeichnung der Pariser Verträge, die das Besatzungsstatut in Westdeutschland beendeten und der Bundesrepublik einen Teil ihrer Souveränität zurückgaben. Während des Kalten Krieges erwies sich die Bundesrepublik als verlässlicher Partner und nahm eine wichtige Rolle in den Entspannungsbemühungen zwischen der NATO und dem Warschauer Pakt ein. Nach dessen Ende hat sich auch Deutschland für Militäreinsätze außerhalb des Landes- und Bündnisgebiets geöffnet. Sowohl bei Auslandseinsätzen als auch bei der Bündnisverteidigung übernimmt Deutschland heute oft eine führende Rolle.
(Bundesministerium der Verteidigung: NATO, ohne Datum, Berlin; https://www.bmvg.de/de/themen/verteidigung/multinationale-zusammenarbeit/nato [08.03.2021])

1 Beschreibt, wie sich die NATO nach der Gründung 1949 in Bezug auf die Anzahl der Mitgliedsländer weiterentwickelt hat (M 8).

2 Erläutert die im Text genannten Aspekte Kollektive Verteidigung, Krisenmanagement und Kooperative Sicherheit.

Gruppe 3: Die EU und die Bundeswehr

M9 Was kann die EU tun, um Friedens- und Sicherheitspolitik zu gestalten?

M9a Gemeinsame Sicherheits- und Verteidigungspolitik (GSVP)

Die GSVP soll die NATO nicht ersetzen und ihre Aufgabe besteht nicht in der Landesverteidigung. Sie soll vielmehr ermöglichen, außerhalb der EU militärisch eingreifen zu können, wenn dies zur Friedenssicherung oder -erhaltung notwendig ist. Nach einer Vereinbarung mit der NATO kann die EU dabei auf Kapazitäten des Nordatlantikpakts zurückgreifen. Das ursprüngliche Ziel der EU, 60000 Soldaten innerhalb von zwei Monaten einsetzbar zu haben, konnte nicht erreicht werden.

Um in einer sich abzeichnenden Krise schnell handeln zu können, verfügt die EU seit 2007 aber über sogenannte Battle Groups mit je 1500 Mann. Zwei dieser Gefechtsverbände stehen jeweils zur Verfügung und können binnen 14 Tagen in einem Radius von 6000 km um Brüssel aktiv werden. Es handelt sich dabei um nationale Militärverbände, die gewissermaßen in Bereitschaft sind und schnell aktiviert und zusammengeführt werden können. Dänemark und Malta beteiligen sich an diesen Formationen nicht. Zurückgegriffen hat die EU auf diese Battle Groups bis jetzt [Mai 2021] noch nicht.

(Eckart D. Stratenschulte: Europa: Fakten und Zusammenhänge, Bundeszentrale für politische Bildung, Bonn 2016, S. 181)

M9b EU will militärisch unabhängig und schneller werden

Brüssel (dpa) – Die EU treibt den Aufbau einer europäischen Verteidigungsunion voran, bleibt dabei aber hinter den Vorstellungen von Ländern wie Deutschland und Frankreich zurück. Bei einem Treffen der zuständigen Minister in Brüssel fand [...] der Wunsch nach Schaffung eines eigenen EU-Hauptquartiers keine ausreichende Unterstützung. Stattdessen ist nun vorsichtiger von neuen Strukturen zur Planung und Steuerung militärischer und ziviler EU-Einsätze die Rede.

Ebenfalls einen Dämpfer gab es für das Vorhaben, notfalls in kleineren Staaten-Gruppen zusammenzuarbeiten, um Projekte wie ein EU-Sanitätskommando oder einen gemeinsamen europäischen Logistik-Knotenpunkt schneller voranzubringen. Die Möglichkeit einer sogenannten „Ständigen Strukturierten Zusammenarbeit“ (SSZ) wird in der Abschlusserklärung des Treffens nicht klar befürwortet, sie soll lediglich geprüft werden.

Josep Borrell ist seit dem 1. Dezember 2019 Hoher Vertreter der EU für Außen- und Sicherheitspolitik.

[Einflussreiche Kritiker] warnen unter anderem davor, Doppelstrukturen zur Nato aufzubauen. [Die damalige] Bundesverteidigungsministerin Ursula von der Leyen zeigte sich am Rande des Treffens dennoch optimistisch. Man sei einen „großen Schritt" vorankommen, sagte sie. Es gehe nicht nur um neue Führungs- und Planungseinheiten, sondern auch um eine bessere Finanzierung der EU-Einsätze und um gemeinsame Rüstungsprojekte wie Drohnen.

[...] Die [damalige] EU-Außenbeauftragte Federica Mogherini betonte, dass es zum jetzigen Zeitpunkt nicht um den Aufbau einer europäischen Armee gehe. „Nicht einmal die Nato hat eine Armee", sagte die Italienerin.

(wgr/© dpa, 14.11.2016)

M10 Die Rolle der Bundeswehr im internationalen Einsatz

Die Rolle der Bundeswehr (wie der deutschen Außen- und Sicherheitspolitik überhaupt) hat sich seit dem Ende des Kalten Krieges grundlegend gewandelt. Bestand ihr Auftrag jahrzehntelang in erster Linie darin, einen Angriff auf das eigene Territorium abzuwehren, so änderte sich die Bedrohungslage in den 1990er-Jahren. Rund um den Globus brachen regionale Konflikte aus, von denen neue Gefahren für die Sicherheitsinteressen Deutschlands und seiner Partner ausgingen; der internationale Terrorismus entwickelte sich zu einer weltumspannenden Bedrohung. In mehreren Etappen wurden die strategische Konzeption und die militärischen Strukturen der NATO auf diese neuen Herausforderungen ausgerichtet. Damit verbunden war ein Umdenken von weitgehend statischer Verteidigung zur Krisenbewältigung mit mobilen, schnell verfügbaren Einsatzkräften. Zu größerer internationaler Verantwortung gedrängt, ging die deutsche Außen- und Verteidigungspolitik diesen Weg schrittweise mit.

Bereits ab 1990 wurden Bundeswehrkräfte ins Ausland entsandt – zunächst in kleineren Missionen mit vorwiegend schützendem, unterstützendem oder humanitärem Auftrag: zum Beispiel als Minensucher im Persischen Golf (1990), als AWACS-Besatzung zur Überwachung des bosnischen Luftraums (1993), im Rahmen einer Blauhelm-Mission in Somalia (1992–93). Mit der Rechtmäßigkeit dieser Einsätze befasste sich das Bundesverfassungsgericht in einer Grundsatzentscheidung vom 12.7.1994. Das Gericht kam zu dem Schluss, dass Auslandseinsätze

Internationale Einsätze der Bundeswehr

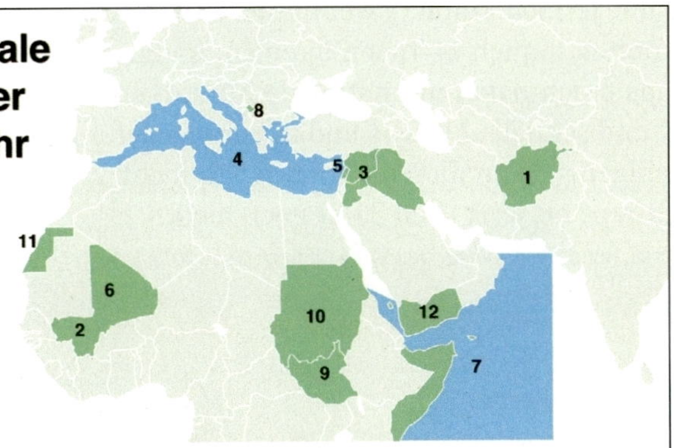

	Region seit	Mission*/ Einsatz von:	Anzahl der Einsatzkräfte/ Mandatsobergrenze	Auftrag u. a.:
1	**Afghanistan** 2015	**RS** NATO	**1266** 1300	Ausbildung, Beratung, Lufttransporte
2	**Mali** 2013	**MINUSMA** UN	**910** 1100	Aufklärung, Beratung, Lufttransporte
3	**Syrien, Irak, Jordan.** 2015	**CD/CB-I** Anti-IS-Koalition	**459** 700	Aufklärung, Ausbildung, Überwachung
4	**Mittelmeer** 2016	**SEA GUARDIAN** NATO	**198** 650	Seeraumüberwachung, Terrorismusbekämpfung
5	**Libanon** 2006	**UNIFIL** UN	**136** 300	Ausbildung, Seeraumüberwachung, Sicherung der Seewege
6	**Mali** 2013	**EUTM** EU	**157** 350	Ausbildung, Beratung, Planung, Sanitätsdienst
7	**Horn v. Afrika** 2008	**ATALANTA** EU	**70** 400	Schutz vor Piraterie, Überwachung
8	**Kosovo** 1999	**KFOR** NATO	**63** 400	Aufklärung, Beratung
9	**Südsudan** 2011	**UNMISS** UN	**12** 50	Beobachtung, Schutz der Bevölkerung
10	**Sudan/Darfur** 2007	**UNAMID** UN/AU	**3** 50	Friedensverhandlungen, Schutz der Bevölkerung
11	**Westsahara** 2013	**MINURSO** UN	**3** 4	Überwachung des Waffenstillstands
12	**Jemen** 2019	**UNMHA** UN	**1** 5	Auswertung der Beobachtermission

Quelle: Bundeswehr *ausschließlich klassische Auslandseinsätze Stand März 2020 © Globus 13814 von Bundeswehrkräften im Rahmen kollektiver Sicherheitssysteme (UN, NATO) verfassungskonform sind – vorausgesetzt, der Bundestag hat jedem einzelnen Einsatz zugestimmt. Die Bundeswehr lässt sich deshalb als „Parlaments-Armee“ charakterisieren. In der Folge nahm die Bundeswehr ab 1995 an multinationalen militärischen Operationen zur Friedenssicherung in Bosnien-Herzegowina teil (IFOR, SFOR, EUFOR). Vor dem Hintergrund des Kosovo-Konflikts erfolgte 1999 ihr erster Kriegseinsatz (NATO-Luftoperation gegen Jugoslawien). Ab 1999 stellte sie ein Kontingent der Kosovo-Friedenstruppe (KFOR). Als in Afghanistan nach dem Sturz des Taliban-Regimes eine Truppe unter UN-Mandat (ISAF) zur Befriedung des Landes eingesetzt wurde, nahm die Bundeswehr ab 2002 daran teil; seit dem Ende der Mission (2014) berät und trainiert sie im Rahmen der NATO-Mission „Resolute Support“ die afghanischen Sicherheitskräfte. Die jüngsten Einsätze der Bundeswehr dienen u. a. dem Kampf gegen die Terrorgruppe „Islamischer Staat“ (IS): Im Nordirak bildet sie kurdische Kämpfer aus, in Syrien unterstützt sie die internationalen Bombenflüge gegen IS-Stellungen durch Luftaufklärung.

(Quelle: Zahlenbild 136 250; © Bergmoser + Höller Verlag AG)

1 Erläutert die Gemeinsame Sicherheits- und Verteidigungspolitik (GSVP) der Europäischen Union (M 9 a/b).

2 Beschreibt mit eigenen Worten, wie sich Rolle und Aufgaben der Bundeswehr im internationalen Einsatz im Laufe der Zeit verändert haben (M 10).

3 Charakterisiert einen internationalen Einsatz der Bundeswehr eurer Wahl in Bezug auf Einsatzort, Truppenstärke, Kosten, Dauer des Einsatzes. Recherchiert dazu weitere Informationen im Internet (M 10). 2.1, 2.2

Tipp: @ WES-116592-055

Auslandseinsätze der Bundeswehr interaktiv

Wo war und ist die Bundeswehr überall im Einsatz? Wie lange schon und was kostet das eigentlich? Die interaktive Weltkarte bietet einen Überblick über laufende und abgeschlossene Auslandseinsätze der Bundeswehr.

Über die genannten internationalen Organisationen und Institutionen hinaus können auch weitere Akteure etwas für Frieden und Sicherheit tun, die sogenannten zivilgesellschaftlichen Akteure. Was man darunter versteht, erfahrt ihr im folgenden Material.

M 11 Zivilgesellschaftliche Akteure

Das Wortteil „Zivil“ in dem Begriff „Zivilgesellschaft“ kann man ersetzen durch „Bürger“ und „Bürgerin“. „Zivilgesellschaft“ bedeutet „Bürgergesellschaft“. In einer Zivilgesellschaft übernehmen die Bürger Verantwortung für die Gesellschaft und für andere Menschen. Sie setzen sich ein für Demokratie und Gerechtigkeit. Die Bürger engagieren sich in Vereinen, in Kirchen und anderen Organisatio-

nen. Sie streiten friedlich und fair miteinander über unterschiedliche Meinungen. Sie schließen faire Kompromisse. Dies heißt aber nicht, dass immer alles problemlos zugeht. In einer Zivilgesellschaft ist der Staat keineswegs überflüssig. Er hat wichtige Aufgaben. Eine Aufgabe ist es, dafür zu sorgen, dass die Zivilgesellschaft sich entfalten kann. Der Staat soll unter anderem sicherstellen, dass die Menschen sich einbringen können, dass sie sich an der Gestaltung der Zivilgesellschaft beteiligen können.

(Gerd Schneider, Christiane Toyka-Seid: Das junge Politik-Lexikon von www.hanisauland.de, Bundeszentrale für politische Bildung, Bonn 2021; https://www.bpb.de/nachschlagen/lexika/das-junge-politik-lexikon/321491/zivilgesellschaft [08.03.2021])

1 Erläutert, was man unter zivilgesellschaftlichen Akteuren versteht.

2.1, 2.2

2 Beispiele für zivilgesellschaftliche Akteure sind zum Beispiel „Fridays For Future“, „Brot für die Welt“, „World Vision“, „Netzwerk Friedenskooperative“ und andere mehr. Führt eine Internetrecherche durch, wählt einen Akteur aus und stellt ihn vor (Wofür setzt er sich ein? Wie finanziert er sich? Welche Projekte, Maßnahmen und Aktionen führt er durch und inwiefern trägt er zur Friedens- und Sicherheitspolitik bei?).

3. Eine Konfliktanalyse am Beispiel des Mali-Konflikts

Habt ihr dieses Plakat auch schon mal an einer Bushaltestelle gesehen? Es ist kein Kinoplakat für einen neuen Film, sondern eine Anzeige für einen Werbespot der Bundeswehr, um Nachwuchs zu rekrutieren. In dem Spot über Mali geht es um die gefährliche UN-Mission, an der auch die Bundeswehr beteiligt ist. Sandstürme in der Wüste, coole Soldaten und lachende Kinder … Mit vielen verschiedenen Bildern wird versucht, einen Einblick in diese Mission zu geben. Die Bundeswehr macht damit Werbung für sich, vor allem auch, um Nachwuchs auszubilden.

Doch wie sieht der Konflikt in Mali tatsächlich aus? Welche Gründe gibt es für den Konflikt? Was können UNO, EU und andere internationale Institutionen tun, um ihn zu entschärfen? Wir stellen also die Frage: Was ist da eigentlich los in Mali?
Dazu sollt ihr anhand unterschiedlicher Materialien und eigener Recherchen eine **Konfliktanalyse** durchführen.
Das Heidelberger Institut für internationale Konfliktforschung zählte für das Jahr 2020 359 politische Konflikte, von denen 220 mit Gewalt ausgetragen wurden. Jeder einzelne Konflikt ist sehr komplex. Damit ihr euch einen Überblick über einen solchen Konflikt verschaffen könnt, findet ihr im Folgenden methodische Hinweise zu einer Konfliktanalyse. Sie eignen sich dazu, die Ausgangslage, den Konfliktverlauf, Ziele und Interessen sowie Konfliktlösungen zu erarbeiten. Aufgrund der Aktualität des Konflikts sollt ihr diese Methode auf das Beispiel Mali anwenden. Gerne könnt ihr hier arbeitsteilig arbeiten.

@ WES-116592-056
Hier findet ihr den Link zum Video „Der Bundeswehreinsatz in Mali“

Bevor ihr mit der eigentlichen Arbeit beginnt: Diskutiert Chancen und Gefahren eines solchen Werbespots der Bundeswehr.

Methode — Ein Modell zur Analyse von politischen Konflikten

Analyseschritte	Leitfragen
1. Beschreibung des Konflikts	• Worum geht es im Konflikt? Worüber wird gestritten? • Warum handelt es sich um einen Konflikt? • Welche Gruppen sind beteiligt und über welche Machtmittel verfügen sie? • Welche Formen der Konfliktaustragung und welche Folgen sind zu erkennen?
2. Ursachen und Geschichte des Konflikts	• Welche strukturellen Ursachen hat der Konflikt? • Wie sieht die Geschichte des Grundkonflikts aus? • Wodurch wurde der aktuelle Konflikt konkret ausgelöst? • Geht es bei dem Konflikt um Inhalte, Werte, Interessen oder Machtpositionen?
3. Konfliktparteien	• Welches sind die am Konflikt beteiligten Parteien? • Gibt es auch vermittelnde Parteien? Wenn ja, welche Interessen haben sie?
4. Verlauf des Konflikts	• Welche Konfliktphasen bzw. Eskalationsstufen sind feststellbar? • Welche Machtmittel wurden/werden eingesetzt (z. B. militärische, wirtschaftliche ...)? • Welche Regelungen oder Einigungen wurden bisher getroffen? • Welche Folgen gibt es oder sind absehbar?
5. Prognose	• Wie wird sich der Konflikt voraussichtlich weiterentwickeln? • Welche Lösungen könnten möglich sein?

(Autorentext)

2.1, 2.2, 4.1, 4.2, 4.3

1 Führt jetzt die Konfliktanalyse nach den einzelnen Analyseschritten durch. Orientiert euch dabei an den Leitfragen und versucht eine Klärung u. a. mithilfe der folgenden Materialien (M 12 bis M 14). Ihr könnt darüber hinaus auch weitere Recherchen (z. B. zum aktuellen Stand) vornehmen. Stellt eure Ergebnisse mediengestützt in der Klasse vor.

2 Nehmt abschließend auch zu der Frage Stellung, ob die Blauhelme weiterhin im Rahmen ihrer Friedensmission in Mali bleiben sollten. Orientiert euch dabei an der Methode „Politische Urteilsbildung“ (S. 145) und stellt eure Meinung in der Klasse zur Diskussion.

3 Erörtert, ob bzw. inwieweit dieses Modell bei der Analyse von politischen und kriegerischen Konflikten hilfreich ist.

Fallbeispiel

M 12 Die Bundeswehr in Mali – eine riskante Mission

Mali hat sich [...] zu einem der gefährlichsten Krisengebiete Afrikas entwickelt. Eines, in dem inzwischen auch deutsche Soldaten aktiv sind: Seit 2013 beteiligt sich die **Bundeswehr** an zwei Ausbildungseinsätzen sowie an der UN-Mission **Minusma** (Mission Intégrée des Nations Unies pour la Stabilisation au Mali), die die Lage im Land stabilisieren soll. Etwa 12.000 **Blauhelme**, dazu mehrere Tausend französische Soldaten [...]. Und doch ist die Lage heute ungleich komplizierter, teils sogar schlimmer als 2012.

Als die **Tuareg-Rebellen** vor fünf Jahren blitzartig den gesamten Norden eroberten, schien die Sache noch eindeutig zu sein: Eine Minderheit im **Vielvölkerstaat** Mali kämpfte gegen die **Zentralregierung**, von der sie sich diskriminiert [unterschiedlich behandeln, herabsetzen] fühlte; die Lösung: ein eigener Staat. [...]

Die malischen Soldaten kompensierten [gegeneinander ausgleichen] ihre Niederlage mit einem **Putsch**: Im März 2012 stürzten sie die Regierung von Präsident Amadou Toumani Touré. Sie warfen ihr vor, sie sehenden Auges im Norden ins Verderben geschickt zu haben.

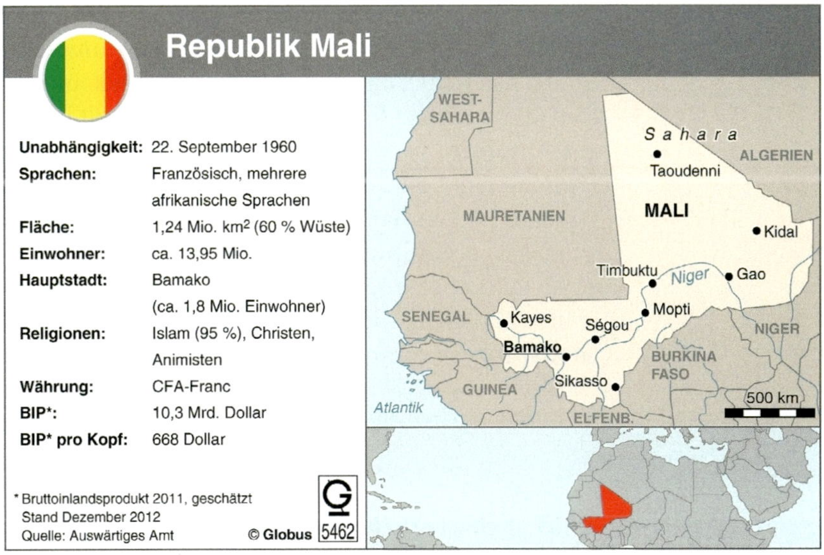

Der Putsch legte offen, worunter Mali eigentlich leidet: unter einem hohlen und korrupten Staat. Unter einer Regierung, die viele Jahre **Demokratie** vortäuschte und so Entwicklungsgelder an Land zog. Aber sie kümmerte sich nie um funktionierende politische und gesellschaftliche Strukturen im Land, schon gar nicht in den kargen Wüstenlandschaften des Nordens. […]

Doch was auf den Putsch folgte, war nicht besser. Während sich in Bamako eine zivile Übergangsregierung formierte, traten im Norden weitere Akteure auf den Plan. Zu den Tuareg gesellten sich islamistische Kämpfer, die in dem neuen Gefüge ihre Chance sahen. […]

Da begann **der Westen** aufzuhorchen. Mali, so fürchtete man, könnte zur neuen Brutstätte für global agierende **Terrorgruppen** werden. Im Januar 2013 intervenierte [sich einmischen] **Frankreich** schließlich auf Bitten der Übergangsregierung und verjagte die Islamisten aus den Städten des Nordens. Doch der Erfolg war nicht von Dauer.

Obwohl Mali seit Mitte 2013 wieder eine gewählte Regierung hat, bleibt der Staat im Norden abwesend. Islamisten und Tuareg-Kämpfer sind nach wie vor aktiv, verbünden sich, wenn es ihnen gerade nützt, spalten sich in neue Gruppen auf. Sie finanzieren sich über die **Handels- und Schmuggelrouten**, die diesen Teil der Sahara seit Jahrhunderten durchziehen. Und die mit dem Rückzug des Staates noch lukrativer geworden sind: **Drogenhandel, Waffenschmuggel, Entführungen** – in der Wüste Malis ist all das möglich.

Blauhelme und französische Soldaten versuchen nun seit fast vier Jahren, jene **Sicherheit** im Norden Malis herzustellen, die eigentlich die Aufgabe des Staates ist. Dabei sind sie längst selber zur Zielscheibe geworden: Die Mission der **Vereinten Nationen** in Mali gilt als die gefährlichste der Welt, mehr als 100 **Peacekeeper** wurden im Einsatz getötet. […]

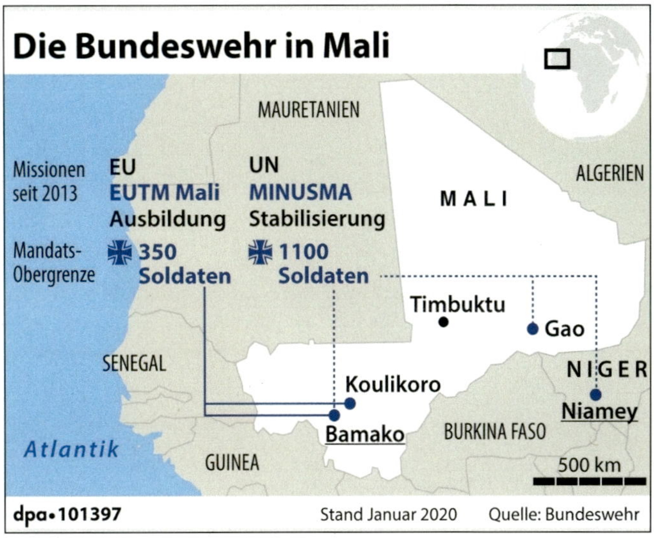

Wie sinnvoll ist es, dass die Deutschen ihr Engagement in Mali ausweiten – ausgerechnet jetzt, da die Lage gefährlicher und aussichtsloser denn je erscheint? „Es ist sinnvoll“, sagt der Afrika-Analyst Denis Tull vom Pariser Institut für strategische Forschung (Irsem). Zwar könne die UN-Mission keinen seriösen Beitrag zur **Verbesserung der Sicherheitslage** im Norden

leisten – „dafür ist das Land zu groß und der Konflikt zu kompliziert“. Aber: Eine zentrale Aufgabe der Minusma sei es, bei der Umsetzung des Friedensabkommens zu helfen – und das steht Tull zufolge für Mali derzeit an erster Stelle. [...]
Sie (die malische Regierung) nehme die Hilfe der internationalen Gemeinschaft gerne in Anspruch, verweigere sich aber gleichzeitig dem **Reformprozess**. „Das Chaos im Norden lenkt natürlich ab von den eigenen Fehlern“, erklärt Tull. Mitglieder der politischen Elite in Bamako sollen außerdem selbst in Schmuggelgeschäfte verwickelt sein und haben ein Interesse am Erhalt des Status Quo [gegenwärtiger Zustand]. Sich in Mali stärker zu engagieren hält Tull deshalb für richtig. Deutschland und die anderen Minusma-Staaten könnten so auch Druck auf die **Regierung** ausüben, um den **Friedensprozess** voranzubringen. [...]

(Isabel Pfaff: Bundeswehr in Mali – Eine riskante Mission, Süddeutsche Zeitung online, 27.01.2017, München; http://www.sueddeutsche.de/politik/2.220/afrika-die-bundeswehr-in-mali-eine-riskante-mission-1.3350888 [09.03.2021])

M13 Keine Fortschritte in Mali

[...]

Aktuelle Konfliktsituation

[...] Seit drei Jahren hat sich die Lage im Zentrum des Landes drastisch verschlechtert. Insbesondere die Regionen Mopti und Ségou sind instabil und von bewaffneten Konflikten geprägt. Immer wieder geraten nomadisch lebende Viehzüchter und sesshafte Bauern aneinander. Mit der Destabilisierung haben sich auch islamische Fundamentalisten in der Mitte des Landes etabliert, was den Ausweg aus der malischen Krise weiter verkompliziert. Die Verbindung des religiösen Führers Amadou Kouffa mit dem Tuareg-Führer Iyad Ag Ghaly und ihre Vernetzung mit islamistischen und anderen extremistischen Akteuren und Gruppen bis nach Burkina Faso sind eine Gefahr für Frieden und Stabilität nicht nur für Mali, sondern für die gesamte Sahelzone.

Im Anschluss an die Wahlen zur Nationalversammlung im März und April 2020 kam es zu einer breiten Protestbewegung gegen den wiedergewählten Präsidenten Keita. [...]

Ursachen und Hintergründe

[...] Gründe für den Ausbruch der Krise [...]:

- schlechte Regierungsführung, insbesondere die mangelhafte Verwaltung der Staatsressourcen,
- ungleicher Zugang zu natürlichen Ressourcen und daraus erwirtschafteten Gewinnen,
- wachsende Diskrepanz und fehlende Umverteilung zwischen Arm und Reich,
- Korruption und mangelnde Rechtsstaatlichkeit. [...]

Bearbeitungs- und Lösungsansätze

Der malische Friedensprozess findet momentan nur auf dem Papier statt, auch wenn die Regierung das Gegenteil behauptet. [Der Prozess leidet hauptsächlich an der mangelnden Führungsrolle der Regierung.] [...]

Folgende Faktoren stellen ernsthafte Hindernisse bei der Umsetzung des Friedensvertrages dar:

- Gewalttaten und Unsicherheit sowie die Präsenz von Terrorgruppen in den Nordregionen und im Zentrum,
- die sich ständig verändernde Zusammensetzung bewaffneter Gruppen (so muss seit der Unterzeichnung des Friedensabkommens immer wieder auf Abspaltungen bzw. veränderte Zusammensetzungen bewaffneter Gruppen reagiert werden),
- die mangelnde Einbeziehung der politischen Parteien und der Zivilgesellschaft in die Gremien zur Umsetzung des Friedensabkommens und die Intransparenz des Umsetzungsprozesses,
- die schleppende und unzureichende Finanzierung des Friedensabkommens (trotz Zusagen der internationalen Gemeinschaft sind Gelder immer wieder nur bedingt verfügbar, auch aufgrund administrativer Hürden).

Die internationale Beteiligung am Mali-Konflikt

Französische Streitkräfte kämpfen im Norden Malis gegen islamistische Rebellen. Mehrere afrikanische Staaten wollen ebenfalls Truppen entsenden. Weitere Länder haben ihre Unterstützung zugesagt, darunter Deutschland.

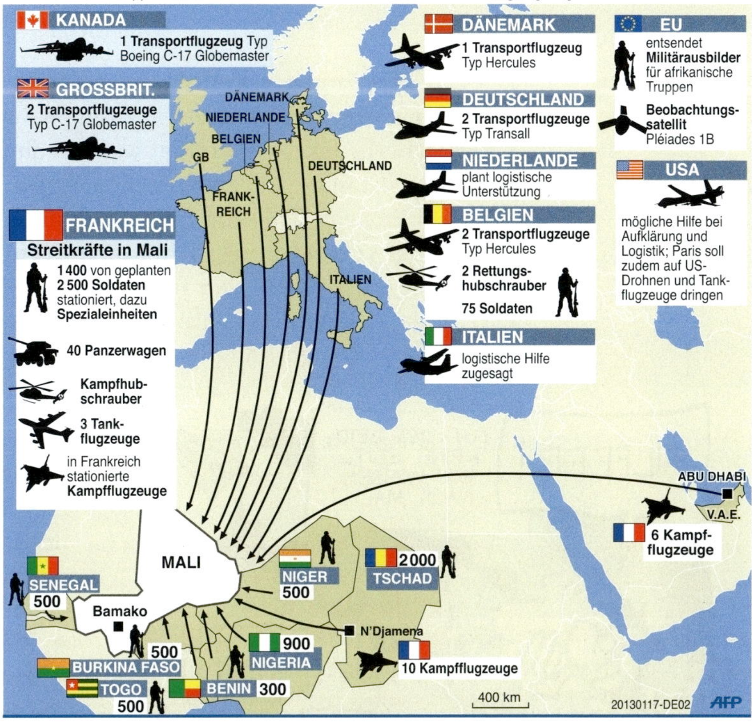

[...] Ende 2019 wurden mit der nationalen Wahrheitskommission und dem inklusiven Nationaldialog zwei wichtige Schritte für einen Versöhnungs- und Ausgleichungsprozess im Land geschaffen. Durch öffentliche und geschlossene Anhörungen werden vergangene und bestehende Konflikte aufgearbeitet. Der inklusive Nationaldialog hatte den Anspruch, die verschiedenen Interessenlagen in der malischen Gesellschaft umfassend darzustellen, um anschließend Lösungen erarbeiten zu können. Wenn der Nationaldialog wegen seiner begrenzten Reichweite durchaus in der Kritik stand, gingen davon doch wichtige Impulse aus. Die Durchführung der seit 2018 verschobenen Wahlen zur Nationalversammlung im Frühjahr 2020 war unter anderem eine der Forderungen. [...]

(Christian Klatt für bpb.de: Mali, Bundeszentrale für politische Bildung, 05.11.2020, Bonn; https://www.bpb.de/internationales/weltweit/innerstaatliche-konflikte/175842/mali [09.03.2021])

[...] Am 25. Juni 2021 wurden bei einem Selbstmordanschlag mit einer Autobombe im Norden Malis 13 UN-Soldaten verletzt, drei von ihnen schwer. Zwölf der Verwundeten sind von der Bundeswehr, ein Verletzter gehört der belgischen Armee an. Der Konvoi war 180 Kilometer nördlich von Gao attackiert worden. Das Camp Castor nahe der Stadt im Nordosten Malis ist der Hauptstandort der Bundeswehr. Die UN-Mission in Mali gilt als derzeit gefährlichster Einsatz der Vereinten Nationen: Immer wieder kommt es zu Angriffen islamistischer Kämpfer, denen auch zahlreiche Zivilistinnen und Zivilisten zum Opfer fallen. Seit dem Einsatz 2013 sind dabei fast 250 UN-Soldatinnen und Soldaten getötet worden. [...]

(Bundeszentrale für politische Bildung: Bundeswehreinsatz in Mali, 22.07.2021, Bonn; https://www.bpb.de/politik/hintergrund-aktuell/336984/bundeswehreinsatz-in-mali [30.09.2021])

M14 Die Ausbildungsmission in Mali (EUTM Mali)

[...]

Auftrag

[...] Das EU-Mandat der Ausbildungsmission umfasst die **Unterstützung und Beratung der malischen Armee** im Rahmen ihrer Strukturreform. Zudem sollen die malischen Sicherheitskräfte befähigt werden, die **Souveränität, Sicherheit und Stabilität Malis** eigenständig zu gewährleisten. Aus diesen Aufgaben leiten sich zwei Pfeiler der EUTM (European Training Mission) Mali ab. Der erste Pfeiler ist die **Beratung des malischen Verteidigungsministeriums** und der Führungsstäbe der malischen Streitkräfte. Die **Ausbildung der malischen Streitkräfte** ist der zweite Pfeiler.
EUTM Mali ist keine exekutive Mission, das bedeutet, die eingesetzten Soldaten beteiligen sich an keinen Kampfhandlungen und begleiten die malischen Streitkräfte auch nicht in militärischen Operationen.

(Kostas Koufogiorgos)

Aufgaben des Deutschen Einsatzkontingentes

Die deutschen Soldaten nehmen, nach Maßgabe des Völkerrechts und nach den durch die Europäische Union festgelegten Einsatzregeln, folgende Aufgaben wahr:

- Planung, Führung und fachliche Aufsicht auf Ebene des Hauptquartiers der Mission in Bamako,
- Ausbildung malischer Sicherheitskräfte sowie von Sicherheitskräften der G5-Sahel (Mauretanien, Mali, Niger, Burkina Faso, Tschad),
- Beratung des malischen Verteidigungsministeriums und der operativen Führungsstäbe der malischen Streitkräfte,
- sanitätsdienstliche Unterstützung der Missionsangehörigen,
- Wahrnehmung von Schutz- und Unterstützungsaufgaben, auch zur Unterstützung von Personal bei MINUSMA.

Mandate und Entwicklung

[...] Die EU hat mit Ratsbeschluss 2016/446/GASP vom 23. März 2016 das Mandat für EUTM Mali bis Mai 2018 verlängert und dabei den Auftrag sowie das Mandatsgebiet angepasst. **Ausbildung** und **Beratung** sind weiterhin die tragenden Säulen der Mission. Der Fokus liegt dabei auf einer noch gezielteren **„Ausbildung des malischen Führungspersonals** sowie künftig verstärkt dezentral an ausgewählten Standorten der malischen Streitkräfte auszubilden und zu beraten“. Durch die Führer- und Multiplikatorenausbildung werden die malischen Streitkräfte weiterhin befähigt, ihre Soldaten eigenverantwortlich ausbilden zu können. [...]

(Bundeswehr: EUTM Mali, Presse- und Informationszentrum Einsatzführungskommando der Bundeswehr, 07.05.2018, Schwielowsee; http://www.einsatz.bundeswehr.de/portal/a/einsatzbw/start/aktuelle_einsaetze/eutm_mali/info/!ut/p/z1/04_Sj9CPykssy0xPLMnMz0vMAfIjo8zinSx8QnyMLI2MXFwMnA08_fzDAi1cfAwtDIz1wwkpiAJKG-AAjgb6wSmp-pFAM 8XXmuFuph-sH6UflZVYllihV5BfVJKTWqKXmAxyoX5kRmJeSk5qQH6yI0SgIDei3KDcUREAXCFq9Q!!/dz/d5/L2dBISEvZ0FBIS9nQSEh/#Z7_B8LTL2922DD 0C0INOVQ8DL18G6 [02.01.2021])

@ WES-116592-057

Hier findet ihr den Link zu einem Flyer der Bundeswehr zum Mali-Einsatz (Stand: September 2020).

Was ihr jetzt wissen und können solltet:

- ✓ M S U H Erscheinungsformen und Ursachen internationaler Konflikte, Krisen und Kriege erläutern;
- ✓ M S U H Beispiele für Terrorismus in europäischen Metropolen sowie mögliche Ursachen und Wirkungen benennen;
- ✓ M S U H Aufgaben und Funktionen einzelner Institutionen der Vereinten Nationen im Rahmen eines Gruppenpuzzles erarbeiten und erläutern;
- ✓ M S U H Möglichkeiten und Grenzen der Friedenssicherung durch UNO, NATO und zivilgesellschaftliche Akteure beschreiben;
- ✓ M S U H die unterschiedlichen Rollen und Aufgaben der Bundeswehr vor dem Hintergrund sicherheitspolitischer Ziele beschreiben;
- ✓ M S U H den Konflikt in Mali mithilfe der Methode „Konfliktanalyse“ untersuchen und die Beteiligung von EU, UN und Bundeswehr beurteilen;
- ✓ M S U H eine Methodenreflexion durchführen;
- ✓ M S U H die Bedeutung einer internationalen Friedens- und Sicherheitspolitik zur Abwehr aktueller Bedrohungslagen und zur Sicherung eines friedlichen Zusammenlebens beurteilen;
- ✓ M S U H Karikaturen zu konkreten, aktuellen politischen Problemen beschreiben und auswerten;
- ✓ M S U H Medienprodukte wie z. B. verschiedene Präsentationen zu politischen Sachverhalten und Problemlagen erstellen und verwenden;
- ✓ M S U H Positionen aus Texten herausarbeiten und selbstständig beurteilen (politische Urteilsbildung)

Was ihr wisst – was ihr könnt – wie ihr es seht

MSUH

1. Ohnmacht?

Analysiert die Karikatur und geht in den euch bekannten Schritten vor:

- Beschreibt sie zunächst und benennt das dargestellte Problem.
- Erläutert die Absicht, die der Karikaturist zum Ausdruck bringen möchte.
- Ist die Karikatur gelungen (in Bezug auf das Thema und auf die Art der Darstellung)? Gebt ein Urteil ab.

(Martin Erl)

MSUH

2. Was in der Zeitung stand

05. April 2020: Burkina Faso und Mali droht der Staatszerfall – Bundeswehr gerät im Sahel in schwierige Lage

[...] Die Bundeswehr stellt in Mali knapp 900 Soldaten der Uno-Friedenstruppe Minusma. Mit weiteren rund 150 Soldaten unterstützt sie dort die Ausbildungsmission EUTM der EU. [...]

(Christoph Reisinger, Stuttgarter Zeitung online, 05.04.2020, Stuttgart; https://www.stuttgarter-nachrichten.de/inhalt.burkina-faso-und-mali-droht-der-staatszerfall-bundeswehr-geraet-im-sahel-in-schwierige-lage.bb2133a2-2ac6-4ac0-aa0f-8c801fefec90.html [09.03.2021])

19. April 2020: Deutsches Geld für Rekruten

Die Bundesregierung will mehr Geld in die Ausbildung malischer Streitkräfte investieren und damit den Kampf gegen den Terrorismus in dem westafrikanischen Land besser unterstützen. [...] Die seit 2013 laufende EUTM habe ‚zu einer Verbesserung der Fähigkeiten der malischen Streitkräfte beigetragen', erklärte das Auswärtige Amt. Die Mission habe bisher rund 14 000 malische Soldaten in Trainings ausgebildet und unterstütze „mit ihren Beratungsleistungen die Führungsstäbe im malischen Verteidigungsministerium wesentlich".

(© epd, 24.04.2020)

Ordnet die beiden Zeitungsmeldungen in ihren Hintergrund ein und nehmt dann begründet Stellung.

MSUH

3. Ein Chat mit der Bundeswehr

Unter https://www.bundeswehr.de/de könnt ihr über verschiedene soziale Kanäle mit der Bundeswehr in Kontakt treten und Fragen stellen: Wählt eine Rubrik aus (z. B. Die Auslandseinsätze der Bundeswehr, Fragen zur Sicherheitspolitik), stellt eine Frage und informiert eure Klasse über die Antworten, die euch zurückgeschickt werden. Führt darüber ein Gespräch.

Wenn ihr noch mehr lernen wollt …

D1 Globale Solidarität und multilaterale Zusammenarbeit in Corona-Zeiten

„Ich möchte dem britischen Vorsitz des Sicherheitsrates danken, dass er den Rat mit diesem wichtigen Thema befasst hat, und mich dem Statement der Europäischen Union anschließen.

In jedem Land stellt COVID-19 für die Infrastruktur in den Bereichen Gesundheitswesen, Soziales, Wirtschaft und Sicherheit eine enorme Belastung dar. In Ländern aber, die gerade Konflikte und Krisen durchleben, ist diese Belastung um vieles höher. Menschen und Gesellschaften in solch fragilen [hier: unsicheren] Situationen vor den Folgen der Pandemie zu schützen, ist nicht nur von dringlicher gesundheitspolitischer und sozioökonomischer Bedeutung, sondern ein zentraler Beitrag zum Weltfrieden und zur internationalen Sicherheit.

Die Beilegung von Konflikten und der Schutz der Zivilbevölkerungen vor der Geißel des Krieges ist die vornehmste Aufgabe des Sicherheitsrates. Die positiven Entwicklungen in Libyen und die Fortschritte hin zu einer politischen Lösung […] machen uns Mut. Leider bleibt der Aufruf des Sicherheitsrates zu einem weltweiten Waffenstillstand während der Pandemie noch in viel zu vielen Konfliktregionen ungehört. […]

Wir werden die Pandemie nicht besiegen – und wir werden es mit immer mehr Mutationen des Virus zu tun bekommen –, wenn wir nicht gewährleisten, dass die Impfstoffe alle Bedürftigen erreichen, auch in fragilen Kontexten. Hierfür brauchen die humanitären Hilfsorganisationen ungehinderten Zugang – zum Beispiel im Nordwesten Syriens, wo über drei Millionen Menschen davon abhängig sind, dass der Sicherheitsrat die Resolution bezüglich der von den VN nutzbaren Grenzübergängen über ihr bisheriges Ablaufdatum hinaus verlängert. Wir müssen dafür sorgen, dass die VN arbeitsfähig bleiben, da sie einige der hilfsbedürftigsten Länder politisch stützen und dort Stabilität schaffen. […]

Und dies gilt in besonderem Maße für die Verteilung der Impfstoffe selbst, vor allem in den am wenigsten entwickelten Ländern. […]

Zusammen mit unseren europäischen Partnern hat Deutschland im Rahmen einer gemeinschaftlichen Anstrengung der EU den ACT und die COVAX-Fazilität von Anfang an unterstützt. Seitdem sie im April letzten Jahres ins Leben gerufen worden sind, hat Deutschland im Jahr 2020 600 Millionen Euro bereitgestellt, was uns derzeit zum drittgrößten Beitragszahler macht. […]

Deutschland bleibt einer globalen Lösung für diese globale Krise verpflichtet. Wir wissen, dass niemand sicher ist, solange nicht alle sicher sind. Hierfür sind jedoch globale Solidarität und multilaterale Zusammenarbeit erforderlich. Wenn wir in diesem Geiste handeln, können wir alle gestärkt aus der Krise hervorgehen."

(Rede von Außenminister Heiko Maas in der Offenen Debatte im VN-Sicherheitsrat: Sicherstellung des gleichberechtigten Zugangs zu Impfstoffen gegen COVID-19 in Kontexten, die von Konflikten und Unsicherheit geprägt sind [schriftliches Statement], Auswärtiges Amt, 17.02.2021, Berlin; https://www.auswaertiges-amt.de/de/newsroom/maas-vnsr-covax/2442634 [09.03.2021])

1 Analysiert die Rede des deutschen Außenministers und orientiert euch dabei an den Schritten zur Analyse von Texten (S. 334). Achtet auch auf die sprachliche Gestaltung (z. B. Verwendung von Begriffen, Metaphern, Satzaufbau).

2 Stimmt ihr seiner Meinung zu? Begründet eure Position und orientiert euch an der Methode „Politische Urteilsbildung" (S. 145).

* **ACT:** Access to COVID-19 Tools (Partnerschaft zur Bekämpfung der Corona-Pandemie)
COVAX-Fazilität: globales Konzept zur raschen Entwicklung, Herstellung und fairen Bereitstellung von COVID-19-Tests, Medikamenten und Impfstoffen; mindert das Risiko für Hersteller, die Investitionen ohne Abnahmegarantien scheuen, ebenso wie für Länder, die fürchten, keinen Impfstoff anbieten zu können

Tipp:
Hier findet ihr einen Link zu internationalen Jugendprogrammen der Vereinten Nationen, bei denen ihr euch engagieren könntet:
@ WES-116592-058

Register

Bildquellenverzeichnis

|AFP Agence France-Presse GmbH, Berlin: 387.1. |akg-images GmbH, Berlin: 109.1, 308.1. |Alamy Stock Photo, Abingdon/Oxfordshire: Bildagentur-online/Schoening 246.5; imageBROKER 246.4; LiliGraphie 187.1; SOPA Images Limited 184.2; Stark, Friedrich 206.1; Tack, Jochen 224.1. |Alamy Stock Photo (RMB), Abingdon/Oxfordshire: Kublins, Ikars 315.2; Pictorial Press Ltd 108.3; Ratz, Madeleine 200.1, 231.1; Smith, Geoff 184.5; Sriskandan, Kumar 383.2; Stark, Friedrich 184.3; The Granger Collection 110.1. |ArbeiterKind.de gGmbH, Berlin: 153.1. |Baaske Cartoons, Müllheim: Bengen, Harm 102.1, 196.1; Mester, Gerhard 191.1, 201.1; Plaßmann, Thomas 138.1, 165.1, 169.1, 217.1. |BAUER AG, Schrobenhausen: © BAUER Gruppe 358.1. |Bergmoser + Höller Verlag AG, Aachen: 43.1, 83.1, 93.1, 190.1, 193.1, 193.2, 236.1, 241.1, 246.1, 307.1. |Bundesamt für Verfassungsschutz, Köln: Bundesministerium des Innern, für Bau und Heimat [Hrsg.]: Verfassungsschutzbericht (VSB) 2019 (https://www.verfassungsschutz.de/SharedDocs/publikationen/DE/2020/Verfassungsschutzbericht-2019.pdf?__blob=publicationFile&v=10) 269.1, 269.2. |Bundesministerium für Familie, Senioren, Frauen und Jugend, Bonn: Zweiter Gleichstellungsbericht der Bundesregierung, S. 12 148.1. |Bundesverband der Deutschen Industrie e.V., Berlin: 67.1, 67.2. |Bundeswehr, Berlin: 383.1. |BÜNDNIS 90/DIE GRÜNEN/gruene.de, Berlin: 197.3. |Calleri, Paolo, Ulm: 288.2. |CDU Deutschlands, Berlin: 197.1. |Connext Communication GmbH, Paderborn: Jörg Kesselmeier 62.1. |Deutscher Bundestag, Berlin: 194.1. |Deutsches Institut für Altersvorsorge GmbH, Berlin: 173.1. |DIE LINKE, Berlin: 198.2. |dieKLEINERT.de, München: Diehl, Peter 318.1. |Domke, Franz-Josef, Hannover: 20.1, 66.1, 66.2, 81.1, 119.1, 168.2, 172.1, 229.1, 243.1, 243.2, 243.3, 331.1, 374.2; Diekhans, Lukas 166.1; Diekhans, Lukas (Quelle: Andreas Zick/Beate Küpper/Wilhelm Berghan: Verlorene Mitte - Feindselige Zustände. Rechtsextreme Einstellungen in Deutschland 2018/2019, Verlag J.H.W. Dietz, Bonn 2019) 270.2; Diekhans, Lukas (Quelle: Quelle: Andreas Zick/Beate Küpper/Wilhelm Berghan: Verlorene Mitte - Feindselige Zustände. Rechtsextreme Einstellungen in Deutschland 2018/2019, Verlag J.H.W. Dietz, Bonn 2019) 270.1; nach: Michael Koch, Hans Kaminski, Katrin Eggert [Institut für Ökonomische Bildung, Carl von Ossietzky Universität Oldenburg]: Handelsblatt macht Schule - Unsere Wirtschaftsordnung, hrsg. von der Verlagsgruppe Handelsblatt GmbH, Düsseldorf 2016 73.1, 107.1, 107.2, 108.1, 108.2; Quelle: Friedrich Ebert Stiftung: FES-Kurzstudie "Digitale Parteistrategien zur Europawahl 2019" 216.1; Quelle: Peter J. Schneider/Zindel, Kopiervorlagen für den Politikunterricht, Heft 2: Wirtschaftsordnungen und Wirtschaftspolitik, © Winklers Verlag / Gebrüder Grimm, Darmstadt o.J., Lösungen, S. 8 113.1; © Bundeszentrale für politische Bildung/www.bpb.de 186.1. |Eling, Stefan, Köln: www.HanisauLand.de, Herausgeber: Bundeszentrale für politische Bildung/bpb 228.1. |Erl, Martin, Ingolstadt: 235.1. |fotolia.com, New York: bluedesign 154.2; Trueffelpix 8.3. |Freie Demokratische Partei e.V., Berlin: 198.1. |Freyspiel GmbH, Hart bei Graz: Entnommen aus dem Unterrichtsmaterial Digitalisierung der SCHOOLGAMES / Autorin Rosanna Steiniger 84.1. |Georg Ackermann GmbH, Wiesenbronn: 44.1. |Haitzinger, Horst, München: 364.1. |huhle media GmbH, Berlin: 8.1. |Imago, Berlin: imagebroker 41.1; Stark, Friedrich 202.1; United Archives 42.1. |Institut für Arbeitsmarkt- und Berufsforschung der Bundesagentur für Arbeit, Nürnberg: IAB-Forum, 24.05.2018 98.1. |iStockphoto.com, Calgary: AndreyPopov 83.2; golubovy 80.1; PHA-RAON 379.1; sadikgulec 376.1; selensergen 377.1; TommL 80.2. |iwd-Informationsdienst des Instituts der deutschen Wirtschaft Köln, Köln: © 2020, IW Medien · iwd 4 90.1. |Koufogiorgos, Kostas; www.koufogiorgos.de, Stuttgart: 388.1. |Linnemann, Carsten: © Deutscher Bundestag/Marco Urban 232.2. |Malermeister AHLE GmbH, Paderborn: 71.1. |McDonald's Deutschland LLC, München: 77.1. |Picture-Alliance GmbH, Frankfurt a.M.: AA/Hamoud, Mohammed 368.2; akg-images 309.2; AP Photo/Taylor, Carmen 366.1; ASSOCIATED PRESS/Probst, Michael 372.1; Courtesy Everett Collection/Library of Congress 106.1; dieKLEINERT.de/Erl, Martin 390.1; dieKLEINERT.de/Koufogiorgos, Kostas 130.1, 182.1; dieKLEINERT.de/

Schwarwel 55.2, 152.2, 274.1, 330.1; dpa 308.3; dpa-infografik 120.2, 121.1, 126.1, 140.1, 140.2, 141.1, 142.1, 143.1, 146.1, 147.1, 161.1, 163.1, 163.2, 166.2, 167.1, 168.1, 176.1, 177.1, 200.2, 218.1, 230.1, 232.1, 237.1, 240.1, 249.2, 268.1, 286.1, 292.1, 303.2, 306.1, 310.1, 312.1, 315.1, 316.1, 316.2, 317.1, 320.1, 354.1, 354.2, 355.1, 355.2, 368.5, 369.2, 373.1, 374.3, 375.1, 376.2, 378.1, 380.1, 385.1, 385.2; dpa-Zentralbild/Hirschberger, Ralf 222.3; dpa-Zentralbild/Schutt, Martin 244.3; dpa-Zentralbild/Woitas, Jan 256.1; dpa/Bänsch, Arne Immanuel 386.1; dpa/Bundespresseamt/Denzel, Jesco 244.1; dpa/Büttner, Jens 92.2; dpa/EPA/Badra, Mohammed 368.4; dpa/Gambarini, Maurizio 369.1; dpa/Hoffmann, Chris 111.1; dpa/Jaspersen, Carmen 92.5; dpa/Jung, Michael 309.4; dpa/Kappeler, Michael 335.1, 366.5; dpa/MAXPPP/Le Pictorium/Landemard, Nicolas 379.2; dpa/Pleul, Patrick 309.1; dpa/Rag 40.2; dpa/Rehder, Carsten 92.3; dpa/Rohwedder 114.1; dpa/Schmidt, Christoph 272.1; dpa/Steinberg, Wolfram 257.1, 262.1; dpa/Stratenschulte, Julian 42.2; dpa/Strauch, Fabian 273.1; dpa/The Nobel Foundation/Engblom, Lovisa 309.3; dpa/Tschauner, Franz-Peter 92.4; dpa/von Jutrczenka, Bernd 244.2; dpa/Woitas, Jan 92.1; dpa/Zschunke, Peter 124.1; empics/Birchall, Ben 366.2; empics/Chown, Aaron 333.1; epa ansa/Dal Zennaro, Daniel 340.4; epa/Morrison 368.3; Eventpress Golejewski 278.1; Flashpic/Krick, Jens 222.1; Geisler-Fotopress/Hardt, Christoph 381.1; NurPhoto/Economou, Nicolas 368.1; NurPhoto/Fernandez, Romy Arroyo 305.1; PantherMedia/matej kastelic 82.1; POOL New 314.1; REUTERS/Hilse, Annegret 275.1; REUTERS/STAFF 211.1; rtn - radio tele nord/Becher, Patrick 203.1; Süddeutsche Zeitung Photo/Popow, Metodi 227.1; Süddeutsche Zeitung Photo/Schellnegger, Alessandra 265.1; SULUPRESS.DE/Vorwerk, Marc 314.2; SVEN SIMON 175.1; Sven Simon/Hoermann, Frank 36.1; Sven Simon/Ossowski, Malte 199.1; SVEN SIMON/Ossowski, Malte 238.1; Sven Simon/Ossowski, Malte 304.1; SZ Photo/Schicke, Jens 68.1; Yonhap 366.6; ZB/Schmidt, Hendrik 8.4. |Privat-Brauerei Strate Detmold GmbH & Co. KG, Detmold: 63.1, 63.2. |Richter-Publizistik (www.crp-infotec.de), Bonn: 375.2. |Shutterstock.com, New York: AlexLMX 298.5, 319.1; Anamwong, Sira 136.1; Arhelger, Tobias 222.4; ArteJ 132.6; AS Inc 132.2; Bildagentur Zoonar GmbH 303.1; Chalabala, Jaromir 128.1; ConnieK 132.1; Cookie Studio 156.1; daniel.explores 246.3; desdemona72 184.6; Discovod 300.1; Doerr, Miriam/Frommherz, Martin 48.1; Ernst, Daniel M 60.5, 156.5; ESB Professional 115.2; Evgenyrychko 19.2; FeelGoodLuck 60.3; Fil, Marian 156.4; fizkes 154.1, 154.4, 171.1; FrankHH 154.3; G-Stock Studio 115.1; Geithe, Ralf 141.2; geogif 254.6; Good Mood 300.4; goodluz 24.1, 26.2; hanohiki 106.2, 127.1; Hnatiuk, Viktoriia 18.1; ilkah 132.3; industryviews 26.1; Jack Frog 154.6; Jenson 104.4; kamnacestach 152.1; Klose, Christin 249.1, 254.4; Kneschke, Robert 32.2, 60.2, 60.4; knipsdesign 254.1; Kohl, Sergey 122.1; Kolodziejczyk, Karolina 104.2; Kuvaev, Denis 156.2; Lambert, Jim 263.1; Lisa-S 329.1; Lotti, Fabio 325.1; Lurye, Anna 246.2; Malovana, Myroslava 150.1; Maridav 8.2; Mark, Oleksiy 131.1; mavkate 327.2; Michailidis, Alexandros 254.2, 300.2; MJTH 156.3; Monster Ztudio 160.1; musbila 149.1; nito 132.4; nitpicker 104.6, 120.1, 222.6; oneinchpunch 134.1; pa3x 162.1; photocosmos1 226.1; Photographee.eu 321.1; Poznyakov 154.5; Pradeep Thomas Thundiyil 19.1; PT Pictures 300.5; PureSolution 214.1; Qiongna Liao 131.2; rawf8 253.1; Rawpixel.com 104.1; RegionalStock 262.2; renewable 130.2; ricochet64 322.1; rkl_foto 259.1; Sklo Studio 161.2; Smileus 125.1; STEKLO 104.5; stoatphoto 171.2; stockwerk-fotodesign 254.3; Syda Productions 132.5; tadamichi 271.1; VectorKnight 164.1; Vesalainen, Tero 157.1; wowomnom 60.1; xtock 137.1; Zein Akhmad 118.1; Zinkevych, Dmytro 159.1. |SPD-Parteivorstand, Berlin: 197.2. |stock.adobe.com, Dublin: abasler 184.4; alex.pin 13.4; alexandra 298.6; alphaspirit 366.3; Animaflora PicsStock 290.1, 352.1; anon 76.1; antimartina 205.1; ASDF 94.1; Bartussek, Ingo 14.5; beeboys 282.5; Benjamin LEFEBVRE 302.1; Bernulius 366.4; BillionPhotos.com 95.1; Bits and Splits 340.2; blackboard1965 324.1; bluedesign 248.1, 300.3; Brad Pict 236.2; buritora 32.3; Coloures-Pic 32.4; contrastwerkstatt 17.2; Damrau, Barbara-Maria 32.5; DOC RABE Media 45.1, 52.2; doganmesut 298.1; Effner, Jürgen 46.1; ehrenberg-bilder 14.3; Eisenhans 14.8; enanuchit 300.6; fascinadora 343.1; Feng Yu 34.2; filmbildfabrik 104.3; fotoinfot 13.1; Ganka 282.1; Geissler, Lydia 238.2; goodluz 14.2; Gorodenkoff 14.7; GreenOptix 254.5; h0lyland 208.1; Hanna 52.1; Herrndorff 37.1; highwaystarz 13.3; hkama 89.1; ikonoklast_hh 13.2; industrieblick 17.1; IRStone 47.1; js-photo 186.2; Kalyakan 349.1; kanvag 298.2; Karanov images 13.5; Kat Ka 339.1; Kneschke, Robert 14.1, 14.9, 16.2; Kzenon 14.6; len44ik 53.2; llhedgehogll 28.1; lordn 55.1; luismolinero 10.1; LUMIERES 35.1; magele-picture 79.1; Mareen, Mike 351.1; Maridav 32.1, 282.3; Maxim, Zarya 51.2; mbruxelle 374.1; MK studio 288.1; momius 297.1; MQ-Illustrations 291.1; Muth, Oliver 327.1; nd3000 31.1; New Africa 88.1; Nivens, Sergey 34.1; nmann77 192.1, 298.4, 328.1; Pastukh, Vadim 53.1; peshkov 340.1; photowahn 222.5, 231.2; pict rider 363.1; pixarno 371.1; Prostock-studio 298.3; Pugun & Photo Studio 340.3; Rawpixel.com 13.6, 336.1; reeel 40.1; RioPatuca Images 282.4; Sanders, Gina 282.2; science photo 14.4; tang90246 51.1; thorabeti 222.2; Tierney 344.1; Trueffelpix 70.1; ulff 189.1; VRD 340.5; Westend61 16.1; YAHOES 282.6; Yasar 350.1; Zerbor 184.1. |Stuttmann, Klaus, Berlin: 296.1. |Süddeutsche Zeitung - Photo, München: SZ Photo 86.1. |thyssenkrupp AG, Essen: 64.1, 64.2, 64.3, 65.1. |Tomicek/www.tomicek.de, Werl: 221.1. |twitter.com: 212.1. |ullstein bild, Berlin: 308.2; Bonn-Sequenz 324.2. |VCD Verkehrsclub Deutschland - Kreisverband Ostwestfalen-Lippe e.V., Bielefeld: 208.2. |Verlag J.H.W. Dietz Nachf. GmbH, Bonn: 269.3. |Wiedenroth, Götz/www.wiedenroth-karikatur.de, Flensburg: 280.1. |ZEIT ONLINE, Hamburg: © Friedrich-Ebert-Stiftung / Daten für ZEIT ONLINE (www.zeit.de) vom: 11.05.2016 „Mehrheit findet Deutschland ungerecht" 144.1.